de Gruyter Lehrbuch

Walter Schmithals

Einleitung in die drei ersten Evangelien

Walter de Gruyter · Berlin · New York
1985

Die wissenschaftliche Leitung der theologischen Lehrbücher im Rahmen der „de Gruyter-Lehrbuch"-Reihe liegt in den Händen des em. ord. Prof. der Theologie D. Kurt Aland, D. D., D. Litt. Diese Bände sind aus der ehemaligen „Sammlung Töpelmann" hervorgegangen.

CIP-Kurztitelaufnahme der Deutschen Bibliothek

Schmithals, Walter:
Einleitung in die drei ersten Evangelien / Walter Schmithals. —
Berlin; New York: de Gruyter, 1985.
   (De-Gruyter-Lehrbuch)
   ISBN 3-11-010263-3

Copyright 1985 by Walter de Gruyter & Co., Berlin 30.
Printed in Germany — Alle Rechte des Nachdrucks, einschließlich des Rechts der Herstellung von Photokopien — auch auszugsweise — vorbehalten.
Satz: Dörlemann, Lemförde — Druck: Hildebrand, Berlin
Bindearbeiten: Lüderitz & Bauer, Berlin

Vorwort

Das vorliegende Buch will Lehrbuch, Nachschlagewerk und Forschungsbeitrag sein, und es bemüht sich zugleich darum, den Rahmen einer ‚Einleitung' überschreitend, die Verbindungen zwischen dem jeweiligen Stand der Evangelienforschung und der Theologiegeschichte der letzten zwei Jahrhunderte aufzuzeigen.

Es gewinnt die Probleme der ersten drei Evangelien aus der Geschichte ihrer Erforschung, und es stellt die vorgeschlagenen Lösungen als Konsequenzen aus dieser Erforschung dar.

Inhalt

Vorwort	V
1 Die vorkritische Zeit	1
1.1 Die Kanonbildung	1
1.2 Die Harmonistik	3
1.2.1 Die Widersprüche zwischen den Evangelien	3
1.2.2 Die Harmonisierung der Evangelien	5
1.2.2.1 Die Harmonistik bis zur Reformation	5
1.2.2.2 Die Reformatoren	10
1.2.2.3 Die Orthodoxie	12
1.3 Der Übergang zur historischen Forschung	15
1.3.1 Lessing als Beispiel	16
1.3.2 Die Synopse der Evangelien	22
1.3.3 Das synoptische Problem	26
2 Die altkirchlichen Nachrichten über den Ursprung der drei ersten Evangelien	30
2.1 Allgemeines	30
2.2 Die Verfasserangaben	31
2.3 Der Prolog des LkEv	33
2.4 Die Nachrichten des Papias	34
2.5 Sonstige Nachrichten	38
2.6 Augustinus Aperçu	41
3 Die synoptische Quellenkritik	44
3.1 Der Übergang zur wissenschaftlichen Quellenkritik	47
3.2 Die Urevangeliumshypothese	51
3.2.1 Lessing	51
3.2.2 Eichhorn	55
3.2.3 Andere	59
3.2.4 Würdigung	62
3.2.5 Entwicklungen	64
3.3 Die Diegesenhypothese (Fragmentenhypothese)	65
3.3.1 Frühe Vertreter	65

3.3.2 Schleiermacher	67
3.3.3 Spätere Vertreter	72
3.4 Die Traditionshypothese	75
3.4.1 Herder	75
3.4.2 Gieseler	82
3.4.3 Modifizierungen	85
3.4.4 Kritik	90
3.4.5 Die Fragwürdigkeit mündlicher synoptischer Tradition überhaupt	93
3.4.5.1 Frühe Beobachtungen	93
3.4.5.2 Der überlieferungsgeschichtliche Befund	99
A. *Paulus*	99
a) Der Sachverhalt	99
b) Erklärungen	106
B. *Das frühchristliche Schrifttum (abgesehen von Paulus)*	111
a) Der Sachverhalt	111
b) Erklärungen	121
3.4.5.3 Ergebnis	125
3.4.6 David Friedrich Strauß: Das Leben Jesu	126
3.5 Benutzungshypothesen	135
3.5.1 Allgemeines	135
3.5.2 Lukas-Priorität	137
3.5.3 Matthäus-Priorität	138
3.5.3.1 MtEv – MkEv – LkEv	138
3.5.3.2 MtEv – LkEv – MkEv; Markus als Epitomator	142
3.5.3.3 Tübinger Tendenzkritik	152
3.5.4 Markus-Priorität	163
3.5.4.1 Vorläufer	163
3.5.4.2 Christian Gottlob Wilke	166
3.5.4.3 Bruno Bauer	174
3.5.4.4 Gustav Volkmar	178
3.6 Zwei-Quellen-Theorie	182
3.6.1 Christian Hermann Weisse	182
3.6.2 Heinrich Julius Holtzmann	191
3.6.3 Zwei-Quellen-Theorie und Leben-Jesu-Theologie	197

Inhalt

3.6.4 Urmarkus-Hypothesen 201
3.6.5 Die ‚Minor Agreements' 209
3.6.6 Die Logiensammlung (Q) 215
      a) Der Umfang von Q 216
      b) Der literarische Charakter von Q 218
      c) Die Anordnung des Stoffes in Q ... 219
      d) Der Wortlaut der Spruchsammlung 221
      e) Unterschiedliche Fassungen von Q 222
      f) Die Ursprache von Q 223
      g) Zur Traditionsgeschichte von Q ... 224
      h) Der Anlaß der Spruchsammlung Q 226
      i) Zeit, Ort und Verfasser der Spruchsammlung Q 228
      k) Die Gattung der Spruchsammlung Q 228
3.6.7 Das Verhältnis von MkEv und Q zueinander. Die Dubletten 229

4 Die synoptische Traditionskritik 234
4.1 Allgemeines 234
4.2 Methodisches 244
4.3 Mündliche Tradition vor dem MkEv und vor Q 246
  4.3.1 Frühe Beobachtungen 246
  4.3.2 Der Übergang zur Formgeschichte 253
  4.3.3 Die Grundlegung der Formgeschichte 260
  4.3.4 Die Rezeption der Formgeschichte 269
  4.3.5 Die Sammlung der mündlichen Tradition 276
  4.3.6 Formgeschichte und ‚Theologie des Wortes' 284
  4.3.7 Formgeschichte und ‚Neue Frage nach dem historischen Jesus' 288
  4.3.8 Kritik der Formkritik 298
     4.3.8.1 Kritik der Formkritik: das Erzählgut ... 299
         a) Der formale Aspekt 299

b) Der soziologische Aspekt	306
c) Der traditionsgeschichtliche Aspekt	311
4.3.8.2 Kritik der Formkritik: Der Redenstoff	316
4.4 Schriftliche Tradition vor dem MkEv und vor Q sowie vor S^{Mt} und S^{Lk}	318
4.4.1 Quellen des MkEv	320
4.4.2 Quellen der Spruchsammlung Q	328
4.4.3 Sonderquellen des LkEv	329
4.4.4 Sonderquellen des MtEv	332
4.5 Schriftstellerischer Ursprung des MkEv und von Q	333
5 Die synoptische Redaktionskritik (Kritik der Schriften)	**336**
5.1 Allgemeines	336
5.1.1 Vorgeschichte	336
5.1.2 Die Eigenart der redaktionsgeschichtlichen Methode	342
5.1.3 Das redaktionskritische Verfahren	343
5.1.4 Zur bisherigen Arbeit	345
5.2 Das LkEv	349
5.2.1 Zur Literatur	349
5.2.2 Allgemeines	350
5.2.3 Das vorlukanische Kerygma	352
5.2.4 Die redaktionellen Tendenzen	353
5.2.5 Beobachtungen zu den redaktionellen Tendenzen	357
5.2.6 Der Anlaß der lukanischen Redaktion	358
5.2.7 Das lukanische Sondergut	366
5.2.8 Ort, Zeit und ‚Sitz im Leben' des LkEv	367
5.2.9 Lukas als Schriftsteller	368
5.3 Das MtEv	369
5.3.1 Zur Literatur	369
5.3.2 Allgemeines	370
5.3.3 Die vormatthäische Taufverkündigung	372
5.3.4 Der Anlaß der matthäischen Redaktion	374
5.3.5 Die redaktionellen Tendenzen	377
5.3.6 Das matthäische Sondergut	381
5.3.7 Zeit, Ort und ‚Sitz im Leben' des MtEv	383

5.4 Die Spruchquelle Q 384
  5.4.1 Stand der Forschung 384
  5.4.2 Weiterführende Analyse 396
    5.4.2.1 Die christologische Redaktion von Q ... 396
    5.4.2.2 Die unchristologische
         Spruchüberlieferung Q^1 399
    5.4.2.3 Der Trägerkreis der
         Spruchüberlieferung Q^1 und der
         Redaktor von Q 402
5.5 Das MkEv 404
  5.5.1 Zur Literatur 404
  5.5.2 Allgemeines 406
  5.5.3 Die Grundschrift des MkEv 410
    5.5.3.1 Der Verfasser der Grundschrift 414
    5.5.3.2 Die Grundschrift und die Gattung
         ‚Evangelium' 415
    5.5.3.3 Der Anlaß und die Zeit der
         Grundschrift 418
    5.5.3.4 Das Messiasgeheimhis der
         Grundschrift 418
    5.5.3.5 Zur Theologie und zum Verfasser der
         Grundschrift 419
  5.5.4 Die Redaktion des MkEv 421
    5.5.4.1 Der Anlaß der markinischen Redaktion . 421
    5.5.4.2 Die markinische
         Messiasgeheimnistheorie 422
    5.5.4.3 Markus als Schriftsteller 428
    5.5.4.4 Die Abfassungsverhältnisse des MkEv .. 430

Verzeichnis der Literatur 432
Register der drei ersten Evangelien 469
Register der Namen 478
Register der Sachen 490

1 Die vorkritische Zeit

1.1 Die Kanonbildung

Irenäus von Lyon ist der erste, welcher uns um das Jahr 200 die Existenz der vier kanonischen Evangelien des Neuen Testaments bezeugt (III 1,1). Gegenüber christlichen Irrlehrern, die sich auf weitere Evangelien berufen oder den Vier-Evangelien-Kanon der Kirche nicht anerkennen, begründet Irenäus die Vierzahl der Evangelien folgendermaßen:

„Denn es versteht sich, daß es weder mehr noch weniger als diese Evangelien geben kann. Da es nämlich in der Welt, in der wir uns befinden, vier Gegenden und vier Hauptwindrichtungen gibt und die Kirche über die ganze Erde ausgesät ist, das Evangelium aber die Säule und Grundfeste der Kirche und ihr Lebenshauch ist, so muß sie naturgemäß auch vier Säulen haben, die von allen Seiten Unsterblichkeit aushauchen und die Menschen wieder beleben. Daraus ergibt sich, daß der Logos, thronend über den Cherubim und alles umfassend, als er den Menschen sich offenbarte, uns ein viergestaltiges Evangelium gab, das aber von einem Geiste zusammengehalten wird. Wie auch David im Verlangen nach seiner Ankunft ausruft: ‚Der du thronest über den Cherubim, erscheine!' (Ps 79,1).

Die Cherubim haben nämlich vier Gesichter, und diese ihre Gesichter sind die Abbildung der Heilseinrichtung des Sohnes Gottes. Denn es heißt, ‚das erste Tier ist ähnlich einem Löwen' (Offb 4,7), um seine Kraft, Herrschaft und königliche Art auszudrücken; ‚das zweite ist ähnlich einem jungen Stiere,' um seine Opfer- und Priesterstellung anzuzeigen; ‚das dritte hat das Angesicht eines Menschen', um seine Ankunft in Menschengestalt aufs deutlichste zu bezeichnen; ‚das vierte ist ähnlich einem fliegenden Adler', um die Gnadengabe des auf die Kirche ausströmenden Geistes kundzutun. Die Evangelien nun passen zu den Wesen, auf denen Christus sitzt" (III 11,8; Übersetzung nach E. Klebba, BKV 3).

Diese künstliche Argumentation, die Offb 4,7 allegorisierend auf den Irenäus vorliegenden kirchlichen Kanon der vier Evangelien bezieht, hat bei der Einrichtung dieses Kanons keine Rolle gespielt. Wie ist es aber zu der Vierzahl kanonischer Evangelien gekommen, die schon früh als nicht unproblematisch empfunden wurde, weil die Evangelien „bekanntlich nicht in jedem Zuge übereinstimmen" (v. Campenhausen, 1968, 200)?

Daß die Kirche mit der Wahl ihrer vier Evangelien andere Evangelienschriften vom Kanon ausgeschlossen hat, sei es häretische wie das Marcions (A. v. Harnack, 1924), sei es einfach ungebräuchliche (Hennecke/Schneemelcher), liegt am Tage (v. Campenhausen, 1968, 200.204; Merkel, 1971, 1 f), erklärt aber nicht die Wahl unserer vier Evangelien. Hätte die Wahl nur eines Evangeliums wirklich „das überlieferte Erbe an Herrenworten und -geschichten allzu grausam verkürzt" (v. Campenhausen, 1968, 200)? Eine Wahl nur des MtEv anstelle von MtEv, MkEv und LkEv hätte schwerlich eine solche grausame Verkürzung dargestellt; vor allem das MkEv bietet kaum eigenen Stoff. Im Blick auf das MkEv hilft v. Campenhausen sich mit der Auskunft, man habe dies Buch in dem Bestreben aufgenommen, „nichts von den alten und ‚echten' Quellen zu opfern" (201), ein in moderner Manier historisierendes Argument, das bei der Kanonbildung keine Rolle gespielt haben kann und das, tatsächlich angewandt, auch anderen Evangelienschriften den Eingang in den Kanon hätte verschaffen müssen. Hätte es nicht auch nahegelegen, nur die der frühkirchlichen Überzeugung zufolge apostolischen und sich zudem durchgehend ergänzenden Evangelien nach Matthäus und Johannes für den Kanon auszuwählen, der ja eine Sammlung apostolischer Schriften sein sollte?

Daß dies nicht geschehen ist, zeigt, daß der Vier-Evangelien-Kanon einfach „eine Kodifizierung und Legalisierung des Herkömmlichen" (Jülicher, 1906, 467) bzw. „ein Kompromiß ... zwischen Gewohnheiten und aufeinander prallenden Überlieferungen" ist (v. Harnack, 1914, 50). Man muß nämlich davon ausgehen, daß in lokal oder (und) theologisch unterschiedlichen christlichen Gemeinschaften jeweils nur ein Evangelium in Gebrauch war, wie schon Semler 1771 urteilte: „... so hatten auch in den ersten Zeiten viele Provinzen nur ein einziges Evangelium" (83). Keine dieser Gemeinschaften wollte aber auf ihr gewohntes und anerkanntes Evangelium verzichten, als sich in der zweiten Hälfte des 2. Jh. die ‚katholische' Kirche zwecks Abwehr der Irrlehrer auf dem Boden der apostolischen Tradition zu einer Lehrgemeinschaft zusammenschloß. So fanden sich die verschiedenen, in den einzelnen kirchlichen Gruppen jeweils in Geltung stehenden ‚kanonischen' Schriften, darunter auch das Brief-Corpus der paulinischen Gemeinden, zum Kanon der ‚allgemeinen' Kirche zusammen, wie schon Reimarus urteilte: „Eins von allen aber allein zu wehlen, und alle übrige zu verwerffen, war schon im zweyten Saeculo nicht mehr möglich: weil das eine in dieser, das andere in jener Gemeine vom Anfange eingeführt war und Beyfall gefunden hatte. Und so sind denn die viere, welche wir noch jetzt haben, durch einen zufälligen Vorzug in der Christenheit aufbehalten worden" (II 533).

Auf welchem Wege es dazu kam, läßt sich nicht sagen, da uns entsprechende Nachrichten nicht überliefert sind. Man wird jedoch eher mit einer förmlichen Übereinkunft zu rechnen haben als mit einem zufälligen Austausch der in den verschiedenen Gemeinschaften bzw. Kirchengebieten benutzten autoritativen Schriften. Andernfalls wäre es kaum zu erklären, daß die vier Evanglien und nur sie nicht nur bei Irenäus, sondern fast gleichzeitig auch bei Tertullian (adv Marc IV 2,5) und Clemens von Alexandrien (Strom III 13,93; Hypotyposen, bei Euseb, KG VI 14), also in weit auseinander liegenden Gebieten der Kirche, als kanonische Schriften angesehen sind. Auch liegt dem überraschend einheitlichen Text unserer kanonischen Überlieferung offensichtlich ein Musterkodex zugrunde, der den Wildwuchs vorkanonischer Überlieferung beschnitt.

1.2 Die Harmonistik

1.2.1 Widersprüche zwischen den Evangelien

Angesichts von vier gleichermaßen anerkannten Evangelienschriften mußten die Widersprüche zwischen diesen vier Evangelien zum Problem werden. Wir wissen, daß sich (vor 200? vgl. Iren III 11,9) eine kirchliche Gruppe, die von dem Kirchenvater Epiphanius später so genannten ‚Aloger', gegen die Aufnahme des JohEv in den Kanon wehrte (Epiph Haer 51), weil dieses Buch den häretischen Gedanken der Montanisten und Gnostiker Vorschub leiste. Dabei unterstützten die Aloger ihre Ablehnung des JohEv durch einen Vergleich seiner Darstellung mit den Berichten der drei ersten Evangelien; sie notierten Unstimmigkeiten und Widersprüche, z. B. hinsichtlich der Dauer der Wirksamkeit Jesu, die im JohEv drei Jahre, in den anderen Evangelien ein Jahr beträgt, und sie schlossen daraus, das JohEv verdiene kein Vertrauen.

Als gewichtiger wurden im Laufe der Zeit die Widersprüche zwischen den drei ersten Evangelien selbst empfunden. Während man nämlich diese und das JohEv im wesentlichen als sich *ergänzende* Schriften auffassen konnte, ließen die zahlreichen *parallelen* Berichte in den drei ersten Evangelien die Widersprüche deutlicher hervortreten, und zwar sowohl hinsichtlich der zeitlichen Anordnung derselben Stoffe als auch hinsichtlich der sachlichen Darstellung des Ablaufs einzelner Ereignisse bzw. der Formulierung einzelner Sprüche und Redenstücke. Vor allem die heidnischen Bekämpfer der Kirche versuchten, die christlichen Theologen durch Hinweise auf die Widersprüche zwischen den Evangelien in Verlegenheit zu bringen.

Vermutlich hat schon der philosophische Schriftsteller Celsus, der um 178 ein eindrucks- und wirkungsvolles Buch gegen die ‚abergläubischen' Christen schreibt, das uns aus der Widerlegung des Origenes (Contra Celsum) bekannt geblieben ist, solche Widersprüche im Auge, wenn er, der sich intensiv mit christlicher Literatur vertraut gemacht hatte, erklärt, daß Christen zur Abwehr der gegen ihre Schriften erhobenen Vorwürfe „das Evangelium nach der ersten Niederschrift dreimal und viermal und öfter verfälschen und verändern" (Cels II 27). Denn dabei dürfte er kaum an die Varianten der Textüberlieferung denken (Völker, 90), deren apologetische Funktion nur gering ist, sondern an unterschiedliche Evangelienschriften, die freilich nicht mit den kanonischen Büchern identisch sein müssen (Merkel, 11 ff). Origenes zufolge (Cels V 56) hat Celsus z. B. auf den Widerspruch hingewiesen, daß nach dem einen Bericht zwei Engel bei dem leeren Grab waren (vgl. Lk 24,4 und Joh 20,12), nach dem anderen nur ein Engel (vgl. Mk 16,5 und Mt 28,2).

Mit Sicherheit hat der Neuplatoniker Porphyrius in seiner in Fragmenten erhaltenen Schrift ‚Gegen die Christen' (κατὰ Χριστιανῶν) vor 300 die Widersprüche zwischen den Evangelien zu einer Grundlage seiner ausführlichen Polemik gemacht, um darzutun, daß die Evangelisten „Erfinder und nicht Überlieferer der durch Jesus geschehenen Taten" seien (Fragment 15; vgl. Harnack, 1916, 50), und er belegt diese Behauptung mit dem Nachweis zahlreicher Gegensätze bzw. Unterschiede in ihren Berichten (vgl. Merkel, 13 ff). Porphyrius wurde viel gelesen, seine Schriften nach dem Sieg des Christentums gründlich vernichtet. Hierokles (um 310; vgl. Merkel 18 f) und Kaiser Julian Apostata (gest. 363), ein Neffe Konstantins, dürften in ihren gleichfalls verlorenen Schriften gegen die Christen von ihm abhängig sein. Julian weist z. B. auf die widersprüchlichen Stammbäume Jesu (Mt 1,1 ff und Lk 3,23 ff) und auf Widersprüche in den Ostergeschichten hin (vgl. Merkel 19 ff).

1.2.2 Die Harmonisierung der Evangelien

1.2.2.1 Die Harmonistik bis zur Reformation

Es liegt nahe, daß die Christen durch die Polemik der Gegner und auch durch eigene Lektüre des NT von den Widersprüchen in den Evangelien beunruhigt wurden. Spätestens nach Einrichtung des Vier-Evangelien-Kanons, der das Problem in den Blick rückte, müssen die Ausleger der Evangelien auf die Widersprüche eingehen.

Unwahrscheinlich ist, daß sich schon Papias (→ 2.4) um 150 (?) vor diese Aufgabe gestellt sah; denn noch Irenäus (→ 1.1) geht ebensowenig wie Clemens von Alexandrien (→ 2.5) auf das Problem der Widersprüche zwischen den Evangelien ein. Im Kanon Muratori (KlT 1) scheint um 200 (?) die Problematik angesprochen zu werden, wenn der Verfasser die Behandlung des Vier-Evangelien-Kanons mit der Bemerkung abschließt: „... zwar besitzen die einzelnen Evangelienbücher verschiedene Anfänge, doch berührt das den Glauben der Gläubigen nicht, weil durch den einen und grundlegenden Geist in allen (sc. Evangelien) alles erklärt wird ...". Im sekundären Schluß des MkEv, der noch aus dem 2. Jh. stammen dürfte, findet sich in 16,9–14 eine kurze resümierende Zusammenstellung der Osterberichte des LkEv und des JohEv, die ihre Entstehung freilich keinem apologetischen Interesse verdankt.

Gerne würden wir die Motive Tatians kennen, der, soweit wir wissen, als erster eine Evangelien-Harmonie verfaßte, die in syrischer Sprache in der syrischen Heimatkirche des Tatian über Jahrhunderte hinweg statt des ‚Evangeliums der Getrennten' in Gebrauch war (Euseb, KG IV 29; vgl. Merkel, 68 ff). Indessen wissen wir weder, wann Tatian im Verlauf der zweiten Hälfte des 2. Jh. seine Evangelien-Harmonie geschrieben hat, noch wo er schrieb (Rom? Syrien?), noch in welcher Sprache er schrieb (griechisch? syrisch?). Auch ist uns der Text Tatians nur so bruchstückhaft erhalten geblieben, daß wir anhand der erhaltenen sekundären und tertiären Quellen nicht einmal sicher entscheiden können, ob Tatian alle vier kanonischen Evangelien und ob er nur sie benutzt hat. Der Ausdruck ‚Diatessaron' für Tatians Harmonie (τὸ διὰ τεσσάρων) wird zwar meist darauf bezogen, daß es aus den vier kanonischen Evangelien zusammengesetzt worden sei. Indessen ist fraglich, ob Euseb recht hat, wenn er (KG IV 29,6) erklärt, Tatian selbst habe sein Buch schon so genannt. Die Bezeichnung kann auch erst später aufgekommen sein, um die Harmonie Tatians von den vier getrennten Evangelien zu unterscheiden, und außerdem möchte διὰ τεσσάρων ursprünglich ein musikalischer Ausdruck (‚Quarte') gewesen sein und einfach ‚Harmonie' bedeutet haben (Bolgiani).

Angesichts dieser offenen Fragen läßt sich nicht entscheiden, ob Tatian seine Evangelien-Harmonie verfaßte, um die Widersprüche zwischen den getrennten Evangelien auszugleichen, oder ob er auf der Grundlage der Überlieferung ein seinen enkratitischen Neigungen (Iren I 28,1) oder anderen theologischen Prämissen (Elze, 124 ff) entsprechendes Evangelium verfaßte, wobei sich eine Harmonisierung von selbst ergab. Beide Interessen müssen sich natürlich nicht ausschließen. Die bis in die Gegenwart hineinreichende Nachgeschichte der Evangelien-Harmonie Tatians ist jedenfalls weniger von apologetischen als vielmehr von erbaulichen Gesichtspunkten bestimmt.

In lateinischer und in anderen Sprachen, darunter auch in altdeutschen Dialekten, sind aus dem Mittelalter Evangelien-Harmonien nach der Art des Diatessaron erhalten geblieben, über deren Verbindung untereinander und zu Tatians Werk die sehr spezialisierte Forschung noch zu wenig sicheren Ergebnissen gekommen ist. Besonders bemerkenswert ist eine in einer lateinischen Handschrift des NT erhaltene ältere Harmonie (Codex Fuldensis, um 545 geschrieben), die Zacharias Chrysopolitanus (gest. um 1155) kommentiert hat. Vgl. B. M. Metzger: Chapters in the History of NT textual criticism, 1963, 97 ff; H. Merkel: 1971, 68 ff; Huck-Greeven: Synopse, [13]1981, XXVI ff; D. Wünsch: Art. ‚Evangelienharmonie', TRE X, 1982, 626 ff; ders.: Evangelienharmonien im Reformationszeitalter, 1983, 11 ff 21 ff

Auf sicherem Boden stehen wir bei Origenes, der zu Lk 3,23 ff bemerkt, daß viele Christen durch die Widersprüche in den Stammbäumen Jesu sehr verwirrt würden (Origenes, CSG IX, 161 ff) und viele, so erfahren wir im Johanneskommentar, in Anbetracht der Widersprüche sogar ihren Glauben aufgäben (Origenes, CSG IV, 172). Jeder Exeget mußte sich diesem Problem stellen, und jeder tat es in seiner Weise. Alle aber bemühten sich um eine Harmonisierung der Evangelien.

Origenes harmonisiert z. B. zu Joh 2,12 ff die Chronologie vom Auftreten Jesu in Kapernaum und zu Lk 3,23 ff in seinen Lukashomilien die Stammbäume Jesu. Hieronymus bemüht sich z. B. um eine Harmonisierung der verschiedenen Ostergeschichten (Ep 120; Migne SL 22). Bemerkenswert ist das nur im Auszug erhaltene Werk Eusebs von Cäsarea ‚Über Probleme und Lösungen in den Evangelien (Περὶ τῶν ἐν εὐαγγελίοις ζητημάτων καὶ λύσεων; Migne SG 22, 879 ff), das sich an der Harmonisierung der Kindheitsgeschichten und der Auferstehungsberichte versucht.

1.2.2.1   Die Harmonistik   7

Den Höhepunkt der altkirchlichen Harmonisierungsdiskussion bildet Augustins umfangreiche, etwa im Jahre 400 verfaßte Schrift ‚De consensu evangelistarum' (Vogels; Merkel, 218). Deren Anlaß liegt bei ‚gewissen Leuten', die dem heiligen Viergespann der Evangelisten die Zuverlässigkeit getreuer Überlieferung abgesprochen haben (*veracis narrationis derogent fidem;* I 7,10), nämlich vermutlich in Angriffen der Manichäer – Vogels (3 ff) denkt an Ausleger des Porphyrius (→ 1.2.1) –, mit denen Augustin sich in seiner Schrift Contra Faustum direkt auseinandersetzt. Die Manichäer urteilen über die Evangelien: „*Multa sunt in eis et inter se et sibi contraria*" (Contra Faustum 32,16). Über diesen konkreten Anlaß hinausgehend, gibt Augustin in seinem Buch ‚Über die Übereinstimmung der Evangelisten' zugleich ein Beispiel seiner Gelehrsamkeit zur Erbauung und seelsorgerlichen Betreuung der Gemeinde. Daß es keine Widersprüche zwischen den Evangelien geben kann, steht dabei für Augustin nicht anders als für seine harmonisierenden Vorgänger fest.

Die Art und Weise der Harmonisierung ist bei den verschiedenen Autoren vielfältig; einzelne Lösungen werden, wenn sie überzeugen, gerne weitergegeben. Ansätze zu historischem Verstehen finden sich nur selten, vor allem bei Theodor von Mopsuestia (gest. 428), dem bedeutendsten Exegeten der antiochenischen Schule, der z.B. einräumt, daß die Evangelisten sich nicht immer an die historische Reihenfolge der Ereignisse haben halten wollen und daß Widersprüche durch Erinnerungs- oder Überlieferungsfehler auftreten konnten (vgl. Merkel, 181). Auch Augustin kann gelegentlich ähnliche Erwägungen anstellen (vgl. II 21,51 f: Bei der Anordnung des Stoffes erlauben sich die Evangelisten *anticipatio* und *recapitulatio*), und Chrysostomus meint, Widersprüche in Orts- oder Zeitangaben berührten die Wahrheitsfrage nicht (Mt-Homilien I 2). Meist werden die Berichte – seien es die Evangelien selbst, seien es einzelne Erzählungen oder Jesusworte, die mehrfach begegnen – ineinandergeschoben: Nicht jeder Evangelist berichtete alle Ereignisse, nicht jeder von jedem Ereignis alles. Eine Addition der unterschiedlichen Stoffe sowie der parallelen Erzählungen und Logien löst in den meisten Fällen die Probleme auf.

Auf diesem Wege können freilich nicht die direkten Widersprüche beseitigt werden. Ihnen begegnen die Ausleger mit dem naturgemäß oft sehr künstlichen und gezwungenen Nachweis, es handele sich nur um scheinbare Widersprüche, oder sie setzen nicht *parallele* Überlieferungen an, sondern *verschiedene* Ereignisse und Aussprüche. So berichtet Lukas z. B. von der Heilung eines Blinden vor Jericho (Lk

18,35–43), Markus von der Heilung eines Blinden, als Jesus Jericho verläßt (Mk 10,46–52), Matthäus von der Heilung zweier Blinder an derselben Stelle (Mt 20,29–34). Dazu erklären die Harmonisten: Nachdem Jesus einen Blinden vor Jericho geheilt hat, baten auch andere Blinde um Heilung; jeder Evangelist berichtete exemplarisch von je einer solchen Heilung. Unterschiedlichen Wortlaut von Jesussprüchen erklärt man sich gerne mit einer absichtsvollen sinngemäßen Wiedergabe. Wo die Aussagen auch inhaltlich differieren, handelt es sich eben um unterschiedliche Aussprüche, eine Auskunft, die freilich nur dann überzeugen konnte, wenn die Evangelisten die parallelen Aussprüche in unterschiedlichen Situationen verankern. Aber bei dem ‚Gebet des Herrn', wie es sich in Lk 11,2–4 und in Mt 6, 9–13 findet, konnte man leicht erklären, wir hätten es mit durchaus unterschiedlichen Gebeten zu tun, die Jesus zu verschiedenen Zeiten den Hörern eingeprägt habe. Ebenso können manche Harmonisten auch die Salbung des Hauptes Jesu Mk 14,3–9 (und Mt 26,6–13) und der Füße Jesu Lk 7,36–50 (und Joh 12,1–8) für zwei (oder drei oder vier) verschiedene Ereignisse ansehen, während andere bei einem Geschehen bleiben und die Berichte mit der Auskunft harmonisieren, der eine Evangelist habe nur von der Salbung des Hauptes, der andere nur von der Salbung der Füße berichtet, woraus zu entnehmen sei, daß die Frau nacheinander Jesu Haupt und Jesu Füße gesalbt habe. Hat Jesus selbst sein Kreuz tragen müssen (Joh 19,17), oder hat Simon es ihm abgenommen (Mk 15,21 mit Mt 27,32 und Lk 23,26)? Die Auskunft der Harmonisten lautet: Auf einem Teil des Weges trug Jesus das Kreuz selbst, auf einem anderen Teil Simon. Und warum soll der Hauptmann von Kapernaum nicht zunächst Knechte zu Jesus gesandt (Lk 7,1—10), sich schließlich aber auch noch selbst auf den Weg gemacht haben (Mt 8,5—13)?

Einzelne Ausleger, so vor allem Origenes (z. B. Joh-Kommentar I 3,10) und Ambrosius, helfen sich gelegentlich auch mit allegorisierender oder symbolischer Deutung einzelner Berichte: Eine nicht zu harmonisierende Erzählung ist vom Evangelisten überhaupt nicht als Bericht gemeint, sondern als eine erzählerische Einkleidung einer geistlichen Wahrheit.

Als besonders hart wurde stets der eklatante Gegensatz der beiden Stammbäume Jesu in Mt 1,1–17 und Lk 3,23–38 empfunden. Man konnte ihn ‚symbolisch' erklären: Beide Stammbäume sind theologische Konstruktionen, deren eine die priesterliche, deren andere die königliche Herkunft Jesu, beide zusammen also das doppelte Amt

Jesu aufweisen wollen; ein biographisches Verständnis wäre also ein Mißverständnis. Diese Erklärung wirkt modern und entspricht nicht dem frommen Bewußtsein, wurde indessen auch von Augustin bevorzugt (I 4), nachdem sie schon von Julian Afrikanus, einem Zeitgenossen des Origenes, vorgetragen worden war (Euseb, KG I 7). Beliebter war eine Erklärung, die besagt, die Differenzen der parallel stehenden Namen erklärten sich daraus, daß der eine Stammbaum den natürlichen Vater nenne, der andere aber den der Leviratsehe entsprechenden gesetzlichen Vater (5 Mose 25,5–10). Noch andere Harmonisten beziehen den einen Stammbaum auf Joseph, den anderen auf Maria.

Ein anderes Beispiel für die Harmonisierung von Widersprüchen gebe ich mit den Worten Merkels (135f) wieder; es handelt sich um einen Erklärungsversuch Eusebs von Cäsarea. „Wieso läßt Mt die heilige Familie von Bethlehem direkt nach Ägypten reisen, während sie bei Lk zuerst nach Jerusalem und dann nach Nazareth zieht? Die Lösung dieses Widerspruchs findet Euseb in der Annahme, daß Lk die auf die Geburt unmittelbar folgenden Ereignisse erzähle, während Mt παραχωρήσας δὲ τῷ Λουκᾷ τὰ εἰρημένα (das von Lk Erzählte übergeht und) andere und später liegende Ereignisse erzähle. Da die heilige Familie ja nur acht Tage in Bethlehem geblieben sei, könnten innerhalb dieser kurzen Zeit die Magoi unmöglich schon eingetroffen sein; vielmehr zeigt die Tatsache, daß Herodes die Ermordung aller zweijährigen Knaben anordnet, daß die Geburt Jesu zwei Jahre vor dem Eintreffen der Magoi erfolgt war. Aber warum trafen die Weisen dann Jesus und seine Eltern in Bethlehem an? Auch dies weiß die kombinatorische Phantasie Eusebs zu erklären: Zum Gedächtnis an das Wunder der Geburt ist die heilige Familie natürlich öfters nach Bethlehem gepilgert!"

Augustins Autorität und seine im Vergleich zu dem Vorgehen Anderer maßvolle Harmonistik hat dem Mittelalter als Vorbild gedient. Über das bis zu Augustin Erarbeitete ging man selten hinaus, und man konnte sich mit dem harmonistischen Erbe der Väter auch bescheiden, weil das mit den Widersprüchen der Evangelisten gestellte Problem in der Kirche des Mittelalters seine unmittelbare Brisanz verloren hatte. Die wenig gelesene Bibel trat hinter die Lehre der Kirche zurück, und Angriffe gegen das Christentum, die mit einer Evangelien-Harmonie beantwortet werden konnten oder mußten, gab es innerhalb der christlichen Welt in der Regel nicht. Die gegen die Christen gerichteten Schriften des Altertums waren durchweg vernichtet und nur noch indirekt bekannt.

Erwähnenswert ist aus der Zeit nach Augustin, sieht man von den vielen Abkömmlingen des Diatessaron Tatians ab, vor allem die späte, bereits den Geist der Renaissance ankündigende Schrift des einflußreichen französischen Theologen Johannes Gerson (gest. 1429) *Monotessaron seu unum ex quatuor evangeliis* (Opera, Antwerpen 1706, IV, 83–202), eine sorgfältige Vergleichung der Evangelien, mit der Gerson sich mit Bedacht an das unvollständige Werk des Augustin, der nicht den gesamten Evangelienstoff behandelt hatte, anschließt. Gerson faßt den Text der (vier) Evangelien harmonisierend in 151 *rubricae* zusammen. Er schreibt für Studenten und erläutert seinen Text durch kurze Anmerkungen. Von ängstlicher Harmonistik hält er sich frei.

1.2.2.2 Die Reformatoren

Für die Reformatoren änderte sich die theologische Situation insofern, als angesichts des Prinzips *sola scriptura* Angriffe auf die Zuverlässigkeit und Suffizienz der Heiligen Schrift, wie sie in der Zeit der Renaissance nach den antiken Vorbildern reaktiviert wurden, die reformatorische Lehre selbst betrafen. Luther geht dies Problem indessen noch gelassen an. Seine dogmatische Kritik innerhalb des NT konzentriert das Evangelium so sehr auf (Paulus und) Johannes, daß eventuelle Differenzen innerhalb der Evangelien nicht sehr ins Gewicht fallen können.

„Weil nun Johannes gar wenig Werk von Christo, aber gar viel seiner Predigt schreibt, wiederum die andern drei Evangelisten viel seiner Werk, wenig seiner Wort beschreiben, ist Johannis Evangelium das einige, zarte, rechte Hauptevangelium und den andern dreien weit, weit vorzuziehen und höher zu heben. Also auch Sankt Pauli und Petri Episteln weit über die drei Evangelia Matthaei, Marci und Lucae vorgehen" (Aus der Vorrede auf das NT von 1522).

In einer Auslegung von Joh 1 und 2 nimmt Luther 1537 anläßlich der harmonistischen Frage, wann Jesus den Tempel gereinigt habe, zum Problem der Evangelien-Harmonie überhaupt Stellung:

„Aber es sind Fragen und bleiben Fragen, die ich nicht will auflösen, es lieget auch nicht viel dran, ohne daß viel Leute sind, die so spitzig und scharfsinnig sind und allerlei Fragen aufbringen und davon genau Rede und Antwort haben wollen, aber wenn wir den rechten Verstand der Schrift und die rechten Artikel unsers Glaubens haben, daß Jesus Christus, Gottes Sohn, für uns gestorben und gelitten hab, so hats nicht großen Mangel, ob wir gleich auf alles, so sonst gefragt wird, nicht antworten können. Die Evangelisten halten nicht einerley Ordnung, was einer vornen setzet, das setzet der ander bisweilen hinten, wie auch Marcus von dieser Geschicht schreibet, sie sei am

1.2.2.2 Die Harmonistik

andern Tage nach dem Palmtage geschehen. Es kann auch wohl sein, daß der Herr solchs mehr denn einmal getan hat, und daß Johannes das erstemal, Matthäus das andermal beschreibet, es sei nun, wie ihm wolle, es sei zuvor oder hernach, eins oder zwier geschehen, so bricht uns an unserm Glauben nichts ab ... Wenn ein Streit in der heiligen Schrift fürfället, und man kann ihn nicht vergleichen, so laß mans fahren, dies hier streitet nicht wider die Artikel des christlichen Glaubens, denn in dem stimmen alle Evangelisten miteinander überein, daß Christus für unser Sünde gestorben sei, sonst von seinen Taten und Mirakeln da halten sie keine Ordnung, denn sie setzen oft etwas zuvor, das hernach erst geschehen ist" (WA 46, 726 f).

Diese Gelassenheit halten, bei größerer Hochschätzung der drei ersten Evangelien, die frühen reformatorischen Auslegungen dieser Evangelien bei. Martin Bucer, der Reformator von Straßburg, veröffentliche 1527 in zwei Bänden (²1530; ³1536) einen Kommentar zu den drei ersten Evangelien in harmonischer Gestalt. Er legte das MtEv zugrunde, weil dieses relativ ausführlich sei und sein Verfasser – als Augenzeuge – die beste Ordnung habe. Gleichen oder analogen Stoff aus dem MkEv und dem LkEv behandelt Bucer im Zusammenhang mit den Perikopen des MtEv. Ein Anhang bespricht die übriggebliebenen Perikopen aus dem Sondergut des LkEv. Der Auslegung Bucers ist ängstliche Harmonistik fremd. Vgl. Lang (1900).

Calvin nimmt sich Bucers Werk zum Vorbild für seinen 1555 in Genf erschienenen *Commentarius in harmoniam ex tribus evangeliis Matthaei, Marci et Lucae,* der seiner 1553 gedruckten Auslegung des JohEv folgt. Calvin fügt den Stoff der drei ersten Evangelien in 222 Sektionen derart zusammen, daß jedes Ereignis, auch wenn es zwei- oder dreimal überliefert wird, nur einmal in der Auslegung vorkommt. Leitend ist dabei wie bei Bucer im allgemeinen das ‚apostolische' MtEv, mit dessen Überlieferungen Calvin die parallelen Stoffe aus dem MkEv und dem LkEv harmonisiert und in dessen Aufriß er das Sondergut des Markus und des Lukas einfügt. Dabei druckt Calvin die parallelen Texte jeweils hintereinander (in kanonischer Reihenfolge) ab und harmonisiert sie nur in Gestalt seiner Auslegung. Er rechtfertigt sein Verfahren folgendermaßen:

„Vielleicht werden viele auf den ersten Blick nicht billigen, daß ich diese Auslegungsart gewählt habe; davon will ich Rechenschaft ablegen, die den frommen und gerechten Lesern genügen kann. Es ist erstens unbestritten, daß man keines dieser drei Evangelien kundig und richtig auslegen kann, ohne jedesmal die beiden anderen zum Vergleich heranzuziehen. So haben sich gläubige und erfahrene Ausleger besonders darum bemüht, daß sie miteinander vergleichen, was die drei Evangelien sagen. Weil aber den Lesern dieser Vergleich oft schwerfällt, weil man nämlich dauernd hin- und herblättern muß, schien es mir angenehm und nützlich, wenn ich gleichsam in einer Tabelle die drei Darstellungen miteinander darbiete, damit die Leser sofort sehen können, worin sie übereinstimmen und worin nicht. So lasse ich nichts aus, was einer von dreien geschrieben hat; was aber bei mehreren steht, erforsche ich in *einer* Auslegung" (nach: Calvins Auslegung der Heiligen Schrift, Neue Reihe, Bd. 12, 1966, 9).

Im einzelnen folgt Calvin den aus der alten Kirche überkommenen harmonistischen Regeln und Lösungen, und zwar ohne ängstliche Sorge um den Ausgleich aller Differenzen; der anders verfahrende Osiander (→ 1.2.2.3) wird hart getadelt. Zu diesem Problem vermerkt Calvin einleitend:

„Die große Verschiedenheit aller drei Evangelien kann ich nicht als Ergebnis von Bemühungen um Unterschiede betrachten. Vielmehr war es das Ziel jedes einzelnen, im guten Glauben dem Buchstaben anzuvertrauen, was sie erfahren hatten und dessen sie gewiß waren. Als Anordnung wählte sich jeder die, die ihm die beste schien. So wie dies alles nicht zufällig geschah, sondern unter Gottes leitender Vorsehung, so hat der Heilige Geist ihnen bei der verschiedenen Art des Schreibens eine wunderbare Übereinstimmung geschenkt. Sie allein schon könnte beinahe genügen, ihnen Glaubwürdigkeit zu verschaffen" (ebd.).

Gewisse Unterschiede der Darstellung, die in der Optik des einzelnen Evangelisten begründet sind, der aus seiner eigenen Erinnerung (MtEv) oder aus der Überlieferung (MkEv; LkEv) schöpft, stehen also der Inspiration durch den Heiligen Geist nicht entgegen, die vielmehr in den weitreichenden Übereinstimmungen unmittelbar sichtbar wird. Vgl. Schellong (1969).

1.2.2.3 Die Orthodoxie

Schon Andreas Osiander (vgl. Wünsch, 1983, 84 ff) hatte 1537 solche Gelassenheit nicht mehr gehabt. Von ihm stammt ein Werk, das allem Anschein nach den Begriff ‚Harmonie' (als Vergleich mit einer vierstimmigen Musik) in die Evangelienforschung einführte:

Harmoniae evangelicae libri quatuor Graece et Latine, in quibus evangelica historia ex quatuor Evangelistis in unum est contexta, ut nullius verbum ullum omissum, nihil alienum immixtum, nullius ordo turbatus,

1.2.2.3 Die Harmonistik

nihil non suo loco positum: omnia vero litteris et notis ita distincta sunt, ut quid cuiusque evangelistae proprium, quid cum aliis et quibus commune sit, primo aspectu deprehendere queas, 1537 in Basel (1541 in Frankfurt verdeutscht) erschienen.

Beigegeben ist *Annotationum in Harmoniam evangelicam liber unus, in quo quum ordinis in eodem opere observati ratio idoneis argumentis redditur, tum vero difficilia quaedam loca, a nemine satis commode enarrata,* γνησίως *explicantur,* vor allem also Begründungen für die Einrichtung seiner Harmonie und daneben einige philologische Erörterungen enthaltend.

Osiander ist der erste, der eine Harmonie des griechischen Urtextes verfaßt. Er vertritt bereits eine konsequente Lehre von der Verbalinspiration, derzufolge ein Evangelist kein Wort und nicht einmal einen Buchstaben ohne Billigung des Heiligen Geistes und genauer Beachtung der historischen Wahrheit geschrieben hat. Darum muß auch der erste Eindruck von Differenzen *tam in rebus ipsis quam in ordine rerum* in jedem Fall täuschen. Eine Harmonie der Evangelien muß einerseits jedes Wort aus den Evangelien festhalten und die Ordnung jedes einzelnen von ihnen beibehalten, andererseits darf sie keine Worte hinzufügen. Das führt bei Osiander zu einer Ausweitung der evangelischen Geschichte, die drei Tempelreinigungen, zwei Sturmstillungen, vier Blindenheilungen bei Jericho usw. enthält. Osiander kritisiert seine Vorgänger – er nennt unter anderem Augustin, Gerson und Zacharias Chrysopolitanus (→ 1.2.2.1) –, weil sie nicht ehrfürchtig genug mit dem Wortbestand des vierfachen Evangeliums umgegangen sind und eine *confusio evangeliorum* angerichtet haben. Er selbst beklagt, daß er in einzelnen Fällen Worte auslassen und auch nicht auf jedwede Umstellung – er muß drei Ausnahmen von seinem Prinzip machen – verzichten konnte; sonst hätte er z. B. auch das ‚Ährenausraufen am Sabbat' (Mk 2,23ff/Mt 12,1ff) verdoppeln müssen.

In der Renaissancezeit traten die aus den Widersprüchen zwischen den Evangelisten genommenen Argumente der antiken Gegner des Christentums wieder in den Blick der Kritiker der Kirche und wurden von Vertretern des Atheismus, des Deismus, der natürlichen Religion und anderen Gegnern des christlichen Offenbarungsglaubens aufgegriffen. Daß die kirchliche Apologetik sich *als solche* nur zögernd exponierte und z. B. Juden und Türken als Polemik zuschrieb, was längst auch aus dem christlichen Abendland selbst kam, ist verständlich; denn man konnte kein Interesse daran haben, den untergründig verbreiteten Argumenten der Gegner die eigenen Publikationsmittel zur Verfügung zu stellen. An der Verbreitung der Christentumskritik seit der frühen Renaissancezeit kann indessen kein Zweifel bestehen (vgl. Gericke). Osianders

Bedeutung besteht darin, daß er die in die Zukunft weisenden Zeichen seiner Zeit erkannte und, während Luther innerkirchlich um die christliche Wahrheit rang, diese Wahrheit bereits vor den neuzeitlichen Gegnern des Christentums zu verteidigen suchte. Dazu diente die schroffe Inspirationslehre und die ihr entsprechende Methode der Harmonistik, wie sie Osiander entwickelte. Nicht von ungefähr hat Osiander auch 1543 das grundlegende Werk des Kopernikus *De revolutionibus orbium caelestium* nur mit einem Vorwort ausgehen lassen, in dem er das heliozentrische System bloß als eine denkmögliche Konstruktion vorstellte, mit der kein Wahrheitsanspruch verbunden sei.

Osiander hat in der Zeit der Orthodoxie viele Nachahmer gefunden, jedoch wurde die Schroffheit seiner harmonistischen Grundsätze von niemand mehr übertroffen. Viele, besonders die Katholiken, hielten sich auch weiterhin an die Grundsätze der alten Kirche und unterstellten z. B., daß die Evangelisten nicht immer in der historischen Reihenfolge haben berichten wollen. Dazu gehört die *Concordia evangelica* des Cornelius Jansen, ein beachtliches katholisches Gegenstück zu Osianders Harmonie, 1549 in Löwen erschienen. Weitere Harmonien des 16. Jh. stellt Wünsch (1983) mit großer Gründlichkeit vor.

Aus der späteren harmonistischen Literatur sei einiges genannt: Martin Chemnitz, der bedeutendste Vertreter der lutherischen Orthodoxie (gest. 1568), hatte eine *Harmonia quatuor evangelistarum* begonnen, deren von ihm fertiggestellte Teile 1593 herausgegeben wurden. Polykarp Leyser und Johann Gerhard haben das Werk nach den Grundsätzen von Chemnitz weitergeführt; die von dem ersteren erarbeiteten Teile erschienen 1603–1611', die von dem letzteren erarbeiteten 1626. Erst 1652 war die Arbeit vollendet, die neben den getrennt gedruckten Parallelen eine nach augustinischen Grundsätzen gefertigte Harmonie griechisch und lateinisch darbietet und ausführlich kommentiert. Abraham Calov: Biblia illustrata Novi Testamenti, 1676. Caspar Hermann Sandhagen: Kurze Einleitung in die Geschichte unseres Herrn Jesu Christi, 1684. Johannes Clericus: Harmonia evangelica, cui subjecta est historia Christi ex quatuor evangeliis concinnata, 1699. Johann Albrecht Bengel: Richtige Harmonie der vier Evangelisten, 1736. Bernhard Lamy: Harmonia sive Concordia quatuor evangelistarum, 1689. Eberhard David Hauber: Harmonie der Evangelisten, 1737. Anton Friedrich Büsching: Die vier Evangelisten, mit ihren eigenen Worten zusammengesetzt, von neuem verdeutscht, auch mit hinlänglichen Erklärungen versehen, 1766.

Neue Gedanken begegnen in den späten Harmonien nicht mehr. Man vgl. z. B. Büsching, der beifällig Hauber zitiert: „Wenn in zwey Erzählungen unterschiedener Evangelisten, einige, oder auch die meisten, oder gar alle Umstände der Sache selbst, gleich sind, und beyde Evangelisten bestimmen auch die Zeit und den Ort, wenn und wo? solche von ihnen erzählte Dinge geschehen sind, und diese Umstände der Zeit oder des Orts, sind in beyden Erzählungen einerley: so enthalten diese nur eine einzige Geschichte: ist aber in einem Evangelisten eine andere Zeit, oder ein anderer Ort, als in den ander Evangelisten angegeben, so sind es unterschiedene Geschichten, wenn schon die übrigen Umstände ein ander entweder zum Theil, oder gänzlich gleich sind" (134). Nach dieser Regel arbeitet Büsching die vier Evangelien ineinander, was, wie er einleitend feststellt, „sehr selten" nicht gelingt.

1.3 Der Übergang zur historischen Forschung

Der Übergang von der apologetischen, in der Zeit der Orthodoxie vom schroffen Inspirationsdogma beherrschten Harmonistik zu einer geschichtlichen Betrachtung und Untersuchung der Evangelien geschah fließend. Definitiv ist dieser Übergang auch heute noch nicht vollzogen; denn harmonistische Tendenzen blieben, wenn auch mehr oder weniger verdeckt, in weiten Bereichen der Evangelien-Auslegung am Werk, und zwar insbesondere dort, wo die historisierende Frage nach dem ‚was wirklich gewesen ist', die Auslegung leitet (exemplarisch Knackstedt). In der Regel verbinden sich derartige historisierende Tendenzen heute mit einer der modernen Quellen-Theorien, so z.B. bei Ebrard (^{2}1850) mit der Traditionshypothese (→ 3.4) oder bei Orchard (→ 3.5.3.2) und Lagrange (→ 3.5.3.1) mit der Benutzungshypothese mit Matthäus-Priorität. Vieles von dem, was auf dem Boden der Zwei-Quellen-Theorie als ‚Leben Jesu' geschrieben wurde und wird (→ 3.6.3), folgt mehr oder weniger kritisch den Spuren der Harmonistik (vgl. Schweitzer, ^{2}1913; Barnikol, 1958). Noch 1939 veröffentlichte auch die Württembergische Bibelgesellschaft auf der Basis des Luthertextes einen ‚Zusammengefaßten Evangelienbericht' unter dem Titel ‚Die Jesusgeschichte'. Die bis in die Gegenwart hinein nach wie vor erscheinenden Evangelienharmonien stellen indessen einen Anachronismus dar und verdienen keine wissenschaftliche Beachtung. Sie sind jedoch insofern für manche Theologen interessant, als die für eine Harmonie erforderliche Bearbeitung des Stoffes der Evangelien erlaubt, eigene Tendenzen einzutragen. So versuchte z.B. eine von W. Grundmann und anderen bearbeitete und 1940 erschienene Harmonie einen von jüdischem Einfluß befreiten Text des Evangeliums zu bieten.

Insgesamt gesehen aber vollzog in der zweiten Hälfte des 18. Jh. die Theologie den Übergang zu einer geschichtlichen Sicht auch der biblischen Schriften und damit die Ablösung der Evangelienharmonien durch eine kritische Betrachtung der Evangelien.

1.3.1 Lessing als Beispiel

Als signifikantes Beispiel für jene Ablösung kann man Lessings ‚Duplik' von 1778 ansehen. Lessing hatte 1777 aus den ‚Fragmenten eines Ungenannten' als 6. Stück einen Abschnitt ‚Über die Auferstehungsgeschichte' veröffentlicht. Der Lessing bekannte Autor dieses Fragments war der 1768 verstorbene Philosoph und Theologe Hermann Samuel Reimarus, der im übrigen relativ unselbständig die Gedanken der englischen Deisten (Th. Woolston; Th. Morgan; P. Annet; M. Tindal) nach Deutschland vermittelte, mit seiner erst 1972 vollständig veröffentlichten ‚Apologie oder Schutzschrift für die vernünftigen Verehrer Gottes' aber zugunsten einer ‚natürlichen' Religion „nichts Geringeres als einen Hauptsturm auf die christliche Religion unternommen hat" (Lessing, Bd 10,51).

Von dem genannten Fragment schreibt Lessing: „Mein Ungenannter behauptet: die Auferstehung Christi ist *auch darum* nicht zu glauben, weil die Nachrichten der Evangelisten davon sich widersprechen" (ebd.). Das Fragment weist zehn solcher Widersprüche im einzelnen nach, und Lessing urteilt, „sie nirgends so kräftig aufeinander gehäuft, nirgends so deutlich auseinander gesetzt zu wissen" (64). Dabei mußte der Ungenannte „nothwendig, als er zur Auferstehungsgeschichte kam, alles mitnehmen, was man von jeher wider die historische Glaubwürdigkeit derselben eingewendet hat, oder einwenden hätte können; wenn anders über eine so abgedroschene Materie itzt noch etwas einzuwenden seyn möchte, dessen sich nicht schon seit siebzehnhundert Jahren einer oder der andere sollte bedacht haben" (51).

Die Argumente des Ungenannten können wir übergehen. Sie fanden unverzüglich Widerspruch bei einem „frommen Mann", gegen den Lessing 1778 seine ‚Duplik' genannte Replik richtete, nämlich bei Johann Heinrich Reß, dem Superintendenten von Wolfenbüttel, der sich 1777 anonym gegen das Fragment ‚Über die Auferstehungsgeschichte' wandte. Dieser Widerspruch erfolgte in der Weise traditioneller Harmonistik, die Lessing mit den Worten beschreibt: Reß „sagt: die Auferstehung Christi ist schlechterdings zu glauben, *denn* die Nachrichten der Evangelisten davon widersprechen sich nicht" (51).

1.3.1 Der Übergang zur historischen Forschung

Dieser Harmonistik kann Lessing nicht beipflichten. Den vielfachen Widerspruch in den evangelischen Osterberichten muß Lessing dem ‚Ungenannten' zugeben, „weil ich nach vielfältigen aufrichtigen Versuchen, ihn nicht zugeben zu dürfen, mich überzeugte, wie schlecht es mit allen evangelischen Harmonien bestellt sei" (54). Aber Lessing pflichtete schon bei der Herausgabe des 6. Fragments dem ‚Ungenannten' nicht in der *Folgerung* bei, welche dieser aus den von ihm beobachteten Widersprüchen zog, und erwiderte ihm 1778: „... die Auferstehung Christi kann ihre gute Richtigkeit haben, *ob sich schon* die Nachrichten der Evangelisten widersprechen" (51). Dies Urteil begründet er mit folgender Überlegung:

> „Wenn Livius und Polybius und Dionysius und Tacitus eben dieselbe Eräugnung, etwa eben dasselbe Treffen, eben dieselbe Belagerung, jeder mit so verschiedenen Umständen erzählen, daß die Umstände des einen die Umstände des andern völlig Lügen strafen: hat man darum jemals die Eräugnung selbst, in welcher sie übereinstimmen, geleugnet? Hat man sich nie getrauet, sie eher zu glauben, als bis man Mittel und Wege ausgesonnen, jene widerspänstige Verschiedenheit von Umständen wenigstens, gleich stössigen Böcken, in einen engen Stall zu sperren, in welchem sie das Widereinanderlaufen wohl unterlassen müssen?
> Das wahre Bild unsrer harmonischen Paraphrasen der Evangelisten! denn leider bleiben die Böcke darum doch immer stössig, wenden darum doch immer die Köpfe und Hörner noch gegen einander, und reiben sich, und drängen sich. – Ey mag auch! Genug, daß der unverträglichen Böcke eben so viele in dem engen Stall sind, als der geduldigen einverstandnen Schafe nur immer hineingehen würden.
> O der schönen Eintracht! – Ohne eine solche immer gährende, brausende, aufstossende Harmonie, sollten Livius und Polybius, Dionysius und Tacitus nicht glaubwürdige Geschichtschreiber seyn können? – ‚Possen! denkt der freye offene Leser, der sich nicht muthwillig durch kleine Sophistereyen um den Nutzen und das Vergnügen der Geschichte bringen will, Possen! Was kümmert mich der Staub, der unter jedes Schritten aufliegt? Waren sie nicht alle Menschen? Hier hatte nun dieser oder jener nicht so gute Nachrichten, als der dritte! Hier schrieb der eine vielleicht etwas hin, worüber er gar keinen Gewährsmann hatte. Nach Gutdünken! Nach seinem besten Ermessen! So ein Umstand war ihm just noch nöthig, um einen Uebergang zu haben, um eine Periode zu runden. Nun dann, da steht er! – Kann ich verlangen, daß gleiche Schritte auch gleichen Staub erregen?'
> So denkt, sag ich, der freye offene Kopf, der die Schranken der Menschheit und das Gewerbe des Geschichtschreibers ein wenig näher kennt...
> Wenn nun Livius und Dionysius und Polybius und Tacitus so frank und edel von uns behandelt werden, daß wir sie nicht um jede Sylbe auf die Folter span-

nen: warum dann nicht auch Matthäus und Marcus und Lucas und Johannes?" (54–56).

Lessing weist also darauf hin, daß sowohl Reimarus wie die Harmonisten den Evangelisten in derselben ungeschichtlichen Art gegenübertreten und insofern gleicherweise Unrecht haben, wenn sie die Zuverlässigkeit der evangelischen Überlieferung wegen deren vollkommener Harmonie annehmen oder wegen ihrer mangelnden Harmonie verwerfen (vgl. schon Michaelis, ³1777, 775. 787; ⁴1788, 179 f). Demgegenüber stellt Lessing sich auf den Standpunkt, daß wir die Evangelisten als bloß menschliche Geschichtsschreiber betrachten sollen (‚Neue Hypothese über die Evangelisten als blos menschliche Geschichtschreiber betrachtet', 1778, → 3.2.1), die auf menschliche Erinnerung und Überlieferung angewiesen waren. „Nur ein fortdauerndes Wunder hätte es verhindern können, daß in den 30 bis 40 Jahren, ehe Evangelisten schrieben, solche Ausartungen der mündlichen Erzählung von der Auferstehung sich nicht eräugnet hätten. Aber was für Recht haben wir, dieses Wunder anzunehmen? Und was dringt uns, es anzunehmen?" (1777, 34).

Damit entfallen zwar die aus der wunderbaren Harmonistik genommenen historischen Beweise, aber auch alle entsprechenden historischen Widerlegungen des Christentums, für das ‚Der Beweis des Geistes und der Kraft', wie der Titel einer weiteren (aus dem Nachlaß veröffentlichten) Schrift Lessings von 1778 lautet, ausreichen muß. „Die Religion ist nicht wahr, weil die Evangelisten und Apostel sie lehrten: sondern sie lehrten sie, weil sie wahr ist. Aus ihrer innern Wahrheit müssen die schriftlichen Ueberlieferungen erklärt werden, und alle schriftlichen Ueberlieferungen können ihr keine innere Wahrheit geben, wenn sie keine hat" (1777,15). Ähnlich auch Goethe: „Die Evangelisten mögen sich widersprechen, wenn sich nur das Evangelium nicht widerspricht" (Dichtung und Wahrheit, III 12).

Wo immer Entstehung und Überlieferung der biblischen Schriften unter den Gesichtspunkten der allgemeinen Literaturgeschichte untersucht werden, wie Lessing fordert, ist der Übergang zur geschichtlichen Betrachtung der Evangelien gewonnen. Nun entsteht als wissenschaftliche Disziplin die ‚Einleitung' in das Neue Testament. Jener Übergang vollzieht sich in der Zeit Lessings und setzt sich in der Generation nach ihm weitgehend durch.

Dabei sind in Verbindung mit Lessings theologischen Veröffentlichungen und im Blick auf die weitere Erforschung der Evangelien

1.3.1 Der Übergang zur historischen Forschung

Dieser Harmonistik kann Lessing nicht beipflichten. Den vielfachen Widerspruch in den evangelischen Osterberichten muß Lessing dem ‚Ungenannten' zugeben, „weil ich nach vielfältigen aufrichtigen Versuchen, ihn nicht zugeben zu dürfen, mich überzeugte, wie schlecht es mit allen evangelischen Harmonien bestellt sei" (54). Aber Lessing pflichtete schon bei der Herausgabe des 6. Fragments dem ‚Ungenannten' nicht in der *Folgerung* bei, welche dieser aus den von ihm beobachteten Widersprüchen zog, und erwiderte ihm 1778: „... die Auferstehung Christi kann ihre gute Richtigkeit haben, *ob sich schon* die Nachrichten der Evangelisten widersprechen" (51). Dies Urteil begründet er mit folgender Überlegung:

„Wenn Livius und Polybius und Dionysius und Tacitus eben dieselbe Eräugnung, etwa eben dasselbe Treffen, eben dieselbe Belagerung, jeder mit so verschiedenen Umständen erzählen, daß die Umstände des einen die Umstände des andern völlig Lügen strafen: hat man darum jemals die Eräugnung selbst, in welcher sie übereinstimmen, geleugnet? Hat man sich nie getrauet, sie eher zu glauben, als bis man Mittel und Wege ausgesonnen, jene widerspänstige Verschiedenheit von Umständen wenigstens, gleich stössigen Böcken, in einen engen Stall zu sperren, in welchem sie das Widereinanderlaufen wohl unterlassen müssen?

Das wahre Bild unsrer harmonischen Paraphrasen der Evangelisten! denn leider bleiben die Böcke darum doch immer stössig, wenden darum doch immer die Köpfe und Hörner noch gegen einander, und reiben sich, und drängen sich. – Ey mag auch! Genug, daß der unverträglichen Böcke eben so viele in dem engen Stall sind, als der geduldigen einverstandnen Schafe nur immer hineingehen würden.

O der schönen Eintracht! – Ohne eine solche immer gährende, brausende, aufstossende Harmonie, sollten Livius und Polybius, Dionysius und Tacitus nicht glaubwürdige Geschichtschreiber seyn können? – ‚Possen! denkt der freye offene Leser, der sich nicht muthwillig durch kleine Sophistereyen um den Nutzen und das Vergnügen der Geschichte bringen will, Possen! Was kümmert mich der Staub, der unter jedes Schritten aufliegt? Waren sie nicht alle Menschen? Hier hatte nun dieser oder jener nicht so gute Nachrichten, als der dritte! Hier schrieb der eine vielleicht etwas hin, worüber er gar keinen Gewährsmann hatte. Nach Gutdünken! Nach seinem besten Ermessen! So ein Umstand war ihm just noch nöthig, um einen Uebergang zu haben, um eine Periode zu runden. Nun dann, da steht er! – Kann ich verlangen, daß gleiche Schritte auch gleichen Staub erregen?'

So denkt, sag ich, der freye offene Kopf, der die Schranken der Menschheit und das Gewerbe des Geschichtschreibers ein wenig näher kennt...

Wenn nun Livius und Dionysius und Polybius und Tacitus so frank und edel von uns behandelt werden, daß wir sie nicht um jede Sylbe auf die Folter spannen: warum dann nicht auch Matthäus und Marcus und Lucas und Johannes?" (54–56).

Lessing weist also darauf hin, daß sowohl Reimarus wie die Harmonisten den Evangelisten in derselben ungeschichtlichen Art gegenübertreten und insofern gleicherweise Unrecht haben, wenn sie die Zuverlässigkeit der evangelischen Überlieferung wegen deren vollkommener Harmonie annehmen oder wegen ihrer mangelnden Harmonie verwerfen (vgl. schon Michaelis, ³1777, 775. 787; ⁴1788, 179f). Demgegenüber stellt Lessing sich auf den Standpunkt, daß wir die Evangelisten als bloß menschliche Geschichtsschreiber betrachten sollen (,Neue Hypothese über die Evangelisten als blos menschliche Geschichtschreiber betrachtet', 1778, → 3.2.1), die auf menschliche Erinnerung und Überlieferung angewiesen waren. „Nur ein fortdauerndes Wunder hätte es verhindern können, daß in den 30 bis 40 Jahren, ehe Evangelisten schrieben, solche Ausartungen der mündlichen Erzählung von der Auferstehung sich nicht eräugnet hätten. Aber was für Recht haben wir, dieses Wunder anzunehmen? Und was dringt uns, es anzunehmen?" (1777, 34).

Damit entfallen zwar die aus der wunderbaren Harmonistik genommenen historischen Beweise, aber auch alle entsprechenden historischen Widerlegungen des Christentums, für das ,Der Beweis des Geistes und der Kraft', wie der Titel einer weiteren (aus dem Nachlaß veröffentlichten) Schrift Lessings von 1778 lautet, ausreichen muß. „Die Religion ist nicht wahr, weil die Evangelisten und Apostel sie lehrten: sondern sie lehrten sie, weil sie wahr ist. Aus ihrer innern Wahrheit müssen die schriftlichen Ueberlieferungen erklärt werden, und alle schriftlichen Ueberlieferungen können ihr keine innere Wahrheit geben, wenn sie keine hat" (1777,15). Ähnlich auch Goethe: „Die Evangelisten mögen sich widersprechen, wenn sich nur das Evangelium nicht widerspricht" (Dichtung und Wahrheit, III 12).

Wo immer Entstehung und Überlieferung der biblischen Schriften unter den Gesichtspunkten der allgemeinen Literaturgeschichte untersucht werden, wie Lessing fordert, ist der Übergang zur geschichtlichen Betrachtung der Evangelien gewonnen. Nun entsteht als wissenschaftliche Disziplin die ,Einleitung' in das Neue Testament. Jener Übergang vollzieht sich in der Zeit Lessings und setzt sich in der Generation nach ihm weitgehend durch.

Dabei sind in Verbindung mit Lessings theologischen Veröffentlichungen und im Blick auf die weitere Erforschung der Evangelien

1.3.1   Der Übergang zur historischen Forschung

noch zwei andere Beobachtungen bzw. Problemstellungen zu beachten.

a) 1778 veröffentlichte Lessing als letztes ‚Fragment des Wolfenbüttelschen Ungenannten' den Abschnitt ‚Von dem Zwecke Jesu und seiner Jünger'. Dieser von Lessing stammende Titel will zur Geltung bringen, daß sich nach der Auffassung des Reimarus der Zweck Jesu und der Zweck seiner Jünger deutlich unterscheiden.

Der Zweck Jesu war gewesen, in Israel ein nationales, irdisches Messiasreich aufzurichten, und um dieses Zwecks willen waren die Jünger Jesu nachgefolgt; sie wollten Anteil an seiner irdischen Herrschaft haben. Dieser Zweck scheiterte aber mit der Kreuzigung Jesu endgültig, wie auch Jesus selbst sich in seiner Todesstunde eingestehen mußte – ‚Mein Gott, mein Gott, warum hast du mich verlassen' (Mk 15,34) – und die Jünger schon begriffen hatten, als sie nach Jesu Verhaftung flohen.

Sie wollten indessen nach Jesu Tod nicht an ihre alte Arbeit als Fischer zurückkehren, weil sie gesehen hatten, daß das Lehramt auch ohne Arbeit ein gutes Auskommen sowie Ansehen, Ehre und Macht verschafft, Reimarus zufolge Grund genug, „daß die Apostel schlüssig werden, hinfort nicht mehr Fische, sondern Menschen zu fahen" (Band 2, 311). Darum schließen sie sich zwischen Passa und Pfingsten ein, und in dieser Zeit haben sie „ohne Zweifel ihr neues Lehrgebäude mit einander verabredet" (305), und mit diesem eigenen System „brachen denn die Apostel, nach Pfingsten, unvermuhtet hervor". Sie wollten „eine neue Religion stiften, welche beides Juden und Heyden gerecht wäre" (307), also anders als Jesus eine universale Religion, die sich auf die von ihnen ersonnene Behauptung stützte, Jesus sei auferstanden und in die himmlische Herrscherstellung erhöht worden. Die *Jünger* Jesu sind also die „Stifter" des Christentums, das sie „auf ihr neues System gegründet haben" (179) und das nicht mit dem identisch ist, „was die Apostel selbst bis an den Tod Jesu beständig gehabt, noch was ihr Meister, nach manchen Datis der Geschichte, geäußert hat" (187).

Schon Lessing hat dieser Betrugstheorie des Reimarus widersprochen, und in der Tat bedürfen die Aufstellungen des Reimarus insoweit keiner Widerlegung. Indessen hat Lessing deutlich erkannt, daß Reimarus mit seiner Unterscheidung zwischen der Absicht Jesu und der Absicht seiner Jünger mit radikalem Nachdruck auf ein historisches und theologisches *Problem* hingewiesen hat: Wie verhält sich die Verkündigung der Kirche *von* Jesus zur Botschaft Jesu selbst? Welchen Anhalt hat der Glaube an Jesus als den Christus an der ‚Religion Jesu'? Dies Problem war der Zeit Lessings auch sonst nicht unbekannt. Aber die Aufklärungstheologie hatte es unhistorisch überspielt, wenn sie Jesus zum Lehrer der vernünftigen Religionswahrheiten machte, das Christusdogma aber als ‚Akkomodation' Jesu und der Apostel an den unaufgeklärten Geist ihrer Zeit deutete.

Reimarus bzw. Lessing rückten diese Fragestellung dagegen in den Bereich der historisch-kritischen Analyse, und in diesem Rahmen hat Reimarus „das Verhältnis der auf den Osterglauben gebauten urchristlichen oder apostolischen Botschaft zur Verkündigung und Selbstbeurteilung Jesu, als erster deutlich und unter Heranziehung des entscheidenden Stoffs, herausgearbeitet und dabei das zwischen Karfreitag und Pfingsten mit den Jüngern Geschehene als den Schlüsselpunkt jeglicher geschichtlichen Deutung erkannt" (Hirsch, IV 152).

Diese Frage nach dem Verhältnis der Verkündigung Jesu zum verkündigten Christus hat als historische wie theologische Frage die Forschung seit der Zeit Lessings begleitet, befruchtet und irritiert, und zwar in einer ständigen Wechselwirkung mit den Problemen der evangelischen Überlieferungen. Denn jede Antwort auf jene Frage ist auf eine Rekonstruktion der Botschaft Jesu und damit auf eine Lösung der Quellenfrage der Evangelien angewiesen. So war schon die Ausbildung und Entwicklung der verschiedenen Quellentheorien zu den Evangelien, zu denen auch Lessing selbst einen wichtigen Beitrag leistete (→ 3.2.1), von Anfang an von dem Interesse bestimmt, das Verhältnis von Botschaft Jesu und apostolischer Verkündigung zu klären, nach Möglichkeit die historische Zuverlässigkeit der (direkt oder indirekt) *apostolischen* Evangelien zu erweisen und damit, da die Betrugstheorie des Reimarus unannehmbar ist, entweder eine Kluft zwischen der Lehre Jesu und der Lehre der Apostel von vornherein auszuschließen oder aber *hinter* der apostolischen Verkündigung die Botschaft Jesu zu ermitteln. Vgl. z. B. → 3.6.3; 4.3.6; 4.3.7

b) Die andere Beobachtung steht im Zusammenhang mit der voranstehenden und findet sich bei Lessing in seiner Schrift ‚Nöthige Antwort auf eine sehr unnöthige Frage des Herrn Hauptpastor Goeze in Hamburg' (1778). Streitpunkt ist die Notwendigkeit bzw. die Unverletzlichkeit des neutestamentlichen Kanons als Grundlage der kirchlichen Lehre. Diese Lehre findet Lessing verbindlich in den Symbolen der ersten vier christlichen Jahrhunderte aufgezeichnet:

1.3.1 Der Übergang zur historischen Forschung

„§ 1. Der Inbegriff jener Glaubensbekenntnisse heißt bei den ältesten Vätern *Regula fidei*.

§ 2. Diese *Regula fidei* ist nicht aus den Schriften des neuen Testaments gezogen.

§ 3. Diese *Regula fidei* war, ehe noch ein einziges Buch des neuen Testaments existirte.

§ 4. Diese *Regula fidei* ist sogar älter als die *Kirche*. Denn die Absicht, zu welcher, die Anordnung, unter welcher eine Gemeinde zusammengebracht wird, ist ja wol früher als die Gemeinde.

§ 5. Mit dieser *Regula fidei* haben sich nicht allein die ersten Christen, bei Lebzeiten der Apostel, begnügt; sondern auch die nachfolgenden Christen der ganzen ersten vier Jahrhunderte haben sie für vollkommen hinlänglich zum Christenthum gehalten.

§ 6. Diese *Regula fidei* ist also der Fels, auf welchen die Kirche Christi erbaut worden, und *nicht die Schrift*.

§ 7. Diese *Regula fidei* ist der Fels, auf welchen die Kirche Christi erbaut worden, nicht *Petrus und dessen Nachfolger*.

§ 8. Die Schriften des neuen Testaments, so wie sie unser jetziger Canon enthält, sind den ersten Christen unbekannt gewesen; und die einzelnen Stücke, welche sie ungefähr daraus kannten, haben bei ihnen nie in dem Ansehen gestanden, in welchem sie bei Einigen von uns *nach* Luthers Zeiten stehen.

...

§ 11. Nach der *Regula fidei* sind selbst die Schriften der Apostel beurtheilt worden. Nach ihrer mehreren Uebereinstimmung mit der *Regula fidei* ist die Auswahl unter diesen Schriften gemacht worden; und nach ihrer wenigen Uebereinstimmung mit derselben sind Schriften verworfen worden, ob sie schon Apostel zu Verfassern hatten, oder zu haben vorgegeben wurden.

§ 12. Die christliche Religion ist in den ersten vier Jahrhunderten aus den Schriften des neuen Testaments nie erwiesen, sondern höchstens nur beiläufig erläutert und bestätigt worden" (232f).

Diese Gedanken Lessings entsprechen den Darlegungen in Johann Salomo Semlers Programmschrift von 1771 (²1776) ‚Abhandlung von freier Untersuchung des Canon...', mit denen Semler die historische Bibelforschung gegen den schroffen Inspirationsgedanken der Orthodoxie durchsetzen will. Vgl. auch Semlers Schrift ‚Beantwortung der Fragmente eines Ungenannten' (1779): „Ganz recht hat Herr Hofrath Lessing schon angemerkt, der Glaube war eher als diese Bücher, wie auch alle Theologi lehren, diese Bücher sind nicht absolut notwendig zur christlichen Religion" (269). Aber auch Reimarus hatte schon mit den Deisten erkannt, daß die frühe Christenheit als Autorität nur das

Alte Testament und das darauf gegründete Glaubensbekenntnis anerkannte: „Dieses Evangelium bestand anfangs in dem einen Satz, daß Jesus von Nazareth der Christ oder Messias, d. i. der Erlöser der Menschen sey. Wer das glaubte und sich darauf tauffen ließe, der empfing den heiligen Geist und war ein vollkommener Christ" (II 581).

Herder greift 1796 Lessings Beobachtungen auf:
Frage 1. War die Norm des Glaubens *(regula fidei)* in der Christenheit älter als die Schrift?
Antwort. Ohne Zweifel: denn sie war das Evangelium selbst, das die Apostel vom ersten Pfingsttage an predigten, darauf sie tauften, das als Glaubensbekenntniß galt.
Frage 2. Ist diese Norm des Glaubens aus den Schriften des neuen Testaments gezogen?
Antwort. Ursprünglich nicht. Sie ist älter als diese Schriften, ja älter als das Christenthum selbst, indem sie sein Fundament ist. Selbst unsern geschriebenen Evangelien war sie die Grundlage..." (202).

Diese Einsicht in den sekundären Chrakter des im Neuen Testament gesammelten Schrifttums half nicht nur, den Weg zu einer freien (,liberalen') Untersuchung der Evangelien zu öffnen. Sie stellte auch vor die Frage nach der ursprünglichen oder anfänglichen Autorität bzw. der entsprechenden Verbreitung der Evangelien. Welchen Rang besaß und welche Funktion erfüllte die mündliche oder schriftliche evangelische Überlieferung in der frühen Zeit, wenn ursprünglich offensichtlich neben dem Alten Testament nur die christlichen Glaubensformeln die Grundlagen christlicher Lehre und christlichen Bekenntnisses bildeten? Es liegt am Tage, daß diese Frage ihre Bedeutung auch für die Lösung der zunächst anstehenden Quellenfrage der Evangelien besaß und weiterhin besitzt. Vgl. z. B. → 3.4.5; 4.3.8.1.0.

1.3.2 Die Synopse der Evangelien

Der Übergang zur historischen Methode bedeutete für die Erforschung der Evangelien zunächst, daß die Evangelienharmonie durch die Evangeliensynopse abgelöst wurde. Die Evangelien werden nicht mehr zu einer Schrift zusammengefügt, sondern mit ihren parallelen Abschnitten optisch nebeneinandergesetzt (σύνοψις – Zusammenschau), wobei von selbst die besondere Verwandschaft der drei ersten Evangelien im Vergleich mit dem JohEv hervortritt.

1.3.2 Der Übergang zur historischen Forschung

Zu den modernen Synopsen gab es Vorläufer, die ihre ‚Zusammenschau der Getrennten' indessen in der Regel als Hilfsmittel zum Zwecke der Erstellung einer Evangelienharmonie darboten.

Aus der Alten Kirche ist vor allem Euseb von Cäsarea (gest. vermutlich 339) zu nennen, der ein System erfand, mit dem der Leser der vier Evangelien rasch die Parallelstellen innerhalb der Evangelien auffinden konnte. Dies System wurde in viele Evangelienhandschriften übernommen. Entsprechend den vorhandenen Parallelen hat Euseb jedes Evangelium in Abschnitte eingeteilt und diese Abschnitte am Rand jedes Evangeliums fortlaufend numeriert. Das MtEv hat 355 Abschnitte; das MkEv hatte ursprünglich 233 Abschnitte, die später unter Einschluß des sekundären Markusschlusses auf 241 Abschnitte erweitert wurden; das LkEv hat 342, das JohEv 232 Abschnitte. Unter die jeweilige Nummer des Abschnittes setzte Euseb die Nummer der zuständigen Tafel (des ‚Kanons'), in der die parallelen Abschnitte der anderen Evangelien verzeichnet sind. Diese Kanontafeln, zehn an der Zahl, stehen in den Handschriften, oft kunstvoll gestaltet, meist dem Text der vier Evangelien voran:

I	in quo quattuor	Mt//Mk//Lk//Joh
II	in quo tres	Mt//Mk//Lk
III	in quo tres	Mt //Lk//Joh
IV	in quo tres	Mt//Mk //Joh
V	in quo duo	Mt //Lk
VI	in quo duo	Mt//Mk
VII	in quo duo	Mt //Joh
VIII	in quo duo	Mk//Lk
IX	in quo duo	Lk//Joh
X	in quo Matthaeus proprie	
	in quo Marcus proprie	
	in quo Lucas proprie	
	in quo Johannis proprie	

Speziell für Mk//Lk//Joh und für Mk//Joh hat Euseb keine parallelen Abschnitte gefunden bzw. aufgezeichnet.

Schlägt man nun die zu jedem Abschnitt angegebene Kanontafel auf, findet man dort in Kanon I–IX die jeweils parallelen Abschnitte aus den anderen Evangelien angegeben. Kanon I, II und V sind besonders reichlich bestückt, Kanon VII enthält dagegen nur sieben parallele Texte. In Kanon X kann man den Umfang des Sondergutes der einzelnen Evangelisten ablesen; ohne Parallele sind 62 Abschnitte bei Mt, 19 bei Mk, 72 bei Lk und 96 bei Joh.

In einem ‚Brief an Karpianos', der sich gleichfalls in vielen Handschriften der Evangelien findet, hat Euseb sein System erläutert. Er erklärt in diesem Brief, eine von einem (uns sonst unbekannten) Alexandriner Ammonius veranstaltete Ausgabe des MtEv, die am Rand (wie?) fortlaufend die Verwandtschaft mit den anderen Evangelien veranschaulichte, habe ihm die Anregung zu seinem Unternehmen gegeben. Von großer Bedeutung war, daß Hieronymus im Jahre 383 die Vulgata mit den Kanones des Euseb veröffentlichte. Schon Augustin hat mit diesen Kanones gearbeitet (→ 2.6).

Die Kanontafeln und der Brief an Karpianos sind leicht zugänglich bei Nestle-Aland: Novum Testamentum graece, ²⁶1979, 73*–78*. Vgl. im übrigen E. Nestle: Die eusebianische Evangelien-Synopse, NkZ 19, 1908, 40 ff. 93 ff 219 ff; L. Canet: Sur le texte grec des Canons d'Eusèbe, Mél Arch 33, 1913, 119 ff; W. Thiele: Beobachtungen zu den eusebianischen Sektionen und Kanones der Evangelien, ZNW 72, 1981, 100 ff.

In der späteren Harmonistik hat man gelegentlich die drei ersten oder alle vier Evangelien ‚synoptisch' abgedruckt, und zwar im Interesse der Harmonisierung, und in diesem Zusammenhang begegnet auch der Begriff ‚Synopsis' bereits im 16. Jh. (vgl. Wünsch, 1983, 250 f). Deshalb tragen auch später noch wissenschaftliche Synopsen gelegentlich den mißverständlichen Titel ‚Harmonie', Harmonien aber können ‚Synopse' heißen:

J. Gehringer: Synoptische Zusammenstellung des griechischen Textes der vier Evangelien nach den Grundsätzen der authentischen Harmonie, 1842; K. Wieseler: Chronologische Synopse der vier Evangelien, 1843 (eine ‚wissenschaftliche' Harmonie, erstellt durch in chronologischer Reihenfolge synoptisch angeordnete Texte). E. D. Burton und E. J. Goodspeed: A Harmony of the Synoptic Gospels in Greek, 1920 (eine Synopse!); M. P. Vannutelli: Gli evangeli in sinossi. Novo studio del problema sinottico, 1931 (harmonistisch).

Bekanntestes Beispiel einer synoptisch verfahrenden Harmonie ist neben dem harmonistischen Kolossalwerk des Martin Chemnitz (→ 1.2.2.3) die *Harmonia evangelica* des Johannes Clericus von 1699 (→ 1.2.2.3). Clericus bietet in vier Kolumnen nebeneinander den Text (griechisch und lateinisch), den er darunter in freier Paraphrase lateinisch harmonisiert.

Nach diesem Vorbild arbeiten N. Toinard: Evangeliorum Harmonia Graeco – Latina, 1707, der besonders sorgfältig und anschaulich die parallelen Abschnitte im Druck sichtbar macht; J. Priestley: A Harmony of the Gospels in Greek, 1777; W. Newcome: A Harmony of the Gospels in which the text is disposed after Le Clerc's general manner, 1778.

In solchen Werken deutet sich der Übergang von der apologetischen Harmonistik zur historisch verfahrenden Auslegung an.

Die erste eigentliche Synopse veröffentlichte Johann Jakob Griesbach 1774 im Rahmen einer von ihm veranstalteten Ausgabe des griechischen Neuen Testaments:

Libri historici Novi Testamenti Graece. Pars prior, sistens synopsin Evangeliorum Matthaei, Marci et Lucae. 1776 veröffentlicht Griesbach diese Synopse

1.3.2 Der Übergang zur historischen Forschung

separat: Synopsis Evangeliorum Matthaei, Marci et Lucae. Die zweite Auflage dieser selbständigen Synopse von 1797 ergänzt Griesbach durch die parallelen Perikopen der Passions- und Ostererzählungen des JohEv (... quae historiam passionis et resurrectionis Jesu Christi complectuntur). 1809 folgt eine dritte Auflage mit allem Vergleichsmaterial des JohEv (... una cum iis Joannis pericopis quae omnino cum caeterorum Evangelistarum narrationibus conferendae sunt). 1822 erschien postum eine vierte Auflage.

Griesbach verneint ausdrücktlich ein Interesse an der Harmonie (*id quod a meo consilio alienissimum est,* ³1809, VIII). Natürlich könne man seine Synopse auch zur Grundlage jeder Harmonie machen. Aber „ich zweifle daran, daß man aus den Büchern der Evangelisten eine harmonische Erzählung *(harmonica narratio)* zusammenstellen kann, die auf soliden Fundamenten erbaut ist und hinsichtlich der zeitlichen Anordnung der Perikopen mit der Wirklichkeit hinreichend übereinstimmt. Was ist, wenn keiner der Evangelisten überall der zeitlichen Ordnung genau gefolgt ist und wenn keine hinreichenden Indizien vorhanden sind, aus denen sich ergibt, ob jemand und wo er von der zeitlichen Ordnung abweicht? Und ich gestehe, daß ich dieser ‚häretischen' Meinung bin" (ebd. IX). Es geht Griesbach vielmehr darum, mit seiner Synopse eine wissenschaftliche Lösung des ‚synoptischen Problems' (→ 1.3.3) vorzubereiten (→ 3.5.3.2).

Von den zahlreichen Synopsen, die nach Griesbachs bahnbrechender Arbeit veröffentlicht wurden, sind besonders bemerkenswert z. B. de Wette et Lücke: Synopsis evangeliorum, 1818 (²1842); W. G. Rushbrooke: Synopticon. An Exposition of the Common Matter of the Synoptic Gospels, 1880, die Gemeinsamkeiten und Unterschiede der parallelen Texte durch farbigen Druck sichtbar macht; A. Camerlynck und H. Coppieters: Evangeliorum secundum Matthaeum, Marcum et Lucam Synopsis iuxta Vulgatam editionem cum Introductione de Quaestione Synoptica, 1908; B. de Solages: Synopse Grecque des Evangiles, 1959 (auch englisch: A Greek Synopsis of the Gospels, 1959), mit einer statistischen Aufschlüsselung des Sprachgebrauchs in allen Perikopen; W. Larfeld: Griechisch-deutsche Synopse der vier neutestamentlichen Evangelien nach literarhistorischen Gesichtspunkten, 1911; M. Swanson: The Horizontal Line Synopsis of the Gospels, 1975; J. B. Orchard: A Synopsis of the Four Gospels in Greek, 1983, im Interesse der Mt-Priorität angeordnet (→ 3.5.3.2).

Heute sind vor allem im Gebrauch:
A. Huck: Synopse der drei ersten Evangelien (1892), völlig neu bearbeitet von H. Greeven, ¹³1981 (mit bemerkenswertem textkritischen Apparat); K. Aland: Synopsis quattuor Evangeliorum (1963) ¹⁰1978.
Synopsen mit deutschem Text:
A. Huck: Deutsche Evangelien-Synopse, 1908; C. H. Peisker: Zürcher

Evangelien-Synopse (1962) ¹⁷1978; ders.: Luther Evangelien-Synopse (1963) ⁴1975; ders.: Evangelien-Synopse der Einheitsübersetzung, 1983; J. Schmid: Synopse der drei ersten Evangelien mit Beifügung der Johannes-Parallelen (Regensburger Synopse) (1960) ⁶1971; R. Pesch: Synoptisches Arbeitsbuch zu den Evangelien, Band 1—4, 1980; Band 5, 1981.
Ältere Synopsen sind aufgeführt z. B. bei:
E. Reuss: Die Geschichte der Heiligen Schriften Neuen Testaments I, (1842) ⁵1874, 175 f; C. von Tischendorf: Synopsis evangelica (1851) ⁷1898, X ff; P. Feine: Art. ‚Synopse‘, RE 19, ³1907, 277 ff; H. Greeven: The Gospel Synopsis from 1776 to the Present Day, in: Orchard und Longstaff (Hg.), J. J. Griesbach, Synoptic and Text-Critical Studies, 1776–1976, 1978, 22 ff.
Bemerkenswerte Hilfsmittel zur Synopse sind:
J. C. Hawkins: Horae Synopticae, 1899; R. Morgenthaler: Statistische Synopse, 1971

1.3.3 Das synoptische Problem

Die Ersetzung der Evangelien-Harmonie durch die wissenschaftliche Evangelien-Synopse bedeutete die Ersetzung der harmonistischen *Lösung* des synoptischen Problems durch die *Aufgabe,* das synoptische Problem zu lösen. Dieser Lösung des mit der Evangelien-Synopse gestellten Problems widmeten sich die ersten Generationen der historisch verfahrenden Exegeten mit besonderer Intensität und mit bemerkenswertem Erfolg, auch wenn wir noch heute nicht von einer definitiven, im umfassenden Konsens der Wissenschaft erfolgenden Lösung aller einschlägigen Fragen sprechen können. Eine Einführung in die drei ersten Evangelien muß darum ebensowohl von erzielten Ergebnissen wie von offenen Fragen ausgehen, und es ist ihre Pflicht, jene nicht unkritisch hinzunehmen, diese aber einer Antwort näher zu führen.

Eine Beschränkung der Untersuchung auf die drei ersten Evangelien ist an sich in der Synopse so wenig angelegt wie in der Harmonie. Die Synopsen drucken deshalb in der Regel auch alle vier kanonischen Evangelien nebeneinander ab oder stellen doch wenigstens die parallelen Perikopen des JohEv neben die entsprechenden Abschnitte des MtEv, MkEv und LkEv. Sie geben außerdem meist außerkanonische Parallelen bei. Jene Beschränkung rechtfertigt sich aber nicht nur von den Ergebnissen der Evangelien-Forschung her, sondern auch durch das Bild der Synopse selbst.

Schon zur Zeit der Harmonien war der Ausgleich zwischen den drei ersten Evangelien und dem JohEv im allgemeinen nicht schwierig, da die Zahl der Parallelen von JohEv einerseits und Mt/Mk/

1.3.3   Der Übergang zur historischen Forschung

LkEv andererseits gering ist und sich damit auch die Möglichkeit von Widersprüchen verringert. Von einzelnen Fragen abgesehen, z. B. der Datierung der Tempelreinigung (Joh 2,13 ff/Mk 11,15 ff par) und des Todestages Jesu (Joh 19,14/Mk 14,12 par), kam man mit der einfachen Ergänzungsmethode aus, während die Harmonisierung der drei ersten Evangelien untereinander ungleich größere Schwierigkeiten machte. So zeigt denn auch der Blick in eine Synopse, daß das JohEv meist für sich geht, während z. B. das MkEv kaum einmal vom MtEv oder vom LkEv oder gar von beiden im Stich gelassen wird. Die enge Verwandtschaft der drei ersten Evangelien untereinander, die sie „als verschiedene Zweige desselben Stammes anzusehen" erlaubt (de Wette, ⁵1848, 129), *und* die Differenzen innerhalb dieser Verwandtschaft sind das eigentliche synoptische Problem. „Aus Ähnlichkeit und Unterschied schlingt sich das synoptische Problem" (Holtzmann, 1863, 3). Erst von der Lösung dieses Problems aus kann die ‚höhere' Synopse zwischen den drei ersten Evangelien und dem vierten in den Blick genommen werden.

Es ist deshalb auch üblich geworden, die drei ersten Evangelien als die ‚synoptischen Evangelien' oder als ‚Synoptiker' zu bezeichnen, auch wenn die ‚Synopse' nach wie vor alle vier Evangelien bieten kann. Jener einschränkende Sprachgebrauch knüpft anscheinend an Griesbach an, der 1776 seine *Synopsis Evangeliorum Matthaei, Marci et Lucae* vorlegte, die er erst in späteren Auflagen durch Stoffe aus dem JohEv ergänzte. ‚Synoptiker' und ‚Synoptische Evangelien' statt und neben ‚Die drei ersten Evangelien' bzw. – vom JohEv aus gesehen – ‚Die anderen Evangelien' finde ich erstmals 1835 bei K. Lachmann: *De ordine narrationum in evangeliis synopticis* (ThStKr 8, 1835, 570 ff) und Schlichthorst (‚Über das Verhältnis der drei synoptischen Evangelien zu einander...') dann 1836 bei Credner (138) und 1838 bei Weisse (IX. 94) sowie bei Gfrörer, der wie selbstverständlich von den ‚Synoptikern' redet. Schon Schleiermacher (→ 3.3.2) spricht aber 1817 (1) von den „drei übereinstimmenden Evangelien" und 1832 (387) von der „Evangelienschreibung nach nach Art unserer synoptischen". Jener vereinfachte Sprachgebrauch setzte sich bis zur Hälfte des vorigen Jahrhunderts durch. 1841/42 verfaßt Bruno Bauer seine ‚Kritik der evangelischen Geschichte der Synoptiker', und 1844 gibt Schwarz einer Untersuchung den Titel ‚Neue Untersuchungen über das Verwandtschafts-Verhältnis der synoptischen Evangelien'.

Des Näheren stellen sich Gemeinsamkeiten und Unterschiede der synoptischen Evangelien folgendermaßen dar:

Verglichen mit dem, was aus dem Leben Jesu hätte überliefert werden können, fällt die weitgehende Übereinstimmung in der *Auswahl* des tatsächlich Überlieferten auf, die sich schwerlich bei unabhängig voneinander berichtenden Augenzeugen hätte einstellen können. Im Unterschied zum JohEv berichten die Synoptiker z. B. gemeinsam von nur einem Aufenthalt Jesu in Jerusalem, nämlich von seiner Reise zum Todespassa.

Das MtEv hat ca. 1070 Verse. Etwa 600 davon haben eine *Parallele* im Stoff des MkEv, davon etwa 320 zugleich im LkEv; etwa 230 weitere Verse, vorwiegend Redestücke, haben Parallelen nur im LkEv. Der Rest, ca. 240 Verse, ist dem MtEv eigentümlich.

Das LkEv hat ca. 1150 Verse. Davon bieten fast die Hälfte Sondergut des LkEv. Etwa 350 Verse hat das LkEv mit dem MkEv, davon rund 320 Verse zugleich mit dem MtEv, etwa 230 Verse nur mit dem MtEv gemeinsam.

Das MkEv umfaßt (bis 16,8) rund 660 Verse, deren Stoff sich, von etwa 30 Versen abgesehen, auch im MtEv und (oder) im LkEv findet.

In jenem Stoff, den alle drei Evangelien gemeinsam haben, findet sich im wesentlichen auch dieselbe *Anordnung* dieses Stoffes, obschon diese Anordnung offensichtlich weithin nicht chronologischen, sondern sachlichen Gesichtspunkten folgt. Im Falle der Abweichung nimmt das MkEv insofern eine mittlere Stellung ein, als seine Ordnung nie zugleich von der des LkEv und des MtEv abweicht.

Die etwa 230 Verse, die nur das MtEv und das LkEv gemeinsam haben, weisen keine vergleichbar feste Anordnung auf. Das MtEv bringt dies Material vor allem in fünf großen Redekompositionen, die sich über das Evangelium verteilen (→ 3.6.6.c), während es sich im LkEv in einer kleinen und einer großen Einschaltung in den allen drei Synoptikern gemeinsamen Stoff findet (6,20–8,3; 9,51–19,27; → 3.6.6.c).

Der *Wortlaut* der zwei oder drei Evangelien gemeinsamen Überlieferung stimmt oft genau überein, und zwar auch über längere Passagen hinweg, weicht aber auch in auffälliger Weise voneinander ab. Der ‚gedächtnismäßige' Stoff – Worte und Reden – zeigt dabei in der Regel eine größere Übereinstimmung im Wortlaut als der ‚reflexionsmäßige' Stoff – die Schilderung von Begebenheiten –, doch ist auch das Reflexionsmäßige nach Darstellungsart und Wortlaut (bis hin zu seltenen Wendungen und Begriffen) so gleichförmig, daß wir es nicht mit unabhängig voneinander entstandenen Berichten zu tun haben können.

Bei dem einzelnen Evangelisten eigentümlichen Sondergut finden sich statt dessen im vergleichbaren Stoff eher Widersprüche, so in den Stammbäumen Jesu (Mt 1,1 ff; Lk 3,23 ff), in den Geburts- und Kindheitsgeschichten und in den Osterberichten, in denen das LkEv z. B. von Erscheinungen nur in Jerusalem, das MtEv auch von galiläischen Erscheinungen spricht.

2 Die altkirchlichen Nachrichten über den Ursprung der drei ersten Evangelien

2.1 Allgemeines

Aus der alten Kirche sind uns einige Nachrichten erhalten, die zeigen, daß die Theologen der ersten christlichen Jahrhunderte sich in ihrer Weise Gedanken über die historischen Gegebenheiten gemacht haben, die mit der Entstehung unserer Evangelien zusammenhängen. Diese Nachrichten wurden in der Zeit der harmonistischen Auffassung der Evangelien im allgemeinen nur tradiert, nicht aber reflektiert und für die Erklärung der Evangelien fruchtbar gemacht.

Mit dem Aufkommen der historischen Erforschung der Evangelien änderte sich diese Einstellung. Die alten Nachrichten wurden sorgfältig studiert, und sie dienten oft als Grundlage oder als Ausgangspunkt der eigenen historischen Rekonstruktionen, die heute in vielen Fällen nur verständlich sind, wenn man bedenkt, daß viele Forscher ihre Antworten auf die historischen Fragen mit den Nachrichten der Kirchenväter, denen man im allgemeinen gutes Vertrauen entgegenbrachte, so weit wie möglich in Übereinstimmung bringen wollten. Dieses noch heute nicht selten begegnende ‚traditionalistische' Prinzip ist nur insoweit gerechtfertigt, als jene Nachrichten, die indessen nicht widerspruchsfrei sind, selbst als historisch zuverlässig gelten können.

Aber auch wo sie ohne historischen Wert sind, machen die altkirchlichen Nachrichten mit überlieferungsgeschichtlichen *Problemen* bekannt, die zu kennen auch für das wissenschaftliche Nachdenken und Forschen hilfreich sein kann, unbeschadet dessen, daß die Lösungen dieser Probleme, wie sie durch die alten Nachrichten überliefert werden, für uns vielfach historisch fragwürdig oder unhaltbar geworden sind.

Die einschlägigen Texte findet man bequem zusammengestellt bei K. Aland: Synopsis quattuor Evangeliorum, (^{1}1963) ^{10}1978, Appendix II, und bei Huck-Greeven: Synopse der drei ersten Evangelien, 1981, VIIIff. Vgl. auch Hennecke-Schneemelcher: Neutestamentliche Apokryphen, ^{3}1964, Band 2, 30f (MtEv), 36f (MkEv), 37f (LkEv).

2.2 Die Verfasserangaben

Die Evangelien selbst nennen ihre Verfasser nicht. Sie scheinen auch ohne beigefügten Verfassernamen ausgegangen zu sein. Dibelius (1975, 45f; vgl. 1951, 80. 118f. 127f) will dies (nur) für Lukas nicht gelten lassen. Das lukanische Doppelwerk sei einem ‚Theophilus' gewidmet (Lk 1,1–4; Ag 1,1), und eine anonyme Widmung widerspräche dem literarischen Brauch jener Zeit, zumal Lukas für den allgemeinen Büchermarkt geschrieben habe und der in der Widmung angeredete Gönner verpflichtet gewesen sei, für die Verbreitung des Werkes zu sorgen. Indessen handelt es sich bei der genannten Widmung vermutlich um eine literarische Fiktion (Theophilus = Gottesfreund), und der Inhalt des lukanischen Doppelwerkes läßt erkennen, daß dieses für den innerkirchlichen Gebrauch, nicht für öffentliche Verbreitung bestimmt war (→ 5.2.; vgl. Haenchen, ¹³1961, 105 Anm 4).

Der Märtyrer Justin benutzt um 150 in seinen Schriften den Ausdruck ‚Evangelium', und zwar auch im Plural, unzweifelhaft für Evangelien*schriften* (Apol I 66,3; Dial 10,2; 100,1 u. ö.). Stellt man dazu Did 8,2; 15,3f; 2 Clem 8,5 sowie die sekundäre Kopistenbemerkung (Schmithals, 1979, 73f) Mk 1,1, so scheint die Übertragung des Begriffs ‚Evangelium' von der verkündigten christlichen Botschaft als solcher auf die Evangelienschriften, die sich selbst nicht in diesem literarischen Sinn ‚Evangelium' nennen, bald nach der ersten Jahrhundertwende erfolgt zu sein. Noch Justin nennt aber keine einzelnen, diese Schriften voneinander unterscheidenden Bezeichnungen, sondern spricht von ihnen undifferenziert in hellenistischer Manier als von den ἀπομνημονεύματα (‚Denkwürdigkeiten', ‚Erinnerungen') der Apostel o. ä. (Apol I 66,3; 67,2; Dial 103 u. ö.). Die zahlreichen Versuche zu ermitteln, welche (kanonischen und/oder apokryphen) Evangelienschriften Justin benutzt hat – die Evangelienzitate des Justin findet man bequem bei Preuschen, ²1905, 33–52 –, haben noch zu keinem allgemein anerkannten Ergebnis geführt, was zum Teil damit zusammenhängen dürfte, daß Justin mit dem evangelischen Stoff (noch) relativ frei umgehen konnte. Doch kann an der Benutzung des MtEv und des LkEv durch Justin vernünftigerweise kein Zweifel bestehen, und auch die Kenntnis des MkEv (oder seiner Grundschrift, → 5.5.3) ist wahrscheinlich. Justin zufolge entstammen die Evangelienschriften apostolischer Überlieferung, aber auf bestimmte Apostel oder Apostelschüler scheint er die schriftlich verfaßten ‚Erinnerungen der Apostel' noch nicht zurückgeführt zu haben.

Etwa zur selben Zeit, als Justin schrieb, stellte Marcion seinen neutestamentlichen Kanon aus einem Evangelium und zehn Paulusbrie-

fen zusammen, und von dem ersteren bezeugt Tertullian (Adv Marc IV 2): *Marcion evangelio suo nullum adscribit autorem*.
Daß die Evangelien ursprünglich keinen Verfassernamen trugen, bedeutet nicht, daß die Verfasser von Anfang an unbekannt gewesen sein müssen. Näher liegt die Argumentation: Weil der jeweilige Verfasser im begrenzten Verbreitungsgebiet seiner Schrift ursprünglich allgemein bekannt war (→ 1.1), brauchte sein Name dem ‚Evangelium' nicht beigegeben zu werden.

Für das Verständnis des Werkes war der Name seines Verfassers indessen unwichtig; denn es handelte sich ja nicht um die Botschaft dieses oder jenes Schriftstellers, sondern um das ‚Evangelium Jesu Christi' (Mk 1,1). Jede Gemeinde benutzte zudem ursprünglich nur eine Evangelienschrift, so daß auch eine unterscheidende Bezeichnung nicht erforderlich war. Bei der Verbreitung des einzelnen Evangeliums von seinem Ursprungsort aus dürfte demzufolge ein Verfassername nicht automatisch mitverbreitet worden sein. Ob sich angesichts dieses Sachverhalts authentische Erinnerungen über die Verfasser einzelner Evangelien überhaupt erhalten haben, muß bezweifelt werden.

Bezeichnungen für verlorene bzw. apokryphe Evangelien (vgl. Hennecke-Schneemelcher, Band 1, ³1959, 75 ff) wie:
Evangelium nach den Hebräern (ClAl Strom II 9,45: καθ' Ἑβραίους);
Syrisches Evangelium (Euseb KG IV 22,8: τοῦ Συριακοῦ);
Nazaräerevangelium (oft bei Hieronymus);
Ebionäerevangelium (Epiph 30,3,7; 13,12; 14,3);
Ägypterevangelium (ClAl Strom III 63);
Evangelium Ponticum (Tert Adv Marc IV 2),
die von den Adressatenkreisen bzw. von den Verbreitungsgebieten ausgehen, dürften als unterscheidende Benennung einzelner Evangelien deshalb im Prinzip ursprünglicher sein als die Bezeichnung nach apostolischen Verfasserpersönlichkeiten.

Innerhalb des aus mehreren Evangelienschriften bestehenden (→ 1.1) kirchlichen Kanons war es nötig, diese voneinander zu unterscheiden. Irenäus ist in den uns erhaltenen Nachrichten der erste, der uns (III 1,1) unzweifelhaft (um 200) die kanonischen Evangelien mit derjenigen Benennung bezeugt, welche sie bis in unsere Tage unverändert tragen. Vermutlich stammen die uns geläufigen Verfasserangaben erst aus der Zeit der Kanonbildung, d. h. aus der zweiten Hälfte des zweiten Jahrhunderts, und wurden wegen des von ihnen konstatierten direkten (MtEv; JohEv) oder indirekten (MkEv; LkEv; → 2.4; 2.5) *apostolischen* Ursprungs der Evangelien gewählt. Dabei haben die

Herausgeber des Kanons vermutlich ältere Nachrichten verwendet (vgl. die Papiasnotizen → 2.4). Geographische Bezeichnungen kamen für den *katholischen* Kanon nicht mehr in Frage.

Die Unterscheidung geschah anscheinend in der Weise, daß alle drei bzw. vier Evangelienschriften gemeinsam als εὐαγγέλιον – als das eine Evangelium – bezeichnet und durch den Zusatz:

κατὰ Μαθθαῖον
κατὰ Μᾶρκον
κατὰ Λουκᾶν
κατὰ Ἰωάννην

unterschieden wurden; das heißt: Das eine Evangelium nach dem Bericht bzw. aus der Feder des Matthäus, des Markus, des Lukas, des Johannes (anders Schenk, 1983, 58 f).

2.3 Der Prolog des LkEv

Von den synoptischen Evangelien gibt uns nur der Verfasser des LkEv eine ‚historische' Nachricht über dessen Ursprung, die natürlich wegen ihrer Authentizität von höchstem sachlichen wie die Probleme anzeigenden methodischen Wert ist. Diese Nachricht findet sich in dem nach hellenistischer Manier gestalteten Prolog des LkEv (Lk 1,1–4):

(1) Weil bekanntlich viele den Versuch unternommen haben, einen Bericht über die unter uns geschehenen Ereignisse zu verfassen, (2) wie sie uns von denen überliefert wurden, die von Anfang an Augenzeugen und Diener am Wort gewesen sind, (3) hielt auch ich es für gut, allem von Beginn an genau nachzuforschen und es dir, ehrenwerter Theophilus, der Reihe nach aufzuschreiben, (4) damit du die Zuverlässigkeit der Worte, in denen du unterrichtet wurdest, erkennst.

Von den vielen Problemen des Prologs interessieren im vorliegenden Zusammenhang die folgenden:

a) Der Verfasser des LkEv nennt seinen Namen nicht. Er unterscheidet sich aber von den Augenzeugen des Lebens Jesu und der frühen Mission – dem Doppelwerk des Lukas zufolge vornehmlich die Zwölf Apostel (vgl. Ag 1,21 f) –, die auch ‚Diener am Wort' waren und als solche das Evangelium in die Welt trugen (vgl. Ag 1,8).

b) Vor ihm haben schon viele andere einen Bericht (διήγησις) verfaßt. Lukas kann also für Evangelium und Apostelgeschichte auf

Quellen zurückgreifen, handele es sich dabei um vollständige Schriften oder um ‚Fragmente' (→ 3.3).

c) Die Verfasser dieser Quellen sind offensichtlich nicht mit den ‚Augenzeugen und Dienern am Wort' identisch. Lukas kennt also keine originale ‚apostolische' Literatur, der er bei der Abfassung seines Doppelwerkes hätte folgen können, sondern nur Quellenschriften aus zweiter Hand. Da kaum verständlich wäre, wieso Lukas apostolische Evangelienliteratur verschmäht haben sollte oder wie solche ihm hätte unbekannt bleiben können, muß man davon ausgehen, daß es ‚evangelische' Aufzeichnungen von *apostolischer* Hand überhaupt nicht gegeben hat.

d) Lukas weiß von ‚Überlieferungen' der ‚Augenzeugen und Diener am Wort', die den Verfassern der Diegesen zugeflossen sind. Dabei wird er an mündliche Überlieferungen denken. Kann auch er selbst noch direkt auf solche mündliche Überlieferungen zurückgreifen? Über diese Frage gibt Lukas seinen Lesern keine klare Auskunft. Das ‚uns' in V.2 läßt offen, ob die Überlieferung der ‚Augenzeugen und Diener am Wort' Lukas auch direkt oder nur auf dem Wege über die schriftlichen Berichte der ‚Vielen' (V.1) erreicht hat. Da er indessen mit seinem Prolog einem in der Antike verbreiteten Schema folgt, in dem der Schriftsteller originale Überlieferungen zu bieten beansprucht (→ 2.4), dürfte die Kenntnis von mündlichen Augenzeugenberichten eher unwahrscheinlich sein.

e) Die von Lukas vorgefundenen ‚Diegesen' gelten ihm nicht als Heilige Schrift. Er betrachtet sie vielmehr nicht unkritisch und will mit seinem Werk Besseres bieten (V.3f). Schon Euseb (KG III 24,15) hat Lukas so verstanden, daß seine Vorgänger seiner Meinung nach προπετέστερον (zu voreilig) geschrieben haben.

2.4 Die Nachrichten des Papias

Die nächst dem Prolog des LkEv wichtigsten Nachrichten aus der Alten Kirche stammen von Papias, der in der ersten Hälfte des zweiten Jahrhunderts – die Datierungen schwanken zwischen 90 (Gutwenger) und nach 150 (Conzelmann, 1969, 17; Harnack, 1897, 357; Holtzmann, 1869, 418ff) – Bischof von Hierapolis war und fünf Bücher Λογίων κυριακῶν ἐξηγήσεως (Euseb KG III 39,1) bzw. *explanatio sermonum domini* (Hieronymus, de vir inl 18) geschrieben hat:

Auslegung (Schwartz, 1904, 10) sei es der Worte des Herrn, sei es der Berichte vom Herrn.

Die spärlichen Fragmente, die uns aus diesem Werk erhalten geblieben sind – gesammelt bei Preuschen (91 ff. 195 ff) und Funk-Bihlmeyer (133 ff); dazu Siegert und Körtner; die Literatur ist unübersehbar (vgl. Campenhausen, 1968, 153 ff) –, lassen dessen Umfang und Charakter nicht hinreichend erkennen. Anscheinend entfaltet Papias vor allem seine eigenen theologischen Gedanken, zu denen der Chiliasmus mit einer sehr realistischen Eschatologie gehört (Iren V 33,3 f). In der Vorrede zu seinen Büchern behauptet er, seine Auslegungen beruhten auf Erkundigungen, die er bei solchen eingeholt habe, die mit den ‚Presbytern' Kontakt hatten, die ihrerseits mit den Jüngern des Herrn in Verbindung gestanden hätten; die Traditionskette ist also: Jünger – Presbyter – Gewährsleute des Papias – Papias: „Denn das, was aus den Büchern stammt, hielt ich nicht für so nützlich für mich wie das, was aus der lebendigen und bleibenden Überlieferung (φωνή) kommt."

Diese Angaben sind vor allem als literarisches Schema zu deuten: Papias beansprucht Aufmerksamkeit für sein Werk, weil er nicht nur Literarisches reproduziert, sondern selbständig Erfragtes mitteilt. So heißt es im Anfang des Lukian von Samosata zugeschriebenen Buches *De syria Dea*: „Da ich ein geborener Assyrer bin, kann mein Bericht ... als um so zuverlässiger gelten, weil ich teils als Augenzeuge, teils was die älteren Schriften betrifft, aus dem Munde der Priester berichte." Ein ähnliches Schema verwendete – zurückhaltender – Lukas in seinem Prolog (→ 2.3); vgl. auch Polyb XII 28a,7; Jos. Ap. 1,46. Die Fragmente des Papias lassen nicht erkennen, daß seine Nachfrage wertvolle Nachrichten, zu denen man seine wenigen legendarischen Überlieferungen über Apostenschüler kaum rechnen kann, zutage gefördert hat. Bemerkenswert ist jedoch, daß Papias nachfragen und nachforschen muß: Eine in lebendigem Gebrauch befindliche mündliche Überlieferung steht ihm in seinen Gemeinden offensichtlich nicht zur Verfügung. Zugleich erfährt die schriftliche Überlieferung zwar keine Ablehnung, wohl aber eine deutliche Abwertung. Mag dies auch durch die spezifischen theologischen Interessen des Papias bedingt sein, so gilt auch ihm die schriftliche Überlieferung jedenfalls noch nicht als Heilige Schrift. Das wird von den Angaben bestätigt, die Papias über die ihm bekannten älteren Schriften macht.

Hinsichtlich der Papias vorliegenden schriftlichen Überlieferung erfahren wir durch Euseb (KG III 39,15) folgendes:

„Markus war Hermeneut (Dolmetscher oder Tradent) des Petrus und schrieb sorgfältig auf, wessen er sich erinnerte, wenn auch nicht der Reihe nach (οὐ μέντοι τάξει), nämlich Worte und Taten Christi. Denn er hatte den Herrn nicht gehört und war ihm nicht nachgefolgt, sondern, wie gesagt, später dem Petrus, der seine Lehrvorträge nach den jeweiligen Bedürfnissen (πρὸς τὰς χρείας) gestaltete, nicht aber in der Absicht, eine geordnete Zusammenstellung (σύνταξιν) der Herrenworte (oder: der Berichte vom Herrn; τῶν κυριακῶν λογίων) zu geben. Daher handelte Markus nicht unrecht, wenn er einiges so aufschrieb, wie er es in der Erinnerung hatte. Denn auf eines achtete er: nichts von dem auszulassen, was er gehört hatte, und nichts davon zu verfälschen."

Und von Matthäus berichtete Papias laut Euseb (KG III 39,16):

„Matthäus stellte in hebräischer Sprache die Worte (oder: die Berichte; τὰ λόγια) zusammen, jeder aber übersetzte (oder: interpretierte; ἡρμήνευσεν) sie, so gut er konnte."

Falls sich die Nachricht über Markus auf unser MkEv oder auf eine ihm verwandte Schrift (→ 3.6.4; 4.4.1) bezieht, verwundert die Behauptung, den Aufzeichnungen des Markus fehle die gehörige Ordnung; denn mit dem JohEv berührt sich das MkEv so wenig, daß eine Unordnung des MkEv insofern gar nicht konstatiert werden kann, mit dem MtEv und dem LkEv aber stimmt das MkEv in der Anordnung seines Stoffes im wesentlichen überein. Man hat deshalb schon früher vermutet (Schleiermacher, → 3.3.2), Papias bzw. sein Gewährsmann habe bloß eine lose Sammlung einzelner Erzählungen ohne chronologischen Rahmen vor sich gehabt (‚Petruserinnerungen', → 4.3.1; 4.3.2), die uns im übrigen freilich nicht bezeugt ist. Kürzinger hat neuerdings vorgeschlagen, τάξις und σύνταξις nicht, wie schon die Kirchenväter taten, auf die Anordnung, sondern auf die rhetorische Gestaltung des MkEv zu beziehen (οὐ τάξει = nicht in kunstvoller literarischer Gestalt). Dieser Vorschlag würde die genannte Schwierigkeit lösen, und dann bestünde *insofern* kein Grund zu der Annahme, Papias habe eine andere Schrift als unser MkEv vor sich gehabt.

Papias erkennt die Schrift des Markus an; das in ihr Gebotene ist zuverlässig. (Die Schlußworte der Markus-Notiz des Papias sind formelhaft; vgl. Dt 4,2; 13,1; Offb 22,18 f sowie van Unnik.) Er billigt der Schrift des Markus aber keinen überragenden Rang zu. Sie stammt nicht von einem Apostel selbst, sondern beruht (ähnlich wie sein eigenes Werk) auf Gehörtem und Erinnertem. Da sie nicht vollständig ist, bedarf sie der Ergänzung, nämlich, so möchte man schließen, der Ergänzung auch durch die Bücher des Papias selbst. Die Notiz des Papias über Matthäus spricht nach verbreiteter Auffassung von Spruchüberlieferung, womit sie sich nicht auf unser MtEv beziehen könnte; Papias habe vielmehr eine – vielleicht vom MtEv benutzte – Spruchsammlung vorgelegen. Diese Ansicht wird seit Schleiermacher (→ 3.3.2) oft vertreten; vgl. Weisse (→ 3.6.1); Holtzmann (→ 3.6.2); Brown; Munck; Abel. Die von Papias dem Matthäus zugeschriebene Schrift wäre uns demzufolge nicht erhalten. Ob sie zu den in Lk 1,1 genannten ‚Diegesen' gehörte und außer von Lukas auch noch von anderen Schriftstellern benutzt wurde, ist eine oft erörterte Frage im Rahmen der Erforschung der synoptischen Evangelien (→ 3.6).

Indessen dürfte λόγια wie im Titel der Schrift des Papias und wie in dessen Notiz über Markus (τὰ ὑπὸ τοῦ κυρίου ἢ λεχθέντα ἢ πράχθεντα) auch in der Notiz über Matthäus die Berichte bzw. die Überlieferungen der Jesus-Tradition überhaupt bezeichnen (vgl. Dibelius, ²1933, 234 Anm 2; Gryson; Kürzinger), so daß Papias möglicherweise ein vollständiges Evangelium vorliegen hatte, vielleicht unser MtEv.

Einflußreich wurde in der historischen Forschung auch die Bemerkung des Papias, Matthäus habe seine Schrift in hebräischer Sprache ('Εβραΐδι διαλέκτῳ) verfaßt; denn diese Notiz ließ eine aramäische Urfassung oder Vorlage unseres MtEv erschließen. Demgegenüber hat Kürzinger neuerdings die Auffassung vertreten, Papias gebrauche διάλεκτον von der rhetorischen bzw. literarischen Form (‚Matthäus hat in hebräischem Stil die Überlieferungen zusammengestellt'). Dann würde Papias eine griechische Schrift des Matthäus vor Augen haben, und sein abschließender Satz (ἡρμήνευσεν δ'αὐτὰ ὡς ἦν δυνατὸς ἕκαστος) spräche nicht von ‚Übersetzungen', sondern von ‚Auslegungen' bzw. – so Kürzinger, der das ‚jeder' in der Notiz über Matthäus auf die *beiden* Schriftsteller des Papias bezieht – von der unterschiedlichen schriftstellerischen ‚Darbietung' der λόγια durch Markus und Matthäus. Das ‚so gut jeder konnte' (ὡς ἦν δυνατός) soll jedenfalls – analog zu der Bemerkung über Markus – auf ein Manko der umlaufenden Überlieferung hinweisen und damit vermutlich die Notwendigkeit der Bücher des Papias auch neben der apostolischen Schrift des Matthäus erweisen. Hat Kürzinger im wesentlichen Recht, dürfte Papias dabei für sein eigenes Werk im Unterschied zu der stillosen Schrift seines Markus und der hebräisch stilisierten Schrift des Matthäus beanspruchen, den Anforderungen der hellenistischen Rhetorik gerecht zu werden.

Ingesamt aber bleibt angesichts der Vieldeutigkeit seiner Notizen nach wie vor offen, ob Papias unser MtEv und/oder unser MkEv gekannt hat. LkEv und JohEv scheinen ihm in jedem Fall unbekannt gewesen zu sein.

2.5 Sonstige Nachrichten

Irenäus berichtet in III 1,1 (den griechischen Text hat Euseb, KG V 8,2–4 bewahrt):

„... Matthäus verfaßte seine Evangelienschrift unter den Hebräern in deren Sprache, während Petrus und Paulus in Rom predigten und die Gemeinde gründeten.

Nach deren Tod überlieferte uns Markus, der Schüler und Dolmetscher des Petrus, schriftlich, was Petrus gepredigt hatte.

Dann legte Lukas, der Begleiter des Paulus, das von diesem verkündigte Evangelium in einem Buch nieder."

Die Angaben über Matthäus und Markus, bei Irenäus zweifellos auf die kanonischen Schriften bezogen, geben nur wieder, was schon Papias sagte oder was sich aus seinen Mitteilungen erschließen ließ. Denn schrieb Markus aus der Erinnerung an die Predigt des Petrus sein griechisches Evangelium auf, liegt es nahe, das hebräische Evangelium des Matthäus früher anzusetzen. Daß Markus in Rom, wohin er Petrus als Dolmetscher des Petrus begleitet haben soll, und nach dem Tod des Petrus schrieb, ist ein weiterer naheliegender Schluß aus den Angaben des Papias.

Die Nachricht des Irenäus über das LkEv ist die früheste, die wir überhaupt besitzen. Von dem Evangelium des Marcion (um 150) behaupten seine kirchlichen Bestreiter zwar in der Regel, es sei ein verstümmeltes LkEv gewesen. Aber abgesehen von der nicht unumstrittenen Frage, ob diese Auskunft überhaupt zutrifft – Tertullian schreibt: *Lucam videtur* (!) *Marcion elegisse* (Adv Marc IV 4) –, hat Marcion selbst sein Evangelium keinem Autor zugeschrieben (→ 2.2). Die Nachricht des Irenäus über das LkEv ist inhaltlich arm. Daß Lukas ein Begleiter des Paulus war, erfahren wir Kol 4,14; Philm 24; 2 Tim 4,11. Und Lk 1,1 legt es zwingend nahe, das LkEv später als das MtEv und das MkEv anzusetzen. Besondere Überlieferungen besitzt Irenäus also nicht.

Bemerkenswert ist, daß für Irenäus die kanonische Reihenfolge der Evangelien auch die historische ist, ein Sachverhalt, der in der Alten

Kirche auch sonst in der Regel als selbstverständlich gilt. Vielleicht spielte eine entsprechende Überlegung schon bei der Anordnung der Evangelien im Zuge der Kanonbildung eine Rolle.

Weitere Nachrichten über die synoptischen Evangelien, die möglicherweise von historischem Wert sind, besitzen wir nicht. Das Vorhandene wird weiter legendarisch ausgeschmückt oder durch Rückschlüsse aus den Evangelien selbst ergänzt. Lukas und Markus werden mit ihren apostolischen Gewährsleuten Paulus und Petrus möglichst eng verbunden. Einige Beispiele sollen das Gesagte illustrieren.

Tertullian (adv Marc IV 5,3f):
Das Evangelium, „das Markus herausgab, kann Petrus zugeschrieben werden, dessen Dolmetscher Markus war ... Es geht wohl an, den Lehrern zuzuschreiben, was die Schüler veröffentlicht haben."

Clemens von Alexandrien (Hypotyposen, bei Euseb, KG VI 14,5–7):
„Von den Evangelien sind diejenigen zuerst geschrieben worden, welche die Genealogien enthalten. Mit Markus hat es sich folgendermaßen verhalten: Als Petrus öffentlich in Rom das Wort gepredigt und das Evangelium im Geist verkündigt hatte, baten die zahlreichen Zuhörer den Markus, das Gesagte aufzuschreiben, da er Petrus seit langem begleitet und sich das Vorgetragene eingeprägt habe. Markus hat dies getan und denen, die ihn gebeten hatten, das Evangelium gegeben. Als Petrus dies erfuhr, hat er sich dazu weder positiv noch negativ geäußert."

Eusebius von Cäsarea (KG II 15) urteilt über Markus ähnlich, beendet seine Notiz freilich mit den Worten:
„... Als der Apostel durch eine Offenbarung des Geistes davon erfuhr, soll er sich über den Eifer der Leute gefreut und den Gebrauch des Buches in der Gemeinde bekräftigt haben."

Origenes (bei Euseb, KG VI 25,3–6):
„Zuerst wurde (das Evangelium) nach Matthäus, dem ehemaligen Zöllner und späteren Apostel Jesu Christi, geschrieben, und zwar für die gläubig gewordenen Juden in hebräischer Sprache.
Als zweites das nach Markus, als Petrus ihn unterwiesen hatte, der ihn deshalb auch ... (1 Petr 5,13) ... seinen Sohn nennt."
Als drittes das nach Lukas, das von Paulus anerkannte Evangelium für die Heiden."

Eusebius von Cäsarea (KG III 24,5–8):
„Matthäus hatte zunächst den Hebräern gepredigt, und als er zu anderen gehen wollte, stellte er die, von denen er Abschied nahm, durch ein Buch zu-

frieden, in dem er ihnen als Ersatz für seine Gegenwart sein Evangelium in der Muttersprache aufzeichnete.
Darnach gaben Markus und Lukas ihre Evangelien heraus...".

Kanon Muratori (Kl T 1) – die Angabe zum MtEv ist ganz, die zum MkEv fast ganz verloren –:
„Das dritte Evangelienbuch nach Lukas. Dieser Lukas ist Arzt und hat es nach Christi Himmelfahrt, als Paulus ihn, den wissenschaftlich Gebildeten, mit sich genommen hat, in dessen Namen aufgrund des Gehörten verfaßt. Auch er hat den Herrn nicht selbst im Fleisch gesehen und deswegen geschrieben, was ihm erreichbar war, und mit der Geburt des Johannes begonnen."

Hieronymus (Comm. in Mt, Praefatio):
„Am Anfang von allen steht Matthäus, ein Zollpächter mit dem Beinamen Levi, der das Evangelium in Judäa in hebräischer Sprache herausgab, und zwar vor allem auf Veranlassung derjenigen Juden, die zum Glauben an Jesus gekommen waren und, als die Wahrheit des Evangeliums aufkam, keinerlei Schatten des Gesetzes bewahrten.

Als zweiter Markus, Dolmetscher des Apostels Petrus und erster Bischof der Gemeinde von Alexandrien, der den Herrn und Heiland nicht selbst gesehen hat, sondern der das, was er in der Predigt des Lehrers gehört hatte, erzählt, mehr auf die Zuverlässigkeit des Geschehenen als auf die Reihenfolge achtend.

Als dritter Lukas, ein syrischer Arzt aus Mazedonien, dessen Lob im Evangelium ist (2 Kor 8,18), der als Schüler des Apostels Paulus in Achaia und Boötien sein Buch abfaßte, ziemlich weit ausholend und, wie er selbst im Prolog erklärt, Gehörtes mehr als Gesehenes beschreibend."

Von einem gewissen *methodischen* Interesse ist ein in vielen lateinischen Handschriften überlieferter sekundärer Prolog zum LkEv aus dem 3. oder 4. Jahrhundert (vgl. zur Sache Haenchen, [13]1961, 8ff; Regul):

„Lukas stammt aus dem syrischen Antiochien. Von Beruf Arzt, wurde er Schüler und Apostel und später Begleiter des Paulus bis zu dessen Martyrium. Er diente dem Herrn ohne Schwanken, unverheiratet und kinderlos, und entschlief im Alter von 84 Jahren in Boötien, voll des Heiligen Geistes. Dieser schrieb, als es schon Evangelien gab – nämlich das in Palästina aufgezeichnete Evangelium nach Matthäus und das in Italien aufgezeichnete nach Markus – auf Veranlassung des Heiligen Geistes in der Gegend von Achaia dies ganze Evangelium. Im Proömium erklärt er, daß vorher schon andere geschrieben waren und daß es nötig sei, den Glaubenden aus den Heiden einen genauen Bericht des Heilsweges zu geben, damit sie nicht durch die jüdischen Mythen abspenstig gemacht werden und nicht, durch irrige und leere Phantasien getäuscht, von der Wahrheit abkommen, weshalb es vor allem nötig war, daß wir gleich zu Anfang von der Geburt des Johannes erfahren, welcher der Anfang des Evangeliums ist, Vorläufer des Herrn und Beteiligter sowohl bei der Ausbreitung des Evangeliums wie bei der Einführung der Taufe und der Teilhabe am Heiligen Geist (lat.: am Leiden). Einer der Zwölf Propheten (sc Maleachi) hat dieses Heilsplans gedacht."

Der Verfasser dieses Prologs hält die Evangelien für jeweils *lokale* Schriften. Das Proömium des LkEv scheint er dahingehend zu verstehen, daß Lukas das MtEv und das MkEv gekannt und benutzt hat – eine genuine Quellentheorie –, und für die Abfassung des LkEv gibt er einen besonderen Anlaß an, der, ob er nun zutrifft oder nicht, doch auf die Notwendigkeit aufmerksam macht, für die Abfassung eines späteren Evangeliums, falls dieses frühere benutzte, einen bestimmten Grund anzugeben.

2.6 Augustins Aperçu

Von methodischem Interesse ist ferner eine beiläufige, später sehr einflußreich gewordene Notiz zu Beginn von Augustins Schrift *De consensu Evangelistarum*.

Augustin stellt zunächst die vier Evangelien vor, unterscheidet die apostolischen Evangelien des Matthäus und des Johannes von den nachapostolischen Evangelien des Markus und des Lukas und gibt sodann mit der Tradition die kanonische Reihenfolge ausdrücklich als die auch zeitliche an (I 3,1). Dann heißt es in I 2,4 (vgl. I 3,5 f; 4,7):

„Von diesen vier wird nur von Matthäus gesagt, er habe in hebräischer Sprache geschrieben; die übrigen (schrieben) in griechischer Sprache. Und obgleich die einzelnen in gewisser Weise jeweils ihre eigene Ordnung der Erzählung eingehalten zu haben scheinen, zeigt sich dennoch, daß jeder von ihnen nicht ohne Kenntnis des anderen, der vorausging, schreiben wollte und daß er auch nicht ignorieren wollte, was der andere geschrieben hat, sondern jeder hat, wie es ihm eingegeben wurde, den nicht überflüssigen Beitrag seiner eigenen Arbeit hinzugefügt. Denn Matthäus hat ja die Menschwerdung des Herrn aus königlichem Stamm erzählt und das meiste von seinem Tun und Reden während seines Erdenlebens. Markus scheint ihm gleichsam wie ein Diener gefolgt und sein Verkürzer geworden zu sein *(Marcus eum subsecutus tamquam pedisequus et breviator eius videtur)*. Nur mit Johannes gemeinsam sagt er nichts, für sich selbst allein sehr wenig, nur mit Lukas gemeinsam recht wenig, mit Matthäus gemeinsam dagegen sehr viel und vieles fast wörtlich gleich, wobei er teils nur mit ihm, teils auch mit den andern übereinstimmt (vgl. IV 10,11 über Markus: *Matthaeo in pluribus, tamen in nonnullis Lucae magis congruit*). Lukas ist offensichtlich mehr mit der priesterlichen Abstammung des Herrn und (seinem priesterlichen) Stand befaßt. Denn auch aufwärts bis David selbst verfolgt er (sc. im Stammbaum) nicht den königlichen Stamm, sondern über diejenigen, die keine Könige gewesen sind, geht er bis Nathan, den Sohn Davids, der selbst kein König war. Anders Matthäus, der über den König Salomo abwärts auch die übrigen Könige der Reihe nach aufführt, wobei er, worüber wir später sprechen werden, eine geheimnisvolle Zahl beachtet."

Bei der Erkenntnis, Markus sei ein *breviator* des MtEv, handelt es sich offenbar um ein eigenes Fündlein des Augustin, der sich damit in Gegensatz zur Überlieferung setzt, derzufolge Markus die Erinnerungen des Petrus aufgezeichnet habe. Augustin mag dabei von dem Interesse geleitet sein, das MkEv als selbständigen Zeugen der evangelischen Überlieferung auszuschalten; denn dies erleichtert ihm die harmonistische Aufgabe, und viele andere sind ihm deshalb in seinem Urteil über das MkEv gefolgt (→ 3.5.3.2). Das ‚tamquam ... videtur' darf man also nicht so verstehen, als *scheine* Markus nur ein Verkürzer des MtEv zu sein (so Gieseler, → 3.4.2, 1818, 34 f u. a.). Die genannte Beobachtung selbst und der ihr folgende Vergleich des MkEv mit den anderen Evangelien ist offenbar im wesentlichen aus den Kanones des Euseb (→ 1.3.2) abgelesen (vgl. Zahn, 199 f), die keine parallelen Stellen Mk/Joh, nur wenig markinisches Sondergut (in Kanon X) und noch weniger parallele Abschnitte Mk/Lk enthalten, während die parallelen Abschnitte Mt/Mk/Lk/Joh sowie Mt/Mk/Lk und Mt/Mk sehr zahlreich sind.

Die Beobachtung Augustins über das literarische Verhältnis des MkEv zum MtEv ist als solche zutreffend und ‚wissenschaftlich'. Das Mittelalter gab sie ohne weitere Reflexionen der Neuzeit weiter; sie bildete den Ausgangspunkt der modernen Benutzungshypothesen (→ 3.5.3).

Sieht man vom Prolog des LkEv ab, der trotz seiner schematischen Gestaltung wertvolle Informationen bringt, enthält die übrige, in sich überdies nicht widerspruchsfreie Überlieferung aus der Alten Kirche kaum verwertbare historische Nachrichten, eine Überzeugung, die sich nur mühsam im 19. Jh. durchsetzte und der bis heute widersprochen wird. Indessen gibt es aus der Antike überhaupt nur wenige zuverlässige Nachrichten über Schriften, während die Legenden über die Ursprünge von Literatur lebhaft wuchern (vgl. Schwartz, 1904, 22). Man kann darum von den Nachrichten über die christliche Literatur der frühen Zeit nichts anderes erwarten.

Allerdings sind bereits alle Fragestellungen, die sich bei dem Übergang von den Evangelienharmonien zur historischen Untersuchung der Evangeliensynopse einstellten, vorhanden.

Es stellte sich das Problem einer mündlichen Überlieferung und ihres Übergangs zur schriftlichen. Schriftliche Quellen einzelner Evangelien traten in den Blick. Die Frage nach der Entstehung einer Mehrzahl von unterschiedlichen Evangelien wird gestellt und gelegentlich aus den besonderen Umständen der jeweiligen Hörer beantwortet. Verwandtschaft und Verschiedenheit der Evangelien werden beobachtet; die Möglichkeit gegenseitiger Kenntnis und Benutzung wird erwogen.

3 Die synoptische Quellenkritik

Die historische Erforschung der synoptischen Evangelien wurde anfangs wie die Harmonistik vorwiegend von dem Interesse geleitet, die Zuverlässigkeit der evangelischen Überlieferung zu bestimmen. Im Zeitalter der Harmonistik waren dabei die *Differenzen* zwischen den Evangelien das Problem, vor das sich Theologen wie Bibelleser gestellt sahen; die Übereinstimmungen waren unproblematisch. Mit dem Übergang von der apologetisch-harmonistischen zur historisch-kritischen Betrachtung erfolgte eine Umkehrung dieser Beurteilung.

Geht man, wie es geboten ist, von dem auf uns gekommenen literarischen Bestand der synoptischen Evangelien aus, so ist der auffälligste Befund die enge, oft gleichen *Wortlaut* in langen Passagen und in ungewöhnlichen begrifflichen und grammatischen Wendungen einschließende Übereinstimmung zwischen den drei ersten Evangelien oder zwischen zweien von ihnen sowie die gleichmäßige *Auswahl* des von ihnen gebotenen Stoffes. Dieser Befund kann seinen Grund nicht in der Geschichte selbst haben; denn weder geben verschiedene Berichterstatter derart gleichlautende Berichte noch treffen sie aus der Fülle der Ereignisse und Überlieferungen, die potentiell in einen evangelischen Bericht hätten eingehen können, unabhängig voneinander eine so knappe gleichförmige Auswahl.

Aber auch die im wesentlichen gleichmäßige *Anordnung* des Überlieferungsstoffes läßt sich nur schlecht mit geschichtlicher Erinnerung selbst begründen; denn die Masse dieses Stoffes enthält keine Angaben über Ort und Zeit des Geschehens, so daß nicht vor allem die Abweichungen von der innerhalb der Synoptiker vorherrschenden Anordnung überraschen, sondern vielmehr die weitgehenden Übereinstimmungen in der zeitlichen und örtlichen Anordnung.

Auch der Vergleich der drei ersten Evangelien mit dem nach Anordnung, Stoffauswahl und Wortlaut stark abweichenden JohEv zeigt, „daß jene Übereinstimmung in keiner Weise eine historisch gegebene und notwendige, sondern vielmehr eine selbstgewählte, willkürliche ist" (Credner, 1836, 160).

Zur Deutung dieses Phänomens schreibt de Wette mit Recht: „Die Erscheinung einer so sonderbaren Verwandtschaft, welche sehr geeig-

3 Die Synoptische Quellenkritik 45

net ist zu Erklärungsversuchen zu reizen, kann nur durch zweierlei Arten von Annahmen oder durch deren Verbindung erklärt werden: *entweder* durch die Annahme, daß ein Evangelist den andern, *oder* daß alle drei eine gemeinschaftliche Quelle benutzt haben, *oder* daß zur Benutzung dieser noch die des einen durch den andern hinzugekommen sei" (^{5}1848, 136). Die Grundalternative ist in der Tat: gegenseitige Benutzung *(Benutzungshypothesen)* oder Benutzung gemeinsamer Vorlagen *(Vorlagenhypothesen)*. Dementsprechend spricht Gieseler 1818 prägnant von den beiden Wegen, „die es zur Erklärung dieses Verhältnisses der Evangelien überhaupt nur geben kann:
Dem Einen, daß sie untereinander,
Dem Anderen, daß sie gleiche Quellen genutzt haben" (32).

Nun kann es sich, den zweiten Fall gesetzt, um schriftliche oder mündliche Vorlagen handeln. Darum formulierte Credner 1836 das Problem genauer: „Erst der neuern Zeit, nachdem durch die Arminianer die ältere Inspirationstheorie gemildert worden war, blieb es vorbehalten, dieß Verhältniß mit der Fackel der historischen Kritik zu beleuchten, und hier haben sich denn überhaupt drei Möglichkeiten einer Erklärung desselben herausgestellt, welche wieder mannichfache Modificationen und Combinationen zulassen. Entweder nämlich hat von den drei ersten Evangelisten der eine den andern abgeschrieben, oder alle drei haben aus einer gemeinschaftlichen schriftlichen Quelle, verschieden von unsern Evangelien, geschöpft, oder endlich die Evangelisten haben ihre Nachrichten auf dem Wege der mündlichen Überlieferung erhalten" (170 f; vgl. schon Berthold, 1107).

Sowohl Credner wie de Wette und Gieseler sprechen von *einer* gemeinsamen (mündlichen oder schriftlichen) Quelle. Diese Voraussetzung ist nicht zwingend. Man kann auch an eine Mehrzahl von Quellen denken, welche von den Evangelisten benutzt wurden, wobei nicht jeder Evangelist alle diese Quellen benutzt haben muß; und auch diese Ansicht wurde schon früh wissenschaftlich begründet. Es ist deshalb seit langem üblich, vier Erklärungsweisen zu unterscheiden und zu benennen (vgl. Kümmel, ^{17}1973, 19 ff; Schenke-Fischer 14 ff).

1. Urevangeliumshypothese = Benutzung einer gemeinsamen schriftlichen Quelle.
2. Diegesenhypothese
   (Fragmentenhypothese) = Benutzung mehrerer gemeinsamer (mündlicher oder schriftlicher) Quellen.

3. Traditionshypothese = Benutzung einer gemeinsamen mündlichen Quelle.
1.–3. sind die Vorlagenhypothesen.
4. Benutzungshypothese = Gegenseitige Benutzung der Evangelien.

Diese Differenzierung kann indessen nur als ein Grundmuster dienen. Kombinationen und Übergänge zwischen diesen vier Möglichkeiten begegnen vielfach, und nur selten wurde in der Geschichte der synoptischen Quellenkritik eine dieser Erklärungsweisen ‚rein' vertreten. Wenn es bei Schenke-Fischer heißt: „In der nun einsetzenden Suche nach einer befriedigenden Lösung wurden zunächst vier Theorien entwickelt, die zwar alle einen richtigen Gedanken enthalten, aber doch jeweils in einer unhaltbaren und einseitigen Durchführung" (15), so ist die Einseitigkeit dieser vier Theorien eine moderne Konstruktion mehr als eine Beschreibung des tatsächlichen Sachverhalts.

Die Grundtypen sind freilich deutlich zu erkennen, und zwar gerade dort, wo sie sich in Abgrenzung voneinander entfalten. Alle vier Hypothesen werden bis über die Mitte des vorigen Jahrhunderts hinweg konkurrierend nebeneinander vertreten, doch sind sie nicht unabhängig voneinander, sondern in Bezug aufeinander entstanden.

Dabei verdient Interesse, daß zwar über die Möglichkeit gegenseitiger Benutzung unserer Evangelien schon in der Alten Kirche reflektiert wurde, daß es aber die Vorlagenhypothesen waren, die lange Zeit das von der wissenschaftlichen Kritik bearbeitete Feld beherrschten, ein im Rückblick nicht leicht verständliches Phänomen, das sich vor allem aus der folgenden Beobachtung erklärt:

Haben sich unsere synoptischen Evangelien gegenseitig benutzt, müssen sich die *benutzenden* Evangelien gegenüber dem (oder den) benutzten und seiner Jesusüberlieferung relativ große Freiheit herausgenommen haben, eine Freiheit, die dann auch dem (oder den) *benutzten* hinsichtlich seinen Informationen oder Traditionen nicht prinzipiell abgesprochen werden kann. Dazu kommt, daß die direkte oder indirekte apostolische Verfasserschaft der *benutzenden* Evangelien wenig wahrscheinlich ist, weil ein Augenzeuge sich nicht an literarische Vorlagen zu halten pflegt. Aber auch die apostolische Verfasserschaft eines benutzten Evangeliums wird problematisch, wenn sich die nicht-apostolischen Benutzer ihnen gegenüber so große Freiheit herausnehmen, wie es im Falle der Benutzungshypothese geschehen sein muß. Das auch in der kritischen Forschung lange Zeit vorherrschende Interesse an dem apostolischen Ursprung unserer Evangelien war also den Benutzungshypothesen nicht günstig.

Gieseler bemerkt demgemäß 1818, den Benutzungshypothesen widerstrebe vorzüglich die Beobachtung, „daß man, mag auch die Ordnung der Evangelien festgesetzt werden, wie sie will, immer gezwungen bleibt, zuzugeben, daß der spätere Evangelist in vielen Fällen nicht nur die deutlichere Darstellung seines Vorgängers mit einer mangelhaftern, ungenauern vertausche, sondern daß er auch nicht selten seiner Quelle, wo nicht wirklich, doch scheinbar widerspreche, und oft auf eine solche Art, daß man annehmen muß, er habe seiner Quelle wirklich widersprechen *wollen*" (36). Ein solches Eingeständnis hält Gieseler für untunlich, und in diesem für seine Zeit charakteristischen Urteil blickt noch deutlich das Erbe der Inspirationslehre durch: Wenn unsere Evangelien inspiriert sind, wie kann dann der eine Evangelist mit dem anderen so frei umgehen! Ähnlich urteilt z. B. Bertholdt (1127ff), aber auch der für seine Zeit relativ unbefangene Kritiker de Wette schreibt noch 1848, die zu seiner Zeit stärker aufkommenden Benutzungshypothesen widerstrebten „mit Recht dem geschichtlichen Sinne" und brächten „die Glaubwürdigkeit der evangelischen Geschichte in Gefahr" (140).

Außerdem lassen sich die Benutzungshypothesen nur schlecht mit den meisten der frühchristlichen Nachrichten über den Ursprung der Evangelien vereinbaren, und die Autorität der altkirchlichen Traditionen preiszugeben waren die wissenschaftlichen Erforscher der synoptischen Evangelien je früher desto weniger gewillt.

Demgegenüber vertragen sich die Vorlagenhypothesen besser mit der überkommenen Inspirationslehre, weil jeder der drei Evangelisten für sich steht, und sie lassen zugleich zu, wenigstens für die gemeinsame(n) Vorlage(n) der drei ersten Evangelien einen Ursprung bei apostolischen Augenzeugen anzunehmen. Dieser Tatbestand gab den Vorlagenhypothesen in der Frühzeit der historischen Forschung einen wissenschaftlich fragwürdigen, psychologisch aber verständlichen Vorsprung.

3.1 Der Übergang zur wissenschaftlichen Quellenkritik

Der Übergang von der harmonistischen Behandlung zu den historischen Erklärungen der synoptischen Evangelien (vgl. → 1.3) erfolgt in der zweiten Hälfte des 18. Jh. allmählich. Er läßt sich an den verschiedenen Auflagen der Einleitung in das NT von Michaelis (^{1}1750; ^{3}1777; ^{4}1788) anschaulich ablesen.

Michaelis zeigt sich nach wie vor vor allem und je früher desto mehr an der Evangelienharmonie interessiert; die Widersprüche zwischen den Evangelien sind scheinbarer Art und lassen sich im wesentlichen beheben. Die von Michaelis für die Harmonistik aufgestellten Grundsätze (^{3}1777, 778 ff) lösen sich indessen zunehmend von der Bindung an die orthodoxe Inspirationslehre. Michaelis geht davon aus, daß die Evangelisten, sofern sie keine ausdrücklichen Zeitangaben machen, die Überlieferungen anordnen, ohne Anspruch auf eine korrekte zeitliche Reihenfolge zu erheben. In der 4. Aufl. seines Buches geht er in einem neu hinzugefügten Paragraphen noch weiter: „Sind die vier Evangelisten durch keine unmittelbahre göttliche Einwirkung aus fehlen könnenden Menschen zu untrüglichen gemacht, so ist kaum anders zu erwarten, als, daß sie bisweilen irren, und dadurch in einen Widerspruch gerathen werden. Ist dis wirklich geschehen, so folgt daraus nicht, daß die Geschichte selbst, die Wunder, die Auferstehung Jesu, von ihnen erdichtet, sondern daß sie, wenigstens in historischen Dingen, nicht inspirirt sind... In der That, ich glaube eine göttliche Inspiration der Evangelisten in historischen Sachen nicht" (§ 124). Diese Einsichten hat offenbar Lessing an Michaelis vermittelt (→ 1.3.1).

Michaelis hält sich bei seinen Ansätzen zur historischen Erklärung des synoptischen Problems vor allem ‚traditionalistisch' an die Nachrichten, die uns das Altertum über die Evangelisten überliefert hat (→ 2); dagegen rekurriert er relativ wenig auf die literarische Verfassung der Evangelien selbst. Dafür ist bezeichnend, daß er der Auslegung der altkirchlichen Nachrichten über die Evangelisten weit mehr Mühe zuwendet und Raum schenkt als der Exegese des Evangelientextes. Differenzen in den Angaben der Kirchenväter werden nach Möglichkeit harmonisiert. In der Abfolge der vier Auflagen seiner Einleitung zeigt sich freilich, wie er in wachsendem Maße auch den Stoff der Evangelien selbst für seine Behandlung des synoptischen Problems fruchtbar macht. Überhaupt wurde der ‚Traditionalismus' von der Forschung nur langsam überwunden, und er wirkt ebenso wie die Harmonistik bis heute nach. Im Blick auf die Abfassungs*zeit* der synoptischen Evangelien reflektiert Michaelis das vorliegende methodische Problem mit den Worten: „Gewißheit weiß ich hier nicht zu finden, weil uns die Geschichte des ersten Jahrhunderts verläßt, und

3.1 Der Übergang zur wissenschaftlichen Quellenkritik

wir blos aus den Evangeliis selbst die Verhältniß ihrer Ausgabe Jahre gegen einander rathen müssen" (³1777, 942). Michaelis hält in Übereinstimmung mit der altkirchlichen Tradition das MtEv für ein von einem Jünger Jesu stammendes Evangelium, also für einen Augenzeugenbericht des Matthäus, der ursprünglich hebräisch abgefaßt war (Papias, → 2.4), so daß für die griechische Übersetzung eine Inspiration des Wortlautes nicht angenommen zu werden brauche. Das MkEv sei eine verkürzende Übersetzung des hebräischen MtEv (Augustin; → 2.6); wo Markus eigenes bringt, folgt er den Lehrvorträgen des Petrus (Papias; → 2.4). Markus ist also kein bloßer Epitomator des MtEv, sondern auch selbständiger Schriftsteller. Die Abfassungsverhältnisse des LkEv ergeben sich aus dessen Prolog: Lukas kannte schon (verlorengegangene) ‚apokryphe' Evangelien (Lk 1,1), deren Unzuverlässigkeit für ihn am Tage lag (Lk 1,3f). Er will diese älteren Schriften durch seinen eigenen Bericht verdrängen, der auf Nachforschungen bei den Augenzeugen selbst – so interpretiert Michaelis recht gewaltsam das ἄνωθεν von Lk 1,3 (924) – beruht (959ff).

Damit ist freilich aus dem Bereich des eigentlichen synoptischen Problems nur die Verwandtschaft zwischen dem MkEv und dem MtEv erklärt, nicht das Phänomen der Übereinstimmung des einen und des anderen bzw. beider gemeinsam mit dem LkEv (→ 1.3.3). Eine Bekanntschaft des Lukas mit dem MtEv will und kann Michaelis nicht annehmen, da sonst das apostolische MtEv unter die unzureichenden ‚apokryphen' Vorlagen des LkEv zu stehen gekommen bzw. die Notwendigkeit für den selbständigen Bericht des Lukas aufgrund der Befragung von Augenzeugen entfallen wäre (940ff). Darum weiß Michaelis sich die Verwandtschaft von LkEv und MtEv nicht anders als mit der Auskunft zu erklären, daß die in Lk 1,1 erwähnten ‚apokryphen' Evangelien nicht nur das LkEv, sondern auch die Übersetzung des hebräischen MtEv ins Griechische sowie das MkEv beeinflußten: „Wo diese nun eben dieselbe Sache richtig hatten, behielt Lucas so wohl als Marcus und Matthäi Übersetzer den Ausdruck aus ihnen bey, und dadurch kommen sie mit einander so kenntlich überein" (794). Auch in der Anordnung des Stoffes seien Lukas und Markus ihnen vermutlich gefolgt, was zu den entsprechenden Übereinstimmungen zwischen ihnen im Vergleich zum MtEv führte.

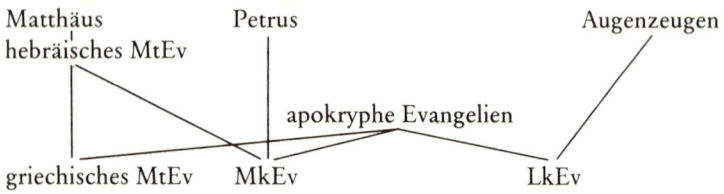

Dies Schema beruht durchgehend auf den Traditionen der Alten Kirche und enthält in sich Elemente der späteren Urevangeliumshypothese (alle Synoptiker benutzen dieselbe apokryphe Evangelienüberlieferung), der Benutzungshypothese (Markus verkürzt das hebräische MtEv), der Diegesenhypothese (eine Mehrzahl von Vorlagen für das MkEv, das LkEv und für das griechische MtEv) und der Traditionshypothese (mündliche Überlieferung des Petrus bzw. sonstiger Augenzeugen).

Schwierigkeiten bereitet es Michaelis weiterhin zu erklären, warum Markus, obschon nach Auskunft des Papias mit den Lehrvorträgen des Petrus vertraut, sich so stark an dem hebräischen MtEv ausrichtet und dabei dessen Stoff erheblich verkürzt, dagegen kaum eigene bzw. petrinische Überlieferung bringt (915f). Er urteilt: Markus schrieb, wie es die altkirchliche Überlieferung will (→ 2.5), für die Römer. Diese Adresse erkläre nicht nur die griechische Sprache seines Evangeliums, sondern auch die Auslassung dessen, „was mehr einem Juden als einem Heiden nützlich seyn konnte". Dazu gehören z. B. das Geschlechtsregister, die Vorgeschichten, auch die Bergpredigt, die zahlreichen Hinweise auf die erfüllten Weissagungen des Alten Testaments usw. „Wer Marcum mit Fleiß durchsiehet, wird meistentheils die Ursache errathen können, warum er diese oder jene Geschichte auslässet."

Speziell zur Bergpredigt heißt es: „Daß er die Bergpredigt, diese so wichtige schöne Predigt, schlechterdings ausläßt, nicht einmahl, wie Lucas, Auszugsweise beybringt, ist manchem befremdlich gewesen: allein was sollte sie für einen Römer, der sie, da sie ganz gegen Pharisäische Sittenlehre gerichtet ist, ohne Kenntniß dieser Sittenlehre mit allen ihren besonderen Ausdrücken, oder ohne Commentarius, nicht verstehen konnte? Ich denke, selbst Petrus wird sie zu Rom nicht in seinen Predigten wiederhohlt haben. Sie ist doch gewiß nicht allgemeine Erkenntnißquelle der Sittenlehre für alle, denn der Ungelehrte versteht sie nicht, ja misversteht sie, wenn er nicht einen Gelehrten zum Leiter hat" (1788; § 142).

Mag diese (im Blick auf die Bergpredigt selbst bemerkenswerte) Erklärung auch unzureichend sein, dem MkEv seinen Platz unter den synoptischen Evangelien anzuweisen, so folgt sie doch einem richtigen methodischen Prinzip, nämlich der Frage nach den besonderen historischen Umständen des Schriftstellers (→ 3.1), und Michaelis versucht in seiner Weise auch, seine These ‚mit Fleiß' exegetisch abzusichern. Das führt ihn in der 4. Aufl. seiner Einleitung indessen dazu, daß er die traditionelle, augustinische Ansicht, Markus habe das MtEv benutzt, schließlich aufgibt (1788; § 144): Sehr viele Auslassungen des Markus blieben bei dieser These unerklärt, und nehme man aus literarischen Gründen dennoch eine Abhängigkeit des MkEv vom MtEv an, könne man es ebensowohl vom LkEv (oder vom LkEv und vom MtEv) abhängig denken. Die Auslassungen, die Markus dann vorgenommen haben müßte, sind es, die für Michaelis eine Abhängigkeit des MkEv vom LkEv ebensowenig zulassen wie vom MtEv (§ 145). Zwar möchte Markus das MtEv und das LkEv gekannt und gelegentlich zu Rate gezogen haben; seine Absicht aber war, nur das aufzuzeichnen, was den Lehrpredigten des Petrus angehörte. Die Ähnlichkeiten des MkEv mit dem MtEv und dem LkEv erklärt Michaelis nunmehr nur mit der Auskunft, Markus habe „eines oder mehrere von den vielen früheren Evangelien vor sich, die Lucas erwähnt".

3.2 Die Urevangeliumshypothese

3.2.1 Lessing

In Lessings (gest. 1781) Nachlaß fanden sich vier (zum Teil unvollständige) Abschriften einer eine Vorrede und 68 Paragraphen umfassenden, 1777/1778 zu datierenden Schrift mit dem Titel ‚Neue Hypothese über die Evangelisten als blos menschliche Geschichtsschreiber betrachtet' (vgl. → 1.3.1), an der Lessing nach seinen eigenen Worten „seit vielen Jahren" arbeitete. Wie er in der Vorrede ferner andeutet, bereitete er die Veröffentlichung seiner neuen Hypothese im Zusammenhang mit dem Streit um die von ihm 1777 publizierten Fragmente des Reimarus und um seine Duplik von 1778 (→ 1.3.1) vor, unterließ sie dann jedoch, sei es, um weiteres Ärgernis zu vermeiden, sei es, weil er ein Ungenügen an seiner eigenen Arbeit empfand.

Wie schon der Titel seiner Abhandlung zeigt, hat Lessing an einer Harmonie keinerlei Interesse mehr (→ 1.3.1). Er versucht sich an einer historisch-kritischen Lösung des synoptischen Problems. Seine Hypothese beruht auf einer *kritischen* Aneignung der Nachrichten des Altertums (→ 2) und zeigt sich im wesentlichen als eine *a priori* – aus den allgemeinen geschichtlichen Wahrscheinlichkeiten – gestaltete Konstruktion; eine eingehende Befragung der Evangelien selbst fehlt wie bei Michaelis (→ 3.1).

Grundlage der Hypothese ist das Postulat, daß die palästinische Gemeinde „sehr früh, sehr bald nach dem Tode Christi, eine geschriebene Sammlung von Nachrichten gehabt (habe), welche Christi Leben und Lehren betroffen, und aus den mündlichen Erzählungen der Apostel und aller derjenigen Personen erwachsen waren, welche mit Christo in Verbindung gelebt hatten" (§ 4). Dies Postulat beruht auf der Überlegung, daß die Hörer der apostolischen Predigt – der *regula fidei!*, vgl. → 1.3.1.b – natürlich neugierig waren, möglichst vieles von Jesus zu erfahren, und daß die Überfülle der mündlichen Tradition bald dazu zwang, das Tradierte aufzuzeichnen. Wer diese erste hebräisch bzw. aramäisch verfaßte Aufzeichnung vorgenommen hat, weiß Lessing nicht zu sagen. Die Abschreiber der ersten Generation hatten ihr gegenüber aber Freiheit zu ändern, zu kürzen, zu verlängern, „so wie der Abschreiber, oder der Besitzer der Abschrift mehrere oder bessere Nachrichten aus dem Munde glaubwürdiger Leute, die mit Christo gelebt hatten, eingezogen zu haben glauben durfte" (§ 5).

Diese variable Urschrift, die ihre Entstehung eher privatem Interesse als autoritativer Verkündigung verdankt, begegnet Lessing zufolge bei den Kirchenvätern unter wechselnden Namen wie ‚Evangelium der Apostel', ‚Evangelium der Hebräer' oder ‚Evangelium der Nazarener' und gelegentlich auch unter dem Namen ‚Evangelium des Matthäus', wie sich denn auch die Papiasnotiz über das hebräische MtEv auf diese ‚Urschrift' beziehen soll (→ 2.4). Diese Zuschreibung hält Lessing indessen für einen Anachronismus; denn der Apostel Matthäus hat sein Evangelium – unser kanonisches MtEv – von vornherein griechisch geschrieben. Aber – und dadurch erklärt sich die Rückübertragung des Namens ‚Matthäus' auf jene ‚Urschrift' – der Apostel Matthäus hat sein uns vorliegendes Evangelium als Übersetzung und Bearbeitung jenes hebräischen ‚Evangeliums der Apostel' abgefaßt, und zwar zu dem Zeitpunkt, als er Palästina verließ, um vor griechisch sprechenden Juden zu predigen (vgl. Euseb, KG III 24,5 ff; → 2.5). Dementsprechend verfuhren auch Markus und Lukas mit dem ‚Evangelium der Apostel'. „Kurz: Matthäus, Marcus, Lucas sind nichts als verschiedene und nicht verschiedene Übersetzungen der sogenannten hebräischen Urkunde des Matthäus, die jeder machte, so gut er konnte" (§ 50; vgl. Papias, → 2.4).

Die Unterschiede zwischen den drei synoptischen Evangelien gehen angesichts dessen z.T. auf die unterschiedliche Gestalt der jeweiligen Vorlage zurück – Markus hatte z.B. „vermuthlich ein minder vollständiges Exemplar" der Urschrift vor sich (§ 49) –, z.T. auf die besonderen Interessen der Evangelisten. So ist aus Mt 5,17–20 zu ersehen, daß Matthäus für Judenchristen übersetzte, „die Mosen und Christum verbinden wollen" (§ 29; vgl. → 5.3.4).

Lessing berücksichtigt die mündliche Tradition bzw. die unmittelbare Erinnerung als Ursprung aller Evangelien, und er hält dafür, daß diese lebendige Grundlage in der ersten Generation auch das schriftliche ‚apostolische Urevangelium' noch variabel gestaltete. Im übrigen aber legte er eine relativ reine, später sogenannte Urevangeliumshypothese vor:

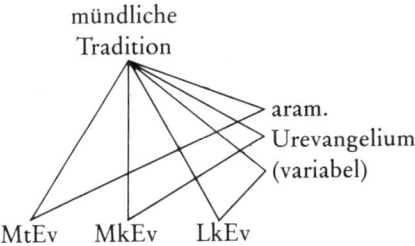

Ansätze zu Lessings Hypothese gab es schon, bevor seine Schrift 1784 aus dem Nachlaß veröffentlicht worden war. „Ihr Grundgedanke war nicht neu; Anwendung des Gedankens war die Aufgabe" (Herder, 1796, 204). Diese Ansätze, insofern nicht immer deutlich, tendierten freilich nicht selten zur ‚Diegesenhypothese' hin (→ 3.3). Schon Johann Clericus schrieb 1716 in seiner Kirchengeschichte (429): „Warum sollten wir nicht annehmen, daß diese drei Evangelien zum Teil aus ähnlichen oder gleichen Quellen genommen wurden, nämlich aus den Aufzeichnungen (*commentarii*) derer, welche die verschiedenen Reden Christi gehört hatten bzw. Zeugen seiner Taten geworden waren und welche dies alsbald aufschrieben, damit es nicht der Vergessenheit anheimfiele". Auch die Theorie von Michaelis (→ 3.1) enthält deutliche Elemente einer Urevangeliums- oder Diegesenhypothese.

Vgl. ferner Priestley (1777, 73); J. S. Semler: Thomas Townson's Abhandlungen über die vier Evangelien, übersetzt mit Anm. versehen, Bd 1, 1783, Vorrede. 146 f. 221.290; Bd 2, 4 ff; ders.: *Programmata academica selecta*, 1779, 427 ff; G. Ch. Adler: *Nonnulla Matthaei et Marci enunciata ex indole linguae syriacae explicata et observationes in historiam utriusque Evangelii*, 1784.

Wollte man die Verwandtschaft der synoptischen Evangelien miteinander erklären, so legte sich die These eines schriftlichen Urevangeliums schon deshalb nahe, weil literarische Verwandtschaft zwischen verschiedenen Quellen in der Regel überhaupt mit der Benutzung einer gemeinsamen Quelle erklärt wurde und wird. Nicht von ungefähr fand deshalb die durch Lessings Autorität gestützte Urevangeliumshypothese in der Anfangszeit der synoptischen Theoriebildung viele Anhänger.

Allerdings fallen nicht nur die Gemeinsamkeiten der synoptischen Evangelien bei der Quellenkritik ins Gewicht, sondern auch ihre Unterschiede. Diese lassen sich mit der Urevangeliumshypothese weniger gut vereinbaren, zumal wenn man davon ausgeht, daß das Urevangelium sich unmittelbar apostolischem Ursprung verdankt und insofern nicht leicht beliebig bearbeitet werden konnte. „Aus *Einem* solchen Aufsatz die Abweichungen unsrer Evangelisten erklären zu können, scheint mir unmöglich; es müßen *mehrere* Quellen gewesen seyn, aus denen sie schöpften, wie auch Lukas *saget*", urteilt deshalb Herder kritisch (1796, 204). Lessing half sich mit der Annahme eines fortlaufenden Einflusses der mündlichen Tradition auf die Überlieferung des auf diese Weise variabel gestalteten Urevangeliums, dem er zudem keine unmittelbare apostolische Autorität zuschrieb, und dementsprechend verwandelte sich das in seiner mit leichter Hand hingeworfenen Hypothese begegnende Urevangelium bei seinen Nachfolgern bald in ein Konglomerat von verwandten Evangelienschriften, in welchem das eigentliche Urevangelium die Übereinstimmungen zwischen den Synoptikern, seine vielfache Bearbeitung aber die Divergenzen zwischen ihnen erklären sollte. Damit ist eine schwache Stelle der Konzeption Lessings deutlich angezeigt: Entweder gab es ein normatives Urevangelium; dann versteht man nicht die Freiheit, die sich so viele ihm gegenüber herausnahmen. Oder es gab diese Freiheit gegenüber der Überlieferung; dann versteht man nicht, warum nicht viele es unternahmen, selbständig ein Evangelium zu schreiben.

Sollte seine Hypothese Bestand haben, bot sich deshalb das in Lessings Erklärung diffuse *Feld* des variablen Urevangeliums als Gegenstand für eine differenzierte Forschung an, und die postume Veröffentlichung von Lessings Schrift über die Evangelisten gab in der Tat den Anstoß zu einer weitergehenden Ausarbeitung seiner Gedanken. Darüber urteilt Herder schon 1796: „Auch zu dieser neueren Ventilation hat *Leßings neue Hypothese über die Evangelisten* Anlaß gegeben, ob man gleich seinen Namen dabei nicht nennet; ich wollte, daß Er die Hypothese mit seinem Scharfsinn *ausgeführt* hätte" (1796, 204); er denkt dabei vor allem an J. G. Eichhorn.

3.2.2 Eichhorn

Im Jahre 1793 stellte die Göttinger Theologische Fakultät – vermutlich auf Anregung ihres Mitglieds Johann Gottfried Eichhorn (1752–1827) – eine Preisfrage:

Quaenam sit origo evangeliorum Matthaei, Marci, Lucae et Joannis; ex quibusnam fontibus eorum auctores hauserint, quibus maxime lectoribus et quo consilio singuli scripserint; quomodo denique et quo tempore factum sit, ut quatuor ista evangelia maiorem, quam evangelia, quae vocant apocrypha, et canonicam auctoritatem consequerentur.	Über den Ursprung der Evangelien des Matthäus, Markus, Lukas und Johannes; aus welchen Quellen ihre Autoren schöpften, besonders, für welche Leser und mit welcher Absicht die einzelnen schrieben; schließlich, wie und zu welcher Zeit es geschah, daß diese vier Evangelien eine größere Autorität als die sogenannten apokryphen Evangelien erreichten und kanonisch wurden.

Zwei Schüler Eichhorns reichten, noch bevor Eichhorn selbst sich zum Problem schriftlich geäußert hatte (vgl. Eichhorn, ²1820, 181 Anm), erfolgreich ihre Arbeiten ein, nämlich Halfeld und Rußwurm. Beide Autoren erklären die Verwandtschaft der drei ersten Evangelien untereinander mit der Benutzung eines vorausgehenden aramäischen Urevangeliums – diese Bezeichnung stammt von Rußwurm – bzw. (so Halfeld) mehrerer entsprechender schriftlicher Quellen (vgl. Eichhorn, ²1820, 646ff; Michaelis, → 3.1).

Ihr Lehrer Eichhorn selbst vertrat die Urevangeliumshypothese literarisch erstmals 1794, und zwar eigenartigerweise ohne Berufung auf Lessing. Vielleicht will er damit andeuten, daß er auf die Urevangeliumshypothese bereits verfallen war, als 1784 Lessings Schrift aus dem Nachlaß veröffentlicht wurde. Eichhorn versucht, der Urevangeliumshypothese dadurch eine klare Gestalt zu geben, daß er die Bearbeitungen ('Rezensionen') der aramäischen Urschrift – des Urevangeliums – deutlich bestimmt und unterscheidet. Eichhorn zufolge lag das Urevangelium selbst unseren synoptischen Evangelisten nicht mehr vor; sie benutzten und bearbeiteten unterschiedliche aramäische Rezensionen desselben, die dadurch entstanden waren, daß Abschreiber oder Besitzer von Abschriften des Urevangeliums nachtrugen, was sie selbst erlebt oder aus mündlicher Erzählung in Erfahrung gebracht hatten.

Die Rezension D war dabei vor allem um jenes Redegut bereichert worden, das das MtEv und das LkEv über das MkEv hinaus gemeinsam haben (→ 1.3.3), eine Ansicht, welche der These von einer selbständigen Spruch- oder Redensammlung den Weg bereitete (→ 3.6.1). Matthäus verband die Rezensionen A und D, Lukas die Rezensionen B und D, während Markus die Rezension C, die sich aus A und B zusammensetzte, ohne große Bearbeitung aufgriff (Urmarkus, → 3.6.4):

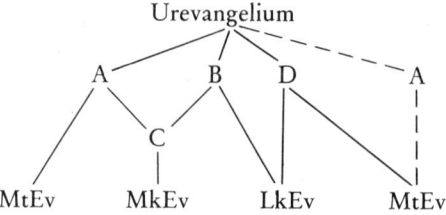

Die allen drei Evangelien gemeinsamen Perikopen bilden den Text des eigentlichen Urevangeliums, das demzufolge mit dem MkEv hinsichtlich Stoffauswahl und Stoffanordnung die größte Ähnlichkeit gehabt haben muß. Eichhorn zählt 42 solcher gemeinsamen Perikopen (²1820, 161 ff), von denen auch Bertholdt urteilt: „Diese 42 Abschnitte formieren auch wirklich, wenn man sie zusammenstellt, ein Ganzes, nämlich eine kurze Lebensgeschichte Jesu, die mit der Taufe Johannis anfängt und sich mit der Auferstehung Jesu aus dem Grabe endiget" (1224). Umfang und Wortlaut der einzelnen Perikopen des Urevangeliums rekonstruiert Eichhorn anhand der drei parallelen Versionen nur exemplarisch. Verfaßt habe das Urevangelium ein des Schreibens kundiger Schüler der Apostel.

Die kanonischen Evangelien sind nur ein Teil der umfangreichen, auf das Urevangelium zurückgehenden Evangelienproduktion der ersten beiden Jahrhunderte, aus deren Fülle die Kirche um 200 diese vier heraushob, „welche die meisten Kennzeichen der Wahrheit und zum allgemeinen Gebrauch die nöthige Ausarbeitung hatten" (²1820, 157). Die Evangelien sind von ihrem Ursprung her also Privatschriften.

3.2.2 Die Urevangeliumshypothese

Eichhorns Hypothese mußte die altkirchlichen Nachrichten über den Ursprung der Evangelien weitgehend verwerfen. Das machte sie traditionalistischem Denken suspekt, aber schon Lessing wollte nur diejenigen Gottesgelehrten als Gesprächspartner akzeptieren, „deren Geist eben so reich an kalter kritischer Gelehrsamkeit, als frey von Vorurtheilen ist", wie er 1798 in der Vorrede zu seiner ‚Neuen Hypothese' schreibt. Die Urevangeliumshypothese stimmte allerdings mit dem Prolog des LkEv einigermaßen überein, und sie bot sich auch konservativem Denken insofern an, als sie mit einem rekonstruierbaren Urevangelium aus frühapostolischer Zeit rechnete, dessen Rezensionen gleichfalls nicht ohne Verbindung mit Augenzeugen entstanden. Zugleich konnte man es in Beziehung zum Geist der Moderne setzen. Denn dadurch, daß die Kirche mehrere Evangelien festhielt, „machte sie uns es möglich, nun noch, nach so vielen Jahrhunderten, das frühere Leben Jesu wieder herzustellen" (1820, 158), das zeigt, was „die ersten Lehrer des Christenthums allein für wesentlich zur Begründung des christlichen Glaubens unter ihren jüdischen Zeitgenossen angesehen haben" (445). Auf diese Weise dient die Entdeckung des Urevangeliums der „Simplification des christlichen Lehrbegriffs, an welcher seit 50 Jahren die deutsche Theologie so eifrig gearbeitet hat" (445). Das Urevangelium enthält beispielsweise noch nichts von der wunderbaren Erzeugung Jesu.

Eichhorns Gestalt der Urevangeliumshypothese war überdies im Prinzip geeignet, sowohl die Unterschiede als auch die Gemeinsamkeiten der drei ersten Evangelien untereinander zu erklären. Allerdings wandte man gegen die 1794 von Eichhorn vorgetragene Hypothese nicht ohne Grund ein, sie sei nicht imstande, den stellenweise gleichen Wortlaut der *griechischen* Synoptiker auch bei sehr seltenen Vokabeln – z. B. das singuläre ἐπιούσιος in der Brotbitte des Herrengebets Mt 6,11/Lk 11,3 oder das πτερύγιον Mt 4,5/Lk 4,9 – oder über mehrere Sätze hinweg – z. B. in der Bußpredigt des Täufers Mt 3,7–10/Lk 3,7–9 – zu erklären (Marsh, 74 ff; Berthold, 1240 ff; Hug, [3]1826, 75 ff). Denn auch wenn Matthäus, Markus und Lukas den gleichen aramäischen Wortlaut einzelner Überlieferungen vor sich gehabt haben sollten, so konnte doch der griechische Wortlaut der von ihnen unabhängig voneinander angefertigten Übersetzungen nicht mehr dieselbe Übereinstimmung zeigen. Eichhorn stellte sich diesem Problem, indem er in seiner Einleitung in das NT (Bd 1, [1]1804; [2]1820) mit der Übersetzung sowohl des ursprünglichen Urevangeliums selbst wie einzelner seiner Rezensionen in das Griechische rechnete; die drei

Synoptiker greifen bereits auf diese Übersetzungen zurück, womit sich das literarische Feld vor der Entstehung unserer drei ersten Evangelien stark auffüllt.

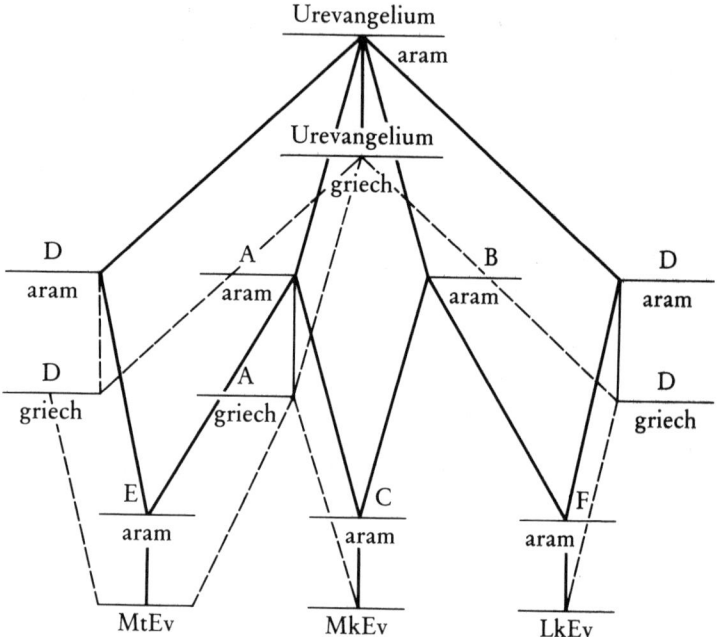

Trotz der Fülle der vorausgesetzten Schriften enthält dieses Schema immer noch keine gemeinsame griechische Quelle für das MkEv und das LkEv. Eine solche Vorlage hält Eichhorn für entbehrlich, da die griechischen Fassungen der wenigen Stücke, die nur dem MkEv und dem LkEv gemeinsam sind, von der einzigen, ihm unerklärlichen Ausnahme Mk 1,24f/Lk 4,34f abgesehen, unabhängig voneinander übersetzt worden sein könnten.

Den Reisebericht Lk 9,51–18,14 hält Eichhorn für den ursprünglich selbständigen ‚Aufsatz' eines Reisegefährten, den indessen Lukas schon mit der Rezension F des Urevangeliums verbunden vorfand (²1820, 646ff). Außerdem benutzte Lukas für sein Sondergut weitere kleinere Aufzeichnungen, wobei Eichhorn im einzelnen manches im Unklaren läßt.

3.2.3 Andere

Viele Forscher schließen sich sei es Lessing, sei es Eichhorn (in einer der beiden Versionen seiner Urevangeliumshypothesen) an, die These modifizierend, komplizierend oder vereinfachend, und zwar vor allem durch Zuhilfenahme von Benutzungshypothesen.

Einflußreich war die Form, die Marsh der Urevangeliumshypothese gab, und zwar vor allem deshalb, weil er eine Benutzungshypothese einbezieht: Unser griechisches MtEv sei unter Hinzuziehung des MkEv und des LkEv durch Übersetzung aus dem aramäischen MtEv entstanden.

Eine frühe und einfache Gestalt der Urevangeliumshypothese, die man freilich ebensowohl der zu jener Zeit verbreiteten Benutzungshypothese mit Matthäuspriorität zurechnen kann, stammt von Bolten (1792) und beruht auf der Annahme, das aramäische MtEv (des Papias, → 2.4) sei das Urevangelium, das selbst oder dessen griechische Übersetzung auch von Markus und Lukas benutzt worden sei, wobei Lukas außerdem das MkEv gekannt haben könne.

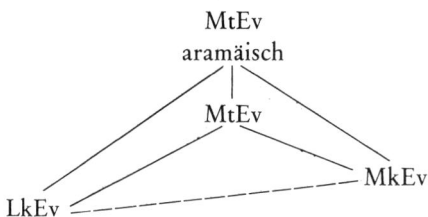

Dieses Schema vereint in einer nicht ungeschickten Weise altkirchliche Nachrichten (Lukasprolog; Papiasnotiz über Matthäus; Augustins Aperçu) und ist zugleich imstande, die Verwandtschaft der synoptischen Evangelien einigermaßen plausibel zu erklären. Die Abweichungen voneinander bedürften freilich einer weitergehenden Deutung. Gieseler urteilt außerdem: „Die Quelle muß also nur von Einem Evangelisten treu benutzt seyn, der Andere ... muß ... geändert und sich dennoch in Hinsicht des Ausdrucks strenger, als an andern Orten, wo doch Übereinstimmung der Sachen sich findet, der Quelle angeschlossen haben. Eine sonderbare Art der Überarbeitung" (1818, 42).

Haenlein (1800) zufolge enthielt das verlorene aramäische Urevangelium die 42 gemeinsamen Abschnitte der synoptischen Evangelien (→ 3.2.2). Die drei Evangelisten haben es unabhängig voneinander benutzt, und zwar wurde die Vorlage von Markus etwas gekürzt, von

Matthäus und Lukas jeweils aus Erinnerungen (Matthäus) oder aus mündlicher und schriftlicher Tradition ergänzt, und zwar schon während des mündlichen Unterrichts (260 ff). Haenlein will aber auch mehrere gemeinsame Schriften als Urevangelium (Diegesenhypothese, → 3.3) nicht ausschließen (268. 350). Um die Übereinstimmungen im griechischen Wortlaut zu erklären, erwägt Haenlein, Lukas (vgl. den Lukasprolog) könne auch das MtEv und das MkEv gekannt haben (378). Lukas habe möglicherweise zwei Rezensionen seines Evangeliums herausgegeben, deren erste und kürzere Marcion benutzt habe (371 ff). Ähnlich urteilt Feilmoser (58 f).

Seiler rückt (1805/06) das MkEv relativ eng an das Urevangelium heran, das vom Apostel Matthäus stammt. Es wurde von verschiedenen Händen (Petrus, Jakobus, Johannes u. a.) erweitert. Unser kanonisches MtEv geht auf eines oder auf mehrere dieser erweiterten Fassungen des Urevangeliums zurück. Lukas legt das MkEv und eine Fassung bzw. mehrere Fassungen des erweiterten Urevangeliums seiner eigenen Schrift zugrunde, die er nachträglich noch nach dem MtEv überarbeitete.

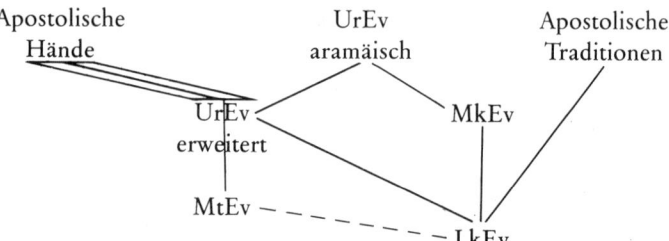

Für sein Sondergut benutzte Lukas apostolische Traditionen, so daß die gesamte evangelische Überlieferung apostolischen Ursprungs ist und nur die ‚besondere Schreib-Manier‘ der verschiedenen Evangelisten in Rechnung gestellt werden muß. Seilers Schema tendiert zu einer Zwei-Quellen-Hypothese mit Markuspriorität und Urmarkushypothese (→ 3.6).

Ähnlich muß man über die bemerkenswert differenzierende Urevangeliumshypothese von Gratz urteilen. Ihm zufolge benutzten Markus und Lukas eine griechische Vorlage mit 58 Abschnitten, ein Urevangelium B, die vermehrte und mit Zusätzen versehene griechische Übersetzung des aramäischen Urevangeliums A, in Antiochien angefertigt. Das aramäische MtEv beruht unmittelbar auf dem Urevangelium A, erweiterte es aber durch eine aramäische ‚Gnomolo-

3.2.3 Die Urevangeliumshypothese 61

gie', welche die Bergpredigt enthielt. Der griechische Übersetzer des aramäischen MtEv hatte das MkEv vor sich; dadurch erklären sich die besonderen Gemeinsamkeiten zwischen MkEv und MtEv im Stoff und in der griechischen Wortwahl bereits im UrMtEv. Das UrLkEv bereichert das griechische Urevangelium B durch drei Sonderquellen, ein ‚Evangelium infantiae' (Lk 1,5–2,52), ein Fragment ‚Apomnemoneumata' (Lk 6,17–8,3) und eine ‚Gnomologie', einen Reisebericht aus einer Zeit, die das Urevangelium übergangen hatte (Lk 9,51–18,14). Durch ‚Transaktionen' wurden schließlich (ohne direkte gegenseitige Benutzung) das UrMtEv aus dem UrLkEv zu unserem MtEv und das UrLkEv aus dem UrMtEv zu unserem LkEv hin interpoliert, wodurch sich diejenigen Abschnitte erklären, die nur diesen beiden Evangelien in Lk 6,17 ff und 9,51 ff gemeinsam sind und ihre Erklärung nicht dadurch finden, daß die vom aramäischen MtEv benutzte Gnomologie stellenweise dasselbe Material wie das Sondergut des LkEv enthielt.

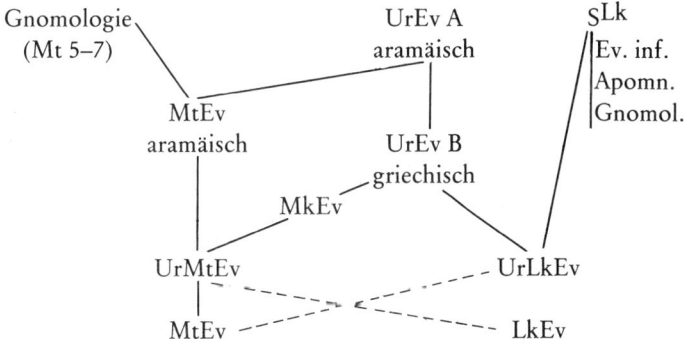

Was die Traditionsgeschichte betrifft, so kann man nicht behaupten, „Matthäus hätte Lukas Gnomologie gekannt, sondern ehender steht zu vermuten, Matthäus möchte eine ähnliche Gnomologie vor sich gehabt haben. Und vielleicht hat er sich solche anfänglich selbst gemacht" (150). Schaut man auf den Ursprung der Traditionen, so ist die Bergpredigt des MtEv von der Feldrede des LkEv unabhängig: „Wenn man alle Meinungen reiflich überdenkt, so ist wohl hier keine andere zulänglich, als: daß diese Rede von zwey verschiedenen Zuhörern, von welchen vielleicht Matthäus selbst Einer war, sogleich nach ihrer Abhaltung aufgezeichnet wurde, wodurch in so fern ein Abstand unter ihnen entstund, als einer mehr als der andere im Gedächtnis behielt" (162 f). Auch der Bericht über den Hauptmann von Kapernaum ist „ein Werk zweyer selbständiger Erzehler"(164).

Insgesamt ergibt sich aus dem freien Überlieferungsprozeß, der die zahlreichen Interpolationen des Urevangeliums zuließ, der zwingende Schluß: „Unsre Evangelien waren also ursprünglich Privat-Eigenthum" (153). Die kirchliche Lehre beruhte auf der *regula fidei* (→ 1.3.1).

Vgl. ferner Niemeyer (8 ff); Venturini (8); Weber (1791, 21 ff); Corrodi (149 ff); Ziegler; Schmidt (68 ff); Thieß (18 f); Kühnöl (Bd 1, XVI u. ö.); Feilmoser (52 ff. 79 ff.103 ff); Bertholdt.

3.2.4 Würdigung

Leistet die Urevangeliumshypothese in ihren die griechische Überlieferung einbeziehenden Gestalten auch an sich einigermaßen, was sie leisten soll, und kann man ihr auch den hypothetischen Charakter, soweit er allen synoptischen Quellentheorien eignet, nicht vorwerfen, so leidet sie doch an zu vielen Unwahrscheinlichkeiten, weshalb nicht von ungefähr einer ihrer Verfechter urteilt, man dürfe es „schon für den schönsten Gewinn halten, wenn man nur soweit kommen kann, *im Allgemeinen* sagen zu können, wie dieses sonderbare Verhältnis zwischen diesen drei Schriften erklärt werden müsse. Die *besonderen* Darstellungen der schwer zu entwickelnden Sache können natürlicher Weise für nichts weiter als mehr oder weniger wahrscheinliche *Hypothesen* angesehen werden" (Bertholdt, 1106).

Aber die Schwächen der Urevangeliumshypothese stecken schon im allgemeinen Prinzip. Die Autorität des Urevangeliums, das der *gesamten* Tradition zugrundelag, verträgt sich nicht mit seiner freien Behandlung durch eben diese Tradition. Die unseren kanonischen Evangelien vorausgehenden ‚Stammbäume' sind reine Konstruktionen. Deutliche Nachrichten über das Urevangelium und seine Abkömmlinge oder gar Reste von ihnen besitzen wir nicht, und Weiße schreibt deshalb 1838 – schon rückblickend –, die Urevangeliumshypothese „entbehrt aller geschichtlichen Grundlage, indem sich von der Existenz einer solchen Urkunde nicht die mindeste historische Spur nachweisen ließ" (13).

Wie konnte es dazu kommen, daß von der lebhaften literarischen Produktion der ersten Generation nur die synoptischen Evangelien übrig blieben, diese aber kanonischen Rang erhielten? Die Göttinger

3.2.4 Die Urevangeliumshypothese

Preisfrage, *quomodo et quo tempore* dies geschah, bleibt ohne überzeugende Antwort, und vor allem der Verlust des autoritativen Urevangeliums zugunsten seiner späteren Abkömmlinge läßt sich schwerlich einleuchtend machen. Gieseler gibt in diesem Zusammenhang zu bedenken: „Gleich bei den ersten Bestimmungen über das Urevangelium collidiren zweierlei Rücksichten. Insofern man erwägt, daß so viele Recensionen davon vorhanden waren, und von den drei Evangelisten sowohl, als den Verfassern der apocryphischen Evangelien in den verschiedensten Ländern benutzt wurden, möchte man eine weite Verbreitung desselben annehmen; auf der andern Seite wird man, da es so ganz spurlos verschwunden ist, geneigt, den Kreis seines Gebrauchs so viel als möglich einzuschränken" (1818, 53); vgl. ebd 49ff 57ff; Schleiermacher (1817, 3); Reuss (⁵1874, 179); de Wette (⁵1848, 144); Credner (179f). Eichhorns Auskunft, das Urevangelium scheine „ganz die noch rohe Beschaffenheit eines ersten Entwurfs gehabt zu haben"(²1820, 184), kollidiert mit der überragenden Autorität, die es dennoch besessen haben soll.

Ferner ist zu beachten: Wie immer man überhaupt über das Verhältnis der ersten christlichen Generation zur literarischen Produktion und Überlieferung urteilen mag: Ein so lebhafter literarischer Prozeß, wie ihn z. B. Eichhorn in seiner Einleitung annimmt, läßt sich in der knappen zur Verfügung stehenden Zeit bis etwa zum Jahre 70 nur schwer unterbringen und wäre selbst „in einer deutschen Bücherfabrik des achtzehnten Jahrhunderts", an die Schleiermacher sich 1817 (5) angesichts der Thesen Eichhorns erinnert fühlt, kaum denkbar.

Da das *aller* weiteren Überlieferung zugrundeliegende Urevangelium in gewisser Weise einen ‚offiziellen' Charakter gehabt haben muß, kann es sich bei den ‚Rezensionen' nicht, wie noch Lessing anzunehmen geneigt war, mehr oder weniger um ‚Wildwuchs' handeln, sondern um legitimierte Nachkommen. Ein derartiger legitimistischer und quasi wissenschaftlicher Überlieferungsprozeß kann aber für die erste christliche Generation nur ausgeschlossen werden. Man bedenke den schon von Herder vehement angemeldeten Widerspruch gegen einen solchen Überlieferungsprozeß:

„Die ganze Vorstellungsart, daß unsre Evangelisten als *Schriftgelehrte*... Aufsätze gesammlet, ergänzt, verbeßert, collationiert, confrontirt haben, ist der Vorstellungsart aller alten Schriften, die davon reden, noch mehr aber der Vergleichung unter ihnen selbst, und am meisten ihrer Lage, ihrer Bestimmung und dem Zweck ihrer Evangelien fern und fremde; so fremde, daß alle Rechtfertigungen, die daher geschöpft sind, mir wie jener Wind scheinen, von dem man nicht weiß, woher er kommt und wohin er fährt... Und was müßte man von einer *apostolischen Canzlei* halten, die dergleichen Variationen ausfertigte? ... Gewiß, kein Evangelist war in unserm Jahrhundert gebohren, noch schrieb er sein Evangelium, um in der niedern oder höheren Kritik sich an seinem Nachbar zu üben. Keiner wollte den andern überbauen, übermeistern; sondern stellete *seine* Erzählung für sich hin" (1796, 210).

Man beachte schließlich, daß keine Schrift des Neuen Testaments uns auch nur *ein* schriftliches Evangelium bezeugt, von der möglichen Ausnahme des Prologs zum LkEv abgesehen (→ 2.3; 5.2.9). Wie wäre dies denkbar, wenn die Urevangeliumshypothese in irgendeiner ihrer Gestalten, die alle eine lebhafte, wenn auch eher private Produktion und Verbreitung von Evangelien annehmen, recht hätte?

3.2.5 Entwicklungen

Die Urevangeliumshypothese konnte zu ihrer Zeit deshalb nur mangels überzeugenderer anderer Hypothesen zeitweise Anerkennung finden. „Allein die Verirrungen, in welche besonders Eichhorn und Marsh geriethen, machte derselben ein schnelleres Ende, als die beste Widerlegung vermocht hätte" (Schwarz, 1844, 48). Und nicht ohne Grund urteilt de Wette 1848, „daß man sich jetzt fast nur wundern kann, wie diese Hypothese früherhin so vielen Beifall finden konnte" (145). Sie ist heute im wesentlichen abgestorben, und man würde ihr selbst dann nicht folgen können, wenn eine bessere Lösung des synoptischen Problems nicht zur Verfügung stünde. Sie hat sich, wie in → 3.2.3 sichtbar wurde, nicht ohne Grund auch selbst zu Formen der Benutzungshypothese hin entwickelt, in denen die richtigen Einsichten der Urevangeliumshypothese besser als in ihr selbst aufbewahrt werden (→ 3.5.; 3.6).

Schon Eichhorn konzedierte 1820: „Gesetzt auch, daß ich die Lösung des Problems, die ich gesucht habe, verfehlt hätte, so wird man doch meiner Forschung das Verdienst zugestehen, daß sie den Eifer für die Untersuchung des Ursprungs der drey ersten Evangelien geschärft hat, und daß gegenwärtig weit tiefere Einsichten in die eigene Beschaffenheit derselben verbreitet sind, als noch im Anfang des neunzehnten Jahrhunderts. Gehe also auch meine Darstellung des

Verhältnisses der drey ersten Evangelien zu einander einst unter, so hat sie doch wesentlich genutzt" (VII f).

Ein Interesse an authentischer apostolischer Überlieferung hielt und hält freilich hier und dort ein gewisses Interesse an der Urevangeliumshypothese wach, die dabei freilich in der Regel mit Hilfe von Benutzungshypothesen vereinfacht wird und meist zu einer Urmatthäus-Hypothese (→ 3.5.3) tendiert. Als Nachzügler unter den Verfechtern einer modifizierten Urevangeliumshypothese sind z. B. Spitta (→ 4.4.1; das LkEv hat das Urevangelium am besten bewahrt, das MkEv hat es verkürzt; das MtEv ist vom MkEv abhängig, Lukas hat das MkEv gekannt; ähnlich schon Pfleiderer, ²1902, Bd 1, 336 ff), Haupt (→ 4.4.2), Hirsch (→ 4.4.1), Torrey und Perels anzusehen.

Vgl. ferner Porúbčan; Léon-Dufour (→ 3.3.3); Vannutelli; Gundry (UrMtEv als Urevangelium); Masson (Das MkEv ist ein verkürztes Urevangelium, das auch die Sprüche enthielt; dies Urevangelium liegt auch dem MtEv und dem LkEv zugrunde); Gaboury (mit Elementen einer Diegesenhypothese); O'Neill; Grosch (→ 3.5.3); Vaganay (→ 3.5.3).

Lindsey (²1973; → 3.6.4; 3.6.7) verbindet die Urevangeliumshypothese unmittelbar mit der heute herrschenden Zwei-Quellen-Theorie (→ 3.6): Das hebräische Urevangelium (‚Grundschrift') sei zu lang gewesen und deshalb in eine Erzählquelle (UrMkEv; → 3.6.4) und eine Redenquelle geteilt worden. Auch in anderer Weise nimmt im Rahmen der Zwei-Quellen-Theorie die Suche nach literarischen Quellen vor dem MkEv und der Spruchquelle oft eine der Urevangeliumshypothese verwandte Gestalt an (→ 4.4.1).

3.3 Die Diegesenhypothese (Fragmentenhypothese)

3.3.1 Frühe Vertreter

Der Grundgedanke der Diegesenhypothese, wonach die drei ersten Evangelisten ihren Stoff „zum Teil aus ähnlichen oder gleichen Quellen" genommen haben und dadurch so eng übereinstimmen, findet sich schon 1716 bei Johann Clericus (→ 3.2.1).

Ihm folgt, mehr ins einzelne gehend, Koppe, der 1782 zunächst die Ansicht Augustins (→ 2.6) zurückweist, das MkEv sei ein bloßer Auszug aus dem MtEv, und der dann das MkEv als selbständige Schrift neben dem MtEv vorstellt. Danach heißt es:

„Wir sind überzeugt, daß, wo immer Markus und Matthäus in Sätzen und Worten übereinstimmen, beide stets aus derselben Quelle geschöpft haben; wo sie aber voneinander abweichen, sind sie verschiedenen mündlich oder schriftlich überlieferten Erzählungen gefolgt. Es steht ja fest, und zwar sowohl aus dem Proömium des LkEv selbst als auch aus der übereinstimmenden Überlieferung der alten Schriftsteller, daß es schon bald nach Christi Himmelfahrt viele Berichte seiner Taten gegeben hat, kürzere oder längere, hebräisch und griechisch verfaßte, und daß eben diese Vielzahl der Erzählungen, die weit verbreitet waren, schließlich die Apostel veranlaßt hat, für die Aufzeichnung ihrer Erinnerungen Sorge zu tragen, um die Sache um so fester zu bestätigen. Die Anfänge solcher Evangelien waren wahrscheinlich sehr bescheiden. Bestimmte herausragende Ereignisse wie die Geburt, auffallende Wunder, vor allem Tod und Auferstehung, entsprechend auch bestimmte einzigartige Reden, Gleichnisse sowie Zusammenstellungen kurzer Aussprüche wurden einzeln aufgeschrieben, gelesen, verbreitet. Bald strebte man danach, und zwar je mehr einer in der Schreibkunst erfahren oder in der christlichen Lehre beflissen war, um so fleißiger, viele solcher Fragmente *(fragmenta)* der Taten Jesu ausfindig zu machen, untereinander zu ordnen und das Geordnete in einem größeren Band zu sammeln. Je öfter dies geschah, um so mehr mußten die Erzählungen allmählich von selbst durch das Abschreiben oder vor allem durch die Übersetzung vom Hebräischen ins Griechische notwendigerweise voneinander abweichen, sei es im Wortlaut, sei es vor allem in der Darstellungsart" (XXII; aus dem Lateinischen). Auch Matthäus habe nicht bloß aus eigener Erinnerung geschrieben, sondern wie Markus und Lukas die älteren Aufzeichnungen zu Rate gezogen und sie mit den eigenen Erinnerungen verbunden (XXIII).

Daß man sich für diese ‚Fragmentenhypothese' auf den Prolog des LkEv beruft, lag und liegt nahe.

In mancher Hinsicht bemerkenswert sind die entsprechenden Gedanken von Eckermann (1796), dem zufolge die Evangelien gegen Ende des ersten Jahrhunderts (!; → 3.4.1 b) geschrieben wurden, und zwar unabhängig voneinander aufgrund von Erkundigungen bei den Apostelschülern (vgl. Papias; → 2.4). Dabei stießen die Evangelisten nicht nur auf mündliche Traditionen (157 ff), sondern auch auf privat verbreitete schriftliche Aufzeichnungen sei es der Worte, sei es der Taten Jesu, sei es von den Aposteln selbst (Matthäus), sei es von ihren Bekannten, welch Letztere die Aufzeichnungen der Ersten schon ergänzt haben mögen (211 f). Den bei dieser verstreuten Quellenlage überraschend gleichartigen Aufbau der synoptischen Evangelien erklärt sich Eckermann damit, daß außerdem ein „kurzer Aufsatz vom Leben Jesu" (212), also eine Art ‚Urevangelium' (→ 3.2), existierte, den jeder Evangelist benutzt hat (→ 3.4.1).

Auch der Rationalist Paulus folgt dieser Erklärungsweise und legt sie u. a. seinem Kommentar über die drei ersten Evangelien zugrunde, freilich so, daß er sich nur das MtEv und das LkEv „aus früher vorhandenen Particularaufsätzen" bzw. „aus früheren, fragmentarischen, doch aber eine gewisse Reihe von Thatsachen zugleich umfassenden Aufzeichnungen" entstanden denkt (Bd 3, 1802, 100f), während er unter dem Eindruck der Benutzungshypothese Griesbachs (→ 3.5.3.2) das MkEv für einen Auszug aus den beiden anderen Synoptikern hält.

Der Übergang zur Diegesenhypothese ist auch dort im Gange bzw. vollzogen, wo im Rahmen der Urevangeliumshypothese mit mehreren ‚Urevangelien' oder Sonderquellen gerechnet wird. Vgl. Michaelis (→ 3.1); Semler (1783, 146f 221.290); Priestley (1777, 73); Eichhorn (²1820, 646ff); Halfeld (→ 3.2.2); Gratz (→ 3.2.3) und andere.

3.3.2 Schleiermacher

In durchgehender Auseinandersetzung vor allem mit der Urevangeliumshypothese (Einleitung, 224ff), aber auch mit Benutzungshypothesen entwickelte Schleiermacher erstmals 1817 seine einflußreiche Diegesenhypothese, und zwar an Hand des LkEv, dessen Prolog auch ihn zu einem solchen Unterfangen einlud (πολλοὶ ἐπεχείρησαν ἀνατάξασθαι διήγησιν).

Freilich war und ist umstritten, was Lukas in 1,1 unter ‚Diegese' versteht. Lagen ihm vollständige Evangelienschriften vor? Oder benutzte er ‚fragmentarische' Aufzeichnungen? Um diese Frage zu klären, stellt Schleiermacher den Prolog „vorläufig bei Seite" (14) und wendet sich dem Evangelium selbst zu; er will mit Bedacht nicht Evangelium mit Evangelium vergleichen, sondern die literarische Struktur des LkEv aus ihm selbst heraus aufhellen. Seine Untersuchung kommt zu dem Ergebnis, daß Lukas in seinem Evangelium „weder unabhängiger Schriftsteller ist, noch aus mehreren auch über das ganze des Lebens Jesu sich verbreitenden Schriften zusammengearbeitet hat" (219). Die in Lk 1,1 genannten Diegesen können also nur Teilsammlungen – Schleiermacher sagt ‚Aufsätze' – gewesen sein, und wenn auch Schleiermacher am Ende seiner Arbeit über das LkEv nicht ausdrücklich auf den Prolog zurückkommt, so ist entgegen der Ansicht von Weisweiler (61ff), die Vielhauer (1975, 266f) vergröbernd wiedergibt, die von Ebrard (²1850, 11; vgl. 806; Olshausen, 1830, 9; Tholuck, 1837, 234ff) gewählte Bezeichnung ‚Diegesen' für Schleiermachers ‚Aufsätze' der Meinung Schleiermachers gemäß. Schon Rhesa hatte 1819, freilich anscheinend ohne Kenntnis der Arbeit Schleiermachers über das LkEv, von den *scriptis minoribus,* die den Evangelisten vorlagen, als von ‚Diegesen' gesprochen (23).

Schleiermacher fragt zunächst kritisch: „Was haben wir uns wahrscheinlich früher zu denken, Eine zusammenhängende aber magere Erzählung, oder viele aber ausführliche Aufzeichnungen über einzelne Begebenheiten? so können wir nicht anders als für das letzte entscheiden" (7). Ein Interesse an den Begebenheiten des Wirkens Jesu müsse bei den frühen Christen natürlicherweise vorausgesetzt werden. Zwar sei dies Verlangen in den öffentlichen Versammlungen wohl nur sehr zufällig und geringfügig gestillt worden, da die christliche Predigt wesentlich auf dem apostolischen Kerygma, der *regula fidei*, beruhte (vgl. Einleitung, 228) und aus dem Alten Testament gespeist worden sei – eine Ansicht, die Schleiermacher zu Recht mit seinen Zeitgenossen teilt (→ 1.3.1; → 3.4.5.1). Aber im Befragen der Augenzeugen konnte man vieles erfahren, und ‚Evangelisten‘ (→ 3.4.1 b) gaben das Gehörte dem Kerygma der Apostel bei (Einleitung, 216). „Und so wurde viel einzelnes erzählt und vernommen, das meiste wohl ohne aufgeschrieben zu werden; aber gewiß wol wurde auch sehr bald manches aufgeschrieben, theils von den Erzählern selbst...; denn dann wurde das Schreiben eine Bequemlichkeit und Zeitersparung. Und mehr aber wurde gewiß aufgeschrieben von den Forschenden... So sind einzelne Begebenheiten aufgezeichnet worden und einzelne Reden... indeß müßte es wunderlich zugegangen sein, wenn die forschenden Aufzeichner immer nur einzelnes abgesondert sollten besessen haben; vielmehr sind gewiß schon sie und noch mehr ihre nächsten schriftlichen Abnehmer auch Sammler geworden, jeder nach seiner besondern Neigung. Und so sammelte vielleicht wol der eine nur Wundergeschichten, der andere nur Reden, einem dritten waren vielleicht ausschließend die letzten Tage Christi wichtig oder auch die Auftritte der Auferstehung. Andere ohne so bestimmte Vorliebe sammelten alles was ihnen nur aus guter Quelle zu Theil werden konnte" (9f).

Bevor es ein Evangelienbuch gab, existierten demzufolge viele Einzelüberlieferungen oder Sammlungen von solchen, von einer „Mehrzahl von Concipienten" (183) verfaßt. Die Einzelüberlieferungen waren teils schon schriftlich, teils noch mündlich im Umlauf, und hinsichtlich der mündlichen Traditionsstufe kann Schleiermacher urteilen: Gieseler (→ 3.4.2) „trifft in manchen Voraussetzungen mit mir zusammen" (XVI). Schleiermacher hält es für „sehr natürlich", daß die „kleineren Zusammenstellungen nachher untergingen" (Einleitung, 233). Die Evangelisten stellten die ihnen vorliegenden längeren und kürzeren Traditionen zu einem fortlaufenden Erzählfaden zusammen, wie Schleiermacher 1817 am LkEv nachzuweisen versucht. Dessen Verfasser ist uns Schleiermacher zufolge unbekannt und jedenfalls nicht, wie die Tradition will, der Paulusbegleiter Lukas (Einleitung, 239f).

3.3.2 Die Diegesenhypothese (Fragmentenhypothese)

Lk 1 ist ein „kleines dichterisches Werk" (18), das mit den drei Einzelerzählungen von Lk 2 bereits zu einer redaktionell bearbeiteten Sammlung vereint gewesen sein dürfte, als Lukas es kennenlernte. In 3,1–4,30 nimmt Lukas einzelne Stücke auf; 4,31–7,10 enthalten eine Wundersammlung und eine Redensammlung, die vielleicht schon vor dem LkEv miteinander verbunden gewesen waren; in 7,11–9,50 finden sich einzelne Erzählungen und kleine Erzählzyklen, nämlich jeweils in 7,11–50, in 8,1–21, in 8,22–56 und in 9,1–45. Den großen Reisebericht 9,51–19,48 fand Lukas zusammenhängend vor; er stammt von der Hand eines Sammlers, der Nachrichten über Begebenheiten während zweier Reisen Jesu nach Jerusalem zusammenstellte. Ähnlich war schon vor dem LkEv die Passions- und Ostergeschichte entstanden. „Wegen der besondern Dignität der Leidens- und Auferstehungsgeschichte ist wahrscheinlich, daß die Elemente derselben überall vorzüglich identisch waren, während das Übrige in größerer Verschiedenheit sich verbreitete" (Einleitung, 222).

Der Evangelist Lukas ist demzufolge kein unabhängiger Schriftsteller, sondern „er ist von Anfang bis zu Ende nur Sammler und Ordner schon vorhandener Schriften, die er unverändert durch seine Hand gehen läßt" (219). Dabei ist sein Verdienst, in „einer wohl überlegten Wahl" ausgesondert und „fast lauter vorzüglich ächte und gute Stücke aufgenommen" zu haben (219f) – eine Modernisierung des Lukas bzw. ein entsprechendes (Miß-)Verständnis seines Prologs. Indessen ist Schleiermacher wachen Sinnes durch das Feuer der rationalistischen Kritik gegangen und kann nicht mehr alles in den Evangelien einfach für historisch halten. Vereinzelt ist also auch weniger (historisch!) Wertvolles mit untergekommen, und zwar deshalb, weil die von Lukas benutzten Aufzeichnungen nicht immer von Augenzeugen stammen und auch Lukas selbst kein solcher war. Er hat deshalb manchmal auch Poetisches für Geschichtliches genommen und seinem – nach Schleiermachers Überzeugung geschichtlich gemeinten – Bericht eingefügt, so z. B. Lk 1 oder die Engel in der Weihnachtsgeschichte bzw. in Gethsemane.

Schleiermacher zeigt sich vor allem an der Traditionsgeschichte *vor* unseren Evangelien und an der Frage nach dem historischen Wert der Traditionen interessiert. Er liest 1819 – als erster – ein ‚Leben Jesu'. Das synoptische Problem, das Verhältnis der drei ersten Evangelisten zueinander, tritt für ihn zurück, doch begleitet ihn ständig die Frage, ob nicht doch, vergleicht man das LkEv mit dem MtEv und dem MkEv, „eine solche Übereinstimmung in der Anordnung unter den drei Evangelisten statt fände, daß wir entweder auf ein Urevangelium oder auf eine Abhängigkeit des einen Evangelisten vom andern zurück geführt" werden (115; vgl. 11 u. ö.). Schleiermacher ist 1817 geneigt, diese Frage zu verneinen, doch er meint, ein endgültiges Urteil setze die vorhergehende Bearbeitung auch des MkEv und des MtEv nach dem von ihm beim LkEv angewandten Prinzip voraus, der dann eine definitive Erörterung des Verhältnisses der Evangelien untereinander folgen müsse (12 f). In der Tat liegt die Schwierigkeit der Diegesenhypothese, wie schon Eckermann (→ 3.3.1) beobachtete, nicht nur darin, die (zwei oder drei Evangelisten) gemeinsamen und die je spezifischen Diegesen als solche zu bestimmen, sondern auch und vor allem darin, die im wesentlichen gleiche Stoffanordnung in den drei ersten Evangelien zu erklären. Das Mehr oder Weniger an überliefertem Stoff wird leicht verständlich – keiner der drei hatte alles Material, und jeder wählte nach seinem eigenen Maß aus –; auch der gemeinsame und der abweichende Wortlaut ließe sich erklären. Aber wie drei Sammler aus so vielen undatierten Quellen denselben Aufriß gewinnen konnten, läßt sich nur schwer begreifen: „Unaufgelöst bleibt aber durch dieselbe (sc. Hypothese) die Übereinstimmung, namentlich des Marcus und Lucas in der Zusammenstellung der Erzählungen, da doch beide ihre Evangelien aus unzusammenhängenden kleineren Schriften zusammengesetzt haben sollen" (Gieseler, 1818, 38).

Die in Aussicht genommene, dem LkEv entsprechende Behandlung der beiden anderen Synoptiker hat Schleiermacher nicht geliefert, doch kommt er zwei Jahre vor seinem Tode in einer Untersuchung über Papias (→ 2.4) auf seine Diegesenhypothese zurück (1832). Das Zeugnis des Papias über Matthäus bezieht er auf eine von dem Apostel Matthäus selbst veranstaltete Spruchsammlung, die dem Evangelium ‚nach' Matthäus zugrundegelegen habe – eine überaus wirkungsvolle These (→ 3.6.1) –, und zwar gehörten jener Spruchsammlung die fünf großen Redekompositionen des MtEv samt ihren stereotypen Schlußformeln an (→ 3.6.6 c), dazu Mt 21,23–22,46 und andere, nicht mehr sicher bestimmbare Redestücke des MtEv.

Das Zeugnis des Papias über Markus spricht nach Schleiermachers Überzeugung von einer durch Markus, den Begleiter des Petrus, nach dessen Tod veranstalteten ungeordneten Sammlung einzelner Begebenheiten aus dem Leben Jesu, „genau so wiedergegeben wie Petrus sie in seine Lehrvorträge eingestreut hatte, weder zu einem fortlaufenden ganzen verbunden, noch auch zu bestimmten Abschnitten sei

3.3.2 Die Diegesenhypothese (Fragmentenhypothese)

es nach der Zeitfolge oder nach einer sachlichen Ordnung gestellt, sondern aufgeschrieben wie sie einzeln in der Erinnerung hervortraten" (387). In einem (verlorenen) Evangelium ‚nach' Petrus wurden diese Erzählungen sodann geordnet, und dies ‚Evangelium nach Petrus' mag wiederum eine Quelle unseres MkEv gewesen sein.

Damit entdeckt Schleiermacher zwei weitere ‚Aufsätze' bzw. Diegesen, deren erste, die Spruchsammlung des Apostels Matthäus, der Verfasser des MkEv nicht gekannt und auch der Evangelist Lukas mit Sicherheit „wenn auch gekannt, doch augenscheinlich nicht gebraucht" habe (Einleitung, 251), „da er viele Aussprüche Christi, welche Matthäus gleich in seinem ersten Abschnitt von ihrem geschichtlichen Zusammenhang abgerissen mit ähnlichen vereinigt gab, in seinen Materialien in ihrem wirklichen Zusammenhange fand" (383).

Die synoptische Frage, „welche überall als das wichtigste angesehen zu werden pflegt in dieser Sache, wie sich nämlich das Evangelium des Markus gegen die anderen beiden verhalte" (391), behandelt Schleiermacher weiterhin dilatorisch. Angesichts der weiten Verbreitung der verschiedenen vor-evangelischen Sammlungen lassen sich Schleiermacher zufolge viele Möglichkeiten denken, welche die besondere Verwandtschaft der drei ersten Evangelien erklärt, darunter auch der von Schleiermacher keineswegs begünstigte, in seiner Einleitung (313) sogar direkt abgelehnte Vorschlag, das MtEv und (oder) das LkEv hätten bereits unser MkEv gekannt und benutzt (391) und dadurch die gleichmäßige Stoffanordnung gewonnen.

Zeitweilig hat Schleiermacher auch wie Paulus (→ 3.3.1) die Griesbachsche Benutzungshypothese (→ 3.5.3.2) mit seiner Diegesenhypothese verbunden und das MkEv als einen Auszug aus dem Mt- und dem LkEv angesehen (Einleitung, 248ff 306ff). Er hat indessen auch diese Ansicht später wieder aufgegeben (ebd., 312ff), zumal von ihr gilt: „Aber freilich die große Übereinstimmung im Einzelnen und in den Worten selbst wird dadurch noch nicht erklärt" (ebd., 251). So bleibt es hinsichtlich der entscheidenden Frage, wie sich im Rahmen der Diegesenhypothese die gleichförmige Anordnung des Stoffes bei den Synoptikern erklärt, bei einem *non liquet,* und dies hat dazu geführt, daß man Schleiermachers Arbeiten zwar Scharfsinn und einzelne überzeugende Gesichtspunkte bescheinigt hat, sie aber als Lösung des eigentlichen synoptischen Problems nicht anerkennen konnte. Im Rahmen einer überzeugenderen Quellentheorie (→ 4.3.5 b) hat freilich der traditionsgeschichtliche Grundansatz Schleiermachers, demzufolge vor der Evangelienschrift kleine mündliche oder schriftliche Sammlungen existierten, die ihrerseits Einzelüberlieferungen aufnehmen, weitgehende Anerkennung erfahren.

Im Sinne Schleiermachers äußern sich z. B. Sartorius; Rettig; Kaiser (1831); Lücke (767); Ebrard (11.806): Lukas verweist in seinem Prolog auf „kleine, fragmentarische Aufzeichnungen", die später verloren gingen; Neander (1837, 8); vgl. Salmon (1855, 153 ff); Tholuck (1837, 234 ff). Gfrörer (1838) läßt das LkEv (Bd 1, 33 ff) und das MtEv (Bd 2, 7 ff) unabhängig voneinander aus Diegesen hervorgegangen sein, während er sich hinsichtlich des MkEv der Hypothese Griesbachs (→ 3.5.3.2.a) anschließt (Bd 2, 123ff). Ähnlich Olshausen (³1837, 9 ff).

Thiersch rechnet 1845 im Rahmen der Traditionshypothese (→ 3.4) damit, daß vor der Entstehung der Evangelien „von den zur mündlichen Verkündigung berufenen Männern schriftliche Aufzeichnungen zur Nachhülfe für ihr Gedächtniß, aber eben nur zum Privatgebrauch gemacht worden waren" (137 f; vgl. 70); die Geburts- und Jugendgeschichten stammen dagegen aus persönlichen Aufzeichnungen der ‚Heiligen Familie'.

Ohne Bezugnahme auf Schleiermacher beruft sich auch Rhesa 1819 auf den Prolog des LkEv, wenn er die drei ersten Evangelien unabhängig voneinander aus mündlicher Überlieferung und aus einzelnen Diegesen *(diegeses quasdam de vita et doctrina Christi singulares... singulas vitae et doctrinae Christi partes continent(es);* 23) entstanden sein läßt.

3.3.3 Spätere Vertreter

Der Philologe Lachmann versucht wenige Jahre nach Schleiermachers Untersuchung zu den Papiasnotizen, das gewichtigste Manko der Hypothese Schleiermachers zu beheben. Seine Untersuchung von 1835 trägt den dafür bezeichnenden Titel *De ordine narrationum in evangeliis synopticis* (vgl. Palmer). Lachmann knüpft an Schleiermacher an *(Fridericus Schleiermacherus is fuit a cuius auctoritate haec omnia studia mea profecta sunt,* 572) und geht von der Beobachtung aus, daß man nur wenige Abweichungen in der Anordnung des synoptischen Stoffes beobachtet, wenn man das MtEv und das LkEv je für sich mit dem MkEv vergleicht. Diese wenigen Abweichungen aber erklären sich aus absichtsvollem Vorgehen von Matthäus und von Lukas gegenüber einer Vorlage, die mit dem MkEv eng verwandt war.

Lachmann zufolge geht das gleichmäßig erzählende Gerüst der synoptischen Evangelien auf eine in Wortlaut und Reihenfolge feste Tradition zurück, die aus fünf einzelnen Stücken *(historiae evangelicae*

3.3.3 Die Diegesenhypothese (Fragmentenhypothese)

quasi corpuscula bzw. *corpora historiarum),* also fünf ‚Diegesen', allmählich zusammengewachsen sei. Diese unseren drei Synoptikern vorausliegende Tradition der evangelischen Geschichte, eine Art ‚Urevangelium', von *historiae evangelicae doctores* verbreitet (584) – wie weit sie den Evangelisten noch mündlich, wie weit schon schriftlich vorgelegen hat, will Lachmann nicht entscheiden (582) – erklärt die Übereinstimmung zwischen den synoptischen Evangelien. Zwar liege am Tage, daß Matthäus und Lukas das MkEv selbst nicht vorliegen hatten (582), aber dieses habe die gemeinsame Tradition relativ rein bewahrt; das Sondergut Mk 7,32–37 und 8,22–26 hält Lachmann für Zusätze des Evangelisten Markus. Lukas habe die gemeinsame Tradition mit anderen Überlieferungen, besonders mit dem Reisebericht Lk 9,51–18,14, *quem sextum dicere licet commentarium* (588), verbunden und sich dabei Umstellungen innerhalb der gemeinsamen Tradition in Rücksicht auf die neu eingefügten Stoffe erlaubt. Dem MtEv liege die Schrift des Apostels Matthäus zugrunde, wie Schleiermacher sie anhand der Papiasnotiz beschrieben hatte, nämlich eine redaktionell gestaltete Sammlung von Reden Jesu, in die von anderen später die Erzählungen ‚hineingestopft' wurden *(ex collectis et quasi contextis domini Jesu Christi orationibus compositum primo, cui postmodum alii narrationes inserserunt).*

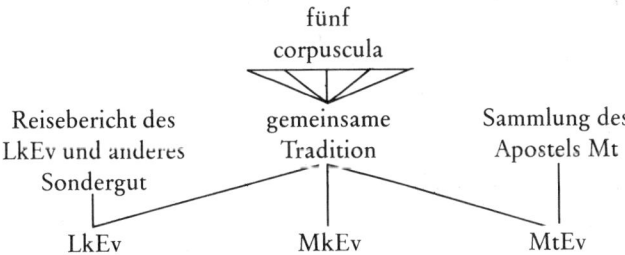

Die fünf in die gemeinsame Tradition eingegangenen *corpuscula* umfaßten Lachmann zufolge in etwa Mk 1,1–39; 1,40–3,6; 3,7–6,6a; 6,6b–8,26 und 8,27–16,8. Die dritte dieser ursprünglich selbständigen kleinen Sammlungen wurde mit der Berufung der Jünger und der anschließenden Rede (Feldrede des LkEv bzw. Bergpredigt des MtEv) eröffnet, ein Stoff, der dem Evangelisten Markus vermutlich wegen einer Verstümmelung seiner Vorlage nicht zugeflossen war, sofern Markus ihn nicht „*miro prorsus consilio praeterierit*" (586).

Der Vorschlag Lachmanns hat sich zwar nicht durchgesetzt, leitete aber unmittelbar zur Lösung des synoptischen Problems in Gestalt der Zwei-Quellen-Theorie über (→ 3.6). Die Ansicht Lachmanns, daß dem gemeinsamen Sammelkorpus einzelne *corpuscula* vorausliegen, findet sich im Rahmen der Zwei-Quellen-Theorie, wo immer man mit vormarkinischen Sammlungen rechnet (→ 4.3.5 b).

Relativ eng an Lachmann schließt sich 1864 Weizsäcker an, doch vereinfacht er Lachmanns Hypothese durch Zuhilfenahme der Zwei-Quellen-Theorie, die inzwischen ihren Siegeszug angetreten hatte (→ 3.6). Er zählt auch nicht 5, sondern 13 ‚Gruppen' (Diegesen) innerhalb der verlorenen gemeinsamen Tradition, der ‚synoptischen Grundschrift', auf, die im wesentlichen mit unserem MkEv identisch war, nämlich Mk 1,14–45; 2,1–3,6; 3,7–4,34; 4,35–6,33; 6,34–7,37; 8,1–26; 8,27–9,29; 9,30–10,31; 10,32–11,11(19); 11,12(20)–12,12; 12,13–44; 13,1–37; 14,1–16,8.

Seiner Meinung nach läßt sich nicht verkennen, „daß die einzelnen Abschnitte zunächst für sich zusammengestellt sind" (1864, 70), und zwar für „die einzelnen Zwecke der evangelischen Predigt" (71). Die Zusammenfügung dieser von Weizsäcker nicht so genannten ‚Diegesen' zur ‚synoptischen Grundschrift' erfolgte schon früh auf palästinischem Boden, wenn auch nicht durch einen Apostel, und zwar folgte sie „einem gewissen Typus, in welchem die Stoffe für den praktischen Zweck der Verkündigung des Evangeliums von Jesus in der Urgemeinde zusammengestellt wurden"(80).

Markus hat die synoptische Grundschrift bloß redigiert. Dagegen haben Matthäus und Lukas außer ihrem Sondergut mit ihr eine Redensammlung verbunden, „mag ihnen diese auch in verschiedener Gestalt vorgelegen sein" (84), jedoch hat im allgemeinen „die Redaction der Reden bei Matthäus diese Quelle in weit ursprünglicherer Form aufgenommen"(116).

Weizsäcker hat also faktisch die Diegesenhypothese in eine Zwei-Quellen-Hypothese mit Markuspriorität (→ 3.6) übergeführt, freilich unter intensiver Beachtung vormarkinischer Sammlungen (→ 4.3.5 b).

Ein Nachzügler unter den Vertretern der Diegesenhypothese war auch Bleek, der sie 1862 mit der Urevangeliumshypothese und mit der Griesbachschen Benutzungshypothese (→ 3.5.3.2) verbindet. „Den Anfang der evangelischen Schriftstellerei haben einzelne kleinere Aufzeichnungen gemacht" (264). Auf ihnen beruhte eine erste zusammenhängende Darstellung der evangelischen Geschichte, das Urevangelium. „Auf das Urevangelium folgten wohl bald andere zusammenhängende evangelische Schriften" (266). „So sind denn auch das erste und dritte unserer kanonischen Evangelien entstanden" (266 f), die im Unterschied zu dem Urevangelium und seinen apokryphen Kindern erhalten geblieben sind. „Für die Vorstellung, daß Marcus der spätere sei und die beiden anderen Evangelien benutzt habe, habe ich mich stets in meinen Vorlesungen (zuerst 1822/23) ausgesprochen" (243).

Eine solche kombinierte Lösung vereint nicht nur die Vorteile der verschiedenen Hypothesen, sondern auch ihre Nachteile. Daß sich die umlaufenden Diegesen zu *einem* Urevangelium zusammengefunden haben müssen, das dann die Grundlage aller späterer Evangelien bildete, bedeutet eine zusätzliche, durch diese Kombination geschaffene Schwierigkeit.

Elemente der Diegesenhypothese herrschen heute vor bei Knox (→ 4.4.1; 4.4.2), der sie mit einer Benutzungshypothese mit Markuspriorität verbindet. Léon-Dufour (dazu Mc Loughlin) bringt sie in Verbindung mit formgeschichtlich aufgefaßter Tradition (→ 4) und mit Elementen der Urevangeliumshypothese: Die am Anfang der Überlieferung stehende mündliche Tradition mündet zunächst in prä-synoptische Dokumente, die sich gegenseitig benutzen und weiterhin dem Einfluß der mündlichen Gemeindetradition unterliegen. Aus diesem fluktuierenden Prozeß gehen das MkEv, das MtEv und das LkEv hervor, die sich selbst gegenseitig nicht direkt benutzt haben (z. B. 1963, 225 ff; 1964, 267 ff. 286 ff; 1966, 252 ff).

Im Rahmen einer Diegesenhypothese nimmt Wenham an, Lukas habe auch das MkEv gekannt; der lukanische Reisebericht – eine ‚Diegese' – gehe auf einen der ‚Siebzig' (Lk 10,1) zurück, und wenn Matthäus viele Aussprüche Jesu anders und an anderer Stelle als Lukas bringt, beruhe dies darauf, daß Jesus einzelne Aussprüche öfter getan hat.

Vgl. ferner z.B. Gaboury (→ 3.2.5); Lindsey (1963; vgl. → 3.6.4; 3.6.7); Frey; Thomas; Kennedy; Tresmontant.

3.4 Die Traditionshypothese

3.4.1 Herder

Herder veröffentlichte 1796 eine Schrift ‚Vom Erlöser der Menschen. Nach unsern drei ersten Evangelien' (Suphan, Band 19, 135 ff), die Herders Vorrede zufolge schon „vor einer Reihe von Jahren geschrieben" wurde (137). Herder stellt sich mit dieser Schrift der wachsenden Kritik an der Glaubwürdigkeit der Evangelien (140 f). „Man erlasse mir das lange Verzeichniß der Schriften, in welchen diese Zweifel zerstreut oder gesammelt zu finden. Dem wissenschaftlichen

Kenner sind sie bekannt; manche derselben stehen in sehr schätzbaren Schriften. Überhaupt sind Zweifler jeder Art des menschlichen Wissens nützlicher gewesen, als die bloßen Nachsager und Wiederholer" (144).

Wer von den griechischen und römischen Historikern herkommt, tritt, liest er die Evangelien, tatsächlich in eine andere Welt. „Himmlische Kräfte haben ihr sichtbares Spiel auf der Erde; Engel und der Sohn Gottes, ihm entgegen die Dämonen der Hölle wirken gegeneinander, sodaß beinah keine menschliche Triebfeder *blos* natürlich, also begreiflich und anschaubar bleibt. Der Sohn Gottes, den Engel ankündigten, den die Dämonen erkennen, wirkt Wunder, und verspricht die Gabe der Wunder Allem, was an ihn glaubet. Übernatürlich geboren lebt er übernatürlich und gehet zum Himmel empor. Hier, kann der Verehrer rein-menschlicher Geschichte sagen, hier habe ich viel anzustaunen, viel zu bewundern; aber wenig zu begreifen. Ich bin nicht in der Geschichte, sondern im Lande der Poesie, von Gottheit und Übernatur umgeben" (139).

„Unpartheiisch", so wie es „einer freien Untersuchung über eine geschriebene *Geschichte* zusteht", will Herder die Evangelienprobleme erörtern. Kern seiner Schrift bildet eine erbauliche Paraphrase des Inhalts der drei ersten Evangelien, harmonistisch angelegt ohne harmonistisches Interesse, geschrieben in der Absicht zu zeigen, daß und inwiefern die drei ersten Evangelien trotz ihrer poetischen oder mythischen Gestaltung uns angehen (147). Eher beiläufig stellt Herder darüber hinaus die ‚synoptische Frage' nach der Verschiedenheit und der auffallenden Ähnlichkeit der drei ersten Evangelien, wobei er sich kritisch mit der durch Lessing und Eichhorn jüngst ins Gespräch gebrachten Urevangeliumshypothese auseinandersetzt.

In diesem Zusammenhang interessieren drei wichtige Gesichtspunkte seiner Schrift.

a) Die Evangelien sind für Herder nicht „*Geschichte* und *Biographie* nach einem Ideal der Griechen und Römer" (194). Sie wollen vielmehr eine *Botschaft verkündigen*. Darum heißen sie ‚Evangelium'. „Mit dem einzigen Wort ihres Namens ist uns der Aufschluß ihres Inhaltes, ihrer Anordnung und Schreibart gegeben" (196). Und diese Schreibart ist nicht die griechische, sondern die jüdische, an welche die Evangelisten um so mehr gebunden waren, als sie die Erfüllung der Verheißungen des AT verkündigen wollten (196.199). Nun gilt aber: „Der Geschichtstyl der Ebräer gehört, wie ihre Poesie, *in die*

Kindheit des Menschengeschlechts, und ist davon ein Abdruck. Geschlechtregister, Sagen von Altvätern, Propheten und Königen sind ihre Geschichte, alle im Ton der einfachsten Erzählung, mit Ansichten der Welt, wie sie die Kindheit liebt, wie sie dem damaligen Menschengeschlecht unentbehrlich waren, mit Wundererscheinungen, poetischen Ausdrücken, Gleichnißreden u. f. Auch die älteste Griechen- und Römergeschichte hatte dergleichen; als aber die Cultur des Volks fortschritt, so milderte, so verkleidete man diese Züge uralter Denk- und Sehart; bei den Ebräern blieben sie stehen, wie sie standen ... Alles Ausländische also vergeßend müßen wir uns in den Charakter einer Nation setzen, die keine fremde Literatur kannte und in ihren alten heiligen Büchern ... als im Heiligthum aller Weisheit wohnte. In ihnen war jeder Buchstabe göttlich, jedes Gleichniß ein himmlisches Geheimniß; und wer etwas schrieb, verfaßete es in dieser Denkart" (195 f).

Darf man die Evangelien nicht mit den Maßstäben antiker Geschichtsschreibung messen, so erst recht nicht mit denen der neuzeitlichen Geschichtswissenschaft. Welche Maßstäbe bzw. Wirklichkeitskriterien an sie anzulegen sind, muß sich aus ihnen selbst ergeben. Herders Feststellung, daß sie *Verkündigung* sein wollen, gehört dabei zu den unaufgebbaren Einsichten der Bibelwissenschaft, wie immer man seine Ansichten über die hebräische Poesie und Geschichtsschreibung, mit denen Herder der auf den Göttinger Altertumsforscher Heyne zurückgehenden ‚mythischen Schule' seiner Zeit verbunden ist (Hartlich-Sachs, 47 ff), im übrigen auch beurteilen mag.

b) Mit dem Charakter des Evangeliums als Verkündigung verträgt sich Herder zufolge anfangs nur die Mündlichkeit. „Ein Gesetz wird geschrieben; eine fröhliche Botschaft wird *verkündigt*" (211). Herder ist der Meinung, es habe einen besonderen Stand der ‚Evangelisten' gegeben (Eph 4,11; Ag 21,8; 2 Tim 4,5), deren Aufgabe es war, als Helfer der Apostel die evangelische Geschichte zu erzählen (vgl. Schleiermacher, → 3.3.2). „Aus dem Munde der Apostel, die sie daher auch viele Jahre begleiteten, hatten sie ihre Gabe empfangen; als *mündliches Evangelium* theilten sie solche andern mit" (212). Freilich benötigten die mündlich berichteten Evangelisten einen Zyklus, „innerhalb welchem sich ihre Erzählung hielt, und dies war Der, den die Apostel vom Anfange ihres Verkündigens selbst hatten" (213 f). Die Einheitlichkeit innerhalb der Evangelien geht also auf die Tatsache zurück, daß die Evangelisten in einem von den Aposteln selbst festgestellten Zyklus des mündlichen Evangeliums unterwiesen waren. „Da alle Erzählungen aus Einer Quelle, von den Aposteln selbst kamen, und sich damals alles enge zusammenhielt (Ag 2,34; 4,32) die Unterweisung der Jünger auch das erste Geschäft der Apostel war: (Ag 6,3–7) so wurden hiedurch und durch die Begleitung der Apostel Evangelisten gebildet. In unsern drei Evangelien z. B. kommen *dieselben* Gleichniße, Wunder, Geschichten und Reden vor, woraus man sieht, daß die allgemeine Tradition dieser *Evangelischen Rhapsoden* (wenn mir dieser Name erlaubt ist,) sich an diese Erzählungen vorzüglich gehalten. Oft werden sie mit denselben Worten erzählt: denn auch das ist Natur der Sache bei einer mündlichen, oft und wiedererzählten, insonderheit *apostolischen Sage,* wie wir es in Petrus Predigten und in den Briefen der Apostel selbst bemerken. Es waren *festgestellte, heilige* Sagen" (214).

Bemerkenswerte Ansätze zu dieser ‚Traditionshypothese' finden sich bereits bei Semler z. B. in seiner berühmten ‚Abhandlung von freier Untersuchung des Canon' (1771; Nachdruck 1967, 82 ff). Gleichzeitig mit Herder entfaltet Ekkermann 1796 (148 ff 209 ff) und wiederholt 1806 ähnliche Gedanken, und zwar in einer interessanten Verbindung mit der Urevangeliumshypothese bzw. der Diegesenhypothese (→ 3.3.1) und mit einer Benutzungshypothese mit Matthäuspriorität (→ 3.5.3): Die Grundlage der *mündlichen* Tradition, aus welcher die drei Evangelisten schöpfen, war nicht nur ein kurzer mündlicher Erzählzyklus, der sich in Jerusalem unter den Aposteln gebildet hatte, sondern auch ein ihm entsprechender kurzer schriftlicher ‚Aufsatz' vom Leben Jesu, nämlich (so 1806, XI f) eine aramäische Schrift des Apostels Matthäus, die indessen Markus und Lukas mit anderen Überlieferungen *mündlich* zugeflossen sei.

Hat auch Herder das Unzureichende seines Versuchs, die Übereinstimmung innerhalb der drei ersten Evangelien aus einem von den Aposteln selbst festgestellten mündlichen Zyklus zu erklären, bald selbst erkannt (s. u.), so handelt es sich bei der Frage nach ursprünglich mündlicher Überlieferung doch um ein Grundproblem der Erforschung der synoptischen Evangelien, das fernerhin in sehr charakteristischen und zugleich unterschiedlichen Weisen angesprochen wurde, in neuerer Zeit vor allem unter dem Stichwort ‚Formgeschichte' (→ 4.3), das man aber noch heute als ein durchaus offenes Problem der Forschung anzusehen hat.

c) Herder schreibt: „Jeder Geschichtsschreiber gehört, so wie seine Geschichte, dem Volk, der Zeit, der Sprache, den Umständen an, in und unter welchen er schreibet" (148). Gilt dies von den aus dem

Geist der hebräischen Poesie schreibenden Evangelisten überhaupt, so im besonderen auch von jedem einzelnen Evangelisten. Der mündliche Zyklus des apostolischen Evangeliums begründet zwar die prinzipielle Einheitlichkeit unserer Evangelien. „Nie aber ging dies Einerlei so weit, daß jeder Evangelist ein Sprachrohr des andern ward, wie abermals unsre drei Evangelien bezeugen. Da ist kein Gleichniß, kein Wunder, fast kein Spruch und keine Geschichte, die nicht jeder Evangelist nach seiner Weise sagt; eine Varietät und Freiheit des Vortrages, die sich vom gleichgültigsten Umstande bis auf die wichtigsten Formeln, z.B. das Vater Unser, die Worte der Einsetzung des Abendmahls, und alle Reden Christi erstrecket. Offenbar sieht man, daß *Jeder der Erzählenden frei erzähle.* Jeder Evangelist, selbst der kurze Markus erzählt *eigne* Umstände, eigne Reden und Wunder ... Keinem derselben lag also wie einem Sklaven das Joch auswendig gelernter oder vorgeschriebener Worte auf dem Nacken; eine Last, die mit dem Namen *Evangelium und Evangelist* durchaus streitet ... Hiemit erklären sich die Varietäten unserer Evangelien nicht nur als nothwendig von selbst; sondern mit ihnen tritt auch der Genius jedes Einzelnen dergestalt ins Licht, als ob es das Einzige wäre" (214f).

Die Freiheit der mündlich erzählenden Evangelisten setzte sich bei der schriftlichen Abfassung der Evangelien fort, ob nun der eine Evangelist den anderen (oder sein Werk) gekannt hat oder nicht. Die Verschriftlichung des mündlichen Evangeliums wurde indessen nötig, als man in den verschiedenen Kirchengebieten „historische Commentare seines Glaubensbekenntnisses" (207) haben wollte und als die Häretiker die kirchliche Tradition der evangelischen Geschichte verfälschten. „Es war Natur der Sache, daß viele Evangelien entstanden" (208), und es hatten uns statt der vier auch leicht zehn gleichwertige erhalten geblieben sein können.

Für den Prozeß der Verschriftlichung gilt: „Es war Pflicht des Evangelisten, daß er *für seinen Kreis* erzählte und vortrug" (217). Das MkEv ist ein „kirchliches Evangelium", zur öffentlichen Vorlesung in der Gemeinde geschrieben (217), das LkEv eine Privatschrift für den im Prolog genannten Theophilus (218) und das MtEv ein ‚apostolisches' Evangelium, das den ursprünglichen Verkündigungsgedanken des mündlichen Evangeliums, die Botschaft von dem Christus Jesus, in reiner Form faßt und fortführt (222).

Wie problematisch diese näheren Bestimmungen der Evangelien auch immer sein mögen: Herders Forderung, die Evangelisten als individuelle Schriftstellerpersönlichkeiten zu betrachten, nicht als bloße

Sammler, wie z. B. Schleiermacher bald tun wird (→ 3.3.2), und ihre Evangelien als Werke zu betrachten, die sich nach den Umständen ihrer nächsten Leser richteten, muß von jeder Lösung des synoptischen Problems gebührend bedacht werden (→ 5.1): „Vier Evangelisten sind, und jedem bleibe sein Zweck, seine Gesichtsfarbe, seine Zeit, sein Ort" (416 Anm).

Herder hat mit dem in diesen drei Punkten Dargelegten die Forschung mehr auf den Weg als an feste Ziele gebracht, aber gerade so hat Wellhausen (1905, 43 Anm) mit seinem Urteil recht: „Was hat dieser Hellseher nicht alles der Wissenschaft vorweg genommen."

Die Erklärung der Einheitlichkeit der drei ersten Evangelien aus der festen mündlichen ‚apostolischen Sage' erschien Herder bereits bei der Veröffentlichung seiner Schrift 1796 als problematisch, wie ein offensichtlich in die ältere Vorlage eingefügter Abschnitt (202–206) und vereinzelte sekundäre Anmerkungen zeigen. Die enge Verwandtschaft der Synoptiker in ihrem griechischen Wortlaut auch bei seltenen Wörtern und über ganze Passagen hinweg (→ 1.3.3) läßt sich nicht erklären, wenn sie unabhängig voneinander ein sei es auch griechisch tradiertes mündliches Evangelium aufzeichnen. Herder rechnet deshalb in dem genannten Abschnitt damit, daß die Apostel schon früh durch einen der ihren, nämlich durch Matthäus, eine aramäische Evangelienschrift (‚Urevangelium') aufzeichnen ließen (vgl. Eckermann). Er vermittelte indessen diese Auffassung nicht mit den übrigen Gedanken seiner Schrift, kommt aber im folgenden Jahr noch einmal ausführlicher auf diese Frage zurück.

1797 erscheint nämlich Herders Schrift ‚Von Gottes Sohn, der Welt Heiland. Nach Johannes Evangelium. Nebst einer Regel der Zusammenstimmung unserer Evangelien aus ihrer Entstehung und Ordnung'. Mit dem Hauptteil dieser Schrift setzt Herder neben den erbaulichen Bericht von der Geschichte Jesu, wie er ihn 1796 aus den drei ersten Evangelien gezogen hat, eine entsprechende Paraphrase des JohEv. In der angehängten ‚Regel' (380–424) gibt er Auskunft über seine Auffassung des synoptischen Problems, und nunmehr erklärt er die Verwandtschaft zwischen den Synoptikern auf eine Weise, die Elemente der Urevangeliums- und der Benutzungshypothese mit der Ansicht ursprünglich mündlicher Tradition verbindet.

Herder bleibt dabei: „Mit Evangelienschreiben fing also das Christenthum nicht an" (382), sondern mit Predigt. Anders zu denken hieße, im Geist unserer, nicht jener Zeiten zu denken (383). Allerdings war für die ‚Evangelisten' ein fester Typus des mündlichen Evangeliums notwendig und durch den Unterricht, den sie genossen, auch gegeben. Er dürfte auf den Apostel Petrus zurückgehen (389). Unsere drei ersten Evangelien sind also das „schriftliche Echo der ältesten christlichen Gemeinsage" (388).

Das MkEv gilt Herder jetzt als die älteste und ziemlich getreue Fassung des mündlichen apostolischen Evangeliums. „Ist nicht das Kürzere, das Schmucklose, gewöhnlich das Frühere, dem sodann andre Veranlassungen nachher Erläuterung, Fülle, Rundheit hinzufügen?" (391). Die schriftliche Aufzeichnung war als Gedächtnishilfe gedacht und ist mithin „ein Zeugniß der ältesten Sage aus eignem frühen Unterricht der Apostel, dem Er nichts hinzuthun wollte" (394f). Und zwar hat Markus etwa 34–40 sein Evangelium aramäisch in Palästina aufgezeichnet, es später (63–68) in Rom ins Griechische übersetzt und herausgegeben.

Diese ursprünglich private Aufzeichnung des Markus wurde von Matthäus und von Lukas benutzt; „nach allen Regeln einer gesunden Auslegung also muß ihr Neues als hinzugefügt, nicht als von Markus ausgelassen betrachtet werden" (394; gegen Griesbach, → 3.5.3.2). Jeder von beiden „hatte seine Welt, seine Zeit vor sich" (400), und die mündliche ‚Sage' war weiter gewachsen (407). Sie fügten hinzu und berichteten, verbesserten und paraphrasierten das Überkommene (413. 420). „Anders lernt man keinen Schriftsteller kennen, als wenn man sein *Eigenstes* bemerket ... Jedem lasse man, was ihm gehört" (414). „Was sich nicht vereinigen läßt, stehe einzeln da, jeder Evangelist mit seinem Verdienst" (416); Evangelienharmonien zerstören gerade das Besondere, das aus der Freiheit des einzelnen Evangelisten, das Evangelium zu *verkündigen,* gewachsen ist.

Des Näheren vermutet Herder, Matthäus habe zunächst (58–61) unter Benutzung des aramäischen MkEv sein Evangelium aramäisch abgefaßt (nach Papias, → 2.4); nach 70 sei es ins Griechische übersetzt worden. Lukas habe vor 70 sein Evangelium auf der Grundlage des aramäischen MkEv und des aramäischen MtEv sowie unter Hinzufügung von mancherlei Sonderüberlieferung sogleich in der griechischen Sprache geschrieben. Um die wörtlichen Übereinstimmungen im griechischen Wortlaut zu erklären, äußert Herder beiläufig die Ansicht, Lukas habe auch das griechische MkEv, der Übersetzer des aramäischen MtEv aber sowohl das LkEv wie das griechische MkEv gekannt.

Das Schema Herders hat also folgende Gestalt:

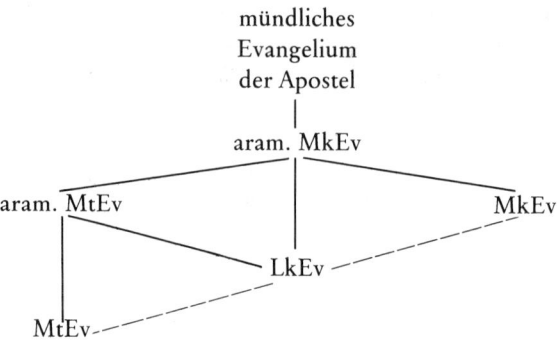

Markus ist „das *erste Gebilde* (πρωτοπλασμα) der Evangeliensage", „die Schmucklose Mittelsäule der andern, ihr ungezierter Grundstein" (419) und das „einzige Richtmaas von dem, was in andern Compositionen zu ihren Zwecken hinzugefügt worden" (420). Seine relative Kompliziertheit erhält Herders System vor allem dadurch, daß er die altkirchlichen Traditionen und den Prolog des LkEv berücksichtigen will.

Der einfache, von Herder mit einleuchtender Begründung stark herausgestellte Grundgedanke seines Benutzungsschemas, die Priorität des MkEv und die Abhängigkeit der beiden anderen Synoptiker vom MkEv, hat sich zwar später weitgehend durchgesetzt (→ 3.6), wurde zunächst aber weniger beachtet als der 1796 unternommene Versuch, die Verwandtschaft der drei ersten Evangelien unmittelbar aus der gemeinsamen mündlichen Tradition, der ‚festen apostolischen Sage' zu erklären.

3.4.2 Gieseler

Herder hatte seine später so genannte ‚Traditionshypothese' in – freilich selten ausdrücklichem (1796, 202. 204) – Gespräch mit Lessing entfaltet, dessen ‚Neue Hypothese' 1784 veröffentlicht worden war. Auch lagen ihm 1796 Eichhorns und seiner Schüler erste Veröffentlichungen zur Urevangeliumshypothese bereits vor, im Blick auf welche er freilich urteilt, „gewiß wollte *Leßing* den Gebrauch davon nicht machen, den man seitdem gemacht hat" (ebd. 204). Herder setzt indessen Lessings *literarischer* Erklärung des Ursprungs unserer synoptischen Evangelien mit Bedacht seine Erklärung aus der *mündlichen* Tradition entgegen, und man kann urteilen: „Ja es war in ihrer frühe-

3.4.2 Die Traditionshypothese

sten Gestalt die Traditionshypothese eigentlich nichts anders, als eben die Hypothese vom Urevangelium selbst, unterstützt zugleich und modificirt durch den neugewonnenen Begriff einer solchen Überlieferung, in welcher die mündliche Rede die Stelle vertritt, welche man sonst nur von der schriftlichen ausgefüllt zu sehen gewohnt war" (Weisse, 12).

Vor allem Johann Carl Ludwig Gieseler unternahm den Versuch, die Traditionshypothese wissenschaftlich auszuarbeiten und konsequent, nämlich unter ausschließlicher Beschränkung auf eine mündliche Quelle, durchzuführen.

Er beruft sich (1818, 82 ff) auf Herder, Eckermann, Kaiser (1813, 224) und einen anonymen Rezensenten in der Hallischen Allgemeinen Literaturzeitung (Mai 1813, Stück 105 f, 11 ff). Er hätte in diesem Zusammenhang z. B. auch Krummacher (149 f) nennen können. Von seinen Vorgängern will Gieseler sich darin unterscheiden, daß er „in keiner eigentlichen Abrede und in keiner Normalschrift den Ursprung" des mündlichen Urevangeliums sucht (92). Sein ‚Historisch-kritischer Versuch über die Entstehung und die frühesten Schicksale der schriftlichen Evangelien' von 1818 arbeitet einen im Jahr zuvor erschienenen Aufsatz (ASEST III, 1817, Stück 1) mit gleichem Titel aus. Der Verfasser stellt sich als ‚Conrector am Gymnasio zu Minden' vor.

Die galiläischen Fischer haben durch Jesu Unterricht zwar an Weisheit, nicht aber an der Schreibfertigkeit zugenommen (66). Zum Schreiben konnten sie nur durch unabweisliche Notwendigkeit bewogen werden (69), und an die Abfassung *Heiliger* Schriften neben dem Alten Testament konnte niemand denken (74). Die den synoptischen Evangelien zugrundeliegende „mündliche Norm" habe sich „unter den Aposteln bei der öftern Wiederholung derselben Erzählungen mehr wie von selbst" gebildet, nicht durch eine förmliche Festlegung. Auf diese Weise der Gewohnheit kam es sowohl zu der gleichartigen Anordnung der Erzählungen als auch zu dem ähnlichen aramäischen und griechischen Wortlaut, wobei das, was am wichtigsten war und am häufigsten vorgetragen wurde, am meisten übereinstimmt. Auch die auffallende Übereinstimmung in seltenen Ausdrücken mußte „die natürliche Folge eines mündlichen Typus seyn, insofern gerade jene auffallenden Ausdrücke sich am festesten dem Gedächtnisse einprägen mußten, und am wenigsten mit andern verwechselt werden konnten" (90). Durch Analogien sucht Gieseler zu erhärten, daß aus der „Gleichheit der Bildung, der Armuth der Sprache und der Simplicität des Charakters eine gleichartige Darstellung derselben Sachen" sich einzustellen pflege (94). Den wichtigsten Katalysator bildete dabei der (oft gemeinschaftliche) Unterricht durch die Apostel, der auch zu gemeinschaftlichem Ausdruck führte.

Um die begrenzte *Auswahl* der Begebenheiten zu erklären, muß Gieseler sein Prinzip („wie von selbst") freilich verlassen: „Über die wichtigsten unter diesen wurden die Jünger wohl bald einig" (102). Die „treue" griechische Übertragung des mündlichen aramäischen Evangeliums erfolgte nach den gleichen Prinzipien mündlicher Tradition bereits in Jerusalem für die dortigen ‚Hellenisten' von Ag 6 (113 ff).

Was die Apostel mündlich fixierten, prägten sich ihre Schüler und Hörer also auch „durch mündliches Anhören" ein (105). Dabei bildeten sich für die Mission unter Juden und für die Mission unter Heiden zwei verschiedene Erzähltypen aus (115 f). Das MtEv (und das MkEv) folgen dem judenchristlichen bzw. palästinischen Typus, das LkEv dem heidenchristlichen bzw. paulinischen Typus (123 ff).

Die Niederschrift der Evangelien erfolgte zunächst nur (durch Viele; vgl. Lk 1,1–4) zu Privatzwecken; die apostolische Autorität lag weiterhin primär bei dem mündlichen Evangelium (116 f).

Gieselers These fand viel Beifall. Schleiermacher (vgl. Rettig) begrüßt sie, insoweit auch er mit ursprünglicher mündlicher Tradition rechnet (→ 3.3.2). Ebrard verbindet sie nicht nur mit der Diegesenhypothese, sondern auch traditionalistisch mit den altkirchlichen Nachrichten über die Verfasser der Evangelien. Man vgl. ferner z. B. Sartorius; Schott (33 ff 55 ff); Guericke (257 ff); Baumgarten–Crusius (12 f); Tholuck (1837, 259 f); Thiersch (1845, 75 ff; 1852, 158); Neudecker (142 ff 167 ff); Le Camus; Schaff; Melick (→ 3.4.5.2; 2.6), Wetzel (1883) präzisiert: „Die synoptischen Evangelien sind ... die von seinen Schülern herausgegebenen Vorträge des Matthäus" (145), die vor allem Lukas aus anderen Überlieferungen ergänzte.

In der Tat lag und liegt es nahe, mit einer ursprünglich mündlichen Überlieferung von Worten und Taten Jesu zu rechnen. Credner erklärte demzufolge schon 1836, die Traditionshypothese habe „in neuerer Zeit den meisten Eingang gefunden" (178) und „verdienten Beifall" erhalten (181). Weisse urteilt 1838, „die überwiegende Mehrzahl der in der Literatur unserer Zeit mitsprechenden oder tonangebenden Theologen" bekenne sich zur Traditionshypothese (4). Und de Wette meint 1848: „Richtig haben den Geist des christlichen Alterthums diejenigen gefasst, welche die *mündliche Überlieferung* des Evangeliums (das *mündliche Urevangelium*) als die Grundlage und Quelle aller christlichen (sic! schriftlichen?) Evangelien ansehen, und die Entstehungsgeschichte der letztern in bestimmter Beziehung auf die erstere zu begreifen suchen" (146).

Heinrici (→ 4.3.2), Godet (1897) und andere haben die Traditionshypothese dem 20. Jh. vermittelt: Die synoptischen Evangelien „buchen, jedes in seiner Weise, das von den Augenzeugen berichtete und von den Wanderlehrern verkündigte Evangelium, das Gemeinbesitz der Gläubigen ist" (1908, 39). Heinricis Schüler Fiebig schließt sich ihm an: „Mündliche Überlieferung ... wiederholt immer wieder dieselben Geschichten" (82), womit sich auch die relativ gleichförmige Auswahl des synoptischen Stoffes erklärt. Vgl. auch Jacquier (1905, 526f), der die Evangelisten auf schon schriftliche Aufzeichnungen der mündlichen Urkatechese zurückgreifen läßt, sowie Soiron, Farrar (1880), Hahn (1892, 18 ff) und aus neuerer Zeit, in der die Traditionshypothese in konservativen Kreisen eine begrenzte Belebung erfährt, Doeve; Moule (107 ff); Gaechter (18); Rist; Blank; Riesner; Feneberg; Reicke (1984).
Weitere bei Wikenhauser-Schmid: Einleitung, ⁶1973, 277.

3.4.3 Modifizierungen

Die Traditionshypothese teilte mit der Urevangeliumshypothese den zu ihrer Zeit stark empfundenen Vorzug, daß die drei ersten Evangelien auf eine *apostolische* Quelle zurückgeführt werden konnten, der sie auch ihre Verwandtschaft verdanken.

Gegenüber der älteren Urevangeliumshypothese hatte sie den Vorzug, daß sie die Frage nach dem Verbleib des ursprünglichen Evangeliums, der apostolischen Urtradition, leichter beantworten konnte; denn nichts liegt näher als die Annahme, daß dort, wo eine mündliche Überlieferung schriftlich fixiert wird, jene von dieser im Laufe der Zeit ‚verschluckt' wird.

Für die Traditionshypothese Herders und Gieselers sprach im Unterschied zur Urevangeliumshypothese auch, daß sie, wie Herder gezeigt hatte, „aus einem tiefern Eindringen in den Geist des Urchristenthumes" (Credner, 180) hervorgegangen zu sein schien als die Urevangeliumshypothese und daß die mündliche Tradition den Übergang zur ‚Sage' bzw. zum ‚Mythos' erklären kann (→ 3.4.6).

Man hat freilich auch bald die Schwierigkeiten gesehen, die mit der Traditionshypothese gegeben sind. Daß die wörtlichen Übereinstimmungen im griechischen Wortlaut der Synoptiker auch in ungewöhnlichen Worten und Wendungen und in langen Passagen kaum aus einer unabhängig voneinander erfolgenden Aufzeichnung des mündlichen Evangeliums resultieren können, hatte schon Herder erkannt und zu der Hilfshypothese eines schriftlichen Urevangeliums bzw. zu einer ergänzenden Benutzungshypothese gegriffen. In entsprechender Weise verfuhren viele Forscher, die der Traditionshypothese im 19. Jh. Beifall zollten, obgleich die Traditionshypothese „anfangs gerade in der Absicht ersonnen worden war ...., Hypothesen von einer Abhängigkeit des einen Evangelisten von den andern entbehrlich zu machen" (Weisse, 1838, 5). Aber der Purismus Gieselers, der die Verwandtschaft der Evangelien einseitig auf die mündliche Quelle zurückführte, wurde in der Regel und mit guten Gründen nicht übernommen.

Ein instruktives Beispiel für diese modifizierte Traditionshypothese bietet Credner. Er setzt 1836 dezidiert bei der Hypothese eines mündlichen apostolischen Urevangeliums ein. „Jeder theilte mit, was er von dem göttlichen Meister, der selbst nichts Schriftliches hinterlassen hatte, wusste; Jeder berichtete, wo er konnte, die Angaben Anderer, und liess wiederum seine eigenen berichtigen, wobei die Stimme der Apostel natürlich die entscheidende war. So wurden die Einzelheiten im Leben Jesu zuerst zu einer evangelischen Geschichte vereinigt" (187), natürlich in der aramäischen Landessprache. Für die ‚Hellenisten' Palästinas (Ag 6) wurde dies mündliche Urevangelium schon bald von den verschiedenen Predigern, so gut jeder konnte (Papias, → 2.4), ins Griechische übersetzt. „Gleichwohl führte, theils die Wortarmuth dieser Übersetzer, theils die Bereitwilligkeit, mit welcher der Spätere das, was er von Frühern bereits übersetzt angehört hatte, sich aneignete, eine gewisse Gleichheit der Übersetzung herbei, wobei es nicht ohne Einfluss sein konnte, dass mancher Vorgang im Leben Jesu ursprünglich Griechisch verhandelt worden war. Nothwendige Folge davon war, dass das mündliche Urevangelium in Jerusalem selbst, ehe noch das Evangelium ausserhalb Palästina's verbreitet wurde, in Absicht auf den Ausdruck, eine Art stereotyper Form annehmen musste." Auf diese Weise entstanden „manche durch ihre Gleichmässigkeit uns überraschende Ausdrücke und Formen bei den Synoptikern" (189), doch ließ der Entstehungsprozeß des mündlichen Urevangeliums auch „einen grossen Spielraum für Abweichungen und Freiheiten vielfacher Art offen" (190), und zwar nicht nur in der Gestalt des Ausdrucks. Denn weil, von begrenzten Aufzeichnungen aus dem „Privatinteresse Einzelner" abgesehen, zu einer vollständigen schriftlichen Aufzeichnung der evangelischen Überlieferung während der apostolischen Generation „durchaus kein Grund vorhanden" war,

3.4.3 Die Traditionshypothese

kam es auch zum „Eindringen von Zusätzen, Deutungen, den Zeiterscheinungen gemässen Fortbildungen und wunderhaften Ausschmückkungen, wodurch die evangelische Geschichte in demselben Maasse, als sie an Umfang wuchs, immer mehr an Reinheit verlor und dem Charakter der Sage sich näherte" (197). Erst nach der Zerstörung Jerusalems, „am Rande des Überganges von der geschichtlichen Überlieferung zur Sage, wurde das Bedürfnis nach schriftlicher Aufzeichnung der evangelischen Überlieferung rege" (200) und nunmehr erfüllt.

Angesichts dieser langen Traditionsgeschichte läßt sich die Gleichförmigkeit der Synoptiker nicht allein mit der relativ festen Gestalt des mündlichen Urevangeliums erklären. Darum greift Credner im Fortgang seiner Überlegungen zusätzlich zu der Diegesenhypothese Schleiermachers und zu einer Benutzungshypothese. Die „Versuche einer schriftlichen Aufzeichnung der evangelischen Geschichte mussten natürlich sehr verschieden ausfallen". Daß dabei die späteren Evangelisten neben dem mündlichen Urevangelium „auch die Schriften Früherer zu Rathe zogen", ergibt sich für Credner aus dem Prolog des LkEv und aus den Nachrichten des Papias (→ 2.4). Eine erste Aufzeichnung ist die ungeordnete Schrift des Markus (→ 4.4.1), durch dessen Benutzung unser MkEv entstand. Aus früher Zeit gab es bereits die private Spruchsammlung des Matthäus, die dem MtEv und dem LkEv neben dem mündlichen Urevangelium und der ungeordneten Schrift des Markus zugrundeliegen. Lukas hat außerdem vielleicht noch das MtEv und das MkEv benutzt.

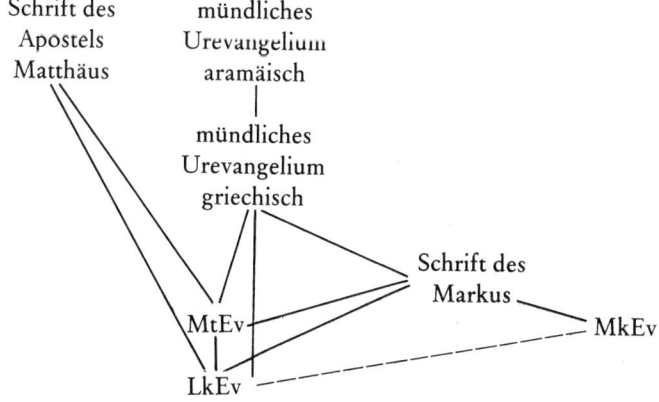

So entsteht auf der Basis der herrschenden Traditionshypothese und mit bestimmter Verwendung altkirchlicher Traditionen unter Zuhilfenahme von Elementen der Diegesen- und der Benutzungshypothese eine komplizierte Konstruktion, gegen die de Wette (1848, 150) nur einwenden kann und mit Recht einwendet, daß die ungeordnete Schrift des Markus nicht die gleichförmige Ordnung des MkEv und des LkEv erklären kann.

De Wette selbst versucht denn auch, das synoptische Problem auf eine ähnliche Weise wie Credner zu lösen. Auch er geht von einer „mündlichen Gemeinquelle" aus, die er freilich unter dem Einfluß des ‚Leben Jesu' von Strauß (→ 3.4.6) noch freier als Credner behandelt. „Dass die Überlieferung nicht bloss fortpflanzend sondern zugleich umbildend ja hervorbringend war, ist eine Wahrheit, welche trotz dem Missbrauche, den *Strauss* durch Übertreibung davon gemacht, festgehalten werden muss. Denn ausserdem dass sie ihre sichere Begründung hat im Geiste des Urchristenthums im Mangel des strengkritischen Interesses und in der Selbständigkeit der Aneignung und Wiederhervorbringung der in Christo geschehenen Offenbarung oder in dem heil. Geiste, in welchem Christus gleichsam zum zweiten Male Fleisch wurde, lässt sich nur dadurch die grosse Verschiedenheit, in welcher zuweilen dasselbe erzählt ist..., begreifen... Ja es dürfte nicht zu kühn sein anzunehmen, dass auf diesem Wege Gleichniss- und andere Reden Jesu frei hervorgebracht worden sind." Die mündliche Quelle könne die Gemeinsamkeiten von MtEv und LkEv hinsichtlich Auswahl des Erzählstoffes, seiner Reihenfolge und des schriftstellerischen Ausdrucks im wesentlichen erklären. Beim Redenstoff komme man dagegen nicht ohne die Annahme gegenseitiger Abhängigkeit aus, und zwar habe das LkEv das MtEv oder eine ältere, kürzere Bearbeitung desselben direkt oder indirekt benutzt. Das MkEv ist demgegenüber eine unselbständige Schrift, die im wesentlichen nur das MtEv und das LkEv unabsichtlich kombiniert (174); vgl. Griesbach, → 3.5.3.2.

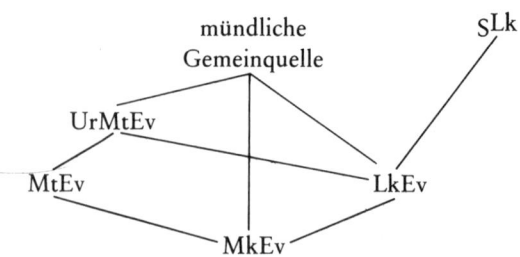

3.4.3 Die Traditionshypothese

Dies relativ einfache Schema erklärt, sieht man einmal von der Problematik der Traditionshypothese als solcher ab, nicht die unterschiedliche Stellung des Redenstoffes im MtEv und im LkEv, und es läßt auch nicht erkennen, warum das MkEv seine Vorlagen verstümmelt.

Schwarz, der ähnlich wie de Wette urteilt, behebt 1844 das zuletzt genannte Manko unter Zuhilfenahme der Papiasnotiz (→ 2.4) mit der Erklärung, Markus habe sich zwar literarisch an das MtEv und das LkEv gehalten, sei in der Auswahl des Stoffes aber den Lehrvorträgen des Petrus gefolgt. Den zuerst genannten Mangel des Schemas von de Wette führt Schwarz auf das Streben des Lukas zurück, den von Matthäus hergestellten Sachzusammenhang der Worte Jesu zugunsten einer chronologischen Ordnung aufzulösen, ein „sey es aus Mangel historischer Quellen oder sonstiger Umstände wegen" (299) freilich nicht durchgreifendes Streben.

Auch Schneckenburger folgt de Wette, stellt aber das Verhältnis von MtEv und LkEv zueinander um: Der Verfasser des MtEv hat das LkEv bzw. einige der von Lukas benutzten Vorlagen oder von ihm befragten Gewährsleute gekannt (1832, 16 ff 24 ff; 1834, 105 ff).

Thiersch urteilt 1845 ähnlich wie Credner, hält aber das LkEv und das MtEv für voneinander unabhängige Fassungen des mündlichen Urevangeliums, dieses für Judenchristen, jenes für Heidenchristen geschrieben, und zwar jeweils unter Zuhilfenahme von kleineren schriftlichen Aufzeichnungen (→ 3.3). Markus kannte das MtEv und das LkEv und benutzte vor allem das letztere für den Aufriß seines Evangeliums, das im übrigen auf eigenen Aufzeichnungen der Petruserinnerungen beruht und kein bloßes Exzerpt (→ 3.5.3.2), sondern ein eigenständiges „Geschichtswerk aus einem Guß" ist (183); → 3.5.4.2

An Credner schließt sich auch Reuss an. Vgl. ferner z. B. Godet; Wetzel; Veit (1897, 73 ff); Zahn (³1907, 407 ff 447); F. Dibelius (1911, 19 ff); Bonnard; Boman (1967, 91 ff); Lord (1978).

Auf der Grundlage der klassischen Traditionshypothese rechnet Bartlet 1911, Elemente der Zwei-Quellen-Theorie (→ 3.6) aufnehmend, damit, daß es neben dem MkEv zwei weitere Gestalten der apostolischen Tradition gab, deren eine Matthäus, deren andere Lukas neben dem MkEv benutzte. Das LkEv verbindet also das MkEv mit einem UrLkEv, das die im Rahmen der Zwei-Quellen-Theorie der Spruchquelle und dem Sondergut des Lukas zugeschriebenen Stoffe neben vielen der auch im MkEv begegnenden Erzählungen enthielt (→ 4.4.3). Das MtEv entstand in analoger Weise.

Auch bei Schniewind (1936, 38 f), Lohmeyer und Reicke (1972) finden sich starke Elemente einer modifizierten Traditionshypothese.

Insgesamt ist zu beobachten: Die Traditionshypothese ist nicht imstande, aus sich heraus das synoptische Problem zu lösen, und entwikkelt sich deshalb zu verschiedenen Formen der Benutzungshypothese hin.

3.4.4 Kritik

Kann man durch Hilfshypothesen die Traditionshypothese modifizieren und dadurch erreichen, daß sich das eigentliche synoptische Problem in ihrem Rahmen lösen läßt, so bleiben grundsätzliche Schwierigkeiten, welche die Existenz eines mündlichen ‚Urevangeliums' überhaupt betreffen.

a) Der gleichmäßige Aufbau der drei ersten Evangelien sowie die damit gegebene enge Begrenzung des Überlieferungsstoffes setzen voraus, daß das mündliche Urevangelium in einem festen Typus verfaßt und ausgegeben worden war. Solches war darum auch Herders Meinung gewesen, der (1797) die Hypothese für unstatthaft hält, „als ob der älteste Evangelienaufsatz aus hin- und herfliegenden Gerüchten entstanden sei" (385). Das ursprüngliche Evangelium war vielmehr „mit vester Hand" (385) „nach einer Regel" (387) im „Namen der zwölf Apostel" (388) insonderheit durch Petrus (389) „verfasset, aber dem mündlichen Vortrage (κηρυγμα) der eigentlichen *Christverkündigung* überlassen, weil an *neue heilige Schriften* damals von niemandem gedacht ward" (387).

Entspricht dieses Verfahren aber dem Geist der Zeit wirklich mehr als die Überlieferung eines schriftlichen Urevangeliums? Auch die jüdische Kultur war eine durchaus schriftliche, und gibt es Analogien zu der von der Traditionshypothese vorausgesetzten *Abfassung* eines *mündlichen* Evangeliums? Auch wenn man nicht an neue *heilige* Schriften dachte: warum griff man nicht von Anfang an zu dem vertrauten Mittel der schriftlichen Fixierung und Tradierung des evangelischen Stoffes? Sowohl die palästinische Synagoge wie die hellenistische vermittelten eine fundierte literarische Bildung. Daß mehr auswendig gelernt wurde als heute, ändert an diesem Urteil nichts, weil die gelehrten und gelernten Texte literarischen Vorlagen wie dem Alten Testament entstammten. Im fundamentalen Umgang mit schriftlichen Traditionen waren die frühen Missionare und Gemeindeleiter grundsätzlich nicht weniger geübt als Paulus und seine Mitarbeiter, bei denen wir diesen Sachverhalt in frühester Zeit unmittelbar beobachten können. Wenn man auch kein allgemeines ‚evangelisches' Lesebuch schaffen wollte: Ein Handbuch für die Evangelisten und ein

3.4.4 Die Traditionshypothese

Vorlesebuch für die Lehrer wären dem Geist der Zeit in hohem Maße angemessen gewesen. Warum sollten die frühen Christen, deren Umgang mit dem Alten Testament und mit sonstigen Überlieferungen zweifellos literarisch vermittelt *blieb*, sich mit der Jesusüberlieferung in ganz anderen Bahnen bewegt haben? Ein Verzicht auf die gewohnte, zuverlässige und einfache schriftliche Kommunikationsweise für die Jesusüberlieferung entspricht schwerlich dem Geist der Zeit und müßte ‚ideologische' Gründe gehabt haben, von denen die Überlieferung selbst aber nichts verrät.

Gegen die Verteidigung der Traditionshypothese durch Schwegler (1843) wendet deshalb Bruno Bauer nicht ohne Grund ein, „ob denn auch, wenn die ‚untern Volksclassen', ‚unter' denen die evangelische Geschichte erzählt seyn soll, ‚zu schriftlichen Aufzeichnungen wenig geschickt waren', die Lehrer, die Vorsteher, die Glaubensboten an demselben Ungeschick litten; und auf die Appellation an das Ungeschick der Volksmasse erwidre ich überhaupt, daß eben deshalb, weil dieselbe zum Schreiben weder geneigt noch fähig ist, Einzelne schreiben" (Bd. 4, 1852, 140).

Wenn Gieseler mit größerer Konsequenz als Herder das mündliche Evangelium nicht in einem festen Typus verfaßt sein, sondern „mehr wie von selbst" (93) entstanden sein läßt, so handelt er sich eine weitere Schwierigkeit ein; denn daß eine allerorten verbreitete mündliche Evangelientradition sich *wie ein schriftliches Evangelium* verhält und sich zu einem festen Typus bzw. zu verschiedenen festen Typen ausbildet, hat keine Wahrscheinlichkeit für sich, ob man nun an die Erzählweise, an die begrenzte Auswahl des Stoffes oder an dessen Anordnung denkt.

Offensichtlich verdankt sich die Traditionshypothese mehr dem romantischen Geist ihrer Zeit als dem Geist des Altertums, den sie beschwört.

b) Schon Herder (1796, 211ff; vgl. de Wette, ⁵1848, 85; Schleiermacher, Einleitung, 216) hatte aus der Parallelität der Begriffe ‚Evangelium' und ‚Evangelist' erschlossen, bei den ‚Evangelisten', die in der frühchristlichen Literatur erwähnt werden, handele es sich um einen besonderen Stand der Evangelienerzähler. Eines solchen Standes bedarf es in der Tat, wenn ein fester mündlicher Evangelientypus existiert, der als solcher schulmäßig gelernt und gelehrt werden muß, um nicht zu zerfließen. Warum aber diese Umständlichkeit der Traditionsbewahrung, wenn doch die schriftliche Verbreitung des Evangeliums ebensowohl möglich war? Bei den urchristlichen Missionaren handelte es sich doch um keine Analphabeten, die auch ihr Altes Testament oder einen Brief zu lesen nicht imstande waren! Und jener postulierte Stand von ‚Lehrern des Evangeliums' ist uns nirgendwo bezeugt. Der Titel ‚Evangelist' (εὐαγγελιστής) begegnet Ag 21,8 für Philippus (vgl. 1,13; 6,5), 2 Tim 4,5 für Timotheus (ἔργον ποίησον εὐαγγελιστοῦ) und Eph 4,11 im Rahmen der Aufzählung verschiedener Dienste und Ämter (ἔδωκεν τοὺς μὲν ἀποστόλους, τοὺς δὲ προφήτας, τοὺς δὲ εὐαγγελιστάς, τοὺς δὲ ποιμένας καὶ διδασκάλους). An keiner dieser Stellen findet sich der geringste Hinweis auf evangelische Überlieferung, und da der Titel an allen drei Stellen im Umkreis deuteropaulinischer Tradition begegnet, in der die synoptische Tradition überhaupt fehlt (→ 3.4.5.2. Ba), hat eine spezielle Verbindung der ‚Evangelisten' mit dieser Tradition keinerlei Wahrscheinlichkeit für sich. Natürlich verkündigt ein ‚Evangelist' das Evangelium (vgl. 1 Thess 3,2; 2 Tim 4,2), aber in welcher Gestalt ihm die christliche Botschaft anvertraut war (*regula fidei;* Altes Testament; synoptische Tradition), verrät die Bezeichnung ‚Evangelist' nicht. Die Verbindung von ‚Evangelist' und synoptischen ‚Evangelien' ist also willkürlich (vgl. Neander, ⁵1862, 199).

c) Ein weiteres Problem ergibt sich aus der abweichenden Konzeption des JohEv. Gab es ein authentisches (mündliches oder schriftliches) Urevangelium, das sich aus dem gemeinsamen Bestand der drei ersten Evangelien im wesentlichen rekonstruieren läßt, so erwächst die Frage, warum sich der Verfasser des JohEv daran nicht hielt. Schon Herder hatte sich 1797 dieser Frage gestellt und geantwortet: Der Apostel Johannes setzt das ‚apostolische Evangelium', „auf welches er oft anspielt" (396) und dessen Mitverfasser er war (261), voraus; und die schriftlichen Aufzeichnungen desselben waren ihm nicht unbekannt geblieben (262). Er will die „palästinische Evangeliensage" nicht verdrängen, sondern erläutern und läutern, nämlich „das alte historische Evangelium" für seine fortgeschrittene Zeit und seine Hörer „praktisch" machen.

Die Ansicht, der Verfasser des JohEv setze die Synoptiker bzw. die synoptische Tradition als bekannt voraus und wolle sie in spezifischer Weise ergänzen bzw. fortführen, ggf. – nämlich wenn er sich an die Autorität der synoptischen Tradition nicht gebunden fühlt – auch berichtigen, muß sich in der Tat in dieser oder jener Form stets mit der These eines mündlichen oder schriftlichen Urevangeliums verbinden (de Wette, ⁵1848, 192 ff). Sie ist auch prinzipiell erwägenswert.

Der Inhalt des JohEv selbst ist dieser These indessen nicht günstig. Man gewinnt nirgendwo den Eindruck, daß sein Verfasser den synoptischen Stoff beim Leser des Evangeliums als bekannt voraussetzt und ihn insofern seinem Werk zugrundegelegt hat. Die mit den Synoptikern parallelen Abschnitte behandelt Johannes in voller Freiheit und ohne Rücksicht auf allfällige in der Hand des Lesers befindliche synoptische Parallelen.

3.4.5 Die Fragwürdigkeit mündlicher synoptischer Tradition überhaupt

3.4.5.1 Frühe Beobachtungen

Weisse, der Begründer der Zwei-Quellen-Theorie (→ 3.6.1), hat 1838 den Horizont seiner Kritik der Traditionshypothese in der Weise ausgeweitet, daß die Existenz einer frühen Überlieferung des evangelischen Geschichts- und Redenstoffes überhaupt – nicht nur in der besonderen Fassung der Traditionshypothese – zum Problem wurde. Er stellte nämlich die Behauptung auf, „daß die Annahme eines typischen Lehrvortrags in der christlichen Kirche der ersten Jahrhunderte, der zu seinem Inhalte die evangelische Geschichte gehabt hätte, einer zureichenden historischen Begründung durchaus ermangelt" (20). Diesem Urteil legt Weisse zwei Beobachtungen zugrunde. Die eine Beobachtung, in ausdrücklicher Anknüpfung an Lessing gemacht, geht dahin, daß die fundamentale christliche Verkündigung in apostolischer Zeit nur die Hauptdaten der Geschichte Jesu umfaßte, die Menschwerdung einerseits, Kreuz und Auferstehung andererseits, und daß diese Daten zugleich nirgendwo fehlen. Die andere Beobachtung, für die Weisse sich vor allem auf den Katholiken Hug beruft, besagt, daß demgegenüber der evangelischen Überlieferung eine jenem Kerygma entsprechende Verbreitung und fundamentale Funktion durchaus abgeht.

a) Mit der ersten Beobachtung nimmt Weisse die Erkenntnis Semlers, Lessings und anderer (→ 1.3.1 b) auf, daß die Lehrgrundlage des frühen Christentums nicht das Neue Testament oder einzelne seiner Schriften gewesen seien, sondern das christologische Glaubensbekenntnis und das in seinem Licht gelesene Alte Testament. Er erklärt dementsprechend, daß der Unterricht der Katechumenen nicht den

Evangelienstoff, „sondern jenes Glaubenssymbol, jene *regula fidei* zum Gegenstand hatte, die unabhängig von den schriftlichen Urkunden entstanden, und von der es ausdrücklicher, deutlich ausgesprochener Grundsatz war, daß sie nicht dem Pergamente, sondern dem Geiste und Herzen der Gläubigen eingeprägt werden sollte" (18). Ähnlich hatte sich zwei Jahre zuvor Strauß geäußert: „Den Reichthum dessen, was der Glaube an Christo hatte, in bestimmte Formeln zusammenzufassen, war seinen Anhängern schon frühe Bedürfnis" (1836, Bd 2, 692). Schleiermacher meinte dasselbe, wenn er von einer ‚Urchristologie' sprach, die es im Unterschied zur synoptischen Tradition als verbindliche Lehre gegeben habe, „nämlich einen gemeinschaftlichen Typus des Erweises der höheren Würde Jesu mit Bezug auf alttestamentliche Stellen; nur schriftlich aufgezeichnet waren auch diese nicht" (1817, 8).

Diese Erkenntnis gehört heute zu den unbestrittenen Grundlagen der Wissenschaft vom Neuen Testament. Eine wichtige Station auf dem Weg dahin bildet das Buch von Seeberg ‚Der Katechismus der Urchristenheit' (1903). Ausgehend von Röm 6,17: ‚Ihr seid von Herzen jener Gestalt der Lehre (τύπος διδαχῆς) gehorsam geworden, der ihr übergeben wurdet', will Seeberg den Beweis führen, „daß bald nach Christi Tode ein aus Herrenworten gebildeter Katechismus entstanden ist. Der Inhalt desselben wurde im apostolischen Zeitalter von den Missionaren gepredigt und dann denen, die sich der christlichen Taufe unterziehen wollten, gelehrt. Die Hauptstücke des Katechismus habe ich feststellen können, und häufig, ja meist war es möglich, den Wortlaut mit mehr oder weniger Sicherheit zu rekonstruieren" (Vorwort). Der Katechismus gehörte also in den Taufunterricht und umfaßte vor allem die Glaubensformel und die Sittenlehre, aber auch die wichtigsten liturgischen Stücke. Er enthält nicht die synoptische Tradition, war aber den Evangelisten bekannt.

Seebergs These von einem umfassenden urchristlichen Katechismus hat sich bald als unhaltbar erwiesen, doch konnte die weitergehende Forschung vor allem mit formgeschichtlichen Kriterien bestätigen, daß es schon in früher neutestamentlicher Zeit eine Fülle einzelner fester Lehr- und Glaubensformeln gegeben hat, sei es für die theologische Unterweisung der Missionare, sei es für den Unterricht der Taufbewerber, sei es für das gottesdienstliche Bekennen (1 Kor 12,3; 15,3–5; 2 Kor 5,19; Gal 4,4; Phil 2,11; Röm 1,3f; 3,25f; 5,8; 8,3; 9,5; 1 Thess 1,10), dazu Hymnen (Phil 2,6–11; 1 Tim 3,16; Joh 1,1–18; Kol 1,15–20), liturgische Stücke (1 Kor 11,23–25; Mt 28,19), Gebete

(Eph 3,14–19), fixierte Normen der Sittenlehre (Röm 12,9–21), Haustafeln (Kol 3,18–4,1; Eph 5,22–6,9; vgl. 1 Petr 2,13–3,9), Kirchenordnungen bzw. Gemeinderegeln (Mt 18,15–17; 1 Tim 2,2–3,13; Tit 1,5–2,10), Tugend- und Lasterkataloge (Gal 5,19–23) usw.

Die Literatur zu dieser Problematik ist unübersehbar und wächst noch ständig an. Zu der im vorliegenden Zusammenhang vor allem interessierenden Frage nach der *regula fidei* ist zu nennen: R. Seeberg: Zur Geschichte der Entstehung des apostolischen Symbols, ZKG 40, 1922, 1 ff; P. Feine: Die Gestalt des apostolischen Glaubensbekenntnisses in der Zeit des NT, 1925; K. Holl: Zur Auslegung des 2. Artikels des sogenannten apostolischen Glaubensbekenntnisses, in: Ges. Aufs. II, 1928, 115 ff; H. Lietzmann: Die Anfänge des Glaubensbekenntnisses, in: Kl. Schr. III, 1962, 163 ff, vgl. 188 ff; O. Cullmann: Die ersten christlichen Glaubensbekenntnisse, (1943) ²1949: C. H. Dodd: The Apostolic Preaching and its Developments, (1936) ⁷1951; G. Bornkamm: Das Bekenntnis im Hebräerbrief, in: Ges. Aufs. II, 1959, 188 ff; E. Schweizer: Erniedrigung und Erhöhung, 1953, bes. 118 ff; W. Kramer: Christus, Kyrios, Gottessohn, 1963; H. Neufeld: The Earliest Christian Confession, 1963; R. Deichgräber: Gotteshymnus und Christuskerygma in der frühen Christenheit, 1967; K. Wegenast: Das Verständnis der Tradition bei Paulus und in den Deuteropaulinen, 1962; K. Wengst: Christologische Formeln und Lieder des Urchristentums, 1972; H. v. Campenhausen: Das Bekenntnis im Urchristentum, ZNW 63, 1972, 210 ff; J. N. D. Kelly: Altchristliche Glaubensbekenntnisse, 1972 (aus dem Englischen); W. Schmithals: Jesus Christus in der Verkündigung der Kirche, 1972, bes. 9 ff; J. Wirsching: Art. ‚Bekenntnisschriften‘, in: TRE V, 1980, 487 ff; H. Köster: Art. ‚Formgeschichte‘, in: TRE X, 1982, 286 ff; R. Bultmann: Bekenntnis- und Liedfragmente im 1. Petrusbrief, in: Exegetica, 1967, 285 ff; H. R. Balz: Methodische Probleme der nt. Theologie, 1967, bes. 176 ff.

Gelingt auch die Identifizierung des einschlägigen Materials in den kanonischen und außerkanonischen Schriften der frühen Christenheit mit zunehmender Sicherheit und in wachsendem Umfang, so bleibt die Frage nach dem Sitz der Formeln im Leben der Gemeinde noch oft umstritten. Kaum in Angriff genommen ist die Auswertung der gewonnenen Erkenntnisse für die urchristliche Theologiegeschichte, insonderheit für den Nachweis der Einheit oder der Vielfalt theologischer Strömungen schon zu Anfang der christlichen Lehrbildung und theologischen Entwicklung. Vor allem aber bleibt das Verhältnis des kerygmatischen, katechetischen und liturgischen Formelgutes zur synoptischen Tradition im allgemeinen unerörtert.

Vgl. aber z. B. H. Conzelmann: Grundriß der Theologie des NT, 1967; H. Köster und J. M. Robinson: Entwicklungslinien durch die Welt des frühen

Christentums, 1971; H. F. Weiß; Bekenntnis und Überlieferung im NT, ThLZ 99, 1974, 321–330; W. Schmithals: Zur Herkunft der gnostischen Elemente in der Sprache des Paulus, in: B. Aland (Hg.), Gnosis (FS Jonas), 1978, 385 ff.

Unbestreitbar ist aber, daß alle frühchristlichen Autoren explizit und implizit auf bereits geprägte Glaubens- und Gemeinderegeln zurückgreifen und daß sich diese *regulae fidei* auch in der synoptischen Tradition als eine Basisüberlieferung nachweisen lassen (vgl. z. B. Mk 2,17 b/1 Tim 1,15; 8,31; 10,45; 14,22–24; 15,39; Mt 28,19). Die Passionserzählung folgt dem formulierten Passionsbekenntnis (vgl. 1 Kor 15,3–5). Die Geburtsgeschichten des MtEv und des LkEv sowie die johanneische Literatur insgesamt reflektieren die Menschwerdung (vgl. Gal 4,4). Umgekehrt geht in die kerygmatischen Formeln nie die synoptische Tradition vom Leben und Lehren Jesu ein. Noch in spätester Zeit (Apostolikum; Nicänum) gehen die Tauf- und Glaubensbekenntnisse von der Menschwerdung sofort zum Leiden des Gottessohnes über (vgl. Bultmann, 1960, 6 f).

b) Die evangelische Überlieferung hat also keine der *regula fidei* vergleichbare fundamentale Bedeutung im Urchristentum gehabt. Diese Beobachtung, obschon unbestreitbar, gehört indessen keinesfalls zum Gemeingut der neutestamentalischen Wissenschaft. Sie bedarf deshalb genauerer Aufmerksamkeit.

Weisse, der diese Beobachtung gegen die Traditionshypothese ins Feld führte, beruft sich dabei auf den katholischen Einleitungswissenschaftler Hug, der sie 1821 mit den Worten beschreibt: „ In wie weit der Unterricht historisch war, gieng er nur auf die Hauptmomente der Geschichte, auf das Leiden, den Tod des Herrn, und den Pfeiler der ganzen Lehre, seine Wiederbelebung" (122 f). Die ausführliche Behandlung dieser Hauptmomente habe sich auf das Alte Testament, nicht auf die evangelischen Geschichtserzählungen gestützt. Hug bezieht sich bei seinem Urteil mit Recht auf Paulus (1 Kor 15,1–9) und auf die Missionsreden der Apostelgeschichte. Das Zurücktreten der evangelischen Geschichte in der apostolischen Predigt erklärt Hug im Blick auf die weltweite Mission mit der Auskunft, daß es „zu ausführlichen Geschichtsvorträgen" (123) gewöhnlich an der Zeit gefehlt habe, während man in Palästina die evangelische Geschichte auch ohne besonderen Bericht als allgemein bekannt annehmen konnte; also „bildete sich die Lehrart von selbst, die Hauptmomente sicher zu stellen, und fortan gleich die Glaubenslehre darauf zu bauen" (123).

3.4.5.1   Die Traditionshypothese

Diese schwerlich überzeugende historische Erklärung eines richtig beobachteten und auffälligen literarischen Sachverhalts zeigt immerhin, daß der Beobachtung als solcher kein ‚ideologisches' Vorurteil zugrunde liegt. Weisse führt 1838 die Beobachtung Hugs weiter aus, wenn er erklärt, „daß die Annahme eines typischen Lehrvortrags in der christlichen Kirche der ersten Jahrhunderte, der zu seinem Inhalte die evangelische Geschichte gehabt hätte, einer zureichenden Begründung durchaus ermangelt" (20). Diese wichtige Feststellung begründet er unter anderem folgendermaßen:

„Wenn ein Hauptmoment der evangelischen Verkündigung der Detailbericht der Begebenheiten aus dem Leben Jesu, seiner Wunderthaten, seiner Reden und Gespräche war: wie stimmt dazu der Inhalt und Charakter sämtlicher außer den vier Evangelien auf uns gekommenen Schriften des apostolischen Zeitalters? Sollte man nicht erwarten, daß die Gewohnheit solcher ausführlichen Erzählungen in diesen Schriften eine Spur zurückgelassen haben müßte, daß die Berufung auf das so häufig von ihnen mündlich Vorgetragene jenen Schriftstellern zum mindesten eben so geläufig sein würde, als ihren Nachfolgern die Berufung auf das schriftliche Evangelienwort? Davon aber finden wir sowohl in den neutestamentlichen Schriften, als auch in den zunächst sich daran reihenden durchgehends das Gegentheil. In den ausführlichsten und bedeutendsten dieser Schriften, denen des Apostels Paulus, nicht das geringste Zeichen einer Annäherung an jenen Lehrtypus, der durch eine historische Verkündigung solcher Art, die sich zu einem stehenden Traditionstypus hätte fixieren können, dem Apostel unstreitig zur andern Natur hätte werden müssen. Wie häufig sind auch bei Paulus, dem Heidenapostel, in Briefen an Gemeinden, denen diese Reminiscenzen großentheils unverständlich sein mußten, die Anführungen alttestamentlicher Begebenheiten und Aussprüche; und wie selten begegnen wir Anspielungen auf Aussprüche des Herrn, – auf Begebenheiten der evangelischen Geschichte mit Ausnahme der Einsetzung des Abendmahls, des Kreuzestodes und der Auferstehung geradezu nirgends! Und jene wenigen Anspielungen, wie versteckt und zufällig sind sie, wie ganz und gar nicht in dem feierlichen Tone gehalten, den sonst die Berufung auf eine höhere Autorität mit sich bringt und den wir bei dem Apostel selbst in seinen alttestamentlichen Anführungen keineswegs vermissen, und wie wenig in den gewählten Worten und dem sie motivirenden Zusammenhange mit den evangelischen Stellen genau übereinstimmend; ja wie zweifelhaft bleibt es bei einigen derselben, ob sie wirklich für solche Anspielungen zu nehmen sind! Wie häufig kommt dagegen bei Paulus der Fall vor, daß wir Gedanken ausgesprochen, ja ausführlich abgehandelt finden, bei denen gewiß Keiner, der auf Beglaubigungen dieser Art einen Werth zu legen gewohnt war, die Gelegenheit zu einem Citat sich hätte entgehen lassen, bei denen selbst uns, wenn wir einigermaßen im Evangelium bewandert sind, nichts näher zu liegen scheint, als die Berufung auf einen Ausspruch des Herrn oder eine Begebenheit aus seiner Lebensgeschichte, ohne daß doch solche Berufung wirklich erfolgt" (22 f).

Diese Beobachtungen, als Kritik an der Traditionshypothese vorgetragen und insofern durchschlagend, sind so einleuchtend, daß man sich wundert, wie wenig Echo sie heute finden und wie selten traditionsgeschichtliche Folgerungen aus ihnen gezogen werden. Die Erforschung der Evangelien geht seit über hundert Jahren im wesentlichen an ihnen vorbei, als habe die beschriebene Beobachtung mit der durch sie widerlegten Traditionshypothese auch selbst abtreten können.

In der ersten Hälfte des vorigen Jahrhunderts waren die von Weisse wiedergegebenen Beobachtungen dagegen verbreitete und allgemein beachtete Erkenntnis.

Schon Eckermann (→ 3.3.1; 3.4.1 b) hatte 1796 mit Hinweis u. a. auf Papias (→ 2.4), aber auch im Blick auf das allgemeine Fehlen der evangelischen Überlieferung bei den kirchlichen Schriftstellern des 1. Jh. (209 ff) behauptet, daß es vor dem Ende des 1. Jh. keine schriftlichen Evangelien gegeben haben könne, und auch „zwischen den Jahren 110 und 120 nach Christi Geburt waren unsre Evangelien noch blos als Privataufsätze bekannt" (106). Erst danach wurden sie „mehrern Gemeinden von ihren Lehrern zum öffentlichen Gebrauch empfohlen" (157). Die Urevangeliumshypothese (→ 3.2) beruhte durchgehend auf der entsprechenden Vorstellung, daß die synoptische Tradition nicht aus kirchlich-kerygmatischem, sondern aus privatem Interesse aufgezeichnet und verbreitet wurde und daß darum die vielfältigen Modifikationen an den zahlreichen (apokryphen) Evangelien möglich waren. Schleiermacher urteilte im Rahmen der Diegesenhypothese nicht anders (vgl. 1817, 8); die Diegesen gelten durchweg als private Aufzeichnungen und Sammlungen (→ 3.3). Auch die Benutzungshypothesen (→ 3.5) gehen in jener Zeit meistens davon aus, daß ein Austausch und eine Bearbeitung *privater* Schriften stattfand (vgl. z. B. Thiersch, 1852, 103 f.158.303). Selbst die Vertreter der Traditionshypothese sahen sich zu der Konstruktion genötigt, die synoptische Tradition sei von ‚Evangelisten' außerhalb der normalen apostolischen Verkündigung gepflegt worden (→ 3.4.2; 3.4.3). „Man muß nie aus dem Auge verlieren, daß das dogmatische Element, im Anfange zudem ein sehr einfaches, das wesentliche im apostolischen Unterricht war, nicht aber das historische" (Reuss, ⁵1874, 170).

Daß es sich dabei um keine spezifisch ‚liberale' Beobachtung handelt, zeigt der folgende Absatz aus der ‚Pastoraltheologie' von Claus

Harms (Bd 1,1830), der u. a. die rationalistischen Prediger rügt, die deshalb so gerne über Evangelientexte predigen, weil sie dabei „kein einziges christliches Dogma zu berühren" brauchen (69). Er nennt eine Reihe von Nachteilen, „die es hat, wenn immer über die Evangelien gepredigt wird", und zwar zuerst und vor allem diesen Nachteil: „Bey den Evangelien wird das Evangelium nicht gepredigt. Wie sollte das Evangelium aus ihnen herausgepredigt werden? Es ist ja nicht darin. Fahre Keiner vor diesem Ausspruche zurück; es haben schon Andre lange vor mir so gesprochen, Luther z. B. und Spangenberg" (67). Ob Luther (in seiner Vorrede zum Neuen Testament) und der bedeutende herrnhutische Theologe Spangenberg (seiner Meinung nach sollten die Episteln ‚Evangelium Jesu Christi', die Evangelien aber ‚Geschichte Jesu' heißen) sowie Claus Harms mit ihrem theologischen Urteil über die Evangelien Recht haben, muß hier dahingestellt bleiben (vgl. aber → 5.1.4), zumal Harms konzediert: „Mit Hülfe der Episteln läßt sich vielleicht das Evangelium, das ganze, in den vier Evangelien finden" (68). Von Wichtigkeit aber ist die bezeichnende Tatsache, wie Harms sich auf die neutestamentliche Tradition selbst beruft: „Aber ich will noch eine größere Auctorität anführen, die der Apostel selber. Ja, wir haben ihre ersten Predigten allerdings nicht in ihren Briefen, sie haben an schon Bekehrte und Unterrichtete geschrieben, das ist wahr, (gleichwie auch wir vor Bekehrten und Unterrichteten predigen); doch welchen Gebrauch machen sie von dem, was die Evangelien erzählen, in ihren Briefen? *machen* sie nur Gebrauch von dem? erinnern sie an eine einzige specielle Wunderthat? commentiren sie ein einziges Wort des Herrn? Außer jenem Agraphon: ‚Geben ist seliger denn Nehmen' führen sie nicht einmal einen einzigen Ausspruch Christi an. Wenn das nicht den Schluß machen lässet, die Apostel haben das Evangelium, die Predigt von Christo, nicht in die Evangelien gesetzt, so ist in der ganzen Welt kein Schlußmachen mehr zulässig" (68).

3.4.5.2 Der überlieferungsgeschichtliche Befund

A. Paulus

a) Der Sachverhalt

„Für die Geschichte der apostolischen Zeit haben ... die paulinischen Briefe den Vorzug einer authentischen Quelle vor allen anderen neutestamentlichen Schriften voraus..." (Baur, 1845, 5), also auch vor den Evangelien, die ihre kanonische Gestalt nicht vor dem Ende der apostolischen Zeit erhielten. Paulus stand in Verbindung mit der Jerusalemer Gemeinde und in enger Arbeitsgemeinschaft mit der von dort her kommenden syrischen Mission. Sein Verhältnis zur synoptischen Tradition muß deshalb als besonders aufschlußreich für diese selbst gelten.

Dies Verhältnis ist ein im wesentlichen negatives. „Die Tatsache, *daß* Jesus Mensch war, ist entscheidend für den Glauben; *wie* er dieses irdische Leben führte, scheint ohne Bedeutung zu sein" (Dibelius, 1956, 295; vgl. Bultmann, 1965, 187; Betz, 1967, 137 ff; Schmithals, 1972, 36 ff; Müller, 1982, 204 ff). Der sich Erniedrigende wurde als Erniedrigter ‚wie ein gewöhnlicher Mensch erfunden' (Phil 2,7).

Sofern das *Verhalten* Jesu für Paulus bedeutsam ist – vorwiegend als nachahmenswertes Vorbild –, handelt es sich nicht um das in der synoptischen Tradition beschriebene Verhalten des irdischen Jesus (so mit vielen anderen z. B. Drescher, 1900), sondern in der Regel um das in den kerygmatischen Formeln beschriebene Verhalten des Präexistenten, der sich in das Menschsein erniedrigt (Phil 2,5–11; 1 Kor 11,1; 2 Kor 8,9; Röm 15,2 f; vgl. Pfleiderer, 1887, 177; Bultmann, GV I, 206; Dibelius, 1953, 301 f) oder des Menschgewordenen, der sich ‚für uns' in den Tod gibt (2 Kor 5,14 f; Gal 2,20; Röm 5,18 b. 19 b) und uns als der Erhöhte annimmt (Röm 15,7).

Röm 15,2 f gehört wie 1 Kor 11,1 in einen Traditionszusammenhang mit Phil 2,5–11 und 2 Kor 8,9 (vgl. Michel, 1966, 356); das Χριστὸς οὐχ ἑαυτῷ ἤρεσεν (vgl. 1 Kor 10,33–11,1) lehnt sich an die Vorstellung von Phil 2,6 f an und verweist darauf, daß Jesus um der Menschen willen seine himmlische Würde aufgab und sich erniedrigte. Das anschließende Zitat aus Ps 69,10 wäre im vorliegenden Zusammenhang vermutlich überinterpretiert, wollte man ihm mehr entnehmen als den Hinweis auf Jesu Erniedrigung am Kreuz, Phil 2,8 entsprechend (vgl. Strecker, 1979, 149 f). Sollte Paulus jedoch an konkrete Schmähungen des irdischen Jesus denken, so eben *aufgrund* jenes Psalmwortes, das auch der synoptischen Tradition in Mk 14,65; 15,15 b. 16–20 zugrunde liegen dürfte, nicht aber aufgrund einer Kenntnis dieser Tradition, die Paulus dann in die Fassung des Psalmwortes rücktransponiert hätte (anders z. B. Kümmel, 1965, 451).

Auch 2 Kor 10,1 gehört in den Zusammenhang der ‚Erniedrigung' und sich hinabneigenden ‚Gütigkeit' (πραΰτης und ἐπιείκεια sind Synonyme; vgl. Ag 24,4) und möchte wie Mt 21,5 auf Sach 9,9 (vgl. Ps 44,5) beruhen; nicht zufällig klingt in 2 Kor 10,1 das ταπεινός von Phil 2,8 an (vgl. Windisch, 1924, 292). Anders urteilen z. B. Wenz (1964, 30) und Kümmel (1965, 451), dessen Behauptung, 2 Kor 10,1 könne *nur* als Bezugnahme auf das irdische Verhalten Jesu verstanden werden, freilich ganz unverständlich ist; denn Kümmel wird dem Akt der Erniedrigung selbst die πραΰτης und ἐπιείκεια zweifellos nicht absprechen wollen. Vgl. Schoeps, 1959, 48 Anm.

Soweit das *Geschick* Jesu bei Paulus zur Sprache kommt, liegt den entsprechenden Angaben gleichfalls nicht die synoptische Erzählüberlieferung zugrunde, sondern das kerygmatische Formelgut von der Menschwerdung (Gal 4,4; Röm 1,3; 8,3; 2 Kor 5,21) und vom Leiden bzw. von der Kreuzigung und von der Auferweckung (1 Kor 15,3ff; Röm 3,24f; 4,25). Die synoptischen Geburtsgeschichten kennt Paulus so wenig wie die synoptischen Passions- und Ostererzählungen.

Die Abendmahlsworte (1 Kor 11,23–25) entnimmt Paulus nicht der synoptischen, sondern der liturgischen Tradition seiner Gemeinde; aus der liturgischen Tradition sind sie auch in die evangelische Überlieferung eingegangen. Die auffällige Parallelität von 1 Kor 11,23–25 und Lk 22,19–20 (im Unterschied zu Mk 14,22–24/Mt 26,26–28) beruht vermutlich auf gemeinsamer gottesdienstlicher Überlieferung. Von dem erzählenden Eingang 1 Kor 11,23 (ὁ κύριος Ἰησοῦς ἐν τῇ νυκτὶ ᾗ παρεδίδοτο) beruht das παραδιδόναι (‚ausliefern'; nicht ‚verraten' oder ‚verhaften') auf den Jes 53,6.12 aufnehmenden Bekenntnisformeln (vgl. Röm 4,25), die auch der synoptischen Passionserzählung zugrunde liegen (Mk 14,41; 15,1.10.15): Gott gibt Jesus an die Menschen (Sünder) preis. Ob es sich bei dem Hinweis auf die ‚Nacht' um eine historische Reminiszenz handelt, um – wie wahrscheinlich – einen symbolischen Hinweis (vgl. Joh 13,30; Mk 14,48; 16,2) oder um eine Historisierung der nächtlichen Mahlfeier der Gemeinde (vgl. Ag 20,7) – eines schließt das andere nicht aus –, sei dahingestellt; Bekanntschaft mit der synoptischen Passionsgeschichte kann man aus dieser Angabe jedenfalls nicht erschließen.

Auf 1 Thess 2,14f darf man in diesem Zusammenhang schon deshalb nicht verweisen, weil V.15f ein Zusatz mit politisch-apologetischer Tendenz sein dürfte, der vom Herausgeber der ersten Sammlung der Paulusbriefe stammt (vgl. Schmithals, 160f). Während die Evangelien noch zeigen, wie die Verantwortung für die Kreuzigung Jesu zunehmend den Römern abgenommen und den Juden zugeschoben wird, ist dieser Prozeß in V.14 bereits abgeschlossen; die Römer und der Kreuzestod werden gar nicht mehr erwähnt.

Keinerlei Abschnitte der synoptischen Tradition, die vom *Wirken* Jesu erzählen, finden sich bei Paulus, und auch keine Anspielungen auf solche Berichte. Besonders fällt auf, daß Paulus sich auch bei seinen Auseinandersetzungen um das Gesetz weder direkt noch indirekt jemals auf das gesetzeskritische Material bezieht, welches die synoptische Tradition in ihrem Erzählgut darbietet (vgl. z.B. Mk 2,18–3,5).

Gänzlich fehlt auch der Komplex der *Gleichnisreden* Jesu, der einen umfänglichen, reichhaltigen und flexiblen Teil der synoptischen Tradition bildet.

Nur wenig anders verhält es sich mit den *Herrenworten* (Logien). Bei dem eindrücklichen Wort 2 Kor 12,9a handelt es sich nach der ausdrücklichen Feststellung des Paulus um ein ihm selbst zugesprochenes Wort des Erhöhten, nicht um ein Stück der Jesusüberlieferung. Auch das in 1 Thess 4,15f herangezogene ‚Wort des Herrn‘ (λόγος κυρίου) fehlt in der synoptischen Tradition. Man wird dies schwer abgrenzbare Wort nur in V.15 suchen dürfen, nämlich in der tröstlichen Feststellung, daß die bei der Parusie Lebenden keinen Vorzug vor den zu dieser Zeit bereits entschlafenen Christen haben werden (: οἱ ζῶντες οὐ μὴ φθάσωσιν τοὺς κοιμηθέντας), eine aus der jüdischen Apokalyptik stammende Aussage göttlicher Offenbarung (4 Esra 5,41f; 13,17f.24; syrBar 30,1f; 50,1ff). Da der ‚Logos‘ des Herrn in 1 Thess 4,15f nicht zitiert, sondern frei paraphrasiert wird, kann man zweifeln, ob überhaupt ein fester Spruch oder nicht vielmehr ein theologisches Motiv vorlag, das, in der jüdischen Apokalyptik unter der Autorität des κύριος θεός überliefert, für die Christen durch die Autorität des κύριος Χριστός gedeckt ist. Angesichts dieses Sachverhalts kann offenbleiben, ob 1 Thess 4,15ff überhaupt von Paulus stammt oder, wie wahrscheinlich, ein Zusatz von der Hand des Herausgebers der ältesten Sammlung der Paulusbriefe ist (vgl. Schmithals, 160 f).

In 1 Kor 14,37 macht Paulus für seine Anweisungen geltend, daß sie ein ‚Gebot des Herrn‘ (κυρίου ἐντολή) seien, wobei er nicht an Gott, sondern an den Herrn Christus denken dürfte. Wer 1 Kor 14,33b–36 für eine nachpaulinische Interpolation auf der theologischen Stufe der Pastoralbriefe (1 Tim 2,11f) hält (vgl. Conzelmann, 1969, 289f; Lit.), kann V.37 nur auf alles von Paulus seit 12,1 ‚über die Pneumatiker‘ (1 Kor 12,1) Gesagte beziehen; das Wort des Apostels ist dann als solches ‚Gebot des Herrn‘. Stammen dagegen V.33b–36 von Paulus selbst (vgl. Schmithals, 1969, 230ff), kann Paulus in V.37 speziell an das in den vorausgehenden Versen begegnende Schweigegebot für die Frau denken, für das er aber schwerlich neben dem νόμος (V.34) ein überliefertes Herrenwort besaß, zumal für die judenchristliche Logienüberlieferung dies Schweigen kaum ein umstrittenes Problem war. Auch in diesem Fall will also Paulus einfach seine Anordnung mit der Autorität des (erhöhten) Herrn verbinden. Synoptische Tradition begegnet in keinem Fall.

Anders steht es in 1 Kor 7,10f. Das strikte Scheidungsverbot hat in

3.4.5.2 Die Traditionshypothese

Mk 10,12 und in Mt 5,32/Lk 16,18 eine aus der allen drei Evangelisten gemeinsamen Spruchüberlieferung (→ 3.6.7) stammende Parallele. Entsprechendes gilt von dem Wort über das Unterhaltsrecht der Evangelisten (1 Kor 9,14), das in Mt 10,10/Lk 10,7 eine sachliche Parallele besitzt und, auch wenn eine Dublette im MkEv fehlt, doch aus derselben alten Schicht der Spruchüberlieferung stammen dürfte. Beide Worte haben auch außerjüdische Parallelen (Damask 7,1f; Billerbeck III 401), doch besteht kein Anlaß zu zweifeln, daß sie Paulus als Jesusworte zugeflossen sind und von ihm als Worte nicht des erhöhten, sondern des irdischen Jesus aufgefaßt wurden.

Aus der breit gefächerten synoptischen Tradition begegnet bei Paulus also nur ein Strang der Logienüberlieferung und dieser lediglich in zwei Beispielen, bei denen es sich – eine weitere Verengung – um Gemeinderegeln handelt. Man kann zudem fragen, ob es Zufall ist, daß beide Worte sowie die in 1 Kor 7,25 mit dem Ausdruck des Bedauerns getroffene Feststellung des Apostels, zur Frage der Verlobten besitze er kein Herrenwort (vgl. 1 Kor 7,12), sich in der Korrespondenz mit der Gemeinde zu Korinth finden. Sollte es sich weniger um eine paulinische als vielmehr um eine korinthische, etwa durch Apollos vermittelte Tradition handeln? Ag 18,24–28 weist in diese Richtung (vgl. Schmithals, 1982, 171ff; Robinson, 1965, 311ff). Wie dem auch sei (→ 5.4.2.3): Die synoptische Tradition ist Paulus anscheinend im wesentlichen unbekannt bzw. unvertraut (vgl. Schulz, 1967, 36f; Weiß, 1983, 33f; Kuhn, 1970, 296ff).

Man hat versucht, den verschwindend geringen Widerschein der synoptischen Tradition bei Paulus dadurch aufzubessern, daß man annimmt, Paulus habe „mehrfach Worte Jesu innerhalb der Paränese verwandt, ohne sie als solche zu kennzeichnen" (Kümmel, 1965, 84). So urteilte man gerne bereits im Rahmen der Traditionshypothese (vgl. Gieseler, 1818, 28ff), und Cludius war schon 1808 sogar so kühn gewesen, auf diesem Wege *verlorene* Jesusworte bei Paulus ausfindig zu machen (142ff; vgl. 252.318). An solche Beobachtungen knüpft z.B. Kittel (1942, 92 Anm 39; vgl. Moe, 1912) die Folgerung, „eben dieses sich nicht ausdrücklich, d.h. citando, Berufen" sei „das Charakteristische an der paulinischen Verwendung der Jesustradition." Allison (1982) meint dabei erkennen zu können, daß Paulus sich in dieser Weise auf kleine Sammlungen bezieht, die sich als solche auch in den synoptischen Evangelien erkennen lassen, während Resch (1904) sogar der Meinung war, Paulus habe eine umfangreiche

Spruchquelle, die Resch auch für das MtEv und das LkEv voraussetzt, (→ 3.6.6 a), gekannt.

Es lassen sich in der Tat manche Sätze vor allem in den paränetischen Abschnitten der Paulusbriefe mit Logien Jesu vergleichen und ggf. aus ihnen ableiten. Man vgl. z. B.

Röm 12,14	mit Mt 5,44/Lk 6,27f (vgl. 2 Cl 13,4; Did 1,3; Röm 12,17; 1 Thess 5,15; PolPhil 12,3; 1 Petr 3,8f; Lk 23,34; Ag 7,60);
Röm 13,7	mit Mk 12,17 par;
Röm 13,9f	mit Mk 12,31 par (vgl. Jak 2,8; Did 1,2; 2,7; Barn 19,5; Justin Dial 93,2; Apol I 16,6);
Röm 14,13f	mit Mk 7,15 par;
Röm 16,19	mit Mk 10,16;
1 Kor 13,2	mit Mk 11,23 par und Mt 17,20/Lk 17,6;
1 Kor 15,32f	mit Lk 12,19 (vgl. Sir 11,19);
Gal 5,9	mit Mt 13,33;
Gal 5,14	mit Mk 12,31 (vgl. Lev 19,18);
1 Thess 5,2	mit Mt 24,43/Lk 12,39;
1 Thess 5,13	mit Mk 9,50.

Weiteres z. B. bei Resch (1904); Holtzmann (²1911) Bd 2, 232ff; Weinel (1928) 334ff; Dodd (1947); Stanley (1961); Schrage (1961) 243 Anm 250; Brown (1963/64); Lategan; Delling (1971) 75ff; Fjärstedt; Dungan (1971).

Über das Vorgehen vieler Forscher bei dem Versuch, indirekte Jesusüberlieferung in den Briefen des Paulus nachzuweisen, urteilte schon Baur mit Recht: „Es gibt nichts kleinlicheres als die Art und Weise, wie man, um die vermeintliche Lücke in der Legitimations- Urkunde des Apostels zu ergänzen, in seinen Briefen soviel möglich Citate von Worten Jesu nachzuweisen sucht" (1860, 48; vgl. Weisse, 1838, 22f). In der Tat handelt es sich in der Regel um methodisch unausgereifte Versuche, die meist nicht einmal darüber *reflektieren*, ob nicht Paulus und die synoptische Tradition in diesen Fällen aus gemeinsamer jüdischer Überlieferung schöpfen.

Zur Sache selbst ist festzustellen: Falls Paulus in den genannten und in ähnlichen Fällen bewußt auf die synoptische Tradition zurückgreift, wie will man dann erklären, daß Paulus den Ursprung dieser Worte verschweigt, zumal „die wenigen Jesusworte, die Paulus in paränetischen Zusammenhängen anführt, ... für Paulus bezeichnenderweise letzte und durch nichts zu überbietende Normen für die Lebensführung der nachösterlichen Gemeinde" sind (Kümmel, 1965,

451; vgl. Preisker, 1949, 192f; Schrage, 1961, 238ff; 1982, 201f; v. Campenhausen, 1957, 36f) – ein im Blick auf 1 Kor 7,10.25 wohlbegründetes Urteil, mit dem Kümmel freilich seine ebenda (84f) gegebene Auskunft selbst widerlegt, Paulus habe keine Veranlassung gehabt, seine Aussagen als Herrenworte zu kennzeichnen, weil er „als beauftragter Apostel im Geiste Christi lehrend (1 Kor 7,25.40) niemals etwas anderes zu verkündigen glaubte als den ‚Willen Gottes in Christus Jesus euch gegenüber' (1 Thess 5,18)."

Wer in den Briefen des Paulus allerorten Anspielungen auf die synoptische Tradition findet, macht das Problem „doch nur komplizierter. Schweben dem Paulus so viele Aussprüche Jesu vor, wie kommt es dann, daß er sie immer paraphrasiert statt sie als solche anzuführen und sich mit ihrer anerkannten Autorität zu decken" (Schweitzer, 1911, 33f). Unerklärt bliebe z.B. auch, warum sich solche Anspielungen fast ausschließlich in paränetischen Ausführungen finden, während charakteristische Züge der Verkündigung Jesu wie z.B. die Predigt vom Reich Gottes nie anklingen. Mit anderen Worten: Warum leitet Paulus seine eigentlichen theologischen Anschauungen nicht aus der ihm angeblich in großem Ausmaß vertrauten synoptischen Tradition ab? „Es mag unter Umständen sein, daß in den paulinischen Ermahnungen gelegentlich Worte Jesu indirekt anklingen, aber das, was Paulus seinen Hörern predigt, entwickelt er ihnen gerade nicht im Anschluß an eine Wiedergabe von Worten Jesu, etwa als deren Konsequenz; vielmehr entwickelt er alles aus der in der Auferstehung (und nicht in Jesu Worten) begründeten neuen Weltsituation" (Heitsch, 1960, 71; vgl. Schoeps, 1959, 48ff).

Tatsächlich hat Paulus in den genannten Fällen in der Regel *wie* Jesus bzw. *wie* die synoptische Spruchüberlieferung auf das gleiche, ihm wohlvertraute jüdische Gut zurückgegriffen. Denn für alle infrage kommenden Stellen gibt es oft recht zahlreiche jüdische Parallelen, während eine spezifische Verwandtschaft zwischen den synoptischen und den anklingenden paulinischen Logien oder Gedanken in keinem Fall vorliegt (vgl. Bultmann, GuV I, 191; Schrage, 1961, 243).

Zu Unrecht wählt deshalb z.B. Wilckens (1966, 312ff) wie andere vor ihm als ein deutliches Beispiel für jene „nicht ganz geringe Anzahl von übereinstimmenden Worten, bei denen eine traditionsgeschichtliche Beziehung" zwischen Paulus und der synoptischen Tradition „zweifellos anzunehmen ist", Röm 12,14 im Vergleich mit Mt 5,44 par. Der Gedanke, daß man seine Verfolger nicht verfluchen, sondern segnen solle, ist auch sonst im frühchristlichen Schrifttum ohne Beziehung auf die Jesusüberlieferung häufig bezeugt (s.v.)

und begegnet nicht selten auch andernorts in der Antike (Spr 25,21f; 1 QS 10,17f; Bill I 369f; Lidzbarski, Ginza, 277,24f; Seneca oft). Da Paulus in Röm 12,9–21 durchgehend hellenistisch-synagogale Paränese in vorgeprägter Gestalt aufnimmt, besteht kein Anlaß, das Motiv von 12,14 aus diesem Kontext zu isolieren. Wilckens verständliche Verwunderung darüber, „daß der Charakter dieser sittlichen Weisungen als Lehre *Jesu* im Umkreis der Überlieferungen der paulinischen Gemeinden verblaßt ist", beruht also auf der falschen Voraussetzung, paulinische Anklänge an die synoptische Jesus-Tradition beruhten auf Abhängigkeit von dieser.

Es muß also auch im Blick auf die scheinbaren Anspielungen dabei bleiben, daß Paulus als Zeuge für die synoptische Tradition im wesentlichen ausfällt (Schoeps, 1959, 48 ff; Conzelmann, 1960, 189). „Wie viel Paulus hierüber erfahren haben möge, wissen wir nicht und ist auch ... gleichgültig, weil das ihm Bekanntgewordene, wie viel oder wenig es sein möge, jedenfalls auf seine Theologie keinen Einfluß geübt hat" (Pfleiderer, 1887, 177).

b) Erklärungen

Die frühe Erklärung des beschriebenen Sachverhaltes, die synoptische Tradition sei ‚Privatüberlieferung' gewesen (→ 3.4.5.1), wird heute im allgemeinen nicht wiederholt. In der Tat ist die evangelische Überlieferung so wenig von persönlichem Interesse und biographischer Erinnerung und so sehr von kerygmatischer Ausrichtung auf die Gemeinde geprägt, daß jene Erklärung nichts für sich hat.

Dagegen gibt man heute gerne die Auskunft, zwar erzähle und zitiere Paulus die synoptische Jesusüberlieferung so gut wie nie. Da sie ihm aber natürlich nicht unbekannt gewesen sein könne, setze er sie in seiner Gemeinde als bekannt voraus. Ihr Sitz im Leben der frühen Gemeinde aber sei nicht der apostolische Brief gewesen, sondern die gottesdienstliche Lesung, welche die synoptische Tradition geheiligt und damit für die Briefe unbrauchbar gemacht habe (so z. B. Riesenfeld; vgl. Hengel, 1983, 229; zur Kritik Haenchen, 1966), oder die postbaptismale Katechese (Schille, 1957/58, 12) oder – umgekehrt – die Missionspredigt, eine oft vertretene These (Weiß, 1917, 167f; Kümmel, 1965, 84ff; Moule, 1970), die konsequent und absonderlich von Gerhardsson verfochten wird (1961, 290ff). Gerhardsson (→ 4.3.4) verweist zunächst auf Stellen, an denen Paulus die Gemeinde auf früher empfangene Überlieferungen (παραδόσεις) hinweist (Röm 6,17; 1 Kor 11,2.23ff; 15,1ff; Gal 1,9; Phil 4,9; 1 Thess 2,13; 4,1; 2 Thess 2,15; 3,6). Sodann erklärt er, es handele sich bei diesen Überlieferungen um eine fundamentale und autoritative Tradition, die Paulus den Gemeinden während seines Missionsaufenthaltes mitgeteilt habe – eine im wesentlichen richtige (→ 3.4.5.1 a), im Blick auf 2 Thess 2,15 und Phil 4,9 indessen übertriebene Feststellung. Ganz willkürlich ist die anschließende Behauptung, das Zentrum dieser Überlieferungen habe die synoptische Tradition, besonders die Herrenworte, gebildet, die Paulus wie ein Rabbinenschüler in Jerusalem memorierend gelernt habe; denn die genannten Stellen legen diese Behauptung in keinem Fall nahe, schließen sie dagegen mehrfach aus. Paulus bezieht sich deutlich auf die fundamentalen kerygmatischen Formeln (→ 3.4.5.1 a) sowie auf Anweisungen für das gemeindliche und gottesdienstliche Leben. Nur im Blick auf diese kerygmatische Tradition, nicht im Blick auf die von Gerhardsson anvisierte synoptische Tradition trifft sein Urteil zu: „Paul's teaching on various questions, his commandments, directions and advice – all are constantly being placed in relation to this centre or are motivated on this basis" (301).

Im übrigen läßt weder die synoptische Tradition selbst einen der genannten, einander ausschließenden Sitze im Leben der Gemeinde erkennen noch setzt Paulus die synoptische Tradition überall voraus; denn die Briefe müßten doch die entsprechende Missionspredigt oder postbaptismale Katechese oder gottesdienstliche Lesung immerfort den Lesern in Erinnerung gerufen haben, wenn sie die Grundlage des Gemeindeglaubens bildeten. Tatsächlich aber erinnert Paulus die Gemeinde ständig an das Alte Testament und an das verbindliche kerygmatische Formelgut, womit er deutlich die Grundlage und den Leitfaden seiner Missions- und Gemeindepredigt zu erkennen gibt (vgl. Kuhn, 1970, 299 ff).

Stendahl (1954; vgl. Boman, 1967, 42 ff) gibt mit vielen Vertretern der frühen Traditionshypothese (→ 3.4.1) die Auskunft, die Vermittlung der synoptischen Tradition sei nicht Aufgabe der Apostel, sondern besonderer Diener (ὑπερέται, Lk 1,2; Ag 13,5) gewesen. Sie gehörte also nicht zur fundamentalen Predigt des apostolischen Evangeliums – eine in sich zweifellos richtige Beobachtung! – und habe darum auch in den Briefen des Paulus noch im wesentlichen fehlen können. Indessen handelt es sich bei dieser These um eine durch keine historischen Nachrichten gedeckte Konstruktion (→ 3.4.4.b), die schon von dem fundamental kerygmatischen Charakter großer Teile der synoptischen Tradition widerlegt wird und bei deren Richtigkeit die synoptische Tradition der Gemeinde jedenfalls nicht vorenthalten worden wäre, so daß nach wie vor rätselhaft bliebe, daß Paulus auf diesen Teil der Gemeindelehre nicht rekurriert. Vgl. Iber (1959) 308; (1956/57) 314f.

Johannes Weiß meinte dagegen: „Ein Grund ist jedenfalls, daß es an geeigneten Herrenworten für die Probleme, die den Paulus beschäftigten, fehlte, weil sie dem Gesichtskreis Jesu fernlagen" (1917, 118). Mag dies in Einzelfällen zutreffen, so erklärt diese Beobachtung den vorliegenden Tatbestand, der sich zudem auch auf die Fülle des Erzählstoffes bezieht, keineswegs. Weiß fährt darum auch fort: „. . . zu der Höhenlage des paulinischen Christusglaubens würde die Zitation einzelner Jesus-Worte wenig passen" (119), ein Satz der Verlegenheit, welcher nicht nur nach der ‚Höhenlage' der dennoch synoptisch tradierten Jesus-Überlieferung fragen läßt, sondern auch in Spannung zu der Tatsache steht, daß Paulus gelegentlich bedauern kann, kein Jesus-Wort zur Verfügung zu haben (1 Kor 7,25). Daß „die Motive für das neue Leben nicht in dem, was Jesus *gesagt* hat, sondern in dem, was er *getan* hat, in der Selbsthingabe und Offenbarung seiner ganzen Person" liegen (119), trifft zweifellos einen Kernpunkt der paulinischen Theologie, beantwortet aber nicht die Frage, warum Paulus dies zentrale Tun Jesu nicht wie die synoptische Tradition und mit ihrer Hilfe reflektiert hat.

Hans v. Campenhausen (1957, 36f; 1968, 128ff; ähnlich Holsten, 1861; Heitmüller, 1912; Sandmel, 1958, 109f; Schoeps, 1959, 50; Kümmel, 1965, 84f) meint, es „widerspräche dem betonten Bewußtsein seiner Berufung, durch die ihn Christus zum Apostel gemacht und unmittelbar gesandt und ausgerüstet hat (Gal 1,13ff; 2,8)", sich auf die aus zweiter Hand stammende synoptische Tradition zu stützen. Aber Jesus selbst als der Menschgewordene und Gekreuzigte ist das A und O der paulinischen Theologie; wie sollte Paulus dann die synoptische Tradition von Wort und Werk dieses ihn berufenden Herrn bewußt mißachtet haben, während er zugleich kerygmatische Traditionen, die ihm gleichfalls vorgegeben sind (1 Kor 15,1ff), in großem Umfang unbefangen verwendet? Verkündigt nicht z. B. die synoptische Tradition des MkEv das Evangelium von dem Christus, der Paulus zur Verkündigung seines Evangeliums berufen hat?

Stuhlmacher geht neuerdings davon aus, daß Paulus, weil die in seinen Briefen bekämpfte Gegenmission von Jerusalem ausgehe, „im Gegenüber zu Petrus und seinen judenchristlichen Kontrahenten von der allgemein anerkannten Lehr- und Jesustradition nur sparsamen Gebrauch" mache. „Vermehrte Traditionszitate hätten unweigerlich den alten Vorwurf bestärkt, Paulus habe sein Evangelium doch nur anderweitig ‚gelernt' und aus zweiter Hand bezogen (Gal 1,12)" (1983, 18). Indessen kann Paulus doch nicht seinen Gemeinden eine bis zu seinem (angeblichen!) Konflikt mit den Jerusalemer Autoritäten (angeblich!) fundamental vertraute Grundlage des Glaubens und der Lehre nachträglich stillschweigend aus taktischen Gründen entziehen, und wie wenig er sich tatsächlich scheut, sein Evangelium ausdrücklich auf die ihm zugeflossenen – allerdings kerygmatischen! – Traditionen zu stützen, zeigt beispielhaft 1 Kor 15,1–11.

3.4.5.2   Die Traditionshypothese   109

Die zuletzt genannten Erklärungsversuche tendieren dahin, das Fehlen der synoptischen Tradition in den Briefen des Paulus auf einen mehr oder weniger bewußten Verzicht des Apostels auf dies Überlieferungsgut zurückzuführen. Diese Tendenz verfolgt konsequent, wer sich, wie es seit dem Aufkommen der Religionsgeschichtlichen Schule beliebt ist (Brückner, 1903, 41 ff; Wrede, ²1907, 53 ff 89 ff; Schoeps, 1959, 50), auf 2 Kor 5,16 beruft: „... εἰ καὶ ἐγνώκαμεν κατὰ σάρκα Χριστόν, ἀλλὰ νῦν οὐκέτι γινώσκομεν.' So schreibt z. B. Conzelmann: Paulus „ignoriert das Leben Jesu bis auf das punctum mathematicum, daß Jesus wahrer Mensch war, gekreuzigt und auferweckt wurde. Und er tut das nicht aus Verlegenheit, weil er eben von Jesus nichts wußte, sondern im Sinne eines bewußten, theologischen Programmes (2 Kor 5,16)", mit dem der Apostel „die direkte Anschaulichkeit des Glaubensgegenstandes" bestreite bzw. dem Hörer verweigere (1960, 189; vgl. schon Weiß, 1917, 347; Holtzmann, 1901, 23). Conzelmann steht mit diesem so begründeten Urteil in der Tradition der frühen dialektischen Theologie, die sich zur Kritik an der liberalen Leben-Jesu-Theologie auf 2 Kor 5,16 gerne zum Nachweis dessen berief, daß schon Paulus die christliche Botschaft mit Bedacht nicht durch eine historisierende Rückfrage nach dem irdischen Jesus legitimiert sein lassen wollte. Vgl. Bultmann, (GuV I) 207 f; Barth (1923) 91; Souček (1959) 301 f; Haenchen (1961) 687 f; (1970) 3 ff; Boman (1967) 71 f; Flender (1968) 66 ff.

Diese von der modernen Verifikationsproblematik geleitete Deutung von 2 Kor 5,16 ist anachronistisch und wird dem angezogenen Wort nicht gerecht. Vermutlich haben wir es bei 2 Kor 5,16 mit einer unpaulinischen Glosse zu tun, die im Sinne des gnostischen Dualismus den irdischen, leiblichen Jesus verwirft (Schmithals, 1969, 286 ff; Güttgemanns, 1966, 284 ff). Beläßt man den Vers jedoch im paulinischen Text, so wirft er zunächst die Frage auf, ob Paulus von einem ‚fleischlichen Kennen' oder von einem ‚fleischlichen Jesus' spricht; nur im letzteren Fall ist der Satz für die Frage nach dem Jesus der synoptischen Tradition überhaupt relevant. Aber auch wenn dieser Fall gesetzt wird, erscheint es als ausgeschlossen, daß Paulus mit Χριστὸς κατὰ σάρκα den in der synoptischen Tradition begegnenden Jesus Christus meint. Κατὰ σάρκα ist bei Paulus Gegenbegriff zu κατὰ πνεῦμα (Röm 1,3; 4,1; 8,5; 9,3.5; 1 Kor 1,26; 10,18), und die Vorstellung ist unvollziehbar, daß Paulus die kirchliche Überlieferung der Worte und des Wirkens Jesu, seine Menschwerdung sowie sein Leiden und Auferstehen aus dem Bereich des in der Gemeinde lebendigen

Christus-Geistes ausscheiden will. Was sollte ihn z. B. bestimmen können, die für seine Gemeinden fundamentalen Passionsformeln (z. B. 1 Kor 15,3–5) gegen die ihnen entsprechenden Passionserzählungen der synoptischen Tradition auszuspielen und in den Gegensatz von ‚Geist' und ‚Fleisch' zu bringen? Auch die kerygmatische Struktur der synoptischen Tradition schließt aus, daß Paulus um seines Kerygmas willen die synoptische Tradition prinzipiell verworfen haben könnte. Es ist also in der Tat nicht „begründet anzunehmen, Paulus habe diese Stoffe bewußt aus seiner Verkündigung ausgeschieden. Die theologische Absicht, die man Paulus unterstellen müßte, ist ganz und gar gnostischen Charakters und paßt gerade nicht in das paulinische Konzept" (Wilckens, 1963, 71 Anm 55).

Will man trotzdem aus 2 Kor 5,16 das Programm einer Ablehnung der synoptischen Tradition entnehmen, so könnte man „doch höchstens sagen, daß es sich hier um eine theologische durchreflektierte These handelt, mit der die bestehende Überlieferungssituation in seiner Gemeinde dem Charakter und Anspruch der Jesus-Überlieferung gegenüber zur Geltung gebracht wird, – nicht aber, daß sein theologisches Urteil umgekehrt die Überlieferungssituation allererst kritisch geschaffen habe" (Wilckens, 1966, 316). Mit anderen Worten: Paulus könnte auf keinen Fall eine in seinen Gemeinden bereits anerkannte synoptische Tradition eliminieren, sondern höchstens eine erst jetzt an die Gemeinde herangetragene synoptische Tradition abwehren wollen, wie Georgi (freilich nur für einen Sektor der synoptischen Überlieferung) in der Tat annimmt (1964, 282 ff; vgl. Kuhn, 1970): Paulus wehrt sich im Interesse seiner Kreuzestheologie gegen das Eindringen einer Herrlichkeitschristologie, die sich auf die synoptische Wunder- und Weisheitstradition stützt. Wollte man dieser exegetisch freilich schwerlich begründeten These (→ 5.5.2) folgen, würde sich nur bestätigen, daß die synoptische Tradition nicht zu den fundamentalen Inhalten des paulinischen Evangeliums gehört.

Man muß also unter allen Umständen davon ausgehen, daß die synoptische Tradition sowohl Paulus wie seinen Gemeinden im wesentlichen unbekannt war (vgl. Bousset, 1921, 105 f) und daß diese Unkenntnis traditionsgeschichtlich bedingt ist, nicht aber auf einem bewußten theologischen Programm des Apostels beruht. Dies Urteil bestätigt sich, wenn man den Blick über Paulus hinaus erweitert und die übrigen frühchristlichen Schriften auf ihre Beziehung zur synoptischen Tradition hin untersucht.

3.4.5.2   Die Traditionshypothese   111

B. Das frühchristliche Schrifttum (abgesehen von Paulus)

a) Der Sachverhalt

Daß „Paulus als einziger" in die Lage kam, „in der Lehre schöpferisch neben Jesus auftreten zu müssen" (Schweitzer, 1930, 114 ff), und zwar derart, daß er dabei die synoptische Tradition verdrängte, ist schon deshalb ausgeschlossen, weil das weitgehende Fehlen der synoptischen Tradition typisch ist für die frühchristliche Literatur außerhalb der Synoptiker überhaupt. „Was aber von den paulinischen, ein Gleiches gilt im Wesentlichen auch von allen übrigen apostolischen und nächstapostolischen Schriften" (Weisse, 1838, 25; vgl. Schulz, 1967, 36 f; Grobel, 1960). Sehen wir von der synoptischen Tradition selbst ab, so ergibt sich die schon von Hug und Weisse richtig beobachtete, aber heute nur noch selten angemessen gewürdigte Tatsache, daß die gesamte christliche Literatur bis hin zu Justin (um 150) und viel Literatur zwischen Justin und Irenäus genauso wie Paulus die christliche Botschaft auf der Grundlage des Alten Testaments und des kerygmatischen Formelgutes entfalten, die synoptische Fassung des frühchristlichen Kerygmas aber im wesentlichen nicht kennen, und zwar ganz unabhängig davon, ob die jeweilige Literatur in paulinischer Tradition steht oder nicht.

Die deuteropaulinischen Briefe (Eph; Kol; Past)

Für die Deuteropaulinen ergibt sich im wesentlichen das gleiche Bild wie bei Paulus selbst. Darum bedarf es keiner kritischen Erörterung von Echtheitsfragen. Das theologische Fundament der Briefe und den Inhalt des in ihnen entfalteten Evangeliums bildet das formulierte Bekenntnis zu Jesus als dem
Menschgewordenen (1 Tim 1,15; 2,6; 2 Tim 1,10; 2,8; Eph 1,10),
Gekreuzigten (1 Tim 1,15; 2,6; 3,16; 6,13; 2 Tim 2,11; Tit 2,14; Kol 1,20.22.24; 2,14 f; Eph 1,7; 2,14 ff),
Auferstandenen (1 Tim 3,16; 2 Tim 2,8; Kol 1,18; 2,12; 3,1; Eph 1,20; 2,6),
Erhöhten (1 Tim 3,16) und
Wiederkommenden (1 Tim 6,14; 2 Tim 4,1.2; Tit 2,13; Kol 3,4).

Im Rahmen dieser Formeln oder in Verbindung mit ihnen finden sich einige historische oder historisierende Einzelheiten: Das Leiden Jesu (Kol 1,24), seine David-Sohnschaft (2 Tim 2,8), sein ‚gutes Be-

kenntnis' vor Pilatus (1 Tim 6,13). Keine dieser Nachrichten läßt erkennen, daß sie durch die synoptische Tradition vermittelt wurden (vgl. Dibelius/Conzelmann, 67).
Nie werden Jesusworte zitiert. In 1 Tim 5,18 begegnet freilich das Logion Mt 10,10/Lk 10,7, das auch Paulus (1 Kor 9,14) gekannt hat. Es wird indessen nicht als Herrenwort, sondern neben einem alttestamentlichen Zitat (Dt 25,4) anscheinend als ‚Schrift' zitiert. Es gehört jedenfalls zum festen Gut der Gemeinderegeln. Irgendeine traditionsgeschichtliche Verbindung zur synoptischen Tradition läßt sich nicht beobachten.

Auch wirkliche oder vermeintliche Anspielungen auf synoptische Jesusworte begegnen noch weniger als bei Paulus selbst. Der λόγος τοῦ κυρίου in Kol 3,16 (vgl. 1 Thess 1,8) ist zweifellos das im Bekenntnis begegnende Wort *vom* Herrn, und auch ‚der Christus', den die Adressaten des Epheserbriefes ‚gelernt' und ‚gehört' haben und ‚in dem' sie ‚Belehrung' empfingen, ist der Christus dieses Bekenntnisses (Eph 4,20f; vgl. Kol 2,6f).

Die synoptische Erzähltradition fehlt wie bei Paulus völlig, und es finden sich auch keine indirekten Hinweise auf Jesu in der synoptischen Tradition beschriebenes Verhalten; denn bei der ‚Liebe Christi', von der in Eph 5,2.25 (vgl. Kol 3,13) die Rede ist, handelt es sich um die in den Bekenntnissen ausgesprochene Liebe des Gekreuzigten, ‚der sich für uns als Gabe und Opfer hingegeben hat, Gott zum Wohlgeruch'.

Der Hebräerbrief

Auch der Verfasser des Hebräerbriefes, dessen Beziehungen zur synoptischen Tradition häufig Gegenstand der Untersuchung gewesen sind (vgl. Gräßer, 1965, Lit.), entfaltet seine Theologie aufgrund des Alten Testaments und des formulierten Kerygmas.

Jesus ist wahrer Mensch geworden (1,2f; 2,9.14.17f; 4,15; 5,7; 7,14) aus dem Stamm Juda (7,14),
hat für die Menschen gelitten (1,3; 2,9f 14f 17f; 5,8; 6,6; 7,27; 9,12.14f 26–28; 10,10.12.14.19f; 12,2f; 13,12),
ist auferstanden und erhöht worden (1,2ff; 2,9f; 4,14ff; 6,20; 8,1; 9,11f 24; 10,12; 12,2; 13,20)
und wird wiederkommen (9,28; 10,25. 37).

Es sind diese heilsamen Worte des Bekenntnisses, mit denen die Verkündigung Jesu ihren Anfang nahmen, nicht etwa die Herrenworte der synoptischen Tradition. Mit der in 4,15 (vgl. 7,26; 9,14) betonten Sündlosigkeit Jesu greift der Verfasser des Hebräerbriefes ein spezielles Motiv auf, das in der kerygmatischen Tradition zuhause ist und auf den Präexistenten bezogen war (z. B. 2 Kor 5,21; vgl. Windisch, ²1931, 40). Falls in 13,2 (ἀρχηγὸς καὶ τελειωτὴς τῆς πίστεως) überhaupt der Glaube Jesu im Blick steht (dagegen mit Recht z. B. Gräßer, 1965, 58ff), ist er streng auf den aus den Bekenntnisformeln bekannten Weg zum Kreuz bezogen, und auch die Bemerkung, daß Jesus ‚solche Anfeindung der Sünder gegen sich erduldet hat', geht nicht über die Nachrichten aus der Bekenntnistradition hinaus; widerfuhr ihm dies doch, als er ‚das Kreuz auf sich nahm und die Schande verachtete'. Und die Lokalisierung der Kreuzigung ‚außerhalb des Tores' (13,12) deutet Lev 16,27 auf die christliche Gemeinde, die ihren Ort außerhalb der Synagoge nehmen soll, nimmt also keine synoptische Tradition auf. Auch die Aussage, Jesus stamme aus Juda, gehört der Bekenntnistradition an (7,14; vgl. Mt 2,5f).

In 5,7–8(9) findet sich eine Überlieferung, die anscheinend auch in 2,18 und 4,15 aufgegriffen wird und die ihre engste Parallele in der Gethsemane-Perikope besitzt (Mk 14,32–42 par): ein ursprünglich hymnisches Stück, das mit der Christologie des Hebräerbriefes im übrigen nicht leicht zu vereinen ist und das von einer siegreich überwundenen Versuchung des leidenden Jesus spricht. Die synoptische *Erzählung* blickt als solche nicht durch. Das vorliegende Motiv dürfte vielmehr *ebenso wie* die synoptische Erzählung auf Ps 116 (LXX: Ps 114/115) zurückgehen (vgl. Strobel, 1954; Dibelius, 1959, 213f; Brandenburger, 1969, 190ff).

Kurzum: „Nirgends wird ein geschichtliches Herrenwort zitiert, ja, es gibt nicht einmal Anspielungen an die synoptische Wortüberlieferung (wie z. B. bei Paulus). Nirgends auch begegnen wir dem synoptischen Erzählstoff ... nichts von seiner Taufe, nichts von der Tempelreinigung, nichts von seinen Wundern" (Gräßer, 1965, 68; vgl. Windisch, ²1931, 26; Kuhn, 1970, 297).

Der 1. Petrusbrief

Auch der 1. Petrusbrief beruft sich auf das Alte Testament, das teils direkt zitiert, teils indirekt als Autorität angezogen wird, sowie auf das geprägte Christuskerygma. Jesus ist nach Gottes ewigem Plan am Ende der Zeit
Mensch geworden (1,20),

hat, am Kreuz leidend und sterbend, sein Blut zugunsten der Menschen vergossen (1,2.11.19; 2,14.24; 4,1.13; 5,1),
ist auferstanden (1,3.21; 3,21),
abgestiegen zur Hölle (3,19 ff; vgl. 4,6)
und in die Herrlichkeit aufgenommen worden (1,11.21; 3,22),
von wo er an ‚jenem Tage' wiederkommen wird (1,7).

Μάρτυς τῶν τοῦ Χριστοῦ παθημάτων (5,1) nennt der pseudonyme Verfasser sich schwerlich als Augenzeuge, eher als Wortzeuge, am ehesten aber als Blutzeuge (Verfolgter; vgl. 1,6; 2,12.15.18 ff; 3,16 ff; 4,3 f 12 ff). Die synoptische Passionserzählung steht als solche in keinem Fall vor Augen.

Der Verfasser stellt die Sündlosigkeit Jesu stark heraus, aber nicht aufgrund der synoptischen Tradition, sondern als dogmatischen Topos: Jesus ist das unschuldige Opferlamm von Jes 53,9 (1,19; 2,22; 3,18). Seine Verwerfung durch die Menschen wird *wie* in der synoptischen Tradition (Mk 12,10 f; vgl. Schmithals, 1979, 520 ff) aufgrund von Ps 118, 23 (2,4) und sein widerspruchslos hingenommenes Leiden nach Jes 53 und Ps 22 beschrieben: ‚... welcher, als er gelästert wurde, nicht selbst lästerte, als er litt, nicht drohte, sondern es dem anheimstellte, der gerecht richtet' (2,22 f). „Alles was man an Anspielungen auf Gethsemane, den Todesprozeß, das Leiden Jesu hat finden wollen, ist in den Text hineingetragene Willkür der Ausleger" (Knopf, 1912, 15).

Worte Jesu werden nie zitiert, die vermeintlichen Anklänge halten sich im Rahmen des üblichen. Bei der Freude über das Leiden der Christen um Christi willen (3,14; 4,13 f) handelt es sich um eine verbreitete urchristliche Vorstellung, die auch Mt 5,10–12/Lk 6,22 f begegnet, aber keine Vertrautheit mit synoptischer Tradition belegt. Ebenso ist die Verwandtschaft von 1 Petr 2,12 mit Mt 5,16 – der gute Wandel vor den Menschen außerhalb der Gemeinde – zu beurteilen, zumal in Mt 5,16 redaktionelle Ausführungen des Matthäus vorliegen, sowie die Mahnung zur Wachsamkeit 1 Petr 5,8 im Vergleich z. B. zu Mk 13,37 par. Synoptische Gleichnisse, Wundergeschichten, Apophthegmen usw. begegnen im 1. Petrusbrief weder direkt noch indirekt (vgl. Best, 1969/70).

Das Fehlen der synoptischen Tradition hat bei der Debatte um die Authentizität des 1. Petrusbriefes verständlicherweise stets eine Rolle gespielt. Diese Debatte ist längst entschieden; das Schreiben stammt aus vielerlei Gründen nicht von dem Jünger und Apostel Petrus. Bemerkenswert bleibt aber, daß der Verfasser des Briefes weder von Petrus noch von den unter seiner Autorität angeredeten Christen (1,1f) erwartet, daß sie mit der synoptischen Tradition vertraut sind, eine Beobachtung, die sich bei den anderen pseudapostolischen Schriften des Kanons und der apostolischen Väter wiederholt.

Der Judasbrief

Der kurze Judasbrief nennt zu Beginn den ‚den Heiligen ein für allemal übergebenen Glauben' (V.3), der wesentlich in der Erwartung des ‚zu ewigem Leben führenden Erbarmens unseres Herrn Jesus Christus' besteht (V.21) und den der Autor des Schreibens gegen die pneumatisch-gnostischen Irrlehrer seiner Zeit ins Feld führt. Er denkt dabei an die fixierten und tradierten Bekenntnisformulierungen der apostolischen Tradition. Daneben beruft er sich durchgehend auf das Alte Testament und in V.17f auf die ‚von den Aposteln unseres Herrn Jesus Christus' gesprochenen Worte, aus denen er die Ansage der in den letzten Zeiten auftretenden Irrlehrer zitiert, ein in dieser Zeit geläufiges Motiv (Ag 20,29f; Mt 7,15; 1 Joh 2,18f). Dagegen begegnen weder Herrenworte noch Erzählstücke der synoptischen Tradition, und auch auf das Verhalten des irdischen Jesus, wie es in den Evangelien geschildert wird, verweist Judas nie.

Der 2. Petrusbrief

Mit dem 2. Petrusbrief, der vermutlich spätesten Schrift des Neuen Testaments, befinden wir uns schon weit im 2. Jh. Der Verfasser verteidigt die realistische Parusiehoffnung gegen ihre enthusiastischen Bestreiter. Hinter diesem Gegenstand der ‚Erkenntnis des Herrn und Heilands Jesus Christus' (1,8; 2,20; 3,18) treten andere Inhalte des Kerygmas zurück (vgl. aber z.B. 1,11; 2,1).

Jesusworte werden nicht zitiert. Die ἐντολή des Herrn und Heilands (2,21; 3,1f) ist die christliche Lehre überhaupt, speziell die Lehre von der Parusie. In 2,20 (vgl. Mt 12,45) und 3,10 (vgl. Mt 24,29.35) hat man Anklänge an die synoptische Logienüberlieferung wahrnehmen wollen, doch liegt in 2,20 eine geläufige Redewendung vor (‚das Letzte wird schlimmer als das Erste'), in 3,10 eine verbreitete apokalyptische Vorstellung (vgl. 1 Thess 5,2). In 1,14 erfahren wir, der Herr habe Petrus dessen baldigen Tod vorausgesagt. Dabei handelt es sich möglicherweise um die Aufnahme einer in der Gemeinde überlieferten Matyriumsansage (vgl. Joh 21,18f), in keinem Fall aber um ein Stück synoptischer Tradition.

Obschon der Verfasser des 2. Petrusbriefes in deutlicher Weise die Fiktion seiner apostolischen Augenzeugenschaft aufbaut (1,16), benutzt er also die ‚apostolische' Tradition der synoptischen Evangelien noch im 2. Jh. nicht – mit einer Ausnahme: In 1,16–18 greift der Verfasser unzweifelhaft auf die ‚Verklärungsgeschichte' (Mk 9,2–13 par) zurück, die er freilich (noch) als eine Ostergeschichte kennt, nämlich als Bericht über die Verwandlung des leiblich Auferstandenen in die himmlische Seinsweise (Schmithals, 1979, 399 ff.721 ff). Der Verfasser dürfte eine Vorlage des MkEv (‚Grundschrift') gekannt haben (→ 5.5.3), doch ist noch in der ersten Hälfte des zweiten Jahrhunderts von einer Vertrautheit der Schriftsteller und ihrer Gemeinden mit der synoptischen Tradition nichts zu spüren, auch wenn inzwischen ein Rückgriff auf Evangelienliteratur möglich ist.

Der Jakobusbrief

Eine Sonderstellung unter den Briefen nimmt der Brief des Jakobus ein, und zwar einerseits deshalb, weil ihm das fundamentale urchristliche Kerygma (Menschwerdung und Passion) fremd ist. Der Name ‚Jesus Christus' begegnet nur in 1,1 und 2,1 und vom ‚Glauben' spricht der Verfasser ohne Angabe seines Inhalts ganz formal (1,3.6; 2,1.5.14 ff; 5,15). Lediglich die Parusieerwartung wird deutlich angesprochen (5,7 ff). Spezifisch Christliches hat man in 1,18 (ἀπεκύησεν ἡμᾶς λόγῳ ἀληθείας) und 2,7 (τὸ καλὸν ὄνομα τὸ ἐπικληθὲν ἐφ' ὑμᾶς – vermutlich zu Recht – gefunden sowie in der Auseinandersetzung über Glaube und Werke (2,14–26). Doch tritt auch damit das gemeinschristliche Kerygma höchstens indirekt in den Blick, so daß die Vermutung, bei dem Jakobusbrief hätten wir es mit einer christlich bearbeiteten jüdischen Schrift zu tun, zwar nicht schon wahrscheinlich, aber doch nicht unverständlich ist.

Andererseits scheint der Jakobusbrief, der kein Herrenwort zitiert und auch vom synoptischen Erzählgut nichts anklingen läßt, mit Anklängen an weisheitlich-paränetische Herrenworte gespickt zu sein (Kittel, 1942; Mußner, 1964, 47ff, Lit.). Kittel führt 26 solche Anklänge an, die sich auf das gemeinsame Spruchgut sowie auf das jeweilige Sondergut des MtEv und des LkEv verteilen (vgl. Mußner, 48 ff), und schließt daraus, „daß der Jakobusbrief tatsächlich in allerstärkstem Maße auf die Jesusüberlieferung Bezug nimmt" (91). Warum greift der Verfasser dann aber nur auf das weisheitlich-paränetische, nicht auf das apokalyptische Spruchgut zurück? Warum übergeht er das Erzählgut der synoptischen Tradition völlig? Und warum *zitiert* er keines der Herrenworte oder nennt wenigstens den Herrn als Urheber der Worte? Kittels Erklärung, dies Verfahren sei im Urchristentum üblich gewesen (92), ist eine *petitio principii* und läßt sich mit Verweis auf Paulus nicht begründen (→ 3.5.4.2). Tatsächlich schöpft der Verfasser des Jakobusbriefes aus demselben paränetischen Reservoir jüdischer Provenienz, in dem auch das weisheitliche Spruchgut der synoptischen Tradition zuhause ist, weshalb die an die synoptische Tradition anklingenden Passagen des Jakobusbriefes durchweg auch in anderen jüdischen und frühchristlichen Schriften begegnen. Die synoptische Tradition als solche wird dagegen im Jakobusbrief nicht vorausgesetzt.

Die Offenbarung des Johannes

Der Offenbarung liegt durchgehend das Alte Testament und das urchristliche Kerygma zugrunde. Jesus ist
der Erste und der Letzte (22,13),
geboren aus dem Stamme Juda und aus dem Geschlecht Davids (5,5; 22,16).
Er hat sein Blut in Jerusalem am Kreuz vergossen (1,5.18; 5,6.9.12; 7,14; 11,8; 12,11; 13,8),
ist auferstanden von den Toten (1,5.18)
und zur Rechten Gottes erhöht (1,5; 3,21; 5,13),
von wo seine Ankunft erwartet wird (1,7f; 3,3.11; 16,15; 22,7.12).
Für diese Anschauungen bedarf es nicht der synoptischen Tradition, sondern nur der Lehr und Bekenntnisformeln, und tatsächlich zitiert der Verfasser der Offenbarung nie ein synoptisches Herrenwort, greift er nie auf den synoptischen Erzählstoff zurück, verweist er nie auf das Verhalten des synoptischen Jesus. Die πίστις Ἰησοῦ in 14,12 ist nicht Jesu eigener Glaube, sondern der Glaube an Jesus, und bei der in 3,7 genannten ‚Heiligkeit und Wahrheit' Jesu handelt es sich um Wesenszüge des himmlischen Herrn.

Man hat auch in der Offenbarung Anklänge an Herrenworte der synoptischen Tradition finden wollen: 1,7f (vgl. Mt 24,30); 3,20f (vgl. Lk 22,30); 6,4 (vgl. Mk 13,8); 14,6 (vgl. Mt 24,14 par); 16,15 (vgl. Lk 12,37); 19,7.9; 21,2.9 (vgl. Mt 22,2 ff). In diesen Fällen haben wir es indessen durchweg mit stereotypen Aussagen apokalyptischer Frömmigkeit zu tun, für die sich in fast allen Fällen auch außersynoptische Parallelen beibringen lassen. Bei 3,5 (vgl. Mt 10,32f/Lk

12,8; 2 Tim 2,12) und bei dem verwandten apokalyptischen Wort 3,21 (vgl. Mt 19,28/Lk 22,30) dürfte es sich um ursprünglich auf den Menschensohn bezogene Sprüche handeln (Schmithals, 1980, 142 f. 211), die möglicherweise vom Verfasser der Offenbarung und von der synoptischen Tradition unabhängig voneinander mit dem ‚Ich' Jesu verbunden wurden. Indessen könnte in diesen Fällen der ‚Seher' der Offenbarung auch aus einem apokalyptischen Strang der synoptischen Tradition geschöpft haben, die *insgesamt* ihm aber unbekannt oder zumindest ohne Gewicht und unvertraut geblieben ist.

Die Apostelgeschichte des Lukas

Die Apostelgeschichte ist das zweite Buch des lukanischen Doppelwerkes, dessen erstes Buch das LkEv bildet. Der Verfasser der Apostelgeschichte ist also unzweifelhaft mit der synoptischen Tradition vertraut. Um so bemerkenswerter ist, wie er in seinem zweiten Buch mit ihr umgeht, nämlich gar nicht.

Die Reden der Apostelgeschichte sind, wie heute allgemein aufgrund der antiken Analogien anerkannt ist, nicht historisches Referat, sondern schriftstellerische Kompositionen (Dibelius, 1951, 120 ff; Wilckens, 1961, 3). Als solche reflektieren sie die Predigtweise in den lukanischen Gemeinden. Sie benutzen sehr stark das Alte Testament und daneben die Formulierungen des christologischen Bekenntnisses in einer für Lukas typischen und an den Bericht des LkEv angeglichenen Auffassung. Die synoptische Tradition als solche wird in ihnen nicht aufgegriffen, sieht man von den bekenntnishaften Summarien in 2,22 und 10,37-39 (vgl. 13,24f) ab, und weder direkt noch indirekt, weder als mündlich noch als schriftlich überliefert vorausgesetzt. Die synoptische Tradition steht also bei Lukas relativ beziehungslos *neben* der Verkündigung, wie er sie in der Gemeinde voraussetzt, ein Phänomen, das, da das LkEv ebensowenig wie die Apostelgeschichte eine ‚Privatschrift' ist (→ 3.4.5.1), nur so erklärt werden kann, daß erst Lukas durch sein Evangelium seinen Gemeinden die synoptische Tradition bekannt macht (Lk 1,1-4; vgl. → 5.2.2).

Das Johannesevangelium und die Johannesbriefe

Die oft verhandelte Frage, ob der Verfasser des JohEv synoptische Evangelien (so z. B. Kümmel, 1973, 167 ff) oder andersartige synoptische Tradition (so z. B. Schenke/Fischer, 1979, 179 ff) kannte, ist nach wie vor umstritten und kann im vorliegenden Zusammenhang

3.4.5.2 Die Traditionshypothese

offenbleiben, wenn auch zwei Gründe entscheidend dafür sprechen, daß dem Verfasser des JohEv synoptische Evangelien vorlagen: Er kennt und übernimmt die *Form* des Evangeliums, und die von ihm aufgegriffene synoptische Tradition zeigt deutlich Eindrücke der *Redaktion* vor allem des LkEv. Indessen ist so oder so eine Bekanntschaft mit synoptischer Überlieferung unstreitig.

Mit der traditionellen, an der Menschwerdung Jesu als solcher orientierten johanneischen Theologie (1,14.20.34.49; 7,26.41; 9,22; 11,27; 20,28.31) ist das synoptische Material, das der Autor des JohEv übernimmt, nur locker und sekundär verbunden. Offenbar führt seine Begegnung mit der synoptischen Tradition als einem seinen Gemeinden bis dahin fremden Überlieferungsgut den Evangelisten zu dem Unterfangen, aus gegebenem Anlaß die eigene kerygmatisch fundierte Theologie in der Gestalt eines Evangeliums und unter Aufnahme bestimmter synoptischer Traditionen darzubieten, ohne daß er daran denkt, seine Gemeinden mit der synoptischen Tradition als solcher bekannt zu machen (vgl. Schenke-Fischer, 1979, 192f).

Die traditionsgeschichtliche Selbständigkeit und Priorität des johanneischen Christentums gegenüber der synoptischen Tradition läßt sich besonders deutlich an den Johannesbriefen studieren. Sie orientieren sich an Jesu
Menschwerdung (1 Joh 1,1ff; 2,22; 3,8; 4,2f.9.14f; 5,1.15.20; 2 Joh 2,7),
an seinem Leiden (1 Joh 1,7; 2,2; 3,16; 4,10; 5,6f) und
an seiner Auferstehung und Erhöhung (1 Joh 2,1; 5,14)
als an jener Botschaft, welche die Gemeinde von Anfang an gehört hat (1 Joh 2,24.27; 2 Joh 5f.9f). Bei der διδαχή τοῦ Χριστοῦ (2 Joh 9f) handelt es sich um das entsprechende Kerygma. Die synoptische Tradition spielt dagegen weder direkt noch indirekt – es sei denn durch Vermittlung des JohEv; vgl. 1 Joh 5,6ff – und weder in ihren erzählenden Teilen noch in ihren Redenstoffen eine Rolle. Jesu Sündlosigkeit charakterisiert in 1 Joh 2,1; 3,5 wie in Joh 8,46 sein göttliches Wesen; Jesu ἐντολή bzw. ἐντολαί sind das Liebesgebot (1 Joh 2,3ff; 3,11; 4,7ff), für das es der synoptischen Tradition als Quelle nicht bedarf; und Jesu Vorbild ist das des Liebenden (1 Joh 1,7; 2,6; 3,3), der ‚sein Leben für uns gegeben hat' (1 Joh 3,16).

Die Schriften der ‚Apostolischen Väter'

Die Trennung zwischen den nachapostolischen Schriften des neutestamentlichen Kanons und der sogenannten ‚Apostolischen Väter', der neutestamentlichen ‚Apokryphen', ist historisch gesehen problematisch, doch braucht das damit aufgeworfene Problem an dieser Stelle um so weniger bedacht zu werden, als die Schriften der ‚Apostolischen Väter' aufs ganze gesehen die gleiche Stellung zur synoptischen Tradition einnehmen wie die außersynoptischen Schriften des Neuen Testaments.

Helmut Köster hat die ‚Synoptische Überlieferung bei den apostolischen Vätern' 1957 kritisch gesichtet und das Ergebnis dieser Sichtung in übersichtlichen Tabellen zusammengefaßt (bei Köster auch die umfangreiche ältere Literatur; vgl. noch Massaux; Audet, 166 ff; Glover; Snyder; Knoch 69 ff). In vielen Einzelfällen mögen Urteile strittig bleiben, das Gesamtbild steht fest.

Im ersten und zweiten Clemensbrief, in den Ignatiusbriefen, im Brief des Polykarp und im Barnabasbrief, in der Didache und im Hirten des Hermas findet sich als theologisches Leitmotiv neben dem Alten Testament durchgehend das formulierte Bekenntnis der Gemeinde. Dazu tritt gelegentlich eine mehr oder weniger erzählende Ausführung einzelner Aspekte

der Menschwerdung (IgnEph 17,1; 18,2; IgnSmyrn 1,1) und

des Passions- und Osterbekenntnisses (IgnSmyrn 1,2; 3,1–3, Barn 5,2–9; 6,6f; 7,3–5.9),

für die man indessen die synoptische Tradition in der Regel nicht voraussetzen muß. Die synoptische Erzählüberlieferung bleibt auch den ‚Apostolischen Vätern' vielmehr noch durchgehend unvertraut.

Dagegen begegnet stellenweise Redegut der synoptischen Tradition, gelegentlich ausdrücklich als ‚Herrenwort' zitiert. Wieweit diese Herrenworte direkt oder indirekt aus den kanonischen Evangelien genommen wurden, läßt sich angesichts des noch recht freien Umgangs mit der Überlieferung meist nicht entscheiden und kann dahingestellt bleiben. Das Interesse an Herrenworten der synoptischen Tradition wächst jedenfalls in nachapostolischer Zeit, doch zeigt gerade ihr sporadisches Einfließen in die christliche Literatur dieser Spätzeit, daß wir es bei ihnen mit Traditionsgut zu tun haben, das um und nach der ersten Jahrhundertwende erst langsam allgemein in den Blick tritt und das nicht zu den fundamentalen Stücken der kirchlichen Tradition gehört.

b) Erklärungen

Der vorstehende Überblick mag genügen. Er könnte durch einen Einblick in weitere Schriften aus dem Kreis der neutestamentlichen Apokryphen erweitert werden (Diognetbrief; Epistula Apostolorum; Presbyterzitate bei Irenäus; Apostelakten usw.), doch ergäben sich dabei keine wesentlich neuen Aspekte.

Das Ergebnis ist deutlich: Die synoptische Tradition ist lange Zeit eine ausgesprochen ‚apokryphe' Tradition gewesen. Abgesehen von den Synoptikern selbst begegnet sie in beachtlichem Maß erst bei Justin und danach deutlich bei Irenäus. Das fundamentale frühchristliche Kerygma bedurfte ihrer nicht. „The content of this early kerygma ... consisted of brief statements that Jesus is the Christ, the Son of God, and Lord, that as the prophets had predicted in the Scriptures, he had died according to God's foreknowledge and plan, had been raised from the dead, had ascended to heaven, and would return. This oral tradition contains no words of Jesus and no events in his career before his death ... The NT and the Apostolic Fathers show that the synoptic gospels did *not* become standard in the churches before the middle of the second century" (Teeple, 1970, 56.70).

Da die entsprechenden traditionsgeschichtlichen Beobachtungen an der breiten Masse der Schriften aus apostolischer und nachapostolischer Zeit zu machen sind, bestätigt sich das Urteil (→ A. b), daß der apokryphe Charakter der synoptischen Tradition nicht auf spezielle Motive der paulinischen Theologie zurückgeführt werden kann und daß alle entsprechenden Erklärungsversuche in die Irre gehen; denn die Masse der einschlägigen Literatur hat zu Paulus und seinen Gemeinden keine Verbindung. Bei Paulus begegnet uns das ‚synoptische Manko' nur zuerst und angesichts des umfassenden Wirkungskreises seiner Mission von Jerusalem bis Rom (Röm 15,19f) besonders eindrücklich und auffällig.

Hinsichtlich der Deutung bzw. Erklärung des ‚synoptischen Mankos' herrscht verbreitete Verlegenheit, seit die frühe Erklärung, welche die synoptische Überlieferung in den Bereich persönlicher Erinnerung und privater Verbreitung verwies, angesichts des anerkannt kerygmatischen Charakters der synoptischen Tradition nicht mehr vertretbar ist (→ 4.3.6). Gerne verdeckt man sich deshalb die Fülle der Beobachtungen und die Tragweite des Problems. Schon 1911 beklagte Schweitzer: „Diejenigen, die etwas von dem Problem entdecken, denken nur daran, es möglichst schnell zu lösen, statt es zuerst in seinem ganzen Umfang klarzulegen" (34).

Als Beispiel für die flüchtige und die Probleme überspielende Behandlung der Problematik möge Kümmel dienen. Er räumt ein: „Natürlich trifft es zu, daß sich außerhalb der Evangelien im Neuen Testament nur wenige eindeutige Bezugnahmen auf die Geschehnisse des Wirkens Jesu oder auf Worte Jesu finden" (1978, 181f), aber es sei doch nicht zu bestreiten, „*daß* sich solche Bezugnahmen in geringem Umfang bei Paulus, im Hebräerbrief und (spät) im 2. Petrusbrief finden." Dies ist eine zu bescheidene Argumentation, die selbst den 2. Petrusbrief als Notanker nicht verschmäht (→ B a). Für den Hebräerbrief beruft Kümmel sich zu Unrecht auf seinen Schüler Gräßer (→ B a). Und wenn er sich andernorts (1965, 452f) für seine Behauptung, zumindest in den Schriften der Apostolischen Väter klängen die (paränetischen) Jesusworte der synoptischen Tradition häufig an, unter anderem auf Köster beruft, so führt er den Leser gleichfalls in die Irre; denn die vermeintlichen Anspielungen zeigen Köster zufolge nur, daß die Apostolischen Väter „wie die synoptischen Evangelien noch die Sprache der jüdischen Synagoge und der Urgemeinde sprachen" (1957, 258). Im gleichen Zusammenhang kann Kümmel indessen den Apostel Paulus in seiner Stellung zur synoptischen Tradition auch als Sonderfall setzen – daß er typisch sei, „trifft schwerlich die Wirklichkeit" – und sodann konstatieren, daß wir für das weitgehende Schweigen des Paulus über die synoptische Tradition „noch keine ausreichende Erklärung haben."

Thiersch war einer der wenigen Forscher, welche die Traditionshypothese ausdrücklich gegen die von Weisse vorgebrachten grundsätzlichen traditionsgeschichtlichen Einwände verteidigte. Er schreibt 1845: „Gelingt es uns, darzuthun, daß ihrem Inhalt nach die drei ersten Evangelien eine *Vorstufe* der Unterweisung, die Briefe eine von ihr verschiedene *höhere Stufe* darstellen, so wird es nichts auffallendes mehr haben, wenn nur in den Fällen, in welchen das in der historischen Mittheilung gelegte Fundament des Glaubens durch Irrthümer angegriffen oder erschüttert worden war, eine Rückweisung auf Einzelheiten aus der heiligen Geschichte vorkömmt" (88f). Indessen gelingt es Thiersch nur unzureichend, die genannte Differenzierung zu begründen, und in der Tat geben sich die drei ersten Evangelien keineswegs als *Vorstufe* der Glaubensunterweisung zu erkennen: es bliebe auch unerklärt, warum das ‚historische' Fundament der Glaubenslehre auf der folgenden Stufe der Unterweisung nicht als deren *Grundlage* in Erscheinung tritt.

Ein ähnliches Argumentationsmuster finden wir z. B. bei Stuhlmacher wieder (1983, 18f; vgl. Schrage, 1982, 200f): „Die Gattung des Apostelbriefes be-

3.4.5.2   Die Traditionshypothese

dingt eine nur beiläufige und gelegentliche Bezugnahme auf die Jesusüberlieferung. Die ausführliche oder gar vollständige Reproduktion der Jesustradition war nicht Aufgabe oder Anliegen der brieflichen Kommunikation". Wir haben es in dieser Argumentation mit einer klassischen *petitio principii* zu tun: Das, was vom literarischen Befund her gerade in Frage steht, die Verbreitung der synoptischen Tradition, wird unbefragt vorausgesetzt. Die unter dieser Voraussetzung gegebene ‚Erklärung' reproduziert sodann nur die Beobachtung; *warum* die Gattung des Briefes die Bezugnahme auf eine fundamentale Lehrtradition der Gemeinde nicht zuläßt, bleibt offen und dürfte auch unbeantwortbar sein. Und schließlich führt Stuhlmacher seine Leser in die Irre; denn nicht nur im Apostelbrief, sondern in allen apostolischen und nachapostolischen Schriften aller literarischen Gattungen außerhalb der synoptischen Evangelien selbst fehlt der wesentliche Bestand der synoptischen Tradition.

Zu den Forschern, die sich in neuerer Zeit dem vorliegenden Problem ernsthaft stellen, gehört der Historiker Heitsch. Er beobachtet (1960) zu Recht, daß die frühen Christen nicht auf den ‚irdischen Jesus', sondern auf den Herrn Jesus Christus schauen. Er möchte das so umschriebene ‚synoptische Manko' mit der akuten Parusieerwartung erklären: „Wer am Ende der Zeit steht, hat keine Zeit zurückzuschauen" (72). Woher stammt aber dann die evangelische Überlieferung? Heitsch antwortet im Blick auf die Evangelienbildung um 70: „Die Jesustradition, gewisse Worte und Handlungen, war also inzwischen nicht gänzlich in Vergessenheit geraten; nicht zuletzt aus einer menschlichen Anhänglichkeit heraus wird sie im Gegenteil im Kreis der eigentlichen Gefolgsleute gepflegt worden sein ... Die *Verkündigung* der Urchristenheit hatte dagegen für das Vergangene zunächst keinen Blick" (77). Die Parusieverzögerung mag manches erklären; das späte Aufkommen der in frühen Stücken gerade die Naherwartung bezeugenden Jesustradition kann sie nicht erklären, wie sich denn auch schwerlich jemand davon überzeugen lassen wird, daß die Jünger aus persönlicher Anhänglichkeit Worte und Taten Jesu tradierten, diese Traditionen aber von der Verkündigung ausschlossen, obschon doch der erhöhte Herr kein anderer als der irdische war – zumal gerade nicht ein persönlicher Erinnerungscharakter, sondern der Charakter kerygmatischer Verkündigung die synoptische Tradition in wesentlichen Teilen kennzeichnet.

Auch Käsemann meint, es sei „von der Doxologie des Verkündigten nochmals zur Erzählung vom Verkündiger" gekommen (1964, 66), und er erklärt sich diesen Sachverhalt mit der Notwendigkeit, in der nachapostolischen Zeit einen aufkommenden Enthusiasmus abzuwehren – eine nicht überzeugende Erklärung, weil gerade die synoptischen Evangelien sich nicht mit dem Enthusiasmus auseinandersetzen. Aber Käsemann stellt sich wenigstens beiläufig dem von Heitsch schärfer beobachteten ‚synoptischen Manko'.

Auch Schille beobachtet das Problem scharf, freilich nur im Blick auf die Spruchüberlieferung: „Einerseits sind die Logien besonders alt und echt. Andererseits ist ein ausgeprägtes Interesse an ihnen erst in einer zweiten Phase des Überlieferungsprozesses erwacht. Wir stehen vor einer Aporie..." (1970, 59). Auch Schille löst diese Aporie mit Hilfe der Kategorie ‚Erinnerung' auf, freilich gegenläufig zu Heitsch: Einem Judenchristentum der zweiten Generation, in dem prophetisch eine Naherwartung des Endes aufbricht, gilt Jesus „jetzt nicht mehr vornehmlich als der Erhöhte", sondern es erinnert sich des Propheten Jesus, „dessen Spruch die Norm des Gerichtes erhält" (65). Das ist eine bemerkenswerte Konzeption (vgl. auch Klein, 1972, 471), die freilich schwerlich erklären kann, wie eine ursprünglich kerygmatisch bestimmte Gemeinde ihr Kerygma später so sehr verdrängen konnte, wie Schille voraussetzt und wie es in den entsprechenden Stücken der Logienüberlieferung tatsächlich geschieht. Auch ist kaum vorstellbar, daß die kerygmatische Gemeinde sich lediglich aus der Erinnerung die vorkerygmatische Überlieferung vergegenwärtigen konnte.

Originell ist die Ansicht von Melick, der gleichfalls auf die Kategorien persönlicher Erinnerung und privaten Interesses zurückgreift. Er beobachtet richtig, daß das frühchristliche Kerygma ‚nicht-biographisch' war, das heißt, benötigte und benutzte keine evangelischen Überlieferungen. Markus aber, der als Jüngling Zeuge einiger Geschehnisse des Lebens Jesu geworden war, erzählte später davon, wo immer er hinkam. Aus diesen mündlichen Berichten entstanden unabhängig voneinander die drei ersten Evangelien, von denen deshalb eines den Namen des Markus erhielt. Später soll Markus auch selbst seine Erinnerungen aufgeschrieben haben, und diese verlorenen Aufzeichnungen lagen Melick zufolge dem Verfasser des JohEv vor, der sie ausarbeitete. Diese moderne Fassung der Traditionshypothese ist recht phantasievoll und vermag auf keinen Fall die großen Übereinstimmungen im Wortlaut der Synoptiker zu erklären. Sie beachtet aber, und das ist bemerkenswert, das Fehlen der synoptischen Tradition im frühchristlichen Schrifttum.

Einen anderen Weg der Erklärung schlägt Wilckens ein. Er geht in zwei Beiträgen 1964 und 1966 davon aus, daß die Jesusüberlieferung und das Christuskerygma bereits im Leben der Jerusalemer Urgemeinde zwei unterschiedliche ‚Sitze' hatte, nämlich diese im Gottesdienst, jenes im Lehrhaus. Die Hellenisten um Stephanus sollen sich nun ganz auf das gottesdienstliche Kerygma konzentriert und bei ihrer Vertreibung aus Palästina nur dieses mitgenommen haben. Dadurch kam es zu dem ‚synoptischen Manko'. Von den vielen Gründen, die gegen diese Konstruktion sprechen, sei nur genannt, daß der überwiegend gerade hellenistische Charakter der synoptischen Tradition damit zum Rätsel würde (vgl. im übrigen Schmithals, 1972, 53 ff). Indessen wünschte man derartigen Beiträgen mehr Beachtung, weil sie das Problem der synoptischen Tradition scharf beobachten und ihm nicht ausweichen.

3.4.5.3 Ergebnis

Die Beobachtung, daß die synoptische Tradition über mehr als 100 Jahre frühkirchlicher Entwicklung eine im wesentlichen apokryphe Tradition war, mußte für die Traditionshypothese tödlich sein. Denn diese ging von einem uranfänglich und allerorten – wie auch immer – sich verbreitenden mündlichen Evangelienbericht der Taten und Worte Jesu aus, der als solcher und überall im frühchristlichen Schrifttum feststellbar sein müßte. Da jener Bericht aber außerhalb der synoptischen Evangelien selbst fehlt, kann es ihn in der von der Traditionshypothese vorausgesetzten Form nicht gegeben haben.

Zugleich aber wissen wir heute, daß die frühe Alternative zur Traditionshypothese, derzufolge die synoptische Tradition als nicht fundamentale kirchliche Tradition auf mehr oder weniger private Aufzeichnungen und persönliche Erinnerungen zurückgehen soll und erst im Laufe des zweiten Jahrhunderts allgemeine kirchliche Relevanz gewann, insofern nicht zutreffen kann, als es sich bei der synoptischen Überlieferung um ‚erbauliche‘, auf die Gemeinde bezogene bzw. kerygmatische Tradition handelt.

Eine befriedigende Erklärung für das synoptische Manko der frühkirchlichen Tradition steht noch aus, und das Zurücktreten schon der entsprechenden Beobachtungen ist der Behandlung des synoptischen Problems in den letzten hundert Jahren nicht förderlich gewesen.

Zu diesen Beobachtungen gehört indessen nicht nur das ‚synoptische Manko‘ als solches, sondern auch die Tatsache, daß ein Gefälle zwischen den erzählenden Stücken der synoptischen Tradition und ihrem Reden- und Spruchgut besteht. Das erstere fällt bis hin zu Justin bzw. Irenäus praktisch ganz aus; das letztere begegnet schon bei Paulus sporadisch und findet auch sonst gelegentlich und je später desto mehr ein begrenztes Interesse der frühchristlichen Schriftsteller. Auch auf diese spezielle Beobachtung hat jede Erklärung des synoptischen Mankos Rücksicht zu nehmen; sie bedarf einer traditionsgeschichtlichen Erklärung und läßt auf unabhängige Traditionen und Tradentenkreise des ‚Reflexionsmäßigen' und des ‚Gedächtnismäßigen' schließen (→ 5.4).

3.4.6 David Friedrich Strauß: Das Leben Jesu

Als ein Sonderfall innerhalb der Traditionshypothese, das heißt als ein im Zusammenhang mit der Hypothese einer längeren mündlichen Evangelienüberlieferung entstandenes Werk, muß das berühmte Buch von Strauß ‚Das Leben Jesu, kritisch bearbeitet' von 1835/36 – auch der zweite Band des Werkes war schon 1835 auf dem Markt – angesehen werden.

Der Titel dieses Buches führt in die Irre. Strauß ist an nichts weniger interessiert als an einer wissenschaftlichen Rekonstruktion des Lebens Jesu. Zwar ließe sich aus den beiläufigen Bemerkungen, die Strauß zu den historischen Grundlagen der evangelischen Tradition macht, in Grundzügen ein Leben Jesu rekonstruieren und auch die Lehre Jesu in ihren Grundgedanken darlegen – Strauß zweifelt z. B. nicht an dem messianischen Selbstbewußtsein Jesu und widerspricht dabei den politischen Deutungen dieser Messianität (Reimarus; → 1.3.1 a) –, aber das Werk von Strauß zielt nicht auf ein solches positives historisches Ergebnis. ‚Leben Jesu' bezeichnet bei Strauß einfach die evangelische Überlieferung einschließlich des JohEv, die Strauß in seiner Weise kritisch bearbeiten will.

Seine kritische Frage ist indessen nicht die quellenkritische. Die ‚synoptische Frage' nach dem Verwandtschaftsverhältnis der Evangelien beachtet er überhaupt nicht. Erst 1864 geht er in ‚Das Leben Jesu für das deutsche Volk bearbeitet' auf diese ‚Vorfrage' ausdrücklich ein. Dabei hält er sich ohne nähere Begründung im Rahmen der Tübinger Schule (→ 3.5.3.3) an eine der Traditionshypothese aufgesetzte Benutzungshypothese: Das MtEv ist das erste Evangelium, das die mündliche Tradition literarisch darbietet; das LkEv ist von ihm oder (bzw. und) seinen Quellen abhängig; das MkEv ist ein Exzerpt aus dem MtEv und dem LkEv. Statt nach der zur Lösung des synoptischen Problems aufgestellten Traditionshypothese fragt Strauß *unter ihrer Voraussetzung* nach der Tradition als solcher, und zwar *hinsichtlich ihres historischen Wertes*. Noch 1864 heißt es: „Was wir eigentlich wissen wollen, ist, ob die evangelische Geschichte im Ganzen und Einzelnen wahr ist oder nicht, und nur nach Maßgabe des Zusam-

3.4.6 Die Traditionshypothese

menhangs mit dieser Hauptfrage können jene Vorfragen auf ein allgemeines Interesse Anspruch machen. In dieser Hinsicht ist die Evangelienkritik während der letzten zwanzig Jahre unläugbar etwas in's Kraut geschossen. Die neuen Hypothesen besonders über die drei ersten Evangelien, ihre Quellen, ihre Zwecke, ihre Composition und ihr Verhältnis zueinander drängen sich, werden mit einem Eifer sowohl begründet wie bekämpft, als ob es sich um nichts weiter handelte, und der darüber geführte Streit läßt sich so weitaussehend an, daß man bange werden muß, jemals über die Hauptfrage in's Klare zu kommen, wenn wirklich ihre Lösung bis zum Austrage dieses Streites vertagt werden soll" (Band 1, IV f).

Allerdings ging es auch der synoptischen Quellenkritik indirekt um das Problem der historischen Zuverlässigkeit unserer Evangelienüberlieferung. Sie fragte (und fragt) zu diesem Zweck indessen nach den synoptischen Schriften, ihren Verfassern, ihrem Verhältnis zueinander und zu gemeinsamen mündlichen oder schriftlichen Vorlagen, um auf solchem Wege das Ursprüngliche und Authentische bzw. Apostolische zu ermitteln, das sodann entweder orthodox-supranaturalistisch oder aber rationalistisch, das heißt unter Zurückführung des nur scheinbar Wunderhaften auf natürliche Ursachen (z. B. H. E. G. Paulus), interpretiert wurde. Daß die Überlieferung selbst historisch sein wollte und auch ihre Tradenten historisch interessiert waren, stand für die Vertreter der verschiedensten Richtungen im allgemeinen außer Frage, und die aufgrund der Quellenkritik gewonnene älteste Überlieferung galt zugleich auch als in besonderem Maße historisch zuverlässig.

Diese Fraglosigkeit war für Strauß nicht mehr erschwinglich. Im Anschluß an Herder (→ 3.4.1 a) stellt er fest: „... ein rein historisches Bewußtsein ist dem hebräischen Volk während der ganzen Zeit seines politischen Bestehens eigentlich niemals aufgegangen" und war „zu jener Zeit in Palästina oder überhaupt im römischen Reiche in größeren Kreisen" noch nicht vorhanden (^{2}1837, Bd 1, 75). Darum wandte Strauß sich mit seiner Frage nach dem historischen Wert der Evangelienüberlieferung unmittelbar an diese Überlieferung selbst. Die Ansicht, diese Überlieferung sei zunächst längere Zeit eine mündliche gewesen, teilte Strauß dabei mit der in seiner Zeit vorherrschenden Traditionshypothese, die er unreflektiert in einer fast naiv zu nennenden Weise übernimmt: „Die Apostel, zerstreut, sterben in der zweiten Hälfte des ersten Jahrhunderts nach und nach ab; die evangelische Verkündigung breitet sich im römischen Reiche allmählich aus und fixiert sich mehr und mehr nach einem bestimmten Typus" (²1837, 1. Bd, 73).

Die weitgefächerte Verbreitung der evangelischen Verkündigung geschieht weder unter apostolischer Aufsicht noch überhaupt aus historischem Interesse. Sie entfernt sich daher sehr bald vom bloß Historischen. „Man denke sich eine junge Gemeinde, welche ihren Stifter um so begeisterter verehrt, je unerwarteter und tragischer er aus seiner Laufbahn herausgerissen worden ist; eine Gemeinde, geschwängert mit einer Masse neuer Ideen, die eine Welt umschaffen sollten; eine Gemeinde von Orientalen, von größtentheils ungelehrten Menschen, welche also jene Ideen nicht in der abstrakten Form des Verstandes und Begriffs, sondern einzig in der concreten Weise der Phantasie, als Bilder und Geschichten sich anzueignen und auszudrücken im Stande waren: so wird man erkennen: es mußte unter diesen Umständen entstehen was entstanden ist, eine Reihe heiliger Erzählungen, durch welche man die ganze Masse neuer, durch Jesum angeregter, so wie alter, auf ihn übertragener Ideen als einzelne Momente seines Lebens sich zur Anschauung brachte. Das einfache historische Gerüste des Lebens Jesu, daß er zu Nazaret aufgewachsen sei, von Johannes sich habe taufen lassen, Jünger gesammelt habe, im jüdischen Lande lehrend umhergezogen sei, überall dem Pharisäismus sich entgegengestellt und zum Messiasreiche eingeladen habe, daß er aber am Ende dem Haß und Neid der pharisäischen Partei erlegen, und am Kreuze gestorben sei: – dieses Gerüste wurde mit den manchfaltigsten und sinnvollsten Gewinden frommer Reflexionen und Phantasien umgeben, indem alle Ideen, welche die erste Christenheit über ihren entrissenen Meister hatte, in Thatsachen verwandelt, seinem Lebenslaufe eingewoben wurden" (Bd 1, 71 f).

Das Redengut der synoptischen Evangelien, dem Strauß darum nur wenig Aufmerksamkeit zuwendet, hält er zwar für erweitert, zersagt und bearbeitet und – besonders die Gleichnisse – mit wenig historischem Respekt überliefert, aber doch im Kern für authentisch. Er urteilt darüber außerdem, „daß die körnigen Reden Jesu durch die Fluth der mündlichen Überlieferung zwar nicht aufgelöst werden konnten, wohl aber nicht selten aus ihrem natürlichen Zusammenhang losgerissen, von ihrem ursprünglichen Lager weggeschwemmt, und als Geröllle an Orten abgesetzt worden sind, wohin sie eigentlich nicht gehören" (Bd 1, 586).

Anders die Fülle des erzählenden Gutes, das, von dem einfachen historischen Gerüst des Lebens Jesu abgesehen, unhistorisch, nämlich *mythischen* Ursprungs sei.

Der für die Konzeption von Strauß charakteristische Begriff des ‚Mythos' bezeichnete für den Göttinger Altertumsforscher Heyne (1729–1812), der ihn in die Wissenschaft einführte, nicht eine leere Fabel, sondern die inhaltsreiche Vorstellungs- und Ausdrucksform der Kindheit des Menschengeschlechts, die

3.4.6 Die Traditionshypothese

unter anderem gekennzeichnet war durch ein mangelndes Abstraktionsvermögen, das *concreta* für *abstracta* setzte, sowie durch die Zurückführung alles nicht Erklärbaren auf unmittelbare göttliche Eingriffe. Der ‚Mythos' wird in der ‚Sage', dem mündlichen Traditionsprozeß, entfaltet. Er unterscheidet sich durch diesen Entstehungs- und Überlieferungsprozeß von der bewußten Dichtung, wenn natürlich auch Dichter einen Mythos poetisch entfalten können. ‚Historische' Mythen schmücken eine wirkliche Begebenheit mythisch aus, ‚philosophische' Mythen bringen einen abstrakten Gedanken mythisch zum Ausdruck. Herder hatte, die ‚Traditionshypothese' begründend, die Gedanken Heynes, mit dem er befreundet war, ansatzweise auf die Erklärung der Bibel übertragen, doch vermeidet er den wissenschaftlichen Begriff ‚Mythos' weitgehend und spricht in der Regel von ‚Poesie' oder ‚Sage' (→ 3.4.1). In starkem Maße führten Heynes Schüler Eichhorn (1752–1827; → 3.2.2) sowie Eichhorns Schüler Gabler (1753–1826) und G. L. Bauer (1755–1806) den Mythosbegriff in die Auslegung des Alten Testaments, vorwiegend der Urgeschichte, ein. Strauß nennt in der Einleitung zu seinem ‚Leben Jesu' diese und andere Vorgänger, darunter auch de Wette, aber er hält ihnen vor, sie hätten den Begriff des Mythos nicht rein und nicht umfassend genug angewandt. Die mangelnde Reinheit des Begriffs zeige sich „einestheils in der überwiegenden Neigung zur Annahme historischer Mythen, welche nichts andres ist, als Mangel an Zutrauen zum Geist und zur Idee, als ob diese nicht im Stande wären, rein aus sich heraus Erzählungen zu erzeugen, sondern es hierzu durchaus einer äußeren, wenn auch noch so zufälligen Begebenheit als Veranlassung bedürfte; andrerseits in einer Vermengung des historisch-mythischen Standpunkts mit der natürlichen Erklärung, indem ohne Rücksicht auf den zugestandenen sagenhaften Charakter des Berichts seine einzelnen Züge in der Erklärung so urgiert wurden, als ob er aus dem Munde von Augenzeugen aufgenommen wäre" (Bd 1, 46). Aber nicht nur im Blick auf die ‚Reinheit' des Begriffs will Strauß konsequenter als seine Vorgänger sein; er will ihn auch umfassend zur Geltung bringen. „Den Begriff des Mythus auf den ganzen Umfang der Lebensgeschichte Jesu anzuwenden, in allen Theilen derselben mythische Erzählungen oder wenigstens Ausschmückungen zerstreut zu finden, dieß ist der Standpunkt dieses Verfassers, welcher nicht blos die Wundererzählungen aus der Kindheit Jesu, sondern auch die aus seinem öffentlichen Leben, und nicht blos die an ihm vorgegangenen, sondern auch die von ihm verrichteten Wunder unter die Kategorie des Mythischen stellt" (Bd 1, 50).

Seiner eigenen Definition zufolge versteht Strauß „unter neutestamentlichen Mythen nichts andres, als geschichtsartige Einkleidungen urchristlicher Ideen, gebildet in der absichtslos dichtenden Sage" (Bd 1, 75). Der Verweis auf ‚urchristliche Ideen' zeigt, daß die Mythen nicht ‚leer' sind, sondern Ausdruck religiöser Wahrheiten. Während die rationalistische Erklärungsweise dahin tendiert, „mit Aufopferung des göttlichen Gehaltes der heiligen Geschichte die leere historische Form derselben" festzuhalten, „geht die mythische wie die allegorische darauf aus, lieber umgekehrt mit Aufopferung der historischen Wirklichkeit des Erzählten seine absolute Wahrheit festzuhalten" (Bd 1, 52).

Zur ‚geschichtsartigen Einkleidung' bedarf es, auch wenn ein ‚historischer Mythos' vorliegt, entsprechender Stoffe. „Den reichsten Stoff zu dieser mythischen Verzierung lieferte das alte Testament, in welchem die erste, vornehmlich aus dem Judenthum gesammelte Christengemeinde lebte" (Bd 1, 72) – ein Prinzip, das Strauß, die alttestamentlichen Bezüge der synoptischen Tradition freilich maßlos überschätzend, in seinem Werk konsequent durchzuführen sich bemüht.

‚Sage' ist die mündliche Überlieferung, insofern sie ‚absichtslos' dichtet. Damit tritt ein soziologisch erheblicher Aspekt (‚Gemeindebildung') in den Blick (→ 4.3.3), mit dem Strauß nachdrücklich seine Verbundenheit mit der Traditionshypothese und seine Ablehnung schriftstellerischer Produktion bzw. Überlieferung (‚Urevangelium' o. ä.) kundtut. Man darf sich den Ursprung einer mythischen Erzählung nämlich „nicht so denken, es habe sich Einer zu seinem Tisch gesetzt und aus seinem eignen Kopfe dergleichen, wie Dichtungen, verfertigt und niedergeschrieben; sondern der Ursprung derselben verliert sich in ein Dunkel, wie bei jeder Sage, und ist nicht mehr nachweisbar... Sagen eines Volks oder einer Religionspartei sind ihren ächten Gründbestandtheilen nach nie das Werk eines Einzelnen, sondern des allgemeinen Individuums jener Gesellschaft, ebendaher auch nicht bewußt und absichtlich entstanden. Ein solches unmerkliches gemeinsames Produciren wird dadurch möglich, daß dabei die mündliche Überlieferung das Medium der Mittheilung ist; denn während durch die Aufzeichnung das Wachsthum der Sage sistirt, oder doch nachweisbar gemacht wird, wie viel jedem folgenden Schreiber Antheil an den Zuthaten gebühre: so kommt bei mündlicher Überlieferung die Sache so zu stehen, daß das Überlieferte im zweiten Munde vielleicht nur um Weniges anders sich gestaltet als im ersten, im dritten ebenfalls nur Weniges hinzukommt im Verhältniß zum zweiten, auch im vierten dem dritten gegenüber nichts Wesentliches geändert wird; und doch kann im dritten und vierten Munde der Gegenstand ein ganz andrer geworden sein, als er im ersten war, ohne daß irgend ein einzelner Erzähler diese Änderung auf bewußte Weise vorgenommen hätte, sondern sie kommt auf Rechnung aller zusammen, und entzieht sich eben um dieser Allmählichkeit willen dem Bewußtsein..." (Bd 1, 69f 74).

3.4.6 Die Traditionshypothese

In diesen Worten zeigt sich das Geniale der Straußschen Kritik, das deren Durchschlagskraft ausmachte. Es gelang Strauß, mit Hilfe *eines* kritischen Prinzips die evangelische Überlieferung als historische zu disqualifizieren und als mythische zugleich zu erklären.

So schockierend das Buch von Strauß wegen seiner historischen Skepsis wirkte und wirken sollte, so hatte der Straußsche Ansatz doch nicht unkirchlich sein müssen. Denn wenn den evangelischen Traditionen urkirchliche Ideen zugrundliegen, hätte Strauß nur die Form der urchristlichen Evangelienüberlieferung destruiert, nicht ihren ideellen, nämlich dogmatisch-kerygmatischen Gehalt. Die Entdekkung von ‚evangelischen Mythen' stellt nicht anders als bei den alttestamentlichen Urgeschichten die Aufgabe, diese Mythen zu *interpretieren*, das heißt, sie auf den ihnen zugrundeliegenden dogmatischen Begriff zu bringen. Indessen ging es Strauß nicht um solche interpretierende Eruierung der urchristlichen Ideen, also um die Konstituierung des entsprechenden Kerygmas, sondern um die Destruktion des Historischen. Und auf diese Destruktion folgte bei Strauß wie zuvor bei den Deisten (→ 1.3.1 a) unmittelbar die Kritik auch des Dogmas (Bd. 2, 686 ff), freilich eine Kritik, mit der, wie Strauß behauptete, des christlichen Dogmas eigentliche Wahrheit ans Licht gebracht werde. Die *eine* Idee in allen Ideen, also die der biblischen Christologie in allen ihren Gestalten zugrunde liegende Idee, sei nämlich die Idee der Einheit von göttlicher und menschlicher Natur in der Menschheit überhaupt bzw. die Vereinigung von Geist und Natur, sichtbar an der – wir befinden uns im Aufbruch des industriellen Zeitalters – ins Unglaubliche steigenden Gewalt des Menschen über die Natur (Bd 2, 732 ff).

Mit solchen Gedanken erweist Strauß sich wie in anderer Weise Karl Marx als Schüler Hegels, dessen spekulative Philosophie ihn über alles Historisch-Zufällige wie das Leben Jesu erhebt. Daß Strauß mit der Vergöttlichung der *Menschheit,* die er an die Stelle des Gottmenschen Jesus Christus setzt, den „dogmatischen Gehalt des Lebens Jesu ... als unversehrt" aufzeigen will, wie er schon in der Vorrede zu Bd 1 (VII) beansprucht, stellt dabei entweder seiner Aufrichtigkeit oder seinem theologischen Verständnis kein gutes Zeugnis aus.

Indessen setzt sich die Kritik, die schon vor dem Erscheinen von Bd 2 einsetzte und über Jahre hinaus die Theologie fast ausschließlich beschäftigte (vgl. Harraeus, 84 ff 391 ff; Schweitzer, 1913, 98 ff 643 ff; Baur, 1847, 46 ff) und auch die Öffentlichkeit stark erregte, nicht vor allem mit der anhangsweise vorgetragenen Straußschen ‚Dogmatik' auseinander, sondern mit den Ergebnissen seiner historischen Destruktion der synoptischen Tradition.

Sollte diese Antikritik als eine wissenschaftliche treffen, mußte sie sich gegen die Traditionshypothese überhaupt richten. Denn im Rahmen dieser Hypothese einer mündlichen Überlieferung des Evangelienstoffes war die Gedankenführung von Strauß, welcher der diffundierenden Gemeindeüberlieferung eine schöpferische Potenz und ein „schneeballartige(s) Anwachsen der Tradition" (Bd 1, 74) zutraute, konsequenter als die Gieselers, welcher der mündlichen ‚Gemeinsage' nur die Kraft der *Fixierung* apostolischer Tradition zuschrieb, sie also wie die schriftliche Überlieferung behandelte. Für Strauß sprechen im Rahmen der Traditionshypothese die – freilich nicht unumstrittenen – allgemeinen Regeln mündlicher Überlieferung ebenso wie die Beobachtung, daß der von Strauß als mythisch erklärte synoptische Stoff in der Tat eher als Ausdruck theologischer Grundgedanken (‚urchristliche Ideen') denn als historische Kolportage begreifbar wird. Weisse urteilt deshalb 1838 (10) mit Recht: „Die mythische Ansicht setzt nothwendig diese (sc. Traditions-)Hypothese voraus und hätte ohne sie nicht aufkommen können, während umgekehrt die Traditionshypothese, consequent verfolgt, auf die mythische Ansicht hinführt." Und: „Der Gedanke, aus welchem jene Hypothese hervorgegangen ist: daß zwischen der evangelischen Geschichte und deren Aufzeichnung in den schriftlichen Evangelien ein gestaltendes Prinzip in der Mitte liegen müsse, durch welches die Geschichte erst in die Form gegossen ward, in welcher sie unsere Evangelien aufgenommen haben: dieser Gedanke hat dadurch erst in Strauß seine rechte Consistenz und Haltung gewonnen, daß er, zum Begriff einer *evangelischen Sage* oder *Mythologie* ausgebildet, das ganze Gebiet der evangelischen Erzählungen in ausschließlichen Besitz genommen hat" (7).

Im Lager der Forscher, welche die Traditionshypothese vertraten, fand Strauß deshalb auch partielle Zustimmung, besonders deutlich bei de Wette, der freilich den Mißbrauch rügt, den Strauß durch Übertreibungen mit seinem mythischen Ansatz gemacht habe (→ 3.4.3). In der Tat läßt der mythische Gesichtspunkt insonderheit wegen der ‚historischen' Mythen zu, die Bereiche des Historischen und des Mythischen sehr verschieden gegeneinander abzugrenzen. Auch Strauß selbst hat in der 3. Aufl. seines ‚Leben Jesu' (1838/39) den Rahmen seiner Kritik deutlich zurückgesteckt – ob mehr aus taktischen Gründen oder aus Überzeugung sei dahingestellt – und den

3.4.6 Die Traditionshypothese

Umfang des historisch möglichen Evangelienstoffes erweitert. In der 4. Aufl. 1840 hat er diese Konzessionen freilich bereits wieder zurückgenommen.

Angesichts dieser Situation war jene Kritik an Strauß am durchschlagendsten, welche die Traditionshypothese überhaupt widerlegte, und der überzeugendste Einwand gegen die Ansicht von einer schöpferischen mündlichen Gemeinsage lautete, diese mündliche Gemeinsage habe es nachweislich überhaupt nicht gegeben (→ 3.4.5). Mit diesem ausdrücklich gegen Strauß gerichteten Nachweis eröffnete Weisse 1838 sein Buch über ‚Die evangelische Geschichte', das den wissenschaftlichen Grund für die heute vorherrschende Zwei-Quellen-Theorie legte. Weisse urteilt, „das berühmte Werk von Strauß" habe „seine unläugbar große und tiefgreifende Bedeutung allein darin", daß es die Traditionshypothese „beim Worte nimmt und, aller Halbheit in der Durchführung oder Zaghaftigkeit in der Anwendung derselben sich entschlagend, im reinen und vollen Wortsinn Ernst mit derselben macht" (6 f). In dieser ihrer konsequenten Form provoziere sie eine „Kritik von gleich umfassender Tendenz", durch die sie überwunden oder doch „in die ihr gebührenden Schranken zurückgewiesen" wird (8). Die Notwendigkeit, der mythischen Auffassung selbst „bedeutende Zugeständnisse zu machen", räumt auch Weisse ein, doch könnten diese Zugeständnisse nicht im Rahmen der Traditionshypothese erfolgen, weil diese Hypothese als solche historisch widerlegt sei.

In der Tat führte die Konsequenz, mit welcher Strauß die Traditionshypothese verfolgte, deren Sturz herbei und bereitete dem Siegeszug der Benutzungshypothese(n) den Weg.

Das Werk von Strauß bedeutete in der Geschichte der Evangelienforschung einen ähnlichen Einschnitt wie die Wende von der harmonistischen zur historisch-kritischen Behandlung der Evangelienfrage. Ging es bei dieser Wende darum, die Authentizität der Überlieferung hinfort mit historischen Mitteln zu sichern statt auf dem Boden der Inspirationslehre harmonistisch zu manipulieren, so stellt Strauß diese Authentizität selbst infrage. Sein Lehrer Baur urteilt im Rückblick: „Es gibt keine Schrift der neuern theologischen Literatur, welche so sehr, wie die Strauß'sche, eine Epoche machende ist. Dabei muß man nun vor allem fragen, warum sie gleich bei ihrer ersten Erscheinung so großes Aufsehen erregte, und so große Bedeutung gewann? Es ist ja nichts wesentlich Neues, was sie zu Tage gebracht hat, ihr eigenthümlicher Charakter besteht nur darin, daß sie das schon Vorhandene zusammenstellt, in eine allgemeine Übersicht bringt, und aus den gegebenen Data die von selbst in ihnen liegenden Folgerungen zieht. Selbst ihre mythische Ansicht ist nichts Neues, man hat schon lange vor Strauß Mythen nicht nur im alten, sondern auch im neuen Testament angenommen. Welche Ursache hatte man also, eine solche Schrift als eine so außerordentliche Erscheinung anzusehen? Das allgemeine Staunen, das sie bei den Theologen erregte, zeugte in der Tat von einem gewissen Mangel an Einsicht in den wahren Stand der Sache, man kann es sich aber unstreitig eben nur daraus erklären, daß sie zuerst klar und übersichtlich zusammenfaßte und auf einen Punkt zusammendrängte, was bisher auf sehr verschiedenen Punkten zerstreut auseinander lag. Indem man jetzt mit einem Male Alles in der Einheit eines Ganzen vor sich sah, sich jetzt erst davon überzeugen konnte, in welchem Umfang und mit welchen Gründen die altgläubige Ansicht von der Wahrheit der evangelischen Geschichte in Zweifel gezogen war, wie schwankend und unsicher der Boden war, auf welchem man bisher noch so fest zu stehen glaubte, fühlte man sich überrascht und getroffen, es war auf einmal etwas an den Tag gekommen, wovon man, obgleich es längst schon da war, bisher noch nicht die rechte Vorstellung gehabt hatte." (1862, 379f)

Die Harmonistik ist unter allen wissenschaftlich Denkenden überwunden. Die von Strauß aufgeworfene Frage nach dem historischen Anspruch bzw. Gehalt der synoptischen Tradition beschäftigt die Evangelienforschung nach wie vor und bildet ihr *offenes* Grundproblem. Die Traditionshypothese, in deren Rahmen Strauß seinen mythischen Standpunkt fand, ist trotz der frühen durchschlagenden Kritik nicht überwunden, sondern erfuhr in der formgeschichtlichen Forschungsrichtung – also nicht als Lösungsmodell für die synoptische Frage – eine modifzierte Erneuerung, bei der die historische Skepsis von Strauß teils bestätigt, teils mehr oder weniger abgebaut wurde (→ 4.3.7). Andererseits zeigte sich bald, daß die historische Skepsis nicht an die Traditionshypothese gebunden ist. Muß diese zugunsten einer schriftlichen Evangelienüberlieferung aufgegeben werden, bedeutet solche Preisgabe nicht notwendig eine Rückkehr zur historischen Faktizität, sondern möglicherweise den Übergang zum schriftstellerisch produzierten Mythos (vgl. schon Schleiermacher, → 3.3.2). Scheidet auch die absichtslos dichtende Sage als traditionsbildend aus, so doch nicht auch der absichtsvoll dichtende Evangelist (→ 3.5.4.3; 3.5.4.4):

„Hätte Strauß in dem ungeschichtlichen Dunkel, in welchem er den Mythus, den Inhalt der Evangelien, erzeugen ließ, alles Lichtvolle des individuellen Bewußtseins ausgelöscht, so lag hierin an sich schon der Reiz, der Bewußtlosigkeit des Mythus gegenüber das Bewußte und Individuelle in dem Ursprung der Evangelien wieder zu seinem Rechte kommen zu lassen" ... In „der Natur der Sache liegt es, und das Unzureichende der Traditionshypothese treibt von selbst mit Nothwendigkeit dazu hin, daß man von der Tradition auf einen Punkt zu kommen sucht, auf welchem unsere Evangelien als die Erzeugnisse mit Absicht und Reflexion schreibender Schriftsteller begriffen werden können" (Baur, 1847, 64.67).

3.5 Benutzungshypothesen

3.5.1 Allgemeines

Der Überblick über die verschiedenen Vorlagenhypothesen (→ 3.2–3.4) zeigte, daß bei reiner Durchführung mit keiner dieser Hypothesen das synoptische Problem – Übereinstimmungen und Besonderheiten der drei ersten Evangelien – befriedigend gelöst werden konnte. Der reinen Urevangeliumshypothese gelang es nicht, die Übereinstimmungen im griechischen Wortlaut und die starken Abweichungen im Umfang des gebotenen Stoffes gleichzeitig zu erklären. Die reine Diegesenhypothese scheiterte vor allem an dem gleichförmigen Aufbau der drei synoptischen Evangelien. Die Traditionshypothese wurde der Gleichmäßigkeit in Auswahl und Wortlaut des Überlieferungsgutes nicht gerecht.

Um diese Schwierigkeiten zu lösen, ‚verunreinigten' sich die Vorlagenhypothesen früher oder später mit der zusätzlichen Annahme einer gegenseitigen Benutzung der Evangelien selbst oder (und) ihrer Vorlagen (→ 3.2.3; 3.3.3; 3.4.3). Dabei konnte gelegentlich die Benutzungshypothese ein so großes Gewicht bekommen, daß sie, obschon als Hilfshypothese eingeführt, die zugrunde liegende Vorlagenhypothese in den Schatten stellte. Jedenfalls läßt sich im Rahmen der Vorlagenhypothesen eine breite Tendenz auf Benutzungshypothesen hin beobachten.

‚Reine' Benutzungshypothesen hat es schon früh und unabhängig von den Vorlagenhypothesen gegeben. Ihnen diente in der Regel Augustins Urteil über das MkEv als eines Auszugs aus dem MtEv zum methodischen, oft auch zum sachlichen Vorbild (→ 2.5). Freilich waren solche reinen Benutzungshypothesen nicht immer auch Versuche zur vollständigen Lösung des synoptischen Problems, sondern sie beschränkten sich nicht selten darauf, ein begrenztes Abhängigkeitsverhältnis zu klären, wie auch Augustin es in seiner Bemerkung zum MkEv versuchte.

Legt man bei der Benutzungshypothese keine unbekannten Schriften oder Vorlagen zugrunde, sondern nur die drei synoptischen Evangelien selbst, und setzt man eines von ihnen als Vorlage (‚Priorität') der anderen an, so ergeben sich zunächst 3 mal 5 = 15 mögliche Abhängigkeitsverhältnisse (vgl. zum Folgenden z. B. Bertholdt, 1813, 1111 ff; Farmer, 1964, 208 f):

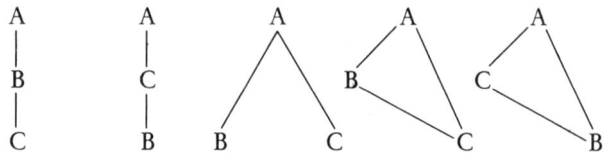

Diese Zahl vermehrt sich um weitere drei mögliche Fälle, wenn man sich zwei der drei Evangelien unabhängig voneinander entstanden denkt:

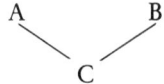

Weitere 3 mal 2 = 6 mögliche Fälle ergeben sich, wenn man unter dieser Voraussetzung das dritte Evangelium nur von einem der beiden voneinander unabhängigen Evangelien abhängig sein läßt:

Bei den zuletzt genannten Möglichkeiten handelt es sich indessen um keine reinen Benutzungshypothesen. Wenn die Verwandtschaft von A und B nicht durch gegenseitige Benutzung erklärt wird, muß nämlich notwendigerweise irgendeine Vorlagenhypothese vorausgesetzt werden (vgl. Walker, 1982, 380).

In der Geschichte der Benutzungshypothesen hat jene Gestalt der Abhängigkeit, bei der sowohl B wie C eine Vorlage A benutzt haben und zugleich zwischen B und C eine Abhängigkeit stattliat, verständlicherweise die stärkste Rolle gespielt, weil auf diesem Wege die größte Flexibilität der gegenseitigen Benutzung gegeben war. Von den 3 mal 2 = 6 möglichen Fällen dieser Abhängigkeit haben alle ihre Anhänger gefunden.

3.5.2 Lukas-Priorität

Die Annahme der Lukas-Priorität hat eine verhältnismäßig geringe Rolle gespielt. Sie findet seit langem keine nennenswerten Verfechter mehr. Vgl. jedoch Lindsey, 1971; Ronen; Stegner. Ihr steht der Prolog des LkEv (→ 2.3) im Wege, dem zufolge Lukas selbst bereits ‚Diegesen' benutzt hat, und im Rahmen der Benutzungshypothesen liegt es nahe, zu diesen Vorlagen auch das MkEv und das MtEv zu rechnen.

Dennoch wurde eine Benutzungshypothese mit Lukas-Priorität gelegentlich vertreten, und zwar in der Gestalt: 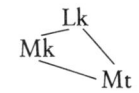 von Büsching (1766, Bd 1, 96 ff). Außerdem spielte sie in dieser Gestalt als Hilfshypothese im Rahmen der Traditionshypothese nicht selten eine Rolle.

Vgl. Evanson, der das LkEv dem Paulusbegleiter Lukas zuschreibt, das MkEv und das MtEv aber erst in das 2. Jh. setzt; Schneckenburger (1832, 35); Thiersch (1845, 182): Das MtEv und das LkEv sind unabhängig voneinander aus den Traditionen (im Sinne Gieselers, → 3.4.2) entstanden; das MkEv beruht primär auf den Lehrvorträgen des Petrus (→ 2.4), sein Verfasser benutzte indessen in Rom auch das paulinische LkEv; Rodiger (1827, 10); Gfrörer (1838, 81 ff. 123 ff. 249).

In der Gestalt:
hat Vogel 1804 die Lukaspriorität
in Vorschlag gebracht.

Der Hauptgrund für die Lukas-Priorität ist traditionalistischer Art und hatte schon früh auch außerhalb der Benutzungshypothese zu einer Frühdatierung des LkEv geführt (F. Gomarus; Th. Beza; vgl. Grotius, 1641, zu Lk 1,1, und Credner, 1836, 152 f): Hatte Lukas das (apostolische!) MtEv bereits vorgefunden, konnte er sich nicht unterstehen, ihm Mängel zuzuschreiben (Lk 1,1–4) und es so wesentlich zu verändern bzw. zu berichtigen, wie er es faktisch getan haben müßte. Die Kürzungen des Matthäus am LkEv erklärte man sich dagegen mit dem traditionalistischen Argument, Matthäus habe nur das weitergeben wollen, wessen er Augenzeuge gewesen war.

Büsching schließt aus dem Prolog des LkEv, Lukas, den er mit Silas identifiziert (100 ff), habe keine apostolischen Schriften, sondern nur Schriften gekannt, die auf die Erzählungen der Apostel zurückgingen (97 f). Matthäus schreibe, vermutlich um 61, für Juden und Judenchristen, und weil er das LkEv vor Augen hatte, läßt er manches Erzählenswerte aus, berichtet als Augenzeuge anderes aber desto ausführlicher (109 f). Daß Markus „die Abhandlungen dieser beyden Evangelisten vor Augen gehabt, und bald aus diesem, bald aus jenem etwas zu seiner Absicht nöthiges und brauchbares, oft mit gleichen, oft aber mit veränderten Worten genommen, aber auch manchen kleinen Umstand den jene nicht haben, ja ganze Reden und Begebenheiten hinzugethan habe, lehrt der Augenschein" (118; vgl. → 3.5.3.2).

Demgegenüber führt Vogel für die Priorität des MkEv vor dem MtEv an, Matthäus habe deutlich das MkEv vor dem LkEv bevorzugt, weil er um den Ursprung des MkEv in den Lehrvorträgen des Petrus (vgl. Papias, → 2.4) gewußt habe.

Mit der Preisgabe der traditionalistischen Erklärungsweise überhaupt schwand naturgemäß auch das Interesse an der mit ihrer Hilfe begründeten Lukas-Priorität.

3.5.3 Matthäus-Priorität

Das konservative traditionalistische Denken favorisierte – und begünstigt bei manchen Forschern noch immer – die Matthäus-Priorität, weil die alte Kirche das MtEv als einziges der synoptischen Evangelien einem Apostel zugeschrieben und zugleich an die Spitze des Evangelien-Kanons gestellt hatte, dessen Reihenfolge man seit dem Altertum als historische Reihenfolge (→ 2.5; 2.6) auffaßte (charakteristisch Kern, 1834). Außerdem war die Abhängigkeit des MkEv vom MtEv durch die Autorität Augustins gedeckt (→ 2.6).

3.5.3.1 MtEv – MkEv – LkEv

Des näheren begünstigte Augustins Aperçu, der nur halb-apostolische Ursprung des Papias zufolge (→ 2.4) petrinischen MkEv, die authentischen Angaben des LkEv (1,1–4) über mehrere Vorlagen sowie die Reihenfolge der kanonischen Evangelien das Schema:

3.5.3.1 Benutzungshypothesen 139

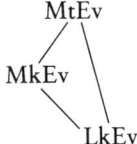

das als solches zum erstenmal von Grotius (1641, 8. 594) vollständig vorgetragen wurde und schon früh viel Beifall fand (Mill, § 109.116; Wettstein, Bd 1, 223f.551f.643; Townson, Bd 1, 275; Bd 2, 1ff; Bengel, 1742, Vorrede zum MtEv; Hennell, 72ff; Aeschimann).

Hug fügt 1826 der traditionalistischen Begründung der ‚kanonischen' Ordnung, „welche uns die Geschichte gleich anfangs kund that", die Beobachtung bei, der jeweils spätere Evangelist habe „die Begebenheiten sorgfältiger an ihre Zeit gebunden, und sie nach ihrer Abfolge genauer geordnet; die einzelnen Umstände bedächtlicher aufgesammelt; die Thatsachen bestimmter und schärfer ausgezeichnet, und ihnen mehr Fülle und Leben gegeben", und diesen vermeintlichen „Stufengang in der Ausbildung der *nemlichen* Geschichte" hält er für eine Bestätigung der Tradition, die mit wachsender Entfernung von den Tatsachen selbst diese um so genauer eruierte (Band 2, 177). Hinsichtlich des Spruchgutes hält er dafür, daß Matthäus sich schon früh Worte Jesu als Gedächtnisstütze aufgeschrieben und diese eigene, nicht zeitlich, sondern thematisch geordnete Sammlung seinem Evangelium eingefügt habe (179). Lukas hat diese Worte sodann nach Möglichkeit an ihren ursprünglichen historischen Ort gestellt.

Allerdings findet sich auch schon früh Kritik an Augustins Ansicht, Markus habe das MtEv exzerpiert, so bei Calvin in der Einleitung zu seiner Evangelien-Auslegung (1555; → 1.2.2.2), der Augustins Aperçu freilich irrtümlicherweise dem Hieronymus zuschreibt. Lardner erklärt im Interesse der Harmonistik, Markus hätte die Scheinwidersprüche zum MtEv vermieden, wenn er dieses exzerpiert hätte (Bd 1, Kap 10). Vgl. ferner Koppe (1782); Michaelis (⁴1788) 229ff; Herder (1797) 420, Priestley (1777) schreibt: „If the Gospel of Mark be an abridgement of that of Matthew, it is such an abridgement, I will venture to say as was never made of any other work. This appears to me to be so obvious, that I wonder how any person can peruse the two histories and entertain the least suspicion of it" (73).

Diese Gestalt der Benutzungshypothese ist später fast ganz außer Gebrauch gekommen, weil sie den literarischen Gegebenheiten nicht gerecht wird. So bleibt z. B., setzt man nicht zusätzlich eine Vorlagenhypothese voraus, stets unbegreiflich, warum Lukas die thematisch geschlossenen Redenkomplexe des MtEv gänzlich zerschlagen haben sollte (vgl. Fitzmyer, 1982, 17ff); denn die historisierende Erklärungsweise Hugs ist anachronistisch und hat keine Wahrscheinlichkeit für sich. Und warum folgt Lukas in den Fällen, in denen er von der Ordnung des MkEv abweicht, nie der Ordnung des MtEv?

Man hat darum schon früh die Meinung vertreten, die Verfasser des MkEv und des LkEv hätten nicht das kanonische MtEv, sondern seine einfachere Vorstufe – die Matthäus-Schrift des Papias (→ 2.4) – benutzt. In derart modifizierter Weise haben Bolten, Seiler, Gratz und andere das vorliegende Schema als Hilfshypothese im Rahmen der Urevangeliumshypothese benutzt (→ 3.2.3). In origineller Weise folgt ihm auch Hilgenfeld im Rahmen der Tübinger Tendenzkritik (→ 3.5.3.3).

Ganz traditionalisitsch bleibt auch Schlatter 1929 dem vorliegenden Schema verbunden. Er stellt sich dem synoptischen Problem nur indirekt. „Von Vermutungen hielt ich mich möglichst frei und verzichtete darum auch auf Widerlegung von solchen", heißt es im Vorwort zu seinem Kommentar über das MtEv, und andernorts urteilt er: „In der Beurteilung der Quellen stimme ich dem Urteil der Männer zu, die im Übergang vom ersten zum zweiten Jahrhundert den Kanon der vier Evangelien herstellten" (1921, 8); er nimmt also traditionalistisch die kanonische Reihenfolge auch als historische.

Hierher gehört auch das von Zahn empfohlene Schema, das Elemente der Urevangeliums- und der Diegesenhypothese mit der Benutzungshypothese mit Matthäus-Priorität verbindet (1907, 163ff; vgl. Wohlenberg, 1910, 26ff; Dausch, 1914; Lagrange, 1928 und bereits Klostermann, 1867, sowie mit Modifikationen Olshausen, 1830, 9ff):

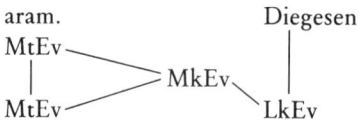

und das eine Schwierigkeit der Matthäus-Priorität beseitigt: Das LkEv hat seine (historische) Reihenfolge der Logien aus eigenen Quellen genommen.

Anders löst Grosch (1914) diese Crux: Eine aramäische Urschrift des Apostels Matthäus, die von Markus und Lukas benutzt wurde, hat ihr Verfasser später selbst ergänzt und so bearbeitet, daß die ursprünglich zeitlich geordneten Logien in thematische Redenkomplexe zusammengestellt wurden. Diese zweite Fassung des aramäischen MtEv diente sodann einem Übersetzer, der auch das MkEv kannte, als Vorlage für unser MtEv.

Im Rahmen der traditionell katholischen Lösung der synoptischen

3.5.3.1 Benutzungshypothesen

Quellenfrage, der Benutzungshypothese mit Matthäus-Priorität, bewegen sich heute noch z. B. Cerfaux und Vaganay. Das Schema von Cerfaux tendiert zur Urevangeliumshypothese:

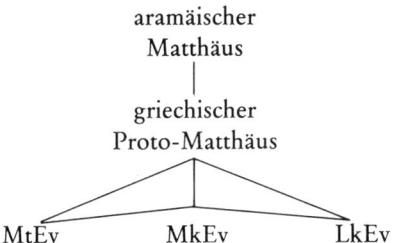

Cerfaux rechnet außerdem mit dem Einfluß mündlicher Überlieferung auf das MtEv und das MkEv. Entsprechendes gilt auch für Vaganay, dessen Schema folgende Gestalt hat:

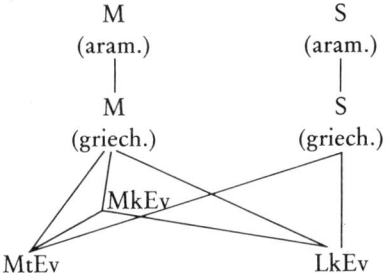

M ist ein schriftliches Evangelium des Jüngers Matthäus, das auch beträchtliches Redegut enthielt (Bergpredigt) und Traditionsgut aufzeichnete, das schon mündlich oder schriftlich in der Katechese verwendet wurde. S ist eine Redensammlung, vielleicht auch von dem Apostel Matthäus stammend, zur Ergänzung von M veranstaltet. S entspricht (mit wesentlichen Kürzungen) der im Rahmen der Zwei-Quellen-Theorie angenommenen Spruchsammlung Q (→ 3.6.6). Das MkEv, zugleich auf der römischen Petrusüberlieferung fußend, hat M (griech.) gekürzt. Ähnlich die ‚Jerusalemer Bibel' (Benoit, ³1961, 12 ff; dagegen Schmid, 1953, 148 ff).

Vgl. ferner z. B. Hadorn (1898); Meinertz (1921, 268 f); Jameson (1922); Butler (1951; dazu Styler, 1966); Chapman (1937); Walker (1962/63); Drury (1976).

3.5.3.2 MtEv – LkEv – MkEv; Markus als Epitomator

a) Einflußreicher war (und ist für manche Forscher noch immer) die andere Fassung der Benutzungshypothese mit Matthäus-Priorität:

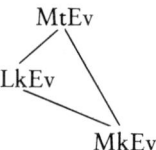

Obschon sie bereits von Owen (1764, 32 ff; vgl. Stroth, 1781, 144; Büsching, → 3.5.2) vorgetragen wurde, ist sie aus gutem Grund mit dem Namen von Griesbach (→ 1.3.2) verbunden (vgl. Delling, 1977), auch wenn dieser 1789/90 in seiner bedeutsamen *Commentatio, qua Marci Evangelium totum e Matthaei et Lucae commentariis decerptum esse monstratur,* wie schon der Titel sagt, nur über das Verhältnis des MkEv zum MtEv und zum LkEv handelt, das Verhältnis zwischen dem MtEv und dem LkEv aber nicht berührt. Indessen hatte Griesbach bereits 1784 in einer kleinen Schrift über die Ostererzählungen die Benutzung des MtEv durch den Verfasser des LkEv behauptet, so daß er eine reine und vollständige Benutzungshypothese mit Matthäuspriorität vertritt, auch wenn er nur die Abhängigkeit des MkEv von den beiden anderen synoptischen Evangelien ausführlich begründet.

Es ist vor allem die Art und Weise dieser Begründung, die der *Commentatio* Griesbachs mit Recht viel Aufmerksamkeit verschafft hat. Zwar richtet sich das Interesse Griesbachs weiterhin traditionalistisch auf die vermeintliche Augenzeugenschaft des Apostels Matthäus und zielt auf die Zuverlässigkeit der Autoren *(fides auctorum)* und auf die Wirklichkeit des Berichteten *(veram eventuum)*. In diesem Zusammenhang ist Griesbach daran interessiert, Markus als selbständigen Zeugen auszuschalten; nicht zufällig schließt er seine *Commentatio* mit dem Satz: *Qui Marcum scripsisse contendunt e theopneustia, satis exilem informent necesse est* (Wer behauptet, Markus habe unter dem Einfluß des Heiligen Geistes geschrieben, muß ihn als recht dürftig darstellen.) Allerdings zweifelt er nicht daran, daß Markus aus Jerusalem stammt (Ag 12,12) und mit den Augenzeugen Kontakt hatte.

Mit den Papiasnotizen (→ 2.4) hat Griesbach ebensowenig im Sinn wie mit Augustins Aperçu (→ 2.6): Die Väter der Kirche kannten zwar die Autoren der Evangelienbücher und deren Verbreitungsgebiet; ihre anderen Angaben aber seien gänzlich unsicher. Statt dessen wendet Griesbach sich, und das zeichnet seine Untersuchung aus, dem genauen Vergleich der synoptischen Evangelien selbst zu, wozu er sich mit seiner Synopse das nötige Handwerkszeug geschaffen hatte (→ 1.3.2).

Dies methodisch bemerkenswerte Vorgehen sowie die Tatsache, daß Griesbachs Hypothese noch heute einen beachtlichen Einfluß ausübt, nötigt zu einer relativ ausführlichen Betrachtung seiner Argumentation.

Griesbach stellt zuerst, seiner Synopse entsprechend, das MkEv zwischen die beiden anderen Evangelien und beobachtet, daß mit Ausnahme von 24 Versen das MkEv ganz in dem MtEv und (oder) dem LkEv enthalten ist, und zwar so, daß das MkEv in der Reihenfolge seiner Stoffdarbietung stets mindestens einem der beiden Seitenreferenten folgt. Mit anderen Worten: Wenn das MkEv die Ordnung des einen verläßt, so nur, um zu der Ordnung des anderen überzugehen. *Nie verläßt er die Ordnung sowohl des MtEv wie des LkEv.* Wenn also Kümmel die Hypothese Griesbachs mit der Erklärung widerlegen will, eine Abweichung des MkEv von der Reihenfolge des „Mt und Lk" (1973, 32) lasse sich in keinem Fall einleuchtend machen, so übersieht er, daß es solche Fälle Griesbach zufolge gar nicht gibt.

In einer synoptischen Tabelle bewegt das MkEv sich gleichsam im Zickzack zwischen dem MtEv auf der einen und dem LkEv auf der anderen Seite, und zwar von Beginn bis Ende des Buches, und Griesbach meint, bei genauem Zusehen könne man auch erkennen, warum Markus an der jeweiligen Stelle dem einen Führer die Gefolgschaft aufkündigt und der anderen Vorlage folgt (vgl. de Wette, 1848, 170ff). Griesbach legt dem Leser eine entsprechende synoptische Tabelle vor und folgert: „Du kannst es mit eigenen Augen sehen: Markus hat die Bücher des Matthäus und Lukas zur Hand gehabt, beide stets zu Rate gezogen, aus beiden das genommen, was seiner Meinung nach seinen Lesern am nützlichsten sei, jetzt Matthäus, dann Lukas zeitweilig aus der Hand gelegt, sich immer aber zu derselben Stelle zurückgewandt, wo er ihn verlassen hatte" (vgl. schon Büsching, → 3.5.2).

Sodann fragt Griesbach, warum Markus von dem Vielen, was er, der Jerusalemer, hätte berichten können, mit ganz geringen Ausnahmen nur berichtet, was auch das MtEv und das LkEv bringen, und dies unter erheblich verkürzender Auswahl des ihm vorliegenden

Stoffes. Er antwortet: Weil Markus sich von vornherein nur ein Exzerpt vornahm! Bei diesem Argument machen ihm die Ausnahmen – das heißt für ihn: die markinischen Zusätze – Schwierigkeiten: Mk 3,7–12; 4,26–29; 7,32–37; 8,22–26; 13,33–36 haben weder im MtEv noch im LkEv eine Parallele (S^{Mk}). Griesbach versucht mehr schlecht als recht, Gründe zu finden, warum Markus in diesen Fällen seine selbstgewählte Beschränkung, nur zu exzerpieren, aufgibt und anderweitig überliefertes Material einfügt.

Schließlich zeigt Griesbach an einigen Beispielen, daß Markus, wo er in der Reihenfolge dem einen der Seitenreferenten folgt, stets zugleich den parallelen Text des anderen mit vor Augen hat, um ihn mit dem ‚führenden' Text zu kombinieren.

Der positiven Begründung seiner Hypothese widmet Griesbach nur wenige Seiten. Ausführlicher setzt er sich, besonders in der erweiterten Ausgabe seiner *Commentatio* von 1794, mit Einwänden gegen seine Anschauung auseinander.

Dem wichtigsten kritischen Argument, das Kürzere, also das MkEv, pflege am Anfang zu stehen, hält er entgegen, das hinge gänzlich von der Intention des Autors ab. *(Ab auctoris consilio unice pendet, utrum iis, quae alii ante ipsum scripseret, addere aliquid, an demere ab illis nonulla satius sit.)*

Diese Intention bestimmt Griesbach näher dahingehend, daß Markus für Heidenchristen schreibt, die von ihm ein kurzes Evangelium wünschten und auf alle Fragen, die sich mit jüdischen Problemen beschäftigen, verzichten wollten (vgl. Michaelis, → 3.1). Wer sich mit dieser Auskunft nicht zufrieden gibt, erfährt, man müsse bei allen derartigen Überlegungen im übrigen unsere weitgehende Unkenntnis des Anlasses, der Leser und der Abfassungsverhältnisse in Rechnung stellen. *(Cum de libri auctore perparum, de lectoribus in quorum gratiam scripsit horumque conditione paene nihil sciamus, ac de consilio scribentis coniectando vix paucula assequi valeamus.)*

Über die problematische Abhängigkeit des LkEv vom MtEv (vgl. → 3.5.3.1) äußert Griesbach sich nur beiläufig: „Daher spitzt sich alles auf die Frage zu, woher es kommt, daß Lukas Teile seines Berichts anders als Matthäus ordnet. Hier, wo wir über Markus sprechen, ist nicht der Ort, auf diese Probleme einzugehen. Nur die Bemerkung sei erlaubt, daß Lukas sich weniger als Matthäus von der wirklichen Reihenfolge des Geschehens *(a vera eventuum serie)* entfernt." Dementsprechend schreibt Hug (→ 3.5.3.1) über die Behandlung des Redengutes aus dem MtEv durch Lukas: „Matthäus war in den Reden des

Herrn sein Handbuch, woran er sich wörtlich hielt, obschon er sie zerstreut hinten, vorne oder in der Mitte, einzeln oder in größeren Abtheilungen in die Geschichte einfügte, und so glücklich verband, daß ihr Zusammenhang mit den Thatsachen, und ihre Veranlassung aus denselben angenehm in die Augen fällt" (1826, 180). Dieser Erklärung folgen manche andere; vgl. noch Appel, 1922, 144. Schmid modifiziert diesen Gedanken: Lukas kannte zwar das MtEv, arbeitet aber im wesentlichen ‚Fragmente' zusammen (→ 3.3), und zwar aufgrund dessen, daß „er sich in Palästina selbst die Begebenheiten des Evangeliums erkunden konnte" (1853, 22). Daß der Nicht-Apostel Lukas die sachliche Ordnung des apostolischen MtEv zugunsten einer wirklich oder vermeintlich historischen Ordnung wieder auflösen will, ist indessen unter allen Umständen eine wenig überzeugende Auskunft, weshalb sich auch die zentrale Hypothese Griesbachs, derzufolge das MkEv ein Auszug aus dem MtEv und dem LkEv sei, leichter in Verbindung mit einer der Vorlagenhypothesen durchführen läßt, derzufolge das MtEv und das LkEv nicht voneinander, sondern von einem mündlichen oder schriftlichen Urevangelium abhängen (vgl. z.B. Schwarz, → 3.4.3; de Wette, → 3.4.3; Bleek, 1862, 243 ff).

Indessen war die prinzipielle Abkehr Griesbachs von einer primär traditionalistischen Behandlung des synoptischen Problems und sein Versuch einer wesentlich literarkritischen Argumentation methodisch wegweisend, und diese Vorzüge sichern auch den Ergebnissen der *Commentatio* Griesbachs bis heute Aufmerksamkeit. Viele Forscher schlossen sich, wenn auch oft nur im Rahmen einer Hilfshypothese, Griesbach an.

Vgl. Ammon (1805); Saunier (1825) zeigt im Interesse der traditionalistisch aufgefaßten Matthäus-Priorität auf, wie Markus die Geburtsgeschichten ausgelassen habe; Theile; Fritzsche (1830 XXXV ff); Schott (1830 § 33); Schnekkenburger (1832, 35); Olshausen (^{3}1837, 10 f); Meyer (in den ersten beiden Auflagen seines Kommentars zu den Evangelien, 1832 und 1844/46); Delitzsch (1850, 456 ff); Maier (1853); Keim (1875, 22 ff); dazu die meisten ‚Tübinger' (→ 3.5.3.3).

b) Die Nachfolger Griesbachs bemühen sich oft darum, die Schwächen der Hypothese Griesbachs zu beheben.

Der Erklärung von Schwarz (1844), Markus habe das MtEv und das LkEv nur auf das hin exzerpiert, was er aus den Lehrvorträgen des Petrus erfahren habe (vgl. die Papiasnotiz, → 2.4; ähnlich schon

Sieffert, 1832, 3 f), hatte Griesbach bereits im voraus widersprochen: Wenn Petrus den Markus so stark geleitet habe, dann müßten im MkEv die Lehrvorträge des Petrus auch sonst deutlicher sichtbar werden als in dem wenigen Sondergut, das Markus bringt. Daß Schwarz dennoch diese extrem traditionalistische Erklärung vorträgt, läßt erkennen, wie schwer es im Rahmen der Hypothese Griesbachs ist, die Arbeitsweise des Markus zu erklären. Daß Markus „das lehrhafte Element des Evangeliums dem Wunderbaren nachsetzte und die langen Redestücke vermied" (de Wette, ⁵1848, 170), beschreibt den Sachverhalt, macht ihn aber nicht verständlich. Andererseits hatte die Griesbachsche Hypothese an der Versuchungsgeschichte (Mt 4,1–11/Lk 4,1–13) ein Paradebeispiel für eine von Markus vorgenommene radikale Kürzung ihm vorliegenden Stoffes (Mk 1,12 f), auf welchem die Vertreter der Griesbach-Hypothese immerfort insistieren, weil der Text des MkEv ohne die Vorlagen im MtEv und im LkEv angeblich gar nicht verständlich sei (Bleek, 1862, 247 f; Saunier, 1825, 44 ff; de Wette, ⁵1848, 168; vgl. noch Holtzmann, 1863, 60). Gfrörer (1838, Bd 2, 123 ff) hält anachronistisch das MkEv für eine *kritische* Bearbeitung des LkEv und des MtEv, die deren Widersprüche aufheben wollte.

Die Frage nach Sinn und Absicht des S^{Mk} wird wie schon von Griesbach selbst auch weiterhin unbefriedigend beantwortet (vgl. Schwarz, 1844, 263 ff; Hilgenfeld, 1854, 117 f).

Dem methodisch wegweisenden und sachlich beeindruckenden literarischen Nachweis Griesbachs, Markus sei abwechselnd stets entweder dem MtEv oder dem LkEv als Führer (dux) gefolgt, wurde schon bald als Hauptschwierigkeit entgegengehalten, „daß der Theorie zum Trotz die Parallelstellen des Lucas wieder allenthalben ihren Einfluß geltend machen, wo Matthäus die Hegemonie hat, und daß umgekehrt auch Matthäus wieder unausgesetzt in die aus Lucas herübergenommene Darstellung übergreift" (Holtzmann, 1863, 117). Das spreche nicht für das von Griesbach angenommene Verfahren des Markus, sich abwechselnd dem einen oder anderen der Seitenreferenten als Führer anzuvertrauen.

Griesbach hatte freilich gerade die markinischen ‚Pleonasmen', für die man als ‚klassisches' Exempel gerne auf Mk 1,32par verweist:

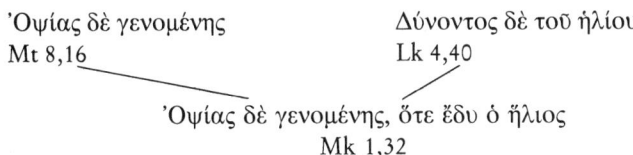

Ὀψίας δὲ γενομένης, ὅτε ἔδυ ὁ ἥλιος
Mk 1,32

seiner These dienstbar gemacht. Als ‚Führer' hat Markus an dieser Stelle, folgt man Griesbach, das LkEv, doch kombiniert er mit dieser seiner ‚führenden' Vorlage die parallele Passage des MtEv. Verfährt aber ein Epitomator in dieser Weise? Lösen nicht vielmehr Matthäus und Lukas die markinischen Pleonasmen unabhängig voneinander je in ihrer Weise auf? Vgl. Tuckett (1983, 16ff); Rolland (1982.1983); Neirynck (1983).

De Wette (⁵1848, 174) verteidigt Griesbach mit der Bemerkung, das „uns kleinlich und mühselig scheinende Verfahren den Text beider Evangelisten zu combinieren", sei „unabsichtlich und in Folge einer genauen Bekanntschaft mit seinen Vorbildern auch ihrem Wortausdrucke nach" erfolgt. Doch erklärt sich so gerade die im Durchschnitt *gleichmäßige* Benutzung beider Evangelien, deren eines doch jeweils der *literarische* Führer sein soll, nicht.

Hinzu kommt, daß Markus, „während er einen und denselben Evangelisten abschreibt, denselben bald von hinten, bald von vorne bearbeitet" (Holtzmann, 1863, 120) und z. B. in Mk 13,9–12, nachdem er zuletzt Mt 21,1–9a gefolgt war und von 13,13 an weiterhin Mt 21,9bff folgt, plötzlich Mt 10,17–22a einschiebt.

Diese Schwierigkeiten werden von einer Beobachtung übertroffen, die man an jedem Text machen kann, den die drei synoptischen Evangelien gemeinsam bieten. Unter der Voraussetzung der Hypothese Griesbachs hätte Markus seinen Text aus seinen beiden Vorlagen so zusammengestellt, daß er in den Fällen, in denen das MtEv und das LkEv nicht wörtlich übereinstimmen, entweder die Formulierung des einen oder des anderen übernimmt oder aber seine Formulierung frei wählt. Dies letztere ist überwiegend der Fall, wie der synoptische Vergleich zeigt. Dies stellt auch Griesbach fest: „Er schreibt deren Bücher keineswegs Wort für Wort ab, sondern erzählt in seiner Weise, d. h. mit anderen Worten und Begriffen, was er bei ihnen gelesen hat" (*illorum libros neutiquam ad verbum exscriberet, sed suo modo, hoc est aliis formulis ac phrasibus, ea, quae legisset apud illos, narraret*).

In den Fällen aber, wo das MtEv und das LkEv wörtlich übereinstimmen, müßte er sich – von wenigen Ausnahmen abgesehen (→ 3.6.5) – in eine geradezu sklavische Abhängigkeit von seinen Vorlagen begeben haben derart, daß er das MtEv und das LkEv in minuziöser Weise Wort für Wort miteinander verglich, so daß ihm auch die kleinste Gemeinsamkeit, z. B. ein καί oder ein δέ, nicht entging und er sie in sein eigenes Buch übernahm.

Als Beispiel diene Mk 1,29–31par; die unterstrichenen Passagen müßte Markus deshalb aufgenommen haben, weil sie als einzige in seinen Vorlagen wörtlich übereinstimmten:

Matth. 8,14–15	Mark. 1,29–31	Luk. 4,38–39
¹⁴Καὶ ἐλθὼν ὁ Ἰησοῦς εἰς τὴν οἰκίαν Πέτρου εἶδεν	²⁹Καὶ εὐθὺς ἐκ τῆς συναγωγῆς ἐξελθόντες ἦλθον εἰς τὴν οἰκίαν Σίμωνος καὶ Ἀνδρέου μετὰ Ἰακώβου καὶ Ἰωάννου.	³⁸Ἀναστὰς δὲ ἀπὸ τῆς συναγωγῆς εἰσῆλθεν εἰς τὴν οἰκίαν Σίμωνος.
τὴν πενθερὰν αὐτοῦ βεβλημένην καὶ πυρέσσουσαν·	³⁰ἡ δὲ πενθερὰ Σίμωνος κατέκειτο πυρέσσουσα, καὶ εὐθὺς λέγουσιν αὐτῷ περὶ αὐτῆς. ³¹καὶ προσελθὼν ἤγειρεν	πενθερὰ δὲ τοῦ Σίμωνος ἦν συνεχομένη πυρετῷ μεγάλῳ καὶ ἠρώτησαν αὐτὸν περὶ αὐτῆς. ³⁹καὶ ἐπιστὰς ἐπάνω αὐτῆς ἐπετίμησεν τῷ πυρετῷ
¹⁵καὶ ἥψατο τῆς χειρὸς αὐτῆς, καὶ ἀφῆκεν αὐτὴν ὁ πυρετός, καὶ ἠγέρθη καὶ διηκόνει αὐτῷ.	αὐτὴν κρατήσας τῆς χειρός · καὶ ἀφῆκεν αὐτὴν ὁ πυρετός, καὶ διηκόνει αὐτοῖς.	καὶ ἀφῆκεν αὐτήν· παραχρῆμα δὲ ἀναστᾶσα διηκόνει αὐτοῖς.

Für dieses skrupulöse Abschreiben der Gemeinsamkeiten des MtEv und des LkEv gibt es angesichts der großen Freiheit, die sich Markus im übrigen gegenüber Stoff und Wortlaut seiner Vorlagen erlaubt haben muß, keine Erklärung, zumal diese Skrupulosität auch durch einzelne Ausnahmen selbst wieder durchbrochen worden wäre (→ 3.6.5), und zwar in einer Weise, die im einzelnen keineswegs ein besonderes schriftstellerisches Interesse des Markus erschließen läßt.

Die genannten Schwierigkeiten traten, soweit sie überhaupt beachtet wurden, bei den Vertretern der Griesbachschen Ansicht hinter die immer wiederholte (Saunier; Schwarz, 1844, 282ff; de Wette, ⁵1848, 170ff; Baur, 1847, 541ff; Bleek, 1862, 521ff) Beobachtung zurück, daß Markus sich im Zickzack zwischen dem MtEv und dem LkEv bewege und daß man die einzelnen Überschritte von Fall zu Fall mit innerer Wahrscheinlichkeit begründen könne, „z. B. namentlich weil bei demjenigen, dem er bisher folgte, eine längere Rede eintritt, dergleichen Marcus überhaupt nicht aufzunehmen pflegt" (Bleek, 251).

3.5.3.2 Benutzungshypothesen

Allerdings hat man gerade auch die Unselbständigkeit des Markus anstößig gefunden und ihn mit einem „albernen Springer" verglichen, der einmal aus Überdruß, ein andermal aus Verlangen, dann aus Nachlässigkeit, schließlich aus blindem Eifer von einem Evangelisten zum anderen hin und her pendelte (Lachmann, 1835, 577). Wilke (1838, 443) nennt den so gedeuteten Markus gar einen Kastrator („nicht Abbreviator, auch nicht Epitomator, nicht Exzerptor") und fragt: „Was sollte den Markus zu diesem Spiel mit Ausdrücken seiner Gewährsmänner und zu dem Entschlusse, aus ihren Worten einen Mischmasch zu machen, bewogen haben?"

Das Gewicht solcher Einwände wird erst dann ganz ermessen, wenn man bedenkt, daß die Beobachtung Griesbachs, wonach das MkEv im einzelnen aus dem MtEv und dem LkEv kompiliert erscheint, im ganzen aber abwechselnd dem einen oder dem anderen folgen soll, im Prinzip ebensowohl bei der Annahme der Priorität des MkEv seine Deutung findet: Die Verfasser des MtEv und des LkEv haben das MkEv benutzt, der eine hier, der andere dort, mal in der Darbietung des Stoffs, mal in der Reihenfolge seiner Darbietung, aber nie gemeinsam von ihm abweichend. In diesem Fall tritt an die Stelle einer Verkürzung und Bearbeitung seiner beiden Quellen durch das MkEv eine Erweiterung und Bearbeitung des MkEv durch die Verfasser des MtEv und des LkEv:

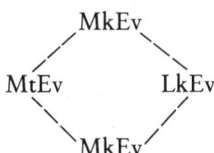

Lassen sich Erweiterung und Bearbeitung des MkEv durch Matthäus und Lukas leichter erklären als die Verkürzung des MtEv und des LkEv durch Markus, so verdient im Rahmen der Benutzungshypothese gerade aufgrund der Beobachtungen Griesbachs die Markus-Priorität den Vorzug vor Griesbachs eigener Hypothese; vgl. Tuckett (1979); Neirynck (1982); → 3.5.4.1

In der Tat ist dies etwa seit der Mitte des vorigen Jahrhunderts die überwiegende Meinung der Forscher, wenn auch die Überzeugung von der Matthäus-Priorität nicht gänzlich verschwand, sondern, gestützt von der Autorität der alten Kirche und oft getragen von dem Interesse an einem authentischen apostolischen Evangelium, weiterhin ihre Vertreter fand und findet, zumal die katholischen Exegeten durch Entscheidungen der päpstlichen Bibelkommission vom 11. 6. 1911 und vom 26. 6. 1912 lange Zeit gehalten waren, das MtEv für ein apostolisches, ursprünglich aramäisch geschriebenes Werk anzusehen. Erst die Enzyklika *Divino Afflante Spiritu* vom 30. 9. 1943 brachte eine Korrektur jener Entscheidung; vgl. auch die *Instructio de historica Evangeliorum veritate* der Bibelkommission von 1964 und die ‚Dogmatische Konstitution über die göttliche Offenbarung' des Zweiten Vatikanischen Konzils 1965. Außer den bereits Genannten hielten an der Matthäus-Priorität in dieser oder jener Form weiter fest, z. B. Pasquier; Badham; van Bohemen; Stonehouse; Petrie; Ropes (1934); Parker (1953. 1981). Lagrange, vor dessen einschlägigen Untersuchungen die Bibelkommission 1912 ausdrücklich gewarnt hatte, schließt einen Kompromiß mit der von ihm zuvor begünstigten Markus-Priorität (vgl. 1895/96): Matthäus (aramäisch) und Markus (griechisch) zeichnen unabhängig voneinander die mündliche Petrus-Katechese auf (Papias, → 2.4). Der Übersetzer des aramäischen MtEv kennt das MkEv, während Lukas das MkEv und das MtEv (oder Teile desselben) neben umfangreichem authentischen Sondergut benutzt, das ihm die Möglichkeit gibt, die Logienüberlieferung ‚historisch' einzuordnen (1928). Auch Lummis, Evans, Drury und andere bemühen sich um die alte Crux jeder Hypothese mit Matthäus-Priorität und versuchen, eine Erklärung dafür zu finden, daß Lukas die eindrücklichen Redenkomplexe des MtEv zerschlagen hat.

c) In neuerer Zeit hat Farmer mit Sendungsbewußtsein und missionarischem Eifer – „We are actually living between two epochs" (1976/77, 276) – die Griesbachsche Hypothese zu erneuern versucht. Er meint, die herrschende Ansicht von der Markus-Priorität habe sich ohne zureichende exegetische Begründung wesentlich aufgrund unwissenschaftlicher Faktoren durchgesetzt (1964, 178 ff). Mag dies auch sehr einseitig gesehen sein (vgl. Tuckett, 1983, 3 ff), so weist Farmers Einspruch gegen den herrschenden Konsens doch darauf hin, daß wir es bei jeder synoptischen Theorie mit einer Hypothese, nicht mit dokumentarisch belegten Forschungsergebnissen zu tun haben.

Über die alten Argumente hinaus bietet Farmer zur Begründung der Matthäus-Priorität nichts wesentlich Neues. Er behauptet (1964, 218 f) entgegen der älteren Meinung, daß dort, wo das MkEv in seiner Reihenfolge entweder mit dem MtEv *oder* mit dem LkEv geht, es sich *auch im einzelnen* eng an diesen einen Begleiter anschließt. Sofern diese Behauptung zutrifft – Farmer bringt keine Belege, sondern verweist allgemein auf „the first half of Mark" –, ließe sie sich ebensowohl bei Markus-Priorität erklären; denn daß dort, wo das MtEv oder das LkEv den Markusfaden verlassen, sie sich gelegentlich auch dem Text des MkEv relativ locker anschließen, wäre nur natürlich.

Die „Minor Agreements of Matthew and Luke against Mark"

(→ 3.6.5) spielen in Farmers Argumentation gegen die Markus-Priorität verständlicherweise eine wichtige Rolle (215 ff), doch erkennt er nicht, daß die entsprechenden Fälle der Erklärung nicht weniger Schwierigkeiten machen, wenn das MkEv ein Exzerpt aus dem MtEv und dem LkEv ist (→ 3.6.5). Die für die Markus-Priorität entscheidenden redaktionsgeschichtlichen Erkenntnisse (vgl. → 3.6.1.b) berücksichtigt er gar nicht, obschon er das Problem kennt (1976/77, 286 f; 1978, 321). Und einen einleuchtenden Grund für die eingreifenden redaktionellen Änderungen des LkEv gegenüber dem MtEv vermag auch Farmer nicht anzugeben. In seinem Aufsatz von 1976/77 beruft er sich zur Lösung dieser Frage auf Orchard, der 1976 zu zeigen versuchte, daß die literarische Methode, mit der Lukas das MtEv als Quelle benutzt, durchaus überzeugend sei. Doch muß Farmer einräumen, daß Orchard die lukanische Redaktion bzw. Theologie weder im Vergleich mit dem MtEv noch mit dem MkEv beachtet. Die Auslassungen des MkEv gegenüber dem MtEv und dem LkEv erklärt Farmer (1976/77, 283 ff) damit, daß Markus auch die Apostelgeschichte des Lukas gekannt habe, in deren Reden die apostolische Predigt erst mit dem Auftreten des Täufers beginne und die Logien Jesu nicht berücksichtigt würden (Ag 1,21 f). Diese Predigtweise habe Markus sich zum Vorbild genommen! Außerdem habe er die mehr jüdischen Traditionen des MtEv und des LkEv weggelassen, eine alte Erklärung (→ 3.1), schließlich auch das MtEv und das LkEv nicht verdrängen, sondern nur ergänzen(!) wollen. Darüberhinaus schließt Farmer sich Dungan an (1976/77; 1982, 165 ff), der 1970 die verkürzende Arbeitsweise des Markus durch den Nachweis erklären will, daß Markus ein Evangelium geschrieben habe, das die Widersprüche, die er zwischen dem MtEv und dem LkEv und auch in diesen beiden Evangelien selbst beobachtet habe, harmonisierend beseitigen sollte (88 ff). Indessen zeigt die Auslegung des MkEv, daß es sich bei ihm keineswegs um eine ‚neutralistische' bzw. didaktisch vermittelnde, sondern um eine ‚tendenzhafte' Schrift handelt (→ 5.5).

Farmer fand nicht nur in Orchard und Dungan Bundesgenossen, auch andere Forscher nahmen seine Anregungen direkt oder indirekt und mehr oder weniger deutlich auf; vgl. Longstaff; Reicke (1976); Frye (1978); Peabody (1978); Powers (1980); Lowe (1982).

Lowe und Flusser stellen 1983 eine modifizierte Hypothese mit Matthäus-Priorität vor: Das MkEv ist ein Auszug aus einem Proto-MtEv und dem LkEv; das kanonische MtEv ist zunächst nach dem MkEv und sodann erneut nach dem LkEv überarbeitet worden (vgl. → 3.5.3).

Shuler versucht 1980, die Griesbach-Hypothese mit Argumenten, die aus Beobachtungen an der literarischen Form gewonnen wurden, zu unterstützen.

Stoldt verficht 1977 in einem kenntnisreichen Buch, dessen englischer Übersetzung Farmer 1980 ein Vorwort mitgegeben hat, die Griesbach-Hypothese unter heftiger und emotionaler Bestreitung der Zwei-Quellen-Theorie insoweit, als die Abhängigkeit des MkEv von dem MtEv und dem LkEv infrage steht. Eine darüber hinausgehende synoptische Hypothese trägt Stoldt nicht vor. Der Ursprung des MtEv und des LkEv und ihre Verwandtschaft bilden „bislang *ein noch ungelöstes* Rätsel" (235) – als ob bei der synoptischen Frage nicht Lösung und Kritik (an der Zwei-Quellen-Theorie) unlösbar zusammenhingen!

Bei dem englischen Benediktiner Orchard zeigt sich in seinen verschiedenen Arbeiten deutlich das auch andere Vertreter der Matthäus-Priorität bestimmende traditionalistische bzw. harmonistische Interesse, mit Hilfe der Griesbach-Hypothese in dem MtEv ein Evangelium apostolischen Ursprungs zu gewinnen, das auch die zeitliche Ordnung der Ereignisse trefflich überliefert hat und das der Paulus-Schüler Lukas bei der Abfassung seines Evangeliums benutzte. Orchard beruft sich dementsprechend gern auf die Angaben der Kirchenväter und auf die altkirchlichen Traditionen. Durch die Griesbach-Hypothese fällt das MkEv als selbständiger Zeuge aus; das erleichtert die harmonistische Aufgabe. Lukas kann mit seinem Sondergut das Evangelium des Augenzeugen Matthäus ergänzen. Liest man also das MtEv mitsamt den Ergänzungen durch das S^{Lk}, wie es die von Orchard zu diesem Zweck angefertigte Synopse nahelegt (1983), so hat man das apostolische ‚Leben Jesu' vor sich!

Kritische Berichte zu der neuentfachten Diskussion über die Griesbach-Hypothese finden sich bei Fuller (1977; 1978) und Buchanan (1974); vgl. auch Tyson (1978).

Zur Kritik an Farmer und seinen Bundesgenossen vgl. z. B. Schmithals (1964); Talbert und McKnight; Tuckett (1979; 1980; 1983); Fee (1980); Fitzmyer (1970. 1982).

3.5.3.3 Tübinger Tendenzkritik

Einen charakteristischen Gebrauch – oder Mißbrauch (so Reicke, 1976, 357) – von der Benutzungshypothese mit Matthäus-Priorität machte die ‚Tübinger Schule', begründet und maßgeblich vertreten von Ferdinand Christian Baur, der von 1826 bis 1860 an der Universität Tübingen lehrte und sich seit etwa 1835 dem Einfluß Hegels öffnete.

Unter diesem Einfluß führte er den Entwicklungsbegriff in die Kirchen- und Dogmengeschichte ein. Die Weltgeschichte ist die Geschichte des göttlichen Geistes, der in ihr in Gestalt des denkenden menschlichen Geistes zu sich selbst kommt. Der dialektische Dreitakt von Geist ‚an sich' (der sich nicht wissende Geist), seine Umkehr bzw. Entäußerung in die Natur ‚für sich' und die Vereinigung beider im ‚an und für sich' seienden, tätigen und sich wissenden Geist wiederholt sich auch in den einzelnen Schritten des Geschichtsprozesses.

Für die urchristliche Theologiegeschichte bedeutet dies Baur zufolge, daß auf die *Religion* Jesu – „Die Lehre Jesu ist das Prinzipielle, zu welchem sich alles, was den eigentlichen Inhalt der neutestamentlichen Theologie ausmacht, nur als das Abgeleitete und Sekundäre verhält... sie ist überhaupt nicht Theologie, sondern Religion" (1864, 45) – einerseits eine judaistisch-gesetzliche Theologie folgte (These), andererseits eine gesetzesfreie paulinische Theologie (Antithese), welche beide sich im geschichtlichen Prozeß zu einer höheren Einheit (Synthese) zusammenfanden, die als solche mehr war als eine bloß vermittelnde Vereinigung von These und Antithese. Die gesamte Theologiegeschichte der neutestamentlichen Zeit spielte sich Baur zufolge in dem so beschriebenen Geschichtsprozeß ab; alle Schriften der Urchristenheit sind seinen Phasen zuzuordnen, auch die Evangelien, wie Baur grundlegend in seinen ‚Kritische(n) Untersuchungen über die kanonischen Evangelien, ihr Verhältnis zu einander, ihren Charakter und Ursprung' (1847) dartut.

Das *MtEv* repräsentiert die judaistische ‚These'. Diese seine theologische Ausrichtung (‚Tendenz') bestätigt also die überkommene Ansicht von der Matthäus-Priorität. Das kanonische MtEv ist freilich nicht mehr die ursprüngliche judaistische Schrift. Diese, mit dem Hebräer-Evangelium (ClAl Strom II 9,45) und der Matthäus-Schrift des Papias (→ 2.4) identisch, war aramäisch abgefaßt. Dieser „Grundschrift gehören die judaisierenden Bestandtheile des Evangeliums an, der Überarbeitung die freieren und universelleren" (1864, 23). Zwischen der aramäischen Grundschrift und dem kanonischen MtEv liegt eine griechische Übersetzung der ersteren, die ihrerseits verschiedenen Modifikationen unterworfen war, „bis sie endlich in unserem kanonischen Matthäus-Evangelium zu ihrer jetzigen Form sich fixierte" (1847, 577). Vgl. → 3.5.3.1

Das *LkEv* bildet die ausdrückliche paulinische Antithese gegen das von seinem Verfasser benutzte MtEv. Das LkEv hat nämlich „das Matthäusevangelium und zwar nicht blos in der Grundschrift, sondern auch in einer seiner Bearbeitungen zur Voraussetzung" (1847, 23). Freilich ging auch dem kanonischen LkEv eine Grundschrift voraus, nämlich ein auch von Marcion benutztes, noch rein paulinisches Evangelium, das vor allem unter erneuter Benutzung durch das MtEv einer Bearbeitung unterzogen wurde, die bereits einen irenischen, konziliatorischen Ausgleich mit dem Judaismus versuchte und auch durch eine antimarcionitische Tendenz bestimmt war; vgl. → 4.4.3.

Bei dem *JohEv* haben wir es mit der vollkommenen Synthese zu tun, in der die vorausgehenden Widersprüche aufgehoben, vermittelt und versöhnt sind und in welcher der Geist des Urchristentums seinen höchsten Ausdruck gefunden hat.

Jedes dieser drei Evangelien verfolgt also nach Auffassung der Tübinger Tendenzkritik eine bestimmte theologische Absicht, und zwar in Beziehung aufeinander bzw. unter gegenseitiger Benutzung. Das MkEv ist im festliegenden Dreitakt dieser Tendenzen überflüssig. Deshalb macht Baur sich erneut die Benutzungshypothese mit Matthäus-Priorität zunutze, wie Griesbach (→ 3.5.3.2) sie vorgetragen hatte: Das MkEv ist ein bloßer Auszug aus dem MtEv und dem LkEv, und „dieß berechtigt vollkommen, den Charakter des Evangeliums als einen indifferenten und neutralen ... zu bezeichnen" (1847, 567). Wie in anderer Weise der Harmonistik (→ 2.6; 3.5.3.2), so dient die quellenkritische Ausschaltung des MkEv also auch der Tübinger Tendenzkritik.

Dem MkEv wendet Baur sich später freilich nochmals gesondert zu (1851; 1853), weil er mit Recht empfindet, daß es gänzlich aus dem Rahmen seiner Tendenzkritik fällt und die kritische Frage an alle Vertreter der Griesbachschen Hypothese, was Markus sich bei seinem Auszug aus dem MtEv und dem LkEv eigentlich gedacht habe, an die Vertreter der Tübinger Schule besonders kritisch gestellt werden muß. Baur fragt selbst: „... je vollständiger der Inhalt des Markusevangeliums schon in den beiden andern vorhanden war, um so weniger läßt sich begreifen, wie der Verfasser derselben auch nur auf den Gedanken kommen konnte, ohne alle eigenen Mittel ein neues Evangelium zu schreiben" (1851, 149). Baurs Antwort auf diese Frage bleibt unzureichend. Er urteilt, der leitende Grundgedanke des MkEv könne „nur in dem objektiv Thatsächlichen, das er sich zur Aufgabe seiner geschichtlichen Darstellung machte, erkannt werden" (1851, 150). Baur greift also zu der Ausflucht, der Evangelist Markus sei von einem objektiven historischen Interesse geleitet, und er unterstellt ihm damit anachronistisch eine weithin im 19. Jh. herrschende Tendenz — ein Ausdruck von Verlegenheit. Vgl. Gfrörer (→ 3.5.3.2).

Als wichtige Vertreter der Tübinger Schule sind im Blick auf die synoptische Frage zu nennen: Zeller (1843); Ritschl (1846); Schwegler (1843; 1845, 197 ff 455 ff; 1846, 39 ff); Meijboom (1866, 1872); mit einigem Abstand Köstlin (1853, vgl. → 3.6.4) und Scholten.

3.5.3.3 Benutzungshypothesen

Unabhängig von Baur kam der ‚sächsische Anonymus' (Christian Adolf Hasert) 1845, von der Hypothese Griesbachs ausgehend, zu ähnlichen tendenzkritischen Erkenntnissen wie jener, und zwar vor allem anhand einer Untersuchung des LkEv, die er einerseits in stark traditionalistischer, andererseits in überzogen tendenziöser Weise durchführte: Die Evangelien sind *apostolische* Schriften, jedoch *als solche „Parteischriften, nicht aber Geschichtswerke"* (431). Das LkEv wendet sich unmittelbar gegen das gesetzliche Evangelium des Apostels Matthäus, während Markus sich an einer Vermittlung versucht. Paulus selbst war an der Abfassung des LkEv beteiligt und hat durch absichtliche Verfälschung der evangelischen Geschichte seinen Gegensatz gegen Petrus und die Zwölf Apostel ausgedrückt.

Eigenwillig hat im Rahmen der Tübinger Schule auch Hilgenfeld eine Benutzungshypothese mit Matthäuspriorität vertreten, die sich indessen nicht Griesbach anschloß. Vielmehr vertrat Hilgenfeld seit 1850 bei Modifikationen im einzelnen die Ansicht, das MkEv sei nur vom MtEv, das LkEv aber vom MtEv und vom MkEv abhängig (→ 3.5.3.1):

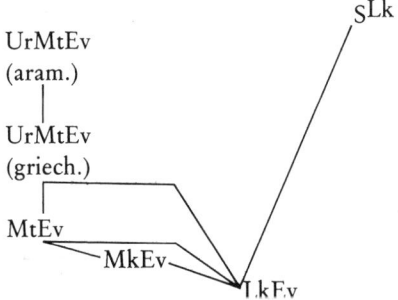

Hilgenfeld schiebt also ähnlich wie Baur zwischen das schroff judaistische UrMtEv und das kanonische MtEv noch eine bearbeitete griechische Übersetzung ein. Der Verfasser des MkEv hat das MtEv im Sinne eines stetigen Fortschritts der Handlung historisierend bearbeitet; er vertritt ein äußerst mildes Judenchristentum. Das LkEv verficht die paulinische Tendenz. Wichtiger als diese Hypothese selbst ist ein bei Hilgenfeld öfter begegnendes methodisches Prinzip (vgl. Fuller, 1977/78), das sich später in der Redaktionskritik (→ 5.1.2) durchsetzen wird: Wenn die Tendenz eines Evangeliums in einem anderen wiederbegegnet, ohne dessen eigene Tendenz zu sein, so ist dieses von jenem abhängig.

Ähnlich wie Hilgenfeld urteilen Eichthal (1851) und Holsten, der freilich das MkEv als paulinisierende Bearbeitung des mild judenchristlichen MtEv ansieht, das LkEv aber für ein das MtEv und das MkEv verbindendes Produkt des ‚Unionismus' hält.

Die Untersuchungen Baurs und seiner Schule zu den synoptischen Evangelien waren schon überholt, als sie erschienen; der Siegeszug der Markus-Priorität wurde bereits eingeläutet. Die Fixierung auf die statisch vorausgesetzten Tendenzen, die noch in den harmlosesten Details der evangelischen Überlieferungen aufgesucht und gefunden wurden, und der entsprechende Verzicht auf andere literarische Beobachtungen war methodisch unhaltbar. Das starre tendenzkritische Schema der urchristlichen Geschichte erwies sich überdies zunehmend als untragbare Verengung einer reicheren geschichtlichen Wirklichkeit, und die fortgehende exegetische Arbeit konnte die den Evangelien zugeschriebenen Tendenzen keineswegs bestätigen, sondern im wesentlichen nur als künstlich konstruiert erweisen, wie denn schon Baur selbst die reinen Tendenzen jeweils nur hypothetischen Vorformen der kanonischen Evangelien zuweisen konnte und seine Schüler sich in der Zuordnung der feststehenden Tendenzen zu den einzelnen Evangelien keineswegs immer untereinander und mit ihrem Lehrer einig waren.

Dennoch hat Baur auf den weiteren Gang der Erforschung unserer synoptischen Evangelien einen großen Einfluß ausgeübt, und zwar in zwei – zusammenhängenden – Hinsichten, nämlich einer eher methodischen und einer eher sachlichen.

Erstens: Baur befragt die Evangelien nicht nach ‚rückwärts', um die evangelische Geschichte – Jesu Lehre, Leben, Werk, Verhalten – von allen Überlagerungen zu befreien. Er fragt nach der Theologie bzw. der Tendenz der Evangelisten nicht, um sie von der Tradition abzuheben und das authentische Überlieferungsmaterial freizulegen. Vielmehr interessiert ihn die Theologie der Evangelisten als solche, weil sich in ihr der Geist des Urchristentums entfaltet und im JohEv seine schönste Blüte treibt. Er schreibt: „Je weniger wir die Verfasser der vier Evangelien ... für bloße Referenten halten können, um so mehr erhalten sie dagegen die Bedeutung von Schriftstellern, deren Schriften selbst wieder eine Quelle der neutestamentlichen Theologie sind" und „um so wichtigere Urkunden werden sie für die Entwicklungsgeschichte der neutestamentlichen Theologie" (1864, 24); denn: „Wo gibt es denn eine Reihe geschichtlicher Erscheinungen, die nicht auch einen Zusammenhang hätte, und wo gibt es einen Zusammenhang, welchem nicht auch irgendeine das Einzelne zur Einheit verknüpfende Idee zugrunde läge?" (1859, 5).

3.5.3.3 Benutzungshypothesen

Mit diesem methodischen Neuansatz unterscheidet sich Baur nicht nur von der, wie er sagt, ‚abstrakt kritischen' Behandlung der Evangelien, welche die Epoche der Harmonistik abgelöst hatte, sondern auch von der ‚negativ kritischen' eines David Friedrich Strauß, dessen ‚Leben Jesu' Baur in Tübingen hatte entstehen sehen (→ 3.4.6; vgl. Baur, 1862, 397). Baurs ständig wiederholter Vorwurf gegen das ‚Leben Jesu' von Strauß lautet nämlich, „daß er eine Kritik der evangelischen Geschichte ohne eine Kritik der Evangelien" liefere (1847, 41). Denn wie könne man Aussagen über die historische Zuverlässigkeit der in den Evangelien berichteten Geschichte machen, „ohne zuvor mit der Kritik der Schriften auf ein festeres Resultat gekommen zu seyn" (1847, 71). Diese Kritik der Schriften unternimmt Baur, und zwar nicht durch Aufstellung einer neuen Quellenhypothese, welche die Kritik der Geschichte unmittelbar aus sich heraussetzt, indem sie die ältesten Quellen und damit die Qualität der Überlieferung zu bestimmen unternimmt, sondern dadurch, daß er im Rahmen der Benutzungshypothese Griesbachs auf den schriftstellerischen Charakter der einzelnen Evangelien achtet.

„Da überhaupt für uns alles Geschichtliche erst durch das Medium des erzählenden Schriftstellers hindurchgeht, so ist auch bei der Kritik der evangelischen Geschichte die erste Frage nicht, welche objektive Realität diese oder jene Erzählung an sich hat, sondern vielmehr, wie sich das Erzählte zum Bewußtseyn des erzählenden Schriftstellers verhält, durch dessen Vermittlung es für uns ein Objekt des historischen Wissens ist." Man muß zuerst überhaupt wissen, „was ein Schriftsteller wollte und bezweckte, aus welchem Interesse seine geschichtliche Darstellung hervorgegangen, welche Tendenz er in ihr verfolgt, welchen Charakter sie dadurch erhalten hat, und diese Frage selbst, auf welchem andern Wege läßt sie sich beantworten, als durch eine so viel möglich genaue Erforschung der geschichtlichen Verhältnisse, unter deren Einfluß der Schriftsteller geschrieben hat? Jeder Schriftsteller gehört der Zeit an, in welcher er schreibt... Die erste Frage, welche die Kritik an diese Evangelien zu machen hat, kann daher nur seyn, was wollte und bezweckte jeder Verfasser derselben, und mit dieser Frage kommen wir erst auf den festen Boden der concreten geschichtlichen Wahrheit..., man wage es, jeden dieser Schriftsteller nach seiner Individualität und seiner schriftstellerischen Eigenthümlichkeit zu fragen... Die Kritik, die sie unter diesen Gesichtspunkt stellt, und in demselben allein ein neues Moment des kritischen Bewußtseyns erkennen kann, nennt sich mit Recht die geschichtliche, weil sie es zu ihrer wesentlichsten Aufgabe macht, sich in den ganzen Zusammenhang der Zeitverhältnisse hineinzustellen, aus welchen diese Schriften hervorgegangen sind" (1847, 73–76.)

Seit die Evangelienharmonie durch die Synopse ersetzt worden war, hatte sich im synoptischen Vergleich der Blick des Forschers unvermeidlich auch auf die Besonderheiten des jeweiligen Evangelisten gerichtet, die freilich in der Regel als eher unangemessene Freiheit gegenüber der Tradition angesehen wurden. Anders urteilte über diese Besonderheiten indessen schon Herder, und die stellenweise direkt von Herder entlehnte Sprache Baurs zeigt, daß dieser bei jenem großen Anreger nicht wenig gelernt hat (→ 3.4.1). Indessen ist die Intensität und Konsequenz, mit welchen Baur die Evangelisten als Schriftsteller statt als Tradenten in den Mittelpunkt der kritischen Untersuchung stellt, neu, sieht man von dem Einzelgänger Bruno Bauer ab (→ 3.5.4.3). Was dieser aber aus dem schöpferischen Selbstbewußtsein einzelner Persönlichkeiten ableitete, erklärt Baur aus dem literarischen Interesse der urchristlichen Parteistandpunkte.

Wenn auch vor allem das vorgegebene tendenzkritische Geschichtsbild, das keinen Bestand haben konnte, Baurs methodisch beachtliche Fragehinsicht ausgelöst hat, so behält diese auch unabhängig von jener Vorgegebenheit ihr methodisches Recht (,Redaktionskritik', → 5.1), und zwar nicht zuletzt deshalb, weil das methodische Prinzip der ,Kritik der Schriften' sich im Blick auf die theologische Bewertung der Evangelien und die historische Beurteilung der evangelischen Überlieferung keineswegs neutral verhält, wie in den folgenden Überlegungen sichtbar wird.

Zweitens: Baur entwickelt die Notwendigkeit seiner tendenzkritischen Untersuchungsweise in Auseinandersetzung mit dem ,Leben Jesu' von Strauß (→ 3.4.6); die Kritik der Geschichte muß mit der Kritik der Schriften *beginnen*. Man müsse doch zunächst klären, „ob der fragliche Schriftsteller auch nur selbst die Absicht hatte, in diesem oder jenem Theile seines geschichtlichen Werkes sich als historischen Referenten zu geben" (1847, 73). Daß die kanonischen Evangelien „sich als geschichtliche Darstellungen des Lebens Jesu geben, schließt die Voraussetzung keineswegs aus, daß ihre Verfasser bei ihrer Darstellung durch bestimmte Motive und Interessen geleitet wurden" (74). Könnte also nicht manches, was dem einen historisch zu sein dünkt, von Strauß aber als mythisch erklärt wurde, in Wahrheit seine Gestalt „nur durch die freie Produktivität des erzählenden Schriftstellers erhalten" haben? (ebd.)

Diese Frage bejaht Baur. Für den Verfasser des JohEv sei „die geschichtliche Wirklichkeit nur eine äußere, das an sich Wahre für das

Bewußtsein vermittelnde Form" (1864, 407). Was das LkEv über seine Quelle voraushat, beruhe keinesfalls „auf einem historischen Grunde" (1847, 474), sondern weise dem LkEv einen Platz auf dem Weg zur reinen Idealität des JohEv an (501). Das Wenige, das dem MkEv gegenüber dem MtEv und dem LkEv, die es exzerpiert, eignet, beruht erst recht nicht „auf einem ursprünglichen historischen Grunde" (557), sondern auf den Eigentümlichkeiten des Schriftstellers (558; 560). Bleibt das kanonische MtEv, das möglicherweise einen alten apostolischen Kern hat. „Das Matthäus-Evangelium ist demnach zwar das relativ ursprünglichste und glaubwürdigste unserer kanonischen Evangelien, aber wir dürfen nicht vergessen, daß es in seiner jetzigen Form für uns selbst schon durch ein Medium hindurchgegangen ist, das wir nicht mehr zu durchschauen im Stande sind. Auch dieses Evangelium ist schon ein sekundärer Bericht, dessen Verhältniß zu dem objektiven Thatbestand nur annäherungsweise bestimmt werden kann" (620 f).

Mit diesem Satz beendet Baur 1847 seine Untersuchung über die Evangelien, deren kanonische Gestalt er sehr spät in die Zeit von etwa 130 (MtEv) bis etwa 170 (JohEv) setzt. „Die Lehre Jesu steht daher in einer geschichtlichen Ferne vor uns, in welcher sie sich der Schärfe der geschichtlichen Betrachtung entzieht, und mehr nur das Ganze als das Einzelne in's Auge gefaßt werden kann" (1864, 122). Man kann sich deshalb des Eindrucks nicht erwehren, daß Baurs historische Skepsis gegenüber der evangelischen Überlieferung nicht wesentlich geringer ist als die Skepsis von Strauß.

Weisse charakterisiert Baurs Position richtig dahingehend, „daß die geschichtliche Forschung über den Ursprung des Christenthums nicht weiter vordringen kann als bis zu der Thatsache eines urchristlichen, dem Auftreten des Apostels Paulus vorangehenden Gemeindebewußtseins, welches in Jesus von Nazareth, dem Gekreuzigten und (im Bewußtsein der Gläubigen) Auferstandenen den Messias des jüdischen Volkes ganz nur im Sinne *des* Glaubens, der nach Maaßgabe der prophetischen Verkündigungen bereits unter diesem Volke festgestellt war, zu erblicken meinte. Wie vielen Antheil an diesem Glauben Der selbst, dessen Persönlichkeit der Glaube solchergestalt zu seinem Gegenstande gemacht, und wie vielen anderseits die Ereignisse, die nach seinem Tode den Zusammenschluß der ersten Gemeinde bewirkten, daran gehabt haben mögen, das ist und bleibt in ein für alle Forschung undurchdringliches Dunkel gehüllt. Das Matthäusevangelium aber stellt uns vor allen übrigen am meisten und am vollständigsten den Inhalt jenes Urbewußtseins dar" (1856, 74).

Zwar erhebt Baur den Anspruch, seine Kritik sei „conservativer, als die Strauß'sche, sofern sie nach einem bestimmten Gesichtspunkt die geschichtlichen Elemente von den nichtgeschichtlichen zu scheiden weiß" (1862, 399), aber nicht ohne Grund hält Strauß in seinem ‚Abschiedsbrief' vom 17. 11. 1846 seinem einstigen Tübinger Lehrer vor: „... es ist ein falscher Paß, den Sie den Zionswächtern vorweisen, wenn Sie immer und immer wieder versichern, daß ihre Kritik nicht wie die Ihres verrufenen Schülers, mit welchem verwechselt zu werden Sie sich höchlich verbitten müßten, eine negative sei. Denn – wieso? wird der Wächter fragen, Sie lassen also die evangelischen Geschichten als historisch stehen? Das zwar auch nicht, werden sie wohl am Ende antworten müssen, aber ich weise zum Überfluß nach, wo und von wem sie erdichtet worden sind, und dies, womit ich mir so viele Mühe gebe, ist doch wohl ein positives Geschäft. Eine saubere Position das, wird der Visitator rufen; der Eine sagt: es ist nicht wahr, der Andre sagt: es ist gelogen und ich weiß den namhaft zu machen, der es erlogen hat! Fort mit beiden ins gleiche Loch!" (bei Barnikol, 1963, 118). Strauß ist verärgert darüber, daß sein ‚Leben Jesu' ihm den Eintritt in die wissenschaftliche Laufbahn eines Theologen verwehrt hat, während Baur als zwar bekämpftes, aber zugleich auch höchst einflußreiches Haupt einer theologischen Schule weites Ansehen genießt, obschon doch Baurs historische Skepsis gegenüber der synoptischen Tradition der von Strauß kaum nachsteht.

Aber Strauß tut Baur dennoch Unrecht. Die Straußsche Kritik der evangelischen Überlieferung war darin und insofern eine negative, als der von Strauß versuchte Nachweis eines weitgehend mythischen Charakters der evangelischen Stoffe die Evangelien selbst als untaugliche Grundlage von Theologie und Glaube erweisen wollte, während Baurs gegensätzlich-analoge Behauptung, die synoptische Tradition sei im wesentlichen schriftstellerischen Ursprungs, die Evangelien keineswegs theologisch diskreditieren, sondern zu hohen Ehren bringen sollte. Sind die Evangelien nicht vor allem in einer ‚historischen Relation' zu verstehen, sondern als schriftstellerisch ausgesprochenes Bewußtsein des Zeit-Geistes, so stößt die entsprechende geschichtliche (Zeit-gemäße) Betrachtung unvermeidlich auf den (Heiligen) Geist. Der vom MtEv über das LkEv zum JohEv hin anwachsende Anteil am Schriftstellerischen bedeutete insofern einen theologischen bzw. geistlichen Gewinn, als nicht das Historische als solches, sondern das Ideelle bzw. Geistliche das Wesen der Geschichte und damit des Evangeliums ausmacht.

Darum behandelt Baur 1847 zuerst das JohEv, dem er 312 Seiten widmet (77–389). Er nennt es mit Luther „das einzige zarte rechte Evangelium, das über allen andern steht, und auf eigenthümliche Weise vor ihnen sich auszeichnet" (386). In ihm hat die Idee des Christlichen zu seiner Zeit einen vollkommenen Ausdruck gefunden, wie es denn auch „in dem christlichen Bewußtsein aller Jahrhunderte ein so sprechendes Zeugniß seines ächt evangelischen Geistes erhalten hat" (386), daß angesichts dessen die Frage nach dem historischen Gehalt seines Berichtes unwichtig wird.

Dann wendet sich Baur dem LkEv auf immerhin noch 140 Seiten zu (391–531), das hinsichtlich seines freien Umgangs mit dem historischen Material wie hinsichtlich seiner ‚Idealität' – jedenfalls in seiner ursprünglichen Fassung – den Übergang von der synoptischen Tradition zum JohEv markiert. Demgegenüber tritt das Interesse an dem bloßen Epitomator Markus (533–567) und an dem ‚Urevangelisten' Matthäus (569–621), bei dem sich die christliche Idee nur sehr unvollkommen ausdrückt, deutlich zurück.

Der Ertrag des von Baur angewandten ‚schriftstellerischen' Gesichtspunktes ist bemerkenswert. Ein Evangelium hat seinen Wert nicht, wie bis dahin regelmäßig und auch noch von Strauß – negativ – vorausgesetzt, in seiner Nähe zum Historischen, sondern in seiner Nähe zum Geist des Christlichen, und „je höher die Entwicklungsstufe des christlichen Bewußtseins ist" (1864, 22), um so geistvoller zeigt sich das Evangelium, auch wenn seine geschichtliche Gestalt nur noch „eine äußere, das an sich Wahre für das Bewußtsein vermittelnde Form ist" (1864, 407).

Dieser bestechende Gesichtspunkt läßt freilich fragen, ob dieser Geist des Christlichen noch notwendig an das Historische als seinen unverzichtbaren Ursprung gebunden ist? Muß dieser Geist, um der christliche Geist zu sein, nicht dem ‚Ein für allemal'(ἐφάπαξ Röm 6,10; Hebr 7,27; 9,12; 10,10) des Christusereignisses verhaftet bleiben? Baur ist als Kind seiner – der idealistischen – Zeit in dieser Hinsicht sorglos. „Ist der Geist des Christenthums überhaupt ein frei waltender, schöpferisch wirkender, der weht, wo er will, dessen Stimme wir hören, wenn wir auch nicht wissen, woher er kommt, so hat er in seiner Freiheit auch die freie Macht, die Zeugen seiner Wahrheit da oder dort sich zu erwecken" (1847, 386). Wenn aber auch „die schöpferische Kraft des christlichen Geistes weder an einzelnen Namen hängt, noch auf bestimmte Zeiten beschränkt ist" (387), so bleibt doch die Frage, wie dieser Geist *als christlicher* zu identifizieren sei, nach welchem Maßstab also das ‚Prüfet die Geister' (1 Joh 4,1) zu vollziehen ist.

Ist nicht in den Evangelien das ihnen zugrunde liegende *authentische* Material dieser Maßstab? Das war die herrschende Meinung der Evangelienkritik jener Zeit, gegen die Baur sich nicht ohne Anhalt an den synoptischen Evangelien selbst wendet; denn wie immer man die Evangelien quellenkritisch einander zuordnet: Daß die einzelnen Evangelisten ihre theologischen Absichten relativ unbesorgt um die historische Treue verfolgen, ist eine exegetische Einsicht, deren Richtigkeit man Baur zugestehen muß. Verstanden die Evangelisten sich aber als freie schöpferische Werkzeuge des Geistes? In dieser gnostisierenden Richtung konnte man Baur verstehen oder mißverstehen. Indessen widerspricht solchem pneumatisch-gnostischen Verständnis die prinzipielle Traditionsverbundenheit der Evangelisten entschieden. Oder gibt es ein Drittes jenseits der Alternative eines Verständnisses der Evangelisten als Bewahrer authentischer Tradition oder ihrem Verständnis als freier schöpferischer Schriftsteller?

Baur hat in seinen ‚Vorlesungen über neutestamentliche Theologie' (1864) darauf hingewiesen, daß, schaut man z. B. auf Paulus, nicht die Lehre Jesu das regulierende theologische Prinzip sei, sondern seine Person, nämlich das Bekenntnis zu Jesus als dem gekreuzigten und auferstandenen Messias bzw. zu ihm als dem menschgewordenen Sohn Gottes; „die Hauptfrage ist nicht, was Jesus gelehrt hat, um durch seine Lehre die Menschen zur Seligkeit zu führen, sondern was er gethan und gelitten hat, um ihr Erlöser zu werden" (124). Diese Beobachtung trifft sich mit der von Lessing, Hug, Weisse und anderen (→ 3.4.5.1), daß nicht die synoptische Tradition, sondern das formulierte Christus-Bekenntnis die Grundlage der urchristlichen Verkündigung bildet.

Dann aber stellt sich die Frage, ob nicht dieses kerygmatische Bekenntnis in seinen vielfältigen Ausprägungen das leitende theologische Prinzip auch der synoptischen Tradition und des JohEv darstellt, an dem sich die Evangelisten als Schriftsteller orientieren, so daß sie ihren Weg jenseits der Scylla der bloß historischen Tradition und der Charybdis des ungebundenen pneumatischen Enthusiasmus nehmen. Baur hat diese Überlegung nicht angestellt und im Rahmen seines entwicklungsgeschichtlichen Denkens auch nicht anstellen können. Er bezeichnete den Übergang von der Lehre Jesu zu der paulinischen Theologie vielmehr als ‚Fortschritt': „Es ist vor allem der Tod Jesu mit allem, was mit ihm zusammengehört, das wichtigste Moment des Entwicklungsprocesses, durch welchen das Christenthum eine von seiner ursprünglichen Form wesentlich verschiedene Gestalt erhielt. Durch ihn erst gewann die Person Jesu die hohe Bedeutung, die sie für das christliche Bewußtsein hat" (123), wenn auch der Paulinismus nichts andres getan hat, „als für das Bewußtsein auszusprechen, was an sich, thatsächlich im Urchristentum gesetzt war" (68). Erst ein Schüler Baurs, Gustav Volkmar (3.5.4.4), verband den ‚kerygmatischen' Gesichtspunkt mit der Einsicht Baurs, daß die Evangelisten primär als Schriftsteller, nicht als Tradenten zu betrachten sind.

Der von Baur erzielte methodische (die Frage nach den Evangelien als primär schriftstellerisch zu würdigenden Dokumenten) und sachliche (die theologische Qualität eines Evangeliums hängt nicht vor allem an der Quantität authentischer Überlieferung aus dem Leben Jesu) Fortschritt verband sich bei ihm aus den genannten Gründen seiner Tendenzkritik mit der Matthäus-Priorität bzw. der Hypothese Griesbachs, war aber nicht notwendig mit ihr verbunden. Die Anregungen Baurs haben ihre Fruchtbarkeit denn auch erst im Rahmen der die strenge Tübinger Tendenzkritik negierenden Anschauung von der Markus-Priorität erwiesen.

3.5.4 Markus-Priorität

3.5.4.1 Vorläufer

Die Markus-Priorität wurde zuerst von Gottlob Christian Storr (1746–1805) vertreten. Storr geht es noch um die traditionelle Evangelienharmonie (→ 1.2), die er 1786 auch selbst erstellt (307–345). Er rechnet z. B. damit, daß Jesus dreimal in Kapernaum einen Sohn bzw. Knecht eines Hauptmanns geheilt hat, vor und hinter Jericho einem Blinden das Augenlicht gegeben habe usw. Er nimmt alle synoptischen Berichte buchstäblich.

Im Interesse solcher Harmonistik öffnet er sich der historischen Erforschung der Evangelien jedoch insoweit, als er nach Anlaß und Zeit der Evangelien fragt, um aufgrund zuverlässiger Antworten auf diese Frage die richtige Reihenfolge (‚Akoluthie') der synoptischen Erzählungen, die zumal im MkEv und im MtEv stark voneinander abweicht, feststellen zu können – eines der Grundprobleme der Harmonistik. Hatten die Harmonisten seit der Zeit der Alten Kirche in der Regel die kanonische Reihenfolge der Evangelien auch als die zeitliche angesehen, so stellt Storr diese traditionalistische Ansicht im Interesse einer besseren Harmonie kritisch infrage, indem er nicht der Ordnung des MtEv den Vorzug gibt, sondern diese der Stoffanordnung der drei anderen Evangelien, die er in allen Fällen genau beibehält, unterordnet.

Als die Gemeinde in Antiochien gegründet worden war, trug nach Storrs Urteil Petrus dafür Sorge, daß sie, da sie die Jesusgeschichte nicht aus eigener Anschauung kannte, ein schriftliches Evangelium bekam, dessen Abfassung er seinem Vertrauten Johannes Markus übertrug (vgl. Papias; → 2.4), der also sein Buch entgegen der altkirchlichen Ansicht (→ 2.5) nicht in Rom geschrieben hat. Lukas, der Antiocher (→ 2.5), hat dieses heimatliche ‚Evangelium Petri' benutzt und durch vieles, was er selbst in Palästina aus mündlicher Kunde in Erfahrung gebracht hatte, bereichert, als er, vermutlich während der (ersten) Gefangenschaft des Paulus in Rom, sein Evangelium schrieb. Matthäus verfaßte schon bald, nachdem das MkEv vorlag, sein aramäisches Evangelium, gab aber die Zeitfolge des von ihm benutzten MkEv preis, weil er einen eigenen, nicht-chronologischen Plan verfolgte. Anlaß für Matthäus zu schreiben war der Wunsch palästinischer Christen, auch selbst wie die Antiochener ein schriftliches Evangelium zu besitzen. Diesem Anlaß zufolge behält Matthäus die „Nachrichten des Marcus" bei, „aber von einem Augenzeugen war denn auch zu erwarten, daß er nicht blos übersetzen, sondern die älteren Bericht mit neuen Zugaben bereichern werde" (1786, 293). Lukas hat das aramäische MtEv vielleicht gekannt, aber nicht benutzt. Die sprachlichen Übereinstimmungen zwischen dem griechischen MtEv und dem LkEv beruhen vielmehr darauf, daß die Übersetzer des aramäischen MtEv ins Griechische sich am MkEv und am LkEv orientierten:

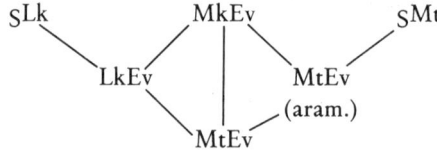

Das Überlieferungsgut, das das MtEv und das LkEv über das MkEv hinaus gemeinsam haben, muß also im wesentlichen aus dem jeweiligen Sondergut – unabhängig voneinander – aufgenommen worden sein. Schon Storr plädiert für die Markus-Priorität mit den Argumenten, daß in der Regel die ausführlichere Schrift die spätere und daß ein Grund für die Kürzung des MtEv bzw. des LkEv durch den Verfasser des MkEv nicht ersichtlich gegeben sei (287ff), sowie mit Hinweis darauf, daß Matthäus und Lukas unabhängig voneinander dem Plan des MkEv gefolgt seien (283).

Diese Argumente spielten in der Regel auch eine Rolle, wenn das

MkEv oder ein Proto-MkEv bei jenen Benutzungshypothesen, die im Rahmen der verschiedenen Vorlagenhypothesen als Hilfshypothesen gewählt wurden, den ersten Platz erhielt. Das ist im Rahmen der Urevangeliumshypothese z. B. bei Gratz und bei Seiler (→ 3.2.3) der Fall, im Rahmen der Traditionshypothese nachdrücklich z. B. bei Herder (→ 3.4.1) sowie bei Credner (→ 3.4.3) und im Rahmen der Diegesenhypothese bei Lachmann (→ 3.3.3).

Lachmann legte außerdem mit gutem Grund Wert auf die Beobachtung, daß sich die Abweichungen in der Anordnung des Stoffes leicht erklären lassen, wenn das MtEv und das LkEv (stets unabhängig voneinander) die Ordnung des MkEv verlassen, nicht aber, wenn das MkEv die Ordnung des einen oder des anderen preisgegeben haben sollte (gegen Griesbach; → 3.5.3.2).

Das LkEv hat vier solcher Umstellungen: Mk 6,1–6 (Jesus in Nazareth) legt Lukas seiner redaktionellen Komposition Lk 4,16–30 (Antrittspredigt in Nazareth) zugrunde; Mk 1,16–20 (Berufung der Jünger) geht in Lk 5,1–11 (S. 366) ein und steht im LkEv passend *nach* erster erfolgreicher Predigt Jesu; Mk 3,7–12 (Zulauf des Volks) dient in Lk 6,17–19 zur Einleitung der öffentlichen Feldrede; Mk 3,20 f.31–35 (die wahren Verwandten) verbindet Lukas in Lk 8,19–21 theologisch geschickt mit dem vorgegebenen Gleichnis vom vierfachen Acker.

Das MtEv stellt einige der in Mk 1–5 ‚verstreuten' Wundergeschichten im Anschluß an die Bergpredigt in Mt 8–9 zusammen – Jesus ist der Messias des Wortes und der Tat –, und die Berufung der Zwölf (Mk 3,13–19) versetzt das MtEv passend an den Beginn der Aussendungsrede Mt 10,1 ff.

Im umgekehrten Fall – das MkEv benutzt das MtEv und (oder) das LkEv – lassen sich analoge Gründe für Umstellungen durch den Verfasser des MkEv (vgl. Griesbach, → 3.5.3.2) nicht erkennen. Dies Argument Lachmanns, das sich vor allem gegen Griesbach wandte, wird später immer wiederholt; die Redaktionskritik (→ 5.1) bestätigt sein sachliches Gewicht. Vgl. Sanday (1893, 1224 a); Kümmel [17]1973, 31 ff); Tuckett (1980; 1983, 26 f).

Dem (Grund-)Schema Storrs folgen heute wieder Simpson (1965/66) u. a.

Die Hilfshypothesen mit Markus-Priorität drängten also zu einer Benutzungshypothese mit Markus-Priorität, doch behauptete zunächst Griesbachs methodisch eindrückliche *Commentatio* das Feld der Benutzungshypothesen. Der Zufall wollte es, daß 1838 unabhängig voneinander zwei umfangreiche Werke erschienen, welche eine selbständige Benutzungshypothese mit Markus-Priorität zu begründen unternahmen. Es handelt sich einmal um ein Buch des später zum Katholizismus konvertierten Pfarrers von Hermannsdorf im sächsischen Erzgebirge, Ch. G. Wilke, zum anderen um ein zweibändiges Werk des Leipziger spekulativen Philosophen Ch. H. Weisse, eines Schülers von Hegel.

Im März 1838 erschien der erste Band von Weisses Werk. Das Vorwort von Wilkes Buch ist auf den 12. April 1838 datiert. Noch im selben Jahr rezensiert Weisse das Buch von Wilke ausführlich in den Jahrbüchern für wissenschaftliche Kritik, und dabei „schmeichelt (er) sich mit der Hoffnung, daß diese Zufälligkeit der Begegnung in dem gemeinschaftlichem Ergebnisse ein nicht unwichtiges Moment zur Empfehlung und Beglaubigung dieses Ergebnisses abgeben wird" (596). Er sollte Recht behalten.

3.5.4.2 Christian Gottlob Wilke

Wilke (1788–1854) schreibt ein Buch von 694 Seiten, das man nur sinnvoll lesen kann, wenn man ständig die Synopse zu Rate zieht. Sein manirierter Stil erleichtert die Lektüre nicht, und auch Wilke selbst räumt ein, ihm seien „hie und da Phrasen unterlaufen, die ich jetzt ändern würde; weshalb ich mir wünschen muß, daß billige Beurtheiler mehr die Sache und den Gehalt, als die Form und den Ausdruck, in's Auge fassen mögen" (VI). Nur wenige Wissenschaftler werden das Buch, über dessen Problem und Plan Wilke, wie er im Vorwort mitteilt, länger als zehn Jahre nachgedacht hat, wirklich durchgearbeitet haben.

Der mißverständliche Titel des Buches – ‚Der Urevangelist' – besagt nicht, daß Wilke die klassische Urevangeliumshypothese erneuern will. Vielmehr sucht er, nachdem er im ersten Teil seines Buches die zu seiner Zeit herrschende Traditionshypothese (→ 3.4) zurückgewiesen hat (26–161), nachzuweisen, daß die ‚gemeinsame Relation' der Synoptiker, der ‚Urevangelist', nicht außerhalb von ihnen, sondern unter ihnen selbst zu finden sei. Mit diesem Nachweis wendet er sich zugleich gegen die Griesbachsche Hypothese, von deren Anhängern er sein Buch nicht beurteilt sehen möchte, weil er „diesen immerhin achtungswürdigen Männern die nöthige Unbefangenheit des Urtheils" nicht zutraut (V).

Die Problemstellung des Buches richtet die Aufmerksamkeit des Lesers ganz auf jene Teile der synoptischen Überlieferung, die bei Markus und mindestens einem der „Mitdarsteller" begegnen und die Wilke in einer ersten synoptischen Tafel zu Anfang des Buches zusammenstellt (4–8). „Das Problem ist, um es mit einem Worte auszudrücken, dieses: war der Inhalt der ersten Tafel ein Werk für sich oder nicht? Auf die Entscheidung dieser Frage kommt alles an; sie geht auf

3.5.4.2 Benutzungshypothesen

den Wendepunkt des ganzen Phänomens" (20). Die Stoffe der zweiten Tafel (9–11), welche die nur dem MtEv und dem LkEv gemeinsamen Stücke enthält, und die der dritten Tafel (12–16) mit dem Sondergut der einzelnen Evangelisten spielen mitsamt ihren Problemen in Wilkes Buch demzufolge eine untergeordnete Rolle.
Gegen Ende seines Buches versucht Wilke indessen in Kürze den Nachweis, daß Matthäus jenes Gut, das er nur mit Lukas gemeinsam hat, aus dem LkEv entlehnt habe (685–692); eine gemeinsame Vorlage für das LkEv und das MtEv – außer dem MkEv – lehnt er ausdrücklich ab (691). Insoweit enthält Wilkes Buch (vgl. 1843, 215 ff) eine vollständige Benutzungshypothese:

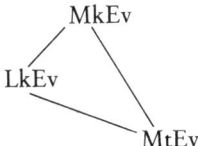

Die Frage, „woher Lukas die Materialien, mit denen er Markus Evangelium bereichert, entlehnt habe", verschiebt Wilke auf eine spätere Untersuchung (VI; vgl. 545), die er indessen schuldig geblieben ist. Das hat die besondere Weise, in der Bauer (→ 3.5.4.3) und Volkmar (→ 3.5.4.4) die Hypothese Wilkes benutzt haben, das MkEv als das eine Urevangelium ansehend, erleichtert.
Wilke geht nicht traditionalistisch von den Berichten der Kirchenväter aus. Er fragt nicht zuerst, „wie etwa die evangelische Geschichtsschreibung sich überhaupt habe gestalten können". Sein Vorwurf gegen die bisherige Forschung lautet vielmehr, sie habe „öfters nur apriorisiert, anstatt Beobachtungen über den Text anzustellen" (21). Ihm geht es stattdessen darum, „daß die übereinstimmenden Berichte genau, – hierauf kommt alles an, – miteinander verglichen werden" (19). Wilke nimmt sich vor, „den Geheimnissen des Textes nachzuspüren, um wo möglich aus seinen eigenen Tiefen, als ob diese noch nicht durchsucht wären, Resultate zur Beantwortung unserer Frage hervorzuholen" (22). Er verzichtet deshalb in der Regel auf ausdrückliche Auseinandersetzung mit der wissenschaftlichen Literatur.
Wilke teilt die mit dem MkEv gemeinsamen Texte in die beiden Kategorien des ‚Reflexionsmäßigen' (das Historische, die geschichtlichen Tatsachen) und des ‚Gedächtnismäßigen' (das Didaktische, die gesprochenen Reden) ein. Da nämlich bei der Überlieferung der Re-

den Jesu nur das Gedächtnis am Werke sein muß, bei der Überlieferung seiner Taten aber die Reflexion des jeweiligen Erzählers eine Rolle spielt, legt sich diese Unterscheidung bei einer traditionsgeschichtlichen Untersuchung nahe; denn bei dem Gedächtnismäßigen überraschen die Abweichungen, bei dem Reflexionsmäßigen dagegen die Übereinstimmungen der verschiedenen Tradenten.

Die 29 gemeinsamen Redestücke seiner ersten Tafel, die das mit dem MkEv gemeinsame Gut auflistet, bespricht Wilke auf Seite 178–472 seines Buches, die 28 gemeinsamen Erzählstücke auf Seite 472–694. Er vergleicht „Schrift mit Schrift" (178), „um zu untersuchen, *welche Darstellung das ursprüngliche Gepräge am reinsten ausdrücke*" bzw. „um fremdartige Beimischungen vom Ursprünglichen abzuscheiden" (24). Dabei richtet Wilke seine Aufmerksamkeit vornehmlich „auf die Form der Texte im Allgemeinen", auf ihr „äußeres Verhältnis zueinander", und geht nur, wo es zur Verstärkung des Beweises erforderlich ist, auch auf das „*logische* Verhältniß der Sätze", nämlich auf ihren Inhalt ein (24), so z. B. mit Ausführlichkeit auf Seite 346–385. In „der Zergliederung des Ausdruckes und der Gedankenbildung der synoptischen Parallelstellen bis in die geringsten Einzelheiten" (Weisse, 1856, 83) hinein leistet er Erstaunliches.

Dieser subtile Vergleich ergibt: Das, was das MtEv und (oder) das LkEv mit dem MkEv gemeinsam haben, bildet ein zusammenhängendes Werk für sich, dem gegenüber sich Matthäus und Lukas als Bearbeiter und ihre übrigen Überlieferungen als Zutat zu einem Ursprünglichen ausweisen, wobei die individuelle Schreibart des Matthäus und des Lukas stets erkennbar wird; auch ihre Kürzungen am Text des MkEv lassen sich jeweils als schriftstellerische Absicht verstehen. Da die seit jeher beobachtete und auch von Wilke gebührend herausgestellte Tatsache, daß das MkEv im wesentlichen im MtEv und (oder) im LkEv enthalten ist, sich als solche ebensowohl erklärt (→ 3.5.3.2), wenn das MkEv Quelle wie wenn es Exzerpt des MtEv und des LkEv ist (vgl. Baur, 1847, 70), muß der schriftstellerische Vergleich ergeben, welches Verhältnis zutrifft, und Wilke kommt zu dem Ergebnis: „Bestand der Relation, Anlage und Abzweckung, Form und Ausdruck derselben – auf welches von diesen wir auch den Blick richten; Markus Darstellung hat, wo sich ihr Parallelen in den andern Evangelien zur Seite stellen, vor ihnen die Zeichen der Originalität" (457).

Wilkes Buch beeindruckt dabei nicht durch das einzelne Argument, sondern durch die Fülle der über den Leisten der Markus-Priorität geschlagenen Beobachtungen. Auch diese Fülle von Beobachtungen kann freilich keinen dokumentarischen Beweis für die Markus-Priorität erbringen. Indessen ergibt auch die Gegenprobe, daß das MkEv als bewußte oder unbewußte Mischung aus dem MtEv und dem LkEv im einzelnen wie im ganzen unverständlich bliebe (438 ff). Natürlich entstehe dadurch, daß Matthäus und Lukas ihre Vorlage, das MkEv, erweiterten und gelegentlich kürzten, der Anschein, als habe Markus sein Evangelium aus jenen beiden Vorlagen kürzend und gelegentlich erweiternd zusammengeschrieben, aber dieser Anschein, auf den Griesbach seine Hypothese aufbaute (→ 3.5.3.2), trügt, wie sich daran zeigen lasse, daß „Markus von dem, was eigenthümliche Schreibart seiner Nebenschriftsteller ist, nichts hat" (428), während diese umgekehrt „den Geist seiner Rede und Darstellung" in den mit ihm gemeinsamen Stücken belegen (457 ff).

Das MkEv ist ein Werk für sich, dessen Stücke „einerlei Zuschnitt und Disposition" haben (1843, 204); von ihnen unterscheiden sich deutlich diejenigen „Materialien, welche Matthäus und Lucas außer denselben in Gemeinschaft liefern" (203). MtEv und LkEv verraten, „daß die bei Matthäus und Lucas befindlichen Marcusstücke nur für die Stelle gearbeitet seien, die sie im Marcusevangelium selbst einnehmen" (211). Dagegen sind z. B. die lukanischen Bearbeitungen des MkEv „den Stücken ähnlich, um die das Lucasevangelium reicher ist" als das MkEv (208).

Die besondere „Schreib- und Darstellungsmethode" von Matthäus und Lukas hat Wilke für das Redengut auf Seite 396 ff. 408 ff, für das Erzählgut auf Seite 522 ff zu erheben versucht. Mag diese Erhebung auch unzureichend sein, weil sie sich im wesentlichen auf stilistisch-ästhetische Beobachtungen beschränkt, so ist der damit verbundene methodische Gesichtspunkt doch für die Entscheidung des synoptischen Problems wesentlich geblieben: Wo das Spezifische eines Schriftstellers – freilich gerade auch das spezifisch Theologische – sich bei einem anderen Schriftsteller wiederfindet, ist dieser von jenem abhängig (vgl. z. B. → 5.1.1; 3.6.1.b).

Schon Wilke stößt allerdings auf ein Problem, das den Verfechtern der Markus-Priorität bis heute Schwierigkeiten macht und – als ein literarisches Argument – den einzigen gewichtigen Einwand gegen die Markus-Priorität liefert. Es handelt sich um die Übereinstimmungen des MtEv und des LkEv gegen das MkEv in dem mit dem MkEv gemeinsamen Text (→ 3.6.5). Diese Übereinstimmungen sind positiver (das MtEv und das LkEv bringen im Rahmen des Markusstoffes einzelnes gemeinsam, das im MkEv fehlt) und negativer (das MtEv und das LkEv lassen unabhängig voneinander gemeinsame Stoffe des MkEv aus) Art. Es handelt sich dabei freilich im allgemeinen um Kleinigkeiten, aber auch solche kleinen Übereinstimmungen – ‚Minor Agreements' im Unterschied zu den großen Übereinstimmungen von MtEv und LkEv außerhalb des Markusstoffes – lassen sich nicht leicht erklären, wenn Matthäus und Lukas unabhängig voneinander das MkEv als Vorlage benutzt haben.

Wilke beobachtet sowohl positive (295 f.554) wie negative (323.552 ff) Übereinstimmungen. Die ersteren erklärt er aufgrund der von ihm vorausgesetzten Abhängigkeit des MtEv vom LkEv damit, daß Matthäus einzelne Ausdrücke dem LkEv entnommen und in den Markusstoff eingepflanzt habe (460 ff). Dieselbe Erklärungsweise will Wilke auch bei den negativen Übereinstimmungen nicht ausschließen, doch zieht er bei ihnen zwei andere Erklärungen vor: Teils haben Matthäus und Lukas diejenigen Stücke, die sie im Markusstoff übergehen, in ihrem Exemplar des MkEv noch gar nicht gelesen (286.323 ff.463 f.552 ff.672 ff; vgl. Stoldt 1977, 35 f) – auf diese Weise beseitigt Wilke ganz oder teilweise z. B. Mk 1,2.13; 3,6.17; 4,10; 6,9.37; 7,3 f.13; 8,1–9.20; 9,6.32.35.38 f; 10.16.31.46; 11,21 –, teils haben Matthäus und Lukas die einschlägigen Passagen und Worte unabhängig voneinander aus schriftstellerischen Gründen gestrichen (464 f 674 ff; vgl. Stoldt, 36 f). Mit der ersten Überlegung begründet Wilke eine Urmarkushypothese (→ 3.6.4).

Zwar gehörte der Benutzungshypothese mit Markus-Priorität die Zukunft, nicht aber der von Wilke behaupteten ‚reinen' Benutzungshypothese mit der ‚Querverbindung' zwischen MtEv und LkEv. Es wäre immerhin zwar verständlich, wenn Matthäus den nur mit dem LkEv gemeinsamen, im LkEv breit gestreuten Stoff in seinen fünf großen Rede thematisch geordnet hätte. Aber weniger verständlich ist schon, daß er das umfangreiche Sondergut des LkEv ausgelassen haben müßte und daß er z. B. die Vorgeschichten des LkEv (Lk 1–2) durch eigene Erzählungen, den Stammmbaum des LkEv (Lk 3,23–38) durch einen ganz anderen ersetzt haben sollte. Warum auch hätte Matthäus, wenn er in so großem Umfang das LkEv ausgeschrieben hat, den Markusstoff nur aus dem MkEv, nicht aber – von unbedeutenden Wendungen abgesehen – auch aus dem LkEv genommen? Vor allem aber müßte im MtEv, wenn es so sehr auf dem LkEv fußt, wie Wilkes Schema voraussetzt, der *Schriftsteller* Lukas durchblicken. Wilke bedenkt das damit gegebene literarische Problem beiläufig und behauptet, daß Matthäus „sogar charakteristische Worte des Lukas gebraucht" und „daß er Stücke desselben Geistes, der in andern, dem Lukas eigenen Darstellungen weht, aufgenommen" habe (685). Der entsprechende konkrete Nachweis fällt dann freilich sehr kärglich aus (689f; vgl. 295.460ff), und der heutige Stand der Erforschung des LkEv, seiner Theologie bzw. Redaktion (→ 5.2), schließt aus, daß der Verfasser des MtEv Kenntnis vom LkEv und seinem ‚Geist' gehabt hat.

Wilkes Verdienst, in dem sich Baur in mancher Hinsicht mit ihm trifft (→ 3.5.3.3), besteht vor allem darin, mit Nachdruck zur Geltung gebracht zu haben, daß sich das Verhältnis der Synoptiker zueinander nur klären läßt, wenn man den *schriftstellerischen* Charakter der Evangelien bedenkt und beachtet, in welcher Relation sie unter diesem Gesichtspunkt zueinander stehen, das heißt, welches der Evangelien jeweils die charakteristische *schriftstellerische* Art seiner Vorlage voraussetzt und wie es sich zugleich selbst als eigentümliches schriftstellerisches Produkt von diesem abhebt – jedenfalls sofern die Evangelisten nicht bloße Sammler sind, wie andere behaupteten und behaupten (→ 3.6.1.b; 5.1.1).

Bei Wilke begegnen im Blick auf alle drei synoptischen Evangelien immerfort die Begriffe ‚schriftstellerische Willkühr', ‚schriftstellerischer Zweck', ‚schriftstellerischer Plan', ‚schriftstellerische Berechnung', ‚schriftstellerische Kunst', ‚schriftstellerische Freiheit', ‚Ausdrucksweise des Schriftstellers', ‚schriftstellerischer Gesichtspunkt' usw. Wilke hat das Kriterium des Schriftstellerischen freilich insoweit unzureichend angewandt, als er, was schon Weisse in seiner Besprechung (616) beklagte, das Schriftstellerische im wesentlichen im Formalen, im Inhaltlichen aber nur insoweit beobachtete, als es für die Beurteilung des Stils der Einzelstoffe erforderlich war. In seiner Ableitung des MtEv vom LkEv hat er sich deshalb auch grob vergriffen.

Daß der auf solchem ‚schriftstellerischen' Wege gewonnene Nachweis der Markus-Priorität nicht schlechterdings zwingend war, zeigte sich schon bald daran, daß Baur in Übereinstimmung mit Wilkes Verfahren zwar bestätigt, wie sehr dieser seine Untersuchung „mit größter Genauigkeit und methodischer Consequenz" durchgeführt habe (1847, 68; vgl. Hilgenfeld, 1854, 20f; Schwarz, 147ff), dennoch aber an Griesbachs Hypothese mit Matthäus-Priorität festhält (→ 3.5.3.3). Auch Wilke selbst äußert mehrmals, er rechne nicht damit, diejenigen zu überzeugen, welche sich in der Hypothese Griesbachs festgebissen hätten, und nicht ohne Grund urteilt Schwarz, ein Anhänger der Hypothese Griesbachs: „Die kleinste Ungenauigkeit, die reinsten Zufälligkeiten in Styl und Ausdruck müssen als Instanz gegen Matthäus und Lukas dienen, während dergleichen bei Markus gefunden, nur als Zeugniß seiner Originalität dienen können. Hienach ist dieses Verfahren von dem Vorwurfe der Unredlichkeit nicht freizusprechen" (183).

Indessen ist damit das ‚schriftstellerische Prinzip' als solches nicht diskreditiert, und die weitergehende Anwendung dieses methodischen Prinzips hat hinsichtlich der Markus-Priorität die Ergebnisse Wilkes nur bestätigen können (→ 5.5), während der Hauptvorwurf gegen die noch heute bzw. heute wieder regsamen Verfechter einer Matthäus-Priorität (→ 3.5.3.2) lautet, daß sie dies wichtige Kriterium übersehen oder vernachlässigen.

Seinen Gesichtspunkt des ‚Schriftstellerischen' bringt Wilke nicht nur so zur Geltung, daß er das MtEv und das LkEv als schriftstellerische Bearbeitung des MkEv erweist, sondern auch so, daß er das MkEv aus schriftstellerischen Gründen als das erste Evangelium überhaupt, eben als das Urevangelium ansieht. Das originale MkEv ist ein ursprüngliches einheitliches Werk, das mit sich selbst übereinstimmt, „nach der Präcision und Kürze, nach der Unterordnung des Speciellen unter das Allgemeine, nach den Nachbildungen Alttestamentlicher Geschichten, so wie nach der Art, Lehre und Geschichte, Einfaches und Erhabenes, in der Schilderung zu kombiniren – im Ganzen wie im Einzelnen ein Kunstwerk" (670f), ein Urteil, das noch 1925 Larfeld mit ausführlicher Begründung in Wilkes Manier wiederholt: „Das Mkev. ist eine Komposition aus *einem* Gusse; Mt. Lk. sind zusammengesetzte Stückwerke" (72). Wilke schreibt: „Dieses Werk ist nicht die Kopie eines mündlichen Urevangeliums, sondern es ist künstliche Komposition. Daß seine Zusammenstellungen weniger durch geschichtlichen Zusammenhang, als durch vorausgedachte allgemeine Sätze bedingt sind, ungeachtet sie den Schein eines geschichtlichen Zusammenhangs angenommen haben, dies erklärt sich eben daraus, daß sein Urheber keiner der unmittelbaren Begleiter Jesu gewesen ist" (684).

Somit ist das MkEv ein schriftstellerisches Werk auf historischem Grunde. Denn Wilke zweifelt so wenig wie Storr (→ 3.5.4.1) daran, daß sein Verfasser Johannes Markus ist, der, wie Papias sagte (→ 2.4), sein Material aus den Lehrvorträgen des Petrus ausgezogen und ihm nach seinen schriftstellerischen Gesichtspunkten „eine geschichtliche

Fassung" gegeben hat (152). Es bietet also apostolische Kunde (657 f). Wilke muß sich freilich der rationalistischen Wundererklärung von Bahrdt und Paulus anbiedern, um zu dem Urteil zu finden, „daß die Erzähler nicht erdichtet haben. Die Geschichte Jesu ist darum keine Chimäre" (1843, 315). „... man fasse die Erzählungen von der Kindheitsgeschichte Jesu nicht als Mythen" (319).

In dieser Auskunft zeigt sich, daß Wilke sein Buch 1838 nicht ohne kritischen Blick auf das ‚Leben Jesu' von Strauß publizierte (→ 3.5.4.6) und das MkEv als schriftstellerisches Originalwerk gegen die Annahme setzte, die synoptischen Evangelien seien Sammlungen der mythischen Gemeinsage. Daß Andere bald nach dem Erscheinen seines Buches dessen wichtigstes Ergebnis, die Markus-Priorität bzw. die schriftstellerische Originalität des MkEv, mit der historischen Skepsis von Strauß verbanden, dürfte Wilke deshalb wenig Freude gemacht haben.

Relativ eng an Wilke schließt sich Pfleiderer (1887, 359 ff) an. Auf die von Wilke offen gelassene Frage nach dem Ursprung des Stoffes, den das LkEv über das MkEv hinaus bietet und an dem das MtEv über das LkEv partizipiert, antwortet er weniger mit dem Hinweis „auf bestimmte geschichtliche Quellen als auf die schriftstellerische Kunst des Verfassers" (417).

Wie Wilke, jedoch mit Umstellung von MtEv und LkEv, vertritt die Markus-Priorität u. a. Scholten (1869; vgl. Schanz; Ropes, 92 f).

freilich mit zusätzlichen komplizierten Thesen über Proto- und Deuteroformen der drei Synoptiker (vgl. Baur, → 3.5.3.3). Ähnlich neuerdings wieder Farrer (1955; dazu Martin, 1956; Downing, 1964/65); Goulder (1974; 1977/78; dazu Tuckett, 1984); West (1967/68); Argyle (1961/62; 1964); Drury (1977); vgl. Butler (1939). Die Vertreter dieses Schemas schaffen sich freilich die zusätzliche, auch bei der Hypothese einer Matthäus-Priorität auftretende und dort bereits besprochene (→ 3.5.3.1; 3.5.3.2) Schwierigkeit, die literarische Gestalt des LkEv aus dem MtEv erklären und vor allem eine Antwort auf die Frage geben zu müssen, warum Lukas die Reden des MtEv zerschlagen hat, eine Schwierigkeit, die durch den ‚traditionalistischen Gewinn' – das LkEv ist nicht Quelle des ‚apostolischen' MtEv – nicht aufgewogen wird.

3.5.4.3 Bruno Bauer

Bruno Bauer (1809–1882) verbindet in seiner ‚Kritik der evangelischen Geschichte der Synoptiker' die Markus-Priorität nach Wilke mit der historischen Skepsis von Strauß.

Bauer moniert an Strauß, „daß ihm in den Evangelien neben den sogenannten Mythen noch ein wahrer Schatz historischer Thatsachen blieb", die er in der dritten Auflage seines Werkes noch vermehrt habe (Bd 4, 1852, 13; vgl. Bd 1, 1841, IX). Das „war nicht zufällig" (Bd 1, 1841, IX), sondern hänge mit der von Strauß festgehaltenen Traditionshypothese zusammen. Diese zu überwinden, sei die Voraussetzung für die Vollendung der Evangelienkritik, in der Bauer tut, „was sich *Strauß* am Schlusse seiner Einleitung ausdrücklich verbeten hatte, er machte aus dem Nicht-Wissen, was geschehen sei, ein Wissen, daß Nichts geschehen sei" (Holtzmann, 1863, 33).

Bauer lobt Weisse, daß dieser der Traditionshypothese mit Erfolg entgegengetreten sei (→ 3.4.5; 3.6.1), indem er nachwies, daß eine entsprechende Überlieferung „der Gemeinde in den ersten Jahrhunderten ihres Bestehens fremd gewesen sey" (Bd 1, 1841, V), und er bestreitet gegenüber Strauß die mythenbildende Kraft der Gemeinsage, weil die Überlieferung nicht die Hand „um zu schreiben hat, den Geschmack, um zu componieren, die Urtheilskraft, um das Zusammenhängende zu verbinden, Fremdes abzuschneiden" (Bd 1, 1850, VIII). Da Bauer zugleich nicht hinter die von Strauß vollzogene Destruktion des Historischen zurückzugehen gedenkt, benötigt er eine andere Quelle für die synoptische Tradition als die mündliche Gemeinsage. Diese Quelle ist der ‚schöpferische Urevangelist', die ‚überwältigende Persönlichkeit'.

Hinsichtlich des ‚Urevangeliums' folgt Bauer dem Werk von Wilke (→ 3.5.4.2), „dessen Angedenken unsterblich seyn wird!" (Bd 1, 1841, XI): Das MkEv ist die früheste Evangelienschrift überhaupt, die von den Verfassern des MtEv und des LkEv benutzt wurde; dem MtEv liegt außerdem das LkEv zugrunde.

Darüber hinaus schließt Bauer sich der für Wilkes Quellenkritik fundamentalen Einsicht an, daß das MkEv ein schriftstellerisches Kunstwerk sei, diese Einsicht in seiner Weise radikalisierend. In einer Untersuchung über das JohEv war Bauer nämlich schon 1840 zu der Überzeugung gekommen, daß ein Evangelium, eben das JohEv, „rein schriftstellerischen Ursprungs seyn könne" (Bd 1, 1841, XIV). Von dieser Untersuchung und Erkenntnis aus schreitet er weiter zu den

Synoptikern. Daß es sich bei dem MtEv und dem LkEv um schriftstellerische Bearbeitungen des MkEv handelt, hatte Bauer von Wilke (und Weisse, → 3.6.1) gelernt. Hatte Wilke aber die Frage nach der Herkunft des das MkEv überschießenden Stoffes im LkEv, das auch dem Verfasser des MtEv vorlag, und im MtEv selbst offen gelassen, so weist Bauer diesen Stoff den Schriftstellern Lukas und Matthäus zu. Als Paradebeispiel dienen ihm zum Erweis dessen die Geburtsgeschichten, die im LkEv (Lk 1-2) und im MtEv (Mt 1-2) gänzlich differieren, jeweils aber in sich und mit dem Werk, dem sie vorangestellt sind, einen inneren Zusammenhang bilden. Bei diesen Erzählungen können wir es, sagt Bauer, nicht mit schriftstellerisch gefaßter Tradition, sondern nur mit schriftstellerischer Bildung zu tun haben (Bd 1, 1841, 1-141). Aber auch die Bergpredigt des MtEv ist nur eine „freie Fortbildung der Keime...", die sich in der Schrift des Lukas finden", und die ihrerseits „freie Schöpfung desselben Lukas" seien (Bd 1, 1841, 387).

Wie steht es dann aber mit dem ‚Urevangelisten' Markus, der Wilke zufolge die Berichte des Petrus in ein literarisches Kunstwerk faßte? Bauer meint: „Wenn die Form durchweg schriftstellerischen Ursprungs ist und dem Evangelium des Marcus den Charakter eines ‚Kunstwerks' gibt", dann ist die Aufgabe der Kritik – „die letzte, die ihr gestellt werden konnte" –, „nun offenbar die, daß zugleich mit der Form auch der Inhalt darauf hin untersucht wird, ob er gleichfalls schriftstellerischen Ursprungs und freie Schöpfung des Selbstbewußtseyns ist" (Bd 1, 1841, XIVf). Eben diese Untersuchung legt Bauer in seiner ‚Kritik der evangelischen Geschichte der Synoptiker' 1841/42 und wiederholt 1850/52 vor, und er kommt zu dem Ergebnis, daß auch der ‚Urevangelist' nicht aus Tradition oder Erinnerung geschrieben habe, sondern hinsichtlich Form *und* Inhalt seines Werkes schöpferisch tätig gewesen sei (vgl. Bd 4, 1852, 31).

In der Neubearbeitung seines Werkes stellt sich Bauer 1850/52 das quellenkritische Problem freilich etwas differenzierter dar. Denn wenn auch „unumstößlich feststeht, daß nur im Marcusevangelium die einzelnen Abschnitte correct gestaltet sind und ihr inneres Ebenmaß sich zur Harmonie des Zusammenhangs erweitert, der sie selbst wieder zu einem fast vollendeten Ganzen zusammenfaßt, so sind einzelne Mängel seiner Darstellung, einzelne Incorrectheiten und Dissonanzen doch so groß, daß es den Ruhm der absoluten Priorität nicht behaupten kann... Es ist nicht das Urevangelium, aber es hat uns dasselbe am treusten erhalten" (Bd 1, 1850, VI). Und hinsichtlich des MtEv meint Bauer jetzt nachgewiesen zu haben, daß sein Verfasser nicht einfach nur das LkEv erweitert, sondern „spätere Bearbeitungen des Urevangeliums benutzt und nur neben diesen auch die Schrift des Lukas vor Augen gehabt habe" (Bd 4, 1852, 28) – insgesamt also eine Angleichung an die ‚klassische' Urevangeliumshypothese (→ 3.2). Der von Bauer auf *„wirklich schöpferische* Persönlichkeiten" zurückgeführte Prozeß der synoptischen Tradition ist also komplizierter, als es zunächst den Anschein hatte, aber er gehört Bauer zufolge mit allen seinen Phasen in relativ späte Zeit. „Die *Natur* des vorliegenden Stoffes, Form und Inhalt der Evangelien halten mich im *zweiten* Jahrhundert zurück – Form und Inhalt weisen auf *Urheber*, die dem *zweiten* Jahrhundert angehören" (Bd 4, 1852, 148), ein von Bauer nicht wirklich begründetes Urteil.

In diesem Zusammenhang wehrt Bauer sich gegen den Vorwurf (vgl. Schwegler, 1843, 249), „ein in die Welt hineingesandtes Buch" sei Ursprung und Urheber des Christentums gewesen (Bd 4, 1852, 146); denn neben dem ‚Urevangelisten'stehen viele andere schöpferische Persönlichkeiten der Christenheit, die „das Selbstgefühl und Selbstbewußtseyn der Gemeinde als den Grundstoff" für ihre literarischen Gebilde besitzen (ebd., 144), so die Verfasser der Vorgeschichten des MtEv und des LkEv, der Autor des JohEv, der Urheber der paulinischen Briefe usw. Im Blick auf solche Äußerungen hat Baur (1847, 66) nicht ganz Unrecht, wenn er bei Bauer eine bloße Modifikation der Traditionshypothese beobachtet, da auch Bauer das Urevangelium auf das in der Gemeinde Vorgegebene zurückführe: „Der Unterschied zwischen ihm und Strauß besteht nur darin, daß er aus jenen Vielen, welche Strauß unter dem Collectiv-Namen der Gemeinde zusammenfaßt, den beliebigen Einen, welchen die Kirche Marcus genannt hat, herausgerissen und zum Repräsentanten der Vielen gemacht hat."

Ein Thema für sich bilden die philosophischen Voraussetzungen und Implikationen der Bauerschen Kritik, die ihm das Historische oft verstellen. Bauer ist Atheist; er bestreitet das Absolute in jeder Form und erklärt, die Wahrheit, die er ‚christlich' als eine weltüberwindende faßt, liege allein im Ich, das sich selbst als die einzige reale Macht anerkenne, im Selbstbewußtsein, aus dem heraus auch die schöpferischen Geister des Christentums geschrieben haben, die „den Stoff, den sie in ihren Schöpfungen verarbeitet und gestaltet haben, ihrem eignen Innern entnahmen, welches so reich und so groß war, daß es in seinen Schwingungen und Kämpfen das innere Leben ihrer Welt reproducirte und in persönliches Selbstgefühl, in persönliche Leidenschaft zusammenballt" (Bd 4, 1852, 144). Wenn Jesus überhaupt gelebt hat, so muß er ein Denker wie Bruno Bauer gewesen sein und die Trennung des Göttlichen und Menschlichen in seinem Selbstbewußtsein aufgehoben haben (Bd 3, 1842, 315). Hielt er sich deshalb für den Messias, so kann auch dieser Gedanke nur eine freie Schöpfung seines Selbstbewußtseins gewesen sein; denn eine messianische Erwartung kannte die Zeit Jesu, wie Bauer in grotesker Konsequenzmacherei nachzuweisen versucht, nicht (Bd 1, 1841, 391 ff). „Ob aber diese Persönlichkeit existirt, ob sie die Seligkeit und Tiefe ihres Selbstbewußtseins auch andern aufgeschlossen" hat (Bd 3, 1842, 315), will Bauer zunächst noch unentschieden lassen (vgl. Barnikol, 1972; Lämmermann, 1979). Diese Frage hat angesichts seines ‚Subjektivismus' keine Bedeutung für ihn. Er wird sie schließlich verneinen, und in seinem Buch ‚Christus und die Cäsaren. Der Ursprung des Christentums aus dem römischen Griechentum' gibt er 1877 eine abstruse Erklärung der christlichen Ursprünge, bei der Jesus durch eine Zwillingsgestalt aus dem jüdischen Historiker Josephus und dem römischen Philosophen Seneca ersetzt wird. Vgl. im übrigen Wildemann (1983, 256 ff).

Sich damit zu beschäftigen, lohnt nicht. Dennoch hat Bruno Bauer nicht die verachtende Vergessenheit verdient, in welche seine Arbeiten zu den synoptischen Evangelien gerieten und die ihm schon Schwegler in einer bissigen Rezension 1843 prophezeite: „... wird er ohne Bedeutung für die Wissenschaft... spurlos vorübergehen" (277 f). Albert Schweitzer schreibt über ihn: „Groß sind für uns nicht die, welche die Probleme einebneten, sondern die, welche sie entdeckten. Bauers Kritik der evangelischen Geschichte ist ein Dutzend gute Leben-Jesu wert" (²1913, 161), und zwar nicht nur, weil Bauer das Problem der Authenzität der synoptischen Tradition mit einer noch über Strauß hinausgehenden Radikalität stellt, sondern vor allem, weil er den Blick der Forschung mit äußerster Konsequenz auf den christlichen Schriftsteller richtet, dessen Anteil an der synoptischen Überlieferung zu bestimmen für jede Art der Evangelienforschung um so wichtiger ist, als man das Fehlen der synoptischen Tradition außerhalb der synoptischen Evangelien selbst nicht übersehen oder überspielen darf (→ 3.4.5). Die Tübinger Tendenzkritik hat schon bald in ihrer Weise den ihr von Wilke und Bauer zugespielten Ball aufgegriffen (→ 3.5.3.3).

Die Evangelienkritik Bauers war wie die von Strauß dogmatisch negativ und sollte es sein. Wie dieser nicht an den urchristlichen Ideen interessiert war, die in der absichtslos dichtenden Sage einen mythischen Ausdruck fanden, so jener nicht an den unseren Evangelien vorausliegenden abstrakten Dogmen, weil „auch die ersten Thatsachen des christlichen Bewußtseyns vom Versöhnungstod und der Auferstehung des Messias" (Bd 1, 1850, VIII; vgl. Bd 4, 1852, 129 f) schon *entfremdete* Produkte des Geistes, nämlich Produkte des *religiösen* Bewußtseins sind, die ihre Entfremdung in der evangelischen Geschichtsdarstellung als in „einer fürchterlichen Parodie" des Selbstbewußtseins vollenden (Bd 3, 1842, 311), so daß die Aufgabe nur sein kann, alle ‚Ideen' außer der einen – „dem unendlichen (= allgemeinen) Selbstbewußtseyn" (Bd 1, 1841, VIII) – aufzuheben. Anders stellt sich das Problem, wenn man Bauers philosophische Prämissen nicht teilt und das ‚abstrakte' Urbekenntnis der Gemeinde in seiner *religiösen Wahrheit* statt in der Unwahrheit des Religiösen auffaßt; denn dann kann man den Weg Bauers ‚positiv' wenden. Bei Baur (→ 3.5.3.3) geschah dies in Abkehr von Bauers Frage nach dem Urevangelisten so, daß der schriftstellerische ‚Gewinn' in der *Geschichte* der synoptischen Evangelien als einer Geschichte des sich zunehmend offenbarenden göttlichen Geistes gewürdigt wurde. Den Urevangelisten selbst sowohl als schöpferischen Schriftsteller wie als ‚geistvollen' *Verkündiger des Evangeliums* zu verstehen, unternahm dagegen Gustav Volkmar.

3.5.4.4 Gustav Volkmar

Gustav Volkmar (1809–1893) ist Schüler von Ferdinand Christian Baur und der einzige ‚Tübinger', der sich – in der Nachfolge Wilkes – für die Markus-Priorität entschieden hat. An der Tübinger Tendenzkritik hält er dabei fest und beurteilt das MkEv als eine aus paulinischem Geist erwachsene Schrift.

Nach einem frühen Buch über ‚Die Religion Jesu und ihre erste Entwicklung nach dem gegenwärtigen Stand der Wissenschaft' (1857) legte er seine Ansichten zu den synoptischen Evangelien in einem heute weithin vergessenen Kommentar zum MkEv dar (1870), den Wrede nicht ohne Grund „das geistreichste und scharfsinnigste und m. E. überhaupt bedeutendste (Buch), das wir über Markus besitzen", genannt hat (1901, 283). Die ‚schriftstellerische' Deutung, die Baur vor allem dem JohEv als dem spätesten und ‚geistreichsten' Evangelium zuteil werden ließ, überträgt Volkmar, den Hegelschen Entwicklungsbegriff preisgebend, mit analoger theologischer Emphase auf das MkEv als das älteste Evangelium, das ‚Urevangelium' (1870, XI).

Volkmar geht von der Beobachtung Weisses und anderer aus (→ 3.4.5.1), daß die ältesten Dokumente des Urchristentums, die authentischen Paulusbriefe, die synoptische Tradition noch nicht enthalten und auch die zeitgenössischen jüdischen und heidnischen Quellen über das Leben Jesu schweigen, so „daß sein Leben weltlich ein sehr verborgenes gewesen sein muß und welterschütternd erst durch seine Jünger geworden ist" (655). Dachten diese daran, „ihm ein ‚Epitaphium' zu errichten" (656)? Nein! antwortet Volkmar; denn „die bis zum Blut entschiedene, ernste Anerkennung Jesu *als des Lebenden,* des zu Gott erhöhten Lebens, schließt vielleicht von vornherein jedes Denken an eine Biographie Jesu aus, und diese Erhöhung verdrängte zugleich den Rückblick auf die irdischen Anfänge seines irdischen Erlöserlebens, das sich erst in der Parusie völlig enthüllen sollte" (656).

Volkmar hält das MkEv deshalb für eine um 73 verfaßte „Lehrschrift des wahren Christenthums" (VIII) „sinnbildlich-erzählenden" Charakters (VIII), in welcher die heidenchristliche Theologie des Paulus nicht ohne Vermittlung mit der petrinischen Gemeindeform in die Gestalt geschichtlicher Erzählung transformiert wurde (VIII. X). Das MkEv sei, wie schon Wilke behauptete, bis ins einzelne ein Werk überlegter Kunst, „eine selbstbewußte Lehrpoesie auf historischem Grunde" (643), und der „Inhalt der Erzählungen ist durchweg als sinnbildliche Darstellung paulinischer Lehre zu begreifen, so viel Überlieferungsstoff darein verwebt sein mag"(644). Der Verfasser – „einer der geistvollsten und einflußreichsten Schriftsteller, die es nach Paulus gegeben hat" (647) – benutzt außer der grundlegenden paulinischen Theologie für seine Darstellung auch das Alte Testament, mündliche Kunde aus Gemeindemund und eigene kirchliche Erfahrung (616), nicht aber eine ältere Vorlage. „Seine christliche Lehrpoesie ist ein Original in sich" (646; vgl. 1857, 275f), und „diese großartige Lehrschrift ist die Grundlage für alle weitern Lehrschriften ähnlich evangelischer Gestalt geworden" (VIII). Von dem Verfasser des MkEv stammt also, wie auch Wilke und Bauer sagten, die literarische Gattung ‚Evangelium' (→ 5.5.3.2).

Der Verfasser des LkEv schreibt um 100; denn das LkEv ist Zeugnis eines gegenüber dem MkEv fortgeschrittenen Paulinismus. Seinem Verfasser standen einige geschichtliche Nachrichten z.B. über Jünger und Jüngerinnen Jesu zur Verfügung und „eine reichere Spruch-Überlieferung der Gemeinde" (647). Vor allem aber führt der zweite Evangelist das vom MkEv Gebotene selbständig-schöpferisch weiter aus.

Das MtEv versucht als drittes Evangelium, MkEv und LkEv ‚harmonistisch' zu verbinden. „Über das Leben Jesu selbst bietet es keine eigne Tradition; nur mögen einige auch seiner Sprüche aus der Gemeinde-Überlieferung stammen" (654). Der Evangelist Matthäus schreibt um 110.

,Markus' ist also nicht nur der erste Evangelist und der Schöpfer der Gattung ,Evangelium', sondern im wesentlichen auch der Schöpfer der synoptischen Tradition, die nur scheinbar aus selbständigen Einzelüberlieferungen besteht, sondern primär als dichterisches Kunstwerk angesehen werden muß, mögen auch geschichtliche Erinnerungen und – vor allem – von der Gemeinde überlieferte einzelne Sprüche in sie eingeflossen sein. Die Frage nach dem, ,was wirklich gewesen ist', erweist sich den synoptischen Evangelien gegenüber als im wesentlichen unangemessen.

Der ,schriftstellerische' Standpunkt erweist Volkmar als Lehrling Wilkes und als Schüler Baurs. Strauß schreibt dementsprechend am 7. 2. 1861 an Vatke: „Einen närrischen Kauz, der aber nicht ohne einzelne lichte Blicke ist, habe ich in Volkmar, in seiner Religion Jesu kennen gelernt; es ist Tollheit, was er vorbringt, doch nicht ohne Methode, und leider ist diese Methode zum Theil die Baur'sche: d. h. es fällt mir manchmal schwer, zwischen Baurs Vordersätzen und seinen Folgerungen den Graben zu ziehen, der die Consequenzen abschnitte" (bei Benecke, 1883, 503). Die Konsequenz, mit welcher Volkmar den Gesichtspunkt des Schriftstellerischen auf das MkEv anwendet, führt ihn in die Nähe Bruno Bauers, und Volkmar hat selbst empfunden, daß er sich zu Bruno Bauer ähnlich ,positiv' verhält wie Baur zu Strauß (1857, 554). Er lobt an Bauer, daß dieser das Werk Wilkes über den Urevangelisten, „welches in seiner ganz ungenießbaren Form für die Meisten völlig begraben lag, ans Licht der Öffentlichkeit" gezogen habe (1857, 541), fürchtet aber, man werde ihn mit Bauer in einen Topf werfen. „Aber man lese Dr. Bauer nur selbst und Jeder wird erkennen, daß seine Darstellung zu der hier gegebenen sich wesentlich verhält wie eine Fratze zu einem menschlichen Gesicht, wie Zerstören zum Leben-Suchen und Erhalten, wie ein Aufwühlen und Verzerren zu einem Aufbauen und Erbauen" (1857, 554).

Volkmar will mit seiner Kritik der Kirche dienen. Seinem Markusbuch setzt er 1870 das Motto voran: „Die Kritik verliert nicht die Kirche, sondern gewinnt sie", und in seiner ,Religion Jesu' hofft er, gezeigt zu haben, „welch volles Recht das allgemein kirchliche Glaubensbekenntnis auch in den Punkten enthält, die jetzt befremdend scheinen; wie in den so hart klingenden Sätzen der evangelischen Bekenntnisse vom allein gerechtmachenden Glauben die Grundlage aller evangelischen Freiheit liegt" (1857, 555). „Das erzählende Evangelium ist nur eine neue, höhere Form" des apostolischen Evangeliums, das in der frohen Botschaft besteht, „daß der Erretter oder Christus erschienen ist in Jesus dem Gekreuzigten, aber Auferstandenen" (1857, 275). Es diene der eigentlichen Glaubwürdigkeit der evangelischen Stoffe, wenn man die wunderhaften Berichte nicht wörtlich nimmt, sondern so versteht, *wie sie verstanden werden wollen:* als Lehrpoesie, der nicht *multa* zugrundeliegt, sondern *multum*, nämlich die verbindliche Glaubensverkündigung, das urchristliche ‚Kerygma'.

Dementsprechend geht es Volkmar in seiner Auslegung des MkEv stets um das urchristlich-paulinische ‚Kerygma' bzw. Bekenntnis, das der älteste Evangelist als ‚narrative Theologie' darbietet. Dies ‚Kerygma' ist der geschichtliche „Grund von Allem, was in unsern Evv. sinnbildlich dargestellt ist". Bedenkt man dies, statt sich an die Sinnbilder als solche zu hängen, dann findet das Evangelium „für jede Zeit und jede Lage immer neuen und immer reicheren Anklang und Einschlag" (1870, 656).

Daß Volkmar seine Interpretation der Evangelien durch seine enge Bindung an das überholte Geschichtsbild der Tübinger Tendenzkritik – das MkEv paulinisch; das LkEv deuteropaulinisch; das MtEv vermittelnd – und eine dementsprechende krause Allegoristik des MkEv sowie durch eine Überschätzung der schriftstellerischen Kunst des ältesten Evangelisten bzw. der kunstvollen Verfassung und der literarischen Einheitlichkeit des MkEv auch wieder verdorben hat, stellt Wrede (1901, 283f) mit Recht fest. Außerdem war die quellenkritische Grundlage seiner Arbeiten zu den Synoptikern, die Volkmar wie Bruno Bauer einfach von Wilke übernahm, unzureichend; über die von Wilke nicht erörterte Herkunft des Spruchgutes im LkEv und MtEv gibt Volkmar nur vage Auskunft, und die mit Wilke behauptete Abhängigkeit des MtEv vom LkEv läßt sich nicht halten.

Auch die These vom kerygmatisch-schriftstellerischen Ursprung der Evangelien wurde von seiner Zeit nicht angenommen. Dabei mag der Mißbrauch, den Bruno Bauer mit der Auffassung der Evangelisten als Schriftsteller trieb, beteiligt gewesen sein. Vor allem aber hatte das Interesse der Theologie sich längst, über Bauer, Baur, und Volkmar in die ‚traditionalistische' Phase der Evangelienkritik zurückgreifend, in kritischer Auseinandersetzung namentlich mit Strauß auf den ‚historischen Kern' der synoptischen Tradition bzw. auf das ‚Leben Jesu' gerichtet, wobei die von Weisse vorgetragene und mehr und mehr überzeugende Lösung des synoptischen Problems (→ 3.6.1) die quellenkritische Grundlage abgab (→ 3.6.3).

Das schriftstellerische Verständnis des MkEv als einer kerygmatischen Lehrschrift, das Volkmar vortrug, wurde indessen nie widerlegt. Es ist deshalb nicht schon dadurch erledigt, daß man es ignorierte, und es ist verdienstlich, daß Wildemann in einer gründlichen Untersuchung ('Das Evangelium als Lehrpoesie') 1983 Leben und Werk Volkmars angemessen und unter aktuellen Aspekten gewürdigt hat.

3.6 Zwei-Quellen Theorie

3.6.1 Christian Hermann Weisse

a) Der erste Band der Untersuchung von Weisse über ‚Die evangelische Geschichte' erschien im März 1838 noch vor Wilkes ‚Urevangelist'. In der Einleitung dieses Bandes begründet Weisse (1801–1866) auf der Basis der Markus-Priorität die später so genannte Zwei-Quellen-Theorie (Two-Document-Hypothesis): Das MkEv lag den Verfassern des MtEv und des LkEv vor, die beide außerdem unabhängig voneinander eine (verlorengegangene) Spruchsammlung benutzt haben. Ob die Spruchsammlung in ihrer aramäischen „Ursprache, oder ob eine von beiden gemeinschaftlich benutzte griechische Übersetzung vorauszusetzen sei, wagen wir nicht zu entscheiden" (1838, 83). Dazu tritt im MtEv weniges, im LkEv mehr an Sondergut (S):

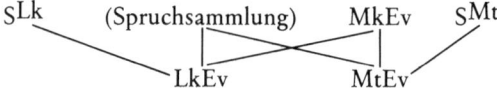

Dieses Schema, eine kombinierte Hypothese, enthält in seinem Kern eine Benutzungshypothese mit Markus-Priorität, verbindet diese aber durch die Annahme der Spruchquelle und des Sondergutes mit Elementen der Diegesenhypothese.

Weisse kritisiert in seiner Einleitung einleuchtend die zu seiner Zeit vorherrschende Traditionshypothese (→ 3.4.5) sowie die Urevangeliumshypothese, weiß sich dagegen mit gutem Grund der Diegesenhypothese insofern verbunden, als schon Schleiermacher mit einer Spruchsammlung als ‚Diegese' rechnete, nämlich mit der entsprechenden Matthäus-Schrift des Papias (→ 2.4; 3.3.2), und Lachmann 1835 nicht nur diese Spruchsammlung für eine Quelle des MtEv hielt, sondern zugleich die Gemeinsamkeiten zwischen allen drei Synoptikern auf ein ‚Urevangelium' zurückführte, das im MkEv am reinsten bewahrt worden sei (vgl. auch Credner; → 3.3.3). Weisse beansprucht nicht mehr, als den von Schleiermacher begonnenen und von Lachmann weiter verfolgten Weg an das von vornherein angestrebte (dazu kritisch Palmer, 1966/67, 368 ff; Farmer, 1967/68, 441 ff; Stoldt, 1977, 47 ff; vgl. die Antikritik von Tuckett, 1980; 1983), wenn auch von Schleiermacher und Lachmann noch nicht hinreichend erkannte Ziel zu führen (1838, 34 ff.84).

Wenn Schulz (1972, 13) Eichhorn (→ 3.2.2) für den Entdecker der Spruchquelle hält, irrt er sich. Bei der „gemeinschaftlichen schriftlichen Quelle" für das MtEv und das LkEv, mit der Eichhorn im Rahmen seiner Urevangeliumshypothese rechnet, handelt es sich keinesfalls um eine Spruchquelle, sondern um die durch Sprüche erweiterte Fassung des Urevangeliums, die den Autoren des MtEv und des LkEv vorlag und die der Verfasser des MtEv durch Umstellungen bearbeitete. Die Annahme gemeinsamer schriftlicher Quellen für das MtEv und das LkEv lehnt Eichhorn ausdrücklich ab (1820, 366 f).

Weisse gründet seine Hypothese auf die Zeugnisse des Papias (→ 2.4). „Diese nämlich geben über die wirkliche Entstehung jener Schriften einen positiven Aufschluß, der ein durchaus historisches Gepräge trägt" (1838, 29), ein Urteil, das noch Larfeld 1925 ganz im Sinne Weisses wiederholt. Die Papiasnotiz über Matthäus versteht Weisse mit Schleiermacher nicht von unserem MtEv, sondern von einer älteren Spruchsammlung des Apostels Matthäus, während er das Zeugnis des Papias über Markus unmittelbar auf unser MkEv bezieht. Das dem MkEv von Papias unterstellte οὐ τάξει („nicht der Ordnung nach') spreche nicht von einer lockeren Sammlung, sondern besage nur, „daß sich an der Ordnung, in welcher Marcus die Begebenheiten erzählt, manches ausstellen lasse, da er sie den Petrus nicht der Ordnung nach erzählen gehört, sondern sich, des Beistandes seines Meisters beraubt, solche Ordnung selbst habe, so gut es gehen wolle, erdenken müssen" (1838, 43). Somit stellt schon das Zeugnis des Papias die beiden Quellen der Zwei-Quellen-Theorie Weisses bereit. Der Prolog des LkEv läßt sich mit diesem Urteil gut verbinden; denn man müßte sich sehr verwundern, meint Weisse, wenn unter den von Lukas benutzten Diegesen die von Papias genannten Schriften des Markus und des Matthäus gefehlt hätten. Die Zwei-Quellen-Theorie ermöglicht Weisse also, „in bestmöglicher Übereinstimmung mit den geschichtlichen Zeugnissen zu bleiben" (1838, 56).

Weisses Deutung der Papiasnotizen und des Lukas-Prologs ist noch heute wissenschaftlich vertretbar, vermag aber nicht mehr, als dem Exegeten eine Arbeitshypothese zu liefern. Darüber war sich auch Weisse trotz seines noch sehr großen Zutrauens zur Tradition im Klaren, und er unterstützte seine traditionalistisch begründete Hypothese deshalb mit weiteren Beobachtungen:

Die Erweiterungen des MtEv und des LkEv durch Geburts- und Kindheitsgeschichten Jesu weisen auf die Priorität des MkEv hin, weil „das apostolische Zeitalter, welchem Marcus näher als die beiden Andern steht, sich um die Jugendgeschichte Jesu überhaupt nicht kümmerte, sondern die Hervorziehung und Ausbildung der Sagen von ihr der nächsten Generation überließ" (1838, 57). Dagegen beginne das MkEv nach kurzen Präliminarien mit dem Bericht von der Berufung des Petrus (Mk 1,16–20), der eine „von da an ununterbrochen fortgehende Reihe solcher Erzählungen eröffnet, welche durch den Charakter der Particularität und Einzelheit, den sie tragen, sich als, zwar nicht genau in der Gestalt, in der sie vorgetragen werden, aber doch ursprünglich und ihrer ersten Entstehung nach, von Augen- und Ohrenzeugen herrührende kund geben" (1838, 58).

Weisse meint, gerade im MkEv Spuren dessen nachweisen zu können, daß die Überlieferung von Petrus ausgegangen sei (1838, 59 ff). Während die über das MkEv hinausgehenden Petrus-Anekdoten im MtEv und im LkEv sich dem Charakter der Sagendichtung nähern, sprechen die Petrusberichte des MkEv Weisse zufolge für Authentie.

Die „Detailmalerei des Marcus" zeuge davon, daß er der erste Erzähler war, während seine Nachfolger, „welche die Erzählungen als bereits feststehende und beglaubigte überkamen", sich oft darüber hinwegsetzten (1838, 65 f).

Die Schreibart des MkEv spricht für Unabhängigkeit und Originalität, ob man sie nun eher wegen ihrer „Unbeholfenheit und Schwerfälligkeit" tadelt oder wegen „einer frischen Natürlichkeit und anspruchslosen Lebendigkeit" lobt (1838, 67 f). Die Verfasser der beiden nachfolgenden Evangelien bemühen sich jedenfalls je auf ihre Weise, die „etwas spröde Darstellung des Marcus in Fluß zu bringen" und ihre Härten zu mildern.

Wichtiger dünkt Weisse mit Recht eine Betrachtung der „Composition und Anordnung des Ganzen" (1838, 68), die ihn zu dem Ergebnis führt, daß wir es bei dem MkEv mit einem aus *einer* Quelle – den Lehrreden des Petrus – geschöpften und in einem Guß vollendeten Schriftwerk zu tun haben, während die Evangelien nach Matthäus und Lukas „als mehrfach zusammengesetzte" Bücher zu betrachten sind (1838, 67). Vornehmlich diesen Gesichtspunkt wird Weisse in seiner ausführlichen Darstellung der evangelischen Geschichte verfolgen. Einleitend entfaltet er diesen Gesichtspunkt beispielhaft an Mk 9,33 ff par (73 ff).

Der Augenschein lehrt, daß das MtEv und das LkEv in „der Anordnung und Gruppierung ihres Stoffes" nur dann, dann aber meistens übereinstimmen, wenn auch das MkEv diesen Stoff bietet, während sie in dem ihnen beiden gemeinsam eigentümlichen (Reden-)Stoff in der Anordnung fast immer voneinander abweichen. Diese Beobachtung erklärt sich zwanglos, wenn sie eine in sich geordnete Schrift, eben das MkEv, mit einer Sammlung, in der sich keine „bestimmte Reihenfolge der Begebenheiten als ein bedeutendes Moment geltend machte" (1838, 73), nämlich der Spruchsammlung, kombinierten (vgl. 38 f).

„Vorzüglich im ersten Evangelium läßt sich eine ganze Reihe so zu sagen von Dubletten einzelner Aussprüche des Herrn nachweisen" (1838, 82), die sich dann zwanglos erklären, wenn dieselben Herrenworte einmal in der Spruchsammlung, ein andermal im MkEv standen und die beiden nachfolgenden Evangelisten – Matthäus öfter als Lukas – eine Wiederholung nicht scheuten, „vielleicht in der Meinung, daß der Herr einen und denselben Ausspruch wohl auch doppelt gethan haben könne, vielleicht auch in der achtungswerthen Überzeugung, daß auch in den besondern Wendungen und Umständen, unter denen der Ausspruch jedesmal überliefert wird, eine Bedeutung liegen könne" (1838, 83; vgl. noch Larfeld, 1925, 94 ff). In der Tat erklären sich im Rahmen der Zwei-Quellen-Theorie die synoptischen Dubletten zwanglos (→ 3.6.7).

b) Diese von Weisse gebotene Begründung der Zwei Quellen Theorie vermag deren Stichhaltigkeit als begründete Hypothese zu erweisen, kann indessen ihre Richtigkeit nicht beweisen. Die bei Weisse stark im Vordergrund stehenden traditionalistischen Gründe besagen für das kritische Bewußtsein nicht viel. Die sprachlichen und stilistischen Beobachtungen sind nebensächlich und problematisch. Die literarischen Feststellungen sind in sich schlüssig, doch lassen sie sich – schlecht und recht – auch unter der Voraussetzung der Hypothese Griesbachs (→ 3.5.3.2) erklären: Das LkEv benutzte das MtEv; das MkEv ist ein Exzerpt aus MtEv und LkEv (vgl. Sanders, 1969).

Weisse ist sich bewußt, daß auch er nur eine Hypothese vorgelegt hat, und er begrüßt in seiner Besprechung des Werkes von Wilke 1838 die Unterstützung, die dessen Argumente der Ansicht von der Markus-Priorität nicht zuletzt deshalb zuteil werden liessen, weil Wilke unter Verzicht auf „alle äußerlich historischen Notizen, welche ein Moment zur Entscheidung der Frage abgeben könnten", sich ganz „auf den aus der Betrachtung der Urkunden, um deren gegenseitiges Verhältniß es sich handelt, selbst zu entnehmenden Beweis beschränkt" (611). Er „schmeichelt sich mit der Hoffnung", daß die Zufälligkeit, mit der zur selben Zeit auf zwei unterschiedlichen Wegen ein gemeinsames Ergebnis erreicht wurde, „ein nicht unwichtiges Moment zur Empfehlung und Beglaubigung dieses Ergebnisses abgeben wird" (596).

Trotz des verfehlten Gebrauchs, den die Tübinger Tendenzkritik von ihr machte, hat sich die ‚schriftstellerische' Begründungsweise Wilkes (→ 3.5.4.2) tatsächlich als ausbaufähig erwiesen, und zwar nicht nur im Blick auf die von Wilke vertretene Markus-Priorität, sondern auch hinsichtlich der von ihm ausdrücklich (1838, 691) abgelehnten Zwei-Quellen-Theorie. Diese Begründungsweise liefert, über ihre Anwendung bei Wilke hinaus theologisch-inhaltlich fortgeschrieben, im Rahmen der ‚Redaktionsgeschichte' (→ 5.1) den unumstößlichen Beweis für die Richtigkeit der Zwei-Quellen-Theorie. Die charakteristischen Züge der markinischen Theologie bzw. Redaktion finden sich im MtEv und im LkEv wieder, dagegen begegnet nichts von den kennzeichnenden Daten, mit denen sich Matthäus und Lukas als selbständige Schriftsteller und Theologen zu erkennen geben, im MkEv, und auch eine gegenseitige Benutzung von MtEv und LkEv wird durch diese ‚redaktionskritischen' bzw. ‚schriftstellerischen' Beobachtungen ausgeschlossen. Insonderheit zeigte Wrede 1901, daß und wie die für das MkEv kennzeichnenden Züge des Messiasgeheimnis-Komplexes (→ 4.1.e) im MtEv und im LkEv nur noch in Bruchstücken und ihrer ursprünglichen Funktion im MkEv entfremdet begegnen. Das dem MtEv und dem LkEv gemeinsame Redegut wird von beiden Evangelisten je in eigentümlicher Weise bearbeitet, so daß nur die Abhängigkeit beider von einer gemeinsamen Quelle, eben der ‚Spruchquelle', keinesfalls aber eine gegenseitige Abhängigkeit infrage kommt; denn weder zeigen die entsprechenden Stellen im LkEv einen Einfluß matthäischer noch umgekehrt im MtEv einen Einfluß lukanischer Theologie.

An der Vernachlässigung dieses ‚schriftstellerischen' bzw. ‚redaktionskritischen' Gesichtspunktes scheitern die Versuche von Farmer, Orchard und anderen zeitgenössischen Forschern, die Hypothese Griesbachs zu erneuern (→ 3.5.3.2). Die richtige Beobachtung, daß die besonders im Rahmen der modernen ‚Redaktionskritik' sehr er-

3.6.1   Zwei-Quellen-Theorie   187

folgreiche Erforschung der schriftstellerischen Eigenarten und theologischen Positionen der synoptischen Evangelien auf der Basis der Zwei-Quellen-Theorie erfolgte, läßt sich nicht als *petitio principii* ansehen und gegen die Relevanz der ‚Redaktionskritik' für die ‚Quellenkritik' ins Feld führen; denn dieser ‚hermeneutische Zirkel' ist nicht nur unvermeidlich, sondern auch sachgemäß. Die von Farmer und anderen erneuerte Hypothese einer Matthäus-Priorität müßte ihrerseits in einen entsprechenden Zirkel eintreten, der sie allerdings nur falsifizieren könnte.", ... the success of *Redaktionsgeschichte* in clarifying the theologies of Matthew and Luke on the assumption of dependence upon Mark is perhaps the most important new argument for Marcan priority" (Robinson, 1970, 101 f). Vgl. Fitzmyer (1982, 5); Fuchs (1980, 34); Tuckett (1983, 111 ff).

c) Die Stärke der Zwei-Quellen-Theorie liegt am Tage:
Die Zwei-Quellen-Theorie löst das synoptische Problem einfach und zwanglos. Die Übereinstimmungen und die Abweichungen innerhalb der Synoptiker (→ 1.3.3) sowohl im Wortlaut wie in der Auswahl wie in der Anordnung des Stoffes finden eine einleuchtende Erklärung. Die einheitliche *Auswahl* geht auf die Verfasser der Spruchsammlung und des MkEv zurück; die gemeinsame *Anordnung* beruht auf der führenden Rolle des ‚Urevangelisten' Markus, in dessen Aufriß Matthäus und Lukas das Material der Spruchsammlung je nach ihrem Ermessen und ihren Interessen einordnen; Gemeinsamkeiten und Abweichungen im *Wortlaut* folgen aus der freien Benutzung derselben Quellen.

Die Zurückführung der synoptischen Tradition auf zwei von ihrem Ursprung her literarische Quellen mit begrenzter Verbreitung („Privatschriften'; vgl. → 3.4.5.1.b) macht ohne weiteres verständlich, daß die synoptische Tradition in den frühchristlichen Schriften bis weit in das 2. Jh. hinein im allgemeinen nicht als bekannt vorausgesetzt wird. Denn Weisse zufolge zeichnet Markus „die *zufälligen, gelegentlichen* Erzählungen eines einzelnen Jüngers" auf (1838, 30), „*nur in der Absicht, den Inhalt der Erzählungen nicht verloren gehen zu lassen*" (32), während Matthäus die Reden und Aussprüche Jesu aufzeichnete, um sie „für das persönliche Bedürfniß der Jünger, als für das Bedürfniß der Lehre", möglichst wörtlich zu bewahren (46f).

Die Unterscheidung von Erzählgut und Redegut – nach Wilkes Definition von ‚Reflexionsmäßigem' und ‚Gedächtnismäßigem' – und ihre prinzipielle Verteilung auf eine Erzählquelle und eine Redenquelle deckt sich mit den Einsichten über die in dieser formalen Hinsicht unterschiedliche Verbreitung der synoptischen Tradition in der frühen Christenheit (→ 3.4.5.3).

Die ‚Dubletten' im MtEv und im LkEv (→ 3.6.7) erklären sich zwanglos, wenn die Evangelisten dieselben Sprüche sowohl im MkEv wie in der Spruchquelle lasen.

Die Zwei-Quellen-Theorie verträgt sich gut mit dem Prolog des LkEv, der einzigen authentischen ‚quellenkritischen' Nachricht (→ 2.3), und für traditionalistisches Denken war wichtig, daß sie sich auch mit den Papias-Notizen (→ 2.4) vereinbaren läßt.

d) Eine für die Zwei-Quellen-Theorie nicht günstige bzw. für die Spruchsammlung als solche problematische Beobachtung zeigt, daß diese Sammlung, Weisse zufolge vom Apostel Matthäus verfaßt, auch einige Erzählstücke enthält (→ 3.6.4). 1838 hatte Weisse versucht, dies Problem durch (unterschiedliche) Interpretationen zu entschärfen (1838, Bd 2, 18 f. 53 f. 75 ff); denn er erkannte mit Grund, daß es einer Erklärung bedarf, wenn der Apostel Matthäus seine Sammlung von Aussprüchen Jesu durch dergleichen wie zufällig ausgewählte reflektierende Berichte bereichert haben sollte. Indessen zweifelt er nicht daran, daß auch dies Reflexionsmäßige zur ursprünglichen Spruchsammlung des Matthäus gehörte (Bd 2,4). 1856 erwägt er dagegen (88), ob diese Erzählstücke nicht aus einer dritten vom MtEv und vom LkEv benutzten Quelle stammen könnten oder ob sie nicht vielleicht ursprünglich im MkEv gestanden haben – das MtEv und das LkEv bringen sie nämlich im wesentlichen in identischer Abfolge! –, so daß in unserem kanonischen MkEv „Lücken zu vermuthen" seien (89.156 ff) – eine Urmarkus-Hypothese (→ 3.6.4). Jedenfalls gelingt es ihm nur unzureichend, eine befriedigende Erklärung für den beschriebenen Sachverhalt zu geben.

Die eigentliche Schwäche der Zwei-Quellen-Theorie, identisch mit der schon von Wilke beobachteten Problematik der Markus-Priorität (→ 3.5.4.2), besteht indessen in den Übereinstimmungen des MtEv und des LkEv gegen das MkEv im Stoff des MkEv. Weisse bedenkt dies Problem nur beiläufig. Er nimmt für seine Hypothese in Anspruch, daß, wo das MtEv und das LkEv im Markusstoff vom MkEv abweichen, sie jederzeit auch gegenseitig voneinander abweichen, und setzt zu dieser Behauptung in Klammern die Bemerkung: „einige unbedeutende Weglassungen ausgenommen, wo das Zusammentreffen als zufällig angesehen werden kann" (1838, Bd 1, 73). Damit aber widmet er diesem Problem zu wenig Aufmerksamkeit (→ 3.6.5).

e) Unmittelbarer Anlaß für das Werk von Weisse war das destruktive ‚Leben Jesu' von Strauß (→ 3.4.6). Weisse bestreitet nicht die Notwendigkeit, der mythischen Ansicht „bedeutende Zugeständnisse zu machen, bedeutende Opfer zu bringen" (1838, 7). Er strebt aber an, „über das Maaß und die Bedingungen ihrer Anwendbarkeit auf das Gebiet der evangelischen Geschichte das rechte Bewußtsein zu gewinnen" und sie „in die ihr gebührenden Schranken" zu weisen (8).

Diese Schranken sind eng. Denn Markus zeichnet nach dem Tode des Petrus aus dessen Lehrvorträgen die erzählenden Jesusstoffe auf, während Matthäus aus eigener Erinnerung Aussprüche Jesu in der gemeinsamen Muttersprache, dem Aramäischen, festhält. Die beiden synoptischen Quellenschriften sind also direkt bzw. indirekt apostolischen Ursprungs. Dieser traditionalistischen Begründungsweise entspricht ein traditionelles Interesse und Ergebnis von Weisses Untersuchung der ‚Evangelischen Geschichte', wie diese sich seinem im Sinne des Spätidealismus philosophisch geschulten Geiste zeigt. Ein eigentliches ‚Leben Jesu' zu schreiben verbietet ihm dabei die von Papias übernommene Ansicht, daß Markus eine biographische Ordnung der von ihm aufgezeichneten Petruserzählungen nicht im Sinn gehabt habe. Weisse teilt seine beiden Bände in acht Bücher ein. Im 1. Buch klärt er die Quellenfrage (Bd 1, 1 ff); im 2. Buch behandelt er ‚Die Sagen von der Kindheit des Herrn' (139 ff); im 3. Buch gibt er eine ‚Übersichtliche Darstellung der evangelischen Geschichte bis zum Tode Jesu' (233 ff); im 4. Buch bespricht er ‚Evangelische Erzählungen und Reden nach Markus' (467 ff). Mit dem 5. Buch eröffnet er Bd 2: ‚Evangelische Erzählungen und Reden nach Matthäus und Lukas' (Band 2, 1 ff); dann folgt das 6. Buch: ‚Evangelische Erzählungen und Reden nach Johannes' (181 ff); das 7. Buch behandelt ‚Die Auferstehung und die Himmelfahrt' (305 ff); das 8. Buch enthält eine ‚Philosophische Schlußbetrachtung über die religiöse Bedeutung der Persönlichkeit Christi und der evangelischen Überlieferung' (439 ff).

Dem mythischen Standpunkt kann im Rahmen der synoptischen Evangelien sein Recht im wesentlichen nur bei den Erweiterungen werden, die Matthäus und Lukas, ihre gemeinsamen beiden Quellen ergänzend, vorgenommen haben (Bd 1, 62 f), wobei Matthäus weniger Sondergut hinzufügt als Lukas (90), daneben freilich partiell auch bei dem Markusstoff, insofern dessen „Verfasser zur Ergänzung und Vervollständigung der fragmentarischen Erinnerungen, die ihm aus den Mittheilungen des Apostels geblieben waren, die Beiträge nicht verschmäht haben wird, welche ihm die mündliche Überlieferung anderer, dem Gegenstande und ihm selbst näher oder ferner stehende Kreise darbot" (1856, 134). Insgesamt aber ergibt sich das gegen Strauß gerichtete zusammenfassende Urteil: „So haben wir also in den drei synoptischen Evangelien einen Kreis von Berichten über das Leben und die persönliche Lehre Jesu, der in seiner Entstehung seinen wesentlichen Bestandtheilen nach unverkennbar das Gepräge nicht des Dichterischen oder Mythischen, sondern des Geschichtlichen trägt, wenn gleich er freilich nicht ... für frei von allerhand unhistorischen Beimischungen erkannt werden kann" (1838, Bd 1, 94).

Bei dieser relativ konservativen Einstellung zur synoptischen Tradition, die wesentlich dazu beigetragen hat, auch der zugrundeliegenden Zwei-Quellen-Theorie den Weg zu bahnen, gerät Weisse freilich in Konflikt mit seiner Überzeugung, daß die mirakulösen Wunder, die Jesus dem MkEv zufolge getan hat, nicht so geschehen sein können, wie sie berichtet werden. Er hilft sich mit der Auskunft, diese Wundererzählungen seien allesamt „aus sinnbildlichen Äußerungen, Lehraussprüchen oder Parabeln des Herrn selbst entstanden, welche der Glaube der Jünger, in dem tiefen Gefühl ihrer geistigen Wahrheit, in das Bereich auch der anschaulichen Wirklichkeit herübertrug" (1856, 107). Diese eigenartige Erklärung der Wunderberichte entspricht Weisses Urteil über Markus als eines „phantasiereichen, von der Herrlichkeit seines Gegenstandes erfüllten Glaubensjüngers, in welchem die Begeisterung für den großen Gegenstand mächtiger, als das nüchterne, besonnene Urtheil war" (1856, 92). Gelang es Weisse auf diesem Wege, sein von der Tradition getriebenes Schiff zwischen den drohenden Klippen der mythischen Sage (Strauß) und der schriftstellerischen Poesie (Bruno Bauer; Volkmar) hindurchzusteuern, ohne in die Untiefen des Rationalismus oder des Supranaturalismus ausweichen zu müssen, so widerlegt seine unbefriedigende Behandlung der Wundergeschichten zwar nicht die Zwei-Quellen-Theorie, weist aber wohl auf die Problematik ihrer traditionalistischen Begründung hin und läßt es als zweifelhaft erscheinen, daß wir es bei dem MkEv und der Spruchquelle mit der Aufzeichnung von Erinnerungen oder Berichten der Augenzeugen zu tun haben.

Wenn Weisse 1856 noch einmal zu dem Thema seines bedeutsamen Werkes von 1838 zurückkehrt – Schweitzer nennt die Schrift von 1856 ‚den besten Kommentar seines ersten Werkes' (^{2}1913, 133) –, so angesichts des von ihm als verhängnisvoll beklagten Umstandes, daß Bruno Bauer als unberufener Nachtreter Wilkes sich dessen These von Markus als dem einzigen Urevangelisten durch den „tollen Einfall" zunutze machte, die ganze synoptische Tradition als schriftstellerisches Machwerk zu erklären. Solche Weisse zufolge leichtfertige Anwendung der Ansicht von der Markus-Priorität konnte dieser „in den Augen des wissenschaftlichen Publicums nur zum entschiedensten Nachtheil gereichen", weil dies Publikum sich „ausschließlich an diese durch und durch wurmstichige Frucht hielt" (1856, 83f; vgl. Holtzmann, 1869, 210) – ein zu pessimistisches Urteil, denn Weisse vermag 1856 auch schon einige beifällige Stimmen zur Markus-Priorität zu vermerken, nämlich Hitzig (1843), Reuss (1842; ^{5}1874, 182 ff), Thiersch (1852, 100 ff 158, 180 ff) und Meyer, der in seinen Kommentaren zum MtEv (^{3}1853) und zum MkEv und LkEv (^{3}1855) zur Zwei-Quellen-Theorie übergeht.

Aus früher Zeit sind ferner zu vergleichen: Sommer (1842); Gehringer (1842); Ewald (1850; 1855); Köstlin (1853); Sepp (1855); Guericke (1854); Tobler (1858, 18.26ff); Plitt (1860); Bunsen (1858, Bd 1, XLff); Réville (1862); Schenkel (1864, 14ff).

Besonders erfreut ist Weisse, daß auch Ritschl, ein „mit tüchtiger Kraft zur Selbständigkeit emporstrebender Zögling" der Tübinger Schule (1856, 85), der sich mit seiner Erstlingsarbeit von 1846 noch ganz in deren Bann bewegt hatte, 1851 in den ‚Tübinger Theologischen Jahrbüchern' der schriftstellerisch orientierten Tendenzkritik den Abschied gibt und sich auf der Basis der Markus-Priorität unverhohlen dem ‚positiv'-kritischen Standpunkt zuwendet. Ritschl hatte von der Markus-Priorität geschrieben: „Die Gestalt, in welcher sie Wilke zu begründen versuchte, ist wohl für die Meisten durchaus ungenießbar gewesen, und der Umstand, daß Bruno Bauer sie in seine Zwecke verflocht, hat nur dazu dienen können, sie in Mißkredit in weiteren Kreisen zu bringen" (1851, 508). Dennoch hält Ritschl sie für richtig, und er weist exemplarisch die „schriftstellerische Eigenthümlichkeit" des MkEv nach (508 ff 524), die Frage nach der zweiten Quelle allerdings offen lassend; das LkEv hat indessen auch das MtEv gekannt. Es bahnt sich die von Ritschl wesentlich mitgetragene Epoche der ‚liberalen' Leben-Jesu-Theologie an (→ 3.6.3).

3.6.2 Heinrich Julius Holtzmann

Das Verdienst, die Zwei-Quellen-Theorie zu weitester Anerkennung geführt zu haben, kommt vor allem Holtzmann (1832–1910) zu, der die Theorie von Weisse 1863 in einem gründlichen Werk über ‚Die synoptischen Evangelien. Ihr Ursprung und geschichtlicher Charakter' erneuerte und sie weiterhin in seiner ‚Einleitung in das NT' (seit 1885) und in einem synoptisch angelegten, die parallelen Abschnitte gemeinsam auslegenden Kommentar zu den drei ersten Evangelien (seit 1890) vertrat.

Holtzmann verzichtete weitgehend auf die traditionalistische Begründung Weisses und bevorzugte für die Begründung der Markus-Priorität die formalen literarischen Argumente Wilkes (→ 3.5.4.2):

Nach Sprache, Erzählweise und literarischer Konzeption erweise sich das MkEv als die den anderen Synoptikern vorausgehende Schrift. Liegt damit die Priorität des MkEv fest, so ist es „das Nächstliegende", für den nur dem MtEv und dem LkEv gemeinsamen Stoff, im wesentlichen Redestücke, eine zweite, „von Beiden in ganz verschiedener Weise behandelte Quelle anzunehmen" (1863, 127). Da erst das MtEv den Stoff der Logienquelle thematisch in seinen fünf Redekompositionen (→ 3.6.6.c) angeordnet habe, muß man für die Rekonstruktion der Logienquelle vor allem das LkEv zugrundelegen (1863, 128 ff). Neben das MkEv und die Logienquelle tritt das im allgemeinen der mündlichen Tradition entnommene Sondergut des MtEv und des LkEv. „In dieser Form darf die Zweiquellentheorie als der in den weitesten Kreisen unbefangener Forschung zur Reife gediehene Ertrag aller Evangelienforschung auftreten", schreibt Holtzmann 1901 (17) nicht ohne Grund.

1863 ging Holtzmann davon aus, daß Matthäus und Lukas nicht unser MkEv, sondern einen etwas umfangreicheren ‚Urmarkus' benutzten (→ 3.6.4), dem, von kleineren Varianten abgesehen, noch folgende in unserem MkEv fehlenden Stücke angehörten: eine Kurzfassung der Bergpredigt, etwa Lk 6,20–49 entsprechend, die Erzählung vom Hauptmann zu Kapernaum (Lk 7,1–10/Mt 8,5–13), die Perikope von der Ehebrecherin (Joh 7,53–8,11) sowie Mt 28,9.10.16–20. Die Urmarkus-Hypothese vermochte u. a. die Übereinstimmungen des MtEv und des LkEv gegen das MkEv im Stoff des MkEv zu erklären (→ 3.6.5). Der Spruchquelle gibt Holtzmann das Siglum Λ (von λόγια = Logien genommen), während er den ‚Urmarkus' mit A bezeichnet:

SMt   A   Λ   SLk
       MkEv
MtEv   LkEv

Die unnötige Annahme eines ‚Urmarkus' nahm er später zurück (1885, 339; → 3.6.4), rechnete nun aber ebenso unnötig (→ 3.6.5) mit einer Abhängigkeit des LkEv vom MtEv:

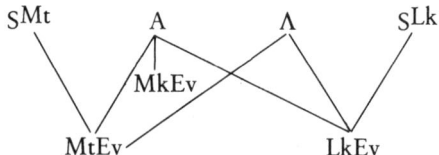

3.6.2 Zwei-Quellen-Theorie

Anstoß für Holtzmanns Erforschung der synoptischen Evangelien war wie bei Weisse der Versuch, die Mythentheorie von Strauß (→ 3.4.6) zu widerlegen bzw. in ihre Schranken zu weisen, ein verbreitetes Interesse, das z. B. sein Zeitgenosse Beyschlag in die Worte faßt: „Seit ich als einundzwanzigjähriger Candidat der Theologie das Strauß'sche Leben Jesu mit seiner in den Mitteln so überlegenen und doch im Ergebniß so unbefriedigenden Kritik auf mich wirken ließ, ist es mein innerer Trieb gewesen, die in diesen Flammen anscheinend versinkende Welt des Glaubens mir auf neue, probehaltige Weise wissenschaftlich wieder aufzubauen" (1885, I).

Dabei ist es die Absicht von Holtzmann, die Jesusfrage aus dem Umkreis Hegelscher Spekulation und Tübinger Tendenzkritik herauszuholen und ‚rein historisch' zu stellen: „Für uns nämlich handelt es sich hier einfach um die Frage, ob es dermalen noch möglich sei, die *geschichtliche* Gestalt Dessen, auf den das Christenthum nicht blos seinen Namen und Bestand zurückführt, sondern dessen Person es auch zum Mittelpunkt seiner eigenthümlichen religiösen Weltanschauung gemacht hat, in einer Weise nachzuzeichnen, die allen gerechten Ansprüchen der fortgeschrittenen historisch-kritischen Wissenschaften genügt; ob es möglich sein werde, Das, was der Stifter unserer Religion an sich war, also das ächte und naturgetreue Bild seines Wesens, herauszustellen unter Anwendung der allein legitimen Mittel einer gewissenhaften, historischen Kritik – oder ob wir ein für allemal auf die Erreichung eines derartigen Zieles zu verzichten haben" (1863, 1). Deshalb unternimmt er es, „die synoptischen Evangelien so zu bearbeiten, daß sich schließlich auf die Frage, inwiefern sie als Quellen für ein aufzustellendes synoptisches Christusbild gelten können, eine vollkommen gesicherte und nach allen Seiten gerechtfertigte Antwort ergeben muß" (1863, 9; vgl. 1869, 207).

Während aber Weisse (und in seiner Weise Wilke: → 3.5.4.2) die beiden synoptischen Quellen direkt an eine anfänglich bzw. ursprünglich apostolische Tradition anbindet (→ 3.6.1.a), entfernt Holtzmann Λ (bzw. das MkEv) und Λ durch eine ausgedehnte mündliche Tradition von der Zeit Jesu (1901, 20.25.34), Strauß bzw. der Traditionshypothese zunehmend Konzessionen machend. Zur Abfassung der Logienquelle durch den Apostel Matthäus und des MkEv durch den Petrusbegleiter Johannes Markus äußert er sich dementsprechend nur zurückhaltend positiv (1901, 34); auch die Abfassungszeit beider Schriften (wenig vor 70?) bleibt in der Schwebe. Jedenfalls ist das MkEv „auch als geschichtliche Urkunde ebensosehr positiven Wert beanspruchend, wie kritischer Sichtung bedürftig" (1907, 200). Diese ‚gelockerten' Abfassungsverhältnisse ermöglichen einen relativ freien Umgang mit dem synoptischen Stoff. Denn das schriftlich Fixierte „umfaßte keineswegs bloß die geschichtliche Erinnerung an Jesus von Nazareth, sondern zugleich auch den gesammten Ertrag des fortgesetzten, vom religiösen Interesse bedingten, Nachdenkens der Gemeinde über das, was Jesus als Christus sein mußte, was der Glaube an ihm hatte" (1901, 26). Holtzmann spricht in seinem Alter von einem „fast unauflösbaren Ineinander von überlieferungsmäßiger Treue und religiös reflectirender, oft auch poetisch beflügelter Gedankenarbeit" (1901, 27); dabei kann er Strauß relativ weit entgegenkommen (27–29). Die Schwierigkeiten, die Weisse vor allem mit den ‚mythischen' Wundererzählungen im MkEv hatte, ermäßigten sich deshalb für Holtzmann (1863, 497–514). Er vermag, was ihm an den Wundergeschichten ‚mythisch' ist, „der späteren dichtenden und ausschmükkenden Sage" zuzuweisen (511), wenn auch ernsthafte Wissenschaft nicht in Abrede stellen dürfe, „daß eine Reihe wunderbarer Krankenheilungen und trostbringender Hilfeleistungen von Christus ausgegangen" sind (511), deren „innere Bedingungen theils in der eigentümlichen Geistesorganisation Jesu, theils in der Seelenstimmung und Richtung der zu Heilenden" lagen (510) – eine psychologisierende Wundererklärung.

In einer anderen, für die Folgezeit bedeutsamen Hinsicht zeigt Holtzmann freilich ein stärkeres historisches Zutrauen zu der Darstellung des MkEv als Wilke und Weisse. Beide waren, dem οὐ τάξει des Papias folgend (→ 2.4), der Überzeugung, daß man dem MkEv keinen *Aufriß* des *Lebens* Jesu entnehmen könne, das zu schreiben sie deshalb auch unterließen; Weisse behandelt nur die ‚Geschichte Jesu' (→ 3.6.1.e). Demgegenüber bezeichnet Holtzmann es schon 1863 „als den schätzbarsten Gewinn unserer Untersuchungen" und als „den entschiedensten Fortschritt", daß es nunmehr möglich sei, ein „Lebensbild Jesu nach der Quelle A" zu geben (468). Denn in ihr treffen äußerer und innerer Fortschritt des Lebens Jesu so zusammen, daß schon diese Beobachtung die Markus-Priorität als sicher erweist. In einem klassischen Zirkelschluß kann Holtzmann darum in seinem Kommentar zu den Synoptikern die Markus-Priorität primär und vor allem damit begründen, daß im MkEv „auch der erzählte Gegenstand in seinen einfachsten, wesentlich geschichtlichen Grundformen vor unsere Augen tritt" (1901, 7). Das MkEv bietet „eine wohlgeordnete, in sich übereinstimmende Darstellung von dem Kern der evang(elischen) Geschichte", die das MtEv und das LkEv verwischen (9), so daß die Markus-Priorität gerade insofern ihre Beglaubigung „aus der Vergleichung mit den Seitenreferenten empfängt" (34). Holtzmann nimmt die literarischen Argumente Griesbachs, die übereinstimmende Reihenfolge des gemeinsamen Stoffes bei den drei Synoptikern betreffend, auf und wendet sie historisierend gegen Griesbach: „Wie von selbst setzen sich namentlich die Abschnitte bei Mt, wenn man sie aus der nachträglich aufgeprägten Sachordnung löst, alsbald wieder in eine mehr geschichtsmässige Ordnung um, die sich mit derjenigen bei Mc vollständig deckt" (1901, 7). In der Darstellung des MkEv tritt nicht nur mit zunehmender Deutlichkeit hervor, daß und warum die Laufbahn Jesu ihr tragisches Ende am Kreuz finden mußte, sondern auch, daß dies Ende „von Jesus selbst mit immer steigender Klarheit als das allein mögliche, aber auch als das allein seiner würdige, als das göttlich nothwendige vorausgesehen und vorausgesagt worden war" (1863, 485). Man sieht: Psychologisch verfahrender Historismus trägt wesentlich zur Entscheidung der literarischen Fragen des synoptischen Problems bei!

Überhaupt läßt sich gerade am MkEv die „menschliche Entwicklung Jesu" (1863, 488) noch ablesen. „Die ersten Thaten, welche das zweite Evangelium von ihm berichtet, werden ausgeführt mit einem entschlossenen Kraftaufwande, wie derselbe nur bei einem Manne zu erwarten ist, welcher den Beruf fühlt, dem in mächtigen Schwingungen rollenden Rad der Menschheitsgeschichte in die Speichen zu greifen und seinem Lauf eine andere Richtung, eine neue Geschwindigkeit zu verleihen" (477). „Mehr und mehr aber tritt aus der Fülle der Überzeugung von dem Werk, was geschehen muß, auch die Stärke des Selbstbewußtseins dessen hervor, der eben sich, und sich allein, mit diesem Werke betraut weiß" (493), nämlich sein messianisches Selbstbewußtsein, und dieser Entwicklung entspricht, „daß nur allmälig, und klar erst fast ganz am Ende, die Jünger mit aller Entschiedenheit in Jesu, der ihnen diese Überzeugung nicht aufnöthigte, den Messias erkannt haben" (485). Vgl. O. Holtzmann (1901, 55 ff.).

An dieser psychologisierenden Rekonstruktion der Persönlichkeit und des Lebens Jesu hat Holtzmann zeitlebens festgehalten. Und in den vom MkEv gebotenen inneren und äußeren Aufriß des Lebens Jesu ordnet er die Verkündigung Jesu, die rein sittliche Verkündigung vom sich fortschreitend verwirklichenden Reich Gottes auf Erden, ein (1897), eine modern-vergeistigte Sicht von Botschaft und Persönlichkeit Jesu, die schon Weisse 1838 (Bd. 2,438ff) und 1856 emphatisch vorgetragen hatte und die Holtzmann mit dem Aufriß des MkEv verbindet. Dabei schlägt er die Brücke zum ‚dogmatischen' Christusbild dadurch, daß er Jesus als einzigartige Persönlichkeit darstellt, nämlich im „Bild einer Klarheit und Harmonie Dessen, was den vollkräftigen Menschen ausmacht, ein stetes Zusammengehen von Verstand, Gefühl, Anschauung, Ahnung, eine gediegene Einfachheit und Einfalt, in der die unerreichbarste Allseitigkeit mit einer so wunderbaren Kraft zusammengeschlossen wird, wie sie sonst empirisch nicht nachweisbar ist" (1863, 496).

Aus dem Gesagten ergibt sich, daß und wie die Holtzmannsche Fassung der Zwei-Quellen-Theorie eine wesentliche Grundlage der Leben-Jesu-Theologie bildet, die bis weit in das 20. Jh. hinein zur bestimmenden theologischen Richtung des ‚gebildeten' Christentums wurde (→ 3.6.3). Schon 1885 urteilt Holtzmann selbst im Rückblick auf sein Buch von 1863, seither sei „die Controverse über das synoptische Problem erst recht in den Vordergrund der Discussion gerückt und durch die innige Verbindung, in welche sie mit den Bemühungen um das ‚Leben Jesu' getreten ist, zu einer Frage von entscheidender Bedeutung herangewachsen" (^{2}1886, 357; vgl. 1869, 207; Bacon, 1908).

Man hat neuerdings aus der engen Verbindung von Zwei-Quellen-Theorie und Leben-Jesu-Theologie geschlossen, die erstere habe weniger einen literarischen bzw. wissenschaftlichen Grund, sondern verdanke Ursprung und Bestand mehr dem historischen bzw. theologischen Interesse der letzteren. So urteilt besonders entschieden Stoldt (1977, 206ff), nachdem sich schon Farmer (1964, 178ff) in allgemeinerer Form und unter unzulässiger Berufung auf Schweitzer (^{2}1913, 202ff) ähnlich geäußert hatte (vgl. → 3.5.3.2).

Dies Urteil hat indessen keinen hinreichenden Grund (vgl. Tuckett, 1983, 3ff). Der Gang der Erforschung der synoptischen Evangelien hat gezeigt, wie die verschiedenen Vorlagenhypothesen auf die Benutzungshypothese hindrängten (→ 3.5.1), wie sich aus der Alternative ‚Matthäus-Priorität' oder ‚Markus-Priorität' der Vorzug der Markus-Priorität ergab und wie schließlich die Wahl zwischen dem ‚Urevangelisten' Markus und der Zwei-Quellen-Theorie mit Markus-Priorität zugunsten der letzteren ausfiel. Der Kampf gegen Strauß bzw. die Konstruktion der liberalen Leben-Jesu-Theologie hätte ebensowohl aufgrund der Matthäus-Priorität erfolgen können, wie z.B. Keim in seiner ‚Geschichte Jesu von Nazara' 1867 zeigt, dessen Zürcher Antrittsrede ‚Die menschliche Entwicklung Jesu Christi' Holtzmann 1860, sehr beeindruckt, gehört hatte (vgl. 1863, 7f). Daß die Markus-Priorität bzw. Zwei-Quellen-Theorie das Ende der Leben-Jesu-Theologie nicht nur überstand, sondern dies Ende auch mit herbeiführte (→ 4.1) und fernab von aller historischen Rückfrage nach dem Leben Jesu in der modernen Redaktionskritik (→ 5.1) ihre definitve Bestätigung findet (→ 3.6.1.b), zeigt, wie wenig sie in ihren entscheidenden Elementen auf „ideologischen Hintergründe(n)" (Stoldt, 1977, 206) beruht.

Es trifft indessen zu, daß der schnelle und im Bereich der deutschsprachigen wissenschaftlichen Theologie nahezu völlige Siegeszug der Zwei-Quellen-Theorie bis zur letzten Jahrhundertwende von dem Gebrauch begünstigt wurde, den die herrschende Leben-Jesu-Theologie von ihr machte. Dieser für den wissenschaftlichen Fortschritt förderliche Hebammendienst, den eine zeitgebundene Theologie leistete, darf indessen der Zwei-Quellen-Theorie nicht nachträglich zum Schaden gereichen. Es gibt keine Theorie, welche das synoptische Problem ähnlich einfach und zugleich so umfassend und nahezu unanstößig löst, wie es die Zwei-Quellen-Theorie tut. Gegenwärtige Versuche alternativer Lösungen des synoptischen Problems beruhen deshalb auf der selektiven Vereinseitigung partikularer Gesichtspunkte bzw. auf charakteristischen Vorurteilen (→ 3.5.3.2).

Auch im konservativen Lager und im katholischen Bereich (vgl. Sickenberger, 1910) sowie im angelsächsischen und – zögernder (→ 3.5.3.1; 3.5.3.2.c) – französischen Sprachgebiet setzte sich die Zwei-Quellen-Theorie um die Jahrhundertwende weitgehend durch, und zwar zum Teil durch direkten Einfluß der protestantischen Forschung des Kontinents, zum Teil durch selbständige wissenschaftliche Arbeit. Dabei verstanden vor allem katholische Forscher die Logienquelle gerne im Sinne der Papiasnotiz (→ 2.4) als eine Schrift des Apostels Matthäus. Es ist bezeichnend, daß seit langem Kommentare zu den synoptischen Evangelien, sofern sie das Problem der Quellenkritik nicht ignorieren, nur auf der Basis der Zwei-Quellen-Theorie geschrieben werden.

Vgl. Abbott (1879.1884.1901); Woods (1890); Sanday l(1893.1899/1900. 1911); Lagrange (1895/6); Battifol (1897, 61ff); Hawkins (1899); Stanton (1904); Burkitt (1906; 1922); Burton (1904); Loisy (1907 usw.); Bacon (1908); Camerlynck und Coppieters (1908, XXXVff); Mangenot (1911, 45ff); Goguel (1909.1923). Im englischen Sprachgebiet war Streeter (1924) besonders einflußreich; vgl. Bundy (1955).

3.6.3 Zwei-Quellen-Theorie und Leben-Jesu-Theologie

Will man den bereits gesichteten (→ 3.6.2) Zusammenhang von Zwei-Quellen-Theorie und Leben-Jesu-Theologie genauer beobachten, muß man den geistes- und theologiegeschichtlichen Rahmen beachten, in dem die Leben-Jesu-Theologie steht.

Die rationalistische Theologie hatte das Christusdogma zu den unverbindlichen privaten Lehrmeinungen gezählt und Jesus als Lehrer der allgemeinen ewigen Vernunftwahrheiten im Sinne der Aufklärung oder als Lehrer der natürlichen Religion verstanden. In dem entsprechenden Interesse, das kirchliche Dogma zugunsten der natürlichen Religion zu relativieren, rissen die Deisten, in Deutschland vor allem Reimarus (→ 1.3.1.a), mit Bedacht eine Kluft zwischen Jesus selbst und dem Christusglauben der Gemeinde auf. Auch Lessing stellte daraufhin der Kirche die Frage, ob sie sich an der ‚Religion Jesu' oder an der ‚christlichen Religion' orientieren wolle, da beides zugleich doch nicht gehe (→ 1.3.1.a). Auch Herder unterscheidet, Gedanken der ‚liberalen' Leben-Jesu-Theologie vorwegnehmend, zwischen beiden und meint, daß Jesus selbst schon „die Seinigen immer *an seine Stelle* setzt": „Die sogenannte *Religion an Jesum* muß sich also mit dem Fortgange der Zeit nothwendig in eine *Religion Jesu* und zwar unvermerkt und unaufhaltbar verändern. *Sein Gott unser Gott, sein Vater unser Vater!*" (1796, 250).

Die *traditionelle* – orthodoxe und pietistische – sowie die vermittelnde Theologie wiesen im allgemeinen diese Alternative ab und bemühten sich, die Einheit von Christusdogma und Geschichte Jesu gegen alle Angriffe zu verteidigen. In den entsprechenden Darstellungen der Theologie des Neuen Testaments werden demgemäß historische Differenzierungen durch dogmatische Grundgedanken überlagert (vgl. z. B. de Wette, 1813; v. Cölln, 1836; Schmid, 1853).

Die *romantische* Theologie faßte die Frömmigkeit als eine Bestimmtheit des Gefühls in dem Bewußtsein schlechthinniger Abhängigkeit. Glaubenssätze sind Schleiermacher zufolge in der Rede dargestellte Auffassungen der christlich frommen Gemütszustände, und Jesus ist derjenige, der den Menschen in die entsprechende Kräftigkeit seines Gottesbewußtseins hineinnimmt. Diese anthropologische Grundlegung der Theologie konnte über die historische bzw. theologische Differenz von ‚historischem Jesus' und ‚biblischem Christus' hinwegsehen.

Die *spekulative* Theologie sah die Wahrheit im *Ablauf der Geschichte* als der Entfaltung des göttlichen Geistes, der Entwicklung des Bewußtseins sittlicher Freiheit und Autonomie an (→ 3.5.3.3). Schon Hegel, dessen theologische Jugendschriften stark von der Frage nach dem Verhältnis von ‚historischem Jesus' und ‚biblischem Christus' bestimmt sind, hatte gesagt: „Macht exegetisch, kritisch, historisch aus Christus, was ihr wollt; ... es fragt sich allein, was die Idee oder die

3.6.3 Zwei-Quellen-Theorie

Wahrheit an und für sich ist" (Philosophie der Geschichte, III 3,2), und dementsprechend das Dogma spekulativ im Sinne der Entfaltung der Idee gedeutet.

Strauß greift sodann mit Bedacht die Alternative des Reimarus wieder auf und destruiert kritisch im Interesse seines ‚neuen Glaubens' das ‚Leben Jesu' (→ 3.4.6). In ständiger Auseinandersetzung mit Strauß verbreitete sich die zunächst traditionalistisch begründete (→ 3.6.1.a) Zwei-Quellen-Theorie, und auf dieser festen Quellengrundlage konnte sich unter dem maßgeblichen Einfluß von Holtzmann und Ritschl (→ 3.6.2) die ‚liberale' Leben-Jesu-Theologie entfalten, die in der zweiten Hälfte des 19. Jh. zur vorherrschenden theologischen Richtung nicht nur in Deutschland wurde. Es ist das Verdienst dieser theologischen Richtung, auch im Bereich der kritischen Theologie wieder die *Person Jesu* in die Mitte des theologischen Denkens gestellt zu haben.

Mit Strauß akzeptierte die Leben-Jesu-Theologie dabei im Prinzip die von Reimarus formulierte Alternative, die Lessing dem kritischen Bewußtsein eingeprägt hatte, und stellte sich in ihrem Rahmen ähnlich wie die Aufklärung auf den Grund des ‚historischen Jesus'. Spekulation, Supranaturalismus und Dogmengläubigkeit hatten versagt. Unberührt blieb die Tatsächlichkeit historischer Ereignisse, unbestreitbar die Tatsache, daß Jesus gelebt hatte und der Stifter des Christentums war. Den wirklichen irdischen Jesus erkennen hieß, dem christlichen Glauben den historischen Grund zurückzugeben.

Der ‚historische Jesus' der ‚liberalen' Leben-Jesu-Theologie war die *Persönlichkeit* ‚Jesus', wie sie sich aus seiner Lehre, seinem Verhalten und nicht zuletzt aus seinem Lebensgeschick (→ 3.6.2) zur Darstellung bringen ließ. Noch die wesentlich mythische Messiaserwartung der biblischen Zeit war für Harnack, einen der führenden ‚liberalen' Theologen, „Ausdruck der Erkenntnis, daß das Heil in der Geschichte in den *Personen* liegt" (1900; 1950, 85). „Grund des Glaubens kann nur ein Faktum sein, das uns unmittelbar persönlich überwältigt. Der Glaube als persönliches Vertrauen ist nun aber nur denkbar als das seelische Grundverhalten einem persönlichen Willen gegenüber... Darum ist der Verkehr der Seele mit Gott unlösbar verknüpft mit einer geschichtlichen Person" (F. W. Schmidt, 1920, 264), nämlich einer *Persönlichkeit*. So ist Jesus „*die persönliche Verwirklichung und die Kraft des Evangeliums gewesen und wird noch immer als solche empfunden*" (Harnack, 1900; 1950, 87). Ihn zu erfassen, heißt natürlich auch, auf den Eindruck zu achten, den seine *Persönlichkeit* auf „die erste Generation seiner Jünger – die, die mit ihm gegessen und getrunken haben –" (ebd., 7), gemacht hat, „weil jede große, wirksame Persönlichkeit einen Teil ihres Wesens erst in denen offenbart, auf die sie wirkt. Ja man darf sagen, je gewaltiger eine Persönlichkeit ist und je mehr sie in das innere Leben anderer eingreift, um so weniger läßt sich die Totalität ihres Wesens nur an ihren eigenen Worten und Taten erkennen" (ebd., 6).

Tatsächlich handelte es sich bei der ‚Persönlichkeit Jesu' in der Leben-Jesu-Theologie allerdings um die vorbildliche liberale Persönlichkeit des ausgehenden 19. Jh., also um eine ausgesprochen moderne Gestalt mit allen Zügen der Erhabenheit, der Humanität und manchmal auch des Kitsches, welche dem Persönlichkeitsideal dieser Zeit entsprachen, einer Zeit, die überhaupt den Fortschritt von der Bildung der individuellen Persönlichkeiten erwartete.

Die Höhepunkte der sich in solcher Weise artikulierenden liberalen Leben-Jesu-Theologie waren einerseits Ritschls Hauptwerk ‚Die christliche Lehre von der Rechtfertigung und Versöhnung' (1870/74), andererseits Harnacks Vorlesungen über ‚Das Wesen des Christentums' von 1900. Nicht ohne Stolz stellte Harnack in diesen Vorlesungen fest: „Vor sechzig Jahren glaubte David Friedrich Strauß, die Geschichtlichkeit auch der drei ersten Evangelien fast in jeder Hinsicht aufgelöst zu haben. Es ist der historisch-kritischen Arbeit zweier Generationen gelungen, sie in großem Umfang wieder herzustellen" (1950, 12f), und zwar „durch das gesunde, an geschichtlichem Studium gereifte Urteil" (ebd., 15).

„Die Anerkennung von seiten der Zeitgenossen wurde dieser Forschergeneration in einem Maße zuteil, wie sonst keiner andern. In den Kreisen der Gebildeten war man überzeugt, ihr den authentischen Jesus zu verdanken, und freute sich, daß er in den Hauptpunkten als moderner Mensch und Verkündiger der freisinnigen Religiosität erkannt worden war. Die Zuversicht ging so weit, daß auch die Profanhistoriker keinen Augenblick Bedenken trugen, die Resultate der liberalen Theologie zu übernehmen" (Schweitzer, ²1913, 221).

In der Tat stellte sich die Leben-Jesu-Theologie zwar mit der Aufklärung und gegen die kirchliche Tradition auf den Grund des ‚historischen Jesus', aber sie tat es nicht unter der Voraussetzung allgemeiner Vernunftwahrheiten, die Jesus gelehrt haben soll, sondern mit den Mitteln der *historischen* Forschung, die inzwischen ihren Siegeszug angetreten hatte und wirklich oder vermeintlich in den Stand setzte, zu dem wirklichen Jesus, eben dem *historischen* Jesus hinter der dogmatisch übermalenden biblischen Überlieferung zurückzufinden, und die Zwei-Quellen-Theorie lieferte die dazu erforderliche literarkritische Voraussetzung.

Die theologische Problematik, die in dem Unterfangen liegt, die Legitimität der christlichen Botschaft an die Ergebnisse der historischen Forschung und ihrer Unwägbarkeiten zu binden, empfand man in der Hochblüte des Historismus im allgemeinen nicht (vgl. aber Kähler, → 4.1 f). Und in dem Hochgefühl, mit der ‚Persönlichkeit Jesus' auf der Höhe der Zeit zu stehen, war man sich des Verlustes der dogmatischen und mythischen Tradition der Kirche nicht bewußt.

Die Leben-Jesu-Theologie verdrängte aber auch die Erinnerung an das traditionsgeschichtliche Problem, das mit den Stichworten ‚Paulus und die synoptische Tradition' bzw. ‚Christuskerygma und Evangelienüberlieferung im Urchristentum' gegeben war (→ 3.4.5.1), obschon doch die Zwei-Quellen-Theorie, auf welche man sich stützte, ihren Ursprung einer tiefen Einsicht in eben dieses Problem verdankte, und zwar einer Einsicht, die es ausschloß, der synoptischen Tradition den Rang einer fundamentalen Lehrtradition in der frühen Christenheit einzuräumen; denn die Zwei-Quellen-Theorie entstand in der bewußten und nachdrücklichen Abkehr von der auch durch Strauß vertretenen Tradtionshypothese und ging davon aus, daß im 1. Jh. die Jesusüberlieferung außerhalb der kerygmatischen Formeln nur aus persönlicher Anhänglichkeit und Erinnerung gepflegt worden war (→ 3.4.5.1.b; 3.6.1). Insofern gewann Strauß von Anfang an einen wichtigen Sieg über die ihn bekämpfende Leben-Jesu-Theologie.

3.6.4 Urmarkus-Hypothesen

Wilke (→ 3.5.4.2) war davon ausgegangen, daß der ‚Urevangelist' Markus, dessen Werk von den Verfassern des MtEv und des LkEv benutzt wurde, ein Evangelium geschrieben hatte, das erst durch manche längere oder kürzere Erweiterungen zu unserem kanonischen MkEv hin entwickelt wurde, in seiner Urgestalt aber nicht erhalten blieb; vgl. schon Lachmann (→ 3.3.3).

Weisse (→ 3.6.1) monierte 1838 diese Eingriffe in den Bestand des kanonischen MkEv; sie seien "ganz und gar unnötig" (Besprechung, 613 ff) und der Markus-Hypothese schädlich. 1856 aber erkennt er „es für einen Mangel seines evangelischen Geschichtswerkes" an, nicht die Möglichkeit in Erwägung gezogen zu haben, daß die den Autoren des MtEv und des LkEv vorliegende Fassung des MkEv von dem kanonischen MkEv abgewichen sei (88 f). Auch Bauer (→ 3.5.4.3) und – mit Maßen – Volkmar (1857, 204 ff) differenzieren zwischen einem ursprünglichen und dem kanonischen MkEv.

Holtzmann geht 1863 (58 ff) die Reihe derer durch, welche die Markus-Priorität verfechten (Wilke; Weisse; Bauer; Hitzig; Ewald; Köstlin; Tobler; Reuß; Ritschl; B. Weiss; vgl. → 3.6.2), und kommt zu dem Urteil, „daß sämmtliche Vertreter der Marcus-Hypothese mit mehr oder weniger Bestimmtheit nicht unsern Marcus, sondern eine demselben vorangehende Schrift, die manche dem Marcus in Anlage und Inhalt sehr nahe kommen lassen und als Urmarcus bezeichnen, zu ihren Erklärungsversuchen des Matthäus oder Lucas herbeiziehen" (60). Holtzmann schließt sich diesen Forschern an und unterscheidet das kanonische MkEv von einer älteren, etwas umfangreicheren Quelle A, die dem MtEv und dem LkEv zugrunde liege (→ 3.6.2).

Die Vorliebe für eine Urmarkus-Hypothese hielt auch weiterhin an. Vgl. z. B. Weizsäcker (1864); Beyschlag (1881); Feine (1891, 1 ff. 153; 1930, 55); J. Weiß (⁸1892, 278; 1903, 4). Nach Hoffmann (1904) gehen unserem MkEv zwei unterschiedliche Fassungen des ‚Urmarkus' voraus, die beide vom Verfasser des MkEv benutzt wurden, während dem MtEv die eine und dem LkEv die andere Fassung des ‚Urmarkus' neben dem MkEv zugrunde liegt (vgl. N. P. Williams, bei Sanday, 1911, 357 ff). Ropes (97 ff) rechnet mit einem aramäischen UrMkEv.

Der *Begriff* ‚Urmarkus' wird in der Literatur nicht eindeutig verwendet. Der Ausdruck bezeichnet manchmal eine den innersynoptischen Benutzungsverhältnissen vorausliegende *Quelle,* die der Verfasser des MkEv benutzt hat und die ggf. auch vom Verfasser des MtEv oder (und) des LkEv benutzt wurde (vgl. schon Lachmann, → 3.3.3). In solchen Fällen spricht man besser von einer ‚Grundschrift' des MkEv (→ 4.4.1).

Sinnvoll ist die Bezeichnung ‚Urmarkus', wenn ausgesagt werden soll, daß die Verfasser des MtEv und des LkEv eine unserem kanonischen MkEv vorausliegende, nicht voll mit ihm identische *Fassung* desselben benutzten, so daß sich die Gestalt dieses UrMkEv aus den (ggf. gemeinsamen) Abweichungen des MtEv oder (und) des LkEv von dem kanonischen MkEv erschließen läßt (vgl. → 3.6.5):

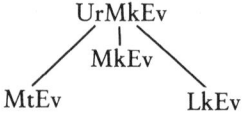

3.6.4 Zwei-Quellen-Theorie

Wenig ergiebig ist dabei die Annahme einer Doppelbenutzung durch eines der nachfolgenden Evangelien oder durch beide nach dem Grundschema:

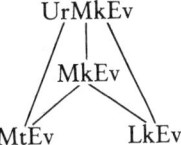

Köstlin (1853, 356; vgl. Reuss, 1874, 187 ff; Salmon, 1885, 153 ff) hat die UrMk-Hypothese in origineller Weise mit der Ansicht Griesbachs kombiniert, das MkEv sei ein Auszug aus dem MtEv und dem LkEv:

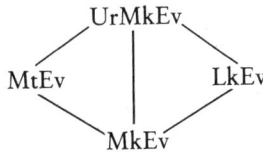

Die UrMk-Hypothese ist als Proto-Markus-Hypothese von der ihr verwandten Deutero-Hypothese zu unterscheiden, welche im Prinzip dasselbe leistet:

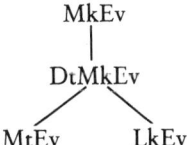

In diesem Fall ist das kanonische MkEv das UrMkEv. Diese DtMk-Hypothese wird heute nachdrücklich von Fuchs vertreten (1971; 1980): Die Verfasser des MtEv und des LkEv haben einen „*Deuteromarkus* benützt, der seinerseits für diese Bearbeitung nicht nur den Text des Mk veränderte, sondern seinen Stoff bereits vielfach mit anderen Materialien aus Q und weiteren Quellen vermengte und erweiterte" (1978, 55). Vgl. ferner Brown (1959); Aichinger (1976; 1978); Strecker-Schnelle (52). Nach Meinung Goguels (1934, 66) benutzte Lukas das MkEv, Matthäus aber ein DtMkEv.

Die Differenzen des MkEv zum UrMkEv bzw. zum DtMkEv können im einzelnen sehr verschieden bestimmt werden. Im Prinzip ergeben sich drei Möglichkeiten:

a) Das UrMkEv (DtMkEv) ist länger als das MkEv.
b) Das UrMkEv (DtMkEv) ist kürzer als das MkEv.
c) Das UrMkEv (DtMkEv) ist teils länger, teils kürzer als das MkEv.
Alle diese Möglichkeiten sind schon früh vertreten worden (vgl. die Nachweise bei Holtzmann, 1901, 16 und B. Weiss, ³1897, 464f). Daneben kann auch einfach eine nicht auf Zusätze oder Streichungen abhebende Bearbeitung des UrMkEv bzw. des MkEv nach inhaltlichen oder formalen Gesichtspunkten konstatiert werden. Die Vielzahl dieser einander oft ausschließenden Aufstellungen widerrät jeglicher Annahme einer UrMk-Hypothese.

Die Argumente für die verschiedenen Fassungen der UrMk-Hypothese bzw. für die DtMk-Hypothese (Sanday sprach 1911 von einer ‚Rezension') sind vielfältig und unterschiedlich. Sofern sie auf dem traditionalistischen Bestreben beruhen, die Angaben der Alten Kirche, besonders des Papias (→ 2.4), über die Evangelien mit der Annahme der Markus-Priorität bzw. mit der Zwei-Quellen-Theorie zu vereinen (z. B. Ewald, 1850), oder in dem Bemühen wurzeln, apokryphe Evangelien in den synoptischen Stammbaum einzubauen (z. B. Köstlin, 1853), oder das Ziel verfolgen, den sekundären Schluß des MkEv (Mk 16,9—20) in der frühen Überlieferung unterzubringen (z. B. Köstlin, 1853, 378 ff), oder beabsichtigen, mythisierende Elemente aus dem MkEv auszuscheiden, verdienen sie keine Erwähnung mehr, zumal sie oft in ein kompliziertes und künstliches Quellengefüge eingebaut sind.

Gewichtig sind dagegen die Beobachtungen, die sich aus dem synoptischen Vergleich bzw. aus der Zwei-Quellen-Theorie selbst ergeben.

In diesem Rahmen hat die Forscher schon früh und oft irritiert, daß die zweite Quelle für das MtEv und das LkEv, die Logiensammlung, nicht nur Reden bzw. Sprüche Jesu, sondern, wie der synoptische Vergleich ergibt, auch einzelne Erzählstücke (Reflexionsmäßiges) enthalten haben muß. Dabei handelt es sich um folgende Abschnitte:
a) In Lk 3,1–22/Mt 3,1–17 ist ein Bericht vom Auftreten des Täufers mitsamt einer Täuferrede (Lk 3,7–9/Mt 3,7–10), eine Dublette (→ 3.6.7) zu dem entsprechenden Bericht des MkEv, verarbeitet worden.
b) Lk 4,1–13/Mt 4,1–11 enthält eine ausführliche Versuchungsgeschichte, neben der Mk 1,12f vielen Forschern als ein unselbständiges Exzerpt erschien und erscheint. So meint Holtzmann: Wer die „Versuchungsgeschichte ursprünglich schrieb, konnte sie nicht in der unverständlichen Art (Mk) 1,13 beschreiben" (1863, 60). Die Exegese

kann freilich das Verfehlte dieses Urteils aufzeigen (Schmithals, 1979, 89 ff).

c) In Lk 7,1–10/Mt 8,5–13 findet sich die Wundererzählung vom Hauptmann zu Kapernaum.
d) Lk 7,18–23/Mt 11,2–6: Anfrage des Täufers.
e) Lk 9,57–62/Mt 8,18–22: Gespräche über die Nachfolge.
f) Lk 11,14/Mt 12,22: Heilung eines Besessenen.

Man hat diese der Spruchsammlung als solcher fremden Stücke oder doch einzelne von ihnen nicht selten der Spruchsammlung abgesprochen und in das UrMkEv versetzt (z. B. Weisse, 1856, 156 ff; Holtzmann, 1863, 67 ff; Masson, 1968, 15 ff). Aber warum sollte der Redakteur des kanonischen MkEv diese Stücke gestrichen oder verstümmelt haben? Die unter d) und f) genannten Stücke sind mit dem Redenstoff der Spruchquelle eng verbunden; sie fügen sich dem Aufriß der rekonstruierten Logienquelle ein (→ 3.6.6.c), nicht dagegen dem des MkEv.

Man hat freilich zur Erhärtung der These eines UrMkEv nicht ohne Grund auch auf Dissonanzen und Unstimmigkeiten bzw. Lükken im MkEv verwiesen. So schreibt Holtzmann z. B.: „Es fehlt die unentbehrliche Veranlassung zu 3,22" (1863, 60); vgl. Weisse (1856, 88 f). Bauer (→ 3.5.4.3), Ewald (1850, 208 f), Weisse (1856, 159 f) und andere sehen zwischen 3,19 und 3,20 eine Lücke. Indessen lassen sich solche Lücken in der Regel nicht mit jenen Stücken schließen, welche die Verfechter einer UrMk-Hypothese statt der Logiensammlung einem UrMkEv zuweisen, und die Beobachtung, daß „unser kanonischer Markus kein Originalwerk sein kann" (Holtzmann, 1863, 60), führt nicht notwendig auf ein UrMkEv, sondern eher auf eine Grundschrift des MkEv hin (→ 4.4.1). Daß die der Logiensammlung formal fremden Stücke von den Verfassern des MtEv und des LkEv dennoch in ihr gelesen wurden, ergibt sich dagegen aus der Analyse dieser Logiensammlung (→ 3.6.6.c; vgl. Wernle, 1899, 218).

Eine andere Beobachtung, die für die UrMk-Hypothese ins Feld geführt wird, besagt: „Oft kürzt Marcus gewisse Reden ab, wie das Fortlaufende derselben bei Matthäus und Lucas beweist. So die Rede des Täufers und die Rede Jesu wider die Anklage dämonischer Allianz, insonderheit aber 9,38–50, wo sogar Zusammenhang und Klarheit ausgehen" (Holtzmann, 1863, 61). Man kann dafür ferner z. B. auf Mk 6,7–13 (vgl. Mt 10/Lk 10,1–12) und Mk 12,38–40 (vgl. Mt 23/Lk 11,39–52) verweisen. Sollte in solchen Fällen ein vollständigeres UrMkEv durch das kanonische MkEv gekürzt worden sein?

Weisse, der dies mit anderen Vertretern der UrMk-Hypothese bejaht, meinte 1856 (156 ff) sogar, auch die gemeinsamen Stücke von Bergpredigt (Mt 5–7) und Feldrede (Lk 6,20–49) hätten (nach Mk 3,19) zusammen mit dem ‚Hauptmann von Kapernaum' und den im LkEv darauf folgenden Stücken (Lk 7,1–8,3) im UrMkEv gestanden (nach dem Vorgang von Ewald; vgl. bereits Lachmann, → 3.3.3). Daß an diesem Verfahren „immer ein gewisser Schein von Gewaltsamkeit haften wird", gesteht Weisse selbst ein (165). Aber auch Holtzmann versetzt 1863 (67 ff) mit dem ‚Hauptmann von Kapernaum' zugleich eine Kurzfassung der Bergpredigt in das UrMkEv. Die Frage, warum der Evangelist Markus das UrMkEv um diese Stücke gekürzt habe, beantwortet Holtzmann 1863 (385) nicht ungeschickt mit der Auskunft, er habe im Unterschied zu dem Verfasser des UrMkEv die Spruchsammlung in den Händen seiner Leser gewußt. In der Tat war, wie die Dubletten (→ 3.6.7) zeigen, dem Evangelisten Markus die Logienüberlieferung nicht völlig unbekannt. Eben deshalb aber findet die zu beobachtende ‚Kürzung' von Redengut durch den Autor des kanonischen MkEv ihre Erklärung aus der näheren Bestimmung des Verhältnisses von MkEv und Spruchsammlung bzw. Spruchüberlieferung, ohne daß es dazu der Annahme eines UrMkEv bedarf (→ 3.6.7).

Ferner urteilt Holtzmann: „Einzelne Erzählungen bieten bei Marcus mehr sagenhafte Elemente oder sind offenbar bei Matthäus ursprünglicher" (1863, 60). Er verweist dabei auf die Erzählung vom kanaanäischen Weib (Mk 7,24–30 par) und auf den *zweimaligen* Hahnenschrei bei der Verleugnung des Petrus, den nur das MkEv berichtet (Mk 14,30.68.72). Aber die Verstärkung des sagenhaften Charakters einzelner Erzählungen, die problematische Richtigkeit dieser Beobachtung einmal vorausgesetzt, ist für sich genommen kein ausreichendes traditionsgeschichtliches Kritierium, da sagenhafte Stoffe im Prinzip ebensowohl historisierend wie mythisierend weiter entwickelt werden können. Eine methodisch differenzierende, vor allem die redaktionskritisch verfahrende Auslegung (→ 5) legt in keinem Fall die Annahme nahe, dem MtEv und (oder) dem LkEv liege eine mehr historische Urfassung des MkEv zugrunde, die von dem kanonischen MkEv ‚sagenhaft' weiter ausgeführt worden ist.

Bemerkenswerter sind einige größere ‚negative Übereinstimmungen' des MtEv und des LkEv gegenüber dem Stoff des MkEv; Mk 3,20f; 4,26–29; 7,32–37; 8,22–26; 13,33–36; 14,51f fehlen im MtEv *und* im LkEv (S^{Mk}). Liegt es nicht nahe, diese Stücke einem vom MtEv und vom LkEv benutzten UrMkEv abzusprechen? Auch die ‚große Auslassung' von Mk 6,45–8,26 *nur* durch das LkEv mit der

UrMk-Hypothese zu erklären (z. B. Reuss, 1874, 187), legt sich freilich in keinem Fall nahe (→ 5.2.9). Wer indessen für die gemeinsamen ‚Auslassungen' von Matthäus und Lukas auf ein UrMkEv zurückgreift, steht vor derselben Schwierigkeit wie schon (unter der Voraussetzung der Matthäus-Priorität) Griesbach (mit seinen Nachfolgern), nämlich erklären zu müssen, was den Redaktor des kanonischen MkEv (bei Griesbach: den Epitomator Markus) bewogen haben könnte, diese Abschnitte, zu denen Griesbach unnötigerweise (vgl. Mt 4,24f; 12,15f; Lk 4,41; 6,17–19) noch Mk 3,7–12 rechnet, seiner Schrift beizugeben. Einleuchtende Gründe dafür gab und gibt es nicht (→ 3.5.3.2).

Dagegen läßt sich dartun, daß Matthäus und Lukas diese Stücke unabhängig voneinander ausgelassen haben. Das harte Urteil seiner Angehörigen über Jesus in Mk 3,20f haben die beiden anderen Evangelisten aus naheliegenden Gründen gestrichen. Mk 7,32–37 und 8,22–26 fallen bei Lukas der ‚großen Auslassung', die Mk 6,45–8,26 umfaßt, zum Opfer. Matthäus ersetzt dagegen die schwer verständliche Erzählung von der Heilung des Taubstummen (Mk 7,32–37) in Mt 15,29–31 durch ein Summarium, während er die verwandte Blindenheilung (Mk 8,22–26) ganz übergeht, nicht ohne zuvor mit Mt 9,27–31 (Blindenheilung) und Mt 9,32–34 (Heilung eines Stummen) Ersatz geschaffen zu haben. Ein Vergleich der jeweils analogen Erzählungen im MtEv und im MkEv zeigt, daß Matthäus wie auch sonst an der Massivität der hellenistischen Wunderberichte in Mk 7,32–37 und Mk 8,22–26 Anstoß genommen haben dürfte. Das Gleichnis von der selbstwachsenden Saat (Mk 4,26–29) fehlt im MtEv, weil Matthäus in Kap. 13 *sieben* Gleichnisse von der Gottesherrschaft zusammenstellen wollte (vgl. die sieben Weherufe in Mt 23,13 ff). Die Siebenzahl ist die Zahl der (göttlichen) Ganzheit, so daß die sieben Gleichnisse von der Gottesherrschaft die Predigt Jesu von der Gottesherrschaft überhaupt repräsentieren. Mußte Matthäus aber um der Siebenzahl willen auf ein Stück des ihm vorliegenden Materials verzichten, bot sich dazu das schwer deutbare Gleichnis von der selbstwachsenden Saat von selbst an. Lukas hingegen läßt nicht nur Mk 4,26–29, sondern den größeren Abschnitt Mk 4,26–34 aus (das Gleichnis vom Senfkorn bringt er Lk 13,18f nicht nach Mk 4,30–32, sondern ganz nach der Logiensammlung) – seine ‚kleine Auslassung', die ähnlich zu beurteilen ist wie die ‚große Auslassung' (→ 5.2.9). Das Gleichnis vom verreisenden Hausherrn (Mk 13,33 ff) dürften Matthäus und Lukas – gleichfalls unabhängig voneinander –

ausgelassen haben, weil sie die Dublette zu der Parabel von den anvertrauten Pfunden (Mt 25,14–30/Lk 19,11–27) beobachteten.

Somit bedarf es auch wegen der genannten Stücke markinischen Sondergutes der Annahme eines vom MtEv und vom LkEv benutzten, vom MkEv ergänzten UrMkEv nicht. Vgl. z. B. Wernle (1899, 216f); Hawkins (1899, 24.122); Ewald (1890, 25.165ff); Wellhausen (1905, 57); Jülicher (1906, 323f); Wendling (1908, 214); Barth (^{3}1914, 236); Larfeld (1925, 145ff); Rawlinson (1925, XXXV); Masson (1968, 525f); B. Weiss (1908, 199.254).

Auch Holtzmann hat deshalb die 1863 von ihm mit Nachdruck vorgetragene UrMk-Hypothese später ausdrücklich aufgegeben (1885, 339; vgl. 1907, 18ff.33ff.161ff), ein wissenschaftlicher Fortschritt, dem heute von fast allen Forschern beigepflichtet wird.

Für die UrMk-Hypothese setzen sich heute noch ein z. B. Bundy (1955, 40); Carmignac (1970); Schenke-Fischer (1979, 21ff). Binder (1979) verbindet dabei die DtMk-Hypothese mit einer zusätzlichen Komplizierung der Zwei-Quellen-Theorie, in deren Rahmen vieles, was gewöhnlich der Logiensammlung zugerechnet wird, aus dem S^{Mt} stammen und über das MtEv dem LkEv zugeflossen sein soll:

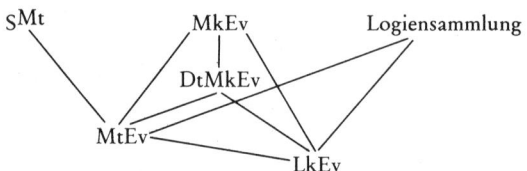

Lindsey (^{2}1973), dem Flusser (1981, 193ff) beitritt, verficht das Schema:

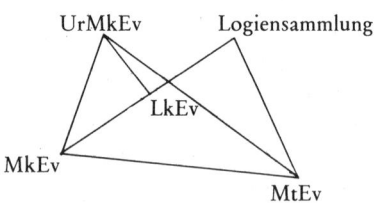

Der Verzicht auf die UrMk-Hypothese bedeutet nicht, daß die Verfasser des MtEv und des LkEv ein Exemplar des MkEv vorliegen hatten, das dem uns überlieferten Wortlaut des MkEv in jeder Weise entspricht, aber die zu veranschlagenden Differenzen von $MkEv^{Mt}$ und $MkEv^{Lk}$ bewegen sich im wesentlichen im Rahmen dessen, was die handschriftliche Überlieferung *desselben* Textes an Abweichungen der Lesarten kennt und wir auch in der handschriftlichen Überlieferung des MkEv feststellen können.

3.6.5 Die ‚Minor Agreements'

Holtzmann erläutert 1885 seinen Verzicht auf die UrMk-Hypothese mit der Bemerkung, für ihn seien inzwischen „die meisten Motive zur Unterscheidung eines Urmarkus von Markus in Wegfall" gekommen (339). Ein gewichtiges Motiv, das er mit der UrMk-Hypothese zu bewältigen versucht hatte (vgl. 1901, 16), bedurfte und bedarf indessen weiterhin einer besonderen Erklärung. Dabei handelt es sich um die bereits beobachteten (→ 3.6.1) kleineren *positiven und negativen Übereinstimmungen* des MtEv und des LkEv gegen das MkEv in dessen Stoff; denn solche Übereinstimmungen können bei unmittelbarer Abhängigkeit des MtEv und des LkEv vom MkEv in der Regel nicht begegnen.

Man spricht in diesem Zusammenhang von ‚kleineren' Übereinstimmungen im Unterschied zu den ‚großen' Übereinstimmungen des MtEv und des LkEv außerhalb des Markusstoffes, die im Rahmen der Zwei-Quellen-Theorie auf die von beiden Evangelisten benutzte Logiensammlung zurückgehen. Auch die bereits besprochenen Auslassungen einzelner ganzer Perikopen des MkEv durch Matthäus *und* Lukas (→ 3.6.4) fallen bei dieser Definition unter die ‚kleinen Übereinstimmungen'.

Negative Übereinstimmungen bestehen in der Auslassung von Worten, Satzteilen oder auch ganzen Sätzen bzw. einzelnen Perikopen des MkEv durch das MtEv *und* das LkEv.

Positive Übereinstimmungen bestehen in der Hinzufügung von Worten und Wendungen, gelegentlich auch von kurzen Sätzen zum Text des MkEv, in der Ersetzung eines Wortes oder Ausdrucks im MkEv durch eine andere Wendung, in der gemeinsamen Umstellung von Worten oder Sätzen oder in der gemeinsamen Wahl einer anderen grammatischen Konstruktion oder einer anderen Zeitform, als das MkEv bietet, im MtEv *und* im LkEv.

Die *Zahl* dieser positiven und negativen ‚Minor Agreements' läßt sich nur schlecht bestimmen, weil in sehr vielen Fällen die Textkritik mitspricht und dadurch oft nicht eindeutig festgestellt werden kann, ob eine Übereinstimmung von MtEv und LkEv gegen das MkEv im Markusstoff ursprünglich ist oder erst durch Angleichung des LkEv an das MtEv (bzw. – seltener – umgekehrt) oder aber durch eine Korruption des MkEv zustande gekommen ist. Ein deutliches Beispiel für den (relativ seltenen) Einfluß des LkEv auf das MtEv bietet der *redaktionelle* Vers Lk 20,18 (vgl. Schmithals, 1980, 193), der in die meisten Handschriften des MtEv sekundär Eingang gefunden hat (Mt 21,44: eine negative Übereinstimmung), wo er freilich zwischen V.43 und V.45 äußerst unglücklich steht und überhaupt nur vor V.43 erträglich wäre.

Lesen Handschriften den gemeinsamen Wortlaut des MtEv und des LkEv auch im MkEv, während andere Handschriften des MkEv einen abweichenden Wortlaut bieten, muß freilich in der Regel damit gerechnet werden, daß die zuerst genannten Handschriften des MkEv ihren Text an den Wortlaut des MtEv und des LkEv angeglichen haben. Der Versuch Streeters (⁹1956, 293 ff), das Problem der ‚Minor Agreements' weitgehend durch Anwendung textkritischer Prinzipien – sekundäre synoptische Angleichung vor allem des LkEv an das MtEv – zu lösen, läßt sich schon deshalb nicht durchführen.

Auch begegnen öfter in demselben Satz sachlich oder stilistisch zusammenhängende Übereinstimmungen von Matthäus und Lukas gegen das MkEv, die man einfach oder mehrfach zählen kann. Die gelegentlich begegnende Zahl von 180 oder 200 einschlägigen Fällen an Übereinstimmungen des MtEv und des LkEv gegen das MkEv im Stoff desselben kann deshalb nur ein lockerer Anhaltspunkt sein. Exemplarische oder auf Vollständigkeit bedachte Aufstellungen der ‚Minor Agreements' gibt es seit Griesbach (→ 3.5.3.2). Vgl. z. B. Holtzmann (1863, 61 f); Hawkins (1899, 172 ff); Abbott (1901, 307 ff; er zählt 229 Stellen); de Solages (1959, 1055 ff; 393 Stellen).

Die Quantität der vorkommenden Fälle hat indessen weit weniger Gewicht als ihre sehr unterschiedliche Qualität. Mit anderen Worten: Es kommt vor allem darauf an, ob sich für die *signifikanten* Fälle Erklärungen unter der Voraussetzung der (einfachen) Zwei-Quellen-Theorie finden lassen.

Dabei ist es ein Selbstmißverständnis, wenn von den Verfechtern der Griesbachschen Hypothese (→ 3.5.3.2) die ‚Kleinen Übereinstimmungen' – besonders die positiven – zugunsten der Matthäus-Priorität und gegen die Zwei-Quellen-Theorie ins Feld geführt werden, wie es z. B. mit stupender Kurzschlüssigkeit Farmer (1964, 9 ff. 118 ff. 284 ff) tut. Für die ‚Minor Agreements' unter der Voraussetzung der Hypothese Griesbachs, nämlich für die seltenen, seltsam unwichtigen und doch bewußten Abweichungen des MkEv von dem im MtEv und im LkEv gemeinsamen Wortlaut, dem zu folgen für Markus sonst ehernes Gesetz ist, gibt es überhaupt keine Erklärung (→ 3.5.3.2); denn nie entsprechen diese vermeintlichen Zusätze, Änderungen usw. einem redaktionellen Interesse des Theologen und Schriftstellers Markus, und dasselbe gilt für die schon besprochenen (→ 3.6.4) größeren ‚Ergänzungen' des Markus.

Holtzmann hat nach der Preisgabe der UrMk-Hypothese die ‚Kleinen Übereinstimmungen' unter Zuhilfenahme der 1863 (164) noch direkt abgelehnten These erklären wollen, daß man bei Lukas einen ‚nebenhergehenden'

3.6.5 Zwei-Quellen-Theorie

Einfluß auch durch das MtEv anzunehmen habe (1885, 339). Er schließt sich damit an ältere Benutzungshypothesen (vgl. z. B. Wilke, → 3.5.4.2) an und folgt unmittelbar von Simons (1880); vgl. Ritschl (1851); Scholten (1869); O. Holtzmann (1901) 24; ferner die bei Holtzmann (1901, 16) Genannten. Neuere bei Wikenhauser-Schmid (^{6}1973, 288 Anm 35). Dazu Larfeld (1925, 73 ff); Cassian (1959); Argyle (1961/62. 1964); Simpson (1965/66); Meynell (1967); Sanders (1968/69); Morgenthaler (1971); Boismard (1974). Wilkens (1966; vgl. 1982) versucht dabei methodisch richtig, sachlich aber unbegründet, Züge der Redaktion des MtEv in einigen lukanischen Texten zu entdecken. Die umgekehrte Reihenfolge – das MtEv hat das LkEv benutzt (vgl. → 3.5.2) – wird nach Vorgang von Wilke (→ 3.5.4.2) nur selten vertreten, z. B. von v. Dobschütz (1928, 346 ff). Die Auskunft einer gegenseitigen Benutzung des MtEv und des LkEv hat in der einen wie in der anderen Form auszuscheiden (vgl. schon B. Weiss, 1865; Jülicher, 1906, 323 f); denn in den ‚Minor Agreements' weist keine Spur auf spezifisch matthäische bzw. lukanische Eigentümlichkeiten hin, wie denn überhaupt unbegreiflich wäre, daß der eine der beiden späteren Synoptiker sich in Kenntnis des anderen fast ausschließlich an das MkEv (und an die Logiensammlung) angeschlossen und von dem parallelen Evangelium im wesentlichen nur belanglose stilistische Eigenheiten übernommen haben sollte, nicht aber z. B. manches von dem theologisch wertvollen Sondergut. Vgl. Tuckett (1983, 145 ff).

Überhaupt gibt es offensichtlich für die ‚Kleineren Übereinstimmungen' nicht nur *eine* Erklärung.

Vgl. zum Problem aus neuerer Zeit z. B.: Hawkins (1899, 102 ff. 172 ff); Sanday (1911, 19 ff); Streeter (1924; ^{9}1956, 293 ff); Turner (1959); de Solages (1959, 1055 ff); Wilson (1959); McLoughlin (1967); Sanders (1972/73); Wikenhauser-Schmid (^{6}1973, 287 ff); Neirynck (1974; 1984); Longstaff (1975); Thomas (1976); Burrows (1969; 1976); Fuchs (1980, Lit.); Fitzmyer (1982, 14 ff); Tuckett (1983, 61 ff).

Die zahlenmäßig weit überwiegenden *negativen Übereinstimmungen* des MtEv und des LkEv gegen das MkEv in dessen Stoff machen relativ geringe Schwierigkeiten. Denn der synoptische Vergleich zeigt, daß Matthäus und Lukas immerzu Kürzungen an ihrer Vorlage, dem MkEv, vornahmen. Dann aber ist unvermeidlich, daß in manchen Fällen diese Kürzungen zusammenfallen, und die Summe solcher zufälligen Übereinstimmungen bleibt durchaus im Rahmen der statistischen Wahrscheinlichkeit. In charakteristischen Fällen lassen sich auch die Gründe für die unabhängig voneinander erfolgte Kürzung des MkEv durch Matthäus und Lukas beobachten, wie für die größeren Perikopen bereits dargetan wurde (→ 3.6.4). So lassen Matthäus und Lukas z. B. das radikale Wort Mk 2,27 (‚Der Sabbat ist um des Menschen willen da und nicht der Mensch um des Sabbats willen') aus, weil sie beide von verschiedenen Voraussetzungen aus die in Mk 2,27 implizierte radikale Gesetzeskritik scheuen, wobei Matthäus jedoch den Gedanken von Mk 2,27 festhält und durch seinen Ersatz Mt 12,5–7 in der Form abmildert.

Im Falle der Griesbach-Hypothese (→ 3.5.3.2) hätte Markus in den entsprechenden Fällen stets seine Vorlagen, das MtEv und das LkEv, ergänzt. Ist dies auch prinzipiell denkbar, so mangelt es doch allen diesen Ergänzungen durchgehend an charakteristischen Zügen markinischer Theologie bzw. Redaktion, die gerade angesichts der Tatsache nicht fehlen dürften, daß Markus nach der Meinung Griesbachs und seiner Nachfolger im übrigen grundsätzlich auf Kürzungen seiner Vorlage aus ist.

Die *positiven Übereinstimmungen* bestehen größtenteils aus stilistischen Änderungen „wie z. B. der Beseitigung des Asyndetons durch Einfügung von καί, δέ, οὖν, im Ersatz von καί durch δέ, des historischen Präsens oder des Imperfekts durch den Aorist, der Beseitigung des pleonastischen ἄρχεσθαι und des unpersönlichen Plurals, auch in Verbesserungen des Wortschatzes" (Wikenhauser-Schmid, ⁶1973, 287). Auch solche positiven Übereinstimmungen müssen sich zwangsläufig von selbst einstellen, da sowohl Matthäus als auch Lukas Änderungen dieser Art an ihren Vorlagen in großem Maße vornehmen; es spräche entscheidend gegen die Markus-Priorität, würden sie dabei gelegentlich *nicht* zusammentreffen. Vgl. z. B.:

Mk 4,11: καί ἔλεγεν αὐτοῖς
Mt 13,11: ὁ δὲ ἀποκριθεὶς εἶπεν αὐτοῖς
Lk 8,10: ὁ δὲ εἶπεν

oder:

Mk 4,38: καὶ ἐγείρουσιν αὐτόν
Mt 8,25: καὶ προσελθόντες ἤγειραν αὐτόν
Lk 8,24: προσελθόντες δὲ διήγειραν αὐτόν

ferner: Mk 2,3par; 2,12par; 2,21par; 6,10par; 12,15par; 12,37par; 14,11par; 15,39par und öfter.

In Mt 9,7/Lk 5,25 nehmen beide Evangelisten unabhängig voneinander pedantisch auf den vorausgehenden Befehl Jesu an den Gelähmten Bezug (ὕπαγε εἰς τὸν οἶκόν σου), um zu belegen, daß der Geheilte nicht nur das Haus verläßt, und ersetzen das ἐξῆλθεν ἔμπροσθεν πάντων (Mk 2,12) durch ἀπῆλθεν εἰς τὸν οἶκον αὐτοῦ.

Ähnlich steht es in Mk 5,27par:

Mk 5,27: ἐλθοῦσα ἐν τῷ ὄχλῳ ὄπισθεν ἥψατο τοῦ ἱματίου αὐτοῦ
Mt 9,20: προσελθοῦσα ὄπισθεν ἥψατο τοῦ κρασπέδου τοῦ ἱματίου αὐτοῦ
Lk 8,44: προσελθοῦσα ὄπισθεν ἥψατο τοῦ κρασπέδου τοῦ ἱματίου αὐτοῦ

3.6.5 Zwei-Quellen-Theorie

wo die beiden Seitenreferenten des MkEv unabhängig voneinander Mk 6, 56 (ἵνα κἂν τοῦ κρασπέδου τοῦ ἱματίου αὐτοῦ ἅψωνται) aufgreifen.

Jesu Ausruf Mk 9,19 (ὦ γενεὰ ἄπιστος) haben Matthäus (17,17) und Lukas (9,41) unabhängig voneinander aus Dt 32,5.20 (καὶ διεστραμμένη) ergänzt: γενεὰ σκολιὰ καὶ διεστραμμένη, sofern nicht der Text von p[45] W und f[13], die das καὶ διεστραμμένη auch in Mk 9,19 bieten, ursprünglich ist.

In einzelnen Fällen dürften Matthäus und Lukas in dieser Weise unabhängig voneinander auch theologische Korrekturen an ihrer Vorlage angebracht haben. Ein signifikanter Fall begegnet in Mk 4,11par (vgl. Schmithals, 1979, 240.243 f):

Mk 4,11: ὑμῖν τὸ μυστήριον δέδοται
Mt 13,11: ὑμῖν δέδοται γνῶναι τὰ μυστήρια
Lk 8,10: ὑμῖν δέδοται γνῶναι τὰ μυστήρια

Markus bezieht in seinem redaktionellen Vers 4,11 τὸ μυστήριον τῆς βασιλείας τοῦ θεοῦ ausschließlich auf das für ihn wichtige Messiasgeheimnis, eine Bezugnahme, die im MtEv und im LkEv entfällt, so daß die Änderung in τὰ μυστήρια fast unvermeidlich wird, und auch das γνῶναι stellt sich aus dem Zusammenhang der Gleichnisrede bzw. aus Mk 4,13 wie von selbst ein. Vgl. noch Fusco.

Weitere Beispiele finden sich u.a. zu Mk 4,41par; 6,32–34par (Neirynck, 1984); 9,19par; 16,6par.

In anderen Fällen beruht die Übereinstimmung von MtEv und LkEv gegen das MkEv in dessen Stoff darauf, daß eine ‚Dublette' vorliegt, d.h. ein Text, den Matthäus und Lukas sowohl im MkEv wie in der Logiensammlung lesen (→ 3.6.7; vgl. Sanders, 1972/73). So findet sich das Gleichnis vom Senfkorn (Mk 4,30–32) auch in der Spruchsammlung, deren Fassung Lukas in 13,18f sowohl nach Stellung wie Wortlaut folgt, was zu einer Reihe von Übereinstimmungen mit Matthäus, der in 13,31 f beide Fassungen miteinander kombiniert, gegen das MkEv führt. In Mk 8,35 lesen wir: ἕνεκεν ἐμοῦ καὶ τοῦ εὐαγγελίου. Matthäus (16,25) und Lukas (9,24) lassen das erst von Markus dem überlieferten Spruch hinzugefügte καὶ τοῦ εὐαγγελίου wieder aus; sie lasen, wie die Dublette Mt 10,39/Lk 17,33 zeigt, den Spruch auch in der Logiensammlung, und zwar ohne den markinischen Zusatz, der die Struktur des Logions deutlich stört. Sie gleichen also unabhängig voneinander die Markusfassung an die Fassung der Logiensammlung an, wobei noch zu beachten ist, daß Lukas in seinem Evangelium den ‚paulinischen' Begriff εὐαγγέλιον *stets* streicht, während Matthäus ihn nur in Verbindung mit κηρύσσειν verwendet (Mt 4,23; 9,35; 24,14; 26,13).

Deutlich gehen auch die Übereinstimmungen von Matthäus und

Lukas gegen Markus in der Täufererzählung Mk 1,2–8par auf eine Dublette in der Spruchsammlung zurück (vgl. Schmithals, 1980, 49ff). Ähnlich könnte es in Mk 1,10par; 6,9par; 6,11par stehen. Vgl. ferner Mk 10,29par mit der Dublette Mt 10,37/Lk 14,26.

Auch ein in der UrMk- bzw. in der DtMk-Hypothese liegendes Wahrheitsmoment darf man nicht ganz außer Acht lassen: Matthäus und Lukas benutzten Abschriften des MkEv, die zweifellos nicht wortgenau mit dem Normtext unseres MkEv übereinstimmten (→ 3.6.4; zum Problem: Walker, 1979). Daraus mögen einzelne ihrer Übereinstimmungen gegen den Text unseres MkEv resultieren. Es geht aber nicht an, die Übereinstimmungen des MtEv und des LkEv gegen das MkEv in dessen Text generell mit der Auskunft zu erklären, „daß Matthäus und Lukas nicht das kanonische Markusevangelium, sondern eine durch Glättungen gekennzeichnete überarbeitete Fassung vorlag, die *Deuteromarkus* genannt wird" (Strecker-Schnelle, 1983, 52). Die ‚Minor Agreements' weisen, wenn man sie summiert, auf keinen nach einsichtigen Prinzipien revidierten Text des MkEv.

Indessen lassen sich die beiden anstößigsten Übereinstimmungen am besten im Rahmen einer auf Probleme der Textkritik reduzierten Fassung der UrMk-Hypothese erklären. Es handelt sich dabei um Mk 14,65par (Verspottung vor dem Synedrium), Streeter zufolge „the most remarkable of all the minor agreements" (⁹1956, 325; vgl. Farmer, 1964, 284ff), und Mk 14,72par (Verleugnung des Petrus).

An der erstgenannten Stelle wird berichtet, wie Jesus bei verbundenen Augen (so MkEv und LkEv) geschlagen wird. Dann fordern die Schläger ihn nach Mt 26,68 und Lk 22,64 auf:
προφήτευσον (ἡμῖν, χριστέ,) τίς ἐστιν ὁ παίσας σε (das Eingeklammerte nur im LkEv). Im MkEv findet sich dagegen das unverständliche προφήτευσον, καὶ οἱ ὑπηρέται ῥαπίσμασιν αὐτὸν ἔλαβον. Der anderen Stelle zufolge endet die Verleugnungsgeschichte des Petrus in Mt 26,75 und Lk 22,62 mit der einleuchtenden Bemerkung: καὶ ἐξελθὼν ἔξω ἔκλαυσεν πικρῶς. Im MkEv findet sich stattdessen wiederum ein kaum verständlicher Text: καὶ ἐπιβαλὼν ἔκλαιεν.

Beide Stellen sind angesichts eines unverständlichen Textes im MkEv strukturell auffallend ähnlich gelagert und liegen außerdem etwa eine Manuskriptseite auseinander. Das legt die Vermutung nahe, unserem kanonischen MkEv habe eine Vorlage mit einem beiderseits beschriebenen, an einer Stelle defekten Blatt zugrundegelegen und ein Abschreiber habe das auf beiden Seiten Fehlende oder unleserlich gewordene wenig glücklich rekonstruiert, während Matthäus und Lukas einen noch unbeschädigten Text besaßen.

Auch in Mk 2,23b (ὁδὸν ποιεῖν) scheint ein verderbter Text vorzuliegen, den Matthäus (12,1) und Lukas (6,1) vielleicht aufgrund einer besseren Vorlage, jedenfalls aber unabhängig voneinander korrigiert haben.

Falls dem MkEv eine ‚Grundschrift vorausging (→ 5.5.3), ist in den zuletzt besprochenen (wie in anderen) Fällen denkbar, daß den Verfassern des MtEv und des LkEv auch diese Grundschrift vorlag, die sie neben dem MkEv benutzten; vgl. z. B. Mk 3,16 fpar; 5,27par und Schmithals (1979 z. St.).

Mit einem zum MkEv parallelen Einfluß entsprechender mündlicher Tradition auf das MtEv und das LkEv darf man, um die ‚Kleineren Übereinstimmungen' zu erklären (z. B. Grobel, 1937, 66; Kümmel, ^{17}1973, 36; Fuller, 1978, 132 und viele andere), schon deshalb nicht rechnen, weil die Übereinstimmungen in keinem Fall so geartet sind, daß sie fixierte mündliche Überlieferung wiedergeben; vgl. im übrigen → 4.3.5; 4.3.8.1.c.

Im Einzelfall läßt sich zwar nicht immer eine sichere Entscheidung über die konkrete Ursache einer ‚Kleinen Übereinstimmung' treffen. Insgesamt aber stellen diese Übereinstimmungen keinen Einwand gegen die Markus-Priorität in ihrer einfachen Gestalt, d. h. ohne eine UrMk-Hypothese und ohne eine zusätzliche Benutzung des MtEv durch das LkEv oder umgekehrt, dar. Vgl. Schmid (1953).

3.6.6 Die Logiensammlung (Q)

In dem Maße, in dem sich die Zwei-Quellen-Theorie durchsetzte, richtete sich das Interesse auf die Rekonstruktion und Analyse der Spruchsammlung, für die sich seit Wernle 1899 der historisch (statt ‚Apostolische Quelle') und literarisch (statt ‚Logiensammlung') neutrale Begriff ‚Q' durchsetzt: „die – hypothetische – Quelle sei mit Q bezeichnet" (44; vgl. Dibelius, 1953, 96f). Zuerst begegnet die Bezeichnung ‚Q' anscheinend bei Johannes Weiß (1890, 557); vgl. Howard (1938/39); McArthur (1976/77); Neirynck (1978, 1979); Silbermann (1979); Schmitt (1981).

An der Erforschung von Q beteiligten sich in der frühen Zeit vor allem Holtzmann (1863); Jülicher (1894; $^{5+6}$1906); Wernle (1899); Harnack (1907); Wellhausen (1905); Soiron (1916; unter Voraussetzung der Traditionshypothese); Bussmann (1929); Streeter (1924; ^{9}1956); Manson (1937) u. a. Vgl. Devisch (1975).

Die Untersuchungen führten zu im wesentlichen einhelligen Ergebnissen, freilich auch zu offenen Fragen. Die Rekonstruktion von Q nach Umfang, Stoffanordnung und Wortlaut ist mit etwa jener Sicherheit möglich, mit der wir aus dem MtEv und dem LkEv das MkEv rekonstruieren könnten, wenn uns dieses nicht vorläge.

a) Der Umfang von Q

Die Feststellung dessen, was zu Q gehörte, „hat sich zunächst *ausschließlich* und streng an die dem Matthäus und Lukas über Markus hinaus gemeinsamen Partien zu halten" (Harnack, 1907, 2). Mit Hilfe dieses gesunden methodischen Grundsatzes, der jene Gestalt der UrMk-Hypothese außer Betracht läßt, der zufolge manches dem MtEv und dem LkEv gemeinsame Gut in einem UrMkEv gestanden haben soll (→ 3.6.4), stößt man auf den Grundbestand der Spruchsammlung Q (vgl. Wernle, 1899, 224; Wellhausen, 1905, 66; Harnack, 1907, 6 ff; Hawkins, bei Sanday, 1911, 108 ff; Bussmann, 1929, 1 ff. 110 ff;; Polag, 1966, 1977, 2 ff). Man muß jedoch damit rechnen, daß im MtEv oder in beiden Evangelien Stücke der Spruchsammlung, z. B. Dubletten zum MkEv (→ 33.6.7), ausgelassen wurden (vgl. Schürmann, 1959/60.1968, 111 ff); auch einige Stücke des MkEv finden sich bekanntlich weder im MtEv noch im LkEv (→ 3.6.4), nicht wenige fehlen wenigstens bei einem der nachfolgenden Evangelien. Stücke, die beide gemeinsam und unabhängig voneinander ausgelassen haben, sind mit der Spruchsammlung selbst verloren gegangen. Der etwaige Verlust an Q-Stoff dürfte indessen, wie der Vergleich mit der Behandlung des MkEv durch Matthäus und Lukas zeigt, nicht nennenswert sein. Stücke, die nur einer von beiden ausgelassen hat, finden sich im Sondergut des anderen.

Indessen getraut Harnack sich nicht, auch nur ein „Stück im Sondergut eines der beiden Evangelisten anzugeben, welches man zu Q zu stellen berechtigt ist" (1907, 130). Wernle war 1899 in dieser Hinsicht weniger bedenklich (224 ff). Er versetzt in die Spruchsammlung Lk 15,8–10 (Das Gleichnis von der wiedergefundenen Drachme) und Mt 13,44–46 (Die Parabeln vom Schatz im Acker und von der kostbaren Perle). Für wahrscheinlich hält er, daß in Q auch Mt 6,1–8.16–18; 11,28–30 stand, und für möglich, daß Q Lk 12,35–37; 17,7–10 sowie den Grundstock von Mt 13,24–30 (Das Gleichnis vom Unkraut im Acker), Mt 13,47–50 (Das Gleichnis vom Fischnetz) und Mt 25,1–13

(Die Parabel von den zehn Jungfrauen) enthielt. Er hält sich also, methodisch überlegt, nur an das mit dem nachgewiesenen Stoff der Spruchquelle *gleichförmige* Sondergut des MtEv und des LkEv. Demselben Kriterium folgend rechnen Jülicher-Fascher (342) noch Sondergut aus Mt 23 sowie Mt 19,10–12; Mt 6,5–8 und Lk 12,49 zu Q (vgl. Patton, 1915).

Holtzmann verletzt jenen methodischen Grundsatz, wenn er 1901 (17) auch die Beispielerzählungen Lk 10,25–37 (Barmherziger Samariter) und 15,11–32 (Heimgekehrter Sohn) in Q aufsucht. Diese Verletzung liegt erst recht bei Tuckett vor, der (1982) in Q eine Vorlage von Lk 4,16–30 sucht.

Dem von Wernle und Jülicher-Fascher Angeführten (vgl. Streeter, 1911, 184 ff) könnte man noch Lk 16,1–7 (Parabel vom ungerechten Haushalter) oder Mt 20,1–15 (Parabel von den Arbeitern im Weinberg) beigeben. Die Zugehörigkeit aller dieser Stücke zu Q läßt sich indessen in keinem Fall erweisen, eher in manchen Fällen als unwahrscheinlich dartun. So dürfte es sich bei Lk 15,8–10. 11–32 und bei Mt 25,1–13; 11,28–30 um redaktionelle Bildungen des jeweiligen Evangelisten handeln (→ 5.2.7; 5.3.6), wie sich denn überhaupt die vorliegende Problematik nur im Zusammenhang mit der Redaktionskritik (→ 5) befriedigend behandeln läßt.

Auf keinen Fall werde Umfang und Charakter der Spruchsammlung Q durch mögliche Erweiterungen aus S^{Mt} und S^{Lk} wesentlich modifiziert (anders urteilen Wendt, ²1901, 30 ff, der das meiste vom S^{Mt} und S^{Lk} in Q findet; Patton, 1915; Beyschlag, 1881, 607 ff und andere), und überhaupt dürfte der Eindruck begründet sein, daß Matthäus und Lukas entsprechend dem, daß sie die einzelnen Sprüche – das Gedächtnismäßige – aus dem MkEv und aus Q dem Wortlaut nach getreuer überliefert haben als die Erzählungen – das Reflexionsmäßige –, auch die Spruchsammlung *als Ganze* mit weniger Freiheit als das MkEv benutzt haben, sieht man von der Anordnung des Stoffes ab.

Ohne dauerhaften Anklang blieb die anhaltlose, vor allem von Bernhard Weiss unermüdlich vorgetragene These, Q habe auch vieles von dem Erzählgut enthalten, das sich im MkEv findet (1872; ⁶1878; ³1897, 465 ff; 1905; 1908, 1ff; 1912; vgl. Johannes Weiß, 1903, VII; 375 ff). Besonders weitgehend verfolgt Resch (1898; ²1906, 395) diesen Gedanken, wenn er der Spruchquelle auch eine Passionsgeschichte zuschreibt. Vgl. auch Hirsch (1941); Helmbold (1953) und den Widerspruch schon von Beyschlag (1881). Diese traditionalistische Ansicht wird in der Regel historisierend bzw. psychologisierend begründet:

Manche der Erzählungen und Logien des MkEv machen im MtEv und (oder) im LkEv angeblich einen altertümlicheren Eindruck. Nach Bernhard Weiss stammt diese von allen drei Synoptikern benutzte ausführliche Gestalt der Spruchquelle nämlich von dem Apostel Matthäus und deckt sich mit der Matthäus-Schrift des Papias (→ 2.4).

b) Der literarische Charakter von Q

Bei aller prinzipiellen Anerkennung der Zwei-Quellen-Theorie ist, vor allem freilich erst in neuerer Zeit, der literarische Charakter der Spruchquelle mehrfach bestritten worden. So urteilte z. B. Dibelius (³1959): „Was wir bei dem heutigen Stande der Forschung von der Quelle Q wissen, berechtigt uns eher von einer *Schicht* als von einer *Schrift* zu reden; wir erkennen deutlich das Bestreben der Gemeinden, Worte Jesu in der Weise von Q zu sammeln, wir wissen aber nicht, ob das Ergebnis dieser Bemühungen ein oder mehrere Bücher und ob es überhaupt Bücher waren" (236 f). Bornkamm meint erkennen zu können, daß Matthäus und Lukas sich bei der Verarbeitung der Spruchquelle „ein ganz anderes Maß von Freiheit" gestatteten als gegenüber dem MkEv. Er schließt daraus: „Auf keinen Fall also darf Q in derselben Weise wie Mk als eine schon fest umrissene literarische Größe vorgestellt werden. Vielmehr ist sie als eine ‚Traditionsschicht' (Fascher) zu denken, die der in Unterweisung und Gottesdienst beheimateten mündlichen Tradition noch erheblich näher stand und ihrem Wandlungsprozeß stärker ausgesetzt war und blieb als Mk" (1958, 756; vgl. 1956, 198 f). Diese schon von Allen (1899/1900) und Bartlet (1911, 313 ff) vorgetragene Anschauung wendet Einsichten der Traditionshypothese (→ 3.4) auf Q an. Aber der Eindruck, Matthäus und Lukas seien mit Q freier verfahren als mit dem MkEv, wird nur dadurch hervorgerufen, daß sie notwendigerweise den Aufriß des MkEv ihren eigenen Evangelien zugrunde legten, während sie den Q-Stoff diesem Aufriß auf jeweils verschiedene Weise einfügten. Freiheit den einzelnen Perikopen bzw. Logien gegenüber üben sie im Stoff des MkEv mindestens ebenso wie im Q-Stoff; ja, im allgemeinen ist ihre Freiheit der Überlieferung des MkEv gegenüber größer, was freilich nicht durch dessen besonderen literarischen Charakter, sondern durch den Unterschied von Erzählstoff (Reflexionsmäßigem) und Logienstoff (Gedächtnismäßigem) bedingt ist, weil der Letztere in sich gefestigter überliefert wird.

Außerdem sind die Übereinstimmungen im *Wortlaut* der Logien aus Q im MtEv und im LkEv oft so weitgehend und ist auch trotz jeweils individueller Anordnung des Q-Stoffes in beiden Evangelien dessen *Reihenfolge* in vielen Fällen so übereinstimmend und vor allem die *Auswahl* der Logien so identisch, daß man an einer wesentlich gleichlautenden *literarischen* Vorlage für das MtEv und das LkEv neben dem MkEv nicht zweifeln kann. Dazu erklären sich die im MtEv und im LkEv begegnenden ‚Dubletten' (→ 3.6.7) als solche nur dann, wenn Q für Matthäus wie für Lukas denselben literarischen Wert wie das MkEv besaß.

In diesem Sinne urteilen z. B. Bussmann (1932); Manson (1937, 15 f); Kümmel (^{17}1973, 43); Fitzmyer (1982, 19 ff); Polag (1983, 103) und die meisten. Eher als ‚Schicht' betrachten die Spruchquelle außer den bereits Genannten Büchsel (1939, 89 f); Fascher (1953, 76); Petrie (1959); Rosché (1960); Betz (1965, 19); Rehkopf (1966, 1917); Balz (1967, 165); Wrege (1968); Linton (1976); Fee (1980); Schenk (1981, 131) und andere.

c) Die Anordnung des Stoffes in Q

Matthäus hat das meiste Redengut der Spruchsammlung zusammen mit verwandtem Material aus dem MkEv und dem S^{Mt} vor allem in den fünf großen Redekompositionen untergebracht:

Mt 5,1–7,29   Bergpredigt,
Mt 9,35–11,1   Aussendungsrede,
Mt 13,1–53   Gleichnisrede vom Reich Gottes,
Mt 18,1–19,1   Gemeinderegeln
Mt 24,1–26,1   Eschatologische Reden.

„Wie bewußt Mt verfährt in der Hereinschiebung dieser Stücke, das zeigt er selbst durch den Schlußstrich, den er nach vollbrachter Arbeit macht mit der, nur 7,28; 11,1; 13,53; 19,1; 26,1 vorkommenden, Formel καὶ ἐγένετο ὅτε ἐτέλεσεν ὁ Ἰησοῦς τοὺς λόγους τούτους, worauf er mit irgendeiner Wendung den gemeinschaftlichen Faden gerade da wieder aufnimmt, wo er ihn, um die betreffende Rede zu bilden, hatte fallen lassen. Jene Formel bildet somit den stehenden Übergang von der mehr oder weniger selbständig componirenden Arbeit zu der einfach copirenden oder verkürzend referirenden Redaction" (Holtzmann, 1901, 13). Bei seiner thematischen Anordnung des Spruchgutes mußte Matthäus die Reihenfolge der Spruchsammlung weitgehend zerstören. „Über die wirkliche Anordnung der Reden in der Spruchsammlung können wir aus Mt fast nichts vermuten" (Wernle, 1899, 186).

Daß Matthäus das Redengut sachlich und nicht zeitlich ordnet, war schon eine Auskunft der augustinisch verfahrenden Harmonistik (→ 1.2.2), die von der historischen Forschung im Bereich der unterschiedlichsten synoptischen Hypothesen festgehalten wurde (vgl. z. B. Feilmoser, 1810, 28; Hug, → 3.5.3.1; Schneckenburger, 1832, 24; Olshausen, 1830, 22). Wenn z. B. Ewald (1890, 27 ff.200 ff; vgl. Weizsäcker, 1864, 116; Appel, 1922, 144) entgegen der herrschenden Ansicht der Überzeugung ist, die Reden des MtEv gäben den Aufbau von Q im wesentlichen getreu wieder, so liegt dieser unbegründeten These die traditionalistische Überzeugung zugrunde, der Apostel Matthäus habe keine ‚unhistorischen' Redekompositionen schaffen können.

Lukas bringt den entsprechenden Stoff aus Q fast ausschließlich in Lk 6,20–49 (Feldrede), Lk 7,18–35 (Jesus und Johannes der Täufer) sowie im Rahmen des ‚Reiseberichts' (Lk 9,51–18,14), vor allem in Lk 9,57–15,7. Eine dem MtEv entsprechende Sachanordnung läßt das LkEv nicht erkennen. Darum liegt die Annahme nahe, im LkEv sei die Reihenfolge des Stoffes in Q besser als im MtEv bewahrt worden. Dies ist seit jeher das übliche Urteil; vgl. z. B. Holtzmann ([2]1886, 372 f); Beyschlag (1881, 603 ff); Wernle (1899, 226 f); Wendt ([2]1901, 26 ff); Bussmann (1929, 1 ff); Albertz (1955, 120); Taylor (1953; 1959); Kümmel ([17]1973, 42).

Da die ersten der zu Q gehörenden Stücke im MtEv und im LkEv in derselben Anordnung begegnen, steht insofern die Reihenfolge der Spruchsammlung Q einigermaßen fest (vgl. Wernle, 1899, 226; Wellhausen, 1905, 66 f; Appel, 1922, 143 f): Auftreten des Täufers; Taufe Jesu; Versuchung Jesu; Bergpredigt/Feldrede; Hauptmann von Kapernaum. Auch im folgenden Stoff aus Q gibt es eine auffällig übereinstimmende Akoluthie (vgl. Kümmel, [17]1973, 39):

Mt 11, 1–19 / Lk 7,18–35;
Mt 11,20–24 / Lk 10,12–15;
Mt 11,25–30 / Lk 10,21–24;
Mt 12,22–37 / Lk 11,14–23;
Mt 12,38–42 / Lk 11,29–32;
Mt 12,43–45 / Lk 11,24–26.

Folgt man im übrigen der Reihenfolge des Q-Stoffes im LkEv, sofern nicht Gründe eine Umstellung nahelegen, so erhält man folgende Reihenfolge in Q, die im einzelnen eine mehr oder weniger große Sicherheit bzw. Wahrscheinlichkeit für sich hat:
Lk 3,2b–4. 7–9. 16–17. 21–22; 4,1–13 ... 6,20b–23. 27–38. 41–49; 7,1–10. 18–35; 9,57–60; 9,2; 10,2–16. 21–24; 11,1–4. 9–36. 42. 39–41. 43–44. 52. 46–51; 13,34–35; 12,2–9. 11–12. 22–31. 33–40. 42–46.

51–59; 13,18–21. 24–30; 14,15–27; 17,33; 14,34–35; 15,4–7; 16,13; 17,1–4. 23–24. 26–27. (28–29). 30. 34–35. 37; 19,12–26; 22,29–30. Dazu treten einzelne schwer zu lokalisierende Logien: Lk 6,39b.40; 10,18; 12,10; 17,6; 16,16. 17. 18; (18,25); vielleicht auch Lk 14,5. 11.

Zur Begründung vgl. Schmithals (1980; siehe das Register); vgl. im übrigen z.B. Beyschlag (1881, 607ff); Wernle (1899, 224ff); v. Soden (1905, 65f); Harnack (1907, 121 ff); Müller (1908); Larfeld (1925, 90 ff); Streeter (1911, 141 ff; ⁹1956, 291); Appel (1922, 251 f); Taylor (1953, 1959); Albertz (1955, 120 ff); Bornkamm (1958, 758 f); Lührmann (1969, 90); Vassiliadis (1977, 60 ff); Kee (²1977, 84 ff); Polag (1977, 2 ff).

Daß die Spruchsammlung Q mit der Täuferrede und der (Taufe und) Versuchung Jesu wie überhaupt mit den eher erzählenden Stükken beginnt, liegt ebenso nahe, wie daß sie mit eschatologischen Stükken schließt (vgl. Manson, 16; Bammel, 1970). Im übrigen läßt sich eine geschichtliche Ordnung nicht beobachten, und aus der Anordnung von thematisch zusammengestellten Spruchgruppen lassen sich kaum Schlüsse hinsichtlich der Theologie des Sammlers bzw. Redaktors der Spruchsammlung ziehen (vgl. Wernle, 1899, 227).

d) Der Wortlaut der Spruchsammlung

Der Wortlaut der Spruchsammlung steht in jenen Fällen mit nahezu absoluter Sicherheit fest, in denen das MtEv und das LkEv wörtlich übereinstimmen (vgl. z.B. Lk 3,7–9par). Übereinstimmungen des MtEv und des LkEv im Q-Stoff gegen den Wortlaut von Q selbst können jedenfalls nicht zahlreicher und gewichtiger sein als die positiven Übereinstimmungen von MtEv und LkEv im Text des MkEv gegen dessen Wortlaut (→ 3.6.5).

Weichen das MtEv und das LkEv bei Q-Stoff in ihrem Wortlaut voneinander ab, läßt sich in der Regel nicht sicher erkennen, ob nur eines dieser Evangelien oder ob beide gleichzeitig und unabhängig voneinander ihre Vorlage Q geändert haben. Jedenfalls muß angesichts der oft sehr auseinandergehenden Fassungen des Q-Stoffes im MtEv und im LkEv in vielen Fällen mit gleichzeitiger unterschiedlicher Änderung der Vorlage Q gerechnet werden. Eine Rekonstruktion des ursprünglichen Wortlautes von Q ist in diesen Fällen kaum noch möglich, wie ja auch der Wortlaut des MkEv im MtEv und im LkEv nicht völlig erhalten ist. Auch die Änderungen durch nur einen der beiden Evangelisten lassen sich nicht immer mit hinreichender Sicherheit feststellen; denn die Anwendung der statistischen, formkritischen und redaktionskritischen Kriterien läßt einen nicht geringen Urteilsspielraum offen. Die Versuche, den *Wortlaut* der Spruchsammlung zu rekonstruieren, können deshalb im einzelnen verschieden ausfallen. Vgl. z. B. Harnack (1907, 6 ff); Schulz (1972); Schenk (1981); Polag (^{2}1982).

e) Unterschiedliche Fassungen von Q

Wernle (1899, 231 ff) geht davon aus, daß sich die Fassungen der Spruchquelle, die dem MtEv und dem LkEv vorlagen, beträchtlich voneinander unterschieden haben (Q^{Mt} und Q^{Lk}). Ähnlich urteilen z. B. Weizsäcker (1864, 81 ff. 130 ff); Schmiedel (^{2}1906); Jülicher (1906, 315); Hauck (1934, 4); Goguel (1934, 66); Manson (^{2}1949, 18 f); Bornkamm (1956, 198 f); Grundmann (1959, 22); Lührmann (1969, 105 ff); Hahn (1963, 83); Kümmel (^{17}1973, 43); Schenke-Fischer (1979, 25 f); Horn (1983, 15.129 ff); Strecker (1984, 9 ff).

Brown (1961/62) rechnet mit einer Urfassung Q, die dem LkEv zugrunde liegt, einer revidierten Fassung, die Markus bekannt war, und einer nochmals bearbeiteten Fassung, die der Autor des MtEv benutzte. Hickling (1982) geht sogar davon aus, daß Matthäus und Lukas verschiedene *Sammlungen* von Spruchgut zur Verfügung standen; vgl. schon Allen, bei Sanday, 1911, 234 ff.

Daß es sich bei Q^{Mt} und Q^{Lk} um verschiedene Übersetzungen aus dem Aramäischen handelt (so noch Bultmann, ^{3}1957, 354), ist wegen der teilweise sehr weitgehenden wörtlichen Übereinstimmung des Q-Stoffes im MtEv und im LkEv – auch in seltenen Begriffen und ungewöhnlichen Wendungen – ausgeschlossen.

Die Unterscheidung von Q^{Mt} und Q^{Lk} legt sich nahe, wenn man, wie z. B. Wernle tut (siehe 3.6.6.a), S^{Mt} oder S^{Lk} auf die Spruchquelle zurückführt oder wenn man die Abweichungen des MtEv und des LkEv voneinander im Q-Stoff nicht mit redaktionellen Bearbeitungen durch die Evangelisten selbst meint erklären zu können. Indessen legen gerade die Ergebnisse der redaktionskritischen Forschung den Schluß nahe, daß Matthäus und Lukas, von handschriftlichen Varianten abgesehen, dieselbe Fassung der Spruchquelle benutzten (→ 5), so daß die Ursache ihrer Abweichungen nicht aus dem Licht der von den Evangelisten Matthäus und Lukas vorgenommenen Redaktion des Q-Stoffes in das Dunkel der früheren Traditionsgeschichte verlagert zu werden braucht. Wenn Wernle z. B. urteilt, Matthäus habe „die Sammlung in einer judaistischen Form übernommen, die 5,17–20; 10,5f; 23,3 am schärfsten hervortritt" (229), so ergibt die redaktionsgeschichtliche Analyse, daß solche (scheinbar) judaistischen Stellen auf den Evangelisten Matthäus zurückgehen (→ 5.3). Die Zurückführung von S^{Mt} und S^{Lk} auf Q^{Mt} und Q^{Lk} läßt sich zwar nicht prinzipiell ausschließen (vgl. 3.6.6.a), aber in keinem Fall auch nur wahrscheinlich machen.

Es gibt demzufolge keinen Grund, Q^{Mt} und Q^{Lk} wesentlich voneinander zu unterscheiden; vgl. Harnack (1907, 80); Wellhausen (1905, 68; mit Vorbehalt); Vassiliadis (1978, 57 ff); Schenk (1911, 131). Siehe noch → 4.4.2.

f) Die Ursprache von Q

Das Spruchgut der synoptischen Tradition entstammt seinem Grundbestand nach dem aramäischen Sprachraum, auch wenn, wie unter e) dargetan, dem MtEv und dem LkEv die gleiche griechische Fassung von Q zugrunde liegt. War die Spruchsammlung ursprünglich aramäisch verfaßt, so daß Matthäus und Lukas die gleiche Übersetzung benutzen? Diese Frage wird (meist auf traditionalistischer Grundlage; Papias, → 2.4; 3.3.2) häufig bejaht (Harnack, 1907, 171; Wellhausen, 1905, 68; Jülicher, 1906, 315; Michaelis, ²1954, 84; Burney, 1925; Torrey, 1933; Marshall, 1981, 1982/83; Black, 1982, 186ff. 271ff; Zimmermann, 1979; Fitzmyer, 1971.1979).

Wernle urteilt demgegenüber: „Zu Rückschlüssen auf ein aramäisches Original ist kein Anlaß gegeben" (1899, 229). Eine aramäische *Ursammlung* läßt sich in der Tat nicht nachweisen (vgl. Dibelius, ³1959, 30ff); sie ist auch unwahrscheinlich. Indessen braucht man die aramäische Grundlage vieler einzelner Überlieferungen von Q nicht zu bestreiten (vgl. Dalman, ²1930), zumal es für viele der Logien rabbinische Parallelen gibt.

In Einzelfällen läßt sich möglicherweise eine aramäische Urform auch nachweisen, sei es durch den Aufweis einer Fehlübersetzung, sei es durch die Annahme eines ursprünglichen aramäischen Wortspiels. So vermutet man in Mt 11,17/Lk 7,32 hinter ὠρχήσασθε – ἐκόψασθε ein aramäisches *raqedton – arqedton* (vgl. Jülicher-Fascher, 315; Appel, 1922, 145) und in Mt 23,26/Lk 11,41 hinter καθάρισον – δότε ἐλεημοσύνην ein aramäisches *dakkau – zakkau* (vgl. Appel, 1922, 145). Weiteres z. B. bei Wellhausen (1905, 36f); Vielhauer (1975,

312f); Black (1982, 2.7ff.197ff); Allen (1911); Manson (1935/36); Connolly (1948); Bussby (1953/54); Turner (1968/69, 325ff).

g) Zur Traditionsgeschichte von Q

Wernle vermutete, „daß die Spruchsammlung vom Augenblick ihrer Entstehung eine fortwährende Geschichte durchgemacht hat bis zu ihrer Aufnahme in Mt und Lc. Als die Hinterlassenschaft Jesu gehörte sie jedem Einzelnen an, und jeder hatte das Recht, sie zu ergänzen oder zu verbessern" (1899, 231). Dies Urteil entspricht in seiner extremen Form nicht dem, was wir aus der Antike vom Umgang mit literarischen Dokumenten wissen, und wenn entgegen der Meinung von Wernle (siehe 3.6.6.e) Matthäus und Lukas ein im wesentlichen gleiches Exemplar von Q benutzt haben, ist es überdies ganz unwahrscheinlich.

Andererseits ist das Material der Spruchquelle nicht einheitlich. Insonderheit fallen die geschichtlichen Stücke, die schon Weisse Schwierigkeiten gemacht hatten (→ 3.6.1) und die zu mancherlei literarischen Operationen Anlaß gaben (→ 3.6.4), aus dem Rahmen der Logiensammlung heraus. Sie verunreinigen deren deutliche, der Antike wohlvertraute literarische Gattung (→ 3.6.6.k) und nähern Q der Gattung ‚Evangelium' an (→ 5.5.3.2). Der Versuch von Dibelius (³1959, 245), diese erzählenden Stücke ihrer formalen Besonderheit zu entkleiden, weil sich in ihnen der Erzähltrieb kaum betätigt habe, kann gerade unter den von Dibelius entwickelten formgeschichtlichen Gesichtspunkten nicht überzeugen. Wernle war deshalb der Überzeugung, die formal aus einer Logiensammlung herausfallenden Stücke in Q seien der Quelle Q nach und nach zugewachsen (1899, 231ff; vgl. Harnack, 1907, 169; Bornkamm, 1958, 758).

Mit dem Buch von Johannes Weiß (→ 4.1.b) über ‚Die Predigt Jesu vom Reiche Gottes' (1892) trat eine weitere traditionsgeschichtliche Beobachtung zentral in den Blick der Forschung: Die Spruchüberlieferung enthält sowohl apokalyptische wie weisheitliche Logien. Einerseits wird in den Sprüchen der nahe bevorstehende Untergang dieser Schöpfung angesagt, und die Frommen werden aufgerufen, sich im Blick auf die kommende Wende der Äonen aus der vergehenden Welt zurückzuziehen; andererseits begegnen sittliche Weisungen zur alltäglichen Lebensgestaltung und Aussagen unbefangener Schöpfungsfreude. Beide Überlieferungsstränge lassen sich schwerlich derselben ursprünglichen Traditionsschicht zuweisen. „In der Tat ist nicht leicht zu sagen, wie ein eschatologischer Prophet, der das Ende der Welt vor der Tür sieht, der das Gottesreich schon hereinbrechen spürt und um deswillen die Zeitgenossen, die dafür bereit sind, selig preist ..., über Gesetzesfragen disputieren kann und Weisheitssprüche prägen wie ein Rabbi ..., Worte, die nichts von jener eschatologischen Spannung enthalten ... Wellhausen sah die sittlichen Forderungen als das echte geschichtliche Gut an und glaubte, daß die eschatologischen Worte wesentlich von der Gemeinde gebildet sind, die nach seinem Tode in die Glut messianischer Erwartungen hineingeriet. Andere wie J. Weiß und A. Schweitzer hielten umgekehrt die eschatologische Verkündigung für die charakteristische Predigt des geschichtlichen Jesus" (Bultmann, 1925, 11; vgl. Conzelmann, 1959, 10f; Carlston, 1982; Meyer, 1967, 83f; Edwards, 1971.1976. Jacobson, 1982, rechnet damit, daß eine sekundäre deuteronomistisch-weisheitliche Redaktion der Spruchquelle ein einheitliches Gepräge gegeben habe).

Aber nicht nur apokalyptische und weisheitliche, sondern auch palästinische und hellenistische Sprüche begegnen in Q nebeneinander, so daß Bousset (1910, 709) nicht ohne Grund von einer „fließende(n) Überlieferung" sprach und Brandt (1893, 537) annahm, „daß eine Reihe von Aussprüchen Jesu, wie natürlich, im Gedächtnis seiner Jünger haften geblieben, zur Aufzeichnung gelangt, endlich mit anderem Stoff zusammengeworfen ist, und diese neue erweiterte Ausgabe der ‚Sprüche Jesu' den Evangelisten Lukas und Matthäus zur Benutzung vorgelegen hat." Bousset rechnet 1921 (50) mit einer hellenistischen Überarbeitung der Logienquelle (vgl. Norden, 1913, 306ff; Bultmann, ³1957, 331. 354; Hahn, 1963, 72f; Schreiber, 1967, 65.71). Vielhauer hat dazu mit einigem Erfolg den Nachweis versucht, daß die Sprüche aus Q von der kommenden Gottesherrschaft und die vom kommenden Menschensohn ganz unterschiedlichen Traditionen angehören (1965, 55ff). Vgl. Taylor (1934/35); Zeller (1982).

Darüber hinaus beobachtete schon Harnack, daß die *formal* aus dem Rahmen der Logiensammlung fallenden ‚reflexionsmäßigen' (→ 3.6.4) Stoffe auch eine andere Auffassung von der Person Jesu vertreten als die Masse des Spruchgutes. In den Sprüchen redet Jesus als Lehrer und Prophet, nicht aber als Messias, der die Nachfolger an seine Person bindet. In dem mehr erzählenden Gut gilt Jesus dagegen als „der Messias, bei der Taufe zum Gottessohn eingesetzt, und alle seine Sprüche stehen daher auf diesem Hintergrund" (1907, 169; vgl. 127 Anm. 2; 162f). Dies ist eine wichtige und richtige Beobachtung, auch wenn sich Harnack der Frage nicht stellte, wie es zu einer kirchlichen Logienüberlieferung kommen konnte, die Jesus nicht als Messias kennt oder bekennt.

Das Problem von Einheit und Vielheit der in Q aufgenommenen Traditionen blieb der Forschung aufgegeben und wurde im Rahmen der ‚Redaktionsgeschichte' von neuem bedacht (→ 5.4). Was immer aber die traditionsgeschichtliche Erforschung der Spruchquelle an Ergebnissen erzielen mag: Die literarische Einheit der Spruchquelle Q als solcher wird durch solche Ergebnisse nicht infrage gestellt (gegen Stoldt, 1977, 80 ff 109 ff).

h) Der Anlaß der Spruchsammlung Q

Die Spruchsammlung „verdankt ihre Entstehung dem Bedürfnis nach schriftlicher Unterweisung der neu eintretenden Gemeindeglieder, die selbst Jesus nicht mehr gekannt hatten. Für diese Unterweisung waren große leitende Themata oder Überschriften am Platz: Was ist für einen Christen der Wille Gottes? Was ist Pflicht und Recht des Missionars? Wie steht der Christ zur Johannessekte, zu ungläubigen, verleumderischen Juden, zu Schriftgelehrten und Pharisäern? Was hat uns Christus über das Gebet gelehrt, über den Reichtum, über die Versöhnlichkeit, über das Bekennen, über die Hoffnung? Diese Fragen sind die großen Rubriken, in welche die Fülle der großen Herrenworte eingeschachtelt sind" (Wernle, 1899, 228). Ein entsprechender didaktischer Anlaß der Spruchsammlung wird auch sonst angenommen (Holtzmann, 1901, 22; Jülicher, 1906, 314; Harnack, 1907, 121).

Mit dieser Annahme entsteht indessen ein Problem. Die Grundlage aller frühchristlichen Verkündigung waren der Messiasglaube und das Bekenntnis zu Menschwerdung, Tod und Auferstehung des Gottessohnes (→ 1.3.1 b). Dieses fundamentale Kerygma fehlt indessen im Redengut von Q durchgehend. „Das also, was in den synoptischen Evangelien nach dem Vorgang des Markus die Hauptsache ist – die Vorbereitung der Passion, die auf sie bezüglichen Reden und die Passion selbst –, hat, soviel wir zu urteilen vermögen, in Q vollständig gefehlt" (Harnack, 1907, 120). Erst mit den erzählenden Stücken findet zwar das christologische Kerygma partiell Eingang in die Spruchquelle, Passion und Ostern bleiben aber auch dabei außer Betracht. Kann aber eine christologisch und soteriologisch derart defiziente

Sammlung von Reden Jesu Grundlage der Katechese gewesen sein? Wernle meint dazu: „Am Fehlen eines besondern Abschnitts über den Messiasglauben zeigt sich aber doch, daß die Sammlung für Christen verfertigt ist, die in diesem Glauben stehen" (1899, 228; vgl. Harnack, 1907, 163) – eine bemerkenswerte *petitio principii*, die sich der Anfrage stellen muß, wie es kommt, daß der als fundamental vorausgesetzte Glaube die Spruchüberlieferung so wenig bzw. überhaupt nicht tangiert bzw. beeinflußt hat. Wird diese Frage mit Hinweis auf ein mehr oder weniger historisierendes Interesse (Holtzmann, 1901, 22; Harnack, 1907, 121) oder auf das Alter der Spruchquelle (Harnack, 1907, 162. 170f) beantwortet, so ist durchaus zu bezweifeln, daß man das historische Interesse des 19. Jh. auch für die frühe Glaubensverkündigung der christlichen Gemeinde in Ansatz bringen darf, und der Hinweis auf das Alter der Spruchquelle trägt nichts aus, weil die Christologie am Anfang der Überlieferung stand.

Darüber hinaus stellte sich in diesem Zusammenhang, nachdem man Q nicht mehr wie Weisse als schriftstellerisches Originalwerk des Apostels Matthäus ansehen konnte, die Frage, wieso überhaupt aus dem Überlieferungsgut die Sprüche und Reden Jesu einerseits, das Erzählgut andererseits isoliert werden konnte, zumal beide Stränge der Überlieferung sich bald darauf in den Evangelien nach Matthäus und Lukas (wieder) zusammenfinden. Harnack meint: „Daß aber Sprüche und Reden Jesu auch für sich gesammelt worden sind, kann nicht befremden, ja es ist, wenn man die damalige jüdische Weise ins Auge faßt, a priori wahrscheinlich..." (1907, 127), wie denn auch Köstlin es schon für natürlich gehalten hatte, „daß zunächst die *Lehre* des Stifters Dasjenige war, worauf die allmälig sich bildende christliche Litteratur ihre Richtung nahm" (1853, 394; vgl. Holtzmann, 1901, 21 ff). Derartige Behauptungen lassen sich indessen angesichts der sonstigen frühchristlichen Traditionsbildungen schwerlich begründen.

Die Freude der ‚liberalen' Leben-Jesu-Theologen (→ 3.6.3) über die Entdeckung einer weitgehend undogmatischen Jesusüberlieferung in Q (vgl. Harnack, 1907, 172 ff) erlaubte es dieser Generation von Forschern freilich, die in solchen Beobachtungen und Fragestellungen begegnende traditionsgeschichtliche Problematik weitgehend zu ignorieren. Das Problem blieb indessen der Forschung zur Bearbeitung aufgegeben (→ 4.3.5; 5.4).

i) Zeit, Ort und Verfasser der Spruchsammlung Q

Der altertümliche Charakter der Spruchüberlieferung legte es nahe, die Sammlung Q auch dann in das apostolische Zeitalter zu setzen, wenn man nicht mehr mit apostolischer Verfasserschaft rechnete (Holtzmann, 1901, 34; Harnack, 1907, 171), freilich im Blick auf die stärker christologisch geprägten Erzählstücke in das Ende der apostolischen Zeit. Meist gab und gibt man die 60er Jahre als ungefähres Datum an.

Wer das Aramäische für die Ursprache der Spruchsammlung hält, läßt Q „selbstverständlich in Palästina" entstanden sein (Harnack, 1907, 172; vgl. Wellhausen, 1905, 88; Jülicher, 1906, 314f). Da sich aber nur der aramäische Hintergrund der einzelnen Logien wahrscheinlich machen läßt, kommen für die von Anfang an griechisch verfaßte *Sammlung* auch die Randgebiete Palästinas als Abfassungsraum infrage.

Die durch die Papiasnotiz (→ 2.4) angeregte und vor allem durch Schleiermacher geförderte (→ 3.3.2) Vermutung, der Apostel Matthäus sei der Verfasser der Spruchsammlung oder einer frühen Fassung derselben gewesen (Weisse, → 3.6.1 a), behält weiterhin einigen, insgesamt aber schwindenden Kredit (Wernle, 1899, 229; Holtzmann, 1901, 34) und wird heute nur noch selten vertreten. Der Autor von Q bzw. die Autoren oder Redaktoren der verschiedenen Traditionsstufen von Q (Abs. g) bleiben uns unbekannt.

k) Die Gattung der Spruchsammlung

Die Frage nach der Gattung ‚Spruchsammlung' ist relativ unproblematisch, vergleicht man sie mit der Frage nach der Gattung ‚Evangelium' (→ 5.5.3.2). Man kann die alttestamentlichen Proverbia, das Buch Jesus Sirach, das koptische Thomasevangelium, die hellenistischen Sprüche des Sextus, Epikurs Sentenzensammlung (Vielhauer, 1975, 316f) und vieles aus der gnostischen Literatur (Robinson, 1971; 1982) zum Vergleich heranziehen, so daß sich der gelegentlich gegen die Annahme der Spruchquelle Q erhobene Einwand, diese sei literarisch analogielos, nicht halten läßt. Allerdings wird diese einfache Auskunft dadurch problematisiert, daß Q auch Erzählgut enthält (Abschnitt g) und am Anfang wie ein Evangelium eingeleitet wird (Abschnitt c). Haben wir es bei Q also mit einer „Vorstufe" der Gattung ‚Evangelium' zu tun, wie Harnack (1907, 159) meint, weil die

Spruchsammlung unmöglich entstanden sein könne, wenn es den „Evangelientypus" bereits gab? Oder ist im Gegenteil „die Einwirkung des Mc-Planes auf Q das Wahrscheinlichere" (Jülicher, 1906, 322) und Q aus diesem Grunde als „Halbevangelium" (ebd.) zu bezeichnen? Unter gattungskritischen Gesichtspunkten ist, sieht man die Spruchquelle Q als Mischform an, das letztere Urteil das wahrscheinlichere, doch läßt sich diese Frage nicht rein gattungsgeschichtlich, sondern nur mit Hilfe der Traditionsgeschichte entscheiden (→ 5.4.2.1).

3.6.7 Das Verhältnis von MkEv und Q zueinander. Die Dubletten

Wie → 3.6.6 unter g) und h) sichtbar wurde, stellt das Verhältnis von Q und MkEv zueinander ein weitgehend offenes Problem dar. Man geht im Rahmen der Zwei-Quellen-Theorie seit jeher und nicht zuletzt unter dem Einfluß der Formgeschichte (→ 4.3.5) wie selbstverständlich davon aus, daß sich das ursprünglich *gemeinsame* Erinnerungs- oder Überlieferungsgut des Gedächtnismäßigen und des Reflexionsmäßigen in getrennten Sammlungen – Q und MkEv – fixierte, sei es durch bekannte Schriftsteller wie Markus und Matthäus (→ 3.6.1 a), sei es durch unbekannte Sammler und Redaktoren (→ 3.6.2). In jedem Fall aber muß die spätere dieser Schriften die frühere insoweit voraussetzen, als sie das in dieser bereits aufgezeichnete Gut nur ergänzen wollte; denn daß aufgrund derselben Überlieferung unabhängig voneinander zwei sich in der Weise von Q und MkEv ergänzende Sammlungen entstanden, ist mehr als nur unwahrscheinlich – eine freilich nicht immer hinreichend bedachte Beobachtung. So geht ein Urteil wie das von Kümmel (¹⁷1973, 43 f) an der Sache vorbei: „Die Annahme einer literarischen Abhängigkeit... ist... die Folge der irrtümlichen Voraussetzung, daß sich Berührungen von Traditionsstoffen nur aus literarischer Abhängigkeit erklären lassen. Wir werden uns das Verhältnis der Evangelienschriften zueinander und zu der mündlichen Tradition wesentlich lockerer vorzustellen haben."

Da in der Regel die ihrem Inhalt nach altertümliche (→ 3.6.6 g) Spruchsammlung für das ältere Dokument angesehen wurde, setzt man meist bei dem Verfasser des MkEv die Kenntnis der Spruchsammlung Q voraus: „Ich kann für die Geringfügigkeit des Raums, der bei Mc den *Worten* Jesu gegönnt ist, nur die eine erträgliche Erklärung finden, daß Mc um die Fortpflanzung dieser Worte nicht so besorgt war, weil eine Sammlung derart sich schon in der Hand der Gläubigen befand" (Jülicher, 1906, 322).

Köstlin (1853, 394); Weizsäcker (1864, 74; ³1902, 394); Holtzmann (1863, 385); Wernle (1899, 211 f); Wrede (1901, VI); O. Holtzmann (1901, 24); Vgl. Beyschlag (1881, 565 ff); Weiß (1903, VII; 1913, 190); Wendling (1908, 36); Lagrange (1911, CIII ff); Bousset (1910, 709); Barth (³1914, 236); Streeter (1911; anders ⁹1956, 186 ff); Larfeld (1925, 251); Goguel (1934, 66); Boman (1967, 143); Lambrecht (1967; 1982). Lindsey (²1973) bringt dabei die Abhängigkeit des MkEv von Q in einer komplizierten Quellenhypotehese unter:

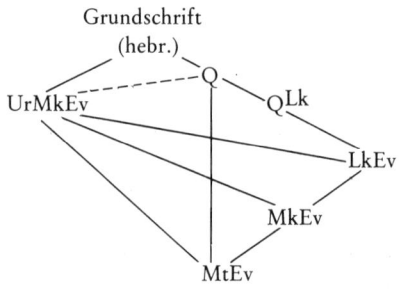

Vgl. zum Problem: Haupt (1913); Honey (1943); Morgenthaler (1971, 298 ff); Devisch (1974); Vassiliadis (1975); Tuckett (1983, 76 ff).

Auf eine Abhängigkeit des MkEv von der Spruchquelle Q weisen auch die ‚Dubletten' hin, d. h. jene Stücke, die Matthäus und Lukas sowohl in Q wie im MkEv gelesen haben. Das MtEv und (oder) das LkEv bringen diese ‚Dubletten' teils doppelt nach Q *und* nach dem MkEv, teils arbeiten sie beide Überlieferungen ineinander. Es handelt sich um folgende Stücke (an zweiter Stelle steht die Q-Fassung, sofern sie nicht in den Markusstoff eingearbeitet wurde):

Mk 1,1–13par;
Mk 3,22–27par;
Mk 3,28–29par / Lk 12,10;
Mk 4,21par / Lk 11,33par;
Mk 4,22par / Lk 12,2par;
Mk 4,24 / Lk 6,38par;
Mk 4,25par / Lk 19,26par;
Mk 4,30–32par;
Mk 6,8–11par / Lk 10,4–11par;

Mk 8,11–13par / Lk 11,29–30par;
Mk 8,34par / Lk 14,27par;
Mk 8,35par / Lk 17,33par;
Mk 9,37par / Lk 10,16par;
Mk 9,40par / Lk 11,23par;
Mk 9,43–47par / Mt 5,29–30;
Mk 9,50 / Lk 14,34–35par;
Mk 10,11–12par / Lk 16,18par;
Mk 10,31par / Lk 13,30par;
Mk 11,22–23par / Lk 17,6par;
Mk 11,25par / Lk 11,4par;
Mk 12,37b–40par / Lk 11,43par;
Mk 13,9.11par / Lk 12,11–12;
Mk 13,33–37 / Lk 12,35–48par und 19,12–27par.

Aufstellungen der Dubletten finden sich im übrigen z. B. bei Holtzmann (1863, 257f); Wernle (1899, 111f; 208f); Hawkins (1899, 64ff); Loisy (1907, 114); Appel (1922, 143ff); Larfeld (1925, 91ff); Grant (1957, 108ff); Morgenthaler (1971, 299); Neirynck (1972, 150ff); Laufen (1980, 83ff).

Nicht in allen Fällen ist eine Dublette als solche mit unbedingter Sicherheit auszumachen; die verschiedenen Aufstellungen der Dubletten weichen deshalb nicht selten voneinander ab. Indessen ist die Zahl der Dubletten nicht gering, und Bernhard Weiss urteilt mit gutem Grund: Es „lassen sich fast alle bei Markus außerhalb des Zusammenhanges seiner Erzählung aufbehaltenen Sprüche auf Reminiscenzen an Reden und Spruchreihen, deren Vorhandensein in der Quelle (sc. Q) noch zu konstatiren ist, zurückführen" (1897, 468; vgl. Larfeld, 1925, 94ff).

Gelegentlich gibt der Verfasser des MkEv zu erkennen, daß er das ihm vorliegende Spruchgut nur auszugsweise verwendet (→ 3.6.4); vgl. Mk 3,22par; 4,2ff; 6,8ffpar; 11,23ffpar; 12,38ffpar; 13,34ffpar. Markus „ist sich dessen bewußt, daß, was er hier bietet, nur *Auswahl*, nur *Beispiel* ist" (Dibelius, ³1959, 237).

Muß man ohnedies von einer Bekanntschaft des MkEv mit der Spruchquelle Q ausgehen, liegt deshalb die Zurückführung des in den Dubletten vorliegenden Redengutes im MkEv auf Q nahe, auch wenn die Dubletten das einfache Erklärungsmodell der sich bloß *ergänzenden* Sammlungen MkEv und Q zugleich widerlegen.

Vgl. Ewald (1871, 71ff); B. Weiss (³1897, 467ff; 1908, 199ff); Titius (1897); Jülicher (1906, 322); Holtzmann (1901, 17); Weizsäcker (³1902, 400); Bousset (1913, 41); Streeter (1911, 165ff); Appel (1922, 145ff); Larfeld (1925, 94ff.

119 ff. 251 ff); Bacon (1925, 138); Bussmann (1929, 157 ff); Honey (1943); Wendling (1908, 36); Throckmorton (1948); Grant (1957, 109); Barnikol (1958, 262 ff); Brown (1961); Lambrecht (1969. 1982); Schenk (1979); Hengel (1983, 235).

Inkonsequent ist Wernle, wenn er eine Bekanntschaft des MkEv mit der Spruchquelle voraussetzt, die Dubletten des MkEv aber auf die mündliche Tradition zurückführt (vgl. Holtzmann, 1901, 17). Harnack (1907, 157; vgl. Burkitt, 1906; Fuller, 1966, 95; Best, 1976, der mit *einer* dem MkEv vorliegenden Teilsammlung rechnet) rekurriert lieber darauf, daß Markus seine Herrenworte nicht aus Q selbst, sondern aus Sammlungen schöpft, die auch Q vorauslagen („Diegesen', → 3.3). Denn bei direkter Benutzung von Q wäre das Auswahlverfahren für das MkEv „nahezu unbegreiflich" - ein erwägenswerter Aspekt, der darauf hinweist, daß, falls Markus die Spruchquelle nicht nur ergänzen wollte, sondern auch benutzt hat, sein Auswahlverfahren bei dieser Benutzung einer besonderen Erklärung bedarf (→ 5.5.4.2).

Nun gibt es aber auch Anzeichen dafür, daß dem Verfasser der Spruchsammlung Q das MkEv vorgelegen hat. Vor allem setzt der für eine Logiensammlung ungewöhnliche geschichtlichen Anfang von Q mit dem Auftreten des Täufers, der Taufe bzw. Berufung und der Versuchung Jesu zumindest die *Gattung* Evangelium voraus. Außerdem scheinen die entsprechenden Texte dem MkEv gegenüber sekundär und erweitert zu sein.

„Die Versuchungsgeschichte in Q . . . zeigt ein phantasievolles Gemälde, wo Mc 1,12f sich mit einem Strich begnügt" (Jülicher, 1906, 320f); vgl. auch Wellhausen (1905, 73f); Schmithals (1980, 48ff). Auch bei einzelnen Dubletten des Logienstoffes findet sich im MkEv anscheinend das Ursprünglichere; vgl. Wellhausen (1905, 74ff); Jülicher (1906, 321). Insofern legt sich auch die Annahme nahe, die Spruchquelle Q setze die Bekanntschaft mit dem MkEv voraus. So urteilt z. B. Wellhausen: „Wie Markus die Priorität für den Erzählstoff hat, so hat er sie auch für den Redenstoff" (1905, 87; dagegen Bousset, 1906). „Markus wollte ohne Zweifel die ganze Tradition aufzeichnen, mit den Erzählungen über Jesus zugleich auch seine Worte. Daß er was ihm davon zugänglich war nicht vollständig aufnahm, daß er was schon früher gebucht war ausließ, kann unmöglich angenommen werden. Er ist nichts weniger als ein Ergänzer" (ebd., 86; vgl. Dibelius, ³1959, 246).

Aus dem Dilemma dieses Einerseits - Anderseits führt die These, Markus habe für seine Dubletten im Spruchgut eine ältere, ggf. noch mündliche Traditionsstufe von Q benutzt, die später mit Hilfe des MkEv überarbeitet worden sei. „Demnach wäre Q zugleich älter und jünger als Mc", urteilt Jülicher (1906, 321f), der freilich die Frage offen läßt, wie weit von direkter literarischer Abhängigkeit gesprochen werden kann; vgl. auch Dibelius (³1959, 246); Schenk (1979, 145f). Aber auch der freilich unnötig komplizierte Vorschlag von Brown (1961) vermag zu erklären, daß die Logien-Dubletten des MkEv einen gegenüber den Parallelen im LkEv teils ältere, teils jüngere Fassung bieten:

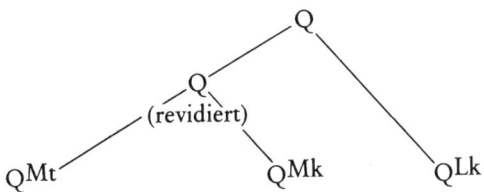

Die Fülle der sich zum Teil widersprechenden Lösungen des traditionsgeschichtlichen oder literarischen Verhältnisses von Spruchquelle und MkEv zueinander bei oft in gleicher Weise zutreffenden Beobachtungen und Analysen zeigt, daß jenes Verhältnis ein noch offenes Problem darstellt. Das gilt im besonderen dann, wenn man die traditionsgeschichtlichen Probleme der Spruchquelle selbst einbezieht (→ 3.6.6.g): Können in Sammlungen, die sich bloß ergänzen wollen, unterschiedliche Auffassungen von der Person Jesu begegnen? Wie kommt es, daß in der Spruchüberlieferung nicht nur die Passions- und Ostererzählungen fehlen, sondern daß auch das Passionskerygma und auch die Christologie nicht vorausgesetzt zu sein scheinen? Vgl. im übrigen → 5.4.

4 Die synoptische Traditionskritik

Die ‚Traditionskritik' der synoptischen Überlieferung befaßt sich unter der Voraussetzung der Zwei-Quellen-Theorie mit der Tradition des in den synoptischen Evangelien begegnenden Stoffes *vor* den beiden Quellen MkEv und Q unter Einschluß des Sondergutes im MtEv und im LkEv.

4.1 Allgemeines

Am Anfang der Zwei-Quellen-Theorie – bei Weisse (→ 3.6.1) – stand die Überzeugung, mit dem MkEv und der Spruchsammlung Q zwei schriftstellerisch originale und zugleich direkt oder indirekt apostolische Quellen zu besitzen. Diese Überzeugung bildete die Grundlage der Leben-Jesu-Theologie und begünstigte mit deren Hilfe den Siegeszug der Zwei-Quellen-Theorie (→ 3.6.2). Die schriftstellerische Originalität des MkEv ließ sich indessen schon bald nur mit Hilfe einer Urmarkus-Hypothese festhalten (→ 3.6.4), und Q erschien zunehmend als wachsende bzw. als vielschichtige Schrift (→ 3.6.6 g).

Um die letzte Jahrhundertwende war die Überzeugung, mit Hilfe des MkEv bzw. eines UrMkEv und der Spruchquelle Q eine unmittelbare Verbindung zur Geschichte Jesu gefunden zu haben, weithin erschüttert, und die Überblicke über die Leben-Jesu-Forschung (Schweitzer, ²1913; Dunkmann, ²1911; vgl. Barnikol, 1958) zeigen, sei es auch unfreiwillig, auf, daß die Vielfalt der unterschiedlichen Konzeptionen das Unterfangen der Leben-Jesu-Forschung selbst ad absurdum führt (→ 3.6.3).

Das kanonische MkEv wird nun vor allem aufgrund der apokalyptischen Rede Mk 13, welche die Zerstörung Jerusalems voraussetzt, nicht mehr vor, sondern mit Recht (bald) nach 70 datiert (vgl. Holtzmann, 1886, 383 ff; 1901, 32 f). Damit tut sich ein Abstand von etwa 40 Jahren zwischen dem Jesusgeschehen und dem literarischen Bericht darüber auf, und zwischen dem Tod des Petrus und der Abfassung des MkEv liegt nunmehr ein Jahrzehnt oder mehr. Diese zeitliche Distanz ist der These nicht günstig, daß wir mit dem MkEv eine

authentische Niederschrift von Petrusvorträgen besitzen. Holtzmann beschreibt 1907 die Situation:
„An die Stelle eines petrinischen Urmarcus treten daher jetzt meist nur ‚Lieblingserinnerungen des Petrus', ‚Petrusberichte', ‚Petrusgruppen' oder ‚Petruserzählungen', und zwischen die erste Aufzeichnung und deren Weiterbildung im jetzigen Evangelium legt sich eine breite Schicht volksmäßig dichtender Phantasie, unter deren treibendem Einfluß jene Erinnerung zur Legende auswachsen konnten" (35).
Während Holtzmann selbst 1901 trotzdem noch daran festhält, daß im MkEv „eine erste zusammenhängende Gliederung der evang. Geschichtsgruppen, ein Aufriß des Ganzen vorliegt" (34), urteilt Wellhausen 1905: „Man braucht die Passion nicht auszuschließen bei dem Urteil, daß dem Evangelium Marci im Ganzen die Merkmale der Historie abgehn. Unsere Wißbegier bleibt unbefriedigt. Nichts wird motiviert und durch Präliminarien erklärt. Wie der Hintergrund, ebenso fehlt der pragmatische Nexus. Von Chronologie ist keine Spur, nirgend findet sich ein festes Datum ... Die einzelnen Stücke werden oft lebhaft und zwar ohne unsachliche, bloß rhetorische Mittel vorgetragen, stehn jedoch meist anekdotisch nebeneinander, rari nantes in gurgite vasto. Sie reichen nicht aus als Stoff für ein Leben Jesu" (51). Das gilt trotz der Annahme eines UrMkEv, das Wellhausen in die 50er Jahre und nach Jerusalem setzt (87f). Vgl. B. Weiss (1905, 13ff; 1908, 221f); Heitmüller (1913, 24).
Angesichts dieser Situation verlagert sich das historische und theologische Interesse der Jesusforschung zunehmend auf die Spruchüberlieferung: „In Bezug auf Quellenwert stehen diese Logia jedenfalls obenan", urteilt 1901 (34) selbst Holtzmann, und Harnack verzichtet 1900 in seinen berühmt gewordenen Vorlesungen über ‚Das Wesen des Christentums' auf ein ‚Leben Jesu' und stellt Jesu Verkündigung, wie er sie versteht, wesentlich anhand der Spruchquelle dar. Auch Johannes Weiß bedauert, daß er die ‚Geschichte Jesu' nicht schreiben kann; „denn eine solche gibt es nicht" (^{2}1907, 40). Dagegen spricht er mit um so größerer Wärme „von dem kostbarsten Schatz, den die Evangelien bergen, von den Worten Jesu" (ebd., 53). Aber, so zeigte Wellhausen überzeugend, auch Q kann „erst längere Zeit nach A. D. 67 oder 68 abgefaßt" sein (1905, 88; vgl. schon Eichhorn, 1820, 551 ff und später Jülicher-Fascher, 340), weil es sich bei dem in Mt 23,35 / Lk 11,51 (= Q) genannten Zacharias, der ‚zwischen Tempel und Altar' getötet wurde, um den zu Beginn des jüdischen Krieges von den Zeloten im Tempel umgebrachten Zacharias, Sohn Baruchs, handeln

müsse, von dessen Schicksal Josephus (Bell IV 5,4) berichtet. Wenige Jahre später urteilt z. B. Haupt noch skeptischer. „Nach Einblick in die Quellenlage dürfte es sehr gewagt sein, die genaue Authentie nur eines einzigen Jesus-Wortes zu versichern" (1913, 2). „Die Sammlungen, die die Synoptiker benutzten, haben gar nicht die Absicht gehabt, authentische Jesus-Worte zusammenzustellen; es ist darum unrichtig, sie heute so in diesem Sinne zu gebrauchen. Wohl haben wir in der Synopse Jesus-Worte, aber nur so, wie wir den Traubensaft im Wein haben." „Wie die literarischen Verhältnisse nun einmal liegen, wird es richtig sein, in den synoptischen Reden mindestens ebensosehr die Sprache der ersten Gemeinde wie die Sprache Jesu selber zu hören" (249f). Vgl. Heitmüller (1913, 15).

Andere Einsichten kamen hinzu, um den historisierenden oder traditionalistischen Kurzschluß von den ‚Tatsachen' des Jesusgeschehens zu den Berichten des MkEv und der Spruchquelle Q zu problematisieren und die Geschichte der synoptischen Tradition bis hin zu unseren beiden ältesten synoptischen Quellen in den Blickpunkt des Interesses der Forscher zu rücken. Einige dieser Einsichten und Probleme werden im folgenden skizziert.

a) Mehr und mehr tritt die spätestens seit Lessing (→ 1.3.1) und Strauß (→ 3.4.6) bekannte Beobachtung in den Blick der Forscher, daß die synoptische Tradition, insonderheit das MkEv, „nicht eine Aufzeichnung der Lehre Jesu" enthält, „sondern die Verkündigung von der *Person* Jesu Christi, *des Sohnes Gottes*" (J. Weiß, 1917, 540), und daß demgemäß der dogmatisch gedeutete Ausgang des Lebens Jesu, sein Tod und seine Auferstehung, das wesentliche Gewicht haben. Kähler nennt 1896 die Evangelien herausfordernd „Passionsgeschichten mit ausführlicher Einleitung" (^{2}1896, 60). Damit erhält der österliche *Glaube an Jesus,* wie er in der Gemeinde Gestalt gewinnt, als ein zwischen den ‚Tatsachen' des Lebens und Lehre Jesu und den Evangelienschriften vermittelndes Phänomen eine selbständige traditionsgeschichtliche Bedeutung. „War einmal der Tod Jesu als Opfertod begriffen und ‚nach der Schrift' zurechtgelegt (1 Kor 15,3), so war damit der Ansatz dazu gegeben, auch das ganze vorangegangene Leben Jesu nach Anleitung des AT unter ähnliche ideale Gesichtspunkte zu bringen und behufs der ‚Lehre' zum Gegenstand dogmatisch-religiöser Reflexion zu machen, bis die Reihe schließlich selbst an seine Geburt und Erzeugung kam, so daß der immer dünner werdende Faden zuletzt im Medium der Poesie verduftet. Unsere synopt(ischen) Ev(an)g(e)lien sind somit Niederschlag nicht bloß der ältesten historischen Erinnerung, sondern ebenso sehr auch der ältesten dogmatischen Arbeit an der Ausgestaltung des Christusbildes. Das Problem der geschichtlichen Forschung liegt durchaus in diesem fast unauflösbaren Ineinander von überlieferungsmäßiger Treue und religiös reflectirender, oft auch poetisch beflügelter Gedankenarbeit" (Holtzmann, 1901, 26 f).

b) 1892 führt Johannes Weiß in einer Untersuchung über ‚Die Predigt Jesu vom Reich Gottes' den Nachweis, daß Jesus das Reich Gottes nicht, wie die zeitgenössische Leben-Jesu-Theologie behauptete (→ 3.6.3), als eine Wirklichkeit verkündigt hatte, die in den sittlichen Persönlichkeiten zum Durchbruch kommt und sich mit der Bildung solcher Persönlichkeiten zunehmend verwirklicht, sondern daß er den bevorstehenden Anbruch der Gottesherrschaft im Sinne der jüdischen Apokalyptik angesagt habe. Versucht Weiß auch in der 2. Aufl. seines Buches, dessen Ergebnisse mit der liberalen Auffassung vom ‚Leben Jesu' zu vermitteln, so blieb die Wirkung seiner Erkenntnisse dennoch ungebrochen, und indem Weiß das Jesusbild der liberalen Theologie grundlegend infrage stellte, stellte sich mit Dringlichkeit das Problem der ‚synoptischen Tradition'.

c) Albert Schweitzer nahm 1906 in seiner (erst seit ²1913 so genannten) ‚Geschichte der Leben-Jesu-Forschung' die Ergebnisse von Weiß (stillschweigend; vgl. Gräßer, 1979, 109) auf (vgl. schon sein Buch über ‚Das Messianitäts- und Leidensgeheimnis. Eine Skizze des Lebens Jesu' von 1901) und setzte (mit allerdings noch großem historischen Zutrauen vor allem zur Überlieferung des MkEv) an die Stelle der liberalen ‚Persönlichkeit Jesu' den ‚konsequent eschatologischen Jesus'. Daß dies neben dem liberalen Jesusbild möglich war, zeigte, wie historisch unsicher bzw. vieldeutig der von der Zwei-Quellen-Theorie gelegte Traditionsgrund war, und dieser Eindruck wurde von der glänzend geschriebenen ‚Geschichte der Leben-Jesu-Forschung' selbst verstärkt. „Es hat etwas Rührendes, zu sehen, wie jeder mit seinem eigenen Standpunkt und Interessenkreis sich in diesem Jesus Christus wiederfinden oder doch einen Anteil an ihm gewinnen will", urteilte bereits 1900 (2) auch Harnack.

d) Insonderheit stellte die einflußreiche, wesentlich aus dem liberalen Lager selbst hervorgegangene ‚Religionsgeschichtliche Schule' das für modernes Denken Fremdartige der urchristlichen Gedankenwelt heraus. Religionsgeschichtlich inkonsequent nahm sie, soweit sie dem liberalen Denken verbunden blieb, den ‚historischen Jesus' von dieser Fremdartigkeit ausdrücklich aus: „Die Person Jesu und sein Evangelium bleiben ein schöpferisches Wunder", das den Nebel der Religiosität seiner Zeit durchbrach: „Die persönliche Kraft mußte erscheinen, durch welche jene Fesseln gesprengt werden konnten. Da erst entfaltete der Jenseitsglaube seine Gottinnigkeit, seine ethische Kraft und Wucht, seine die Persönlichkeit befreiende Macht" (Bousset, Apokalyptik, 1903, 66; vgl. Religion, 1903, 493). Das MkEv und Q müßten also über mehr als einer Generation ‚fremdartiger Religiosität' hinweg (Präexistenz Jesu; Jungfrauengeburt; Wunder; Auferstehung; Himmelfahrt; Wiederkunft usw.) das Bild der ‚Persönlichkeit Jesus' bewahrt haben, ein kaum zu vollziehender Gedanke gerade dann, wenn Jesu Persönlichkeit wirklich so modern war, wie die liberalen Theologen sie zu beschreiben pflegten. Die Kluft zwischen den Erkenntnissen der ‚Religionsgeschichtlichen Schule' und dem Jesusbild der liberalen Theologie drängte zu einer Neubestimmung der Traditionsgrundlagen.

e) 1901 erscheint von William Wrede ‚Das Messiasgeheimnis in den Evangelien'.

Bousset urteilte 1907 nach Wredes frühem Tode über seinen Freund: „Er hatte einen Widerwillen dagegen, sich in ausgefahrenen Geleisen zu bewegen, er war immer mißtrauisch gegen vermeintlich allgemein anerkannte Wahrheiten und Dogmen, die sich, ohne daß sie begründet waren, in seine Wissenschaft einzuschleichen drohten. Er hielt sich nicht der Mühe für überhoben, da von neuem die Fundamente nachzuprüfen, wo die meisten fröhlich weiterbauten; er hatte den Mut von vorne anzufangen ... Nur wenige stimmten dem einsam, abseits von den Schlagworten der Parteien Wandelnden unbedingt zu, sehr viele ärgerten sich an ihm, aber alle fühlten, daß man an diesen Leistungen nicht vorbeigehen dürfe" (4*f).

Wrede leitet sein Buch mit einer grundsätzlichen, an Baur und seine Schüler (→ 3.5.3.3) anknüpfenden Überlegung ein (1–3). Wenn man die Leben-Jesu-Literatur unter der Fragestellung beurteilt, „wie scheiden wir, was Jesus zukommt, von dem, was der ältesten Gemeinde angehört, ... so stellt sich ein Gefühl der Enttäuschung ein" angesichts des „mangelhaften kritischen Verfahrens". Man scheide nämlich nur das historisch Anstößige, also das strikt Wunderhafte und das offen Widersprüchliche, aus und nehme das andere für unmittelbar historisch. Indem man aber das ‚Historische' so aus dem Zusammenhang, in welchem es bei dem jeweiligen Schriftsteller steht, herausnimmt, unterschiebe man diesem eine Geschichte, an die der Schriftsteller selbst jedenfalls nicht gedacht hat, deren Lücken man außerdem noch mit psychologischer Vermutung auffüllt. Statt dessen müsse man die synoptischen Berichte konsequent aus dem Geist der *Schriftsteller* lesen, und erst wenn diese Arbeit zuende geführt sei, könne man zur Frage nach dem Leben Jesu übergehen.

Dies methodische Prinzip, das in ihrer Weise bereits die Tübinger Schule vertreten hatte (→ 3.5.3.3; 3.5.4.3; 3.5.4.4) und das in der modernen ‚Redaktionsgeschichte' eine gewisse Wiederbelebung erfuhr (→ 5.1), verfolgt Wrede an einem bedeutsamen Exempel, dem sogenannten ‚Messiasgeheimnis'. Wrede weist auf einen bei dem ältesten Evangelisten besonders deutlich zu beobachtenden Motivkomplex hin, demzufolge Jesus seine Messianität und die Ansage seines Leidens lange Zeit öffentlich geheimhält, nur seine Jünger vertraulich (‚esoterisch') darüber belehrt und selbst diese Jesu messianische Würde und Aufgabe nur unzureichend erfassen (‚Jüngerunverständnis').

Der liberalen Leben-Jesu-Theologie dienten diese Motive zur Rekonstruktion der psychischen Entwicklung Jesu: Jesus faßt in Wahrnehmung seiner Berufung zunehmend die Überzeugung, daß er der Messias sei, und er weiht seine Jünger langsam in dies Verständnis seiner Person ein (→ 3.6.2). Demgegenüber weist Wrede nach, daß Jesus selbst sich nicht für den Messias gehalten bzw. ausgegeben habe, sondern daß das Messiasbekenntnis erst auf die Ostererfahrungen der Gemeinde zurückgeht. Das Geheimnismotiv ist mit seinen Nebenmotiven deshalb nicht ‚historisch' zu deuten, sondern ist eine Hypothese der frühen Gemeinde, die mit seiner Hilfe einen Ausgleich zwischen ihrem Wissen um den unmessianischen Verlauf des Lebens Jesu und dem österlichen Messiasbekenntnis herstellen wollte. Wrede bezeichnet die Vorstellung vom Messiasgeheimnis demzufolge „als die Nachwirkung der Anschauung, daß die Auferstehung der Anfang der Messianität ist, zu einer Zeit, wo man sachlich das Leben Jesu bereits mit messianischem Gehalte erfüllt" (228). Der Evangelist Markus hat diesen Motivkomplex, ohne ihn noch zu verstehen, mechanisch mit den einzelnen Stoffen überliefert bzw. in sein Evangelium verwoben.

Hat Wrede Recht, so muß die synoptische Tradition wegen ihres vorherrschend messianischen Charakters in großem Maße späteren Datums oder doch erheblich sekundär überformt worden sein. Wrede urteilt: „Die Geschichte lehrt, daß nach der Niederschrift der frühsten Evangelien noch außerordentliche Veränderungen mit dem Bilde Jesu vor sich gegangen sind. Warum es vorher anders gewesen sein muß, sehe ich nicht ein. Über den Wert der Überlieferung bei Markus kann es a priori kein Urteil geben. Denn uns fehlt im Ganzen die Möglichkeit der Kontrolle durch andere Quellen. Es muß daher als möglich gelten, daß die älteste, zu beherrschendem Einfluß auf die Späteren gelangte Schrift, die uns von Jesus erzählt, von der schon angewachsenen sekundären Tradition sehr viel mehr und von der guten auch sehr viel weniger aufgefangen hat, als wir wünschen. Im übrigen will ich nicht ungesagt lassen, daß ich andern Teilen des Evangelienstoffes, insbesondere den ‚Sprüchen' Jesu, wesentlich anders gegenüberstehe als den hier behandelten" (VI).

Den damit aufgeworfenen traditionsgeschichtlichen Fragen nach der synoptischen Tradition *vor* dem MkEv und der Spruchquelle Q geht Wrede in seinem Buch indessen mit Bedacht soweit wie möglich aus dem Wege. Sein früher Tod (1906) hat ihn gehindert, das Übergangene nachzuarbeiten. Die Aufgabe, die synoptische Traditionsgeschichte zu erhellen, war mit seinem scharfsinnigen Buch aber unvermeidlich gestellt, und zwar gerade für diejenigen Forscher, die Wredes Thesen widerlegen wollten (vgl. zur Forschungsgeschichte: Ebeling, 1939, und Blevins, 1981).

f) Einen weiteren folgenreichen Gesichtspunkt trägt Martin Kähler vor, als er 1892 einen (1896 erweiterten) Vortrag veröffentlicht, den er auf der Wuppertaler Pastorenkonferenz gehalten hat und der den paradoxen Titel trägt: ‚Der sogenannte historische Jesus und der geschichtliche biblische Christus'. Kähler, ein biblischer, nicht aber biblizistischer Theologe, sieht die ganze Leben-Jesu-Theologie grundsätzlich „für einen Holzweg an" (18); denn ihm will scheinen: „... obwohl man mit Spießen und Stangen ausgezogen ist, ‚er ging hinaus, mitten durch sie hindurchstreichend'. Wenn er aber unter sie tritt mit seinem ‚ich bin's', wer wird nicht erschüttert zusammenbrechen?!" (18). Daß wir keine Quellen für ein ‚Leben Jesu' besitzen, „welche ein Geschichtsforscher als zuverlässige und ausreichende gelten lassen kann" (21), liegt für Kähler bereits am Tage, ist aber nicht sein entscheidendes Argument. Vielmehr sei die biblische Tradition einschließlich der synoptischen Evangelien an dem ‚historischen Jesus' der Leben-Jesu-Theologie nicht interessiert; denn „der wirkliche Christus ist der gepredigte Christus" (44), und gepredigt hat die frühe

Christenheit den Gekreuzigten und Auferstandenen. „Was brauche ich denn mehr von ihm zu wissen, als was Paulus den Korinthern ‚zuvörderst gegeben hat, welches er auch empfangen hat, daß Christus gestorben sei für unsre Sünden nach der Schrift und daß er begraben sei und daß er auferstanden sei am dritten Tage nach der Schrift und daß er gesehen worden ist' (1 Kor 15,22 ff)?! Das ist frohe Kunde im Auftrage Gottes..., das ist Zeugnis und Bekenntnis des Glaubens, der die Welt überwunden hat (1 Joh 5,4). Dazu brauche ich keine genaue Kenntnis von den Lebensumständen des Gekreuzigten" (33).

„Aber wozu dann die Evangelien? weshalb dann jene Predigt, deren Inhalt so oft sein Tun und sein Lehren bildet?" (34). Kähler antwortet auf diese Frage nach der synoptischen Tradition: „Deshalb treiben wir Verkehr mit dem Jesus unserer Evangelien, weil wir da eben den Jesus kennen lernen, den unser Glaubensauge und unser Gebetswort zur Rechten Gottes antrifft" (34). Nicht den historischen Jesus bekannte die Urchristenheit, sondern den dogmatischen Christus, Jesus als den Herrn. „Der auferstandene Herr ist nicht der historische Jesus *hinter* den Evangelien, sondern der Christus der apostolischen Predigt" (41). Mit seiner Argumentation ruft Kähler nicht von ungefähr die Einsicht Lessings, daß am Anfang der Kirche die *Regula fidei* stand, und die Erkenntnis Weisses und anderer (→ 3.4.5.1) in Erinnerung, daß die synoptische Tradition, von den drei ersten Evangelien selbst abgesehen, in den kirchlichen Schriften bis weit in das 2. Jh. hinein kaum Resonanz findet. Die Leben-Jesu-Theologie hatte diese Beobachtungen, in denen die Zwei-Quellen-Theorie wurzelte, verdrängt und sich, hinter das Christusbekenntnis zurückfragend, ganz auf den ‚historischen Jesus' gegründet. Kähler wird freilich nicht von dieser traditionsgeschichtlichen Problematik umgetrieben, sondern von dem theologischen Defizit der Leben-Jesu-Theologie. Deren ‚historischer Jesus' hinter den biblischen Quellen ist nicht der wirkliche Jesus, sondern eine dogmatische Konstruktion. „Der historische Jesus der modernen Schriftsteller verdeckt uns den lebendigen Christus" (16; vgl. schon Kierkegaard, Philosophische Brocken, 101; Einübung, 23 ff; Harms, → 3.4.5.1 b).

Kähler verteidigt also das ‚Dogma' gegen dessen Entleerung durch die Leben-Jesu-Theologie, ähnlich wie es die Orthodoxie gegenüber dem Rationalismus tat. Dabei setzt er Gedanken, die seit Strauß als mythisch problematisiert waren (→ 3.4.6), unbesehen wieder in Kraft. Seine grundlegende Behauptung, auch die Evangelien verkündigten nicht den ‚historischen Jesus', sondern den erhöhten Christus, begründet er nicht näher, und er entfaltet sie nicht traditionsgeschichtlich. Aber seine Beobachtungen stellten unausweichlich vor das Problem des Verhältnisses von christologischem Kerygma und historischer Überlieferung, also vor die Frage nach der synoptischen Tradition.

Unabhängig von Kählers zunächst nur wenig beachtetem Vortrag und im Zusammenhang mit seinen *historischen* Untersuchungen – seine Kommentare zu den drei Synoptikern erschienen 1903 und 1904, die hinzugehörige Einleitung 1905 – kommt auch Julius Wellhausen, von gänzlich anderen theologischen Voraussetzungen herkommend, zu der Einsicht, man könne nicht sagen, Jesus habe das Evangelium verkündigt, sondern das Evangelium verkündige Jesus; es sei „die Botschaft von Jesu Christo" (1905, 110). Wellhausen konstatiert: „Der historische Jesus wird, nicht erst seit gestern, zum religiösen Prinzip erhoben und gegen das Christentum ausgespielt", und er konzediert: „Aus ungenügenden Fragmenten können wir uns einen notdürftigen Begriff von der Lehre Jesu machen" (114). Indessen: „Ohne das Evangelium und ohne Paulus bleibt doch auch das Judentum an Jesus haften, an dem er festhielt, obwohl er ihm entwachsen war. Wir können nicht zurück zu ihm, auch wenn wir wollten. Dadurch, daß man den historischen Jesus zum religiösen Dogma macht, wird man schließlich gezwungen, wie die alten Rationalisten ‚die historische Bedingtheit' von ihm abzustreifen... Für das, was mit dem Evangelium verloren geht, ist der historische Jesus, als Grundlage der Religion, ein sehr zweifelhafter und ungenügender Ersatz. Ohne seinen Tod wäre er überhaupt nicht historisch geworden" (115; vgl. ²1895, 354).

Stoßen zwei so unterschiedliche Theologen wie Wellhausen und Kähler unabhängig voneinander auf dieselbe Spannung von christologischem Kerygma und ‚historischem' Jesus, wenn sie die Evangelien auslegen, so wird, nachdem die vorausgehenden theologischen Richtungen dieses seit Reimarus und Lessing bekannte Problem verdrängt hatten (→ 3.6.3), die Aufhellung der synoptischen Tradition zu einer zwingenden Notwendigkeit.

g) Die bei Kähler und Wellhausen sichtbar werdende Problematik spitzt Wrede 1905 in einem Büchlein über ‚Paulus' von seinen Voraussetzungen aus zu, indem er eine theologisch durchgeführte, aber auch traditionsgeschichtlich zu verstehende Lösung des Problems ‚historischer Jesus – kerygmatischer Christus' bietet, die die Kluft zwischen beiden so stark aufreißend, wie es seit Reimarus (→ 1.3 a) kaum mehr geschehen war.

Die Leben-Jesu-Theologie hatte mit ihrem resoluten Rückgriff auf den ‚historischen Jesus' die theologische und die traditionsgeschichtliche Problematik des Verhältnisses von Paulus und Jesus weitgehend aus dem Bewußtsein auch der Theologen verdrängt. Durch das Aufkommen der ‚Religionsgeschichtlichen Schule' im Umfeld der liberalen Leben-Jesu-Theologie trat sie wieder in den Blick und setzte die Vertreter der liberalen Theologie in Verlegenheit, die sich, wie Wrede zeigt, auf dem Boden der Leben-Jesu-Theologie am konsequentesten mit einer radikalen Pauluskritik überwinden ließ, die in der Tradition von Reimarus und Lessing (→ 1.3 a) bis zu de Lagarde (1873) steht (zum Problem vgl. Schweitzer, 1911; Güttgemanns, 1966, 329 ff; Regner, 1977).

Wrede betrachtet Paulus als „zweite(n) Stifter des Christentums" (104). Erst er habe das Christentum „zur Erlösungsreligion gemacht" (103) und dabei die „Heilstatsachen, die Menschwerdung, den Tod und die Auferstehung Christi" in einer charakteristischen Weise „zum Fundament der Religion gemacht" (103). Dabei ist er keineswegs der „theologische Ausleger und Fortsetzer Jesu" (90). „Jesus weiß von dem, was für Paulus das ein und alles ist, – nichts" (84), und Paulus „steht von Jesus viel weiter ab als Jesus selbst von den edelsten Gestaltungen jüdischer Frömmigkeit" (95). Wredes Büchlein schließt mit der Behauptung, die zu seiner Zeit aktuelle Alternative ‚liberal' oder ‚orthodox' sei in Wahrheit die Alternative „Jesus oder Paulus" (105), auch wenn beide theologischen Lager dies nicht wahrhaben wollten.

Sie wollten in der Tat nicht. Der Widerspruch von beiden Seiten war heftig, und auch Bousset schreibt in seinem Vorwort zur 2. Aufl. von Wredes ‚Paulus': „Es führen unstreitig mehr Linien von Jesus zu Paulus hinüber, als Wrede sah. Aber leicht hat Wrede uns die Lösung nicht gemacht, und gegenüber so manchen voreiligen Harmonisierungsversuchen würde er lächelnd den Kopf schütteln: Glaubt ihr wirklich, daß ich mir das, was ihr vorbringt, nicht schon lange selbst gesagt hätte" (1907, 8*f).

Vgl. J. Kaftan: Jesus und Paulus, 1906; A. Schlatter: Jesus und Paulus, 1906; P. Kölbing: Die geistige Einwirkung der Person Jesu auf Paulus, 1906; A. Jülicher: Paulus und Jesus, 1907; A. Meyer: Wer hat das Christentum gegründet: Jesus oder Paulus, 1907; J. Weiß: Jesus und Paulus, 1909; W. Heitmüller: Zum Problem Paulus und Jesus, ZNW 13, 1912, 320 ff; P. Wernle: Jesus und Paulus, ZThK 25, 1915, 1 ff; W. Walther: Pauli Christentum – Jesu Evangelium, 1908; O. Moe: Paulus und die evangelische Geschichte, 1912.

Man kann Wrede leicht entgegenhalten, Paulus könne die Rolle, die er ihm zuschrieb, schon deshalb nicht gespielt haben, weil sein Christuskerygma, wie in seiner Weise bereits Reimarus wußte (→ 3.4.5.1 a), auf der *Regula fidei* beruht, die er bereits in ausgeführter Gestalt vorfand (→ 3.4.5.1 a) und die vor, neben und unabhängig von ihm auch nach ihm die kirchliche Verkündigung bestimmte. Damit wird freilich das Problem, an dessen Lösung sich Wrede insoweit vergeblich versuchte, nicht gelöst, sondern nur richtiger gestellt, und indem es als ein theologisches gestellt bleibt, stellt es zuerst vor die traditionsgeschichtliche Frage nach Gestalt und Bedeutung der synoptischen Überlieferung vor unseren ältesten Quellen MkEv und Q.

4.2 Methodisches

Seit der Wende vom 19. zum 20. Jh. war also die Aufgabe deutlich gestellt, die synoptische Tradition *vor* den ältesten synoptischen Evangelien zu untersuchen und zu klären, „wie wir uns die Entstehung und Entwicklung der Überlieferung bis zur Abfassung unserer Evangelien zu denken haben" (J. Weiß, ²1907, 39). Schon 1895 beobachtete Gunkel: „Wir haben höchst complicierte Untersuchungen über die synoptische Frage ..., aber nur Ansätze zu einer Geschichte der urchristlichen Tradition von Jesus" (1895, 209).

Die damit gestellte Aufgabe mußte gelöst werden, sei es, um die inneren Aporien der Leben-Jesu-Forschung zu klären und dieser ggf. eine bessere und methodisch gesicherte Basis an authentischem Jesus-Gut zu geben; sei es, um hinsichtlich des sachlichen Verhältnisses der ‚Verkündigung Jesu' und des ‚verkündigten Christus' zu deutlicheren Bestimmungen zu kommen; sei es, um sich über Ursprung und Verlauf der Geschichte der synoptischen Tradition angesichts dessen Klarheit zu verschaffen, daß diese Tradition, wie einzelnen Forschern bewußt geworden oder geblieben war (Schweitzer, 1911, 33f 191; Heitmüller, 1912, 320ff; J. Weiß, 1917, 115ff), in der außersynoptischen Literatur der ersten beiden Jahrhunderte kaum begegnet.

Wie schon in der Phase der synoptischen Quellenkritik, die mit dem Sieg der Zwei-Quellen-Theorie im wesentlichen abgeschlossen war, boten sich für das Problem der synoptischen Tradition drei Lösungsmöglichkeiten an.

a) Schriftstellerische Produktion (→ 4.5)

Dieses Lösungsmodell entspricht den frühen Voraussetzungen der Benutzungshypothesen bzw. der Zwei-Quellen-Theorie. Unsere ältesten Quellen, das MkEv und die Spruchquelle Q, sind ursprünglich literarische Produkte. Die Frage nach ihnen vorausliegenden Traditionen ist deshalb im wesentlichen unangemessen. Dieser Lösungsweg kann auf der Linie Weisses oder Wilkes (→ 3.5.4.2; 3.6.1) traditionalistisch verfolgt werden: Die Augen- und Ohrenzeugen sind auch die Schriftsteller bzw. deren unmittelbare Gewährsleute, und ihre Schriften fanden als private Aufzeichnungen zunächst keine breite Resonanz. Er kann auch ‚kritisch‘ eingeschlagen werden und bewegt sich dann auf unterschiedlichen Wegen wie bei Baur (→ 3.5.3.3), Bauer (→ 3.5.4.3) oder Volkmar (→ 3.5.4.4).

b) Schriftliche Quellen (→ 4.4)

Diese Lösung hat ihre Analogien in der Urevangeliums- bzw. der Diegesenhypothese: Das MkEv und Q beruhen auf älteren Quellenschriften, die verloren gegangen sind, die aber mit mehr oder weniger großer Sicherheit rekonstruiert werden können.

c) Mündliche Tradition (→ 4.3)

Diese Erklärungsweise knüpft an die Traditionshypothese an, wie sie in verschiedenartiger Ausgestaltung z.B. bei Gieseler oder bei Strauß vorliegt: Der Evangelist Markus und der Autor von Q sind Sammler von mündlicher Einzelüberlieferung.

Diese drei Lösungswege sind deutlich voneinander zu unterscheiden, doch können Übergänge zwischen ihnen statthaben.
Wer die quellenkritische Lösung wählt, kann diesen Quellen dennoch eine mündliche Tradition vorschalten.
Wer mit mündlicher Tradition rechnet, kann kleinere Sammlungen dieses mündlichen Traditionsgutes vor dem MkEv und Q annehmen.
Wer die schriftstellerische Lösung für richtig hält, kann eine mehr oder weniger umfangreiche Benutzung von mündlichem oder schriftlichem Traditionsgut durch den Schriftsteller in Rechnung stellen.
Auch muß erwogen werden, ob für das MkEv und für Q der gleiche Lösungsweg gewählt wird oder ob die beiden synoptischen Quellenschriften auf unterschiedlichen traditionsgeschichtlichen Voraussetzungen beruhen.

4.3 Mündliche Tradition vor dem MkEv und vor Q

4.3.1 Frühe Beobachtungen

Die Annahme mündlicher Tradition vor dem MkEv und der Spruchquelle, die sich in Gestalt der ‚Formgeschichte' seit den 20er Jahren unseres Jahrhunderts weithin durchgesetzt hat, hat ihre Wurzeln in früher Zeit. Sie legt sich aus allgemeinen Überlegungen nahe und hat ihren traditionalistischen Grund in den Angaben des Prologs zum LkEv zu der Überlieferung der Worte und Taten Jesu durch die Augenzeugen und durch die ‚Diener des Wortes' (Lk 1,2; → 2.3; vgl. z. B. Godet, ²1890, 20f; B. Weiss, ⁸1890, 22) sowie in den Angaben des Papias, Markus habe Erzählungen aus den Lehrvorträgen des Petrus aufgezeichnet (→ 2.4). Vgl. auch Irenäus: „Was sie (sc. die Apostel) zuerst gepredigt und dann nach dem Willen Gottes uns schriftlich überliefert haben, das sollte das Fundament und die Grundsäule unsres Glaubens werden" (III 1).

Die Annahme ursprünglich mündlicher Überlieferung der synoptischen Stoffe findet sich deshalb vom Anfang der historischen Erforschung der Evangelien an. Vgl. z. B. Semler: „Dieser Hauptinhalt des mündlichen Unterrichts hat sich aber nach den Zuhörern gerichtet; für Juden wird vornehmlich zuerst von sehr großen Wundern, die Jesus getan hatte, umständlich erzählet; ... daher auch der schriftliche Aufsatz, der nun die Stelle des bisherigen mündlichen Unterrichts für andre angehende Lehrer vertreten sollte, eben so eingerichtet wurde" (²1776 = 1967, 82). „Es ist ein langer Zeitraum verflossen, von wol dreyßig und mehr Jahren, ehe es geschriebene Urkunden der Historie Jesu gegeben hat. In diesem Zeitraum hat man lange das *Evangelium* gepredigt, wie Paulus redet, und wie Jesus es befohlen hatte." Danach sammelte man „hie und da den Inhalt solcher Stücke in schriftliche Aufsätze, um eine Historie Jesu, seines Lebens und seiner Lehre zu haben, der es an hinglänglichen Ansehen inskünftige nicht fele. Nun entstehen mehrere Bücher, welche *Evangelium* genannt werden" (1779, 268).

Die Annahme einer anfänglich mündlichen Überlieferung des Evangelienstoffes verband sich im Rahmen der historischen Forschung von Anfang an mit den verschiedenen Quellenhypothesen.

Bei der *Urevangeliumshypothese* spielte freilich die mündliche Tradition verständlicherweise nur eine geringe Rolle. Immerhin hatte schon Lessing, deren Vater, mit einer längeren Phase mündlicher

4.3.1. Mündliche Tradition vor dem MkEv und vor Q

Überlieferung gerechnet, in welcher das Traditionsgut nicht unverändert blieb; denn „nur ein fortdauerndes Wunder hätte es verhindern können, daß in den 30 bis 40 Jahren, ehe Evangelisten schrieben, solche Ausartungen der mündlichen Erzählung ... sich nicht ereignet hatten" (1777, 34).

Bei der *Diegesenhypothese* war die Annahme mündlicher Tradition fast unerläßlich. „Und so wurde viel einzelnes erzählt und vernommen, das meiste wol ohne aufgeschrieben zu werden" (Schleiermacher, 1817, 9). Vgl. schon Koppe (→ 3.3.1), dann Lachmann (→ 3.3.3) und später z. B. Weizsäcker (³1902, 371 ff 394 ff), der freilich für die „regellose und stets in freiem Wandel begriffene Wiederholung des Stoffes" nur eine begrenzte Zeit ansetzt, weil die synoptische Tradition „von der ersten Zeit an bestimmten Zwecken der Gemeinschaft dienen mußte" (371).

Gänzlich der mündlichen Überlieferung verpflichtet war die *Traditionshypothese*, die auch für das vollständige ‚Urevangelium' eine mündliche Traditionsweise annahm. Herder handelt ausführlich über die Tätigkeit der ‚Evangelisten', welche den Evangelienstoff *mündlich* verbreiten (→ 3.4.1 b). Ihr gemeinsames Evangelium „bestand aus einzelnen Stücken, Erzählungen, Parabeln, Sprüchen, Perikopen" (1797, 418), wobei Freiheit und Bindung gegenüber dem überlieferten Stoff die Tradition bestimmten. Den Übergang von den ursprünglichen Einzelstoffen zu der aus ihnen gebildeten Evangeliennorm reflektiert Herder nicht. Als seine Nachfolger die Traditionshypothese ausbildeten, verfocht Gieseler 1818 (→ 3.4.2) gegenüber anderen (86), die eine Art apostolischen Beschluß über den Umfang des mündlichen Evangeliums annahmen, die Meinung, daß dies mündliche Urevangelium nicht auf einer förmlichen Absprache beruhe, sondern sich „mehr wie von selbst" (93) ausgebildet habe, und zwar „schon unter den Aposteln in gleichen Formen" (104), wofür er mit Recht auf die Liturgie und die Katechese der alten Kirche verweist, in denen analog „gewisse Formeln sich in mündlicher Übereinkunft bildeten, und durch Tradition fortgepflanzt worden sind" (107). Denn der Veränderung des Überlieferungsgutes „wurde am sichersten durch feste Erzählungsformen vorgebaut, die in dem Ausdrucke zugleich den Gedanken fesselten" (102). In der ‚mythischen' Fassung der Traditionshypothese durch Strauß weitet die nun stark schöpferisch wirkende Überlieferung der Einzelstoffe (→ 3.4.6) ihren Traditionsraum aus; die mündliche „evangelische Verkündigung breitet sich im römischen Reiche allmählig aus und fixiert sich mehr und mehr nach einem bestimmten Typus" (^{2}1837, Band 1, 73). Ähnlich urteilen, wenn auch unter Abschwächung der Straußschen Einseitigkeiten, z. B. Credner (→ 3.4.3) und de Wette (→ 3.4.3), bei denen sich bereits Traditionshypothese und Benutzungshypothese miteinander verbinden.

Auch im Bereich der *Benutzungshypothesen* war die Annahme zwar nicht notwendig, aber naheliegend, daß der (den) synoptischen Quelle(n) ein Stadium mündlicher Tradition vorausging. Wilke beginnt 1838 sein Buch über den Urevangelisten Markus mit der Beobachtung: „Die drei ersten Evangelien entwickeln ihren Geschichtsstoff nicht in fortlaufender Rede, sondern in einer Reihe einzelner kleiner Erzählungen, die durch eigene Anfänge und besondere Schlußformeln sich so von einander isoliren, als wären sie, wie kleine Particularganze, schon vor dieser Verknüpfung vorhanden gewesen, und von den Evangelienschreibern nur gesammelt und zusammengeordnet worden" (3). Charakteristisch urteilt z. B. Reuss:

Die „historische Literatur schließt sich an die *Erinnerungen* an, welche die Apostel nach der Trennung von ihrem Meister sammelten . . . Sie wiederholten vorzugsweise die Ereignisse, welche die außerordentlichsten Wendungen seines Lebens bezeichneten, so wie diejenigen an welche sich seine merkwürdigsten Reden anknüpften, besonders jene Aussprüche deren sentenziöse Kürze, schlagender Ausdruck und populäre Klarheit sich am meisten zur Behaltung und Fortpflanzung eigneten . . . Wichtiger noch aber ist die Thatsache daß der angegebene Ursprung der spätern schriftlichen Berichte über das Leben Jesu zugleich den eigenthümlichen Charakter derselben erklärt, wonach sie zumeist aus einer sehr lose zusammenhängenden, eine Zeitordnung weder befolgenden noch sichernden Reihe von einzelnen Auftritten und Aussprüchen bestehen. Denn allerdings gehört das Anekdotenartige, Fragmentarische, welches öfter nach der einfachsten Ideenverbindung geschichtlich auseinanderliegendes zusammenstellt, wesentlich und zunächst einer aus solchen Bedürfnissen entstandnen *mündlichen Überlieferung* an . . . Bis die evangelische Überlieferung durch die Schrift festgehalten und beschützt wurde, mußte sie vieles von ihrer *ursprünglichen Bestimmtheit* verlieren . . .; einzelne oft wiederholte Berichte malten sich mit neuen Zügen zu größerer Anschaulichkeit; Orte und Personen wurden ohne zureichenden Grund genannt oder verbunden, Zeiten durch Muthmaßung geordnet; manche Aussprüche Jesu erhielten durch reflectirende Auslegung oder durch jüngere Erfahrungen einen beschränktern Sinn, und dieser übte hinwiederum einen Einfluß auf die wörtliche Fassung derselben. Dieselbe Begebenheit, dasselbe Wort konnten in verschiedener Form überliefert sein und verdoppelten sich zuletzt; vielleicht schmolzen auch verschiedne in eins zusammen und brachten jedes seine eigenthümlichen Elemente zum Ganzen" (^{5}1874, 162 ff). Als Beweis für diesen frühen Überlieferungsprozeß verweist Reuss einerseits auf die ‚apokryphe' Überlieferung von (Taten und)

Worten Jesu, anderseits auf die Lückenhaftigkeit der kanonischen Evangelien (164).

Auch Köstlin zufolge tragen die synoptischen Evangelien „noch so vollkommen deutlich den Charakter einer kompilatorischen Sammlung einzelner besonders denkwürdiger Ereignisse" an sich, daß sie „streng genommen nichts als schriftliche Fixierungen einer Überlieferung, die eine Zeit lang blos in der Form mündlicher Erzählung sich fortgepflanzt hatte", sind wie es auch „die damalige jüdische und christliche Sitte" nahelegt (1853, 386f).

Äußerungen wie die von Reuss und Köstlin zeigen deutlich, in welcher Weise Grundelemente der Traditionshypothese im Rahmen der Benutzungshypothesen aufgenommen werden konnten. Dabei beobachtete man ähnlich, wie Gieseler tat, schon früh auch bestimmte kleine *Formen* der synoptischen Tradition; Storr (→ 3.5.4.1) wandte z. B. Erkenntnisse der Fabeltheorie Lessings („Abhandlungen über die Fabel', 1759) auf die Gleichnisse Jesu an (1779).

Die *Zwei-Quellen-Theorie* rechnete freilich an ihrem Quellort (→ 3.6.1) bei Weisse noch nicht oder in nur sehr eingeschränkter Gestalt mit mündlicher Tradition; denn Weisse entfaltet 1838 die traditionalistische Grundlegung seiner Hypothese gerade aufgrund einer radikalen Kritik der Traditionshypothese sowohl in ihrer Gieselerschen wie in ihrer Straußschen Fassung (→ 3.4.5.1 b): Matthäus und Markus schöpfen aus unmittelbarer bzw. nur durch die Lehrvorträge des Petrus vermittelter Erinnerung. 1856 zeigt er sich dagegen gegenüber einer mündlichen Gestalt synoptischer Tradition vor den beiden ältesten schriftlichen Quellen aufgeschlossener. Zwar bestreitet er sie nach wie vor für die Spruchsammlung des Apostels Matthäus und für den Stoff, welchen Markus den Predigten des Petrus entnahm, aber er ist der Überzeugung, daß Markus zur Ergänzung der Erzählungen aus dem Munde des Petrus „die Beiträge nicht verschmäht haben wird, welche ihm die mündliche Überlieferung anderer" darbot (134). Erst recht zweifelt er nicht daran, daß das Sondergut des LkEv und des MtEv aus der mündlichen Überlieferung stammt.

Diese Ansicht streitet zwar mit den gewichtigen Argumenten, welche Weisse 1838 gegen jegliche Art der mündlichen Tradition geltend machte (→ 3.4.5.1 b), aber sie dünkt ihm das kleinere Übel in einer Zeit, in der jene Forscher, die „so viel als möglich auf Absichtlichkeit der überliefernden Schriftsteller" abstellen und „durch kecke Hypothesen über schriftstellerische Eigenthümlichkeiten und Absichtlichkeiten der Evangelisten" (133) auffallen, also Bauer, Baur, Volkmar u. a., auch seine Arbeit in Mißkredit zu bringen drohen.

Diesen ‚fortschrittlichen' Standpunkt Weisses haben sich seine Nachfolger von Anfang an und, die traditionalistische Begründung der Zwei-Quellen-Theorie abstreifend (→ 3.6.2), zunehmend zu eigen gemacht. Schon 1863 urteilte Holtzmann: „Es gilt daher heutzutage als anerkannt, daß die mündliche Überlieferung als unterste Grundlage der ganzen Evangelienliteratur zu betrachten ist" (52), und wenn das MkEv und Q auf mündlicher Überlieferung beruhen, dann kann manche Eigentümlichkeit im MtEv und im LkEv aus der mündlichen „Quelle erklärt werden, die selbst damals noch frisch floß, als ihr Hauptinhalt bereits schriftlich fixiert worden war" (52; vgl. B. Weiss, ⁸1890, 22).

1901 schreibt er u. a., „daß, wie überall in vergleichbaren Fällen, so auch hier, die mündliche Überlieferung der schriftlichen vorangegangen sein muß. Deutlich spricht dafür die ganze Anlage unserer Ev(an)g(e)lien, sofern das Bild, wie es im Spiegel der synopt(ischen) Ev(an)g(e)lienüberlieferung erscheint, sich zusammensetzt aus über hundert kleinen Bildchen. Diese Überlieferung stellt nämlich zum größeren Teil weniger den fortlaufenden Faden eines geschichtlichen Verlaufes dar, als vielmehr eine Ansammlung von Einzelerinnerungen, von innerhalb der ältesten Gemeinden oft wiederholten Reden Jesu und charakteristischen Zügen aus seinem Leben. Daher das Anekdotenhafte, Abgerissene und Bruchstückartige in unseren 3 Werken; daher aber auch das Schwankende und Unsichere sowohl in der Umrissenheit und Verknüpfung mancher Erzählungen unter sich als auch in der Anreihung und Umrahmung zahlreicher Worte Jesu" (20). Zuerst richtete die Gemeinde ihr Interesse auf die Worte Jesu, an denen sie „eine Art von Grundgesetz, eine maaßgebende Autorität und letzte Instanz" hatte (22). „Die meisten dieser Worte haben sich in ganz abgerissener Gestalt erhalten, indem die Veranlassungen und Gelegenheiten, welchen sie ihr Dasein erstmalig verdankten, verloren gingen" (22). Dem folgte, vom Passionskerygma ausgehend, das Interesse an den geschichtlichen Ereignissen des Lebens Jesu. „Man wollte und mußte eben weiterhin auch wissen, wie es zu solchem Ausgang des messianischen Lebens gekommen sei, nämlich durch den Unglauben des Volks und die Bosheit seiner Führer. So geschah es, daß die große Menge von circulirenden Erinnerungen, Überlieferungen und Einzelbildern sich gruppenweise sammelte und ihre ursprüngliche Beweglichkeit im Rahmen einer fortschreitenden Darstellung verlor" (25). „Was solcher Gestalt mit der Zeit zur schriftlichen Fixierung gelangte, das umfaßte keineswegs bloß die geschichtliche Erinnerung an Jesus von Nazaret, sondern zugleich auch den gesammten Ertrag des fortgesetzten, vom religiösen Interesse bedingten Nachdenkens der Gemeinde über das, was Jesus als Christus sein mußte, was der Glaube an ihm hatte . . . Demnach sind unsere Ev(an)g(e)lien nicht bloß Urkunden für das, was Jesus an sich war, sondern auch für das, was er als Christus für die Gemeinde war und wurde ... Die durch solche dogmatische Gesichtspunkte bedingte Umgestaltung der Stoffe ging naturgemäß am leichtesten von statten und wirkte am tiefgreifendsten, so lange die Überlieferung eine bloß mündliche war und ausschließlich im Dienste der ‚Lehre' gehandhabt wurde" (25f). Dabei bringt Holtzmann einen Gesichtspunkt von Strauß, die Einwirkung alttestamentlicher Stoffe (→ 3.4.6), besonders zur Geltung: „Im Einzelnen sind diese Übergänge von geschichtlicher Erinnerung und a(lt)t(estamentlicher) Sagenform oft kaum mehr mit Sicherheit zu verfolgen... Beide Elemente sind immer vorhanden; aber das Mischungsverhältnis ist ein verschiedenes... Um einen deutlich erkennbaren, historisch festzustellenden Stamm von echten Worten und wirklichen Geschicken Jesu rankt sich überall die messianische Sage, Wahrheit und Dichtung, Vergangenheit und Zukunft, Erde und Himmel sinnreich in einander verwebend" (27f. 29).

Im wesentlichen ebenso urteilt 1905 z. B. Wellhausen. Zwei seiner Gesichtspunkte sind von besonderem Interesse. In einer Anmerkung liefert er wie schon Storr und Gieseler der ‚Formgeschichte' (→ 4.3.3) das Stichwort: „... die mündliche Tradition überliefert den Stoff keineswegs formlos, und sie verbessert allmählich die Form, bis sie so bleiben kann" (53, Anm. 1). Außerdem meint er, sich von den meisten zeitgenössischen Forschern unterscheidend, daß Markus keineswegs eine Auswahl aus umfangreichem Stoff traf, sondern aufnahm, was die Tradition ihm noch bot, in welcher längst ein Schrumpfungsprozeß eingesetzt hatte (52) – ein Gesichtspunkt, welcher in gewissem Maße der geringen Verbreitung der mündlichen Tradition außerhalb der synoptischen Evangelien gerecht wird (→ 3.4.5.1 b).

Ein weiterer wesentlicher Gesichtspunkt findet sich bei v. Dobschütz: „Die Folkloristik – auch mit dieser Wissenschaft muß die Theologie Fühlung haben – lehrt uns, daß Überlieferungen oft ein unlitterarisches Dasein führen und zu schriftlichem Niederschlag erst kommen, wenn sie schon durch mancherlei Stadien hindurchgegangen sind und allerlei Schichten angesetzt haben" (1904, 6).

Vgl. ferner z.B. Jülicher (²1999, Band 1, 1ff; 1906, 341f); Bousset (¹1913, 41f); Heitmüller (1913, 6.25f); Barth (³1914, 173f); Wernle (1915, V).

Nicht ohne einen gewissen Stolz urteilt Fiebig, ein später Verfechter der Traditionshypothese (→ 3.4), 1914: „Daß die Synoptiker letztlich auf mündliche Überlieferung zurückgehen, gilt in der heutigen synoptischen Forschung als eine ‚Binsenwahrheit'" (79). In der Tat lag in der Aufmerksamkeit, welche die Forschung fast überall der mündlichen Traditionsstufe zuwandte, ein später Triumph der Traditionshypothese.

Es war zu einer Synthese von zwei sich ursprünglich einander ausschließenden Hypothesen gekommen, und zwar verbanden sich Traditionshypothese und Benutzungshypothese in einer einfachen Addition, wobei die erstere ihre ursprüngliche Aufgabe einbüßte, das synoptische Problem zu lösen. Für die Zeit bis zur Abfassung der beiden synoptischen Quellen MkEv und Q rechnet man nunmehr mit einer breit gefächerten mündlichen Tradition des synoptischen Stoffes in den Gemeinden zu Lehrzwecken. Mit der literarischen Fixierung dieses mündlichen Überlieferungsgutes durch das MkEv und durch Q wird die Zwei-Quellen-Theorie in ihr Recht gesetzt und erfüllt ihre Aufgabe, das synoptische Problem zu lösen. Schaut man dabei auf den Impetus, von dem alle Bemühungen um das synoptische Problem angetrieben wurden (→ 3.1) – nämlich auf die Frage nach der Authentizität der synoptischen Überlieferung –, so verwandelte sich bei der Synthese von Traditionshypothese und Zwei-Quellen-Theorie der einstige Erfolg des traditionalistisch urteilenden Weisse und seiner Nachfolger über die Traditionshypothese und insonderheit über Strauß zu Anfang unseres Jahrhunderts langsam in einen Sieg des skeptischen Strauß über die zuversichtlichen Vertreter der Leben-Jesu-Theologie, ein bemerkenswerter Vorgang, bei dem freilich auch das gewichtige Argument, mit dem Weisse erfolgreich gegen Strauß zu Felde gezogen war (→ 3.4.5.1 b), allmählich und weithin unbemerkt verdrängt und vergessen wurde: Die von der Traditionshypothese behauptete breite mündliche Tradition des synoptischen Lehrstoffes war im frühchristlichen Schrifttum nirgendwo nachzuweisen (vgl. aber Schweitzer, 1911, 33 ff 191).

Andererseits bedeutete es zweifellos einen beachtlichen Fortschritt gegenüber einer verbreiteten früheren Annahme (→ 3.4.5.1 b), daß man die Anfänge und Ursprünge der synoptischen Tradition nicht mehr in privater Erinnerung und persönlicher Abhängigkeit aufsuchte, sondern mit der Traditionshypothese davon ausging, daß die evangelische Überlieferung von Anfang an der Verkündigung in der Gemeinde diente. In diesem Ausgangspunkt sind sich, wie die Zitate im vorliegenden Abschnitt zeigen, die maßgeblichen Forscher zu Beginn unseres Jahrhunderts einig.

Wo man in solcher Weise auf die mündliche Überlieferung vor den beiden synoptischen Quellen MkEv und Q aufmerksam wird, stellt sich auch die Frage nach dem Übergang von dieser mündlichen Überlieferung zu unseren ältesten literarischen Quellen. Dabei bot die Diegesenhypothese (→ 3.3), die noch zu Beginn unseres Jahrhunderts von Weizsäcker vertreten wurde, ein Lösungsmodell an; vgl. Weizsäcker, ³1902, 371 ff 394 ff. Insbesondere im Blick auf das MkEv wird erwogen, ob ihm nicht bereits kleinere Sammlungen vorlagen. Besonders Wendt (²1902, 10 ff) verbindet in dieser Weise die Diegesenhypothese mit der Zwei-Quellen-Theorie. Johannes Weiß läßt dem kanonischen MkEv eine Art ‚Grundschrift' mit ‚Petruserinnerungen' vorausgehen (1903, 349 f 363 f; ³1917, 39; vgl. ²1907, 38). Vgl. auch z. B. Nicolardot (1908); Wellhausen: Das Evangelium Marci, ²1909, 9. 58 f; Wendland (²⁺³1912, 263 ff); Guignebert (1933); Schmiedel (²1906, 33 f 58 ff). Weiteres bei Kuhn (1971). Die entsprechende Fragestellung vermittelt den Übergang zu jener Lösung des synoptischen Traditionsproblems, die überhaupt mit schriftlichen Quellen statt mit mündlicher Überlieferung vor dem MkEv und vor Q rechnet (→ 4.4.1).

Als Wernle 1899 ‚Die synoptische Frage' behandelte, schloß er sein Buch mit der Bemerkung, die synoptische Frage betreffe allein die Entstehung der miteinander übereinstimmenden griechischen Evangelienschriften. Die ihnen vorausliegende mündliche Tradition sei „bis jetzt das Objekt mehr der Vermutungen, als des sicheren Wissens. Ein neues großes Forschungsgebiet dehnt sich hier für diejenigen aus, die sich dazu berufen nennen dürfen" (233; vgl. 256). Der so in den Blick gefaßten Aufgabe, die Gesetzmäßigkeit und den Ablauf der mündlichen synoptischen Tradition zu erforschen, nahm sich die formgeschichtliche Schule an.

4.3.2 Der Übergang zur Formgeschichte

Den Übergang zur ‚Formgeschichte' kann man bei Georg Heinrici und bei Johannes Weiß beobachten, die Bultmann mit gutem Grund (1925, 313; 1939, 244) als unmittelbare Vorläufer der Formgeschichte nennt; vgl. Schmithals (1983).

Heinrici (1844–1915) ist einer der wenigen Forscher, welche im Widerspruch gegen alle Benutzungshypothesen die Traditionshypothese über die Schwelle der letzten Jahrhundertwende trugen. Er vertrat sie nicht in der methodisierten Weise von Gieseler (→ 3.4.2) und auch nicht in der radikalen von Strauß (→ 3.4.6), sondern in origineller Art und in direkter Anlehnung an Herder (→ 3.4.1), den er oft und gerne zitiert. Gegenüber Strauß rechnet er mit „schulmäßiger Pflege des Gemeingutes" derart, daß die „Aussonderung aus der Masse des Überlieferten" durch „eine gemeinsame und geordnete Arbeit der ersten christlichen Generation" erfolgte (1892, 337; vgl. 349 f). Gieseler dagegen hält er mit Strauß entgegen, daß es „zu einer übereinstimmenden Fassung des einzelnen und zu einer feststehenden Ordnung des ganzen noch nicht gekommen" war (337), als die Evangelien, „jedes in seiner Weise, das von den Augenzeugen berichtete und von den Wanderlehrern verkündigte Evangelium" sammeln (1908, 39).

Im Unterschied zur klassischen Traditionshypothese lehrt Heinrici also die synoptischen Evangelien „als Sammelgut zu beurteilen" (1908, 36), wie es auch die in → 4.3.1 genannten Anhänger der Zwei-Quellen-Theorie tun; die Evangelisten schöpfen unabhängig voneinander aus der mündlichen Überlieferung, mag auch manches bereits vorher „schriftlich festgelegt" (43) gewesen sein. „Gruppen von Reden, Einzelsprüchen, Tatsachen werden aneinandergereiht... Nur gelegentlich und vereinzelt sind bestimmte Zeitabstände oder bestimmte Orte angegeben... Einzelne Ereignisse werden anschaulich erzählt, andere farblos" (37). Der Rahmen der Geschichte Jesu stammt also im wesentlichen erst von den Evangelisten.

Darüber hinaus urteilt Heinrici, die gesamte Überlieferung sei „religiösen Gesichtspunkten untergeordnet" (1892, 330), und zwar „entspringt jede wirksame Überlieferung aus Lebensbedürfnissen und entspricht ihnen" (326). Die Interessen der urchristlichen Überlieferung" liegen in den Bedürfnissen der Mission, der Belehrung, der Erbauung" (1908, 125). Somit spiegeln die neutestamentlichen Schriften „ebenso das Leben und die Frömmigkeit der urchristlichen Gemeinden wider, wie sie dieselben geformt und befruchtet haben" (25).

Aus diesem Gesichtspunkt folgert Heinrici: „Nach den Kategorien Belehrung und Erbauung lassen sich dementsprechend die mannigfachen hierfür angewandten Formen vergegenwärtigen, die in den neutestamentlichen Schriften nachweisbar vorkommen" (1908, 114). Der Begriff *Form*, der (→ 4.3.1) bereits bei Storr, Gieseler und Wellhausen begegnete, spielte bei Heinrici schon in früheren Schriften eine Rolle, zunächst freilich (wie z. B. bei Overbeck, 1882, 423) im Blick auf ‚Literaturformen' (z. B. 1892, 329 f. 333 f). Auf dem Wege über die Untersuchung von charakteristischen Redeformen der paulinischen Sprache, die „zum überwiegenden Theile den populären Formen der rhetorisch geschulten hellenistischen Bildung" entsprechen (^{8}1900, 451) und deren „Sprachcharakter" den „Formen der kynisch-stoischen Diatribe viel näher steht, als der krausen rabbinischen Argumentation" (442), gewinnt Heinrici den Begriff der kleinen Form, den er unterschiedlos auf die paulinische und die synoptische Tradition anwendet, wenn er „Formen" der „Belehrung" (z. B. Gnome, Apophthegma, Parabel) und der „Erbauung" (z. B. Prophetenspruch,

4.3.2   Mündliche Tradition vor dem MkEv und vor Q

Hymnus, Bekenntnis) sowie einzelne ihrer Chrakteristika (z. B. die „Prägnanz der Herrenworte" und die „kurze, eindringliche und gebundene Form" der Bekenntnisformeln) untersucht (1908, 42 f 114 ff).

Dabei liegt Heinricis Interesse weniger bei der genauen Analyse der verschiedenen Formen und mehr bei dem Aufweis von *Analogien:* „Für alle diese Formen bieten das Alte Testament und die griechische Litteratur reiche Analogien" (1908, 115). Im Zusammenhang mit Untersuchungen über die historischen Bedingungen der paulinischen Gemeindebildung hatte sich Heinrici schon 1877 die Frage nach „verwandte(n) Lebensformen" (1900, 438) aufgedrängt, und diese Frage nach den sozialen Analogien hatte er im Blick auf Redeformen und schließlich auch auf Formen der urchristlichen Überlieferung ausgeweitet. Dabei geht sein Weg stets „von den neutestamentlichen Schriften zu den Analogien" (1908, V), doch ist er sich des Zirkelcharakters seiner Fragestellung bewußt. Heinrici hat also, von der ‚religionsgeschichtlichen' Untersuchung der Analogien herkommend, die Fragen nach ‚Form' und ‚Analogie' miteinander verbunden, eine Verbindung, die für die klassische Formgeschichte konstitutiv werden wird.

Johannes Weiß (1863–1914) veröffentlichte 1903 ein gründliches Werk über ‚Das älteste Evangelium. Ein Beitrag zum Verständnis des Markus-Evangeliums und der ältesten evangelischen Überlieferung'. Angestoßen nicht zuletzt von Wredes Buch über „Das Messiasgeheimnis in den Evangelien" (1901; → 4.1 e), das „durch eine ungesund kritische und skeptische Stimmung" dem „Geschichtswert des Markus-Evangeliums" (VI) zu wenig gerecht wird, begegnet Weiß dem MkEv „mit einem guten Zutrauen zu der Güte der hier benutzten Überlieferung" (121) und in der Absicht, „den Markustext in möglichst weitem Umfange auf die alte Überlieferung zurückzuführen".

Weiß wird also wie seine ganze Zeit von dem Interesse geleitet, die historisch zuverlässige Jesusüberlieferung zu gewinnen. Er geht dabei von der Zwei-Quellen-Theorie aus, befürchtet aber, „die Freunde des Markus wenig befrieden" und „den Anhängern der reinen Markushypothese nicht Genüge tun" zu können (2 f). Diese Einschränkung bezieht sich nicht vor allem auf die von Weiß mit vielen zeitgenössischen Forschern festgehaltene Urmarkus-Hypothese (→ 3.6.4). Vielmehr bestreitet er unter ausdrücklicher Berufung auf Wrede, „daß Markus die Urzelle evangelischen Schrifttums sei". Das MkEv „ist nicht mehr Quelle, sondern schon Sammelbecken" (2). Markus „ist kein Schriftsteller, sondern ein Aufzeichner dessen, was in irgendeiner Form bereits vorhanden war" (23). Mit dem zentralen Abschnitt seines Buches – ‚Der Evangelist und die alte Überlieferung' (120–345) – führt Weiß den Nachweis, daß Markus nur ein Vermittler der älteren Gemeindeüberlieferung, „nicht ein selbständiger Schriftsteller" ist (119), wie die Väter der Markus-Priorität (→ 3.5.4.2; 3.6.1 a) sowie in ihrer Weise Bauer und Volkmar behauptet hatten. Insoweit kehrt Weiß bewußt zur Traditionshypothese zurück: „Über die Berechtigung des von D. F. Strauß zuerst konsequent eingenommenen mythischen Standpunktes kann heute im allgemeinen kein Zweifel mehr sein" (105). „Wer hier in Berlin durch die Schule meines Vaters gegangen ist, hat nie jenen Markusaberglauben geteilt, der jetzt so zusammengebrochen ist. Wir sind hier in der Erkenntnis erzogen, daß Markus alles andere ist als ein erster Konzipient der Überlieferung; er ist vielmehr eklektischer Verarbeiter älterer Überlieferungen..." (1910, 135; vgl. B. Weiss, ³1888, Bd. 1, 11.121 ff; 1905, 13 ff; 1908, 221 f).

Markus ist also für Weiß kein Schriftsteller mehr, sondern nur Sammler einer schon „vorhandenen Überlieferung, teils mündlicher, teils schriftlicher Natur" (²1907, 38), und zwar „von häufig ganz unverbundenen Einzelstücken anekdotischen Charakters" (1907, 8), „die von der Stelle, wo sie stehen, versetzt werden könnten, ohne daß eine Lücke entstände, oder daß sie unverständlich würden" (40). Erst Markus selbst setzt sie in einen Rahmen (7f), und zwar nach „einem ganz primitiven und rein didaktisch-praktischen Dispositionsschema" (1910, 135), sofern nicht einzelne Erzählgruppen schon vorher zusammengefaßt waren (1903, 349. 351. 373 f). „Es ist Gemeindeüberlieferung, die er aufzeichnet" (1903, 119), „ungelehrte, volkstümliche Überlieferung, die zuerst von Mund zu Mund gegangen ist" (1907, 40). Dabei bietet Markus von den ihm bekannten Herrenworten aus didaktischen Gründen nur eine „fast dürftig zu nennende Auswahl" (1903, 372 ff).

Das MkEv verfolgt keinerlei biographisches Interesse (1903, 14 f). „*Die Christologie* des Markus steht der des Johannes bei weitem näher, als man gewöhnlich annimmt" (97). Er hat den überlieferten Stoff „im Dienste seiner religiösen Aufgabe geformt und verwertet" (42), nämlich im Dienste der „Verkündigung von Christus dem Gekreuzigten und Auferstandenen" (95) und im Rahmen von „Gedanken und Stimmungen des paulinischen Missions-Kreises" (1903, 94; vgl. 1912, 2190; 1917, 544). Mit Wrede und grundsätzlicher als dieser (1903, VI. 19) bestreitet Weiß deshalb gegenüber Holtzmann (→ 3.6.2) und der Leben-Jesu-Theologie (→ 3.6.3) einen chronologi-

4.3.2 Mündliche Tradition vor dem MkEv und vor Q

schen Aufbau des MkEv. Der „scheinbare Pragmatismus ist weder historisch noch chronologisch, sondern didaktisch" (1910, 136; vgl. 1903, 19 ff. 89. 351; 1912, 2191).

Auf der anderen Seite äußert Weiß unverhohlen sein Interesse, im Unterschied von Strauß die einzelnen Gemeindeüberlieferungen „in möglichst weitem Umfange auf die alte Überlieferung zurückzuführen" und „aus dem Anschauungskreis des Petrus und als geschichtlich möglich zu verstehen"(1903, 122). Deshalb haben es ihm besonders die ‚Petruserinnerungen' angetan. Er identifiziert sie daran, daß sie den „einzelnen, konkreten, sinnenfälligen Vorgang" bevorzugen, den sie „scharf beleuchten" und so wiedergeben, daß „die religiöse Empfindungsweise und die persönliche Beteiligung des Erzählers im Unterschiede von den anderen Stoffen" hervortritt (1903, 353. 363 f). Bei den ‚Petruserzählungen' muß dementsprechend die Analyse der mündlichen Überlieferungsstufe fehlen; denn Markus hat aus dem Munde des „greisen Petrus" (350) erstmalig jene Stücke aufgezeichnet, die er später nicht ohne „eine erneute Durcharbeitung" (350) in sein Evangelium aufgenommen und so an die anderen Evangelisten weitergegeben hat.

Weiß räumt ein, daß der Forscher manche der den Petruserinnerungen zugeordneten Stücke nicht gerade auf Petrus zurückführen würde, „wenn wir nicht auf Grund der Papiasnotiz nach solchen Petrusstücken suchten" (358). Schon solche am Rande der Petruserzählungen liegenden (358) Stücke, erst recht die sonstige von Markus aufgenommene Überlieferung des Reflexionsmäßigen, bei der er „den frischen Erzählungscharakter, die persönlich gefärbten Erinnerungen" vermißt, ordnet Weiß i. U. zu den Petruserzählungen nach *formalen* Kategorien, wobei ihm die Problematik solcher unterschiedlichen Behandlung auch formal verwandter Stücke nicht verborgen bleibt (358.370).

Weiß nennt zunächst die „Schul- und Streitgespräche" (365; vgl. 90.93; 1910, 140 ff), zu denen er aus der ‚nichtpetrinischen' Überlieferung Mk 2,23–28; 7,1–23; 10,1–12 und 12,18–27 zählt. Sie sind „ziemlich ähnlich aufgebaut", haben „eine Anzahl charakteristischer Eigentümlichkeiten" (366 f), welche die Argumentation u. a. darin als echt rabbinisch ausweisen, „daß Jesus die Gegner aus der Schrift widerlegt" (367). Sie benennen die Gegner deutlich und haben nicht „das Interesse an dem einzelnen interessanten Vorfall", sondern gehen „von der theologischen Frage aus, welche Stellung Jesus zum Gesetz und zu einzelnen Schulfragen einnahm" (365).

Sodann nennt Weiß „Worte Jesu mit Erzählrahmen". Einige von ihnen stehen auf der Grenze zu den Schul- und Streitgesprächen (368), nämlich das Gespräch mit dem Reichen (Mk 10,17–27), das Gespräch über das höchste Gebot (Mk 12,28–34), das Zöllnergastmahl (Mk 2,13–17) und die Fastenfrage (Mk 2,18–20). Aber: „Es fehlt der Schriftbeweis, es fehlt das Eingehen auf rabbinische Denkweise ... Das Interesse ruht ganz auf dem Worte Jesu, zu dem in der erzählenden Einleitung nur die Veranlassung gegeben ist" (369 f). Darum ordnet Weiß sie mit Stücken wie der Kindersegnung (Mk 10,13–16) und der Erzählung vom kanaanäischen Weib (Mk 7,24–30) den „Logienstoffen" zu. Er meint, die erzählenden Szenen seien „gelegentlich vielleicht nur aus den folgenden Reden erschlossen", fährt aber fort, „bei anderen Stücken gehören sie durchaus zur Sache".

Dann folgen die „Worte Jesu ohne Erzählrahmen" (372 ff). Weiß sieht keinen Anlaß, die „Herrenworte" auf die „Petruserinnerungen" zurückzuführen. Sie stammen im wesentlichen aus der Redenquelle und gehen auf die mündliche Gemeindetradition zurück (372 ff). Erst 1906 behandelt er die Herrenworte ausführlicher. Er setzt die „Weissagungen Jesu" mit ihren „prophetisch-apokalyptische(n) Zusätze(n)" (1907, 59) sowie diejenigen Worte, „die als Gesetze für das Leben der Gemeinde gelten" (1907, 60), von den übrigen Worten Jesu ab (53 ff) und behandelt die ersten beiden Kategorien primär unter überlieferungsgeschichtlicher, die letzte Kategorie unter ‚formkritischer' Fragestellung.

Natürlich wendet sich Weiß auch den Worten Jesu als „dem kostbarsten Schatz, den die Evangelien bergen", mit der Frage nach ihrem „geschichtlichen Wert" zu (1907, 53). Dieser ist hoch, weil „die Bedingungen, unter denen die Überlieferung fortgepflanzt wurde, außerordentlich günstig" waren (54; vgl. 1912, 2176). Jesus hat nämlich in einprägsamen kleinen „Formen" gesprochen (54), als deren Kennzeichen Weiß z. B. nennt: Volkstümlichkeit; Verständlichkeit; Bilderschmuck; überraschender Vergleich; Hyperbolie; drastische Bilder; groteske Zuspitzungen; Paradoxien; synonymer Parallelismus; antithetischer Parallelismus; erweiterter Parallelismus; Steigerung durch Wiederholung; strophenartige Gebilde; rhetorische Fragen usw. (vgl. 1912, 2176). Bei der Auslegung der Herrenworte weist er freilich auch nach, daß „die Überlieferung nicht bloß erhaltend, sondern auch *umformend* und *neuschaffend* gewirkt hat", und zwar auch „zu einer Zeit, da die Überlieferung noch im Fluß war", was bei den Gesetzesworten „am verständlichsten erscheinen" muß (60). In den „Sammlungen der

4.3.2 Mündliche Tradition vor dem MkEv und vor Q

Worte Jesu" kommt also „nicht nur der Herr Jesus selber, sondern auch seine älteste Gemeinde mit ihren Sorgen und Nöten zu Worte" (61; vgl. 1912, 2182). Methodisch geht Weiß dabei so vor, daß er anhand der synoptischen Evangelien im Rahmen der Quellenkritik die „Veränderlichkeit der Überlieferung" (45) und die Gesetze solcher „volkstümlichen Überlieferung" (45) beobachtet, um diese Gesetze dann auch auf die vor den Quellenschriften MkEv und Q liegende mündliche oder schriftliche (1903, 121) Stufe der Tradition anzuwenden (z. B. 1907, 44f. 60ff; vgl. schon B. Weiss, ^{3}1888, Band 1, 127).

Nach den „Worten Jesu" bespricht Weiß 1903 abschließend Stücke „legendarischen oder sonst sekundären Charakters" (380ff; vgl. 1907, 44ff). Dabei ist er (1907, 44), der legendarische Züge auch in den Petruserzählungen nicht leugnet, sich darüber im Klaren, daß der Übergang zwischen Geschichte und Legende fließend ist.

Der technische Gebrauch des Begriffs ‚Form' deutet sich an, wenn Weiß von der dem MkEv vorausgehenden Überlieferung schreibt, sie „war nicht mehr fließend und unbestimmt, sondern hatte schon eine einigermaßen feste Form" (1903, 2), war „bis zu einem gewissen Grade geformt" (1903, 42), und diese „Formung" erfolgte im „Dunkel der volkstümlichen mündlichen Überlieferung" (1903, 105f). Weiß stellt demzufolge z. B. die „Formverwandtschaft" der Erzählungen von der Syrophönizierin und dem Hauptmann von Kapernaum fest (1903, 377f; vgl. 23. 120. 369f; 1907, 54f).

Entsprechendes Interesse an der „Form" kleiner Einheiten begegnet bei Weiß schon 1897, wenn er in Beiträgen zur paulinischen Rhetorik z. B. 1 Kor 13 einer „Form-Analyse" unterzieht und das theologische Interesse an „ästhetischer Form" damit rechtfertigt, daß wir „erst wahrhaft in die Sache" eindringen, wenn wir „die Form" analysieren (35). Solche Erwägungen greift er 1908 wieder auf; er klagt, es sei „kein Sinn dafür vorhanden, daß ein wirklich gefühlter Lebensinhalt auch einer angemessenen Form bedarf, um zur Wirkung zu kommen, und daß insofern die Form zur Sache gehört" (16). Die Beachtung der Form bringe „unschätzbare Hülfe für die Kritik nicht nur, sondern auch für die Exegese und das religiöse Verständnis" (21). Diese an den Paulusbriefen gewonnenen Erkenntnisse wendet er dann auf die Evangelien an, seine früheren Analysen aufnehmend. Der älteste Evangelist arbeite „mit einer bereits geformten, fixierten Überlieferung, ... die schon eine Geschichte hinter sich hat. Er ist nicht Quelle, sondern Sammelbecken. Und hier ergibt sich nun die reizvolle und wichtige Aufgabe, den Versuch einer Rekonstruktion dieser älteren Überlieferung zu machen – als ersten Anfang einer Geschichte der Entstehung und Entwicklung der evangelischen Überlieferung" (41). „Die feinfühlige aber auch verstandesklare und scharfsichtige Untersuchung der Form" (45) hat dabei eine wichtige Funktion. Dabei verweist Weiß nicht nur auf den verwandten Vortrag Heinricis von 1908, der gleichfalls den Begriff „Form" in annähernd technischer Weise verwendet, sondern nachdrücklich auch (vgl. schon 1903, 105 f) auf den bereits von Heinrici beschrittenen Weg, die formalen Analogien zu berücksichtigen und den evangelischen Stoff „nicht nur mit den alttestamentlichen Vorbildern, sondern mit allem, was an ähnlichen Formen erreichbar ist", zu vergleichen (1908, 35). Die synoptische Überlieferung entstand in der uns vorliegenden Gestalt nämlich erst allmählich „unter dem Druck alttestamentlicher und andrer Vorbilder" (41), wobei auch die „Redeformen der volkstümlich hellenistischen Rede" (45) beachtet werden müssen. 1917 hat er in der postum erschienenen 3. Aufl. der ‚Schriften des Neuen Testaments' diesen Gesichtspunkt besonders bei der Behandlung der Wundergeschichten berücksichtigt und den Leser auf die „Merkmale eines festen Stils der Wundergeschichten, dem sich kein Erzähler entziehen konnte" (52), aufmerksam gemacht.

1912 gibt er in einem Artikel ‚Literaturgeschichte des Neuen Testaments' (RGG ¹III, 2175 ff) „eine ganz rohe und knappe Skizze" (2175; vgl. 2190) der Ergebnisse seiner einschlägigen Forschungen und stellt „das n(eu)t(estament)liche Schrifttum wesentlich ... hinsichtlich der *Formen*" dar. Dieser Artikel, der sich über die älteren Analysen hinausgehend ausführlich auch mit den Bildworten und – im Anschluß an Jülicher (²1899) – mit den Gleichnissen beschäftigt, zwischen deren „Formen" die Übergänge fließend seien (2179), enthält keine wesentlich neuen Gesichtspunkte, wohl aber eine ‚formgeschichtliche' Konkretion. Die eigentliche Formgeschichte, insonderheit Bultmann, konnte bei dieser Skizze unmittelbar anknüpfen. Das Interesse an ‚Petruserinnerungen' ist in den Hintergrund getreten, und Weiß vollzieht definitiv den Übergang zum technischen Gebrauch des Begriffs ‚Form'.

4.3.3 Die Grundlegung der Formgeschichte

Die seit der letzten Jahrhundertwende in weitem Rahmen gestellte und einer Beantwortung entgegengeführte Frage nach der mündli-

4.3.3 Mündliche Tradition vor dem MkEv und vor Q

chen Tradition vor den synoptischen Quellen MkEv und Q und nach den Gesetzen ihrer Überlieferung fand unmittelbar nach dem ersten Weltkrieg in drei bedeutsamen, unabhängig voneinander entstandenen und im wesentlichen übereinstimmenden bzw. sich ergänzenden Untersuchungen eine weithin überzeugende Antwort. Diese Untersuchungen von Karl Ludwig Schmidt, Martin Dibelius und Rudolf Bultmann begründeten miteinander die formgeschichtliche Forschungsrichtung.

Allen Ausprägungen dieser Forschungsrichtung ist die Überzeugung gemeinsam, daß zwischen dem Wirken Jesu und den evangelischen Berichten darüber eine anonyme und unliterarische Tradition steht. „Mindestens bei der Fassung und Formung dieser Traditionen in den Evangelienbüchern waren persönliche Zeugen unbeteiligt" (Dibelius, 1929, 189). Mit dieser Einsicht trat die ‚Formgeschichte' indessen nicht aus der Fragehinsicht der Leben-Jesu-Theologie heraus, war sie doch „nach wie vor getrieben von der Frage nach dem historischen Tatbestand des Lebens Jesu, mochte sie auch die Möglichkeit, zu gesicherten Ergebnissen zu gelangen, skeptisch beurteilen" (Conzelmann, 1954, 2). Nicht von ungefähr erschien 1926 von Bultmann und 1939 von Dibelius ein Buch über Jesus, während Schmidt einen umfangreichen Artikel ‚Jesus Christus' in RGG ²III, 1929, 110ff schrieb.

Dibelius gab mit dem Titel seines Buches ‚Die Formgeschichte des Evangeliums' der neuen Forschungsrichtung ihren Namen. Er beruft sich für diese Bezeichnung auf Overbeck, der freilich den entsprechenden Ausdruck im Blick auf *literarische* Formen verwendet, wenn er schreibt: »... ihre Geschichte hat eine Literatur in ihren Formen, eine Formengeschichte wird also jede wirkliche Literaturgeschichte sein" (1882, 423; vgl. Norden, 1913). Tatsächlich dürfte er den Begriff, dessen technische Verwendung sich schon bei Storr, Gieseler, Heinrici, Wellhausen und anderen andeutet (→ 4.3.1), von Johannes Weiß übernommen haben, dessen Nachfolger in Heidelberg Dibelius 1915 wird (→ 4.3.2).

1910 beklagt Dibelius in einer Besprechung verschiedener Bücher zur Jesus-Frage, daß wir noch nicht über eine „einwandfreie Methode zur Unterscheidung alter und junger Elemente in den Evangelien" verfügen (1910, 550). Die „literarkritische Rekonstruktion" könne diese Aufgabe nicht hinreichend erfüllen. „Hier muß die eigentlich literarische d. h. die stilistische Arbeit einsetzen. Wir müssen immer deutlicher unterscheiden lernen zwischen der dem Evangelisten vorliegenden Tradition und dem Rahmen, den er ihr gegeben hat; dabei denke ich an Einleitungen mit Zeit- oder Gelegenheitsangaben, an Schlüsse geformt aus losen Herrensprüchen oder Lobpreisungen im Munde des Volkes, an Überleitungen und Füllstücke wie die sog. Sammelberichte von Krankenheilungen." Mit diesen Worten beschreibt Dibelius die von Heinrici und Weiß (→ 4.3.2) in Angriff genommene Aufgabe, die Leistung des Sammlers zu analysieren, wobei er neben angehängten „Logien" auch „Chorschlüsse" dem „Rahmen des Evangeliums" zuordnet.

Dibelius fährt fort: „Auch über die literarischen Formen, in denen die Tradition den Evangelisten vorlag, sind wir uns noch nicht im klaren. Wenn Weiß ... zwischen Streit- und Schulgesprächen und Petrusgeschichten scheidet, so belastet er die literarische Methode mit inhaltlichen und historischen Maßstäben, die sich mit den stilistischen durchaus nicht immer decken." Diese Kritik an Weiß ist überzeugend, aber zugleich zeigt sich, daß auch Dibelius den Begriff ‚Form' offenbar von Weiß übernommen hat.

Er verbindet ihn mit Gunkels Frage nach dem ‚Sitz im Leben', ohne diesen Begriff bereits zu verwenden, und entwickelt dabei wesentliche Gesichtspunkte seiner ‚Formgeschichte': „Wir müssen es m. E. als unsere Aufgabe betrachten, an den *Formen* die Gesichtspunkte zu erkennen, die für die *Formung* maßgebend gewesen sind, z. B. Gesichtspunkte der Missionspraxis (das Acumen der Geschichte pflegt in diesem Fall ein Herrenwort von autoritativer Geltung zu sein, vgl. Mark. 2,1–3,6) oder der Novellistik (die Geschichten zeichnen sich dann häufig durch Reichtum an Details aus, vgl. Mark. 4,35–5,43)."

Schließlich kommt er auf die Jesus-Frage zurück: „Solche Scheidung ist indirekt für die Glaubwürdigkeitsfrage fruchtbar: bei den Missionsgeschichten hätten wir vor allem Zutaten mit Rücksicht auf Gemeindebedürfnisse zu erwarten, bei den Novellen Erweiterungen zugunsten der Anschaulichkeit oder zur Steigerung des Wunderhaften."

Bedeutende Anregungen für ihre formgeschichtlichen Studien haben Schmidt, Dibelius und Bultmann von ihrem gemeinsamen Lehrer Hermann Gunkel erhalten (Klatt, 1969), der geradezu als Vater der Formgeschichte gilt (Koch, [4]1981, XII. 3; Fascher, 1924, 37; Hahn, bei Seeberg, 1966, XI). Dies ist ein zu einseitiges Urteil, wie schon daraus ersichtlich ist, daß Gunkel von ‚Gattung' spricht, wo die Formgeschichte von ‚Form' redet. Indessen haben Gunkels Fragestellungen die Formgeschichte des Neuen Testaments vielfältig befruchtet, und ihre „Dankesschuld ... haben Dibelius, Bultmann und Schmidt sinnvoll anerkannt in ihren wertvollen Aufsätzen im ‚Eucharisterion'", einer Festgabe zu Gunkels sechzigstem Geburtstag 1923 (Grobel, 1937, 12). Vgl. auch Rollmann (1981).

4.3.3 Mündliche Tradition vor dem MkEv und vor Q

a) *Karl Ludwig Schmidt:* Der Rahmen der Geschichte Jesu, 1919

Schmidt widmet sein Buch Adolf Deißmann, der insofern einer der Wegbereiter der neuen Forschungsrichtung war, als er aus der Fülle neuentdeckter antiker Papyri zahlreiche unliterarische Parallelen zu neutestamentlichen Texten beibrachte und auf diese Weise den volkstümlichen Charakter urchristlicher Traditionen verdeutlichte (vgl. Dibelius, ²1933, 6).

Schmidts Buch erwuchs aus akademischen Übungen in der Zeit vor 1914. Der Autor faßt das Ergebnis seiner Untersuchung mit den Worten zusammen: „Die älteste Jesusüberlieferung ist ‚Perikopen'-Überlieferung, also Überlieferung einzelner Szenen und einzelner Aussprüche, die zum größten Teil ohne feste chronologische und topographische Markierung innerhalb der Gemeinde überliefert worden sind. Vieles, was chronologisch und topographisch aussieht, ist nur der Rahmen, der zu den einzelnen Bildern hinzukam. Innerhalb der literarischen Überlieferung alsdann in einen Zusammenhang hineingestellt, erhielten die oft ohne Anschluß nach vorwärts und rückwärts angewandten Perikopen-Initia das Aussehen von chronologischen und topographischen Notizen. In der Mehrzahl der Fälle aber läßt sich der ‚Rahmen'-Charakter dieses Beiwerkes aufweisen" (V). Nur für die Leidensgeschichte gilt, wenigstens in der Hauptsache, diese Erkenntnis nicht, und man darf sie auch nicht dahingehend vereinfachen, „daß die älteste Jesusüberlieferung jeglicher Topographie und Chronologie bar sei" (VI).

Die ursprüngliche Vereinzelung der synoptischen Tradition hängt mit ihrer Funktion zusammen: „Die ältesten Erzähler und Überlieferer der Jesusgeschichten achteten kaum oder überhaupt nicht auf deren Zusammenhang, sondern waren ganz eingestellt auf die bildhafte Vereinzelung der Perikopen, wie sie für den Gottesdienst etwas Gegebenes ist. Wenn die Entstehung des Christentums das Werden eines Kultes ist – in den letzten Jahren hat sich diese Erkenntnis immer mehr durchgesetzt –, so ist es klar, daß die Entstehung des urchristlichen Schrifttums aus dem Kult begriffen werden muß. Meines Erachtens kann die Bedeutung des urchristlichen Kultes, der gottesdienstlichen Praxis für den Werdegang der Evangelienliteratur nicht hoch genug eingeschätzt werden. Die älteste Jesusüberlieferung ist kultisch bestimmt, daher bildhaft und übergeschichtlich" (VI).

Wie der Titel seines Buches zeigt, gilt Schmidts Interesse nicht den Einzelperikopen und ihrer ‚kultischen' Funktion während der mündlichen Tradierung, sondern dem sekundären Rahmen der schriftlichen Evangelien; er gilt der ‚Literarkritik', nicht der ‚Formkritik'. Geht der literarische Rahmen der Geschichte Jesu auf die sammelnde und ordnende Hand des Evangelisten zurück, so ist er, entgegen der in der Leben-Jesu-Theologie verbreiteten Meinung (→ 3.6.3), für eine Rekonstruktion des Lebens und der Persönlichkeit Jesu weitgehend unbrauchbar. Im Nachweis dessen lag die von Schmidt beabsichtigte aktuelle Bedeutung seiner Untersuchung, mit der ältere Einsichten (→ 4.3.1) zur methodischen Stringenz erhoben wurden.

Zum ‚Material', dessen sich der Evangelist für seinen Rahmen bediente, gehören, wie Schmidt nachwies, neben den topographischen und chronologischen Verknüpfungen als charakteristische Stücke die schon früher in ihrer formalen Eigenart beobachteten (z.B. Weisse, 1838, 70; Dibelius, 1910, 550) *Sammelberichte* oder *Summarien*, knappe Zusammenfassungen der Wirksamkeit Jesu, deren es zum Nachweis dessen bedurfte, daß die gebotenen Erzählungen und Reden nur Exempel der umfassenden Wirksamkeit Jesu sind: Mk 1,14f. 21 f. 39; 2,13; 3,7b–12; 4,33f; 6,7.12f (vgl. Schmidt, 1919, 13.160 u.ö.; Dibelius, ²1933, 226).

b) *Martin Dibelius:* Die Formgeschichte des Evangeliums, 1919

Im Unterschied zu Schmidt richtet Dibelius seine Aufmerksamkeit nicht auf den Rahmen, sondern auf die in den Rahmen gefaßten einzelnen Stücke der Überlieferung. Freilich setzt er nicht bei den kleinsten wahrnehmbaren Formen als solchen ein, sondern bei der Frage nach ihrem ‚Sitz' im Leben der sie überliefernden Gemeinden. Für diesen ‚soziologischen' Zugang zur Tradition beruft er sich auf Herder und vor allem (vgl. 1929, 186f) auf Gunkel und seine Schule, „die die Analyse der ‚kleinsten Einheiten' zum Arbeitsgrundsatz erhob; indem aus der Form auf die ursprüngliche Bestimmung und praktische Verwendung des Stückes, auf seinen ‚Sitz im Leben' geschlossen wurde, gelangte man zu einer im eigentlichen Sinn formgeschichtlichen Behandlung der volkstümlichen Gattungen, die aus den Schriften des Alten Testaments erhoben werden konnten" (²1933,5). Den Begriff ‚Sitz im Leben' hat Gunkel geprägt (vgl. 1909, 1193; vgl. aber schon Weizsäcker, ³1902, 372.379.394 ff), die Sache begegnet seit Herder und Strauß in vielfältiger Weise (vgl. z.B. Heinrici, → 4.3.2; Weiß, → 4.3.2).

Zwischen Form (Gattung) und ‚Sitz im Leben' als der „geschichtlich-soziale(n) Lage, in der gerade derartige literarische Formen ausgebildet werden"(7), besteht ein Zirkelverhältnis. „Letzter Ursprung der Form ... ist das urchristliche Leben. Wer die Entstehung volkstümlich-literarischer Gattungen in einem Kreis unliterarischer Menschen verstehen will, wird ihres Lebens und – da es sich um religiöse Texte handelt – ihres Kultes Brauch zu untersuchen haben. Er wird zu fragen haben, welche Gattungen in diesem soziologischen Zusammenhang möglich oder wahrscheinlich sind. Umgekehrt wird er, wenn ihm aus der Menge der Texte gewisse Gattungen deutlich werden, sie an jenen Untersuchungen messen und feststellen, ob sie Beziehungen zu bestimmten Lebens- und Kultusverhältnissen verraten. Beides – jene Untersuchung und diese Feststellung – ist unsere Aufgabe" (8).

Hatte Schmidt den ‚Sitz im Leben' der synoptischen Tradition ganz allgemein im urchristlichen ‚Kult' gesucht (1919, VI), so präzisiert Dibelius diese Angabe, indem er sich den Zugang zu den synoptischen Stoffen durch die Frage nach den *konkreten* ‚Sitzen' dieser Stoffe im Leben der sie überliefernden Gemeinde bahnt (‚konstruktive' oder ‚synthetische' Methode der Formgeschichte). Wesentlichster ‚Sitz' der synoptischen Tradition im Leben der Gemeinde ist die Predigt, und zwar „Missionspredigt, kultische und katechetische Predigt" (13). Unmittelbar in die Predigt gehören die von Dibelius so genannten *Predigtbeispiele* bzw. *Paradigmen* (34–66). Dabei handelt es sich um kurze ‚stilvolle' Erzählungen, deren Pointe in der Regel in einem Wort (‚Predigtspruch') zusammengefaßt wird, ein ‚Merkspruch', welcher der Erzählung oft sekundär zugewachsen sein dürfte. „In beträchtlicher Reinheit" (40) findet Dibelius diese Form bzw. Gattung in acht Erzählungen:
Die Heilung des Gelähmten, Mk 2,1 ff;
Die Fastenfrage, Mk 2,18 ff;
Das Ährenausraufen, Mk 2,23 ff;
Die Heilung der gelähmten Hand, Mk 3,1 ff;
Die Verwandten Jesu, Mk 3,31 ff;
Die Segnung der Kinder, Mk 10,13 ff;
Der Zinsgroschen, Mk 12,13 ff;
Die Salbung in Bethanien, Mk 14,3 ff.

„Minder reinen Typs" sind zehn Erzählungen:
Die Heilung in der Synagoge, Mk 1,23 ff;
Die Berufung des Levi, Mk 2,13 ff;
Jesus in seiner Vaterstadt, Mk 6,1 ff;
Der Reiche, Mk 10,17 ff;

Die Zebedaiden, Mk 10,35ff;
Der Blinde von Jericho, Mk 10,46ff;
Die Tempelreinigung, Mk 11,15ff;
Die Sadduzäerfrage, Mk 12,18ff;
Die ungastlichen Samariter, Lk 9,51ff;
Der Wassersüchtige, Lk 14,1ff.

Der katechetischen bzw. paränetischen Predigt gehören die *Sprüche* und die *Gleichnisse* der synoptischen Tradition an, die der Gemeinde zur Befolgung und zur Belehrung mitgeteilt werden (234ff). Schon Jülicher hatte 1888 bzw. 1899 die Gleichnisse Jesu in entsprechender Weise analysiert. Auch die *Leidensgeschichte,* die von Anfang an in einem größeren Rahmen erzählt worden ist, steht im Zusammenhang mit der Predigt, und zwar „als eine der eigentlichen Verkündigung folgende Illustration, Predigt schon in sich durch das, was die Geschichte enthielt, und durch die Art der Betrachtung" (25; vgl. Bertram, 1922).

Daneben treten die von Dibelius so genannten *Novellen* (66ff), in der Regel breiter ausgeführte Wundergeschichten; „ihre Formung verrät deutlich, daß sie nicht für die Zwecke der Predigt geschaffen, nicht bei Gelegenheit der Predigt als Beispiele vorgetragen wurden. Gerade was wir bei den Paradigmen bezeichnenderweise vermißten, findet sich hier: Breite, die eine paradigmatische Verwendung unmöglich macht, Technik, die eine gewisse Lust zu fabulieren verrät, Topik, die diese Erzählungen solchen literarischen Gattungen näher rückt, wie sie außerhalb des Christentums in der ‚Welt' gepflegt werden" (67). Hierher rechnet Dibelius im MkEv:

Der Aussätzige, Mk 1,40–45;
Der Seesturm, Mk 4,35–41;
Der Dämonische und die Schweine, Mk 5,1–20;
Die Tochter des Jairus und die Blutflüssige, Mk 5,21–43;
Die Speisung der Fünftausend, Mk 6,35–44;
Das Seewandeln, Mk 6,45–52;
Der Taubstumme, Mk 7,32–37;
Der Blinde von Bethsaida, Mk 8,22–26;
Der epileptische Knabe, Mk 9,14–29.

Mit Bedacht gibt er diesen Stücken einen literarischen Namen; er hält sie im wesentlichen für Dichtungen (96ff). „Wir wissen freilich nichts von denen, die diese christlichen Novellen schufen" (67). Auch die Novellen dienen der Mission, sollen sie doch die Überlegenheit des Herrn Jesus über andere kultisch verehrte Herren dartun. Für ihre Verbreitung erschließt Dibelius aus den ‚Novellen' selbst den Stand eines urchristlichen Erzählers (vgl. Herder, Gieseler u. a. → 3.4.1 b). Das Nebeneinander von Paradigma und Novelle nennt Dibelius „das eigentümliche Problem der synoptischen Evangelien" (101 Anm. 1).

Zu den erst seit ²1933 selbständig behandelten *Legenden* rechnet Dibelius (101 ff) vor allem die Vorgeschichten der Evangelien (Lk 1–2; Mt 1–2) und Erzählungen wie Lk 5,1–11; 7,36–50; 19,1–10; Mt 14,28–33, zum *Mythus* insonderheit die Versuchungsgeschichte (Lk 4,1–13) und die Ostererzählungen. Der literarische Charakter von Legende und Mythus verbietet Dibelius zufolge im wesentlichen die Frage nach dem ‚Sitz im Leben'.

c) *Rudolf Bultmann:* Die Geschichte der synoptischen Tradition, 1921

Bultmann geht im Unterschied zu Dibelius wie sein Lehrer Weiß (→ 4.3.2) *analytisch* vor, indem er den gesamten synoptischen Stoff primär unter dem *formkritischen* Gesichtspunkt analysiert. Er gliedert den Stoff folgendermaßen:

I. Die Überlieferung der Worte Jesu
   A. Apophthegmata
      1. Streit- und Schulgespräche
      2. Biographische Apophthegmata
   B. Herrenworte
      1. Logien (Jesus als Weisheitslehrer)
      2. Prophetische und apokalyptische Worte
      3. Gesetzesworte und Gemeinderegeln
      4. Ich-Worte
      5. Gleichnisse und Verwandtes
II. Die Überlieferung des Erzählstoffes
   A. Wundergeschichten
      1. Heilungswunder
      2. Naturwunder
   B Geschichtserzählung und Legende
      1. Taufe bis Einzug in Jerusalem
      2. Die Passionsgeschichte
      3. Die Ostergeschichten
      4. Die Vorgeschichten.

Die soziologische Frage nach dem ‚Sitz im Leben' tritt bei Bultmann zurück. Der Begriff findet sich 1921 nur einmal, und zwar in einer Auseinandersetzung mit Dibelius (4); die Abschnitte in der Einleitung seines Buches, mit denen er den Begriff ‚Sitz im Leben' erläutert, sind wie überhaupt die ausführliche Bezugnahme auf Gunkel (4 ff. 40 f) Erweiterungen der 2. Aufl. 1931. Dagegen rückt er die *Analogien* (vgl. Heinrici, → 4.3.2), denen Dibelius erst ²1933 ein eigenes Kapitel widmet, von Anfang an stark in den Vordergrund, seinem Lehrer Weiß folgend (→ 4.3.2). Da die in der synoptischen Tradition verwendeten Formen als solche in der Regel auch in außerevangelischer Überlieferung – im Judentum und im Hellenismus – begegnen, lassen sich mit Hilfe solcher Analogien die *reinen Formen* sowie die *Überlieferungsgesetze* der synoptischen Tradition feststellen, und demzufolge läßt sich die *Geschichte* der synoptischen Tradition aufdecken (vgl. schon Gunkel, 1895, 209), zumal wenn man die entsprechenden literarischen Beobachtungen des Traditionsprozesses vom MkEv und von Q zum MtEv und zum LkEv mit heranzieht; vgl. schon Holtzmann (→ 4.3.1), Weiß (→ 4.3.2) u.a.: „... indem die formgeschichtliche Betrachtung die Angemessenheit oder Unangemessenheit der Formung, die Reinheit oder die Modifizierung einer Form erkennt, dient sie gerade dazu, die Geschichte der Überlieferung zu erhellen" (5). „Die ursprüngliche Form eines Erzählstückes, eines Herrenwortes, eines Gleichnisses zu erkennen, ist eben das Ziel der formgeschichtlichen Betrachtung. Sie lehrt damit auch sekundäre Erweiterungen und Bildungen erkennen..." (7). Vgl. Dibelius (1929, 188). Die formgeschichtliche Analyse wird darum auch von Fragen geleitet wie: Welche Umgestaltungen und Erweiterungen erfuhr die Tradition? Wo liegen Gemeindebildungen (Strauß, → 3.4.6) bzw. Worte des Erhöhten aus Prophetenmund (→ 3.3.4 d) vor? In welchem Umkreis vollzog sich die Überlieferung (palästinisch? hellenistisch?)?

Bultmann stellt ausdrücklich fest, daß diese Fragestellung nicht im Gegensatz zu der Methode von Dibelius steht; es handle sich vielmehr um „einander ergänzende und korrigierende Arbeitsweisen" (6). Von seinem ‚geschichtlichen' Ansatz her sieht Bultmann sich aber „im Unterschied von M. Dibelius" (6), der diesen Gesichtspunkt vernachlässige (vgl. Dibelius, 1929, 208 ff), auch „zu sachkritischen Urteilen (über Echtheit eines Wortes, Geschichtlichkeit eines Berichtes u. dergl.)" gedrängt (6; vgl. 1925, 24 ff).

Im übrigen gilt für Bultmann wie für die Formgeschichte überhaupt: „*Die Gesetze volkstümlicher Erzählungs- und Überlieferungsweise* lassen sich reichlich am Stoff der Synoptiker beobachten. Zunächst schon daran, daß die Erzähler nicht große zusammenhängende Darstellungen geben, sondern einzelne kleine Bilder, *einzelne Szenen, die sehr einfach erzählt sind.* Sie umfassen immer nur eine kurze Spanne Zeit; kein Ereignis oder Vorgang wird – von der Leidensgeschichte abgesehen – erzählt, der sich auch nur über zwei Tage erstreckte. Es treten in diesen Szenen durchweg zwei, höchstens drei redende Personen auf; denn verwickelte Vorgänge kann der einfache Erzähler nicht berichten. Wo Gruppen oder Massen anwesend sind, werden sie als Einheit dargestellt. Wenn nun solche Erzählungen von Mund zu Mund gehen, oder ein Verfasser sie von anderen übernimmt, so bleiben ihre Grundzüge wohl bestehen, aber *in Einzelheiten waltet die Phantasie* und malt sich dies und jenes bestimmter aus" (1925, 15 f).

4.3.4 Die Rezeption der Formgeschichte

a) Drei wesentliche Gesichtspunkte bestimmen die Formgeschichte der synoptischen Tradition.

Zunächst die Annahme einer *mündlichen Tradition* kleiner Einheiten, die unseren Quellen MkEv und Spruchquelle Q vorausging, unter Einbeziehung der vor allem seit Strauß (→ 3.4.6) virulenten Fragestellung, wie weit diese Tradition bewahrend, wie weit sie schöpferisch ('Gemeindebildung') am Werk war.

Sodann die Bestimmung und Analyse der *Formen* der synoptischen Tradition unter Einschluß der Frage nach dem Stil bzw. der 'Volkstümlichkeit' dieser Formen sowie nach 'Analogien' im einzelnen und im ganzen und des Problems, wieweit solche Analyse Auskunft über den Traditionsprozeß geben kann.

Schließlich die vor allem von Gunkel übernommene Frage nach dem *Sitz im Leben,* das heißt die Frage, welche Form bzw. Gattung – die Frage nach dem ,Sitz im Leben' richtet sich immer an die Gattung, nie an die Einzelüberlieferung – in welchen bestimmten Lebens- und Kultusverhältnissen der frühen Gemeinde verankert ist.

b) Die formgeschichtliche Lösung des Problems der synoptischen Tradition setzte sich sehr schnell durch und wurde bald allgemein anerkannt, auch in der katholischen Theologie (vgl. Güttgemanns, 1970 39). Sie wuchs nahezu bruchlos aus der vorausgehenden Problem- und Forschungsgeschichte heraus (→ 4.3.1; 4.3.2), in deren Schoß Schmidt, Dibelius und Bultmann seit etwa 1910 ihre Werke zur Formgeschichte konzipierten. Das etwa gleichzeitige Erscheinen dieser sachlich im wesentlichen übereinstimmenden oder sich ergänzenden Werke war eindrucksvoll und ein deutliches Zeichen dessen, daß die Zeit reif war für die formgeschichtliche Lösung des Problems der synoptischen Tradition. Zum schnellen Siegeszug der Formgeschichte mag auch beigetragen haben, daß sie im Verbund mit der Zwei-Quellen-Theorie begegnete und somit den alten Antagonismus zwischen mündlicher und schriftlicher Überlieferung, zwischen Kritik der Tradition und Kritik der Schriften, zwischen Traditionshypothese und Benutzungshypothese in einer *Synthese* aufhob, so daß Herder, Gieseler und Strauß ihr Recht *neben* Wilke, Weisse, Baur und Bauer eingeräumt bekamen (→ 4.3.1).

c) Hinsichtlich der Analyse der Formen und der entsprechenden Begrifflichkeit hat sich dabei Bultmanns Einteilung und Terminologie im allgemeinen gegenüber Dibelius durchgesetzt, nicht zuletzt wegen der primär formalen und zudem den ganzen Stoff umfassenden Arbeit Bultmanns (vgl. Grobel, 1937, 21 ff).

Aus den Reihen der liberalen Leben-Jesu-Theologie erhob sich kaum qualifizierte Kritik; vgl. aber z. B. Goguel (1926).

Schon früh gab es Überblicke über die formgeschichtlichen Arbeiten und ihre Methoden. Vgl. Fascher (1924; 1971); Bultmann (1925; 1928); Schmidt (1928); Dibelius (1929); Cullmann (1925; 1966); Grobel (1937); Schick (1940); Iber (1956/57); Koch (^{4}1981); Schnackenburg (1963); E. V. McKnight: What is Form Criticism? 1969.

Im Rahmen der Formgeschichte selbst richtete sich Kritik gegen die historische Skepsis, wie sie sich vor allem in Bultmanns ‚Geschichte der synoptischen Tradition', aber auch bei Dibelius (^{2}1933, 287 ff; 1953, 332 ff) und anderen (z. B. Cullmann, 1966, 64 ff. Zur Sache vgl. Strecker, 1979, 171 ff) findet und sich methodisch derart artikuliert, „daß wir nicht mehr die etwaige Unechtheit des Einzelgutes zu prüfen und glaubhaft zu machen haben, sondern umgekehrt gerade die Echtheit" (Käsemann, 1960, 203); denn primär gibt uns die synoptische Tradition, folgt man den formgeschichtlichen Prämissen, Auskunft über das Leben und die theologischen Interessen der überliefernden Gemeinde.

Entsprechende Kritik äußerte schon Schmidt 1922 in einer Besprechung von Bultmanns ‚Geschichte der synoptischen Tradition' sowie Fascher 1924 in seiner Darstellung und Kritik der formgeschichtlichen Methode (vgl. Jülicher-Fascher, 1931, 368 f). Solche Kritik führte vor allem im englischen Sprachbereich und bei katholischen

4.3.4 Mündliche Tradition vor dem MkEv und vor Q

Theologen zu Versuchen, die synoptische Tradition aus dem Prozeß einer relativ freien Wucherung zu lösen und in das Bett einer gebundenen Überlieferung zu kanalisieren (vgl. Gieseler, → 3.4.2). Zur Sache vgl. Iber (1956/57, 320 ff); Güttgemanns (1970, 35 ff).

Riesenfeld (1957; 1959) äußert die Überzeugung, der Anfang der mündlichen synoptischen Tradition liege bei Jesus selbst, der auswendig lernen ließ, was er über seinen Tod hinaus erhalten wissen wollte. Und nicht die anonyme Gemeinde, sondern ein fester Stand von geschulten Lehrern habe diesen Fundus als ein heiliges Wort zum Zweck der Rezitation in den Gottesdiensten weitergegeben (vgl. Herder, → 3.4.1 b).

In die gleiche Richtung gehen die zurückhaltenderen und von der Erzähltradition absehenden Überlegungen von Schürmann 1961, dem zufolge schon Jesus seinen Worten eine geprägte, zum Memorieren geeignete Form gegeben habe, wenn er seine Jünger zur Verkündigung aussandte.

Gerhardsson baut als Schüler Riesenfelds dessen Hypothese vor allem durch einen Vergleich mit der seiner Meinung nach für die synoptische Tradition beispielgebenden rabbinischen Traditionsweise weiter aus (1961; 1964; 1977; vgl. schon Fiebig, 1914, 91): Die synoptische Tradition sei eine ‚gepflegte‘ Tradition gewesen. Die feste Logienüberlieferung gehe in vorösterliche Zeit zurück. Die grundlegende Erzähltradition gesellte sich ‚ganz natürlich‘ im Lauf der Zeit der Worttradition bei, bald auch das Gerippe der Passionsgeschichte. Die ausgeführten Wundergeschichten (‚Novellen‘; vgl. Dibelius, → 4.3.3) seien, räumt Gerhardsson ein, allerdings auf diesem Wege nicht leicht zu erklären.

Ellis (1978; 1983) rechnet darüber hinaus, die Grundprinzipien der Formgeschichte preisgebend, mit frühester *schriftlicher* Fixierung von Jesusworten durch die Jünger bzw. durch ‚apostolische Schulen‘, wie er am Beispiel von Lk 10,25–37 und Mt 21,33–46 zu zeigen versucht (vgl. die Diegesenhypothese, → 3.3).

Gegen die Begründung einer ‚gepflegten‘ synoptischen Tradition mit Hilfe der rabbinischen Traditionsmethode wurde mit Recht bald überzeugende Kritik laut. Die synoptischen Stoffe zeigen keinerlei Anzeichen eines rabbinischen Traditionsverfahrens. Jesus war kein Rabbi im Sinne der pharisäischen Gesetzestradition. Die rabbinische war im Unterschied zur synoptischen Tradition Schriftauslegung. Über die rabbinische Lehr- und Traditionsweise vor 70 sind wir überdies nicht informiert; daß sie mündlich und unliterarisch war, muß bezweifelt werden. Vgl. z. B. Albeck (1971, 94 ff); Neusner (1975);

Bouwman (1968, 98); Davids (1980); Alexander (1983) sowie Kümmel (1965/66, 24 ff) und Güttgemanns (1970, 150 ff) mit weiterer Literatur.

Dieser Kritik sucht Riesner (1981; 1982), dem nunmehr Gerhardsson weitgehend zustimmt (1983), dadurch zu begegnen, daß er Jesus, der seine Botschaft selbst bereits in memorierbare Summarien und spezifische Nachfolgetraditionen zusammenfaßte und mit der Aussendung seiner Jünger den synoptischen Traditionsprozeß selbst in Gang brachte, nicht an die rabbinische, sondern an die volkstümliche Traditionsweise anknüpfen läßt, wie sie in Elternhaus, Synagoge und Elementarschule Palästinas üblich war. Dabei kehrt er auch zwecks Lösung des synoptischen Quellen-Problems weitgehend zur klassischen Traditionshypothese Gieselers zurück (→ 3.4.2), die z. B. Blank (1981) direkt erneuert. Aber diese These ist angesichts des Überlieferungsbestandes der synoptischen Tradition nicht weniger willkürlich als der Rekurs auf die rabbinische Traditionsweise, zumal Riesner nicht beachtet, daß auch die antike Memoriertechnik auf *literarischen* Texten fußte.

Solchem Bedenken trägt Boman (1967) Rechnung, wenn er die klassische Traditionshypothese unmittelbar mit der traditionalistisch aufgefaßten Zwei-Quellen-Theorie verbindet: Die Hellenisten um Stephanus sammelten die Herrensprüche (= Q), Johannes Markus verfaßte danach im Auftrag der Apostel wenige Jahre nach Jesu Tod das MkEv, und zwar zur mündlichen Tradierung durch wenige Erzähler mit gutem Gedächtnis. Die anonyme Gemeinde tradierte nicht, erst recht schuf sie keine Tradition, sondern achtete auf genaue Tradierung des schon früh schriftlich fixierten Traditionsgutes.

Deutliche Kritik an der Skepsis der formgeschichtlichen Schule hinsichtlich der Authentizität der Überlieferung äußern bei grundsätzlicher Anerkennung der formgeschichtlichen Methode außerdem z. B. Albertz (1921); Köhler (1927); Easton (1928); Ranft (1931, 239 ff; 1934, 24); Grant (1933, 1957); Taylor (²1935); Florit (1935); Redlich (1939); Büchsel (1939); Schick (1940); Cerfaux (1959); J. Schneider (1962); Weber (1963); Hengel (1968, 89 ff; 1983); Sanders (1969); Roloff (1970); Delling (1970); Caird (1975/76, 137 ff).

Diese und andere Untersuchungen greifen mehr oder weniger deutlich Gesichtspunkte auf, welche die Traditionshypothese bestimmt hatten (→ 3.4), sei es hinsichtlich der Auswahl des Traditionsstoffes, sei es hinsichtlich der Fixierung dieses Stoffes im oder für den mündlichen Traditionsprozeß, sei es hinsichtlich eines besonderen Tradentenkreises. Nachweise gibt es für die Richtigkeit solcher Gesichtspunkte nach wie vor nicht, und insofern bleiben die kritischen Einwände gegen die entsprechenden Ansichten der Vertreter der Traditionshypothese (→ 3.4.4; 3.4.5) auch gegenüber ihren Nachfolgern in Kraft. Im Rahmen der Formgeschichte selbst besteht die methodische Schwäche dieser ‚historisierenden' Untersuchungen darin, daß sie den späteren literarischen Traditionsprozeß weitgehend ignorieren. Es läßt sich am MtEv und am LkEv sowie vor allem am JohEv beobachten, wie frei noch die späteren Evangelisten sogar mit ihren literarischen Quellen verfuhren; vgl. Holtzmann (→ 4.3.1); Wrede (1901, VI); B. Weiss (^{3}1888, Bd 1, 127); J. Weiß (1903, 45.121; ^{2}1907, 44 f 60 ff); Bultmann (^{2}1931, 7). Die Vorstellung, auf der mündlichen Traditionsstufe habe ein größeres Traditionsbewußtsein geherrscht als auf der schriftlichen, ist ebenso unvollziehbar wie die Anschauung, mit der Verschriftlichung der synoptischen Tradition sei die Strenge des vorausgehenden Traditionsprozesses abgeschnitten worden. Vielmehr spricht die geschichtliche Logik und Erfahrung für das umgekehrte Verhältnis: Wenn selbst die Verfasser von Evangelien mit ihren schriftlichen Vorlagen sehr frei verfuhren, muß solche Freiheit auf der mündlichen Traditionsstufe noch größer gewesen sein.

d) Eine besondere Aufmerksamkeit fand in diesem Zusammenhang die vor allem von Bultmann (^{2}1931, 105 f. 134 ff. 160. 176 u. ö.) vorgetragene These, viele Logien seien ursprünglich prophetische Aussprüche gewesen, die als Worte des Erhöhten ihren Weg in die synoptische Tradition fanden. Diese schon früher geäußerte Meinung (v. Soden, 1892, 153; Gunkel, 1913, 173) fand im Rahmen der formgeschichtlichen Schule viel Anklang und viel Widerspruch.

Vgl. zu diesem Für und Wider z. B.: Schniewind (1930, 140.142.159 f); F. Neugebauer: Geistsprüche und Jesuslogien, ZNW 53, 1962, 218 ff; J. Jeremias (1971, 13); R. A. Edwards: An Approach to a Theology of Q, JThS 51, 1971, 247 ff; ders.: Christian Prophecy and the Q Tradition, SBL 1976, Seminar Papers, 119 ff; N. Perrin (1972, 19 u. ö.); G. F. Hawthorne: Christian Prophets and the Sayings of Jesus: Evidence of and Criteria for, SBL 1975, Seminar Papers Bd 2, 105 ff; D. E. Aune: Christian Prophecy and the Sayings of Jesus. An Index of Synoptic Pericopae Ostensibly Influenced by Early Christian Prophets, ebd. 131 ff; J. D. G Dunn: Prophetic ‚I'- Sayings and the Jesus Tradition, NTS 24, 1977/78, 175 ff; D. Hill: On the Evidence for the Creative Role of Christian Prophets, NTS 20, 1973/74, 262 ff; ders.: NT Prophecy, 1979, 152 ff. 160 ff; Boring (1982)

e) Auch gegen die Auflösung des *Rahmens* des Evangeliums, der Grundlage jeder Darstellung des Lebens Jesu, durch die formgeschichtliche Schule, gibt es Einwände unter der Voraussetzung der Formgeschichte selbst. Nach Ansicht vor allem angelsächsischer Forscher (Dodd, ⁷1951, 47 ff; 1932; Riesenfeld, 1954; Grant, 1943; Guelich, 1983; weiteres z. B. bei Iber 1956/57, 333 ff) gab es neben den Einzelüberlieferungen der synoptischen Tradition noch ein selbständiges Schema (pattern; outline) für den Ablauf des Wirkens Jesu, das dem urchristlichen Katechismus bzw. der Katechese und dem Kerygma angehörte. Der Unterricht in der Gemeinde arbeitete also auch mit einem „Gesamtbild des Lebens Jesu", das „in der erlebten und von noch lebenden Personen bezeugten Wirklichkeit verankert war" (Riesenfeld, 1954, 158). Markus als der älteste Evangelist hat dies mit dem übrigen kerygmatischen Lehrstoff tradierte ‚Gesamtbild' und die in den unterschiedlichen ‚Sitzen' im Leben der Gemeinde verankerten Einzelüberlieferungen der synoptischen Tradition zusammengefügt. Feneberg stellt dabei (1980) die eigenartige These auf, die biographische Form des Evangeliums sei bereits jüdisch vorgegeben.

Dieser Anschauung gelingt es nicht nur, auch den Rahmen der Geschichte Jesu innerhalb der formgeschichtlichen Betrachtungsweise im wesentlichen als historisch zu sichern, sondern sie erleichtert auch die Lösung des von der formgeschichtlichen Schule weithin ignorierten und ihre Prämissen infrage stellenden Problems, wie es überhaupt von der Einzelüberlieferung zur Evangelienschreibung kommen konnte (→ 4.3.5).

Indessen läßt sich diese These gerade im Rahmen der Formgeschichte, deren Prämissen sie teilt, nicht durchführen. Sie trennt traditionsgeschichtlich, was in der klassischen Traditionshypothese (→ 3.4) auf der Stufe der mündlichen Überlieferung von Anfang an beisammen war, und läßt das Evangelium als solches endgültig erst auf der schriftlichen Überlieferungsstufe aus den Einzelüberlieferungen und aus dem Rahmen, die zunächst je für sich tradiert wurden, zusammenwachsen. Das Unwahrscheinliche einer solchen Überlieferungsgeschichte, welche die im Wirken Jesu gegebene ursprüngliche Einheit des überlieferten Stoffes erst bei der Verschriftlichung der Tradition um 70 (wieder) hergestellt sieht, liegt am Tage.

Die genannten Forscher berufen sich für ihre These freilich gerne auf einzelne ‚Summarien' der synoptischen Tradition in den Reden der Apostelgeschichte, welche den Rahmen des Evangeliums mehr oder weniger vollständig referieren (Ag 10,34–43; 13,23–31) und die sie mit kerygmatischem Formelgut wie 1 Kor 15,3 ff im Prinzip auf eine traditionsgeschichtliche Stufe setzen. Jene ‚Formeln' der Apostel-

4.3.4 Mündliche Tradition vor dem MkEv und vor Q

geschichte sollen das mündlich überlieferte katechetisch-kerygmatische ‚Gesamtbild' des Wirkens Jesu aufgreifen.

Indessen handelt es sich bei diesen Formeln nachweislich um lukanische Bildungen (Dibelius, 1951, 97f 142; Gräßer, 1960, 135f; Wilckens, 1961, 63 ff; Schreiber, 1961, 170 f; H.-F. Weiß, 1983, 29 f; Rese, 1984), die sich am Rahmen des LkEv orientieren und über ein vorliterarisches ‚pattern' des Lebens Jesu nichts aussagen. Die *nachweisbaren* frühchristlichen Glaubens- und Bekenntnisformeln wie 1 Kor 15,3 ff enthalten dagegen nie ein Schema des ‚Lebens Jesu'; noch Apostolikum und Nizänum springen z. B. von der Menschwerdung direkt über zur Passion Jesu.

Außerdem verweisen die genannten Forscher auf Spannungen innerhalb des Rahmens des MkEv (→ 4.4.1) und schließen daraus, daß Markus einen mit den Einzeltraditionen bereits konkurrierenden Rahmen schon vorgefunden habe. Dodd ist der Ansicht, man stoße auf diesen Rahmen, wenn man die von Schmidt (→ 4.3.3) als redaktionell markinisch bezeichneten Summarien (ohne Mk 4,33f) zu einem zusammenhängenden Bericht zusammenstellt (Mk 1,14f. 21f. 39; 2,13; 3,7b–19; 6,7.12f. 30). Diese Summarienreihe – ohne Passionsgeschichte! – hat indessen weder eine ‚Form' noch einen deutlichen bzw. einleuchtenden ‚Sitz im Leben', wie er von der ‚Formgeschichte' doch verlangt wird.

Allerdings sind die Beobachtungen von Spannungen im ‚Rahmen' des MkEv nicht aus der Luft gegriffen, und insoweit kann die Kritik an den nicht haltbaren Aufstellungen Dodds, Riesenfelds und anderer (vgl. Marxsen, 1956, 8f; Iber, 1956/57, 333ff; Robinson, 1960, 72ff; Wilckens, ³1974, 17ff; Güttgemanns, 1970, 201ff) nicht völlig überzeugen. Denn diese Kritik geht im Prinzip von der Voraussetzung aus, daß erst der Evangelist selbst den Rahmen des MkEv geschaffen habe, und muß darum damit rechnen, daß er nicht völlig Herr über seinen Stoff geworden sei (→ 4.4.1) bzw. die Rahmen der Einzelüberlieferungen oder der ihm vorliegenden kleinen Sammlungen (→ 4.3.5 b) nicht bruchlos harmonisieren konnte. Jedoch geht die Formgeschichte von ungerahmter Einzelüberlieferung aus, und kleine gerahmte Sammlungen lassen sich gerade aufgrund formgeschichtlicher Kriterien nicht nachweisen (→ 4.3.5 b).

4.3.5 Die Sammlung der mündlichen Tradition

Nicht ohne guten methodischen Grund befassen sich die grundlegenden Werke der Formgeschichte auch mit dem Problem der Sammlung bzw. der Verschriftlichung des mündlichen Überlieferungsgutes, eine Frage, welche die Forscher auch früher schon beschäftigt hat.

Semler meint 1771 (1967, 82), der „schriftliche Aufsatz" sei „für angehende Lehrer" bestimmt gewesen. Gieseler (→ 3.4.2) führt die Verschriftlichung des mündlichen Urevangeliums auf das Interesse solcher Christen zurück, „die an schriftliche Mittheilung gewöhnt auch das Evangelium schriftlich zu besitzen wünschten" (1818, 116). Die Niederschrift ändere im übrigen an der Funktion (,Sitz im Leben') des Evangeliums nichts. Herder (→ 3.4.1) hatte zuvor die Verschriftlichung der Evangelientradition mit der Notwendigkeit in Verbindung gebracht, verfälschten Traditionen der Irrlehrer zu begegnen. Die Vertreter der Diegesenhypothese rechnen gerne mit dem Interesse der Sammler an der Vollständigkeit des Überlieferungsmaterials (→ 3.3).

Im Rahmen der Benutzungshypothese bzw. der Zwei-Quellen-Theorie erklärt z.B. Köstlin (1853) die Abfassung von Evangelienschriften aufgrund der mündlichen Tradition mit dem Bestreben, angesichts der urchristlichen Richtungskämpfe den Glaubensinhalt in einer „über die Unterschiede individueller Ansichten übergreifenden, das Wesentliche ein für allemal in allgemein gültiger Weise feststellenden Fixierung" (389) zu besitzen, aber auch mit dem Interesse, „die noch vorhandenen Erinnerungen an die Person und Thätigkeit Jesu zu sammeln, und sie durch schriftliche Zusammenstellung theils der Vergessenheit zu entreißen theils auch in weitere Kreise zu verbreiten" (392). Holtzmann führt die Verschriftlichung der synoptischen Tradition auf die Tatsache zurück, daß die Verkündigung mehr und mehr durch solche geschah, „welche nicht mehr aus eigener Erinnerung oder wenigstens aus erster Hand Mittheilungen machen konnten" (1901, 25). Andere verwiesen auf die Bequemlichkeit schriftlicher Aufzeichnungen in der Hand der Lehrer.

Im Blick auf die formgeschichtliche Schule urteilt Iber (1956/57, 335) mit Recht: „Die Frage nach der Einheit der Evangelienschriften war für die F(orm)g(eschichte) eine Frage am Rande." Man muß hinzufügen: Die formgeschichtliche Methode ist dieser Frage nur in begrenztem Maße gewachsen.

4.3.5 Mündliche Tradition vor dem MkEv und vor Q

a) Die Zwei-Quellen-Theorie stand vor der Aufgabe, erklären zu müssen, warum der Bericht des *einen* Lebens Jesu von Anfang an auf zwei Quellen verteilt war und sich erst spät im MtEv und im LkEv unabhängig voneinander zusammenfand. Je mehr im Rahmen der Zwei-Quellen-Theorie das Phänomen der mündlichen Überlieferung vor unseren Quellen MkEv und Q sichtbar wurde (→ 4.3.1; 4.3.2), um so schwieriger wurde es, jene Erklärung in einleuchtender Weise zu geben. Die allgemein gemachte Voraussetzung, daß die jüngere der beiden synoptischen Quellenschriften die ältere kannte und nur ergänzen wollte (→ 3.6.7), war zwar ein wichtiger Teil dieser Erklärung, ließ aber die Frage offen, warum am Anfang der Verschriftlichung eine Teilsammlung stand.

Die klassischen Werke der Formgeschichte haben unbeschadet der Zwei-Quellen-Theorie das gesamte synoptische Material gleichmäßig bearbeitet. Dibelius (²1933, 234 ff) und Bultmann (²1931, 348 ff) gingen davon aus, daß aus dem diffusen mündlichen Überlieferungsstrom einerseits das Spruchgut herausgefiltert und in der Logienquelle Q gesammelt, andererseits die erzählenden Stoffe mit einigen ‚Dubletten' aus der Logienüberlieferung (→ 3.6.7) im MkEv zusammengestellt wurden.

Dibelius ist dezidiert der Auffassung, „daß Markus nicht bereits eine erzählende Darstellung übernommen, sondern daß er seine Sammlertätigkeit selbständig ausgeübt hat" (²1933, 219). Nachdem Dibelius den Stoff und – in Abschnitt VIII – die ‚Sammlung' des MkEv behandelt hat, bespricht er in Abschnitt IX die Spruchquelle. Dabei gibt er dem Leser über die damit auftauchende Problematik Rechenschaft (237): Wenn Markus aus dem mündlichen Traditionsstrom im wesentlichen die Erzählungen, Q aber die Sprüche herausgefiltert hat: muß dann nicht der eine den anderen – Markus die Spruchquelle oder die Spruchquelle Markus – gekannt haben? Wie wäre sonst die sich so auffallend *ergänzende* Überlieferung möglich? Vgl. → 3.6.7. Dibelius freilich löst das richtig erkannte Problem anders. Er urteilt: „Offenbar *untersteht die Überlieferung der Jesus-Worte einem anderen Gesetz als dem, das die Sammlung* des Markus-Stoffes regierte" (238 f; vgl. Vielhauer, 1975, 328). Dieses Gesetz wird von der urchristlichen *Paränese*, der Halacha, diktiert. Die Logien wurden „ursprünglich zu paränetischem Zweck gesammelt" (247), so daß „Erzählungsstoff und Redestoff ursprünglich ganz verschieden orientierte Traditions-Komplexe waren" (259). Daß Markus, der die „geheime Epiphanie" des Messias berichten will (232 ff 260), beide

Traditionen noch nicht zusammenfügt, ist also „gar nicht so befremdlich" (260).

Verwunderlich sei eher die Tatsache, daß sie in der späteren Gemeinde zusammentraten. Zwar stellt Dibelius eine sekundäre Bearbeitung von Q in Rechnung (→ 3.6.6 g) und schließt nicht aus, daß diese Bearbeitung „unter dem Einfluß des Markus-Evangeliums zustande" kam (246). Aber wenn auch diese Bearbeitung Aufschluß geben wollte über das Wesen dessen, der die Worte gesprochen hat, so enthielt die ursprüngliche Spruchsammlung doch „nur Losungen und Regeln für das eigene Leben" der Gemeinden (246).

Bultmann sieht die Problematik offenbar ähnlich an, ohne sie freilich selbständig zu reflektieren (^{2}1931, 373.399). Vgl. auch Schniewind (1930, 158 Anm. 1); Manson (1937, 9 ff); Streeter (^{9}1956, 291 f); Brown (1963/64).

Diese Ansicht ist schon deshalb nicht haltbar, weil unter ihrer Voraussetzung der Logienstoff das Kerygma zwar nicht vortragen, wohl aber voraussetzen müßte. Dies ist indessen nicht der Fall (→ 5.4.2.2). Vor allem aber stimmt es nicht, daß die Spruchüberlieferung nur paränetisches Gut bietet. Die Logientradition enthält eine vollständige Theologie; Reich-Gottes-Predigt und Eschatologie haben nicht weniger Gewicht als die Paränese (vgl. Kümmel, ^{17}1973, 45; Bornkamm, 1958, 759; Vielhauer, 1975, 317f; Tödt, 1959, 212 ff). In einer Studie über die Bergpredigt hat Dibelius diesen Sachverhalt 1937 auch selbst festgestellt: „Was wir über Q... sagen können, wäre nur dies, daß die Quelle Q eine Zusammenfassung dessen enthielt, was der Herr lehrte" (1953, 87).

Damit aber werden die beiden getrennten Sammlungen MkEv und Q unter den Voraussetzungen der Formgeschichte zu einem Rätsel. Die Seltsamkeit einer Traditionsgeschichte, bei der in der einen überliefernden Gemeinde das Material in ‚Reflexionsmäßiges' und ‚Gedächtnismäßiges' auseinanderdividiert wurde, um sich auf dem Weg über die getrennten schriftlichen Aufzeichnungen MkEv und Q im MtEv und im LkEv wieder zusammenzufinden, die schon Weisse mit seiner traditionalistischen Ansicht eher überspielte als erklärte (→ 3.6.1 a), haben sich die führenden Vertreter der formgeschichtlichen Schule nicht hinreichend klar gemacht.

Erst die moderne redaktionsgeschichtliche Forschung hat Wege zur Lösung dieses Problems gezeigt (→ 5.4).

4.3.5 Mündliche Tradition vor dem MkEv und vor Q

b) Dibelius und Bultmann erleichtern sich das Problem der Verschriftlichung der mündlichen Evangelienüberlieferung scheinbar, indem sie, mit manchen Vorläufern (→ 4.3.1) an die Diegesenhypothese anknüpfend, mit kleineren Sammlungen vor dem MkEv und vor Q rechnen. Sie sind sich allerdings darüber einig, daß wir „über ältere Erzählzyklen nicht viel Sicheres aussagen" können (Dibelius, ²1933, 220; vgl. Bultmann, ²1931, 347.363.374f), und sie lassen diese Frage darum im wesentlichen ruhen: „Ich will aber meine Untersuchung nicht mit Quellentheorien belasten" (Bultmann, 374; vgl. 347f; ähnlich Marxsen, 1956, 14ff).

Für Sammlungen von Redengut, die der Spruchquelle vorausliegen, gilt zwar Ähnliches, doch lasse sich beobachten, „daß schon *vor Markus Worte Jesu* zu gleichen oder verwandten Themen als Lehre für die Gemeinde *zusammengefügt* worden sind" (Dibelius, ²1933, 224f), wobei die Gesetze der Bildung größerer Einheiten auf der mündlichen und auf der schriftlichen Traditionsstufe zunächst dieselben seien (Bultmann, 348). Vgl. Vielhauer (1975, 328).

Spätere Vertreter der formgeschichtlichen Schule sind überzeugt, weitergehen zu dürfen als deren Väter. Sie rechnen mit kleineren Sammlungen des Redengutes (Wanke, 1981) und vor allem des Erzählgutes, die schon literarische Verknüpfungen kannten; vgl. Taylor (²1935, 175ff); Albertz (1921); Grant (1957, 108ff); Pesch (1976, 67); Achtemeier (1970; 1972); Dewey (1973); weiteres bei Kümmel (¹⁷1973, 57); Kuhn (1971); Güttgemanns (1970, 223ff); Bultmann (⁴1971, Ergänzungsheft 113). Kuhn zählt neben der weithin als eine ursprünglich selbständige Vorlage geltenden Passionsgeschichte (Dibelius, ²1933, 178ff; Bultmann, ⁴1971 mit Ergänzungsheft; Mohr, 1982; vgl. auch → 4.4.1) neun solche mögliche Sammlungen, die in verschiedenen Stadien der älteren und neueren Forschung eine größere Rolle gespielt haben, nämlich Mk 1,16–39; 2,1–3,6; 4,1–34; 4,35–5,43; 6,33–7,37; 9,33–50; 10,1–31; 11,15–12,40; 13,3–37. Er selbst rechnet mit Sammlungen, die dem MkEv bereits vorlagen, außer in der Passionsgeschichte nur in 2,1–3,6; 4,1–34; 4,35–6,52; 10,1–45.

Bei seiner Beschränkung auf wenige vormarkinische Sammlungen und zugleich als Kriterium für ihre Auffindung bringt Kuhn ein aufschlußreiches methodisches Prinzip zur Geltung (vgl. schon Marxsen, 1956, 8). Die Überprüfung der für die verschiedenen vormarkinischen Sammlungen gegebenen *literarkritischen* Begründungen führte zu einem im wesentlichen negativen Resultat und „hätte den Verfasser zur Aufgabe dieser Arbeit veranlaßt, wenn er nicht eine Beobachtung gemacht hätte, die methodisch einen neuen Zugang zu dem Problem erlaubt. Diese Beobachtung ist nicht literarkritischer, sondern formgeschichtlicher Art und führt zu einer *Ausweitung der formgeschichtlichen*

Fragestellung vom Einzelstück auf einen Überlieferungskomplex von mehreren kleinen Einheiten ... In der Befragung des MkEv auf Sammlungen hin zeigte sich mir, daß im Erzählstoff, bei den Apophthegmata und bei den Gleichnissen nur dort mit einer vormarkinischen Sammlung gerechnet werden kann, wo der Nachweis möglich ist, daß der Sitz im Leben der Gemeinde für das Einzelstück und für die ganze Sammlung der gleiche ist" (1971, 47f).

Kuhn nennt damit ein im Rahmen der Formgeschichte zweifellos einleuchtendes methodisches Prinzip, muß man es doch „von vornherein für wahrscheinlich halten, daß die in einem gleichen ‚Sitz im Leben' geprägten und verwendeten Einzelstücke zum Teil schon in der mündlichen Tradierung zusammengehörten. Daß sich für praktische Bedürfnisse des Gemeindelebens, etwa die Auseinandersetzung mit dem Judentum, Apophthegmata zu den verschiedenen, immer wieder vorkommenden Fragen, beinahe von selbst sammelten oder auch bewußt zusammengestellt wurden, ist geradezu ein sich aus der formgeschichtlichen Arbeitsweise ergebendes Postulat. Damit ist nicht gemeint, daß das Einzelstück seine Selbständigkeit zugunsten eines größeren Ganzen aufgab, sondern zunächst wird man daran denken, daß solche Einzelstücke für die Praxis nur zusammengestellt wurden, um wieder als Einzelstücke Verwendung zu finden" (49). In solchen kleinen Sammlungen *behalten* also die Einzelstücke den ‚Sitz im Leben' bei, den sie von Anfang an haben.

Kann dieses überzeugende formgeschichtliche Prinzip ausreichen, wenn es von keinen literarkritischen Beobachtungen unterstützt wird? Nie findet sich ein Eingangs- oder Schlußrahmen der vermutlichen Sammlungen, während andererseits die deutlichen Nahtstellen im MkEv (→ 4.4.1) nicht mit Beginn oder Schluß dieser Sammlungen zusammenfallen. Dazu kommt, daß auch das formkritische Prinzip Kuhns faktisch nicht leistet, was es leisten soll; denn es gelingt Kuhn nicht, eine einleuchtende Antwort auf die Frage nach dem ‚Sitz im Leben' seiner Sammlungen und ihrer Einzelstücke zu geben, und auch eine Traditionsgeschichte der postulierten Sammlungen läßt sich nicht erkennen. Kuhns ‚Sammlungen' sind Zusammenstellungen formal gleichen Gutes, nicht mehr, und es ist nicht einzusehen, warum solche Zusammenstellungen nicht vom Evangelisten stammen können.

Der überzeugende Nachweis vormarkinischer Sammlungen will also nicht gelingen, und damit steht die formgeschichtliche Schule unmittelbar vor dem durch die Annahme kleiner Sammlungen nicht mehr erleichterten Problem, wie es von der mündlichen Überlieferung zur Sammlung und Verschriftlichung des Traditionsgutes kommen konnte bzw. mußte.

c) Die Lösung des Problems, wie der Übergang von der mündlichen Überlieferung zu der schriftlichen Sammlung zu erklären ist, wird durch die im Rahmen der Formgeschichte stringente methodische Beobachtung Kuhns für die formgeschichtliche Schule sehr erschwert. Denn da die Evangelien *als solche* einen eigenen, wie auch immer zu bestimmenden ‚Sitz im Leben' haben (→ 5.1), geben die einzelnen Überlieferungsstücke den ihnen eigentümlichen ‚Sitz' im Leben der Gemeinde zugunsten des Evangeliums preis, obschon sie ihn doch *außerhalb* des Evangeliums beibehalten; denn die formgeschichtlichen Prämissen lassen die Annahme nicht zu, daß die zufällige bzw. aktuell begrenzte Sammlung die mündliche Überlieferung mitsamt ihren vielfältigen ‚Sitzen' im Leben der Gemeinde aufhob. Dieser Schwierigkeit entspricht der plötzliche Übergang von anonymer Gemeindetradition zu individueller schriftstellerischer Arbeit. Den damit gegebenen Problemen hat sich die formgeschichtliche Schule im allgemeinen nicht gestellt, wie vor allem Güttgemanns richtig gesehen hat (1970, 82 ff).

Allerdings hat Dibelius die Sammlung der Logien (Q) im Horizont dieser Problematik betrachtet, hält er sie doch für eine Sammlung von Jesussprüchen zu paränetischem Zweck, in welcher weiterhin dem ausgewählten Einzelstück alles Interesse galt (²1933, 234 f). Bultmann urteilt nicht anders und betont ausdrücklich, daß es unter dem die Sammlung leitenden Interesse nicht zu einheitlichen Reden mit eigenem ‚Sitz im Leben' kommen konnte, „die von einem bestimmten Thema beherrscht und systematisch gegliedert sind, wenn nicht die Eigenart des alten Traditionsgutes völlig verändert werden sollte. Das ist zum Glück in den Synoptikern nicht geschehen" (²1931, 348). Nun muß man allerdings bezweifeln, daß Q wirklich eine lockere Sammlung von paränetischem Gut zu paränetischen Zwecken war (→ Abs. a). Sollte z. B. Käsemann mit seiner Meinung Recht haben, der „ursprüngliche Sitz im Leben für die Logienquelle" sei darin zu suchen, daß den Missionaren Anweisung und Wegzehrung mitgegeben worden sei (1964, 115), so läßt sich die Einheit von ‚Sitz im Leben' auf der mündlichen Stufe der Überlieferung und in der Sammlung nicht mehr halten, und dies ist in der Tat der Fall (→ 5.4). Indessen ist einzuräumen, daß sich die Väter der Formgeschichte hinsichtlich der

Sammlung des *Logien*stoffes der hier besprochenen Problematik ansatzweise stellten.

Anders steht es bei der Frage nach der Zusammenstellung der *erzählenden* Einzelstücke oder entsprechender kleiner Sammlungen zu einem vollständigen Evangelium. Im MkEv als solchem ist die Eigenart der überlieferten Stoffe wesentlich verändert; denn sie verloren, sieht man von den Einsetzungsworten des Abendmahls ab, ihren von der Formgeschichte vorausgesetzten jeweiligen Sitz im Leben der Gemeinde. „Die Einzelstücke werden durch ihre ‚Rahmung' in dem neuen, größeren Gebilde ihrem bisherigen ‚Sitz im Leben' entrissen und dem ‚Sitz' der neuen Form zugeordnet" (Güttgemanns, 1970, 87; vgl. 252). Natürlich unternimmt es die formgeschichtliche Analyse, die vorliterarischen Einzelstücke als solche aus ihrem literarischen Rahmen zu isolieren und ihren ursprünglichen ‚Sitz im Leben' zu bestimmen. Dies wissenschaftliche Verfahren bedeutet aber einen ‚Rück-Schritt' hinter die Sammlung ‚MkEv', die das aufgenommene Material einem eigenen ‚dogmatischen' Zweck dienstbar macht, der in keiner unmittelbaren Beziehung zum ‚Sitz im Leben' der Einzelstücke steht.

Nun ist auch der ‚Sitz im Leben' des MkEv nicht leicht zu bestimmen und im Rahmen der formgeschichtlichen Schule unterschiedlich bestimmt worden. Die dogmatische Absicht des MkEv bestimmen Dibelius und Bultmann im Anschluß an Wrede (→ 4.1 e) im wesentlichen übereinstimmend dahingehend, daß Markus den Versuch unternahm, „ein Buch der geheimen Epiphanien" zu schreiben (Dibelius, ²1933, 232) bzw. die Tradition über die Geschichte Jesu mit dem Christuskerygma zu vereinen (Bultmann, ²1931, 372). Das Unbefriedigende solcher Auskünfte ansehend – die Tradition über die Geschichte Jesu lag Markus längst als kerygmatische vor! –, versuchte Käsemann (1964, 54ff; vgl. Kelber, 1979, 43ff; Schweizer, 1964, 337ff), die Verschriftlichung der Tradition auf das Bestreben der Gemeinde zurückzuführen, gegenüber dem aufkommenden Enthusiasmus den ‚irdischen Lehrer' zur Geltung zu bringen (vgl. → 4.3.7 e). Freilich bedurfte es dazu kaum der Verschriftlichung der synoptischen Tradition, und der Rahmen des MkEv enthält keine antienthusiastische Tendenz; Paulus und Johannes zeigen, daß die frühe Gemeinde dem Enthusiasmus mit dem Kerygma von Menschwerdung und Kreuzigung entgegentrat, nicht mit der ausgeführten synoptischen Tradition (vgl. Güttgemanns, 1970, 26ff). Schille findet das Motiv zur Evangelienbildung in der Absicht des Markus, ein Handbuch für die postbaptismale Katechese

4.3.5 Mündliche Tradition vor dem MkEv und vor Q

zu schreiben (1957/58), während Strecker (1979, 28) urteilt: „Das theologische Motiv der Evangelienschreibung ist das heilsgeschichtliche Interesse der Evangelienredaktoren."
Zu welcher Antwort auch immer man kommt: Die Problematik des Verfahrens, dem MkEv einen gegenüber den Einzelüberlieferungen neuen ‚Sitz' im Leben der Gemeinde zu geben, haben die Vertreter der formgeschichtlichen Schule nicht hinreichend bedacht. Die Prämissen der Formgeschichte besagen ja, daß den mündlich überlieferten Einzelstücken ein relativ fester ‚Sitz im Leben' von Anfang an eignete, den sie in der mündlichen Tradition auch nach ihrer Aufnahme in eine Evangelienschrift weiterhin beibehielten. Konnte angesichts dessen der Evangelist überhaupt auf die Idee kommen, die einzelnen Stücke der Überlieferung ihr selbst ganz zu entfremden? Das muß als gänzlich ausgeschlossen gelten. Man bedenke, daß Markus, sieht man von den Abendmahlsworten ab, durch seinen Rahmen nie zu erkennen gibt, an welchen ‚Sitz im Leben' die von ihm aufgenommenen Stücke ursprünglich verankert waren, so daß die Formgeschichte darauf angewiesen ist, den jeweiligen ‚Sitz' hypothetisch zu rekonstruieren (Dibelius, 1929, 191 ff), wobei es keineswegs zu einmütigen Auskünften kommt (→ 4.3.3). Der von der formgeschichtlichen Schule vorausgesetzte *doppelte* Sitz der mündlichen und der verschriftlichten Überlieferung im Leben der Gemeinde weist auf eine Aporie hin, die geeignet ist, die formgeschichtlichen Prämissen selbst infrage zu stellen.

Auf die Scheinvorstellung eines harmonischen Übergangs von der mündlichen Tradition zum MkEv hat schon Marxsen (1956, 7 ff) hingewiesen: „Es ist aber alles andere eher als selbstverständlich, daß dies ganz disparate Material am Ende in die Einheit des Evangeliums hineinmündete" (8). Ihm dient diese Beobachtung aber nur dazu, das Kontingente bzw. ‚Authentische' der markinischen Redaktionsarbeit herauszustellen (→ 5.1), um die Formgeschichte der mündlichen Tradition durch eine Formgeschichte des Evangeliums zu ergänzen; der dabei durch die Frage nach dem ‚Sitz im Leben' entstehenden Aporie wird er nicht ansichtig. Güttgemanns, der (1970, 82 ff) diese Aporie deutlich beschreibt, vermag sie nicht aufzulösen, weil er dem formgeschichtlichen Ansatz verbunden bleibt (79.95), und begnügt sich mit ‚offenen Fragen' angesichts des ‚urgeschichtlichen Dunkels', in dem sich die mündliche Tradition bewegt hat. Vgl. auch Kelber (1983). Wrege (1978; vgl. Schille, Theol. Versuche III) legt dar, daß die Evangelisten sich bei der Gestaltung ihrer ‚Sammlungen' bestimmter ‚Vorstrukturen' bedienten wie z.B. ‚Erniedrigung – Erhöhung', ‚Unwissenheit – Erfüllung', ‚erst die Juden – dann die Heiden'. Auch soweit dies zutrifft, sind nur Gestaltelemente der Gattung ‚Evangelium' erklärt, nicht die Gattung als solche und nicht die Konkurrenz des schriftlichen und des mündlichen ‚Sitzes' im Leben der Gemeinde. Zu dem historisierenden Erklärungsversuch von Dodd, Riesenfeld und anderen, der gleichfalls die Frage nach den konkurrierenden ‚Sitzen im Leben' vernachlässigt, siehe → 4.3.4.

4.3.6 Formgeschichte und ‚Theologie des Wortes'

Die Formgeschichte leistete einen wichtigen Beitrag zur theologischen Wende von der liberalen ‚Leben-Jesu-Theologie'(→ 3.6.3) zu der ‚Theologie des Wortes' bzw. der ‚dialektischen Theologie' oder ‚Kerygma-Theologie' oder ‚Theologie der Krise', die sich um 1920 vollzog, verbunden vor allem mit Namen wie Gogarten, Barth, Bultmann und Tillich, und die in bewußtem Gegenschlag zur Leben-Jesu-Theologie und in Anerkennung der seit Reimarus und Lessing virulenten Unterscheidung von ‚historischem Jesus' und ‚biblischem Christus' den Glauben ganz auf das biblische Christus-Kerygma, auf den ‚dogmatischen Christus' zu stützen unternahm (vgl. → 1.3 a; 3.4.3.1; 3.6.3; 4.1 f.g).

Gegen die liberale Theologie, für welche der historische Jesus als absolute Persönlichkeit den Inbegriff der höchsten Möglichkeiten des religiösen Menschen darstellte, setzte die Kerygma-Theologie das Paradox des Kreuzes als die heilvolle Tat Gottes, die alles menschliche Tun zerschlägt. „Der Gegenstand der Theologie ist Gott, und der Vorwurf gegen die liberale Theologie ist der, daß sie nicht von Gott, sondern vom Menschen gehandelt hat. Gott bedeutet die radikale Verneinung und Aufhebung des Menschen..." (Bultmann 1933, 2; vgl. 114 ff. 188 ff), die totale Krise der Welt.

Für die Bedeutung der Formgeschichte im Rahmen dieser Wende waren zwei Gründe maßgeblich.

Indem die Formgeschichte nach dem ‚Sitz' der Überlieferungen im ‚kultischen' Leben der Gemeinde fragte, erkannte sie, daß die überlieferten Einzelstücke der Verkündigung jener Gemeinden angehörten, die das Bekenntnis zu dem gekreuzigten und erhöhten Herrn zur Grundlage und zur Mitte ihrer Verkündigung gemacht hatten. Die Überlieferungen vom irdischen Jesus hatten nur insofern Bedeutung für den Kreis der an Jesus Glaubenden, als sie Bestandteil des Christus-Kerygmas waren bzw. wurden. Diese Überlieferungen wurden also notwendigerweise vom Glauben an den Gekreuzigten und Auferstandenen aus ausgewählt, geprägt und umgeformt. Worte des Erhöh-

4.3.6 Mündliche Tradition vor dem MkEv und vor Q

ten, Zeugnisse des Geistes, Bekenntnisse des Glaubens bestimmten neben überliefertem Gut das Bild des irdischen Jesus. Der irdische Jesus der synoptischen Tradition ist also in Wahrheit der in der frühen Christenheit als gegenwärtig erfahrene erhöhte Herr. „Die neutestamentlichen Schriftsteller haben von der Person und dem Leben Jesu eine Vorstellung, die mit unseren Begriffen von menschlichem Leben und den Gesetzen der Natur unvereinbar ist. Sie erzählen von ihm vorzugsweise Übernatürliches; wir können auch von ihm nur Natürliches annehmen", schreibt Strauß 1865 (209) mit kritischer Absicht, und eben diese von Strauß als ‚mythisch' verworfenen Vorstellungen, die auch von der Leben-Jesu-Theologie ignoriert wurden, wurden von der Kerygma-Theologie positiv aufgenommen.

In deren Rahmen kann Bultmann schreiben: „So wenig mein Jesusbuch Kerygma ist, so wenig begegnet im Kerygma der historische Jesus; in ihm begegnet vielmehr Jesus als der Christus ... Weder Paulus noch Johannes vermitteln eine geschichtliche Begegnung mit dem geschichtlichen Jesus. Die Synoptiker tun es wenigstens, wenn sie im Sinne der geschichtlichen Nachfrage gelesen werden, in ihrem eigenen Sinne aber nicht" (1954, 133). Von daher versteht man auch, daß Bultmann in der Einleitung zu seinem ‚Jesus' (1926) denen gegenüber, die kritischer als er über die Möglichkeit denken, authentische Lehre aus der kerygmatisierten synoptischen Tradition zu gewinnen, konzediert: „Wer dieses ‚Jesus' für sich immer in Anführungsstriche setzen und nur als abkürzende Bezeichnung für das geschichtliche Phänomen gelten lassen will, um das wir uns bemühen, dem ist es unbenommen" (1964, 14). In seiner Studie über ‚Das Urchristentum im Rahmen der antiken Religionen' behandelt Bultmann die Verkündigung Jesu darum nicht in dem Abschnitt über das Urchristentum, sondern in dem über das zeitgenössische Judentum, und in seiner ‚Theologie des Neuen Testaments' zählt er die Verkündigung Jesu zu den *Voraussetzungen* der neutestamentlichen Theologie: „Denn die Theologie des NT besteht in der Entfaltung der Gedanken, in denen der christliche Glaube sich seines Gegenstandes, seines Grundes und seiner Konsequenzen versichert. Christlichen Glauben aber gibt es erst, seit es ein christliches Kerygma gibt, d.h. ein Kerygma, das Jesus Christus als Gottes eschatologische Heilstat verkündigt, und zwar Jesus Christus, den Gekreuzigten und Auferstandenen. Das geschieht erst im Kerygma der Urgemeinde, nicht schon in der Verkündigung des geschichtlichen Jesus ..." (^{5}1965, 1f). Anders stünde es offenbar, wenn Jesus der erste Christ gewesen wäre. Für das Neue Testament aber ist er der Christus, und zwar auch, wie die Formgeschichte definitiv zeigte, für die synoptische Tradition.

Der andere Grund für die Bedeutung der Formgeschichte im Vollzug der theologischen Wende zur Kerygma-Theologie liegt in der historischen Skepsis der formgeschichtlichen Schule. Die formgeschichtliche Forschung führte zu der Einsicht, daß die einzelnen Überlieferungsstücke älter sind als der chronologische und topographische Rahmen des Evangeliums, der erst nachträglich für sie geschaffen wurde (→ 4.3.3). Damit fiel endgültig die Möglichkeit hin, ein Leben Jesu zu schreiben und eine Entwicklung der Persönlichkeit Jesu zu rekonstruieren. Aber auch die Authentizität der Einzelüberlieferungen wurde in erheblichem Maße fraglich. Die Formgeschichte erforschte den bestimmenden Einfluß des Christus-Kerygmas auf die Überlieferung und den großen Anteil an Gemeindebildungen und bestätigte damit die mehr oder weniger skeptischen Urteile über den historischen Charakter der synoptischen Tradition, die schon zuvor von unterschiedlichen Voraussetzungen aus geäußert worden waren (→ 3.4.6; 4.3.1).

Im Rahmen der Kerygma-Theologie konnte diese Skepsis aber als wohltuend empfunden werden (vgl. Schmidt, 1936, 14), weil sie die Abwendung von der Leben-Jesu-Theologie förderte, und deshalb war es auch, wie Bultmann und Dibelius zeigen (→ 4.3.3; 4.3.4), für die formgeschichtliche Schule nicht zwingend geboten, sichere Kriterien für die Feststellung des authentischen Überlieferungsgutes zu erarbeiten. Bultmann hat schon 1920 die historische Skepsis der formgeschichtlichen Schule als bewußte Kritik an den Grundlagen der Leben-Jesu-Theologie verstanden (Jaspert, 1984, 30 ff). Und Barth schreibt 1923 an v. Harnack: „Wer es etwa noch nicht weiß (und wir wissen es alle immer *noch* nicht), daß wir Christus nach dem Fleische *nicht* mehr kennen, der mag es sich von der kritischen Bibelwissenschaft sagen lassen: je radikaler er erschrickt, um so besser für ihn und die Sache. Und das mag dann etwa der Dienst sein, den ‚geschichtliches Wissen‘ bei der eigentlichen Aufgabe der Theologie leisten kann" (91; vgl. Weber, 1964).

Zu den Grundeinsichten der ‚Theologie des Wortes‘ gehört, daß der Glaube von der *viva vox evangelii* lebt und das Evangelium außerhalb des Glaubens, also etwa durch historische Forschung, weder verifiziert noch falsifiziert noch legitimiert werden kann. Das Kerygma spricht für sich selbst. Darum sei eine historische Forschung, die hinter das verkündigte Evangelium nach dem ‚historischen Jesus‘

zurückfragt, um auf diesem Wege das Evangelium zu finden, theologisch abwegig. Schon Wilhelm Herrmann, Barths und Bultmanns Lehrer, hatte 1912 geschrieben: „Der wirklich religiöse Glaube lebt immer nur von dem, was einem Menschen gegenwärtig tatsächlich gegeben ist. Die absolute sachliche Sicherung ist ein Traumbild, das den Glauben nur entkräften kann. Daß die Wissenschaft vom Wirklichen diesen Wahn zerstört, ist für den Glauben eine Hilfe" (249). Dementsprechend meint Bultmann 1924: „Die Geschichtswissenschaft kann überhaupt nicht zu irgendeinem Ergebnis führen, das für den Glauben als Fundament dienen könnte, denn alle *ihre Ergebnisse haben nur relative Geltung.* Wie verschieden sind die Jesusbilder der liberalen Theologie, wie unsicher das Bild des historischen Jesus: Ist er überhaupt noch für uns erkennbar? Mit einer großen Frage endigt hier die Forschung – und *soll* sie endigen!" (1933, 3).

Schon 1925 faßt Cullmann den Ertrag der formgeschichtlichen Methode für das Problem der Christologie in die Worte: „Das Historische interessiert nur, soweit es für die Gemeinde zur Manifestation des Göttlichen geworden ist. Die historischen Ereignisse um Christus *müssen für uns werden, was sie für die ersten Christen waren.* Sie müssen uns gerade aus den historischen Bedingtheiten herausführen, damit wir offene Augen dafür bekommen, wie sich in Jesus Christus Himmel und Erde begegnet sind. Erst dann werden wir in der Lage sein, Christus in den Evangelien in objektiver Weise zu erfassen. Dann wird die *gesamte* Evangelientradition, wie sie von der Gemeinde, oder anders ausgedrückt: vom Geist Christi geformt worden ist, für uns zur *unmittelbaren objektiven Offenbarung,* so wie sie es für die Urkirche gewesen ist. *Der Umweg über die Geschichte Jesu nach dem Fleisch erübrigt sich,* und der Christus, dem wir in den Evangelien auf unmittelbare Weise begegnen, wird der Christus des Apostels Paulus sein. So schließt sich nicht nur der Graben zwischen Jesus und Paulus, sondern auch der zwischen dem Jesus des Neuen Testaments und dem des kirchlichen Dogmas" (1966, 88).

Für die Kerygma-Theologie stellte sich also die Aufgabe, das auch in der synoptischen Tradition bereits mehr oder weniger mythisiert begegnende Christus-Kerygma so zu interpretieren, daß es dem modernen Menschen und seinem weithin unmythischen Denken verständlich wird. Die führenden Formgeschichtler haben diese Aufgabe gesehen und je in ihrer Weise in Angriff genommen. Dibelius schrieb 1925 ein Buch ‚Geschichtliche und übergeschichtliche Religion im Christentum', Schmidt behandelte 1936 ‚Das Christuszeugnis der synoptischen Evangelien', und Bultmann eröffnete mit seinem Vortrag ‚Neues Testament und Mythologie', in dem er programmatisch sein Konzept einer ‚existentialen Interpretations des Mythos' vortrug, 1941 die bis heute nicht abgeschlossene Entmythologisierungsdebatte.

4.3.7 Formgeschichte und ‚Neue Frage nach dem historischen Jesus'

Cullmanns Urteil, daß die Formgeschichte den ‚Graben zwischen Jesus und Paulus' hat zuschütten können (→ 4.3.6), hat sich nicht bewahrheitet. Im Gegenteil! Dieselbe Formgeschichte, die bei der Ablösung der Leben-Jesu-Theorie durch die Kerygma-Theologie die in → 4.3.6 beschriebenen beachtlichen Hebammendienste geleistet hat, war es auch, die eine Generation später die ‚Neue Frage nach dem historischen Jesus' aus sich hinaussetzte. Neu ist diese ‚Neue Frage' nicht nur insofern, als sie im Unterschied zur ‚Theologie des Wortes' die Bedeutung des ‚historischen Jesus' von neuem zur Geltung bringen wollte, sondern auch darin, daß sie anders als die Leben-Jesu-Theologie nicht mehr nach dem Leben Jesu und der Entwicklung der Persönlichkeit Jesus fragte, sondern nach Jesu Botschaft oder nach seinem Glauben bzw. seinem ‚Daseinsverständnis'.

Ausgelöst wurde die ‚Neue Frage nach dem historischen Jesus' von Ernst Käsemann, der 1953 vor dem Arbeitskreis ‚Alter Marburger', also im Kreis der Schüler Bultmanns, einen Vortrag über ‚Das Problem des historischen Jesus' hielt (1960, 187 ff). Bald entstand eine umfangreiche Diskussion.

Vgl. z. B. Engelland (1954); Dahl (1955); Michel (1955); Bornkamm (1956); Diem (1957); Althaus (1958; 1960); Jeremias (1960); Bartsch (1960); Ebeling (1960, 203 ff. 300 ff; 1962); Fuchs (1960; 1965, 1 ff); Harvey – Ogden (1962); Luck (1963); Wenz (1964); Käsemann (1964, 31 ff); Marxsen (1960; 1968; 1976); Kümmel (1965, 429 ff); Nineham (1965); Gogarten (1966); Fischer (1968); Braun (1969); Hengel (1971); Roloff (1970); Strecker (1979, 159 ff); Weiß (1983).

Bultmann selbst sah sich 1959 zu einer Stellungnahme veranlaßt und behandelte ‚Das Verhältnis der urchristlichen Christusbotschaft zum historischen Jesus'; vgl. Bultmann (1965, 190 ff).

Bald kam es auch zu Überblicken über die neu entfachte Diskussion. Vgl. z. B. Biel (1957/58); Schneider (1958); Ristow-Matthiae (1960); Schubert (1961); Lohse (1962); Kümmel (1965, 392 ff. 417 ff); Gräßer (1973).

4.3.7 Mündliche Tradition vor dem MkEv und vor Q

Trotz manchen Widerspruchs und bei nicht immer deutlichen eigenen Konturen setzte sich die ‚Neue Frage' mit ihrem theologischen Anliegen im Kreis der ‚Theologie des Wortes' weithin durch.

a) Der methodische Ansatz der ‚Neuen Frage' im Rahmen der formgeschichtlichen Schule wird in den folgenden Worten von Bornkamm gut sichtbar:

„War es für frühere Generationen, die die Evangelien im alten Sinn als mehr oder weniger unmittelbar zu verwendende Geschichtsquellen für den historischen Jesus nahmen, befremdlich und erstaunlich, daß der schlichten Darstellung seiner Geschichte und seiner Verkündigung so schnell nach Ostern die so völlig anders geartete Christusbotschaft und Theologie der Gemeinde folgten, so stellt sich die Frage jetzt genau umgekehrt. Erstaunlich ist für uns im höchsten Maße, daß in den Evangelien nun doch eine Tradition erhalten blieb und gestaltet wurde, die an dem Einst der Worte und Taten Jesu ein offenkundiges Interesse nahm. Was besagt es, daß die Gemeinde, aus der und für die die Evangelien geschrieben sind, den Verkündigten heute wieder den Verkündiger von einst sein läßt, daß er, der durch Kreuz und Auferstehung zum Inhalt der Botschaft geworden ist, hier wieder... zu Wort kommt... Erstaunlich... bleibt, daß die Evangelien-Überlieferung die Erinnerung an Jesu vorösterliche Geschichte gleichwohl aufbewahrt" hat (1960, 283).

Mit Recht weist Käsemann darauf hin, daß diese Frage nicht Bultmanns (und Barths) Frage gewesen sei, daß sie aber in der Kontinuität der formgeschichtlichen Forschungsweise liegt. „Wir sind zu diesem Kurswechsel teilweise in der Weiterführung der formgeschichtlichen Arbeit gekommen, in der sich das einigermaßen sichere historische Jesusgut schärfer abhob und neben den kerygmatischen auch die historisierenden Tendenzen wenigstens der Synoptiker deutlicher wurden. Da wir gelernt hatten, historische Einsichten mit der Frage nach deren theologischer Bedeutung zu verbinden, ... konnten wir nicht gut anders, als das theologische Problem des historischen Jesus und der Historisierung in den Synoptikern neu aufzurollen." Seinem Lehrer Bultmann wirft Käsemann vor, daß er die von der ‚Neuen Frage' gesichtete „historische Problematik bagatellisiert und ihre hermeneutische Bedeutung verkennt oder leugnet" (1964, 52). Die Aporie seiner Fragestellung bleibt Käsemann so wenig wie Bornkamm verborgen: „Wie konnte es von der Doxologie des Verkündigten nochmals zur Erzählung vom Verkündiger kommen, und zwar im Rahmen des Kerygmas? Bultmann hat diese Frage, die historisch und theologisch von eminenter Bedeutung ist, nicht gestellt. Er sieht sie offensichtlich kaum... Von ihr aus kommt es erst zu jenem Problem des historischen Jesus, wie wir es aus der Tradition der letzten Jahrhunderte kennen" (1964, 66). Schon 1953 hatte Käsemann deutlich formuliert: „Die Problematik unseres Problems besteht darin, daß der erhöhte Herr das Bild des irdischen fast aufgesogen hat und die Gemeinde dennoch die Identität des erhöhten mit dem irdischen behauptet" (1960,213); vgl. im gleichen Sinn z.B. auch Jeremias (1960, 13f); Fuchs (1960, 239); Lohse (1962, 163); Marxsen (1968, 147f).

In der Tat besteht ein von Bultmann nie hinreichend bedachter Widerspruch zwischen ‚Formgeschichte' und ‚Kerygma-Theologie', das heißt zwischen dem, – wie auch immer zu bestimmenden – Interesse der frühen Gemeinde an Traditionen vom irdischen Jesus, wie es von der synoptischen Tradition bezeugt wird, und der theologischen Konzentration auf das Kerygma, wie es bei Paulus, Johannes und im übrigen frühen Christentum sichtbar wird.

Bultmann hatte im Zusammenhang mit seiner 1921 erschienenen ‚Geschichte der synoptischen Tradition' (→ 4.3.3 c) und im Anschluß an Wrede (→ 4.1 e) die Differenz zwischen der Botschaft Jesu und dem Kerygma der hellenistischen Gemeinde schroff aufgezeigt (vgl. → 4.3.6): „Jesus war ein Jude und die palästinensische Gemeinde war eine jüdische Sekte" (1920, 740). Von Barth angesichts dessen nach der Funktion seines ‚Jesus' (1926) gefragt, antwortet er, der Jesus des Jesusbuches sei natürlich nicht der Christus des Glaubens, aber da die Synoptiker mehr als das Christuskerygma überliefern, „halte ich es für ein theolog(isches) Anliegen, sich für dieses Mehr zu interessieren u(nd) es einmal für sich darzustellen" (1971, 65). Die entscheidende Frage nach dem Interesse der Synoptiker selbst an jenem ‚Mehr', der ‚historischen' Jesusüberlieferung, stellt und beantwortet Bultmann indessen nicht.

Es bleibt also bei der offenkundigen Diskrepanz zwischen der wohlgegründeten Feststellung, daß das urchristliche Kerygma nur an dem ‚Daß' des historischen Jesus interssiert ist, nicht an seinem ‚Was' und ‚Wie', und der anderen, nicht schlechter begründeten Erkenntnis, daß man aus der kerygmatischen Überlieferung der synoptischen Evangelien ein recht umfangreiches Bild der Predigt und des Verhaltens Jesu gewinnen kann. Wie kommt der ‚historische' Jesus der synoptischen Evangelien in die frühchristliche Überlieferung hinein, wenn man doch von Anfang an allein an dem erhöhten Herrn interessiert war? Warum wurde historisches Jesus-Gut, wenn auch kerygmatisch umgeformt, in die Predigt aufgenommen? Warum gab man dem Gekreuzigten und Erhöhten, den man predigte, das Gewand des ‚Historischen'? Paulus und Johannes tun es nicht, aber die synoptischen Evangelien tun es. Warum und wann tun sie es? Welche Tradition vermittelte das authentische Jesus-Gut, wenn die urchristliche Tradition von ihrem österlichen Ursprung her an dem ‚Was' und ‚Wie' der historischen Gestalt Jesu nicht interessiert war? Wieso kann die *kerygmatische* Gemeinde zugleich Träger der ‚historischen' Jesustradition sein, mag sie diese auch noch so sehr in das Licht des Kerygmas rükken?

b) Wie immer die ‚Neue Frage nach dem historischen Jesus' dies Problem im einzelnen löst: Schwierigkeit macht ihr in jedem Fall die historische Skepsis der Formgeschichte, auf deren Boden sie steht. Conzelmann hatte im Anschluß an Bultmann (^{2}1931, 222) und Käsemann (1960, 205) den einprägsamen Grundsatz formuliert: „. . . als echt ist anzusehen, was sich weder in das jüdische Denken einfügt noch in die Anschauungen der spätern Gemeinde" (1959, 623). Diesem Grundsatz folgten viele; vgl. z. B. Ebeling (1959, 58); Schweizer (1959, 201); Robinson (1960, 155); Lohse (1962, 168).

Indessen regte sich auch von den verschiedensten Seiten sachlicher und methodischer Widerspruch; vgl. z. B. Bartsch (1960, 13 f); Marxsen (1960, 15); Carlston (1961); Kümmel (1965, 402 f); Cullmann (1965, 169 ff; 1966, 154 f); Strecker (1979, 170 f). Dieser Widerspruch ist nicht unbegründet. Wenn man, wie der genannte Grundsatz es erfordert, davon absieht, daß sich Jesus gerade an das zeitgenössische Judentum und daß die spätere Gemeinde sich an Jesus angeschlossen haben könnten – und angeschlossen haben werden! –, erhält man notwendigerweise ein stark verkürztes und in solcher Verkürzung verzerrtes und unzutreffendes Bild des irdischen Jesus. Andererseits gibt dem Historiker nichts die Gewißheit, daß der evangelische Stoff, der aus dem uns übrigens nur spärlich bekannten zeitgenössischen Judentum und den Anschauungen der späteren Gemeinde unableitbar ist, gerade von Jesus stammt. Wer aber angesichts dieser methodischen Problematik nach dem Grundsatz handelt ‚in dubio pro tradito' (Dahl, 1955, 119 f), verläßt den Boden der Wissenschaftlichkeit.

Zu hinreichend einsichtigen Kriterien bezüglich des authentischen Gutes der Jesusüberlieferung fanden die Vertreter der ‚Neuen Frage' deshalb nicht; vgl. z. B. Rigaux (1958); Moreau (1960); Anderson (1961, 169 ff. 307 ff); Lehmann (1970, 163 ff); Hahn (1974); Lentzen-Deis (1974); Strecker (1979, 171 f); Stein (1980). Conzelmanns frühe Forderung: „Schluß mit der methodischen Anarchie" (1959, 8) blieb unerfüllt. Die verschiedenen Darstellungen der Botschaft, des Verhaltens oder des Glaubens Jesu, die von den Vertretern der ‚Neuen Frage nach dem historischen Jesus' vorgelegt wurden, sind darum zu einem großen Teil systematische Konstrukte, die wie zur Zeit der Leben-Jesu-Theologie (→ 3.6.3) das jeweilige Kerygma des Forschers bzw. seine historische Gesamtauffassung und oft auch seine eigene Persönlichkeit widerspiegeln und von dem Maße der jeweiligen historischen Skepsis oder Zuversicht relativ unabhängig sind (vgl. Fuchs, 1960, 153. 305; Robinson, 1960, 110; Marxsen, 1968, 151 ff). Wer z. B. die Jesus-Darstellungen von Bornkamm (1956), Braun (1969) und Jeremias (1971) vergleicht, wird dies Urteil leicht bestätigt finden. In seinem grundlegenden Aufsatz von 1953 macht Käsemann die erste, die zweite und die vierte Antithese der Bergpredigt Mt 5, an deren Authentie nicht zu zweifeln sei, zur Grundlage seiner Rekonstruktion der Botschaft Jesu (1960, 206), während diese Basisworte Käsemanns für Fuchs „eher ins Gefälle der Überlieferung als zum eigentlichen Inhalt der Worte Jesu" gehören (1960, 156), und Kümmel urteilt nach einer Besprechung von fünf Jesus-Büchern, die zwischen 1955 und 1957 erschienen sind, daß sie „methodisch so weit voneinander abweichen, daß man den Eindruck erhalten kann, eine methodisch sichere geschichtswissenschaftliche Darstellung Jesu sei offenbar nicht möglich" (1965, 395).

Auch das Verhältnis der apokalyptischen und der weisheitlichen Logien der Spruchüberlieferung zueinander (→ 3.6.6 g) machte den Vertretern der ‚Neuen Frage' zu schaffen. Während die Leben-Jesu-Theologie' den apokalyptischen Jesus ignoriert hatte, machte sich die ‚Theologie der Krise' dessen Entdeckung zunutze und nahm Gott als den ‚Ganz Anderen' und seine Herrschaft, das ‚Reich Gottes', als eine Größe ernst, die sich nicht durch menschliche Anstrengung in der irdischen Geschichte verwirklichen läßt. 1939 urteilt z. B. Bultmann über die Entdeckung der apokalyptischen Predigt Jesu, daß sie, „indem sie gegenüber einem verbürgerlichten Verständnis des Christentums die Fremdheit der neutestamentlichen Verkündigung erschreckend zum Bewußtsein brachte, ... ein neues und echtes Verständnis der neutestamentlichen Verkündigung heraufführen half, das sich in der Gegenwart auf allen Gebieten der Theologie auswirkt" (246). Das Nebeneinander des apokalyptischen und des weisheitlichen Überlieferungsstranges führt Bultmann auf den gemeinsamen existentialen Grundsinn der Notwendigkeit zurück, sich im Jetzt angesichts der

4.3.7 Mündliche Tradition vor dem MkEv und vor Q

Zukunft Gottes zu entscheiden (Jesus, 1964, 90 ff), eine geniale Lösung, die das traditionsgeschichtliche Problem freilich verdeckt: Apokalyptik und ethische Weltgestaltung gehören, religionsgeschichtlich gesehen, verschiedenen Ebenen an (Conzelmann, 1967, 144 ff).

Die ‚Neue Frage' hat sich diesem Problemfeld nur unzureichend gestellt. Bemerkenswert sind z. B. Käsemanns Äußerungen. Er empfindet (1964) „Jesu Weg in Tat und Wort"als zu den Anfängen beim Täufer und zur angeblichen Reapokalyptisierung der Urgemeinde im Widerspruch stehend (108). Nach seiner Überzeugung „muß gerade der Historiker von einem unvergleichlichen Geheimnis Jesu sprechen. Es besteht darin, daß wir ihm mit den sonst üblichen Kategorien nicht recht beizukommen vermögen" (109). Dieser – bewußte (109) – Rückgriff auf Kategorien der liberalen Leben-Jesu-Theologie ist eher doktrinär als wissenschaftlich begründet (vgl. Gräßer, ³1977, XX).

c) Trotz dieser Aporien meinten nicht wenige Vertreter der ‚Neuen Frage nach dem historischen Jesus', das Ostergeschehen so verstehen zu müssen, daß es lediglich die Funktion hatte, den ‚historischen Jesus' nach der Katastrophe vom Karfreitag wieder in Geltung zu setzen. Der Osterglaube hat keine selbständige theologische Funktion, sondern ist „die Reinigung und neue Bewährung des in die Nachfolge schon eingetretenen Glaubens" (Fuchs, 1960, 188). „Der nachösterliche Glaube weiß sich als nichts anderes als das rechte Verstehen des vorösterlichen Jesus" (Ebeling, 1960, 315; vgl. 1959, 68 ff). Vgl. ferner Braun (1958, 1594); Marxsen (1964, 25 ff; 1966, 103 ff); Pesch (1975); Tödt (1959, 267).

Dieser Ansicht widerspricht indessen das urchristliche Kerygma selbst auf das Entschiedenste. Den in der ganzen frühchristlichen Überlieferung verbreiteten kerygmatischen Formeln zufolge setzt die Ostererfahrung nicht den ‚historischen Jesus' in Kraft, sondern – in jeweils ursprünglich selbständigen Traditionsschichten – die Erwartung des Entrückten, die Herrschaft des Erhöhten (Röm 1.3 f; Phil 2,9 ff) sowie die Heilsbedeutung des Kreuzes (1 Kor 15,3–5; Röm 4,24 f) bzw. der Menschwerdung (Gal 4,4; Röm 8,3); vgl. → 3.4.5.1 a. Noch den späteren kirchlichen Glaubensbekenntnissen, deren christologischer Teil Menschwerdung, Passion und Erhöhung miteinander verbindet, fehlt jede Bezugnahme auf den ‚historischen Jesus' bzw. auf den Inhalt der synoptischen Tradition außerhalb der zentralen Bekenntnisaussagen (Schweizer, 1955, 111 f; Schmithals, 1972, 9 ff). Andererseits gibt es in der synoptischen Tradition keinerlei Anzeichen dessen, daß sie durch Ostern in Kraft gesetzt wurde; der Spruchüberlieferung fehlt sogar überhaupt jede direkte und indirekte Bezugnahme auf das Ostergeschehen (→ 5.4).

Solche Beobachtungen beantworten die Frage nach Ursprung, Traditionsgeschichte und theologischer Funktion der synoptischen Überlieferung noch nicht, stellen diese Frage aber in die ihr angemessene historische bzw. traditionsgeschichtliche Relation, die von den Vertretern der ‚Neuen Frage nach dem historischen Jesus' nicht immer hinreichend beachtet wurde.

d) Insgesamt gesehen stand die ‚Neue Frage' unter dem Stichwort ‚Kontinuität' von ‚Botschaft Jesu' und ‚Christuskerygma'. Die seit Reimarus und Lessing (→ 1.3.1a) virulente Diastase, in welcher sich die Leben-Jesu-Theologie auf die Seite der ‚Botschaft Jesu' (→ 3.6.3), die ‚Theologie des Wortes' auf die Seite des ‚Christuskerygmas' stellte (→ 4.3.6) und die z. B. Stauffer (1957; 1959) und Barnikol (1958) zugunsten eines ‚historischen Jesus' wieder scharf aufrissen, wollte man mit Bedacht und auf einer hohen Stufe der Reflexion vermeiden. Das Stichwort ‚Kontinuität' markierte eine *Synthese* der beiden vorausgehenden Epochen der Kirchengeschichte, der ‚Leben-Jesu-Theologie' und der ‚Kerygma-Theologie' – ein hoher Anspruch! Vgl. Gräßer (1973, 9f).

Käsemann gab 1953 das Stichwort: „Die Frage nach dem historischen Jesus ist legitim die Frage nach der Kontinuität des Evangeliums in der Diskontinuität der Zeiten und in der Variation des Kerygmas" (1960, 213; vgl. 1964, 53ff und auf katholischer Seite Zimmermann, 1973, 9). Dieser Grundsatz besagt zugleich: Die verschiedenen theologischen Entwürfe des Neuen Testaments – die ‚Variation des Kerygmas' – bedürfen des ‚historischen Jesus' als Kriterium für ihre Legitimität (vgl. Walter, 1976; Marxsen, 1968, 129ff. 154 und auf katholischer Seite Blank, 1972, 5f).

Mit dem Stichwort ‚Kontinuität' stellte sich für die ‚Neue Frage nach dem historischen Jesus' das Problem, warum aus dem ‚Verkündiger' der ‚Verkündigte', aus der Botschaft Jesu das Kerygma von Jesus wurde. Die Standard-Antwort der Vertreter der ‚Neuen Frage' lautete: Weil die ‚implizite Christologie' des irdischen Jesus, von der Bultmann im Blick auf den Entscheidungsruf Jesu gesprochen hatte (^{5}1965, 46), nach Jesu Tod in eine explizite Christologie umgewandelt werden mußte. „Natürlich bestand nach seinem Tode theoretisch die Möglichkeit, daß seine Anhänger einfach seine Lehre konservierten; damit wäre – auf der Basis der ipsissima vox – eine neue Variation des

4.3.7 Mündliche Tradition vor dem MkEv und vor Q

spätjüdischen radikalen Legalismus entstanden. Verwirklicht wurde aber die andere Möglichkeit, daß auf Grund der Ostererscheinungen die neue Weise seines Dabeiseins begriffen wurde. Damit war die indirekte Christologie in die direkte umzusetzen, und in dieser Umsetzung ist gegeben, daß die direkte Christologie jene indirekte als ihre Voraussetzung festzuhalten hat; das Kerygma selbst zwingt zur historischen Darstellung des Auftretens Jesu und seiner Predigt" (Conzelmann, 1959, 13).

Diese Antwort umgeht freilich das Problem, wieso unter der Voraussetzung der sachlichen Konstanz von ‚Botschaft Jesu' und ‚Christuskerygma' die Botschaft Jesu überhaupt in die Gestalt des ‚mythischen' Kerygmas von Menschwerdung, Kreuz und Auferstehung des Gottessohnes transformiert werden konnte. Hat angesichts der behaupteten sachlichen Kontinuität die ‚Kerygmatheologie' nicht Recht, wenn sie sich der methodisch schwierigen und historisch unbefriedigenden und damit auch theologisch problematischen Rückfrage nach dem ‚historischen Jesus' hinter der urchristlichen Überlieferung entschlug und unmittelbar das ‚Evangelium von Jesus Christus' verkündigte?

Aber auch umgekehrt gilt: Ist es nicht erlaubt, angesichts der sachlichen Konstanz von Botschaft Jesu und Christus-Kerygma sich ausschließlich auf die Botschaft Jesu zu stützen, wie je in ihrer Weise Fuchs, Braun, Ebeling, Marxsen, Pesch, Stauffer und andere taten, wieder die Reflexionsstufe der Leben-Jesu-Theologie erreichend, auch wenn Jesus nicht als große Persönlichkeit, sondern als exemplarisch Glaubender, als beispielhafter Mitmensch oder als Rufer in entscheidender Zeit verstanden wurde?

Die in der Zeit der ‚Neuen Frage' aufkommende redaktionsgeschichtliche Untersuchung der Spruchquelle (→ 5.4), die als Kulminationspunkt einer selbständigen Gemeindeüberlieferung erschien, in welcher die Verkündigung Jesu unmittelbar fortgesetzt wurde (Tödt; Schulz; Polag und andere; → 5.4.1), förderte diesen Rückgang vom ‚Kerygma' zum ‚historischen Jesus'. Dabei findet sich deutliche Kritik an der Tatsache, „daß die Formgeschichte und die von ihr positiv und negativ abhängige theologische Arbeit in Deutschland ein allzu einseitiges Interesse an jener Größe hat, die man das Kerygma nennt. Dieses gilt als die Mitte der synoptischen Überlieferung. Es ist aufs innigste mit den Passionsstoffen verbunden, die in der Logienquelle fehlen... Das Interesse an der unweltlichen Botschaft von Gottes Gnade und des Menschen Sünde beherrschte das Feld und ließ die

Frage nach der konkreten Gestalt der Verkündigung Jesu und nach der Person des Verkündigers in den Hintergrund treten" (Tödt, 1959, 217f).

Die mit solchem Urteil gegebene oder drohende Eliminierung des Kerygmas erschien indessen manchen Vertretern der ‚Neuen Frage nach dem historischen Jesus' nicht unbedenklich, und sie schränkten das mit dem Stichwort ‚Kontinuität' Gemeinte entsprechend ein. Ebeling hat den Weg mit Fuchs zwar begonnen, aber bewußt nicht mit vollendet. Käsemann schreibt 1964: „Die Reduktion des Evangeliums auf den historischen Jesus lag nicht entfernt in meiner Absicht, als ich in die Auseinandersetzung mit dem Lehrer eintrat ... Wie Bultmann sehe ich das entscheidende Ereignis der urchristlichen Geschichte weiter in Ostern und bin nicht willens, die tiefen Unterschiede zwischen der Botschaft Jesu und der nachösterlichen Gemeinde einzuebnen" (56). Auch Conzelmann, der, wie das oben stehende Zitat ausweist, beim Start der ‚Neuen Frage' zögernd mitgelaufen war, kehrte bald wieder hinter die Startlöcher zurück, weil er glaubt „– nicht aus Eigensinn, sondern aus methodischer Konsequenz und auf Grund der Aufnahme des exegetischen Bestandes – dennoch darauf bestehen zu müssen, daß der ‚historische Jesus' kein Thema der neutestamentlichen Theologie ist" (1967, 16). Vgl. auch Strecker (1979, 159ff); Schlier (1964, 28); Gräßer (1973, 12.41.43).

H.-F. Weiß will neuerdings das Stichwort ‚Kontinuität' durch die Kategorie der ‚Entsprechung' ersetzen, „die als solche nicht unmittelbar an einer – durch Kreuz und Auferstehung ohnehin gebrochenen – Kontinuität bestimmter Vorstellungen orientiert ist, sondern an einem Sachverhältnis, das ein übergreifendes Gemeinsames auf beiden Seiten der Differenz gerade auch in der Verschiedenheit der Vorstellungen und Aussageweisen deutlich zu machen imstande ist" (1983, 90) und also auch außerhalb der synoptischen Tradition auf das Verhältnis der Botschaft des irdischen Jesus zu Paulus und zu Johannes angewandt werden kann. Indessen blendet diese eher systematische Fragestellung das traditionsgeschichtliche Problem der synoptischen Evangelien aus, ohne dessen intensive Berücksichtigung schwerlich die Frage nach einer sachlichen Entsprechung von ‚irdischer Jesus' und ‚Kerygma' überhaupt beantwortet werden kann.

In der Auseinandersetzung mit seinen Schülern wandte sich Bultmann gegen die Voraussetzung einer sachlichen Kontinuität: „Wenn die bloße ‚Wiederholung' der Verkündigung Jesu – sei es durch die in den Synoptikern verarbeitete Tradition, sei es durch die moderne Geschichtsschreibung – die Vergangenheit in der Weise präsent macht, daß sie den Hörer (oder Leser) vor die Entscheidung für (oder gegen) eine in der Verkündigung des historischen Jesus erschlossene Möglichkeit des Selbstverständnisses stellt, so fordert das Christus-Kerygma den Glauben an den in ihm präsenten Jesus, der nicht nur, wie der historische Jesus, das Heil verheißen, sondern der es schon gebracht hat. Alle Bemühungen, zu zeigen, daß der historische Jesus in seinem Wirken schon den Anbruch der Heilszeit gesehen hat, können über den grundsätzlichen Unterschied zwischen seiner Verkündigung und dem Christus-Kerygma nicht täuschen, der wieder bei Paulus und Johannes zur Klarheit gebracht worden ist" (1960, 25f).

e) Mit diesem überzeugenden Hinweis auf eine ‚Diskontinuität' von ‚Kerygma' und ‚historischem Jesus' stellt sich aber für Bultmann bzw. für die Kerygma-Theologie das Problem, zu dessen Lösung die ‚Neue Frage' angetreten war und dessen Vernachlässigung ihre Vertreter der Kerygma-Theologie nicht ohne Grund vorwarfen: Wie erklärt sich das Interesse zwar nicht der frühchristlichen Theologie überhaupt, wohl aber der synoptischen Tradition selbst an dem Was und Wie des irdischen Jesus? In einer Antwort an Käsemanns Aufsatz ‚Sackgassen im Streit um den historischen Jesus' (1964, 31ff) schreibt Bultmann (1965, 196): „ . . . notwendig war die ‚Wiederholung' (also die Bewahrung und Weitergabe der Tradition vom historischen Jesus), damit der Kyrios nicht zu einer mythischen Gestalt wurde." Diese Äußerung ist m.W. die einzige, in der Bultmann, von Käsemann bedrängt, Antwort auf die Frage gibt, wieso man im Bereich des Christuskerygmas (später wieder?, vgl. → 3.4.5.2 Bb) auf die Jesustraditionen zurückgriff. Seine Antwort knüpft an die Behauptung Käsemanns an, die Evangelienbildung sei von dem Bestreben geleitet gewesen, gegenüber der Gefahr des Doketismus die Identität des irdischen Jesus und des erhöhten Kyrios zu gewährleisten (1964, 59ff).

Diese Antwort kann freilich nicht stimmen. Weder die formkritische noch die redaktionsgeschichtliche Erforschung der Evangelien hat nennenswerte Spuren einer antienthusiastischen Traditionsschicht oder Bearbeitung der synoptischen Überlieferung ans Licht gebracht, während die antienthusiastischen Schriften, die Paulusbriefe, das JohEv und die Briefe des Johannes, die wahre Menschheit des Gottessohnes mit dem Verweis auf das Kerygma sichern, nicht durch den Rückgriff auf die synoptische Tradition (vgl. Strecker, 1979, 179).

Wenn ein so genialer Exeget wie Käsemann eine derart anhaltlose Auskunft auf die brennende Frage nach Ursprung, Funktion und

Überlieferung der synoptischen Traditionen gibt und wenn auch Bultmann sich beiläufig in ähnlichem Sinn äußert, dann weist dieser Sachverhalt auf den offenen Horizont hin, vor dem die Frage nach der synoptischen Tradition nach wie vor verhandelt wird. Offensichtlich hat die ‚Formgeschichte' aus den Aporien dieser Frage nicht hinaus-, sondern eher noch tiefer in sie hineingeführt, zumal man an ihr selbst beobachten kann, daß sie einerseits die alte Frage nach dem historischen Jesus definitiv zu Fall brachte (→ 4.3.6), andererseits die neue Frage nach ihm hervorrief.

Die Vertreter der ‚Neuen Frage' sind, bevor sie noch das im Prinzip richtig erkannte historische bzw. traditionsgeschichtliche Problem der synoptischen Überlieferung mitsamt seinen Aporien umfassend genug beobachtet und beschrieben, geschweige denn gelöst haben, in theologisches Räsonnement verfallen, wobei fast alles, was im 18. und im 19. Jh. gelehrt und geschrieben wurde, von neuem und zur Erhellung der Gegenwart auch neu geschrieben wurde (Gräßer, 1973). Dadurch wurde das historische Problem verdeckt, und die Lösungen bleiben historisch und theologisch fragwürdig (vgl. Schulz, 1972, 33 ff). Nicht ohne Grund wendet Bultmann (1965, 195) gegen Käsemann (1964, 47) ein: „Aber rücke ich denn das Problem, warum Evangelien geschrieben wurden, beiseite durch die Argumentation, daß sich Paulus und Johannes nicht ‚nennenswert' um den historischen Jesus gekümmert hätten? ... Ich meine es gerade aufzuzeigen, während Käsemann es mir nicht zur Geltung zu bringen scheint."

Indessen vermag auch Bultmann dies Problem im Rahmen der Formgeschichte nicht zu lösen, und es stellt sich die Frage, ob dies nicht daran liegt, daß die formgeschichtliche Lösung des Problems der synoptischen Tradition selbst in Frage zu ziehen ist.

4.3.8 Kritik der Formkritik

Die Kritik der Formkritik hat sich an den → 4.3.4a aufgeführten drei wesentlichen Gesichtspunkten der ‚Formgeschichte' zu orientieren. Dabei empfiehlt es sich, angesichts der in → 4.3.5 erörterten offenen Probleme der Sammlung des synoptischen Traditionsgutes, das ‚gedächtnismäßige' Redegut der Spruchquelle Q und den ‚reflexionsmäßigen' Erzählstoff des MkEv getrennt zu behandeln.

Natürlich geht es im Folgenden nicht um die Kritik der formgeschichtlichen Methode überhaupt. Diese nahm ihren Ausgangspunkt im Bereich der neutestamentlichen Briefliteratur (Heinrici; Weiß; → 4.3.2) und ist als solche wohl begründet. Es geht im Folgenden lediglich um die Anwendung dieser anerkannten Methode auf die synoptische Tradition (vgl. Güttgemanns, 1970; Stanton, 1975).

4.3.8.1 Kritik der Formkritik: Das Erzählgut

a) Der formale Aspekt

Sieht man von dem (freilich umfangreichen) Komplex ab, den Bultmann unter ‚Geschichtserzählungen und Legenden' (vgl. bei Dibelius, ²1933, ‚Legende' und ‚Mythus') zusammengefaßt und der sich von Anfang an gegen den formgeschichtlichen Formalismus gesperrt hat, so ist unbestreitbar, daß die synoptische Tradition sich aus wenigen relativ festen Formen aufbaut.

Die zum Teil unterschiedliche Benennung und Beschreibung einzelner formgeschichtlicher Phänomene durch Dibelius und Bultmann mag die eine oder die andere Einzelbehauptung problematisch machen, problematisiert die Formgeschichte der synoptischen Tradition *als solche* aber nicht. Die Fragen nach Analogien und nach reinen bzw. idealen Formen sind angemessen.

Nur ergeben sich aus diesen formalen Erkenntnissen nicht unbedingt die soziologischen und traditionsgeschichtlichen Aufstellungen der Formgeschichte: Die synoptische Tradition muß wegen ihrer Formen nicht notwendig auf mündliche Einzeltraditionen mit einem entsprechenden Sitz im Leben zurückgehen. Auch ursprüngliche literarische Produktion kann sich solcher Formen bedienen; man vergleiche nur die zweifellos mündlich überlieferten Sprichwörter mit den literarischen Sinnsprüchen. Auch die rabbinischen Lehr- und Streitgespräche dürften im wesentlichen literarischen Ursprungs sein (vgl. Albeck, 1971, 94 ff; Neusner, 1971).

Nun gilt aber als *communis opinio* der Form-Analyse, daß der verbindende Rahmen des Evangeliums gegenüber den selbständigen Formen sekundär sei. *Wenn* die „älteste Jesusüberlieferung... ‚Perikopen'-Überlieferung" war, wie Schmidt (1919, V) schreibt, muß der Rahmen in der Tat sekundär sein. Aber entspricht dem auch die literarische Verfassung des MkEv? Wer Proseminare hält, weiß, wie schwierig es ist, den Studenten klarzumachen, daß um formgeschichtlicher Prämissen willen Rahmen und einzelne Formen getrennt werden müssen, auch wenn es dafür keine deutlichen literarischen Kriterien gibt.

Bei Bultmann liest sich das so: „In V.35f steckt die redaktionelle Arbeit des Mk, die nicht mehr reinlich auszuscheiden ist" (²1931, 230; zu Mk 4,35ff). Oder: „Am Anfang wird die redaktionelle Tätigkeit des Mk eingegriffen haben" (231; zu Mk 6,34ff). Es „muß am Anfang irgendwelche redaktionelle Verknüpfung vorliegen, die genau abzugrenzen für unseren Zusammenhang nicht nötig ist" (227; zu Mk 2,1ff; vgl. 365). „Von V.21 dürfte etwa der Anfang ... Bildung des Mk sein ..." (223; zu Mk 1,21ff) usw.

Der Befund ist deutlich: In den genannten (typischen) Fällen legen nicht literarische Gründe die Trennung von Rahmen und ‚Form' nahe, sondern die *vorausgesetzte* Selbständigkeit der Form postuliert einen sekundären Rahmen! Zu diesem Rahmen gehören unter solcher Voraussetzung verständlicherweise „fast alle Orts- und Zeitangaben, die die einzelnen Stücke zu einem größeren Zusammenhang fügen" (Bultmann, 1925, 12), obschon *literarische* Gründe auch diese These so wenig nahelegen, daß z. B. Schille zufolge, der in seiner Weise streng formgeschichtlich arbeitet, die Personen- und Ortsangaben „zum härtesten Gestein zu rechnen" sind, nämlich zu den „Gemeindegründungstraditionen" (1966, 13). Erfordert auch Bultmann zufolge „die Geschichte (! sc. Mk 2,1–12), daß der Aufenthalt Jesu in einem Hause berichtet gewesen sein muß" (²1931, 227; vgl. 12), so ist, sieht man von den formgeschichtlichen Prämissen ab, nicht einzusehen, warum „am Anfang irgendwelche redaktionelle Verknüpfung vorliegen" muß (227), die sekundär Einzelüberlieferung in das Evangelium einbaute, und warum es sich in Mk 2,1f nicht von Anfang an um das Haus des Petrus handeln soll, in das Jesus Mk 1,29 zufolge geht und vor dessen Tür sich schon Mk 1,33 zufolge die ganze Stadt drängt, zumal Jesus Mk 2,1 zufolge nach Kapernaum *zurückgekehrt* ist und man von seiner Anwesenheit „im Haus" hört. Die *Form* des Rahmens legt jedenfalls *ursprüngliche*, nicht sekundäre literarische Einheit nahe.

Schon Wilke hat mit Grund von der „Fassung der einzelnen evangelischen Erzählungen" geurteilt: „Sie sind Theile eines Ganzen, und haben daher weder die historische Umständlichkeit, noch die Anfänge und Schlüsse, die sie haben müßten, wenn sie einzeln für sich entstanden wären" (1838, 657).

In diesem Zusammenhang verdient das selten bedachte Phänomen Beachtung, daß die *Anfänge* der Perikopen kaum jemals Jesus mit Namen einführen, sondern sich mit einem Pronomen begnügen. Welchen Grund könnte der Redaktor Markus gehabt haben, den Namen Jesu, der in selbständigen Überlieferungen im Eingangsrahmen zweifellos genannt gewesen sein mußte, stereotyp zu streichen?

Theissen (1974) erwähnt dies Problem neben entsprechenden anderen und urteilt zusammenfassend: „Unser Ergebnis ist nicht eindeutig: Mk scheint die Einleitungen gestaltet zu haben. Sie restlos als seine Schöpfungen zu erklären, ist unmöglich. Nun braucht zwischen Tradition und Redaktion keine scharfe Alternative zu bestehen: Die Wundergeschichten könnten in mündlicher Tradition durch ‚Überschrift' eingeleitet worden sein, welche den Namen Jesu und (hin und wieder) eine Ortsangabe enthielt... Dieser traditionelle ‚mündliche Rahmen' wäre dann von Mk in die Erzählung integriert worden, um eine zusammenhängende Komposition zu schaffen; er hätte innerhalb seines Evangeliums ein traditionelles Moment neu ‚reproduziert'. Nun sind Vermutungen über die Gestalt mündlicher Tradition immer etwas hypothetisch" (132). Das ist Ausdruck exegetischer Verlegenheit. Zwar sind Überschriften sonst – allerdings literarisch! – bezeugt, z.B. in der Vita Apollonii (Theissen, 132). In der synoptischen (und der johanneischen) Tradition fehlen sie aber auch andeutungsweise. Also werden sie, und zwar gleich für die *mündliche* Überlieferung, postuliert! Stimmen die formgeschichtlichen Prämissen (einschließlich der von Theissen in sie eingeführten „Überschriften" der mündlichen Tradition), ist solches Postulat einigermaßen zwingend; stehen aber die Prämissen selbst in Frage, kann ein solches Postulat sie nur als unhaltbar erweisen.

Oder: *Was* beobachtet man, wenn man beobachtet, daß das Schiff Mk 6,45 zufolge nach Bethsaida aufbricht, aber in der Landschaft Gennesar ankommt und erst in 8,22 – unmotiviert – plötzlich in Bethsaida landet? Man beobachtet keineswegs ortlose Einzelüberlieferungen, die von dem Evangelisten sekundär in einen geographischen Rahmen gestellt wurden, sondern einen durchgehenden literarischen bzw. geographischen Zusammenhang, der bei Markus schon gestört ist!

Die Verlegenheit der formkritischen Analytiker ist groß. Ein Urteil wie das von Schmidt (1919) spricht für sich: „Die ... in dieser Reiseroute als solcher liegende Schwierigkeit läßt sich, wie die Erklärung der Einzelheiten noch zeigen wird, durch Ausdeutungen und Hineinlesungen unsererseits schließlich beheben" (182). Zu Mk 8,22 urteilt Bultmann (²1931), die Ortsangabe ‚sie kommen nach Bethsaida' „gehört der Redaktion, die die Einzelgeschichten in den geographischen und chronologischen Zusammenhang fügt" (227); Schmidt, der solchen Zusammenhang mit Grund nicht erkennt, schreibt: „Mk hat wohl die Ortsangabe Bethsaida schon in der Tradition vorgefunden" (207).

Zur Erzählung vom blinden Bartimäus Mk 10,46–52 lesen wir bei Bultmann: „... die enge Verflechtung der Geschichte in den Zusammenhang scheint zu zeigen, daß sie in der vorliegenden Form eine späte Bildung ist" (²1931, 228). Die Logik dieses Satzes verlangte statt ‚späte Bildung' ein ‚redaktionelle Bildung'; jedenfalls haben wir es mit einer streng auf ihren Rahmen bezogenen Geschichte zu tun. Ähnlich urteilt Bultmann zu Mk 5,21 ff: „Eigenartig ist die Verflechtung zweier Wundergeschichten, die dem Mk schon vorgelegen zu haben scheint, wie auch die redaktionelle Verknüpfung mit dem vorigen V.21 nicht erst von ihm stammen wird" (228).

Damit tritt das Problem vormarkinischer Sammlungen in den Blick, für die über das von Bultmann genannte Beispiel hinaus in der Tat das oft zu beobachtende Faktum vormarkinischer Rahmung spricht. Aber die Existenz solcher Sammlungen ist mehr als nur unwahrscheinlich (→ 4.3.5 a) und ein unbegründetes Hilfspostulat der Formgeschichte. Will man deshalb an den genannten Beobachtungen, die in der Tat für einen vormarkinischen literarischen Zusammenhang sprechen, festhalten, so hilft nur die Flucht nach vorne: Die scheinbar selbständigen Einzelsammlungen sind in Wahrheit von Anfang an Teil eines umfassenden Evangeliums, das Markus bereits vorgelegen hat.

Eine Betrachtung der beiden ‚vormarkinischen Sammlungen', die einer Auflösung in Einzelüberlieferungen überhaupt widerstehen – die markinische Vorgeschichte bis hin zur Berufung der ersten Jünger und die Passions- und Ostergeschichte –, bestätigt dies Urteil. Bultmann hat die Gefahr beobachtet, die von diesen beiden Textkomplexen für den strengen formgeschichtlichen Ansatz ausgeht, weil ihre einzelnen Stücke „ihre Pointe erst durch die Beziehung auf einen Zusammenhang erhalten" (260). Dennoch bzw. deshalb löst Bultmann die entsprechenden Zusammenhänge so weit wie möglich in *einzelne* Erzählungen auf, die „zwar nicht alle, aber zum großen Teil unabhängig von einer zusammenhängenden Darstellung" (297) entstanden sind. Bultmanns literarisches Zugeständnis, „ein kurzer Bericht geschichtlicher Erinnerung von Jesu Verhaftung, Verurteilung und Hinrichtung" (298) – den er literarisch freilich gar nicht nachweisen kann! – habe außerdem existiert, weist Eta Linnemann in beachtlicher Konsequenz des formgeschichtlichen Ansatzes zurück: Die Passionsgeschichte „ist von Anfang bis Ende vom Evangelisten aus selbständigen Einzeltraditionen komponiert" (1970, 173 f; vgl. Schreiber, 1967, 22 f).

4.3.8.1   Mündliche Tradition vor dem MkEv und vor Q   303

Aber diese bewundernswürdige formgeschichtliche Konsequenz widerspricht dem literarischen Befund. Eine von einseitigen formgeschichtlichen Prämissen unabhängige Betrachtung der Passionsgeschichte muß sogar Dibelius über Bultmann hinaus recht geben: Die Passionsgeschichte hat von Anfang an die Begebenheiten im größeren Zusammenhang dargestellt (^{2}1933, 178 ff). Inwiefern aber hebt sie sich im übrigen von dem vorhergehenden Evangelium formgeschichtlich ab? Wächst die Passionsgeschichte nicht organisch und ohne sichtbaren Übergang aus dem Evangelium heraus?

Entsprechendes gilt von der markinischen Vorgeschichte: Der Täufer bereitet das Auftreten Jesu vor; die Messiasberufung Jesu informiert den Leser des *Evangeliums*, von wem in diesem Evangelium durchgehend gehandelt wird; die sogenannte Versuchungsgeschichte erprobt den nach seiner Taufe Berufenen für sein im folgenden erzähltes Werk; die Jünger werden zu den Begleitern Jesu während seiner Wirksamkeit berufen usw.

Weisen die markinischen Vorgeschichten vorbereitend in das Evangelium ein, ohne doch erst redaktionell zu sein, so vollendet die Passionsgeschichte ohne ersichtlichen literarischen Bruch des Evangelium. So wenig es einen literarischen Abschluß der Vorgeschichte gibt, so wenig einen literarischen Anfang der Passionsgeschichte. Die Einzugsgeschichte hängt an der Heilung des blinden Bartimäus, diese an Jesu Weg durch das Ostjordanland usw.

Der Todesanschlag (Mk 14,1–2), von Dibelius (^{2}1933, 181 f) und Bultmann (^{2}1931, 300) notgedrungen als Anfang der Passionsgeschichte betrachtet, ist in Wahrheit erst redaktionell markinisch (Schmithals, 1979, 586 ff). Die Abgrenzungen der Passionsgeschichte werden deshalb auch ganz verschieden vorgenommen; vgl. z. B. Taylor (^{2}1935, 44 ff; 1953, 653 ff); Redlich (1939, 161 f); Schick (1940, 88 ff); Schelkle (1949, 8 f); Grant (1943, 58 f; 1957, 78 f); Knox (Bd 1, 1953, 115 ff); Buse (1957/58, 215 ff); Temple (1960/61, 77 ff); Bartsch (1962, 449 ff); Pesch (Bd 2, 1977, 1).

Ich verweise ferner auf die von Dibelius so genannten Novellen, die er (^{2}1933, 67) folgendermaßen beschreibt: „Breite, die eine paradigmatische Verwendung unmöglich macht, Technik, die eine gewisse Lust zu fabulieren verrät, Topik, die diese Erzählungen solchen literarischen Gattungen näher rückt, wie sie außerhalb des Christentums in der ,Welt' gepflegt werden ... Denn hier ist ein literarischer Name am Platz; die Gattung, die es zu beschreiben gilt, hat mehr Anteil an der Welt und ihren literarischen Formen als das Paradigma." Dibelius sieht richtig, daß die einschlägigen Stücke *literarischen* Charakter tragen, wenn er auch meint, die von ihm vermutete Weiterbildung von Paradigmen zu Novellen setze „nicht immer einen literarischen Prozeß" voraus (96).

Bultmann hat versucht, sich solcher ‚literarischen' Konsequenz dadurch zu entziehen, daß er die ‚Novellen', soweit es ihm möglich erschien, auf ‚einfache' Wundergeschichten reduzierte. So sollen in der Erzählung vom Epileptischen (Mk 9,14–27) zwei ursprünglich selbständige „einfache" Wundergeschichten verbunden worden sein (²1931, 225f). Die Heilung des Paralytischen (Mk 2,1–12) lasse die sekundäre Ergänzung einer einfachen Wundergeschichte durch eine Debatte erkennen (12f).

Dies zweifelhafte Rezept läßt sich aber nicht immer durchführen, z. B. nicht bei dem Besessenen von Gerasa oder bei dem blinden Bartimäus, zu dessen Heilung Bultmann bedauernd feststellt: „Es ist kaum möglich, eine ursprüngliche, stilgemäß erzählte Wundergeschichte als Grundlage zu erkennen" (228), und dort, wo Bultmanns Reduktion auf einfache Formen gelingt, folgt er eher einer formgeschichtlichen Prämisse als literarkritischen Hinweisen.

So hat man mit der gleichen formgeschichtlichen Konsequenz, mit der Bultmann annimmt, zwei ursprünglich selbständige Wundergeschichten seien kombiniert worden, die Geschichte von der Heilung des Epileptischen auch so analysiert, daß *eine* Wundergeschichte nachträglich erweitert wurde, wobei wiederum die einen in Jesu Gespräch mit dem Vater den Kern dieser alten Wundergeschichte erkennen, die anderen dagegen gerade dieses Gespräch für die wesentliche Erweiterung des alten Bestandes halten (vgl. Schmithals, 1979, 407ff). Jede dieser Analysen hat indessen zur Folge, daß eine theologisch durchdachte Erzählung zugunsten formalisierter ‚reiner' Formen preisgegeben wird.

Das wäre auch der Fall, wollte man die Mischform von Wundergeschichte und Apophthegma (Die gelähmte Hand, Mk 3,1–6; Die Syrophönizierin, Mk 7,24–31; Der Hauptmann von Kapernaum, Mt 8,5–13par) in die ‚reinen' Formen auflösen. Das geht indessen schon formal so wenig, daß Bultmann sich zu Recht darum gar nicht bemüht, ohne sich freilich der Tatsache zu stellen, daß damit der formgeschichtliche Ansatz im strengen Sinn preisgegeben wird. Kann es sich denn bei den Mischformen um anderes handeln als um ursprünglich literarische Stücke?

Man muß die damit anvisierte Aporie scharf formulieren: Entweder hat die mündliche Tradition sich der kleinen stilgemäßen Formen be-

4.3.8.1 Mündliche Tradition vor dem MkEv und vor Q 305

dient – dann muß man fragen, warum sie diese ‚Schablonen' überhaupt überlieferte. (Paulus hätte sie dann mit gutem Grund ignoriert!) Oder die Tradition kannte von Anfang an die vorliegenden theologisch reflektierten Erzählungen – dann muß man sich fragen, wie diese kunstvollen Schöpfungen in freier Überlieferung weitergegeben worden sein sollen.

Bultmann löst nicht selten *ursprüngliche* theologische Zusammenhänge auf, um reine Formen der mündlichen Überlieferung zu gewinnen. Die Predigt und die Heilung in der Synagoge von Kapernaum (Mk 1,21–28) gehören *wesentlich* zusammen (Schmithals, 1979, 116 ff); anders Bultmann (²1931, 223 f). Die Klage über das orientierungslose Volk und die wunderbare Speisung der 5000 sind *ursprünglich* aufeinander bezogen und nur *miteinander* überhaupt zu verstehen (Mk 6,34–44; Schmithals, 1979, 320 ff); anders Bultmann (²1931, 231 f). Die Debatte mit den Schriftgelehrten ist ein von Anfang an integrierender Bestandteil der Erzählung vom Paralytischen (Mk 2,1–12; Schmithals, 1979, 148 ff); anders Bultmann (²1931, 227).

Bultmanns Analysen sind in diesen und anderen Fällen formal korrekt und haben deshalb allgemein Anklang gefunden. Stets tauscht er aber, wie die Auslegung zeigt, eine theologische Erstgeburt gegen das Linsengericht ‚reiner' Formen ein, aus denen theologische Aussagen kaum noch gewonnen werden können.

Schließlich weise ich auf ein mit dem Siegeszug der Formgeschichte zu Unrecht in Vergessenheit geratenes Phänomen hin. Das vormarkinische Erzählgut weist einen im wesentlichen einheitlichen Erzählstil auf, der in den Geschichten selbst, nicht in einer sekundären Redaktion sitzt. Das hat vor allem Wendling (1908) in einer insoweit gelungenen philologischen Untersuchung nachgewiesen (→ 4.4.1); auch Bultmann hatte von Wendlings Buch das Empfinden, daß es „wohl nicht genügend Berücksichtigung gefunden" habe (²1931, 2), konnte es selbst aber erst recht nicht berücksichtigen. So stammen z. B. die Einzugsgeschichte und die Erzählung von der Auffindung des Abendmahlssaales, die Berichte von der Heilung des Besessenen in der Synagoge zu Kapernaum und des Dämonischen von Gerasa, die Heilung des Epileptischen und die des blinden Bartimäus jeweils und insgesamt von derselben Hand. Dazu gibt es übergreifende *theologische* Zusammenhänge, in welchen die scheinbar selbständigen Einzelüberlieferungen des MkEv ursprünglich miteinander verbunden waren. So sind die Himmelsstimme bei der Berufung und bei der Verklärung (=

österliche Proklamation) Teile *einer* christologischen Konzeption (nicht des Markus). Die Darstellung des Petrus von seiner Berufung an über sein Wirken mit Jesus und seine Verleugnung bis hin zu seiner österlichen Zeugenschaft bildet einen von Anfang an geschlossenen und nur in solchem Zusammenhang verständlichen Entwurf des exemplarischen Jüngers bzw. Christen. Theologische Begriffe wie „Sünde" oder „Glaube" werden einheitlich verwendet und in Abfolge und (ursprünglichem) Aufbau einzelner Erzählungen *zusammenhängend*, aber außerhalb der markinischen Redaktion entfaltet.

Solche Beobachtungen (Schmithals, 1979) weisen darauf hin, daß dem Evangelisten Markus nicht formgeschichtlich erhebbare Einzelüberlieferungen vorgelegen haben, die er in einen dürftigen Rahmen faßte, sondern daß er ein einheitliches, ursprünglich literarisches Evangelium verfaßte oder benutzte, das sich als solches zwar bestimmter Formen bediente, nicht aber entsprechender mündlicher Überlieferungen.

b) Der soziologische Aspekt

Im Rahmen der Formgeschichte gehört der ‚Sitz im Leben' gleich ursprünglich und gleich wesentlich mit der Form selbst zu den einzelnen Formstücken. So ist denn auch bei Bekenntnissen, Hymnen, Katechismussätzen usw. der ‚Sitz im Leben' meist auf Anhieb zu erkennen. Vgl. → 3.4.5.1 a.

Sucht man nach vergleichbarem Material innerhalb der markinischen Erzählungen, so bietet sich nur *ein* Stück an: die Abendmahlsworte. Sie geben nicht nur eine eigentümliche Form und eine deutlich sichtbare Traditionsgeschichte zu erkennen (vgl. 1 Kor 11,23 ff), sondern sie haben auch einen unverkennbaren kultischen ‚Sitz im Leben'. So und damit fallen die Abendmahlsworte aber aus der übrigen markinischen Tradition heraus; sie wirken im MkEv, formgeschichtlich gesehen, als Fremdkörper, der fragen läßt, ob das übrige Material dann einer entsprechenden formgeschichtlichen Betrachtungsweise überhaupt offensteht.

Dibelius hat für seine Formgeschichte des Evangeliums die konstruktive Methode gewählt, die beim soziologisch erhebbaren ‚Sitz im Leben' ansetzt und versucht, „Lebensbedingungen und Lebensfunktionen der ersten christlichen Gemeinden zu erschließen" (^{2}1933, 9), um so die einzelnen Formen auf dem Hintergrund der geschichtlich-sozialen Lage zu analysieren (→ 4.3.3). Dibelius behandelt zuerst die

4.3.8.1 Mündliche Tradition vor dem MkEv und vor Q

Paradigmen, die als *Predigtbeispiele* ihren ‚Sitz' im Leben der Gemeinde haben. Die Paradigmen können in der Tat als Predigtbeispiele dienen. Sie könne aber ebensowohl – wie für uns – Predigttext gewesen sein. Es kann sich bei ihnen aber auch um katechetisches Material handeln, sei es für den Schulbetrieb, sei es für die Mission. Bultmann wiederum hält sie – jedenfalls die Streitgespräche – für Exempel aus der Polemik und Apologetik der Gemeinde (²1931, 41.49ff. 63f) usw.

Das heißt: Die Paradigmen selbst geben ihren ‚Sitz im Leben' gar nicht zu erkennen! Dibelius konstruiert den ‚Sitz' Predigtbeispiel deshalb auch aus seiner allgemeinen Predigttheorie.

Nun besitzen wir aus frühchristlicher Zeit nicht wenig an Predigtmaterial (im weitesten Sinn). Nirgendwo begegnet in solchem Zusammenhang ein Paradigma. Man vergleiche nur die (angeblichen) Predigtparadigmen, die Lukas in seinem Evangelium überliefert, mit den Predigten in der Apostelgeschichte, die nie ein solches ‚Paradigma' aufgreifen. Lukas kennt das ‚Paradigma' also als Predigtbeispiel nicht, sondern nur als literarische Größe.

Dibelius verweist allerdings auf eine Analogie. In 1 Clem 4,1–7 belegt der Verfasser die Verderblichkeit von Eifersucht und Neid mit der ausführlich dargebotenen Erzählung von Kain und Abel. Diese Analogie eines *literarischen* alttestamentlichen Textes ist freilich für eine *formgeschichtliche* Untersuchung recht weit hergeholt. Immerhin wird man der Folgerung, die Dibelius zieht, nicht zu widersprechen brauchen: „In solcher Weise etwa konnten auch die christlichen Prediger einen Bericht von Jesu Taten in ihre Rede verflechten" (²1933, 23). Nur sind sie nach Ausweis unserer Quellen allem Anschein nach so nicht verfahren! Deshalb stellte schon Bultmann lapidar fest: „Daß die Apophthegmata in der Predigt eine Rolle gespielt haben, wie M. Dibelius meint, glaube ich nicht" (²1931, 395); vgl. Casey (1937, 115f); Stendahl (1954, 13ff); Riesenfeld (1957, 12.16); Güttgemanns (1970, 190ff); Robinson (1956, 55ff); Wilckens (1961, 72ff; 1961, 274). Schon Dibelius selbst hielt zu genauen Nachfragen nach der Predigt als dem ‚Sitz' der ‚Paradigmen' im Gemeindeleben entgegen: „Man vergißt dabei, daß es sich um eine Konstruktion handelt, und daß ausführliche Beschreibung des nur Erschlossenen die Gefahr des Irrens vergrößert" (1929, 191; vgl. Iber, 1956/57, 308ff).

Nach den Paradigmen behandelt Dibelius die Novellen; „ihre Formung verrät deutlich, daß sie nicht für die Zwecke der Predigt geschaffen, nicht bei Gelegenheit der Predigt als Beispiele vorgetragen wurden" (²1933, 67). Für die Novellen rechnet Dibelius mit dem Stand eines christlichen Erzählers, von dem wir aber in der frühchristlichen Literatur nie etwas erfahren. Der von Dibelius für die ‚Novellen' angenommene ‚Sitz im Leben' ist also ein weder von den Novellen selbst noch von unseren sonstigen Quellen gedecktes Postulat. Indessen verlangt die unterschiedliche Form von Paradigma und Novelle nach den formgeschichtlichen Prämissen auch einen unterschiedlichen ‚Sitz im Leben', der frei konstruierend ersonnen wird.

Die danach von Dibelius besprochenen ‚Legenden' stehen „an der Peripherie der evangelischen Überlieferung" (130) in schon eher literarischem Feld; das erlaubt ihm, in ihrem Fall von der Frage nach dem ‚Sitz im Leben' überhaupt abzusehen.

Für die zusammenhängende Passionsgeschichte stellt Dibelius dagegen diese Frage präzise. Ausgehend von den passionskerygmatischen Formeln postuliert er ein ‚Bedürfnis' der frühen Gemeinde nach einem entsprechenden Text, „um so mehr als nur die Darstellung der Folge von Passion und Ostern die Paradoxie des Kreuzes auflöst, nur die Verbindung der Ereignisse dem Bedürfnis nach Deutung Genüge tut, nur die Verknüpfung der einzelnen Vorgänge die Schuldfrage beantworten kann. Es sind die Interessen der Erbauung, primitivster Theologie und einfachster Apologetik, die hier zusammenkommen ... So müssen wir die Existenz einer Leidensgeschichte voraussetzen, da die Predigt, Missions- wie Gemeindepredigt, einen solchen Text brauchte" (^{2}1933, 21). Doch auch abgesehen davon, daß nur eine formgeschichtlich verformte Passionserzählung als Ausdruck ‚primitivster Theologie' gelten kann: nirgendwo begegnen wir in der frühen Missions- und Gemeindepredigt dem von Dibelius postulierten ‚Text', wohl aber allerorten den passionstheologischen Formeln! Mit seiner Auffassung der Leidensgeschichte als ‚Kultgeschichte' gibt nicht von ungefähr schon 1922 Bertram eine wesentlich andere Antwort als Dibelius auf die Frage nach dem ‚Sitz im Leben'; vgl. Schille (1955); Feneberg (1980, 131 ff).

Greift man nun nach Bultmanns ‚Geschichte der synoptischen Tradition', so findet man gar keine deutliche Behandlung des soziologischen Gesichtspunktes. Das Sachregister enthält den Begriff ‚Sitz im Leben' überhaupt nicht. Er begegnet allerdings sachgemäß in der Einleitung, wenn auch erst seit ^{2}1931 und in sehr allgemeiner Fassung: „Jede literarische Gattung hat ... ihren ‚Sitz im Leben' (Gunkel), sei es der Kultus in seinen verschiedenen Ausprägungen, sei es die Arbeit, die Jagd oder der Krieg" (4). Bei der Analyse wird diese Einsicht aber nur gelegentlich auf den synoptischen Stoff angewandt, namentlich bei den Apophthegmen: Die Streitgespräche gehören in die Apologetik und Polemik der palästinischen Gemeinde (41), wenn es auch durchaus möglich ist, „daß manche Streitgespräche aus Debatten *innerhalb* der Gemeinde entstanden sind" (56), was Dibelius „für zum mindesten fraglich" hält (1929, 195). Über den Ort der Schulgespräche im Gemeindeleben äußert sich Bultmann nicht ausdrücklich (56 ff), doch dürfte schon der Begriff ‚Schulgespräch' auf theologische Debatten innerhalb der Gemeinde hinweisen, während im Blick auf die ‚biographischen Apophthegmata' nach Bultmanns Überzeugung „Dibelius' Theorie von Predigt-Paradigmen ihr größtes Recht zu haben scheint" (64).

Erst am Schluß seiner Untersuchung kommt Bultmann auf die Frage nach den Motiven der Traditionsbildung zurück – der Begriff ‚Sitz im Leben' begegnet bezeichnenderweise nicht –, und nun heißt es hinsichtlich des uns interessierenden Überlieferungsgutes: „Daß man auch Geschichten von Jesus – biographische Apophthegmata, Wundergeschichten und anderes – in der Gemeinde erzählte und überlieferte, ist nur natürlich. Und so gewiß man etwa die Wundergeschichten für Apologetik und Propaganda als Messiasbeweise benutzt haben wird, so wenig ist es möglich, ein spezielles Interesse als beherrschenden Faktor anzusehen; wie es denn überhaupt nicht richtig ist, *nur* nach Zweck und Bedürfnis zu fragen; denn ein geistiger Besitz objektiviert sich auch ohne spezielle Zwecke" (393). Etwas später liest man: Es „ist freilich schwer im einzelnen zu sagen, welche bestimmten Stücke der Tradition in konkreten Situationen des Gemeindelebens eine Rolle spielten". Vieles hat Bultmann zufolge „ganz wesentlich eine literarische Existenz geführt. ... Im übrigen gilt, daß das Schwergewicht der einmal vorhandenen Tradition für ihre Fortpflanzung sorgt, auch wenn ein konkretes Bedürfnis für manche ihrer Bestandteile nicht mehr vorhanden ist" (395). Schon früher hatte Bultmann zu den Apophthegmen geschrieben: „Dabei halte ich die Frage, wieweit solche Formung in der mündlichen oder in der schriftlichen Tradition erfolgt ist, für relativ nebensächlich. Beide Stufen der Tradition kommen in Betracht" (50).

Solche die einzelnen Analysen des umfangreichen Stoffes zusammenfassenden Urteile bedeuten offensichtlich eine durch diesen Stoff erzwungene und durch Dibelius' konstruktive Methode nur verdeckte praktische Resignation gegenüber der für die angewandte formgeschichtliche Methode an sich als notwendig anerkannten Frage nach dem ‚Sitz im Leben', auch wenn Bultmann sich diese Frage für jenen Stoff immerhin offen hält, dessen Ursprung er – mit schlechten Gründen – in das überlieferungsgeschichtliche Dunkel der palästinischen

Gemeinden verlegt, in denen er in formgeschichtlicher Inkonsequenz derselben Form – dem Apophthegma – ganz unterschiedliche ‚Sitze im Leben' zuweist. Die Texte selbst verraten auch in Bultmanns Analyse ihren ‚Sitz im Leben' offenkundig nicht, so daß er auf bloße Vermutungen angewiesen bleibt, und sofern diese Vermutung auf *literarische* Formung geht, entfällt die formgeschichtliche Fragestellung im wesentlichen überhaupt.

Man muß deutlich sehen, welches Phänomen hier zu beobachten ist: Weder Dibelius noch Bultmann gelingt es auch nur an einem einzigen Text der synoptischen Überlieferung – von den Abendmahlsworten abgesehen –, die Frage nach dem ‚Sitz im Leben' anders als hypothetisch zu beantworten. Das forschungsgeschichtliche Urteil Ibers kommt nicht von ungefähr: „Die Bestimmung des ‚Sitzes im Leben'... ist, soviel ich sehe, nirgends Gegenstand ausführlicher Erörterung geworden" (1956/57, 285). Und prüft man die vorgetragenen Hypothesen an den uns zur Verfügung stehenden Quellen nach, lassen sie sich in keinem Fall verifizieren, vielmehr nur als unwahrscheinlich oder als unhaltbar erweisen (vgl. schon Fascher, 1924, 212 ff). Dies Urteil trifft auch auf analoge Thesen wie die Ansicht Riesenfelds zu, die synoptische Tradition sei im Gottesdienst der Gemeinde als ‚Heilige Schrift' verlesen worden (1957, vgl. → 3.4.5.2 Ab; Kilpatrick, 1946), oder die Meinung Stendahls (1954), die Jesusüberlieferung sei von besonderen ‚Dienern' außerhalb des Gottesdienstes den Gemeinden lehrmäßig mitgeteilt worden (→ 3.4.5.2 Ab). Schille hat 1966 den originellen Versuch gemacht, den ‚Sitz im Leben' vieler synoptischer Perikopen von ihren topographischen Angaben her zu bestimmen, die er also im Gegensatz zur formgeschichtlichen ‚Rahmentheorie' für ursprünglich hält, und sie als ‚Gemeindegründungstraditionen' zu verstehen. Indessen gibt es die *Form* ‚Gemeindegründungstradition' nicht, und wir haben auch keinerlei Nachrichten über solche Traditionen und über einen dementsprechenden spezifischen ‚Sitz im Leben' der jeweiligen Gemeinde.

Man soll sich nicht scheuen, aus diesem Sachverhalt die notwendige Konsequenz zu ziehen: Wenn und weil der ‚Sitz im Leben' für die formgeschichtliche Analyse ebenso konstitutiv ist wie die Form selbst, läßt sich die formgeschichtliche Fragestellung auf das einschlägige markinische Material aufs Ganze gesehen überhaupt nicht anwenden. Formen ohne ‚Sitz im Leben' sind keine Formen im Sinne der Formgeschichte.

Einen ‚Sitz im Leben' bloß zu postulieren, weil es zur Formgeschichte der synoptischen Tradition keine Alternative gibt, geht nicht an. Der exegetische Befund verlangt statt dessen, eine Alternative zu finden.

Übrigens verrät auch unsere Begrifflichkeit das hier vorliegende Dilemma. Seit Jeremias vom ‚Sitz' eines Gleichnisses *im Leben Jesu* gesprochen hat, den er von einem anderen ‚Sitz' desselben Gleichnisses *im Leben und Denken der Urkirche* unterschied (²1952, 16; vgl. Marxsen, 1956, 12), gebrauchen wir diese untechnische Redeweise auch sonst. Man redet vom ‚Sitz' in der palästinischen und vom ‚Sitz' in der paulinischen Gemeinde usw. Schürmann (1968, 39ff) spricht im Blick auf die Worte Jesu vom „inneren Sitz im Leben" des Jüngerkreises, nämlich in der Bekenntniskontinuität mit Jesus, und vom „äußeren Sitz im Leben", nämlich in der Situation der (vor Ostern) zur Verkündigung ausgesandten Jünger, den er zugleich den „ersten Sitz im Leben" nennt, dem nachösterliche „Sitze im Leben" folgen. Diese verbreitete Redeweise (vgl. Kertelge, 1974, 137ff) wäre undenkbar, wenn der Begriff ‚Sitz im Leben' eine einsichtige formgeschichtliche Bedeutung im Rahmen der synoptischen Tradition besäße! Er besitzt solche Bedeutung so wenig, daß er frei geworden ist und für eine ganz un-formgeschichtliche Verwendung zur Verfügung steht, die sich freilich insofern formgeschichtlich gibt, als sie den traditionsgeschichtlichen Prozeß markiert, der das dritte Kriterium der Formgeschichte darstellt.

c) Der traditionsgeschichtliche Aspekt

Der traditionsgeschichtliche Gesichtspunkt fordert freilich, wann immer er auf die synoptische Tradition des MkEv angewandt wird, erst recht eine Kritik der Formkritik heraus.

Die Kritik an der Predigttheorie von Dibelius entzündet sich durchweg an der Beobachtung, daß das einschlägige Gut im Umkreis der frühchristlichen Predigtüberlieferung nicht begegnet. Aber es begegnet auch andernorts nicht! (→ 3.4.5)

Darum hilft es nichts, wenn Bultmann damit rechnet, die Überlieferung habe auf hellenistischem Boden schon bald „eine literarische Existenz geführt" (²1931, 395), Stendahl das entsprechende Material in die Katechese verweist (1954), Gerhardsson in die Missionspredigt (→ 3.4.5.2 Ab), Riesenfeld seine liturgische Verwendung als Schriftlesung annimmt (→ 3.4.5.2 Ab) und Güttgemanns von „urgeschichtlichem Dunkel" spricht (1970, 195ff) usw.

In allen diesen Fällen müßte es das synoptische Gut *als lebendig tradiertes* gegeben haben. Es müßte also zumindest partiell und sporadisch außerhalb der synoptischen Evangelien auftauchen und den formgeschichtlichen Regeln zufolge auch selbst in solchem Traditionsprozeß ‚gezeichnet' worden sein. Aber es begegnet bis weit in das zweite Jahrhundert hinein nirgendwo vor, neben und nach der synoptischen Tradition selbst, und es zeigt dementsprechend auch nicht den geringsten Einfluß z. B. der paulinischen Theologie oder der spezifischen Probleme, die in der paulinischen Gemeinde aufgebrochen sind.

Paulus kennt nur ein Stück des hierher gehörenden Materials, die Abendmahlsworte, also jenes Stück, das als einzige einschlägige Überlieferung im MkEv dem formalen, dem soziologischen und dem traditionsgeschichtlichen Kriterium der Formgeschichte gewachsen ist. Das notwendige formgeschichtliche Kriterium, demzufolge wir es in der erzählenden synoptischen Tradition mit alten, in der Gemeinde nach deren lebendigen Bedürfnissen überlieferten und vermehrten Stoffen zu tun haben, und die unbestreitbare Tatsache, daß wir diesen Stoffen in den Quellen, die uns das gemeindliche Leben vielfältig widerspiegeln, außerhalb der Evangelien selbst bis weit in das 2. Jh. hinein nicht begegnen, lassen sich nicht miteinander ausgleichen.

Diese Erkenntnis führte zur Überwindung der Traditionshypothese und stand Pate bei der Begründung der Zwei-Quellen-Theorie (→ 3.4.5.1); mit ihrer Hilfe wurde der Angriff von Strauß auf die Zuverlässigkeit der synoptischen Tradition abgewehrt (→ 3.6.1). Als die Forschung im Laufe der zweiten Hälfte des vorigen Jahrhunderts entgegen dem ‚literarischen Kurzschluß' bei Wilke und Weisse (→ 4.3.1) Strauß zunehmend Konzessionen machte und zwischen die evangelischen Ereignisse und unsere ältesten evangelischen Quellen, MkEv und Q, eine sich immer mehr ausweitende Schicht mündlicher Überlieferung einschob, ging die Einsicht verloren, daß die synoptische Tradition für die Urchristenheit keineswegs fundamental war und außerhalb der Evangelien kaum benutzt und tradiert wurde. Sie war den Wegbereitern der Formgeschichte (→ 4.3.1; 4.3.2) sowie der formgeschichtlichen Schule selbst nicht mehr präsent und blieb deshalb unbeachtet, wozu natürlich beitrug, daß die theologische Entwicklung ohnedies auf eine Kerygma-Theologie hin tendierte (→ 4.1; 4.3.6; vgl. Furnish, 1965), die kein primäres theologisches Interesse an der evangelischen Überlieferung besaß. Denn: „The content of this early kerygma ... consisted of brief statements that Jesus is the Christ, the Son of God, and Lord, that as the prophets had predicted in the Scriptures, he had died according to God's foreknowledge and plan, had been raised from the dead, had ascended to heaven, and would return. This oral tradition contains no words of Jesus and no events in his career before his death ... The NT and the Apostolic Fathers show that the synoptic gospels did *not* become standard in the churches before the middle of the second century" (Teeple, 1970, 56. 70; vgl. → 3.4.5).

Eine mündliche Überlieferungsschicht, das Fundament aller formgeschichtlichen Arbeit, läßt sich also für das synoptische Erzählgut nicht nachweisen; alles spricht vielmehr dafür, daß es diese Schicht nachweislich nicht gegeben hat. Die wenigen Stücke erzählenden Sondergutes im LkEv, die auf eine freie mündliche Überlieferung hinweisen könnten, vermögen diese Erkenntnis nicht zu widerlegen (→ 5.2.7).

Was sich so dem von der synoptischen Tradition aus nach *außen* gerichteten Blick zeigt, korrespondiert Beobachtungen, die der nach *innen*, auf diese Tradition selbst gerichtete Blick macht (vgl. schon → 4.3.5 c). Die Formgeschichte baut mit Recht auf der Markus-Priorität auf; das MkEv ist das älteste Evangelium. Gleichgültig, ob Markus mehr mündliche Einzelüberlieferungen oder mehr kleine Sammlungen (Diegesen) zusammenstellte (→ 4.3.5 b): Das von ihm komponierte Material war, folgt man den formgeschichtlichen Prämissen, im Bewußtsein und in den entsprechenden Begehungen der Gemeinde fest verankert, während das MkEv selbst ein Novum war, dessen unmittelbarer Einfluß zunächst nur gering und lokal begrenzt gewesen sein kann. Die größere Bedeutung müßte weiterhin der frei tradierte Stoff an seinen verschiedenen ‚Sitzen' im Leben der Gemeinden gehabt haben, den Markus *sekundär* für ein lokal vermutlich sehr begrenztes Gebiet der Kirche zusammenstellt.

Tatsächlich aber muß ganz Unwahrscheinliches geschehen sein: Markus müßte das von ihm gebotene Traditionsgut nicht nur gesammelt, sondern auch weltweit in sein Evangelium hinein aufgesogen haben. Denn in welchem urgeschichtlichen Dunkel wir es vor Markus auch vermuten mögen: nach Markus finden wir es nur noch im MkEv! Es muß also alles allerorts Vorhandene verschluckt haben. Das von Markus gesammelte Gut begegnet uns nach Markus nur noch als markinisches, und zwar auch innerhalb der synoptischen Tradition selbst. Denn Matthäus und Lukas haben nicht die in ihren Gemeinden nach den formgeschichtlichen Prämissen primär verbreiteten und benutzten ‚freien' Überlieferungen aufgegriffen, sondern haben sich an das literarische Produkt ‚MkEv' angeschlossen, das, wie die freie Benutzung des MkEv durch Matthäus und Lukas zeigt, ihren Gemeinden nicht vertraut gewesen sein kann (→ 5.1.4).

Das in dieser Beobachtung gesichtete Problem stellt sich bereits für die klassische Traditionshypothese. Sie löste es mit der Auskunft, die Niederschrift des Evangeliums sei eine „Privatsache" gewesen, die „durchaus keine Änderung in der Manier des Unterrichts" bewirkte, für welche die synoptische Tradition wie zuvor mündlich überliefert wurde (Gieseler, 1818, 116f; vgl. Reuss, ^{5}1874, 163ff; → 3.4.5.1 b).
Angesichts des heute allgemein anerkannten *kerygmatischen* Charakters der Evangelien, der ihren ‚Sitz' im Leben der *Gemeinde* festlegt, steht diese Auskunft der Traditionshypothese den Forschern nicht mehr zur Verfügung. Der formgeschichtlichen Schule bleibt in der Regel nichts anderes übrig, als die Benutzung der parallelen mündlichen Tradition neben der schriftlichen durch Matthäus und Lukas zu *postulieren;* denn „aus den Erkenntnissen der Formgeschichte" ergibt sich „zweifellos", wie Kümmel (^{17}1973, 52f) feststellt, „daß auch bei der weiteren Umformung der ältesten Evangelienschriften in die kanonischen Evangelien die mündliche Tradition eine entscheidende Rolle spielte". Schon B. Weiss hatte erklärt, erst die fortlaufende mündliche Überlieferung habe „den evangelischen Schriftstellern die freie Bewegung gegeben, mit welcher sie auch ihre schriftlichen Vorlagen immer wieder neu umgestalteten" (^{3}1888, Band 1, 27), und für Cullmann folgt dementsprechend aus dem formgeschichtlichen Postulat der fortlaufenden mündlichen Tradition, „deren unbewußte Zeugen die Evangelisten" sind, „daß weder Matthäus noch Lukas für die Veränderungen verantwortlich sind, die die Berichte in ihren Evangelien Markus gegenüber erfahren haben" (1966, 55f), ein 1925 geäußertes und inzwischen durch die redaktionsgeschichtliche Arbeit definitiv widerlegtes Urteil (→ 5.1).
Vereinzelte Versuche, das logische Postulat der Formgeschichte, den Evangelisten Matthäus und Lukas hätte neben dem MkEv der breite Strom mündlicher Erzählüberlieferung zur Verfügung gestanden, empirisch einzuholen (Dibelius, 1926, 41.48ff; Dahl, 1955/56; Bonnard, 1962, 451; Schramm, 1971; Riesner, 1981), vermögen nicht zu überzeugen. Es gibt keine einigermaßen deutlichen Anzeichen dafür, daß Matthäus und Lukas den von Markus gestalteten Stoff nach der normativen Überlieferung in ihren Gemeinden korrigiert oder ergänzt haben, während redaktionell-tendenziöse Bearbeitungen und Ergänzungen durchgehend und in großem Maße feststellbar sind (→ 5). Auch bei den Dubletten der Erzählüberlieferung (Speisung: Mk 6,32–44 und 8,1–9; Salbung: Lk 7,36–50 und Mk 14,3–9; Berufung: Lk 5,1–11 und Mk 1,16–20; Blindenheilung: Mt 20,29–34 und 9,27–31) erweist sachgemäße Exegese den jeweils zweiten Text als redaktionell.

4.3.8.1 Mündliche Tradition vor dem MkEv und vor Q

Die einzige und zugleich deutliche Ausnahme sind wiederum die Abendmahlsworte, die Lukas ersichtlich nach der in seinen Gemeinden üblichen Fassung korrigiert (Lk 22,19f).

Mit anderen Worten: Die synoptische Tradition des MkEv ist *vor* ihrer literarischen Fassung überhaupt nicht nachgewiesen, *nach* dieser literarischen Fassung begegnet sie *nur* literarisch. Daraus ergibt sich der zwingende Schluß: Wir haben es – die Abendmahlsworte ausgenommen – bei der Erzählüberlieferung des MkEv mit einem ursprünglich und wesentlich literarischen Stoff zu tun.

Auch der traditionsgeschichtliche Aspekt zeigt also, daß die formgeschichtliche Fragestellung auf die synoptische Tradition des MkEv nicht angewandt werden kann. Das einschlägige Überlieferungsgut hält keinem der drei notwendigen formgeschichtlichen Kriterien stand. Die formgeschichtliche Lösung des Problems der synoptischen Tradition erweist sich insoweit als nicht haltbar.

Der Einwand liegt nahe, die allgemeine Erfahrung zeige, daß die ‚Urgeschichte' zunächst allerorten mündlich überliefert worden sei. Mit diesem Einwand, von Schwegler gegen ihn erhoben, hat sich schon Bauer 1852 am Schluß seines 4. Bandes der ‚Kritik der Evangelien und Geschichte ihres Ursprungs' kritisch auseinandergesetzt – ein Abschnitt, der Lessing alle Ehre gemacht hätte.

Überhaupt bewegt sich die formgeschichtliche Schule in dieser Hinsicht in der Nachfolge von Herder und Strauß in einer merkwürdigen Romantik. Ihrem Bild von der mündlichen Überlieferung entspricht die Vorstellung von den ungebildeten Fischern, die Jesus in seine Nachfolge berief und die sich, in literarischer Kommunikationsweise ungeübt, der mündlichen Tradition bedienen mußten. Diese Vorstellung kann im Rahmen der Formgeschichte dann sogar benutzt werden, die Zuverlässigkeit der Überlieferung zu gewährleisten, weil „die urchristlichen Tradenten sich der Worte Jesu besser *erinnert*, als sie diese *verstanden* haben" (Gerhardsson, 1977, 60, unter Berufung auf Manson); die Dummheit der mechanisch auswendig lernenden Tradenten erklärt also die Authentizität der Tradition – ein im Rahmen der Formgeschichte konsequenter Gedanke –, und es verwundert, daß noch niemand in dieser Beobachtung den Grund dafür gefunden hat, daß Paulus sich mit der Tradition solcher Tradenten nicht befaßte. Indessen vermittelte sowohl die palästinische wie die hellenistische Synagoge eine fundierte *literarische* Bildung; die gelehrten und auswendig gelernten Texte entstammten literarischen Vorlagen (vgl. → 3.4.4 a). Über die damit gegebene soziologische Problematik ihrer eigenen Aufstellungen haben sich die Formgeschichtler aber anscheinend keine Gedanken gemacht.

4.3.8.2 Kritik der Formkritik: Der Redenstoff

In diesem Abschnitt geht es im wesentlichen um die Logienstoffe der Spruchquelle Q sowie um die Dubletten (→ 3.6.7) des MkEv.

a) Der formale Aspekt

Der formale Aspekt gibt über die Frage nach einer mündlichen Überlieferungsstufe der synoptischen Tradition keine eindeutigen Aufschlüsse.

Die mehr oder weniger charakteristische Form der einzelnen Logien beantwortet die Frage nicht, ob sie mündlich oder schriftlich überliefert worden sind. Natürlich dient die knappe, prägnante und regelmäßige bzw. rhetorische Gestalt vieler Sprüche dazu, daß sie leicht gelernt und als Merksprüche behalten werden können. Mit dieser Beobachtung ist aber nicht darüber entschieden, ob sie sich wie die meisten Sprichwörter im wesentlichen mündlich fortgepflanzt haben oder ob sie wie die meisten Gebote durch schriftliche Aufzeichnungen weitergegeben und gelehrt werden. Die reiche Spruchliteratur der Antike, nicht zuletzt des Alten Testaments, spricht eher für das vorwiegend schriftliche Traditionsverfahren. Schon Papias ging davon aus, daß der Apostel Matthäus die Sprüche Jesu aufzeichnete (→ 2.4).

Mk 13,14 (‚wer dies liest, merke es sich') rechnet mit der Schriftlichkeit des vorliegenden, freilich relativ umfangreichen Textes (vgl. Schmithals, 1979, 561 ff). Gelegentlich findet sich eine Zusammenstellung von Logien nach Stichwortanschlüssen, besonders deutlich z. B. Mk 9,33 ff (Soiron, 1916), aber man kann aus solcher Stichwortverbindung nicht zwingend auf ursprünglich mündliche Tradierung schließen, spielt doch eine derartige Disposition „schon in der israelitischen und jüdischen Literatur eine Rolle" (Bultmann, ²1931, 351), wo sie offenbar dazu dient, das Memorieren der schriftlich vorgelegten Stoffe zu erleichtern. Bultmanns Urteil, „in den schriftlichen Sammlungen" seien „die Prinzipien der Bildung größerer Einheiten zunächst keine andern, als sie es schon in der mündlichen Tradition waren" (348), setzt die mündliche Tradition den formgeschichtlichen Prämissen entsprechend für die Logienüberlieferung einfach voraus, erweist aber nicht die Richtigkeit dieser Voraussetzung. Dibelius läßt offen, ob die Sammlungen von Herrenworten „den Missionaren mündlich oder schriftlich fixiert mitgegeben wurden" (²1933, 243).

4.3.8.2 Mündliche Tradition vor dem MkEv und vor Q

b) Der soziologische Aspekt

Bei der Behandlung der einzelnen Worte Jesu vermeidet Dibelius mit gutem Grund den Begriff ‚Sitz im Leben'. Hat man, wie er voraussetzt (→ 4.3.5 a), *„die Jesussprüche ursprünglich zu paränetischem Zweck gesammelt,* um den Gemeinden mit den Worten des Meisters Rat, Losung und Gebot zu geben" (²1933, 247), so haben die einzelnen Sprüche in der Regel keinen über diese allgemeine Bestimmung hinausgehenden soziologisch bestimmbaren ‚Sitz' im kultischen Leben der Gemeinde, sondern bestimmen das alltägliche Gemeindeleben selbst und durchgehend und werden von Fall zu Fall gelehrt und zur Geltung gebracht. Auch Bultmann, der die Herrenworte in verschiedene Kategorien einteilt, weist den einzelnen Gattungen der Logien keinen jeweiligen ‚Sitz im Leben' zu.

Insofern fallen die Logien aus dem Rahmen der klassischen Formkritik heraus, und Dibelius ist konsequent, wenn er ihnen eine selbständige Traditionsgeschichte zuschreibt (→ 4.3.5 a): Nur im Blick auf die Logien*sammlung* läßt sich die Frage nach dem ‚Sitz im Leben' sinnvoll stellen. Die Frage nach einer allfälligen mündlichen Tradition der synoptischen Spruchüberlieferung läßt sich darum unter soziologischem Aspekt nicht hinreichend beantworten.

c) Der traditionsgeschichtliche Aspekt

Der traditionsgeschichtliche Aspekt ist nur wenig aufschlußreicher. Bei der Durchsicht des frühchristlichen Schrifttums auf Einflüsse der synoptischen Tradition hin zeigte sich ein bemerkenswerter Unterschied zwischen Erzählgut und Redengut. Das erstere fehlte im Neuen Testament gänzlich (→ 3.4.5.3), und auch eine „Geschichte des synoptischen Erzählstoffes bei den A(postolischen) V(ätern) gibt es nicht" (Köster, 1957, 267). Das letztere begegnet von Anfang an sporadisch (1 Kor 7,10f; 9,14; Ag 20,35) und bei den Apostolischen Vätern verstärkt (1 Cl 13,2; 46,8; 2 Cl 2,4; 3,2; 4,2ff; 5,2ff; 6,1f u.ö.; PolPhil 2,3; 7,2; Did 1,3ff; 9,5; 11,4ff u.ö.).

Diese Differenz, die in jedem Fall auf eine relativ selbständige Traditionsgeschichte der Logienüberlieferung hinweist, sagt indessen noch nichts über die Traditionsweise aus. Paulus kann die wenigen Herrenworte, die er zitiert, einer mündlichen Überlieferung verdanken, doch ist auch dies nicht ausgemacht (→ 5.4.2.3). Ein Teil der Herrenworte bei den Apostolischen Vätern scheint bereits auf die schriftlichen synoptischen Evangelien zurückzugehen, während die

Väter Anderes „den gleichen Quellen, aus denen auch die synoptischen Evangelien schöpften" (Köster, 1957, 258), entnehmen, und für diesen Stoff „gelten die gleichen Gesetze wie für die sogenannte ‚kanonische' Überlieferung" (265). Welche Gesetze dies aber sind, steht gerade in Frage, und in keinem Fall gibt sich eine nicht literarisch vermittelte Überlieferung als solche deutlich zu erkennen.

Insgesamt ergibt sich also hinsichtlich der Redenüberlieferung: Verzichtet man auf die formgeschichtlichen Prämissen, so läßt der vorliegende Überlieferungsbefund offen, ob wir uns die synoptische Tradition der Herrenworte eher mündlich oder eher schriftlich vorzustellen haben.

4.4 Schriftliche Tradition vor dem MkEv und vor Q sowie vor SMt und SLk

Die Versuche, die Geschichte der synoptischen Tradition vor den Synoptikern durch literarische Quellenanalyse aufzuhellen, stehen nicht selten in sachlicher Kontinuität zur Urevangeliums- (→ 3.2) und zur Diegesenhypothese (→ 3.3). Sie sind von dem Siegeszug der Formgeschichte verdrängt worden, waren aber bis in die 30er Jahre unseres Jahrhunderts weit verbreitet.

Die Intention solcher Analysen und Grundschrift-Hypothesen ist durchweg historisierend; sie zielen auf alte, authentische Schichten der Überlieferung. „Es zeigt sich, daß wir für die Erkenntnis der Geschichte Jesu keineswegs lediglich mit Aufzeichnungen der zweiten, nachapostolischen Generation zu rechnen haben, sondern weit darüber hinaus mitten in die erste Generation hineingeführt werden, die ihn persönlich genau gekannt hat und noch eine lebendige Erinnerung bewahrte, und daß uns diese ältesten Erinnerungen in mehrfachen Fassungen vorliegen. So liegt gar kein Grund vor, diese ältesten Überlieferungen nicht in allem Wesentlichen, auch in der chronologischen Anordnung seiner Geschichte, für historisch zuverlässig zu halten" (Meyer, 1921, 146f). Ähnlich Knox: „The importance of the attempt is that it cuts down by some thirty years the supposed internal between the events recorded in the Gospels and their first appearance in a written form. If this can be established, it follows that we must allow a far greater historical reliability to the narrations than is usually admitted" (1953, XI). Vgl. neuerdings Mohr (1982).

Eine Stärke der Grundschrift-Hypothesen besteht darin, daß sich

4.4 Schriftliche Tradition vor den Evangelien und und vor Q

mit ihrer Hilfe einigermaßen das Fehlen der synoptischen Tradition außerhalb der synoptischen Evangelien selbst erklären läßt (→ 3.4.5). Der dazu erforderlichen Annahme, bei den historisch interessierten Grundschriften handele es sich um eher private Aufzeichnungen (→ 3.4.5.1 b), widerstreitet indessen der von Grund auf kerygmatische Charakter der synoptischen Tradition.

Die entsprechenden Grundschrift-Hypothesen legen in der Regel ihren Schwerpunkt auf das MkEv (→ 4.4.1) *oder* die Spruchquelle Q (→ 4.4.2) *oder* das S^{Lk} (→ 4.4.3) *oder* das S^{Mt} (→ 4.4.4), doch gibt es auch ‚multiple source theories', in deren Rahmen die Hauptquellen MkEv und Q manchmal mehr oder weniger verdeckt werden können.

Zu diesen komplizierten Grundschrift-Hypothesen gehört die heute vergessene Konstruktion von Ewald (1850; ²1871): Eine von Philippus stammende griechische Schrift wurde vom MkEv, vom MtEv und vom LkEv benutzt; eine von Matthäus stammende aramäische Urschrift, Q entpsrechend, wurde in griechischer Übersetzung vom MtEv und vom LkEv aufgenommen; eine Grundschrift des MkEv, von Johannes Markus stammend, vermittelte die ‚Petruserinnerungen' an das MkEv und das LkEv; ein ‚Buch der höheren Geschichte' liegt dem MtEv und dem LkEv zugrunde; außerdem benutzte das LkEv für sein Sondergut drei weitere Aufzeichnungen mit synoptischer Überlieferung.

In neuerer Zeit entwickelte Boismard eine chrakteristische ‚multiple source theory' (Benoit-Boismard, 1965/1972; vgl. Boismard, 1966; 1979/80; 1980): Ein ‚Marc intermédiaire' setzt sich aus drei Grundschriften (A.B.C) zusammen, ein ‚Matthieu intermédiaire' aus der Grundschrift A und aus Q (eher ‚Schicht' als ‚Quelle'; → 3.6.6 b), ein Proto-LkEv aus den Grundschriften B und C sowie aus Q und ‚Zwischen-MtEv'; das MkEv und das MtEv benutzten Mt-intermédiaire und Mc-intermédiaire, das LkEv, vom Verfasser des Proto-LkEv stammend, benutzte dieses und Mc-intermédiaire (vgl. O'Connell, 1978). 1980 nähert er seine Hypothese der Zwei-Quellen-Theorie an:

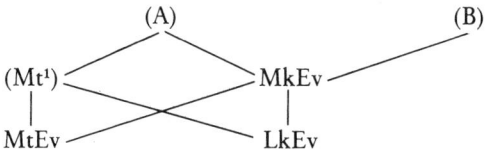

Rolland (1982; 1983) vereinfacht das Schema gleichfalls: Ein ursprüngliches ‚Zwölferevangelium' entwickelt sich einerseits zu einem

‚Evangile Helléniste', andererseits zu einem ‚Evangile Paulinien'; dem MkEv liegen das hellenistische und das paulinische Evangelium zugrunde, dem MtEv das hellenistische Evangelium und ein ‚Evangelium der Gottesfürchtigen', das Q entspricht, dem LkEv schließlich das paulinische Evangelium und gleichfalls das ‚Evangelium der Gottesfürchtigen'. Zur Kritik siehe Neirynck (1983).

Der Übergang von solchen ‚Mehr-Grundschrift-Hypothesen' zu einfachen Grundschrift-Hypothesen ist fließend; vgl. z. B. noch Gaboury (→ 3.2.5); Grant (1957, 51); Léon-Dufour (→ 3.3.3) sowie aus → 4.4.1 Hirsch, Bussmann, Meyer und andere.

4.4.1 Quellen des MkEv

Die kleinen Sammlungen, mit denen sich die formgeschichtliche Schule den Übergang von der mündlichen Überlieferung zu den Schriften MkEv und Q zu erleichtern sucht (→ 4.3.5 b), gehören nicht in den vorliegenden Zusammenhang, auch wenn Übergänge zu Grundschrift-Hypothesen statthaben können. Entsprechendes gilt von dem Problem eines UrMkEv, das sich von dem Problem vormarkinischer Quellen unterscheidet, auch wenn dies begrifflich nicht immer geschieht. Während aber die Urmarkus-Hypothese (→ 3.6.4) auf Beobachtungen am MtEv und am LkEv (im Vergleich mit dem MkEv) beruht, werden die Beobachtungen, die zur Annahme von Grundschriften oder einer einzelnen Vorlage des MkEv führen, am MkEv selbst gemacht und gelangen zu der Erkenntnis, daß Markus sein Evangelium nicht ohne schriftliche Vorlage(n) verfaßt haben könne.

Im Folgenden werden eine Reihe solcher Beobachtungen aufgeführt:

a) Mk 6,32–44 (Speisung der 5000) und Mk 8,1–10 (Speisung der 4000) sind eine für ein literarisch einheitliches Werk ungewöhnliche Dublette, die sich bei lediglich mündlicher Überlieferung vor dem MkEv nur schlecht erklärt (Wendling, 1908, 68 ff; Loisy, 1936, 93).

b) Viele Forscher halten darüber hinaus die Zusammenstellungen Mk 6,32–7,37 und Mk 8,1–26 (vgl. Joh 6,1–59) für – ggf. erweiterte (Wellhausen, 1903, 58 f; 1905, 54 f) – Dubletten, die ähnlich wie die entsprechenden Geschichtsbücher des Alten Testaments möglicherweise auf ältere Quellen verweisen (Feine, 1930, 25; Thiel, 1938, 38 ff; Schulz, 1967, 26).

c) In Mk 2,1–3,6 beobachtet man eine vormarkinische Sammlung

4.4.1 Schriftliche Tradition vor den Evangelien und und vor Q   321

von Streitgesprächen, „die Mk aber durch andere Tradition und redaktionelle Zutaten erweitert hat" (Bultmann, ²1931, 374; vgl. Albertz, 1921, 5 ff).

d) Die Gleichnisrede Mk 4,1–34 zeigt deutliche Spuren von Überarbeitung. Die esoterische Jüngerbelehrung, die in 4,10 beginnt, findet keinen deutlichen Abschluß. Die Gleichnisse in 4,26–32 scheinen aber wieder an das Volk gerichtet zu sein, wie auch 4,33 und 4,34, die ihrerseits den Eindruck von Dubletten machen, zeigen (Feine, 1930, 25 f; Wellhausen, 1905, 55; Wendling, 1908, 27 ff; Loisy, 1936, 89).

e) In Mk 9,33–50 wird alles Material nur locker verbunden, ohne den Eindruck einer ursprünglichen literarischen Gestaltung zu machen (Wellhausen, 1905, 55; Wendling, 1908, 98; Feine, 1930, 26).

f) In Mk 11,15–12,40 findet sich eine sekundär bearbeitete Sammlung von Streitgesprächen (Albertz, 1921, 16 ff).

g) Mk 3,20 f findet seine Fortsetzung in Mk 3,31–35; 3,22–30 erscheint als sekundärer Einschub in einen ursprünglichen Zusammenhang (Wellhausen, 1905, 56; Wendling, 1908, 21 ff; Feine, 1930, 26; Bultmann, ²1931, 28; Loisy, 1936, 87 f).

h) In Mk 3,7–12 wird in einem Summarium die See-Szene hergestellt, um sofort danach verlassen (Mk 3,13 ff), in Mk 4,1 ff aber unvermittelt wieder aufgenommen zu werden (Dodd, 1932).

i) Die eschatologische Rede Mk 13 ist nicht aus einem Guß (Wellhausen, 1905, 56; Wendling, 1908, 21 ff; Feine, 1930, 26; Loisy, 1936, 104).

j) Die Rede Mk 7,1–23 läßt deutlich erkennen, daß sie nicht einheitlich gebildet wurde (Wendling, 1908, 87 ff; Feine, 1930, 26).

k) Als Einlagen in ein älteren Bericht erscheinen das Apostelverzeichnis Mk 3,13–19 und die Aussendung Mk 6,7–13 (Wellhausen, 1905; 55; Wendling, 1908, 18 f; Loisy, 1936, 87).

l) Mk 11,20–25(26), die Reaktion auf die erfolgreiche Verfluchung des Feigenbaums, unterbricht den zwingenden Zusammenhang von Tempelreinigung und Vollmachtfrage (Wellhausen, 1905, 55).

m) Die Erzählung von der Salbung Jesu Mk 14,3–9 setzt unorganisch das Begräbnis Jesu voraus, das bisher noch nicht angekündigt worden war (Wellhausen, 1905, 55; Wendling, 1908, 191 ff; Goguel, 1933, 1 ff; 1934, 66).

n) Der Bericht vom Ende Johannes des Täufers Mk 6,17–29 hat anscheinend nur die literarische Funktion, die Zeit von der Aussendung der Zwölf (Mk 6,7–13) bis zu ihrer Rückkehr (Mk 6,30 f) zu überbrücken; er scheint gar kein christliches Traditionsstück zu sein (Loisy, 1936, 91).

o) Bei Mk 10,23–27 und Mk 10,28–31 handelt es sich offensichtlich um sekundäre Anhänge an die Erzählung vom Reichen (Wendling, 1908, 128 ff; Loisy, 1936, 97 f).

p) Die nächtliche Sitzung des Synedriums (Mk 14,53–65) und seine morgendliche Zusammenkunft (Mk 15,1) sind Dubletten (Loisy, 1936, 111 f).

q) Mk 16,8 kann nicht der ursprüngliche Schluß des MkEv gewesen sein (Lit. bei Pesch, Band 2, 1977, 541 ff).

r) In Mk 6,45 bricht das Schiff nach Betsaida auf, kommt aber in der Landschaft Gennesar an und landet erst in Mk 8,22 ganz unmotiviert in Betsaida. Man beobachtet also einen schon gestörten literarischen Aufbau (Schmidt, 1919, 182; Wendling, 1908, 93 ff).

s) Die Tageseinteilung der Passionswoche ist einer ursprünglicheren Erzählung aufgesetzt (→ 5.5.4.3).

Diese ausgewählten, vermehrbaren Beobachtungen von unterschiedlichem Gewicht sind durchweg formaler, literarischer Art. Je nach dem Interesse des Forschers können sie durch Beobachtungen inhaltlicher Art (Scheidung historischer und mythisch-legendarischer Überlieferung) oder philologisch-stilistischer Art (Unterscheidung verschiedener Erzähler oder Bearbeiter) erweitert werden.

Eine Beobachtung mit spezifischem Hintergrund besagt: „Diejenigen Partien des Mkevs aber, in denen am wahrscheinlichsten ein weiterer Zuwachs des ursprünglichen Entwurfs angenommen werden kann, betreffen abgesehen von 6,45–8,26 Redenstoffe" (Feine, 1930, 35). Zu nennen sind vor allem Mk 3,22–30; 4,21–34; 7,14–23; 8,34–9,1; 9,33–50; 13,1–37. Damit ergibt sich das besondere Problem, ob etwa eine spätere Hand Logiengut, ggf. aus der Spruchquelle (→ 3.6.7), in eine Grundschrift des MkEv eingearbeitet hat, eine oft bejahte Frage, die sich nicht nur bei der Annahme der Markuspriorität stellt. Vgl. Wendling (1908, 21 ff.89 ff.109 ff.153.155 ff. u.ö.), der teils an mündliche, teils an schriftliche Logienüberlieferung denkt; Feine (1930, 35); Loisy (1936, 103).

Die Summe der genannten literarischen Beobachtungen erschüttert die Behauptung, mit der einst Wilke (→ 3.5.4.2), Weisse (→ 3.6.1), Bauer (→ 3.5.4.3) und Volkmar (→ 3.5.4.4) die Markuspriorität begründeten, daß wir es bei dem MkEv mit dem aus einem Guß gefertigten ‚Urevangelium' zu tun haben. Sie lassen sich mit der Annahme

4.4.1 Schriftliche Tradition vor den Evangelien und und vor Q 323

eines bloßen UrMkEv (→ 3.6.4) nicht hinreichend erklären. Die Formgeschichte, die Markus für den ersten Evangelisten überhaupt hält, der mündliche Überlieferung in den Rahmen eines Evangeliums setzt (→ 4.3.3) hilft sich angesichts der literarischen Ungereimtheiten der markinischen Darstellung mit der Auskunft: „Mk ist eben noch nicht in dem Maße Herr über den Stoff geworden, daß er eine Gliederung wagen könnte" (Bultmann, ²1931, 375; vgl. → 4.3.5), zumal man ja auch „mit der Bindung des Verf(assers) an ihm vorliegende Sammlungen rechnen muß" (374).

Aber auch abgesehen von der Fragwürdigkeit solcher kleinen Sammlungen (→ 4.3.5 b) oder ‚tracts' sind damit die beobachteten Störungen eines ursprünglicheren literarischen Gefüges, die literarischen Erweiterungen und die Beobachtung von unterschiedlichen Traditionsschichten nur schlecht erklärt, die vielmehr auf eine längere oder breitere literarische Geschichte des MkEv verweisen, welche sich indessen, so ist die Auskunft vieler Forscher, nicht mehr im einzelnen rekonstruieren lasse.

So bestreitet Wellhausen ausdrücklich, daß man bei der Fülle derartiger literarischer Unstimmigkeiten mit dem bloßen Rekurs auf die Redaktion mündlicher Überlieferung auskomme, wie es später die ‚Formgeschichte' versuchte, und schließt, eine aramäische Urschrift des MkEv voraussetzend: „Und man hat auch keinen Grund sich gegen die Annahme zu sträuben, daß in unserem Markus auch noch nach der ersten Niederschrift, wenngleich vor der Übertragung ins Griechische, eine Überarbeitung statt gefunden hat. Das Wichtigste ist allerdings die Anerkennung, daß überhaupt sekundäre Stücke in der Tradition vorkommen. Ob sie zugleich *literarisch* sekundär sind, ist eine untergeordnete und meist nicht sicher zu entscheidende Frage. Jedenfalls muß man darauf verzichten, den Urmarkus reinlich herauszuschälen und gar *die Stufen* der Redaktion nachzuweisen" (1905, 57). Feine urteilt mit verwandter Zielsetzung traditionalistisch: „Wir nehmen es also in Anspruch, daß das heutige Mkev nicht ein unberührter erster Entwurf ist, sondern Spuren der Entwicklung an sich trägt... Nach der altkirchlichen Überlieferung hat Markus die Lehrvorträge des Petrus in seinem Evangelium wiedergegeben... Auf das ganze gesehen entspricht... die synoptische Grundschrift, wie wir sie vermutet haben, einem solchen Entwurf" (1930, 26f), der etwa Anfang der vierziger Jahre verfaßt worden sein dürfte. Vgl. Goguel (1934, 66); Bauer (→ 3.5.4.3); Weizsäcker (³1902, 400). Loisy (1936, 337ff) datiert das MkEv deshalb erst um 130–140!

Je offener, breiter und vielschichtiger aber der literarische Prozeß angenommen wird, der zu unserem kanonischen MkEv führte, um so unwahrscheinlicher wird er und um so mehr unterliegt er der Kritik, an welcher einst die zur Lösung des synoptischen Problems aufgestellte Urevangeliumshypothese scheiterte (→ 3.2.4). Denn falls es das MkEv in vielen unterschiedlichen Fassungen bzw. Entwicklungsstadien gab, die weit gestreut verbreitet waren, wäre es ein unwahrscheinlicher Zufall, daß Matthäus und Lukas die gleiche Fassung des MkEv und nur diese benutzt haben und daß diese Fassung auch kanonisiert wurde, während alle anderen Fassungen keine ersichtlichen Spuren hinterließen. Daß uns dreimal die gleiche Fassung des MkEv und daß uns nur diese bezeugt wird, zwingt den vor dieser Fassung liegenden literarischen Traditionsprozeß, sofern es ihn überhaupt gegeben hat, in enge Grenzen, und zwar sowohl hinsichtlich der Anzahl der Traditionsstufen als auch hinsichtlich der Verbreitung bzw. Veröffentlichung der verschiedenen Fassungen bzw. Grundschriften. Der literarische Prozeß vor dem MkEv müßte also einigermaßen präzise beschrieben werden können, soll man ihn für wahrscheinlich halten. Das geschieht in der Regel, wenn man dem MkEv *eine* Grundschrift vorschaltet.

Ein verbreiteter Typ der Grundschrift-Hypothese geht traditionalistisch vor und nimmt den ungeordneten ‚Markus' des Papias (→ 2.4) als Vorlage für das kanonische MkEv an (vgl. Credner [→ 3.4.3]; von Soden, 1905, 71 ff; Weiß, 1903, 349 f; Schmiedel ²1906, 58 ff; Feine, 1930, 26 f; Robinson, 1976, 86 ff), wobei nach Meinung einzelner Forscher das MkEv seine kanonische Gestalt erst unter dem Einfluß des MtEv und (oder) des LkEv bekommen hat (Köstlin, 1853, 356; Reuss, 1874, 187 ff; Parker, 1953). Diese relativ einfache These, die eine ‚historische' Grundschrift gewinnen will, wird oft erweitert.

Spitta geht 1912 von einer aramäischen Grundschrift aus, die in zwei griechischen Fassungen umlief; die eine dieser Fassungen führt über eine Schrift Mk^1 zum MkEv und zum MtEv, die andere direkt zum LkEv, das auf diesem Wege die Grundschrift relativ am besten bewahrt hat. (Dem MtEv und dem LkEv liegen weitere Quellen zugrunde, darunter beiden ein ‚Buch der Reden', das dem lukanischen Reisebericht entspricht.)

Meyer (1921) setzt für das MkEv nicht nur die Petrusquelle des Papias voraus, die in zwei Fassungen umlief, sondern auch eine ‚Zwölferquelle' und ein besondere Quelle für Mk 13.

Bussmann (1925) läßt unserem MkEv eine (auch vom LkEv benutzte) ‚Geschichtsquelle' und deren (vom MtEv benutzte) galiläische Bearbeitung vorausgehen, eine Hypothese, die Elemente der Urevangeliumshypothese aufgreift und die Abweichungen von MtEv und LkEv voneinander und vom MkEv im Markusstoff erklären soll. Ihm folgt Karnetzki (1961, 238 ff; 1963, 161 ff).

4.4.1 Schriftliche Tradition vor den Evangelien und und vor Q

Hirsch (1941, Band 1) rechnet mit einer Grundschrift des MkEv, nämlich dem Petrusbericht des Papias (Mk¹), und mit einem aus Jerusalem stammenden Zwölferevangelium. Beide Schriften werden in Rom zu einer Schrift (Mk²) vereinigt, die dem LkEv zugrunde liegt. Mk¹ und Mk² ergeben das kanonische, vom MtEv benutzte MkEv, das freilich später noch durch einige Glossen erweitert wurde.

Nach Barnikol (1958) hat der Verfasser des MkEv eine Grundschrift „im Sinne seiner Messiasdogmatik durch Leidensweissagungen, durch Menschensohneintragung, durch alttestamentliche Beweise, durch seine Verstockungstheorie wie durch Mirakellegenden hellenistisch-mysterienhaft bereichert" (264).

Thielscher (1930) versucht den Nachweis, „daß das Markusevangelium in seiner gegenwärtigen Gestalt von einem Kompilator Mark.D hergestellt worden ist, der drei Evangelien Mark.A, Mark.B und Mark.C zusammengearbeitet hat, wobei er Eigenes so gut wie gar nicht hinzufügte" (93); Mark.B ist eine Bearbeitung von Mark.A, Mark.C eine solche von Mark.B. Außerdem gab es noch Mark.Z, eine Schrift, die wie das MkEv Mark.A, Mark.B und Mark.C benutzte, deren Stoffe aber nicht nebeneinanderstellend – so das MkEv –, sondern ineinanderarbeitend. Dem MtEv und dem LkEv liegen das MkEv und Mark.Z zugrunde.

Auch Cadoux (1935) gewinnt aus dem MkEv drei parallele Vorlagen: Eine aramäische mit judenchristlichem Standpunkt (vor 50), eine griechische mit paulinischem Standpunkt (um 50) und eine gleichfalls griechische mit petrinischem Standpunkt für die hellenistischen Judenchristen (vor 70).

Thiel ist (1938) gleichfalls überzeugt: „Es ist mir gelungen, das Markus-Evangelium restlos aufzuteilen in drei vollständige, stilistisch einwandfreie Evangelien – und zwar ohne jede Ergänzung und ohne irgendwelche Hypothesen" (7). Er nimmt seinen Ausgangspunkt bei den drei parallelen Leidensansagen des MkEv (Mk 8,31ff; 9,31; 10,32ff).

Crum legt (1936) in MkEv eine Grundschrift, die auf Petrus zurückgeht, und eine christologisch-lehrhafte Schicht auseinander.

Vgl. ferner Procksch (1920); Larfeld (1925); Jepsen (1972); Hendriks (1974), Sellin (1983).

Gelegentlich tendiert der Versuch, schriftliche Quellen des MkEv aufzudecken, auf eine partielle Erneuerung der Diegesenhypothese (→ 3.3), und zwar besonders deutlich bei Knox (1953), der mehr als zehn ‚tracts' voraussetzt, die Markus zu seinem Evangelium zusammenfügte, während weitere solcher ‚tracts' zusätzlich zum MkEv und zu Q von Matthäus und Lukas benutzt wurden (vgl. Guy, 1954; Grant, 1957, 108ff; Trocmé, 1971, 31ff).

Insonderheit wird nicht selten angenommen, Markus habe in seiner Passionsgeschichte zwei ursprünglich selbständige Erzählstränge kombiniert (Knox, 1953, 115ff; Schreiber, 1967; Schenk, 1974; vgl. Mohr, 1982).

Methodisch originell ist die These von Trocmé (1963), bei Mk 1–13 handele es sich um ein ursprünglich selbständiges Buch, das um 50 im Kreis um Stephanus (von Philippus? Ag 21,8) geschrieben worden sei und dessen Christologie vertrete, während die Leidensgeschichte aus der Jerusalemer Urgemeinde stamme (Mk 14–16) und ihre jetzige Fassung, die für liturgische Zwecke gestaltet wurde (→ 5.5.4.3), von Johannes Markus erhalten habe. Um 85 seien beide ursprünglich selbständigen Schriften in Rom aneinandergefügt worden. Diese These zerreißt indessen ursprüngliche theologische und erzählerische Zusammenhänge (vgl. nur Mk 11,1 ff mit 14,13 ff), und daß zwei ‚Fragmente', die genau zueinander passen, ursprünglich, ihre Einheit dagegen sekundär sein soll, erscheint wenig glaubhaft.

Pesch (1977; 1979; 1983) glaubt, ein vormarkinisches ‚Passionsevangelium' rekonstruieren zu können, das Mk 8,27–33; 9,2–13.30–35; 10,1.32–34.46–52; 11,1–23.27–33; 12,1–17.34c–37.41–44; 13,1–2; 14,1–16,8 umfaßte und vor dem Jahr 37 in Jerusalem entstanden ist. Für den übrigen Stoff folgt Pesch im Prinzip den formgeschichtlichen Prämissen – eine bemerkenswerte methodische Inkonsequenz, auch wenn die ‚freien' Überlieferungen dem Evangelisten i. w. bereits in verschiedenen Sammlungen vorlagen (1976, 67).

Wird man ihrer oft begegnenden traditionalistischen Begründung auch nur wenig Gewicht beimessen können, so ist die historisierende Fragestellung der meisten im vorliegenden Abschnitt genannten Untersuchungen nicht grundsätzlich abzulehnen. Indessen läßt sie sich am Stoff des MkEv nicht verifizieren. Der erzählende Stoff des MkEv, das ‚Reflexionsmäßige', ist im wesentlichen so einheitlich legendarisch gestaltet, daß man zwar versuchen kann, im jeweiligen Einzelfall zwischen ‚Geschichte' und ‚Mythos' zu differenzieren, nicht aber berechtigt ist, eine mehr geschichtliche und eine mythische bzw. legendarische Schicht von Berichten zu unterscheiden, die ursprünglich jeweils selbständig überliefert wurden. Auch stilistische Gründe stehen allen derartigen Hypothesen entgegen, weil der Stil der markinischen Erzählungen im wesentlichen einheitlich ist.

Es verwundert deshalb nicht, daß die trotz dieser Ausgangssituation versuchten historisierenden Traditionsanalysen des MkEv zu völlig divergierenden, sich weithin gegenseitig aufhebenden Ergebnissen geführt haben. Als Kriterien dienen den Forschern in der Regel historisierende Geschmacksurteile, denen überdies nicht selten erst mit rationalistischen Erwägungen auf die Beine geholfen wird (vgl. Pesch, 1983) und die mit den nach ihnen ausgewählten literarischen Beobachtungen sekundär verbunden werden. Der gegenseitige Vorwurf ‚reiner Willkür' begegnet immerzu.

Viele der genannten Untersuchungen stammen überdies von Dilet-

4.4.1 Schriftliche Tradition vor den Evangelien und und vor Q

tanten, denen die Problematik der synoptischen Frage nur partiell gegenwärtig ist.

Im einzelnen finden sich in allen entsprechenden Untersuchungen indessen richtige Beobachtungen, die insgesamt erkennen lassen, daß wir es bei dem MkEv nicht mit einem ursprünglichen bzw. unversehrten literarischen Werk zu tun haben.

Eine insoweit fruchtbare und weiterführende Grundschrift-Hypothese hat Wendling 1908 (vgl. 1905) vorgelegt.

Wendling rechnet mit einem älteren Erzähler (M^1), der, dem „natürlichen Verlauf der Jesustragödie" folgend (214), einen ersten Versuch unternimmt, „Erinnerungen an das Leben Jesu aufzuzeichnen. Dem Verfasser war, so darf man wohl annehmen, der Anfang der galiläischen Wirksamkeit Jesu und die Katastrophe von Jerusalem am wichtigsten; sie hatten sich ihm zuerst zu Gesamtbildern verdichtet." Er wollte keine Biographie schreiben, sondern nur charakteristische Aussprüche und denkwürdige Momente festhalten. Sein Stil ist knapp, einfach, naiv und manchmal auch schwerfällig.

Der jüngere Erzähler (M^2) erweitert diese Vorlage, und zwar so, daß ein kunstvolles Werk entsteht. Er produziert sein Material schöpferisch und mit dichterischer Anschaulichkeit, zum Teil im Anschluß an Motive seiner Vorlage. Das Wunderhafte, Mythische im MkEv geht im wesentlichen auf ihn zurück. Alle seine Zutaten, die sich dadurch stilistisch gut zu erkennen geben, „sind von einem reinen Erzählinteresse beherrscht, das nirgend von des Gedankens Blässe angekränkelt ist" (223).

Der Evangelist selbst, also der letzte Redaktor des MkEv, hat von der erzählerischen Begabung seines Vorgängers nichts. Er zerstört dessen kunstvolles Werk und gibt seine grobe Hand, mit der er seine verschiedenen Tendenzen der Vorlage aufzwingt, fortlaufend zu erkennen.

Wendling verbindet geschickt die unterschiedlichen Ergebnisse bzw. Beobachtungen und Erfordernisse miteinander, unter denen sich die Erforschung des MkEv zu seiner Zeit im Rahmen der ‚Kritik der Schriften' darstellt: Eine im wesentlichen historische Grundschrift (vgl. Weisse, → 3.6.1); ein literarisches, dichterisch gestaltetes Hauptwerk (vgl. Bauer, → 3.5.4.3; Volkmar, → 3.5.4.4); eine literarisch unbefriedigende, redaktionelle Schlußfassung (vgl. Wrede, → 4.1 e). Diese harmonisierende Lösung macht sich als solche selbst verdächtig, und Wendlings Verzicht auf eine theologisch-inhaltliche Kontrolle der philologisch gewonnenen Ergebnisse hat dem mit Recht gelobten Buch, das mit dem Siegeszug der Formgeschichte auch methodisch ins Abseits geriet, wenig nachhaltiges Echo eingebracht. Mit der Unterscheidung einer historischen und einer dichterischen Schicht folgt Wendling zudem gegen seine eigenen philologischen Einsichten einem historisierenden Prinzip.

Seine philologische Fragestellung hat indessen den Vorteil, die literarischen Probleme und Beobachtungen besonders scharf herauszustellen.

Zwei dieser Probleme verdienen besondere Berücksichtigung:

a) Die literarische Ambivalenz des MkEv, die zunehmend auch von Weisse, Bauer und anderen Vertretern einer ‚schriftstellerischen' Auffassung der Markuspriorität eingeräumt wurde, läßt sich erklären, wenn ein ursprüngliches literarisches ‚Kunstwerk' von einem Redaktor ungeschickt bearbeitet wurde.

b) Viele Erzählungen sind so einheitlich gestaltet (vgl. auch Sundwall, 1934; von Dobschütz, 1928; Zerwick, 1937), daß sie die Hand eines und desselben Erzählers voraussetzen, was die (formgeschichtliche) These unmöglich macht, der Evangelist Markus habe nur Einzeltraditionen gesammelt (→ 4.3). Man vergleiche z. B. Mk 11,1–11 mit Mk 14,12–16 (Wendling, 1908, 187ff), Mk 1,23–28 mit Mk 5,1–20 (45), Mk 4,35–41 mit Mk 6,45–52 (82ff) und Mk 7,31–37 mit Mk 8,22–26 und 10, 46–52 (142f).

4.4.2 Quellen der Spruchsammlung Q

Quellenkritische Untersuchungen zu Q sind sehr viel seltener als solche zum MkEv, was zum Teil daran liegt, daß Q im Unterschied zum MkEv allererst aus dem MtEv und dem LkEv rekonstruiert werden muß. Sie stehen oft im Rahmen von *multiple source theories* (→ 4.4).

Soweit die Spruchquelle in unserem Jahrhundert quellenkritisch analysiert wurde, pflegen solche Untersuchungen an ältere Fragestellungen anzuknüpfen und deren ungelöste traditionsgeschichtlichen Probleme aufzunehmen: Hat Markus für seine Dubletten (→ 3.6.7) eine Q vorausliegende Teilsammlung bzw. mehrere ‚Diegesen' benutzt (Harnack, 1907, 157; Burkitt, 1906; Fuller, 1966, 95; Best, 1976)? Liegt dem MtEv und dem LkEv die gleiche Fassung von Q zugrunde, oder müssen wir Q^{Mt} und Q^{Lk} unterscheiden (→ 3.6.6 e)? Verweisen die Q-Stoffe auf eine Traditionsgeschichte innerhalb der Spruchüberlieferung und ihrer Sammlung (→ 3.6.6 g)? Dabei kann es zu einem fließenden Übergang zu Proto-Lukas-Hypothesen (→ 4.4.3) kommen: „Q in der Lk geläufigen Form scheint ausführlicher gewesen zu sein als in der nach Mt vorauszusetzenden Form. Verschiedene Stücke, die nur Lk hat, machen nach dem Platz, an dem sie bei Lk stehen, und nach ihrem Gepräge den Eindruck, als stammten sie aus Q" (Feine-Behm, 1936, 42).

Überaus kompliziert ist die These von Haupt (1913), die als eine verspätete Gestalt der Urevangeliumshypothese (→ 3.2) erscheint. Haupt rekonstruiert fünf Stufen von Q, darunter Q^{Mt} und Q^{Lk}, von denen das MkEv die zweite Stufe benutzte. Dabei soll schon die erste Stufe von Q die Erweiterung eines erzählenden (!) Grundberichts sein. An dieser unhaltbaren Voraussetzung

4.4.3   Schriftliche Tradition vor den Evangelien und und vor Q   329

scheitert die Konstruktion Haupts, auch wenn einzelne Beobachtungen und grundsätzliche Urteile über die Spruchüberlieferung (→ 5.4.2.2) einleuchten.
Bussmann meint (1929, 110ff), Wortlaut, theologische Anschauungen, Reihenfolge und Doppelüberlieferungen in der Spruchsammlung Q ließen erschließen, daß wir es bei Q mit zwei getrennten Sammlungen zu tun haben, von denen nur die eine auch das in Q erhaltene Erzählgut enthalten habe. Diese war von Anfang an griechisch verfaßt, jene ursprünglich aramäisch (=Redenquelle des Papias, → 2.4). Wahrscheinlich lagen beide Sammlungen Matthäus und Lukas noch getrennt vor; das MkEv habe nur die aramäische Sammlung benutzt. Diese Rekonstruktion Bussmanns ist ähnlich problematisch wie seine Analyse des MkEv (→ 4.4.1), knüpft aber an richtige Beobachtungen an, die eine Erklärung verlangen.
Barnikol (1958) unterscheidet eine ältere und eine jüngere, apokalyptisch überarbeitete Fassung der Spruchquelle Q. Hirsch (1941, Band 2) unterscheidet in zeitlicher Abfolge Q^{aram}, Q^{griech} und Q^{Lk} mit jeweiligen Bearbeitungen. Zu Burton (1904; 1917) siehe → 4.4.3.
Wie schon bei seiner Analyse des MkEv (→ 4.4.1) kehrt Knox (1957, Bd 2; vgl. Ellis, 1983, 36f) auch bei seiner Untersuchung des Redengutes zu Diegesenhypothesen zurück und versucht, die Spruchquelle Q in ursprünglich selbständige ‚tracts' aufzulösen, ein methodisch berechtigtes Vorgehen, das von Knox aber mit unzureichendem methodischen Rüstzeug angegangen wird und unter seinen primär historischen Interessen leidet.

4.4.3 Sonderquellen des LkEv

Noch außerhalb der Zwei-Quellen-Theorie hatte Ritschl (1846) nach dem Vorgang anderer (Semler; J. E. C. Schmidt; Corrodi; Eichhorn; Haenlein (→ 3.2.3); Bolten; Gieseler; Schwegler; die Einzelheiten bei Ritschl, 5ff) und mit Zustimmung von Baur (1847, 393ff. 507ff. 520f; → 3.5.3.3) und anderen ein UrLkEv konstruiert, nämlich das von Marcion benutzte Evangelium, das erst durch eine (antimarcionitische) Bearbeitung seine kanonische Gestalt erhielt. Er hat diese These, die von Hilgenfeld (1850) sowie von Volkmar in den ThJb(T) 1850 und wiederholt 1852 („Das Evangelium Marcions') überzeugend widerlegt wurde (vgl. Wildemann, 68ff) und die heute mit Recht als verschollen gelten darf (vgl. aber Knox, 1942, 126ff; → 5.2.6), indessen schon 1851 (528f) selbst zurückgenommen.
Im übrigen richtet sich die Frage nach besonderen Quellen des Lukas im Rahmen der Zwei-Quellen-Theorie verständlicherweise vor allem auf das Sondergut des LkEv, das man schon früh gerne und spä-

ter im Rahmen der formgeschichtlichen Schule (→ 4.3.3) im allgemeinen aus mündlicher Einzelüberlieferung ableitete.

Indessen setzte schon Köstlin 1853, im Übergang zur Zwei-Quellen-Theorie (→ 3.6) begriffen, für Lukas Bekanntschaft nicht nur mit dem MtEv, einer späten Fassung des MkEv und einer überarbeiteten Spruchsammlung voraus, sondern auch mit weiteren (judenchristlichen) Evangelienschriften.

1891 erschien von Feine das Buch ‚Eine vorkanonische Überlieferung des Lukas in Evangelium und Apostelgeschichte'. Feine geht von der Zwei-Quellen-Theorie mit Urmarkus-Hypothese (→ 3.6.4; er spricht von ‚synoptischer Grundschrift') aus und untersucht das umfangreiche lukanische Sondergut (13–75) und den lukanischen Q-Stoff (76–123). Das S^{Lk} stammt Feine zufolge aus der judenchristlichen Gemeinde; es deckt den ganzen Rahmen eines Evangeliums – von den Geburtsgeschichten bis zur Passions- und Ostererzählung – ab und kam in Verbindung mit der Spruchquelle Q auf Lukas. Die Spruchquelle war nämlich bereits vor 60 vorhanden, und die von Feine angenommene Sonderquelle des LkEv ist „nichts anderes, als eine weitere Ausgestaltung dieser ältesten Redenquelle" (151). Sie setzt die ‚synoptische Grundschrift', das UrMkEv, voraus und will in dieser ‚Grundschrift' „nicht stehende oder in der judenchristlichen Überlieferung in anderer Form bekannte Erzählungen erhalten" (151 f). „Wahrscheinlich ist die Schrift aus der jerusalemischen Gemeinde hervorgegangen" (154) und kurz vor der Zerstörung Jerusalems geschrieben worden.

Auf diese Weise gewinnt Feine neben dem MkEv und Q eine auf selbständiger Überlieferung beruhende Quellenschrift mit seiner Meinung nach historisch zuverlässigen Traditionsstücken (vgl. Lk 1,1–4). Zugleich erklärt er auf diese Weise die Herkunft des umfangreichen lukanischen Sondergutes, und zwar auf einem schon projektierten Weg (Köstlin, 1853, 254 ff; Weizsäcker, 1864, 130 ff; B. Weiss, [3]1897, 519 f; Reuss, [5]1874, 204 ff).

Feines These hat – vor allem im angelsächsischen Raum – oft Zustimmung gefunden.

Vgl. B. Weiss (1907; 1908, 97 ff); J. Weiß ([8]1892, 279 ff; [2]1907, 37; 1912, 2183); Sanday (1899/1900); Easton (1910); Schlatter (1916); Bartlet (1911, 313 ff); Sahlin (1945, 1 ff); Manson (1949, 26 ff); Schweizer (1950, 161 ff; 1982, 1 ff); Albertz (1955, 141 ff); Rehkopf (1959); Barclay (1966, 105 ff); Trocmé (1963, 174 f); Boman (1967, 123 ff); Gaston (1970, 244 ff); Jeremias (1971, 48

4.4.3 Schriftliche Tradition vor den Evangelien und und vor Q 331

f); Schweizer (1982, 1 ff; Aufsätze, 1982, 33 ff); siehe ferner bei Kümmel [20]1980, 101).

Burton (1904; 1917) teilt die Spruchquelle in zwei Schriften auf, deren erste den nichtmarkinischen Stoff von Lk 3,1–9,50, deren zweite den nichtmarkinischen, aber auch von Matthäus aufgenommenen Stoff in Lk 9,51–19,28 enthält; eine dritte Quelle enthält das S^{Lk} von Lk 9,51 an. Burton vermutet, daß die beiden zuletzt genannten Quellen dem Verfasser des LkEv schon kombiniert vorlagen. Dazu tritt eine weitere Sonderquelle für die lukanische Passionsgeschichte.

Streeter ([9]1956, 199 ff; vgl. Taylor, 1926; [2]1935, 6 f.51 f.191 ff; Grant, 1957, 51 ff; Caird, 1975/76, 101 f) führt das S^{Lk} auf den Paulus-Begleiter Lukas zurück, der Nachrichten von Jesus sammelte. Wahrscheinlich noch vor dem Tode des Paulus stieß er auf die Spruchsammlung Q und verband sie mit seiner eigenen Sammlung zu einem *Protolukas,* einem vollständigen Evangelium. Als er noch später auch das MkEv kennenlernte, überarbeitete er seinen ‚Protolukas' zu unserem heutigen LkEv. Das MkEv vermittelte ihm dabei vor allem den biographischen Rahmen des Evangeliums, während er im übrigen mehr seinem eigenen ‚Protolukas' folgte. „... the historical importance of the identification of a source of the Third Gospel entirely independent of Mark is obvious ... we must recognize in Proto-Luke the existence of another authority comparable to Mark" (221 f).

Bussmann verzichtet 1931 (89—144) auf eine Schrift, die schon vor dem LkEv Q und S^{Lk} zusammenfügte, und führt das S^{Lk} auf eine selbständige Evangelienschrift zurück, „die wahrscheinlich auf den Arzt Lukas, den Begleiter des Paulus zurückgeht" (144). Auch Hirsch (1941, Band 2, 171 ff) rechnet mit einem vollständigen Evangelium, das dem LkEv das Sondergut vermittelte.

Weniger quellenkritisch als vielmehr historisierend führt Harnack (1906, 108 ff) das S^{Lk} auf den Evangelisten Philippus zurück, der es Lukas mitgeteilt habe (Ag 21,9). F. Dibelius (1911, 325 ff) denkt statt dessen an Flüchtlinge aus Palästina, die nach Antiochien kamen und dort die Kenntnisse des Lukas bereicherten.

Wenn man von den traditionalistischen und historisierenden Tendenzen der Suche nach einem ‚Proto-Lukas' oder nach verwandten Schriften absieht, bleiben die entsprechenden Quellenhypothesen grundsätzlich erwägenswert; denn die Frage nach dem S^{Lk} muß in jedem Fall eine Antwort finden.

Der methodische Fehler der genannten Versuche liegt darin, daß sie den redaktionellen Anteil des Evangelisten und Schriftstellers Lukas an seinem Evangelium nicht hinreichend untersuchen. Wenn dies geschieht, fallen die Argumente für eine von Lukas neben dem MkEv und Q benutzte Quellenschrift fort (Schmidt, 1919, 246 ff; Grobel, 1937, 72 ff:, vgl. Gilmour, 1948; Montefiore, 1961, 59 f) und das lukanische Sondergut löst sich in Einzelstücke oder Zyklen (Lk 2) auf. Insonderheit ergibt sich, daß Lukas außer dem MkEv keine selbständige Passionsgeschichte gekannt hat (Dibelius, ²1933, 200 ff; Finegan, 1934; Grobel, 1937, 101 ff; Iber, 1956/57, 303; vgl. schon Hawkins, bei Sanday, 1911, 75 ff), wie sie z. B. Perry (1920), Taylor (1926); Burton (1904) und Redlich (1929, 167 ff) annehmen.

Hinweise auf die schriftstellerische Leistungsfähigkeit des Lukas finden sich schon früh, z. B. bei Baur (→ 3.5.3.3) und Pfleiderer (1887, 417), und Wernle urteilt 1899 abschließend: „Lc hat außer Mr und der Spruchsammlung noch andere (Eine?) Quellen benützt, aus denen er zahlreiche wertvolle Sprüche Gleichnisse und Geschichten mitteilt. Er hat dieselben mit größter Freiheit behandelt, sie ergänzt und umgebildet, ihre Stellung nach eigener Vermutung bestimmt, ihren Wortlaut selbst geschaffen, so daß der Versuch, die Quelle rekonstruieren zu wollen, ganz aussichtslos ist" (107). Die redaktionsgeschichtliche Forschungsrichtung („Kritik der Schriften') greift diese Frage auch hinsichtlich des lukanischen Sondergutes in ihrer Weise auf (→ 5.2.7).

4.4.4 Sonderquellen des MtEv

Angesichts des geringen Umfangs des S^{Mt} finden sich im Rahmen der Zwei-Quellen-Theorie – anders im Rahmen der Benutzungshypothese mit Matthäus-Priorität (→ 3.5.3) – nur selten Grundschrift-Hypothesen zum MtEv.

Parker rechnet 1953 mit einer aramäischen Grundschrift für das MkEv und das MtEv, welche den Markus-Stoff und das S^{Mt} enthielt. Matthäus hat diese Grundschrift (nicht das MkEv) mit Q verbunden; das MkEv ist eine verkürzte Fassung dieser Grundschrift.

Solche Thesen, welche die Herkunft des S^{Mt} erklären sollen, tendieren gerne zu einer Benutzungshypothese mit Matthäus-Priorität (→ 3.5.3.1), oder sie finden sich im Rahmen einer *multiple-source-theory* (→ 4.4). Vgl. z. B. Bartlet (→ 3.4.3); Streeter (⁹1956, 224.231 f. 246 ff); Kilpatrick (²1950, 24 ff); Cerfaux und Vaganay (→ 3.5.3.1); Brown (1961/62); Boismard (→ 4.4); West (1967/68).

Betz vertritt (1984) die ungewöhnliche These, die Bergpredigt des MtEv (Mt 5–7) sei eine vor-matthäische Einheit, die der Evangelist „in die Endgestalt des Evangeliums integriert hat" (139).

4.5 Schriftstellerischer Ursprung des MkEv und von Q

Dieses Lösungsmodell verzichtet auf die Annahme umfangreicher mündlicher oder schriftlicher Tradition vor den beiden Quellen der Zwei-Quellen-Theorie. Soweit dieser Lösungsweg traditionalistisch verfährt – er bevorzugt unter dieser Voraussetzung freilich die Matthäus-Priorität (→ 3.5.3) – und das MkEv sowie Q unmittelbar auf Augenzeugen oder Augenzeugenberichte zurückführt, hält er Weisses die Zwei-Quellen-Theorie begründende Ansicht fest (→ 3.6.1), die ihrerseits den Papiasnotizen (→ 2.4) folgte. Obgleich diese Ansicht im Laufe der Zeit gründlich zerstört worden war (→ 4.3.1), wird sie als ‚konservative' Position vereinzelt bis in unsere Tage festgehalten (Lindsey, 1963; Porúbčan, 1964/65; Boman, 1967, → 4.3.4; Hengel, 1983). Vgl. auch Zahn (³1907, 246ff); Resch (→ 3.6.6 a); B. Weiss (→ 3.6.6 a); Lagrange (1928, 3.5.3.2).

Soweit dieser schriftstellerische Lösungsweg mit der produktiven Kraft des Schriftstellers rechnet, ist er geeignet, sowohl den durchgehend kerygmatischen Charakter des synoptischen Stoffes als auch dessen Fehlen in der frühchristlichen Literatur außerhalb der Evangelien selbst zu erklären. Allerdings kommt er für das synoptische Spruchgut, bei dem wir es deutlich mit Sammelgut zu tun haben, von dem vieles auch in jüdischer Überlieferung begegnet, nur begrenzt infrage (→ 5.4.2.2). Für weite Teile des markinischen Erzählstoffes bietet er sich dagegen an.

Indessen war dieser Lösungsweg durch Bruno Bauer (→ 3.5.4.3) und die nachfolgende Bestreitung der Geschichtlichkeit Jesu früh in Mißkredit gekommen, und er konnte seinen Kredit durch Autoren wie die im folgenden Genannten verständlicherweise nicht wiedergewinnen:

Smith (1906; 1911): Das Christentum entstand aus der in den Mysterienkulten verbreiteten Vorstellung von sterbenden und auferstehenden Göttern und wurde erst nachträglich vergeschichtlicht. Ähnlich urteilte Maurenbrecher (1909; 1910). Jensen (1909; 1910). Drews (1909; 1921): Das Christentum entspringt wesentlich aus der Mysterienfrömmigkeit, wobei Paulus eine Schlüsselfunktion zukommt; außerdem spielt bei der Entstehung des Christentums die Astralmythologie eine wichtige Rolle. Erbt (1911): Die Augenzeugen und Begleiter Jesu stellten dessen Leben unhistorisch im Lichte der Sternzeichen und Planetenbahnen dar. Raschke (1924): Das MkEv ist das Evangelium

Marcions, eine Werbeschrift, und zwar die dramatisierte Geschichte der marcionitischen Mission im Raum von Damaskus bis hin zur syrophönizischen Küste. Sein zweisprachiger Verfasser gewinnt das erzählende Material vor allem aus der Ausdeutung von Personen- und Landschaftsnamen. Moutier-Rousset (1922). Couchoud (1924): Petrus hat seine eigenen Taten als Taten ‚Jesu' (= des Geistes) erzählt, die Markus historisierend aufzeichnete. Alfaric (1929). Weiteres bei Schweitzer (^{2}1913, 444 ff) und Drews (1926).

Solche Versuche können nur einen begrenzten Anspruch auf Wissenschaftlichkeit erheben. Sie leben von den Aporien der zeitgenössischen Forschung mehr als von der Schlüssigkeit der eigenen Thesen und der Stringenz der eigenen Methoden, insonderheit von dem ungeklärten Verhältnis der synoptischen Tradition zur Christusverkündigung der Gemeinde sowohl in religionsgeschichtlicher wie in traditionsgeschichtlicher Hinsicht. Oft lassen sich weltanschauliche Vorurteile, welche bei den genannten Forschern die eigenen Lösungen bestimmen, unschwer ausmachen. Die angesichts der vorgetragenen Thesen in der Regel unvermeidliche Datierung der gesamten urchristlichen Literatur einschließlich des Corpus Paulinum in das 2.Jh. ist unhaltbar. Die professionelle Theologie hätte freilich gut daran getan, dies phantasievolle Schrifttum nicht abzutun, ohne sich zuvor von ihm die Aporien der eigenen Aufstellungen deutlicher vorführen zu lassen, wie mit Recht z.B. Schmiedel in seinen Vorworten zu dem Buch von Smith ‚Der vorchristliche Jesus' (1906 und ^{2}1911) forderte.

Diese Aporien machte z.B. auch Wrede (1901) sichtbar, den sein Thema ‚Das Messiasgeheimnis in den Evangelien' „vielfach auf weitergreifende Fragen" (VI) führt, denen er freilich nach Möglichkeit aus dem Wege gehen will. Zu diesen Fragen gehört vor allem die Frage nach dem Überlieferungswert des MkEv (VI), über den „es a priori kein Urteil geben" kann. Beiläufig verweist Wrede den Leser auf Paulus: „Wie kommt es, daß für ihn Jesu irdisches Leben abgesehen von Tod und Auferstehung nichts bedeutet, daß er es nur als Sklavendasein, (Phil 2), als Entäußerung himmlischer Seinsweise würdigt? Weshalb hinterläßt der messianische Stoff unserer Evangelien keine Spur bei ihm? War er etwa in der Hauptsache noch nicht da?" (223). Wrede nennt als Vorgänger seiner Untersuchung ausdrücklich nicht den Vertreter der Traditionshypothese, David Friedrich Strauß, wohl aber, „wenn auch nur in sehr eingeschränktem Sinne", Bruno Bauer, „in erster Linie aber *Volkmar* und ... *Hoekstra*" (280), der zwar (1871) das MkEv dem MtEv nachordnet, Markus aber nicht primär als Epitomator, sondern als einen vor allem die Christologie selbständig reflektierenden Schriftsteller ansieht. Wrede läßt also eine gewisse Tendenz zu einer schriftstellerischen Lösung der Quellenfrage des MkEv erkennen, zumal er ausdrücklich betont, daß er „andern Teilen des Evangelienstoffes, insbesondere den ‚Sprüchen' Jesu, wesentlich anders gegenüberstehe" (VI). Der frühe Tod Wredes im Jahre 1906, dem Bousset nachrühmt, „er hatte den Mut von vorne anzufangen" (Wrede, Paulus, ²1907, 5*), hat ihn daran gehindert, seine Gedanken weiter auszuführen, und andere Forscher haben sie nur in begrenztem Maße aufgenommen.

Loisy legt in seinen Beiträgen zu den synoptischen Evangelien (1912; 1933; 1936 u. ö.) das Gewicht ganz auf die Tatsache, daß es sich bei den Evangelien um schriftstellerisch konzipierte Handbücher für die Gemeindeunterweisung handele; vgl. z. B. 1936, 82 ff, 335. Er schließt zwar mündliche Überlieferung nicht aus, untersucht diese aber als solche nicht und läßt Markus nicht weniger schriftstellerisch frei mit ihr umgehen als Johannes mit den Quellen des JohEv (vgl. Heiler, 1947; Klein, 1977; Turvasi, 1979).

Wendling (1908) hält seinen zweiten Erzähler für einen Lehrdichter (→ 4.4.1).

Brandt geht 1893 von einem kurzen historischen Urbericht, der dem MkEv zugrundeliegt, und einem Kern authentischer Jesusworte aus, die in Q aufgenommen wurden (534 ff), das übrige dagegen „liefert uns zwar nicht Angaben über das wirkliche Leben Jesu, aber solche über die Motive des Glaubens und der Politik, kraft deren die ursprüngliche Überlieferung zu dem reichhaltigen evangelischen Geschichtsbild aus- und umgestaltet worden ist". So gleichen die Evangelien „einer üppigen Frucht mit winzigem Kern" (X). „Das synoptische Christusbild ist die höchste Blüthe der religiösen Poesie" (577).

Schreiber versucht 1969 den Nachweis, daß die älteste Passionserzählung eine im wesentlichen schriftstellerische Schöpfung unter Verwendung einzelner Traditionen (Abendmahl, Kreuzigungsbericht) sei. Er urteilt darüber hinaus: „Die Evangelien sind Erbauungsbücher der ersten Christenheit, die ihre Botschaft in Analogie zu verwandten Schriften der Antike in verschlüsselter Form vorlegen ... Die von den Evangelisten verarbeitete Tradition wird sich, soweit Sicheres auszumachen ist, vornehmlich als Spruchgut herausschälen" (62).

5 Die synoptische Redaktionskritik (Kritik der Schriften)

5.1 Allgemeines

Die synoptische Redaktionskritik hat sich als ein selbständiges Gebiet der Erforschung der synoptischen Evangelien seit den 50er Jahren dieses Jahrhunderts entwickelt. Sie beruht also auf der Zwei-Quellen-Theorie und setzt die Formgeschichte voraus. Sie fragt nicht nach den Traditionen oder den Quellen, welche die einzelnen Evangelisten zu ihren Evangelien zusammenfügten, sondern nach den Evangelien als literarischen Einheiten bzw. nach den Evangelisten als Schriftstellern. Der Begriff ‚Redaktionsgeschichte' bzw. ‚Redaktionskritik' begegnet zuerst bei Marxsen (1956, 11). Er ist nicht unproblematisch, weil gerade die moderne ‚Redaktionskritik' zeigt, daß die Evangelisten mehr sind als bloße Redaktoren. ‚Kritik der Schriften' (Baur, → 3.5.3.3) neben ‚Kritik der Quellen' und ‚Kritik der Tradition' wäre ein passenderer Ausdruck.

5.1.1 Vorgeschichte

Die Fragestellung der ‚Redaktionsgeschichte' ist älter als die so benannte Forschungsrichtung und auch älter als die wissenschaftliche Behandlung des synoptischen Problems überhaupt.

Indem die Alte Kirche die Evangelien bestimmten urchristlichen Persönlichkeiten zuschrieb (→ 2.2), rückte sie die Person des jeweiligen Evangelisten in den Blick des Lesers, und auch die Harmonistik (→ 1.2) war gehalten, über den Ursprung der schriftstellerischen Besonderheiten der einzelnen Evangelien Auskunft zu geben. In solcher Weise reflektieren z. B. die Notizen des Papias (→ 2.4) und die alten Evangelienprologe (→ 2.5) ‚redaktionsgeschichtlich'.

Mit dem Aufkommen der synoptischen Quellenkritik trat die Frage nach den Evangelisten als Schriftstellern in das Licht der jeweiligen Quellenhypothese.

Die ‚Redaktionskritik' trat dabei um so mehr in den Hintergrund, je mehr die Forschung, traditionalistisch oder historistisch bestimmt, an der getreuen Bewahrung persönlicher Erinnerungen bzw. authentischer mündlicher oder schriftlicher Quellen interessiert war. Den Evangelisten blieb dann nur die Rolle von Memoirenschreibern bzw. von Sammlern und Tradenten, und die Differenzen zwischen den verschiedenen Berichten führte man unter diesen Umständen im wesentlichen auf die unterschiedlichen Erinnerungen bzw. Überlieferungen sowie auf den verschiedenartigen Stil der einzelnen Verfasser zurück; charakteristisch z. B. Hug (Band 2, 1826, 71 ff. 107 ff. 156 ff). Alle synoptischen Quellenhypothesen ließen aber auch zu bzw. legten nahe, dem einzelnen Schriftsteller einen mehr oder weniger großen Anteil am Zustandekommen seines Werkes zuzuschreiben, sei es, daß dieser Anteil (endogen) auf die Schriftstellerpersönlichkeit als solche, sei es, daß er (exogen) auf dessen schriftstellerisches Interesse zurückgeführt wird.

Man beachte in diesem Zusammenhang schon Lessing (→ 3.2.1) und vor allem Herder (→ 3.4.1 b), der auf der Grundlage der Traditionshypothese die Verschiedenheiten der Evangelien aus der erzählerischen Freiheit der Evangelisten ableitet; solche Freiheit gehöre „zum *lebendigen Vortrage und Unterricht der Katecheten damaliger Zeiten*" (1796, 215). Herder charakterisiert eingehend die Unterschiede der einzelnen Evangelien (1796, 215 ff; 1797, 391 ff) und kommt zu dem Schluß: „Vier Evangelisten sind, und jedem bleibe sein Zweck, seine Gesichtsfarbe, seine Zeit, sein Ort" (1797, 416).

Auch de Wette (→ 3.4.3) reflektiert in seiner ‚Einleitung' das ‚redaktionsgeschichtliche' Problem auf der Grundlage der zu solcher Reflexion besonders einladenden Traditionshypothese ausführlich. Er beobachtet, daß „nicht nur die mündliche Überlieferung, sondern auch die *schriftstellerische* Redaction ... einen weiten und freien Spielraum gehabt hat" (1848, 154), den er im Blick auf die „Schreibart" (156), auf die „Zugaben" aus dem „Eigenen" (158), auf die thatsächlichen Verknüpfungen der einzelnen Begebenheiten" (158), auf „Inhalt und Geist der Reden" (160) und die „Composition" des Ganzen (160) untersucht. Er faßt diese Untersuchung zusammen: „Da die Eigenthümlichkeiten unserer Evangelisten sich von Anfang bis zu Ende bemerken lassen: so ist eines Jeden Werk, wenn auch vielleicht nicht von ihm unabhängig geschaffen, so doch das Produkt eigener Bearbeitung" (163). Vgl. auch Köstlin (1853, 390).

Eine ausgedehnte ‚Kritik der Schriften' begegnet (auf der Grundlage einer Benutzungshypothese mit Matthäus-Priorität) in der Tübinger Schule (→ 3.5.3.3). Für diese Kritik ist charakteristisch, daß in ihr die Evangelien nicht primär als Werke individueller Schriftsteller und als Ausdruck persönlicher oder lokaler Interessen erscheinen, sondern als Dokumente urchristlicher Tendenzen und Parteistandpunkte. Bei den aus der Tübinger Schule stammenden Einzelgängern Bauer (→ 3.5.4.3) und Volkmar (→ 3.5.4.4) sowie bei Brandt (1893) und anderen (→ 4.5) verdrängte dabei das Interesse an der spekulativen (Baucr) oder kerygmatisch-tendenziösen (Volkmar) schriftstellerischen Leistung die Tradition fast ganz.

Die Grundgedanken der Tübinger Schule – das LkEv ist paulinisch, das MtEv judaisierend – beeinflußten auch die konservative Richtung. So führt z. B. Schmid 1853 unter Abweisung des entwicklungsgeschichtlichen Aspekts der Tübinger Schulweisheit den Unterschied der Evangelien nicht nur auf die Subjektivität ihrer Verfasser, sondern auch auf „die Verschiedenheit *des Zweckes, der Menschen* und der *Umstände*" zurück (361). Der Lehrform des Jakobus ordnet er dabei das MtEv, der Lehrform des Petrus das MkEv zu, die beide das Christentum in seiner *Einheit* mit dem Alten Testament auffassen. Das LkEv gehört zur Lehrform des Paulus und legt wie dieser das Christentum in seinem *Unterschied* vom Alten Testament dar.

Schulze ordnet 1894 im Sinne der Tübinger die ‚Kritik der Schriften' der Quellen- und Traditionskritik vor, löst sich aber von der Tübinger Tendenzkritik und findet so, im Anschluß auch an Kähler (→ 4.1f), zu einem modern anmutenden Modell der ‚Redaktionskritik': „Die erste Aufgabe ... ist jedenfalls die, jedes Evangelium, so wie es uns vorliegt, in seiner Eigenart, namentlich in seiner eigentümlichen Auffassung der Person Christi gegenüber derjenigen der anderen zu verstehen und darzustellen ... Wie haben unsere Evangelisten, wie hat ihre Zeit die Person Jesu angesehen? ... quellenmäßig zugänglich ist uns nun einmal, wie die Dinge liegen, nur der gepredigte Christus ... Man muß nur nicht meinen, daß uns in allen Evangelien dieselbe Christologie begegnen ... müßte!" (333f). Vgl. Hoekstra (1871), → 4.5.

Bei der Begründung der Markus-Priorität durch Wilke (→ 3.5.4.2) spielte die „eigentümliche Schreibart" (1838, 28) der verschiedenen Evangelisten und die entsprechende literarische Abhängigkeit oder Unabhängigkeit voneinander eine große Rolle, wenn auch Wilke sich nicht für diese Schreibart (‚Redaktion') als solche interessierte.

Da eine methodisch angemessene ‚Kritik der Schriften' nur durchgeführt werden kann, sofern Klarheit über die von den Evangelisten benutzten Quellen bzw. Traditionen besteht, war eine ausgedehnte und sachlich befriedigende Redaktionskritik erst nach dem Siegeszug der Zwei-Quellen-Theorie möglich, und in dem zwischen Redaktionskritik und Quellenkritik waltenden Zirkel hat inzwischen die redaktionskritische Erforschung des MtEv und des LkEv den definitiven Erweis für die Richtigkeit der Zwei-Quellen-Theorie erbracht (→ 3.6.1 b); denn die redaktionellen Eigenheiten des MkEv und der Spruchquelle begegnen im MtEv und im LkEv, nicht aber die des MtEv und des LkEv im MkEv und in Q.

Die Zeit nach der Begründung der Zwei-Quellen-Theorie war indessen der ‚Kritik der Schriften' zunächst nicht günstig, da schon Weisse selbst traditionalistisch nach der authentischen Grundlage der synoptischen Evangelien fragte (→ 3.6.1), während in der nachfolgenden Epoche auf der Basis der Zwei-Quellen-Theorie die Leben-Jesu-Theologie entstand. Zwar beobachtet man auch in der Zeit der Leben-Jesu-Theologie weiterhin die Versuche der drei ersten Evangelisten, „eine den Besonderheiten des jeweiligen Standpunktes dienende Auswahl der Stoffe zu treffen, womit dann auch die Entstehung von selbständigen Zusätzen wie von eigenthümlichen Umbildungen des Gegebenen erklärlich wird", da jeder Evangelist seinen „eigenthümlichen Gesichtswinkel" hat (Holtzmann, 1901, 31; vgl. Wernle, 1899, 107f 193ff 223; Nicolardot, 1908). Indessen blieb der ‚redaktionskritische' Ertrag gering (vgl. Cadbury, 1927). Auch die oft scharfsinnigen Beobachtungen Wellhausens (1905, 57ff) halten sich durchweg im Rahmen einer Betrachtung, die den Schriftsteller als pragmatischen Erzähler, nicht als Theologen sieht. Ähnlich steht es bei Jülicher, auch wenn er seine Behandlung der Gleichnisse unter den Gesichtspunkt stellt, daß die Evangelisten „wahrhaftig nicht hülflose Kompilatoren", sondern „stark ausgeprägte Individualitäten" gewesen sind (Bd. 1, ²1899, 195). Für Holtzmann enthält zwar das LkEv „am meisten eigen Erdachtes und Geformtes", aber seine schriftstellerische Tendenz erhellt doch vornehmlich „aus dem ganz neuen Aufriß, den die evangelische Geschichte bei ihm annimmt" (1901, 18); denn die „eigentliche Abzweckung des Werkes" liegt „einfach in möglichst umfassender Sammlung" (1869, 214). Auch Wendland urteilt: „Mc ist vielmehr Sammler und Redactor als Schriftsteller" (²+³1912, 267; vgl. Heinrici, → 4.3.2; Weiß, → 4.3.2; Ropes).

Allerdings hat man Wredes Buch über ‚Das Messiasgeheimnis in den Evangelien' (1901) oft als einen Vorläufer der redaktionsgeschichtlichen Untersuchungen angesehen: „So ist z. B. Wredes Messiasgeheimnis eine typisch redaktionsgeschichtliche Untersuchung" (Schille, 1963, 492). Aber auch Wrede hat den Evangelisten Markus für einen unbeholfenen Schriftsteller angesehen, der „von einem Punkte seiner Darstellung thatsächlich nicht zum andern gedacht" hat (132; vgl. 135). Das Messiasgeheimnismotiv hielt Wrede keineswegs für eine markinische Schöpfung, sondern für einen von Markus unverstanden aus der Tradition aufgegriffenen Gedanken. Richtig ist lediglich, daß Wrede in der Nachfolge von Bauer (→ 3.5.4.3), Volkmar (→ 3.5.4.4) und anderen in solcher Weise seine Aufmerksamkeit auf den ‚Schriftsteller' Markus richtete.

Im Bereich der formgeschichtlichen Schule traten die synoptischen Evangelisten weiterhin vor allem als Sammler und Redaktoren des Überlieferungsgutes in den Blick, nicht als selbständige Schriftsteller. Ihnen verdanken wir Karl Ludwig Schmidt zufolge zwar den Rahmen der Geschichte Jesu (→ 4.3.3), den Schmidt aber nur in den Blick rückt, um ihn als Quelle für ein historisches Itinerar des Lebens Jesu zu destruieren und die Aufmerksamkeit auf die in den redaktionellen Rahmen gestellten Einzelüberlieferungen zu richten. Am ehesten zeige Lukas einiges schriftstellerische Interesse (1919, 284 ff; vgl. 1918).

Dibelius (→ 4.3.3) reflektiert in der Einleitung zu seiner ‚Formgeschichte des Evangeliums' ausführlich über das vorliegende Problem: „Das literarische Verständnis der Synoptiker beginnt mit der Erkenntnis, daß sie *Sammelgut* enthalten. Die Verfasser sind nur zum geringsten Teil Schriftsteller, in der Hauptsache Sammler, Tradenten, Redaktoren. Im Überliefern, Gruppieren und Bearbeiten des ihnen zugekommenen Materials besteht ihre Tätigkeit vor allem, und auch ihr theologisches Erfassen des Stoffes, soweit man von einem solchen reden kann, gelangt ganz wesentlich auf diese mittelbare Weise zum Ausdruck." Am ehesten zeige noch das LkEv literarisches Gepräge (²1933, 200 ff). „Man kann daran ermessen, in welch geringem Grade vollends ‚Markus' und ‚Matthäus' als schriftstellerische Persönlichkeiten zu gelten haben" (²1933, 2f). Die Evangelisten tradieren also im wesentlichen nur vorgeprägte Stoffe, doch spricht Dibelius ihnen ein begrenztes theologisches Erfassen des Stoffes nicht ab, über das er vor allem in den Kapiteln ‚Sammlung' (219–234: für das Erzählgut) und ‚Die Paränese' (234–265: für das Redengut) einige Reflexionen anstellt (→ 4.3.5.a). Doch sein Interesse richtet sich ganz „auf die *Gewinnung der Tradition,* die dem Sammler vorlag" (1929, 210).

5.1.1 Allgemeines

Auch Bultmann behandelt im dritten Hauptteil seiner ‚Geschichte der synoptischen Tradition' (→ 4.3.3) ausführlich ‚Die Redaktion des Traditionsstoffes' (²1931, 348–400), und zwar getrennt nach ‚Die Redaktion des Redenstoffes' und ‚Die Redaktion des Erzählstoffes'. Ging es Bultmann in den beiden ersten Hauptteilen um die Analyse der Tradition, so in diesem letzten um die „Komposition der Evangelien", die indessen „nicht etwas prinzipiell Neues bringt, sondern nur vollendet, was mit der ersten mündlichen Tradition schon beginnt" (347). Im einzelnen richtet Bultmann sein Augenmerk auf das *formale* Verfahren der Evangelisten, auf Ordnung und Verbindung der überlieferten Stoffe. Dabei treten freilich auch schriftstellerische Interessen der Evangelisten mit in den Blick, zumal bei Markus, der als erster ein Evangelium schreibe (363). Über das MtEv urteilt Bultmann, es sei von einem „Ton kirchlicher Gläubigkeit" durchzogen, doch sei „die Darstellung des Mt nicht so bewußt wie die des Mk von dogmatischen Motiven geleitet. Vielmehr wirkt die christliche kirchliche Anschauung des Mt unbewußt" (382). „Von leitenden Gedanken" in der Darstellung des LkEv kann man Bultmann zufolge „nur in beschränktem Umfang sprechen" (391); „denn einen ausgeprägten Standpunkt mit bestimmten Tendenzen nimmt er offenbar nicht ein. Auf gewisse Lieblingsgedanken kann man hinweisen: die Vorliebe für die Armen und Verachteten, ein sentimentaler Zug, zu dem eine gewisse Vorliebe für die Frauen gehört ... Ihm eigen ist die apologetische Tendenz, die in der Passionsgeschichte hervortritt" (392). Sein Hauptinteresse beruht auf dem Literarischen. „Er hat den Ehrgeiz, eine auch gebildeten griechischen Lesern imponierende Geschichtsdarstellung zu schreiben" (391).

Die schriftstellerische Eigenart und Eigenwilligkeit der Evangelisten wird von den führenden Vertretern der formgeschichtlichen Schule also als relativ gering eingeschätzt (vgl. auch Schniewind, 1930, 152ff); die entsprechenden Beobachtungen zu den einzelnen Evangelien sind sehr knapp und resümieren in der Regel älteres Einleitungswissen. Nur die Messiasgeheimnistheorie des MkEv findet weiterhin Interesse (→ 5.5.4.2).

Die Situation stellt sich bei den Kritikern der Formgeschichte, welche die synoptische Tradition vor dem MkEv und vor Q quellenkritisch aufhellen wollen (→ 4.4), verständlicherweise nicht anders dar, zeigt sich diese quellenkritische Fragestellung doch im allgemeinen erst recht an dem authentischen Ursprung der synoptischen Tradition, nicht an ihrer definitiven Ausprägung in den Evangelien interessiert.

Somit bleibt auch nach dem Auslaufen der Leben-Jesu-Theologie vor dem Aufkommen der eigentlichen ‚Redaktionsgeschichtlichen Schule' der Ertrag der ‚Kritik der Schriften' gering. Vgl. aber → 4.5 sowie zum LkEv v. Baer (1920); Hillmann (1941).

5.1.2 Die Eigenart der redaktionsgeschichtlichen Methode

Die moderne redaktionsgeschichtliche Fragestellung und Forschungsweise entstand auf dem Boden der Formgeschichte. Sie setzt diese freilich nicht einfach fort, und sie setzt die Formgeschichte auch nicht notwendigerweise voraus, wie sich schon daran zeigt, daß die Redaktionskritik des MtEv und des LkEv aufgrund der bereits *literarischen* Überlieferungen MtEv und Q erfolgt.

Die Formkritik richtete ihren Blick auf die Stufe der *anonymen Tradition*. Die Kritik der Schriften untersucht dagegen die aus dieser (oder anderer) Tradition erwachsene *Literatur,* die als solche nicht erklärt werden kann, „ohne ein Individuum, eine Schriftstellerpersönlichkeit in Ansatz zu bringen, die mit ihrem Werk ein bestimmtes Ziel verfolgt" (Marxsen, 1956, 9; vgl. Güttgemanns, 1970, 73 ff). Die redaktionskritische Forschungsrichtung will der Formkritik indessen nur insoweit widersprechen, als diese die literarische Leistung der Evangelisten als Schriftsteller zu gering einschätzt und die Evangelien im wesentlichen auf die in ihnen aufgenommenen mündlichen Traditionen hin befragt.

Im Unterschied zur Formgeschichte interessiert sich die Redaktionsgeschichte also nicht primär für die Authentizität der Überlieferung und für den ursprünglichen ‚Sitz im Leben' der Einzeltraditionen, sondern für die historische Situation und das ihr entsprechende theologische Interesse des Schriftstellers, der jene Überlieferung in der redaktionellen Gestalt seines Evangeliums seinen Lesern vorlegt, die einzelnen Stoffe der Überlieferung als Bausteine für einen eigenen literarischen und ggf. auch theologischen Gesamtentwurf benutzend. Insoweit deckt die Redaktionskritik ein Stück urchristlicher Theologiegeschichte auf, wenn sie theologische und kirchliche Besonderheiten des LkEv, des MtEv, des MkEv und der Spruchquelle sowie der sie tragenden theologischen Lehrer und Schulen entdeckt, beschreibt und historisch einordnet.

Im Verhältnis von Redaktionskritik und Formkritik zueinander wiederholt sich in beachtlichem Maße das Verhältnis von ‚Kritik der Schriften' bei Baur und ‚Kritik der Überlieferung' bei Strauß (→ 3.5.3.3), das gleichfalls nicht antagonistisch war, wohl aber die Frage nach dem *methodischen Primat* stellte. Wenn die moderne Redaktionskritik diese Analogie nicht beobachtete bzw. beachtete, so deshalb nicht, weil sie – gleichsam naiv – auf der Formgeschichte als unbezweifelbarer Grundlage aller weiteren Arbeit aufbaute. Sie ließ sich im allgemeinen in dieser ‚Naivität' auch durch das ‚redaktionsgeschichtliche' Manko der Formgeschichte, nämlich durch die in der *Sammlung* des Überlieferungsgutes liegenden Aporien (→ 4.3.5), nicht beirren.

Insoweit die Formkritik der synoptischen Tradition jedoch prinzipiellem Widerspruch ausgesetzt ist (→ 4.3.8), stellt sich die Frage nach dem methodischen Primat wieder ein, und zugleich findet sie ihre Antwort im Sinne von Baur: Die Kritik der Schriften hat der Kritik der Überlieferung vorauszugehen und ihr den Weg zu bahnen; denn nur der Weg vom Bekannten zum Unbekannten ist methodisch gerechtfertigt, nicht der Weg vom Unbekannten zum Bekannten (vgl. Marxsen, 1956, 10).

Die vorliegende Untersuchung wird diesen Weg, der über die Kritik der Schriften LkEv, MtEv, MkEv und Q zu der synoptischen Tradition vordringt, einschlagen (→ 5.2 bis 5.5). Dabei wird sich bestätigen, daß die formgeschichtliche Lösung der synoptischen Traditionskritik aufs Ganze der synoptischen Überlieferung gesehen verfehlt ist (→ 4.3.8).

5.1.3 Das redaktionskritische Verfahren

Die Redaktionskritik unterscheidet mündliche oder schriftliche Quellen des jeweiligen Evangelisten einerseits und ihre schriftstellerische Bearbeitung, die ‚Redaktion', andererseits und versucht, aufgrund dieser redaktionellen Bearbeitung die Besonderheiten der einzelnen Evangelien vor allem nach Anlaß und theologischer Intention zu erheben.

Dabei waltet ein Zirkel zwischen der formalen Bestimmung der schriftstellerischen Leistung und ihrer historischen und theologischen Deutung. Je sicherer sich die redaktionelle Arbeit des Evangelisten von seinen Traditionen abheben läßt, um so leichter läßt sich die theologisch-schriftstellerische Leistung des Evangelisten erfassen. Je mehr es andererseits gelingt, die Eigenart des jeweiligen Evangelisten nach schriftstellerischem Verfahren und theologischer Aussage zu erfassen, um so besser lassen sich Redaktion und Tradition unterscheiden.

Das redaktionskritische Verfahren läßt sich beim LkEv am einfachsten durchführen, da dem Forscher die wichtigsten Quellen des LkEv, nämlich das MkEv und die Spruchquelle Q, direkt bzw. indirekt vorliegen, so daß der synoptische Vergleich insoweit die redaktionelle Arbeit des Schriftstellers Lukas unmittelbar sichtbar macht, und weil der Forscher außerdem die Apostelgeschichte des Lukas benutzen kann, die, vom selben Schriftsteller stammend, die Basis für die Bestimmung der redaktionellen Eigenarten des LkEv erheblich verbreitert. Auf diese Weise besitzt der Forscher auch eine relativ günstige Grundlage für die redaktionskritische Bearbeitung des umfangreichen lukanischen Sondergutes.

Auch beim MtEv ergibt der synoptischen Vergleich mit dem MkEv und mit Q eine solide Basis für die formale Abgrenzung und sachliche Deutung der matthäischen Redaktion und Intention, und von da aus ergeben sich ferner angemessene Kriterien für die redaktionskritische Untersuchung des matthäischen Sondergutes.

Der redaktionskritischen Erforschung des MkEv stehen vergleichsweise große Schwierigkeiten entgegen, da die Scheidung von Tradition und Redaktion überhaupt nur im Zirkelverfahren möglich ist. Die traditionelle Redaktionskritik geht dabei von den einzelnen formkritisch rekonstruierbaren Einzelüberlieferungen der mündlichen Traditionsstufe aus und bestimmt die Eigenart des MkEv aus der Rahmung, Anordnung und redaktionellen Bearbeitung dieser Überlieferungen. Wird das Recht solchen Verfahrens fraglich, weil die formgeschichtlichen Prämissen selbst infrage stehen (→ 4.3.8), fällt der Redaktionskritik als umfassender ‚Kritik der Schriften‘ zugleich die Aufgabe zu, im hermeneutischen Zirkel die Traditionsgrundlage des MkEv zu erhellen (→ 5.1.2).

Die redaktionskritische Erforschung der Spruchquelle Q steht vor Schwierigkeiten, die denen entsprechen, die sich bei der Arbeit am MkEv einstellen. Sie lassen sich nur im Zirkelverfahren überwinden. Hinzu kommt, daß uns Q nicht erhalten ist, sondern aus dem MtEv und dem LkEv allererst rekonstruiert werden muß, wobei auch diese Rekonstruktion im hermeneutischen Zirkel verfährt, indem sie den schriftstellerischen Anteil von Matthäus und Lukas an dem von ihnen überlieferten Q-Stoff sowohl voraussetzt wie bestimmt.

5.1.4 Zur bisherigen Arbeit

Ähnlich wie die formgeschichtliche Schule um 1920 aus parallelen, unabhängig voneinander entstandenen Untersuchungen erwuchs und sich rasch durchsetzte, rückte etwa eine Generation später auch die redaktionsgeschichtliche Forschungsrichtung durch eine Reihe etwa gleichzeitiger und gleich ursprünglicher wegweisender Arbeiten in den Mittelpunkt der Erforschung der synoptischen Evangelien. Zu diesen Arbeiten gehört:

Zu Lukas
H. Conzelmann: Die Mitte der Zeit. Studien zur Theologie des Lukas, 1954; E. Lohse: Lukas als Theologe der Heilsgeschichte, EvTh 14, 1954, 256 ff; Ph. Vielhauer: Zum ‚Paulinismus' der Apostelgeschichte, EvTh 10, 1950/51, 1 ff.
Zu Matthäus
G. Bornkamm, G. Barth, H. J. Held: Überlieferung und Auslegung im Matthäusevangelium, 1960. Vgl. Trilling (1959); Strecker (1962); Hummel (1963); Walker (1967).
Zu Markus
W. Marxsen: Der Evangelist Markus. Studien zur Redaktionsgeschichte des Evangeliums, 1956; J. M. Robinson: Das Geschichtsverständnis des Markus-Evangeliums, 1956.
Zur Spruchquelle Q
H. E. Tödt: Der Menschensohn in der synoptischen Überlieferung, 1959.

Inzwischen ist die redaktionsgeschichtliche Literatur zu einer kaum noch zu übersehenden Bibliothek angewachsen:, → 5.2 bis 5.5. Instruktive Auswahl an Forschungsbeiträgen zu den einzelnen Synoptikern bieten:

G. Braumann (Hg.): Das Lukas-Evangelium. Die redaktions- und kompositionsgeschichtliche Forschung, 1974;
J. Lange (Hg.): Das Matthäus-Evangelium, 1980;
R. Pesch (Hg.): Das Markus-Evangelium, 1979.

An Versuchen zusammenfassender Untersuchung sind zu nennen:

J. Rohde: Die redaktionsgeschichtliche Methode. Einführung und Sichtung des Forschungsstandes, 1965;
S. Schulz: Die Stunde der Botschaft. Einführung in die Theologie der vier Evangelisten, 1967;
N. Perrin: What is Redaction Criticism, 1969 (vgl. 1972).
G. Strecker: Redaktionsgeschichte als Aufgabe der Synoptikerexegese, in: Eschaton und Historie, 1979 9 ff;
K. Koch: Was ist Formgeschichte?, 1964, 62 ff.

Die Ergebnisse und Aporien der bisherigen redaktionskritischen Arbeit werden bei der Besprechung der einzelnen Evangelien zur Sprache kommen (→ 5.2 bis 5.5). Insgesamt läßt sich sagen, daß die leichteste Aufgabe, die Bestimmung des lukanischen und des matthäischen Redaktionsgutes aufgrund des synoptischen Vergleichs mit Q und dem MkEv, in einem relativ weitgehenden Konsensus der Forschung gelöst ist. Es hat sich ein umfangreicher Bestand an charakteristischen Daten der schriftstellerischen Tätigkeit des Lukas und des Matthäus ergeben, ein Befund, der schon deshalb von großer Bedeutung ist, weil er auf der Basis der Zwei-Quellen-Theorie möglich wurde, die auf diesem methodischen Weg ihre zwingende Bestätigung fand (→ 3.6.1.b). Die Deutung des redaktionskritisch erhobenen Befundes, also die Bestimmung von Anlaß, Ort, Zeit und theologischer Absicht des MtEv und des LkEv, ist hingegen noch sehr kontrovers, und diesem Sachverhalt entspricht eine durchaus uneinheitliche bzw. unsichere Erklärung des S^{Lk} und des S^{Mt} und seiner Traditionsgrundlagen.

Durchaus unbefriedigend sind die Ergebnisse der redaktionsgeschichtlichen Erforschung des MkEv. Trotz vieler guter Beobachtungen steht eine präzise Unterscheidung von Tradition und Redaktion noch aus. Erst recht gibt es keinen Konsensus über die theologische und theologiegeschichtliche Einordnung des Evangelisten Markus, wobei sich alle Probleme immer wieder im Bereich der Messiasgeheimnistheorie (→ 4.1 e) bündeln. Dies unbefriedigende Ergebnis hängt zweifellos mit den → 5.1.3 genannten methodischen Schwierigkeiten des bei der redaktionskritischen Untersuchung des MkEv unvermeidlichen Zirkelverfahrens zusammen, dürfte aber auch eine Folge der Tatsache sein, daß die Redaktionskritik des MkEv bisher unkritisch auf der Basis der Formgeschichte erfolgte, der zufolge Markus „lediglich anonyme Einzeltraditionen vor sich" hatte (Marxsen, 1956, 9).

Die redaktionsgeschichtliche Untersuchung der Spruchquelle Q wurde nach der Vorarbeit von Tödt (1959) erst relativ spät aufgenommen. Trotz der erheblichen methodischen Schwierigkeiten, die sich der Untersuchung von Q entgegenstellen, scheint die Forschung auf einem erfolgversprechenden, im Prinzip einheitlich ausgerichteten Weg zu sein (→ 5.4.1).

Die bisherige redaktionsgeschichtliche Arbeit leidet indessen darunter, daß sich die redaktionskritische Analyse oft vorschnell mit einer *Wertung* der theologischen Leistung des jeweiligen Evangelisten verbindet. Eine solche Wertung ist sinnvoll nur im Rahmen der historischen Situation der einzelnen Evangelisten möglich. Sie setzt demzufolge nicht nur eine umfassende Beobachtung der ‚Tendenzen' des Schriftstellers, sondern auch eine überzeugende zeitgeschichtliche Deutung dieser Tendenzen voraus. Da zumindest solche Deutung in der Regel nicht in hinreichendem Maße vorliegt, pflegt die Wertung der schriftstellerischen und theologischen Leistung der Evangelisten von Aspekten modernen theologischen Denkens aus zu erfolgen. Dabei begreift man in der Regel den jeweiligen Evangelisten als Schreibtisch-Theologen mit einem primär systematisch-theologischen Interesse, versteht ihn aber nicht als Mann der Kirche, der mit seiner Schrift die Gemeinde ‚erbauen' und eine aktuelle Situation bewältigen wollte. Mit solcher methodisch vorschnellen Wertung wird zugleich auch der Blick für die redaktionelle Leistung des Evangelisten getrübt. Vgl. Rese (1967).

Außerdem wird die bisherige redaktionsgeschichtliche Forschung durch zwei Hypotheken belastet, welche ihr die Formgeschichte als unkritisch übernommene Grundlage ihrer Arbeit mit auf den Weg gegeben hat.

Einmal reflektiert die Redaktionskritik so wenig wie die Formgeschichte selbst, wenn sie die Sammlung des Überlieferungsgutes in den Blick nimmt (→ 4.3.5 c), über das Verhältnis der vielen ‚Sitze', in denen nach formgeschichtlicher Überzeugung die Einzelüberlieferungen im Leben der Gemeinde fest verwurzelt sind, zu dem einen ‚Sitz' des diese Einzelüberlieferungen zusammenfügenden Evangeliums im Leben der Gemeinde. Summieren sich die einzelnen ‚Sitze' zu dem ‚Gesamtsitz' des Evangeliums? Das ist unter den formgeschichtlichen Prämissen, die von vielen unterschiedlichen und unverwechselbaren ‚Sitzen' im Leben der Gemeinde ausgehen, unvorstellbar. Werden also die einzelnen ‚Sitze' durch den ‚Gesamtsitz' des Evangeliums aufgehoben? Auch diese Annahme widerspricht den Prämissen der Formgeschichte; denn die ‚soziale' Verwurzelung der Einzelüberlieferungen im Gemeindeleben wird durch die Aufnahme der Traditionen auch in das Evangelium nicht berührt. Bleiben folglich die ursprünglichen ‚Sitze im Leben' neben dem neuen, ihnen durch das jeweilige Evangelium zugewiesenen ‚Sitz im Leben' erhalten? Wie soll dies aber zugehen? Sind konkurrierende ‚Sitze' in derselben Gemeinde denkbar?

Die andere Hypothek, welche die Formgeschichte der Redaktionsgeschichte mit auf den Weg gegeben hat, wird sichtbar, wenn man beobachtet, wie die Formgeschichte stets davon ausgeht, daß den Adressaten, Empfängern und Lesern der einzelnen Evangelien die synoptische Tradition im Prinzip bereits bekannt war, und zwar in jedem Fall durch die mündliche Einzelüberlieferung bzw. durch kleinere Sammlungen derselben, den Lesern des LkEv und des MtEv aber außerdem möglicherweise auch durch das MkEv und durch Q. Diese Voraussetzung ergibt sich zwingend aus den formgeschichtlichen Prämissen. Die synoptische Tradition wird also nicht erst von dem jeweiligen Evangelisten in seine Gemeinde eingeführt, sondern der Evangelist legt seinen Lesern deren eigene fundamentale kirchlich-theologische Überlieferung in redaktionell neuartiger Gestalt vor. Vgl. → 4.3.8.1 c.

Indessen ist die Annahme höchst problematisch, daß die Evangelisten mit den in ihren Gemeinden fest eingeführten und an ‚Sitzen' im Leben verankerten Traditionen so frei umgehen konnten, wie Matthäus und Lukas mit dem MkEv und mit Q umgegangen sind; denn wo z. B. das MkEv eingeführt war, konnten Matthäus und Lukas diese ihre Quelle weder verdrängen noch durch ihre Evangelien ergänzen wollen. Tatsächlich ergibt sich auch aus dem → 3.4.5 Gesagten, daß die synoptische Tradition in keiner Gestalt zum grundlegenden Traditionsgut der Gemeinden gehörte. Grundlegend war vielmehr neben dem Alten Testament der ‚Katechismus' der kerygmatischen Lehr- und Bekenntnisformeln, während der Evangelienstoff aus einem Bereich stammen muß, „der aufs Ganze gesehen wohl relativ begrenzt war und bisher abseits vom Hauptgeschehen urchristlicher Entwicklung, Ausbildung und Mission lag" (Schenke-Fischer, 1979, 10). *Der jeweilige Evangelist machte also seine Gemeinde mit dem entsprechenden synoptischen Überlieferungsgut allererst bekannt.* Diese Einsicht entspricht der frühen Beobachtung, daß die Evangelien ursprünglich nur lokal verbreitet waren und die einzelnen Gemeinden höchstens ein Evangelium in Gebrauch hatten (→ 1.1). Die Kritik der Schriften hat von dieser Einsicht auszugehen und wird sie bestätigen (→ 5.2 bis 5.5).

Sie hilft auch zu einem besseren Verständnis der theologischen Leistung der Evangelisten. Denn sofern die Evangelisten die synoptische Tradition in ihren Gemeinden allererst einführen und bekannt machen, tritt diese *neben* die fundamentale Bekenntnis- und Lehrgrundlage der jeweiligen Gemeindegruppe. Es ist darum zu fragen, ob der Evangelist diese Lehrgrundlage selbst in der Gestalt des Evangeliums und mit Hilfe seiner Redaktion zur Sprache bringen oder ob er diese

Lehrgrundlage als gegeben voraussetzt und in einer bestimmten Hinsicht bloß ergänzen will. Es wäre also denkbar, daß ein Evangelium gar nicht das *Evangelium* enthält (vgl. Harms, → 3.4.5.1). In diesem Fall aber hat sich die redaktionsgeschichtliche Forschung nicht mehr, wie es üblich ist, nur auf die Theologie des jeweiligen Evangeliums zu richten, die sie als die umfassende Theologie der zugehörigen Gemeinde oder theologischen Schule ansieht, sondern differenziert auf die vorausgesetzte Lehrgrundlage der Gemeinde und auf die begrenzte Hinsicht, in welcher der Evangelist auf dieser Grundlage seine Schrift aufbaut. Unter der den formgeschichtlichen Prämissen widersprechenden Voraussetzung, daß die einzelnen Evangelisten ihre Gemeinden mit dem wesentlichen Stoff ihrer Schriften allererst bekannt machen, lassen sich auf dem Wege einer umfassenden ‚Kritik der Schriften' nicht nur die offenen Fragen der Redaktionsgeschichte beantworten, sondern auch die ungelösten Probleme der synoptischen Traditionsgeschichte (→ 4.) einer Lösung zuführen.

5.2 Das LkEv

5.2.1 Zur Literatur

Die Literatur zum lukanischen Doppelwerk, die im Zeichen der redaktionsgeschichtlichen Fragestellung steht, ist unübersehbar geworden und schwillt noch unaufhörlich an. Zur Orientierung kann man benutzen:

G. Schneider: Das Evangelium nach Lukas, 1977, Band 1, 13–20; H. Conzelmann: Literaturbericht zu den synoptischen Evangelien, ThR 37, 1972, 264–272; 43, 1978, 43–51; F. Bovon: Luc le théologien. Vingtcinq ans de recherches (1950–1975), 1978; Schenke-Fischer (1979, 124–136); Kümmel ([20]1980, 92 ff. 560 ff); J. Guillet: Bulletin d'exégèse lucannienne, BSR 69, 1981, 425 ff; E. Richard: Luke-Writer, Historian Research and Orientation of the 70's. BTB 13, 1983, 3 ff; Lindemann (1984, 346 ff).

Die zu → 5.2 zitierte Literatur findet sich im allgemeinen Literaturverzeichnis.

Aus der neuesten Literatur sei hervorgehoben: M. Miyoshi: Der Anfang des Reiseberichts Lk 9,51–10,24. Eine redaktionsgeschichtliche Untersuchung; E. Franklin: Christ the Lord, 1975; R. Geiger: Die lukanischen Endzeitreden, 1976; M. Dömer: Das Heil Gottes. Studien zur Theologie des lukanischen Doppelwerkes, 1978; A. George, Etudes sur l'oeuvre de Luc, 1978; J. Ernst: Herr der Geschichte. Perspektiven der lukanischen Eschatologie, 1978; I. H.

Marshall: Luke: Historian and Theologian, ²1979; G. Muhlack: Die Parallelen von Lukasevangelium und Apostelgeschichte, 1979; R. J. Cassidy: Jesus, Politics, and Society. A Study of Luke's Gospel, ²1979; J. M. Nützel: Jesus als Offenbarer Gottes nach den lukanischen Schriften, 1980; F. G. Untergassmair: Kreuzweg und Kreuzigung Jesu. Ein Beitrag zur lukanischen Redaktionsgeschichte, 1980; W. Kirchschläger: Jesu exorzistisches Wirken aus der Sicht des Lukas. Ein Beitrag zur lukanischen Redaktion, 1981; A. Büchele: Der Tod Jesu im Lukasevangelium. Eine redaktionsgeschichtliche Untersuchung zu Lk 23, 1982; J.-W. Taeger: Der Mensch und sein Heil. Studien zum Bild des Menschen und zur Sicht der Bekehrung bei Lukas, 1982; Ch. H. Talbert: Reading Luke. A Literary and Theological Commentary on the Third Gospel, 1982; H. L. Egelkraut: Jesus' Mission to Jerusalem. A Redaction Critical Study of the Travel Narrative in the Gospel of Luke (Lc 9,51–19,48), 1978; F. Bovon: Lukas in neuer Sicht, 1983; R. Maddox: The Purpose of Luke-Acts, 1982; G. Scholz: Gleichnisaussage und Existenzstruktur, 1983; D. L. Tiede: Prophecy and History in Luke-Acts, 1980; S. G. Wilson: Luke and the Law, 1983; R. J. Cassidy and P. J. Scharper: Political Issues in Luke-Acts, 1983.

5.2.2 Allgemeines

Die Apostelgeschichte des Lukas belegt, daß die synoptische Tradition des LkEv nicht die überkommene Lehrgrundlage der lukanischen Gemeinden darstellt. Die Reden im zweiten Teil des lukanischen Doppelwerkes beziehen sich nämlich bei ihrer grundlegenden Darbietung der christlichen Lehre nie auf die einzelnen Stoffe des LkEv. Grundlage der christlichen Botschaft, wie sie in den Gemeinden des Lukas verbreitet ist, sind der Apostelgeschichte zufolge vielmehr einmal das christlich ausgelegte Alte Testament, das ausführlich benutzt, zitiert und interpretiert wird, sodann die christlichen Lehrformeln, wie sie z. B. in Ag 2,32f; 3,15f; 4,10; 5,30ff; 10,39ff; 16,31 begegnen, und schließlich die Praxis des christlichen Kultus (Ag 2,38 u.ö.).

Diesem Unterschied von ‚synoptischer Tradition' und ‚Apostellehre' entspricht der Unterschied von ‚Augenzeugen' (αὐτόπται) und von ‚Diener des Wortes' (ὑπηρέται τοῦ λόγου) in Lk 1,2. Auch sofern es sich bei den ‚Augenzeugen' und den ‚Dienern des Wortes' um dieselben Personen handelt, ist ihre Funktion verschieden. Der ‚Dienst des Wortes' besteht nach Ausweis der Apostelgeschichte in der Ausrichtung des christlichen Kerygmas, nicht in der Wiedergabe eines ‚Berichts über die unter uns geschehenen Ereignisse' (Lk 1,1:

διήγησις περὶ τῶν πεπληροφορημένων ἐν ἡμῖν πραγμάτων). Für das Kerygma aber beruft sich die frühe Gemeinde nie auf Augenzeugen der *vita Jesu,* wie z. B. die Briefe des Paulus deutlich zeigen. Erst Lukas bringt aus redaktionellen Gründen den Augenzeugenbericht mit der apostolischen Lehre zusammen (vgl. Ag 1,21 f u. ö.). Weil der Leser des lukanischen Doppelwerkes ‚die *Gewißheit* der Lehre (Worte), in welcher er unterrichtet wurde' (Lk 1,4: περὶ ὧν κατηχήθης λόγων τὴν ἀσφάλειαν), erfahren soll, stellt Lukas neben die seit der Taufunterweisung vertraute ‚Apostellehre' das geschichtliche Material seines Doppelwerkes, mit dem seine Gemeinde erst jetzt vertraut gemacht wird. „Stellt bei Markus die Erzählung als solche das Kerygma in breiter Entfaltung dar, so bestimmt Lukas die Erzählung als die historische Begründung, welche als ein zweites zum Kerygma hinzutritt, dessen Kenntnis sie voraussetzt (Lk 1,4)" (Conzelmann, 1954, 3). Auch Dibelius (²1933, 14) urteilt: „Nicht Inhalt der Predigt ist das im Lukas-Evangelium Erzählte, sondern Bürgschaft für diesen Inhalt. In der Tat wird durch alle Beobachtungen und Rückschlüsse, die wir anstellen können, bestätigt, daß die urchristlichen Missionare nicht das Leben Jesu erzählten, sondern das in Jesus Christus erschienene Heil verkündeten. Was sie erzählten, war dieser Verkündigung untergeordnet, mußte sie bestätigen und begründen." Vgl. auch Godet (²1980, 49 f); Weiss (⁸1892, 290 f); Schweizer (1982, 9); Luck (1960, 54 ff).

Diese Forscher, die den Unterschied zwischen den λόγοι (Lk 1,4) der apostolischen Lehre und der διήγησις (Lk 1,2) der synoptischen Tradition richtig beobachtet haben, beachten freilich in der Regel nicht, daß die synoptische Tradition den lukanischen Gemeinden bisher unbekannt war, wie es nicht nur aus den Reden der Apostelgeschichte, sondern auch aus den grundsätzlichen Beobachtungen zur synoptischen Tradition hervorgeht (→ 3.4.5; 5.1.4), und daß Lukas das Material seines Doppelwerkes zur Bestätigung der kerygmatischen Katechese in seinen Gemeinden allererst einführt, und zwar ohne daß damit die synoptische Tradition in den „Mittelpunkt der Predigt" (Wilckens, 1954, 206) rückt. Nur darum kann Lukas im Evangelium mit seinen Quellen, dem MkEv und der Spruchquelle Q, so frei umgehen, wie er tut, und das Überlieferte durch Sondergut bzw. Redaktionsgut ergänzen, das der Überlieferung nur wenig verpflichtet ist. Wären seine schriftlichen Vorlagen, das MkEv und Q, in den lukanischen Gemeinden bereits eingeführt gewesen, bliebe solche Freiheit unverständlich. Wäre aber formgeschichtlich aufgefaßte mündliche Tradition in den lukanischen Gemeinden im Umlauf und in Gebrauch gewesen, bliebe der Rückgriff des Lukas auf die schriftlichen Quellen statt auf die verbindliche mündliche Überlieferung oder zumindest auch auf sie unerklärlich (→ 4.3.5 c).

5.2.3 Das vorlukanische Kerygma

Bei der Lehre, in welcher die Leser des lukanischen Doppelwerkes seit jeher unterwiesen waren (Lk 1,4), handelt es sich um eine stark an die Verkündigung der ‚liberalen‘, noch nicht pharisäisch-gesetzlich ausgerichteten Synagoge angeglichene, im Vergleich z.B. mit Paulus und Johannes sehr einfache Gestalt frühchristlicher Lehrbildung eines ursprünglich in der hellenistischen Synagoge beheimateten Christentums.

Monotheismus und Schöpfungsglaube bilden die selbstverständliche, von der Synagoge vermittelte Voraussetzung dieser Lehre. Jesus, der Messias, ist der letzte und entscheidende Bote Gottes an die Welt und zugleich der kommende Weltenrichter (Ag 3,20f; 10,42). Er wirkte als vollmächtiger Prophet. Er verkündigte Buße, die Umkehr zu Gott, und bot dem Büßer die Vergebung seiner Sünden an, die ihm im jüngsten Gericht zuteil werden wird (vgl. 1 Thess 1,9f). Die Gemeinde trägt diese Botschaft Jesu mit ihrer Predigt weiter.

Die Eschatologie ist stark hellenisiert. Die Christen rechnen damit, durch den Tod bzw. durch die Auferstehung von den Toten hindurch vor dem Gericht zu erscheinen. Die Frage nach dem ‚Wann‘ des kommenden Gerichts bildet kein wesentliches Problem. Vgl. Lk 16,19–31; 20,27–40; 23,43.

Das Menschenbild der lukanischen Gemeindetheologie unterscheidet sich wesentlich z.B. von dem paulinischen Verständnis des Menschen als Sünder: „Der Mensch ist kein *salvandus*, sondern ein *corrigendus*" (Taeger, 225). Der uneingeschränkte, alle Völker umfassende Universalismus der Bußpredigt und die Gewißheit der zugesagten Vergebung im jüngsten Gericht für die Getauften geht über die traditionelle Verkündigung der Synagoge hinaus, der die vorlukanische Gemeindetheologie im übrigen stark verhaftet bleibt. Indessen weiß sich die christliche Gemeinde auch im Besitz der eschatologischen Gnadengabe des Heiligen Geistes.

Paulinisches Erbe findet sich in der vorlukanischen Gemeindetheologie nicht, wie denn auch Lukas selbst Briefe des Paulus – jedenfalls direkt – nicht zu kennen scheint und sich mit der paulinischen Theologie nicht vertraut zeigt.

5.2.4 Die redaktionellen Tendenzen

Die redaktionskritische Analyse der lukanischen Schriften ergibt das folgende Bild, das beide lukanische Schriften als ein einheitliches Doppelwerk sichtbar macht, dessen Teile nur in und aus dieser Einheit verständlich sind.

a) Die Zeit der Urkirche war eine Zeit völliger Eintracht und inneren Friedens (Lk 5,36–39; 6,39–45; 12,41–48; Ag 2,42–47; 4,32 u.ö.). Dieser Friede wird erst in späterer Zeit durch Irrlehrer bedroht (Ag 20,29f).

b) Das Evangelium wurzelt gänzlich im Alten Testament; das Christentum ist das wahre, nämlich das in das Universale entschränkte und alles Nationalen entkleidete Judentum (Lk 2,41–52; 4,14–30; 20,9–19 u.ö.). Johannes der Täufer ist jüdischer Prophet *und* christlicher Prediger und bindet als solcher die Zeit des Alten Testament und die Zeit Jesu unlösbar aneinander (Lk 3,3; 4,18f; 11,1; 16,16; 20,1–8; vgl. Bachmann, 1980). Die Predigt der Buße zur Vergebung der Sünden und die entsprechende Taufe übt die christliche Gemeinde ‚im Namen Jesu' so, wie sie im übrigen schon Johannes der Täufer geübt hatte (vgl. Lk 3,3 mit Lk 24,47; Ag 2,38; 19,5); ein spezifisch christlicher Taufbefehl begegnet dementsprechend bei Lukas nicht. Der *eine* Gott, das Angebot der Buße, die Predigt des Gerichtes und der Totenauferstehung sind die Hauptinhalte der jüdischen wie der christlichen Predigt. Das Alte Testament handelt von dem, was sich mit dem Kommen Jesu ereignet. Jesus ist der im Alten Testament angesagte Messias; er kündet das von Israel erwartete Reich Gottes an. Das Leiden Jesu hat keine Sühnebedeutung; es geschah nicht ‚für unsere Sünden' (Lukas streicht Mk 10,45!). Es geschah – als beispielgebendes Martyrium – in Erfüllung der Schrift und erweist so die Kontinuität von Israel und Wirken Jesu (Lk 17,25; 24,6ff. 25 ff. 44 ff. u.ö.; vgl. Wilckens, 1954, 215 ff).

Jerusalem ist Mitte und Ziel des Wirkens Jesu und der einzige Ausgangsort des Evangeliums und der Kirche. Jesus und die Urgemeinde lebten im Frieden mit den anderen Juden, hielten sich an die gesetzlichen jüdischen Bräuche und feierten ihren Gottesdienst im Tempel

(Lk 2,41–52; 19,41–44. 45–48; 21,38; Ag 2,46). Das Volk, und zwar im allgemeinen auch die Vertreter der jüdischen Orthodoxie, die Pharisäer, standen auf der Seite Jesu und seiner Nachfolger; nur die sadduzäischen Führer des Volkes bekämpften ihn und seine Gemeinde (Lk 23,27–31.48; Ag 2,47; 4,1 ff u. ö.). Die Zerstörung des Tempels im Jahre 70, auf die Lukas zurückblickt, bedeutet für ihn kein Gottesurteil über die jüdische Heilsgeschichte.

Auch die Predigt des Paulus steht in Übereinstimmung mit dem jüdischen Mutterboden der Christenheit. Paulus predigt als ein christlicher Pharisäer, der keinen Bruch mit dem (liberal aufgefaßten) jüdischen Gesetz kennt (Ag 23,1 ff; 26,1 ff u. ö.). Das Angebot der Buße und der Vergebung angesichts der Erwartung der Totenauferstehung und des jüngsten Gerichtes sind Kernpunkte auch seiner Verkündigung, und auch die von ihm bekehrten Heidenchristen unterwerfen sich den gesetzlichen Mindestanforderungen der Synagoge (Ag 15,20 f).

Die Heidenmission erfolgte erst auf ausdrückliche göttliche Weisung und keineswegs auf Initiative der Gemeinde, die eher Widerstand leistete (Ag 10,1–11,18; 22,17–21). Sie war aber schon im Alten Testament vorgesehen und wurde von Jesus selbst durch seine Mission unter den Samaritanern vorbereitet (Lk 4,14–30; 9,51–56; 17,11–19). Der faktische Triumph des reinen Heidenchristentums zur Zeit des Lukas ist Schuld der Juden, die sich schließlich doch ihren Führern beugten und sich ihrem eigenen Evangelium versagten, obschon es ihnen zuerst angeboten worden war; sie treten damit aus ihrer eigenen Heilsgeschichte aus. Nie wurden die Juden von Gott verworfen, doch haben sie ihren Messias verworfen (Lk 4,14–30; 19,41–44; Ag 13,46 ff u. ö.).

c) Das Evangelium hat – in Übereinstimmung mit dem Alten Testament – Jesus gebracht, der vor und nach Ostern seine Jünger darin unterwies. Die Kirche bedarf deshalb der traditionsgerechten Verbindung mit diesem irdischen Jesus. Maßgebliche Traditionsträger sind (nur) die Zwölf Apostel, weil sie Jesus von der Taufe des Johannes an bis zu seiner Himmelfahrt begleitet haben (Lk 6,12 ff; 24,48 f; Ag 1,21 f); vgl. Klein (1961); Wilckens (1961, 202 ff). In Wort (Verkündigung), Werk (Wundertaten) und Geschick (Verfolgung) parallelisiert Lukas ihr Wirken mit dem Wirken Jesu, so daß man die Zeit der Zwölf Apostel geradezu als die zweite Epoche des Wirkens Jesu ansehen kann. Die Zwölf Apostel sind in der Nachfolge Jesu Begründer aller kirchlichen Entwicklungen; sie beginnen auch mit der Heidenmission. Die Gabe des Heiligen Geistes an die Apostel und über sie an die Gemeinde ist das Gründungsdatum der Kirche. Lukas ist ‚Evangelist des Geistes' (v. Baer, 1926), den im Alten Testament nur ausgewählte Männer besaßen, während er in der christlichen Gemeinde allen Glaubenden gegeben wird, nachdem bereits Jesus ein ausgezeichneter Träger des Geistes gewesen war (Lk 11,13; 12,12; 24,49; Ag 2,1 ff).

Paulus, der ehemalige Verfolger, wird von Lukas den Zwölf Aposteln sekundär zugeordnet. Er hat Jesus – auch bei seiner Berufung – nicht gesehen. Sein Evangelium und den Geist empfängt er aus der kirchlichen Tradition der Zwölf Apostel. Konsequenterweise trägt er selbst den Titel ‚Apostel' nicht. Auch die Heidenmission übernimmt er von den Zwölf Aposteln; zuerst predigte er stets den Juden. Alle diese Züge des lukanischen Paulusbildes stehen in deutlicher Spannung zu vergleichbaren Aussagen der authentischen Briefe des Paulus. Der in solcher Weise in die von Jesus über die Zwölf Apostel laufende kirchliche Tradition eingeordnete Paulus steht bei Lukas indessen in höchstem Ansehen und in Wort (Verkündigung), Werk (Wundertaten) und Geschick (Verfolgung) nicht hinter Jesus und den Zwölf Aposteln zurück. Denn wie Lukas das Wirken der Zwölf Apostel, insonderheit des Petrus, mit dem Wirken Jesu parallelisiert, so auch das Wirken des Paulus mit dem des Petrus und der Apostel, so daß sich Jesu eigenes Wirken und Geschick auf dem Weg über die Zwölf Apostel im Wirken des Paulus und in seinem Leiden unmittelbar fortsetzt bzw. widerspiegelt (Ag 9,1 ff); vgl. Klein (1961); Eltester (1961); Schmithals (1979); Radl (1975).

d) Jesus ist leiblich auferstanden und leiblich zum Himmel aufgefahren. Er wird erst zum Zeitpunkt der Parusie wieder (leiblich) auf die Erde kommen, zu richten die Lebenden und die Toten (Lk 24,50f; Ag 1,1–12; 3,21). Die Zeit der Kirche ist die Zeit des Heiligen Geistes, nicht die Zeit der Gegenwart des Erhöhten, in dessen *Namen* die Jünger wirken (Lk 9,48; Ag 3,6.16; 9,10.27; 16,18); vgl. Wilckens (1954, 205 ff); Schmithals (1979). Deutlich wird Jesus Gott dem Vater untergeordnet (‚Subordination'), vermutlich ein Element bereits der vorlukanischen Gemeindetheologie (Ag 2,22.33; 3,13 ff); vgl. Braun (1952).

e) Die Gemeinde des Lukas hat in jüngster Vergangenheit die Erfahrung harter Verfolgungen und entsprechenden Bekenntnisses bis hin zum Martyrium einzelner ihrer Glieder, aber auch des Abfalls vom Glauben machen müssen (Lk 12,4–12; 17,1 ff; 21,12–19; Ag

12,1f. 22–28). Diesen Erfahrungen entspricht eine durchgehende und vielfältige Verteidigung des Christentums gegenüber Vorwürfen von Seiten des römischen Staates (Lk 20,20–26; 23,2–15; Ag 16, 13–40; 22–28); die Beobachtung dieser ‚politischen Apologetik' des Lukas gehört zu den frühen und dauerhaften Erkenntnissen der historischen Erforschung des lukanischen Doppelwerkes. Die Passion Jesu stellt Lukas als vorbildliches Martyrium dar, dem zuerst Stephanus nachfolgt (Ag 7,54–59) und an dem sich auch der Leidensweg des Paulus orientiert (Lk 22,39–23,56; Ag 21–28; vgl. Radl); auch hat der Druck der Verfolgungen bei Gruppen in der Gemeinde anscheinend zu einem Aufleben apokalyptischer Enderwartung geführt (Lk 11,1–13; 17,20ff; 18,1–8; 21,8). In dieser Situation akuter Bedrohung warnt Lukas vor apokalyptischer Schwärmerei, schärft den Ernst der Nachfolge ein (Lk 9,23–27. 57–62; 14,25–35) und mahnt zur Wiederaufnahme Abgefallener (Lk 5,32; 15,1–32; 19,10). Die Verfolgungen werden von der Synagoge aus angestiftet (Lk 21,12; 23,1ff; Ag 16,13–40; 22–28); die Juden bezichtigen die Christen, ehemalige Angehörige des Synagogalverbandes, der politischen Illoyalität und veranlassen dadurch das Einschreiten der römischen Behörden gegen die christlichen Sondergemeinschaften. Vgl. J. Weiß (1897); Mattill (1978); Légasse (1981); Dibelius (^{2}1933, 202ff); Braumann (1963, 120ff); Schütz (1969). Man hat Lukas ‚Evangelist der Armen' (bzw. ‚der Reichen'; vgl. Karris, 1978; Horn, 1983) genannt, und in der Tat spielt in seinem Doppelwerk das Problem des Besitzes und des Besitzverzichts eine hervorrangende Rolle, wie man schon früh beobachtet hat (de Wette, 1848, 160); vgl. z.B. Lk 6,27ff; 12,13–34; 14,14; 16,1–13; 18,22; Ag 2,44f; 4,32–37; 5,1–11 (‚Urkommunismus'). Feine führte mit Anderen die lukanische Armenfrömmigkeit 1891 (→ 4.4.3) auf die Sonderquelle des Lukas zurück, in welcher die Verkündigung Jesu durch judenchristliche Gemeinden radikalisiert worden sei (vgl. schon Volkmar, 1870, 536f). Der synoptische Vergleich und die Analyse der Apostelgeschichte, in der die ‚Armenfrömmigkeit' sich vor allem in den lukanischen Summarien ausspricht, weisen dieses Motiv indessen dem Evangelisten selbst zu. Vgl. Holtzmann (1897, Band 1, 451f); Feine-Behm (1936, 70f); Conzelmann (^{5}1964, 218); Haenchen (^{13}1961, 190ff); Degenhardt (1965); Schmithals (1975); Horn (1983); Lindijer (1981); Pilgrim (1981); Busse (1980); Seccombe (1982); Arai (1983); Merkel (TRE IX, 412); weiteres bei Plümacher, ThR 49, 1984, 163ff.

Lukas gilt nicht ohne Grund als ‚Evangelist der Frauen' (Lk 8,1–3;

11,27f; 23,55; 24,10; Ag 16,14f u.ö.; vgl. z.B. Schütz, 1969, 116ff) und als ‚Evangelist des Gebets' (Lk 11,1–13; 18,1–8; 22,39–46 u.ö.).

5.2.5 Beobachtungen zu den redaktionellen Tendenzen

Versuche, das diffus erscheinende Konglomerat lukanischer Tendenzen einheitlich – aus einer bestimmten kirchlichen Situation – zu deuten, sind grundsätzlich berechtigt, wenn auch methodisch und sachlich umstritten. Gelingt ein solcher Versuch, hat er schon deshalb viel für sich, weil er die Vielfalt der Tendenzen zu einer Einheit ordnet.

Das Bündel der Tendenzen, die Lukas in seinem Doppelwerk zur Geltung bringt, umschließt die Zeit Israels bis hin zu Johannes (Altes Testament), die Zeit des Wirkens Jesu (LkEv) und die Zeit der frühen Kirche bis hin zur Weltmission des Paulus (Apostelgeschichte). Dadurch entsteht der Eindruck einer von Lukas beabsichtigten Gliederung der Heilsgeschichte in die drei Epochen Israel – Jesuszeit – Kirche (so vor allem Conzelmann, 1954). Indessen sind diese Epochen und die ihnen entsprechenden Traditionen Lukas vorgegeben. Er ist an ihnen als solchen nicht interessiert. Mit anderen Worten: Lukas treibt keine Geschichtstheologie, wie sie ihm oft unterstellt wird (vgl. z.B. Vielhauer, 1965, 235ff; Conzelmann, 1954, 6 u.ö.; Gräßer, ³1977, XXXff, 178ff; Wilckens, 1961, 201), seitdem Overbeck es „eine Taktlosigkeit von welthistorischen Dimensionen" genannt hatte, daß Lukas seinem Evangelium in der Apostelgeschichte als einer Geschichte der *Kirche* eine Fortsetzung gab (1919, 78). Gegen diese Unterstellung wenden sich z.B. Gasque (1975); Schneider (1975; 1980, 134ff, 150); Schille (1976); Mattill (1979); Maddox (1982, 100ff). Lukas ist auch nicht der ‚Erfinder der Heilsgeschichte'. Seine Eschatologie zeigt, daß jedes christliche ‚Heute' gleich unmittelbar zur Ewigkeit als dem Ziel der Geschichte ist.

Indessen rückt Lukas durch seine Redaktion jene Epochen in ihrer Gesamtheit und in ihrem *Zusammenhang* in den Blick des Lesers. Das ist originell, wie ein Vergleich mit dem MkEv und dem MtEv zeigt, und bedarf einer Erklärung bzw. vermag als Schlüssel für das Verständnis der lukanischen Redaktion zu dienen. Allerdings ist es unbegründet, die Tatsache, daß Lukas als erster christlicher Schriftsteller die Epoche der Kirche beschreibt, damit zu erklären, daß er so das Problem der sich verzögernden Wiederkunft Christi, die im Urchristentum als nahe bevorstehend erwartet worden war, bewältigen wollte. Vgl. dazu z. B. Cullmann (1948. 1965); Vielhauer (1965, 9 ff); Wilckens (1961, 193 ff); kritisch: Flender (1965); Luck (1960); Weiser (1981, 31 f); Maddox (1982, 100 ff); dazu die Forschungsberichte von Gräßer (ThR 41, 1976, 273 ff; 42, 1977, 1 ff) und Plümacher (ThR 48, 1983, 35 ff). Das Problem der ‚Parusieverzögerung' war schon für die vorlukanische Gemeindetheologie kein brennendes Problem mehr; sie hatte die ‚Zeiterfahrung' der Kirche längst verarbeitet.

5.2.6 Der Anlaß der lukanischen Redaktion

Bei einer umfassenden Auslegung des LkEv und der Apostelgeschichte zeigt sich, versetzt man sich in die Zeit und die kirchliche Situation der lukanischen Schriftstellerei, ein im wesentlichen einheitlicher Anlaß für das Doppelwerk des Lukas.

Unverkennbar setzt das lukanische Doppelwerk zunächst die Situation des ‚Aposynagogos' (vgl. Joh 9,22; 12,42; 16,1–4) voraus. Bis zur Reorganisation der Synagoge nach dem jüdischen Aufstand fanden sich unter dem Dach bzw. in dem Rechtsverband der Synagoge sehr unterschiedliche jüdische Gruppen und Richtungen zusammen und genossen die der Synagoge vom römischen Staat eingeräumten Privilegien. Zu diesen Gruppen gehörte auch das hellenistische Judenchristentum mitsamt seinen heidenchristlichen (gottesfürchtigen) Gliedern. Nach dem Verlust des Tempels, der kultischen Mitte der Synagoge – jeder Angehörige der Synagoge zahlte die Tempelsteuer – gaben die Pharisäer von Jamnia aus dem Judentum in dem pharisäisch verstandenen Gesetz eine neue Mitte (vgl. Schäfer, 1975; Stemberger, 1977). Im Verlauf dieser Reorganisation des weltweiten Judentums, die sich bis in den Anfang des 2. Jh. hinzog, wurde der bis dahin pluralistische Synagogenverband zu einer einseitig pharisäisch (rabbinisch) bestimmten Gemeinschaft umgestaltet. Das bedeutete konkret, daß das in der Synagoge als einer selbständigen religiösen und rechtlichen Körperschaft geltende Gesetz mit der pharisäisch verstandenen Tora zusammenfiel. Wer sich diesem Gesetz nicht beugen konnte, mußte die Synagoge verlassen (Aposynagogos). Er verlor damit auch den Rechtsschutz der Synagoge, der ihm eine vom öffentlichen (Kaiser-)Kult ungestörte Religionsausübung gewährleistete, und für Heiden (‚Gottesfürchtige') war nun kein Platz mehr in der Synagoge.

Die Christen, die sowohl als Judenchristen wie als gottesfürchtige

Heidenchristen im Rechtsverband der Synagoge lebten, vermochten ihr Bekenntnis im Rahmen der pharisäischen Synagoge nicht festzuhalten. Der Austritt der Christengemeinde aus der Synagoge war darum ein Akt des Bekennens, der freilich weitreichende soziale Folgen hatte und von vielen Judenchristen gescheut wurde.

Die lukanischen Gemeinden haben den Aposynagogos bereits vollzogen (vgl. Maddox, 1982, 180ff). Diese Tatsache spiegelt sich besonders deutlich in den immer wiederholten Berichten des lukanischen Doppelwerkes wider, in denen Jesus, die Zwölf Apostel und Paulus in Tempel und Synagoge das christliche Evangelium als jüdische Botschaft den Juden vortragen, aber gegen ihren Willen von den Juden bzw. von den jüdischen Führern verworfen und vertrieben werden (Lk 4,14–30; 20,1–19; Ag 4,1–22; 7,51–60; 13,13–52; 22,1–22 u. ö.); vgl. Lk 6,22.

Maddox (1982, 180 ff) meint, Lukas wolle mit seinem Werk dem Selbstzweifel von Christen begegnen, die sich fragen, ob der Ausschluß aus der Synagoge nicht Ausschluß vom Heil bedeute. Selbst wenn eine solche Deutung zutreffen sollte (zum Problem vgl. Plümacher, ThR 48, 1983, 13 f. 16 f u. ö.), vermag sie doch nur einen Bruchteil der redaktionellen Tendenzen des lukanischen Doppelwerkes zu erfassen. Demgegenüber ist es geboten, die *Fülle* der Motive redaktionsgeschichtlich zu erklären, und zwar nach Möglichkeit in ihrem Zusammenhang.

Da die pharisäische Reorganisation des Judentums mit Billigung und Unterstützung der römischen Behörden erfolgte, die nach dem jüdischen Aufstand eine Politik der inneren Befriedung einleitete, finden die aus der Synagoge ausgestoßenen Christen bei den römischen Behörden keinen Schutz (vgl. Neugebauer, 1968, 13 ff; Smallwood, 1976, 348 ff). Sie werden von der Synagoge als potentielle Aufrührer denunziert und angesehen. Damit beginnt die Verfolgungszeit, der die politische Apologetik der christlichen Schriftsteller seit dieser Zeit entspricht. Lukas selbst schreibt natürlich nicht *während* einer akuten Verfolgung, sondern angesichts einer solchen; sein Doppelwerk setzt durchgehend voraus, daß die Gemeinde in jüngerer Vergangenheit heftig verfolgt worden war (→ 5.2.4 e). Größere Verfolgungen sind unter Nero (54–68) und vor allem unter Domitian (81–96) und Trajan (98–117), also zur Zeit der Abfassung des lukanischen Doppelwerkes, bezeugt, so daß insoweit dessen apologetische Tendenz ohne weiteres verständlich wird. In vielfältiger Weise weist Lukas seine Gemeinden in das angemessene Ertragen der Verfolgung bis hin zum Martyrium ein, lehrt sie, die Verfolgungszeiten durchzustehen und ihre Folgen, vor allem die Einziehung des Vermögens, zu bewältigen sowie denen sachgemäß zu antworten, welche die Christen des politischen Aufruhrs anklagen. Auch das Verhalten denen gegenüber wird geregelt, die nach dem Abfall in Verfolgungszeit um Wiederaufnahme in die christliche Gemeinde nachsuchen. Vgl. Schmithals (1980; 1982).

Gelegentlich wird bestritten, daß die konkrete Erfahrung von Verfolgung den Anlaß des lukanischen Doppelwerkes mit bestimmt (Horn, 1983, 216ff; Plümacher, 1983, 23f), und unter dieser Voraussetzung ist es konsequent, auch die apologetische Tendenz des Lukas infrage zu stellen und die entsprechenden Passagen seines Doppelwerkes dahingehend zu deuten, daß Lukas den römischen Staat gegenüber einer allgemeinen weltflüchtigen Staatsverneinung bzw. Staatsverdrossenheit der Christen verteidige (Walaskay, 1983). Für diese Sicht beruft man sich gerne auf die Beobachtung, daß im lukanischen Doppelwerk nicht der römische Staat, sondern daß stets die Juden als Verfolger der Christen auftreten (Horn, 1983, 220; Plümacher, 1983, 24). In der Tat geht Lukas sogar so weit, aus seinen Vorlagen den Begriff ‚Verfolgung‘ zu tilgen, wenn dieser auf die römische Staatsmacht bezogen werden kann (Lk 6,22/Mt 5,11; Lk 8,13/Mk 4,17; Lk 18,29f/Mk 10,29f). Indessen entspricht dieser apologetische Zug der lukanischen Redaktion präzise der Situation des Aposynagogos und setzt die staatlichen Verfolgungen gerade voraus; denn Lukas versucht durchgehend den Nachweis, daß die Autoritäten des Judentums von früh an Jesus und seine Gemeinde ohne Grund und Recht verfolgten und daß sie die Christen bei den römischen Behörden denunzierten, die aber in der *frühen* Zeit diese Denunziationen als unberechtigt durchschauten und ihnen kein Gehör schenkten, vielmehr die Christen gegenüber der Synagoge in Schutz nahmen (Lk 23,14f.22;˙ Ag 16,35ff; 17,12ff; 25,25; 26,30ff u.ö.). Ebenso müßte der Staat – das ist das apologetische Motiv des Lukas – auch zur Zeit des Aposynagogos handeln.

In der Situation der Verfolgung wird Lukas zum Evangelisten des Gebets, der Frauen und der Armen (→ 5.2.4 e).

Lukas wird ‚Evangelist der Armen‘ (bzw. der Reichen), weil die Konfiskation des Besitzes die gewöhnliche Strafe für Bekenner war (vgl. Offb 13,16f), welchen die anderen Gemeindeglieder mit ihrem ganzen Vermögen beizuspringen hatten. Die vorbehaltlose Bereitschaft, den erhaltenen Besitz den Brüdern zu geben, war in gewissem Maße Voraussetzung für den Bekennermut und zugleich eine soziale Notwendigkeit für den mutigen Bekenner. Aus Ag 5,1–11 geht in Verbindung mit Ag 4,23f hervor, daß die lukanischen Gemeinden die Hilfe für die Verarmten – auch prophylaktisch – organisierten (vgl. 5 Mose 15,4): Die Gemeindeglieder können freiwillig ihr Vermögen ganz oder teilweise einer gemeinsamen Kasse übertragen und damit einen Versorgungsanspruch erwerben, vor dessen betrügerischer Inanspruchnahme Lukas in Ag 5,1–11 warnt. Anscheinend war ein gemeinsames, sozialen Zwecken dienendes Vermögen dem Zugriff der Verfolgung weitgehend entzogen.

Lukas wird ‚Evangelist der Frauen', weil die Verfolgung (und der Abfall) primär die rechtlich für ihr Haus verantwortlichen ‚Hausherren' betraf, so daß die verfolgten Gemeinden wesentlich durch die Beharrlichkeit und die Aktivität der Frauen am Leben blieben. Das lukanische Doppelwerk zollt diesen christlichen Frauen durchgehend den höchsten Respekt.

Lukas wird ‚Evangelist des Gebets', weil das Gebet die stärkste Waffe des im übrigen weitgehend recht- und schutzlosen Bekenners war (vgl. z. B. Lk 22,39 ff; Ag 4,23 ff; 12,5; 16,25).

Nun ergibt sich aus dem → 5.2.4 a Gesagten, daß Lukas zugleich aus Anlaß einer innerkirchlichen Bedrohung oder Häresie schreibt, welche die Einheit der Gemeinde zu zerstören im Begriff war.

Aus den in → 5.2.4 b–d aufgeführten redaktionellen Tendenzen läßt sich folgende Gestalt der Position rekonstruieren, gegen die Lukas sich mit seinem Doppelwerk wendet:

a) Das Alte Testament wird verworfen. Das Christentum, von seiner jüdischen Wurzel gelöst, gilt als eine neue Religion bzw. als eine ursprüngliche Offenbarung. Inhalt der christlichen Botschaft, die von Anfang an eine universale, alle Menschen ohne Unterschied betreffende Botschaft war, ist eine freie Gnade, die in einer *theologia crucis* gründet.

b) Der maßgebliche Zeuge Jesu, der entscheidende Träger und Vermittler des Geistes und der mit dem Evangelium Christi ursprünglich und unmittelbar beauftragte Apostel ist Paulus. Das Zeugnis der Zwölf hat demgegenüber keine fundamentale Gültigkeit. Die zwölf Jünger des irdischen Jesus besaßen den Geist noch nicht.

c) Jesus ist als der Erhöhte bei seiner Gemeinde unmittelbar gegenwärtig, nicht aber nur indirekt durch die Memoiren seines irdischen Wirkens.

Nach Ansicht mancher Forscher handelt es sich bei diesen Anschauungen um die Position einer gnostischen Irrlehre (Klein, 1961; Barrett, 1961, 62 ff; Talbert, 1966; 1970; Schulz, 1976, 153 ff; Roloff, 1981, 5.36.303; vgl. schon Schrader, 1836, 543.551.557 sowie Hoffmann, TRE IV, 462).

Aber diese These könnte bestenfalls wenige Einzelzüge im lukanischen

Doppelwerk erklären, die Lukas aus schriftlicher Tradition übernimmt (Lk 24,37–43; Ag 20,17 ff); vgl. Schmithals (1984, 127). Insgesamt gibt das lukanische Doppelwerk eine antignostische Frontstellung nicht zu erkennen; es setzt sich nie mit einem dualistischen Enthusiasmus auseinander. Und Gnostiker, die sich gegen die Zwölf auf Paulus beriefen, so daß man ihnen Paulus entwinden konnte, indem man ihn den Zwölf Aposteln unterstellte, sind uns nicht bezeugt.

Wir haben es bei der von Lukas bekämpften Position vielmehr mit einer hyperpaulinischen Richtung zu tun, die sich unter ausschließlicher Berufung auf Paulus und seine Torakritik gänzlich vom jüdischen Mutterboden der Kirche löste und auch das Alte Testament verwarf. Wie weit bei den Anfängen dieser Bewegung innerkirchliche theologische Erwägungen im Rahmen eines radikalen Paulinismus bestimmend gewesen sind, der sich an der Gemeindetheologie, wie sie das lukanische Doppelwerk voraussetzt, stieß, wie weit andererseits das Bestreben maßgeblich war, sich durch grundsätzliche Distanzierung vom Judentum und der Synagoge zur Zeit des jüdischen Aufstandes möglichen Verfolgungen zu entziehen, wie weit es sich schließlich um eine radikale Reaktion auf den Aposynagogos handelte, läßt sich im einzelnen nicht mehr ermitteln. Vielleicht waren verschiedene Motivationen an der Entstehung dieses radikalen Hyperpaulinismus beteiligt.

Historisch gesehen müssen wir im Blick auf diese Bewegung von einem ‚Prämarcionitismus' sprechen; denn die vom lukanischen Doppelwerk bekämpfte Richtung entwickelte sich bald nach 100 vor allem durch Marcion zu einer einflußreichen Strömung, die sich bald auch mit gnostisch-dualistischen Motiven verband und von der Großkirche definitiv als Irrlehre ausgestoßen wurde.

Marcion (vgl. Harnack, ²1924; Regul, 1969, 177 ff) war angeblich ein vermögender Reeder aus Sinope in der Provinz Pontus. Er stammte also aus jenem Teil Kleinasiens, in dessen Bereich oder Umfeld auch Lukas gewirkt haben dürfte.

Er vertritt einen überzogenen Paulinismus. Das Alte Testament lehnt er als Dokument des Gesetzes und der richtenden Gerechtigkeit zugunsten des neutestamentlichen Evangeliums der Liebe ab. Christus bringt die Erlösung von der Last und dem Fluch des Gesetzes. Paulus ist Marcion zufolge der einzige Apostel, der Jesu Evangelium richtig verstanden und weitergegeben hat. Die Zwölf sind dagegen nach Jesu Himmelfahrt wieder in den Judaismus zurückgefallen, zu dessen Überwindung Jesus gekommen war.

Um 140 kam Marcion nach Rom, wo er unter den Einfluß des Gnostikers Cerdon geriet (Iren I 27,1 f; III 4,3; Tert Marc I 2) und sich dem kirchlichen

Christentum definitiv entfremdete (Harnack, ²1924, 28 f. 31 ff; Adam, 1965, 146 ff; Knox, 1942, 12 f). 144 (?) wird er aus der römischen Gemeinde ausgestoßen. Er vertritt nun einen schroffen theologischen Dualismus und unterscheidet den Schöpfergott des Alten Testaments von dem Vater Jesu Christi, dem höchsten Gott, dem Gott der Liebe, der sich der Kreaturen des bloß gerechten alttestamentlichen Gottes erbarmt und Jesus als Erlöser der Menschenseelen sendet. Daß Lukas sich gegen Marcion persönlich wendet, ist aus chronologischen Gründen unwahrscheinlich. Vielmehr muß man Marcion als hervorragenden Vertreter einer schon vor ihm im nördlichen Kleinasien entstandenen und verbreiteten ultrapaulinischen Theologie ansehen, die auch andere Vertreter wie z. B. Apelles hatte (Harnack, ²1924, 177 ff), der entgegen den schematisierenden Berichten der Kirchenväter kaum als Schüler des Marcion, sondern als selbständiger Vertreter jener Theologie zu beurteilen ist, von der auch Marcion ausging. Wenn Apelles die Zwei-Götter-Lehre ablehnt und den Erlösergott auch als den Schöpfer ansieht, so dürfte er nicht Marcions römische Position erweicht haben, sondern einer ursprünglicheren Schulrichtung gefolgt sein, die jener Position relativ nahe kommt, gegen welche Lukas sich wendet.

Nach alten, freilich nicht gesicherten Angaben (Harnack, ²1924, 24 f) wurde Marcion bereits mit Empfehlungsbriefen pontischer Brüder auf seine Reise in den Westen geschickt, die von vornherein als Missionsreise gedacht war; er begann seine Laufbahn also als Abgesandter einer bereits bestehenden Gemeinde. Und wenn Justin in seiner Apologie (I 26.58) um 150 erklärt, die marcionitische Irrlehre habe sich bereits in aller Welt ausgebreitet, so setzt auch diese Feststellung voraus, daß Marcion nicht erst nach 144 mit der Gründung von Gemeinden begann, sondern daß er exponierter Vertreter eines älteren, von ihm zur Häresie radikalisierten Hyperpaulinismus war. Die Bezeichnung ‚Prämarcionitismus' für die von Lukas bekämpfte Lehre will deshalb nicht eine bestimmte Traditionsgeschichte behaupten, sondern auf traditionsgeschichtliche Probleme hinweisen.

Der sachlich antimarcionitische Charakter des lukanischen Doppelwerkes wurde schon oft beobachtet, so z. B. immer, wenn man sich darüber wunderte, daß Marcion ausgerechnet das LkEv seinem Kanon neutestamentlicher Schriften zugrundelegte, obschon doch die anderen Evangelien, vorab Johannes, seiner Theologie weit weniger Schwierigkeiten bereitet hätten.

Darüber hinaus aber wurde nicht selten auch eine bewußt antimarcionitische Tendenz der lukanischen Schriften behauptet (Baur, 1847, 507 f. 520 f), in neuerer Zeit vor allem von Knox (1942, 126 ff; vgl. Loisy, 1933, 58; Enslin, 1970, 270 f), nach dessen Meinung unserem LkEv dieselbe Grundschrift wie dem Evangelium des Marcion zugrunde liege. Während Marcion diese Grundschrift etwas bearbeitet habe, soll Lukas sie antimarcionitisch ergänzt und zusammen mit der Apostelgeschichte herausgegeben haben. In diesem Rahmen betrachtet Knox „Luke-Acts as being under one of its aspects an early response to Marcionitism" (139), und zwar aufgrund der richtigen Beobachtungen, daß Lukas zufolge „the Apostle of the Gentiles, far from being independent of the Twelve, had acknowledged their authority, has been gladly accredited by them, and had worked obediently and loyally under their direction" (119), und daß z. B. Lk 1—2 besonders gut geeignet sei, „to show the nature of Christianity as the true Judaism and thus to answer one of the major contentions of the Marcionites" (87).

Sind auch die literarkritischen Ansichten von Knox, mit denen er an ältere Lösungsvorschläge anknüpft (→ 4.4.3), nicht haltbar, so werden seine exegetischen bzw. redaktionskritischen Beobachtungen davon nicht berührt, die auf den ‚antimarcionitischen' Charakter des lukanischen Doppelwerkes hinweisen.

In Ag 16,6ff bemüht Lukas sich offenbar um den Nachweis, daß Paulus auf Veranlassung des Geistes in den Zentren der spätern Häresie nie persönlich gepredigt hat, so daß das Paulusbild dieser hyperpaulinischen Kreise nicht authentisch bzw. original sein kann. Daß Lukas selbst in Kleinasien geschrieben hat, wurde mit gutem Grund schon oft vermutet; er mußte also mit dem Prämarcionitismus zusammenstoßen. Und wenn Marcion später verwunderlicherweise das LkEv seinem Kanon zugrunde legte, so dürfte dieser Tatbestand darin begründet sein, daß es das einzige in den kirchlichen Gemeinden seines Umkreises verbreitete und ihm bekannt gewordene Evangelium war, das er natürlich für verfälscht ansah, so daß er genötigt war, es für den eigenen Gebrauch erst zu bearbeiten (vgl. Harnack, ²1924, 42). Die in jedem Fall überraschende Benutzung des LkEv durch Marcion bezeugt also, daß relativ enge räumliche Beziehungen zwischen Lukas und dem (Prä-)Marcionitismus bestanden haben müssen.

In diesem Zusammenhang verdient Beachtung, daß die frühesten Nachrichten über intensive staatliche Christenverfolgungen vor allem aus dem kleinasiatischen Raum stammen, in dem Lukas sein Doppelwerk schrieb und aus dem sich der Marcionitismus entwickelte: Offb; 1 Petr; Briefwechsel zwischen Plinius, dem Statthalter in Pontus, und Kaiser Trajan; und daß nach Dio Cassius (hist rom 67,14) Kaiser Domitian, aus dessen Zeit (81–96) die ersten planmäßigen Christenverfolgungen bekannt sind, seinen Vetter T. Flavius Klemens, vermutlich einen Christen, wegen Hinneigung zu *jüdischen* Religionssitten hat hinrichten lassen (Euseb, KG III 19 f).

Das lukanische Doppelwerk dient um der Gewißheit der Lehre willen (Lk 1,4) vor allem der Abwehr des Prämarcionitismus, der auf dem Boden der seit jeher außerhalb der Synagoge organisierten paulinischen Ekklesia erwuchs und nach dem Aposynagogos in die lukanischen Gemeinden eindrang, sowie, in der Apostelgeschichte zunehmend, der politischen Apologetik und der entsprechenden, die Bedrohung durch den römischen Staat voraussetzenden Paränese.

Angesichts dieser doppelten Intention begegnet innerhalb des lukanischen Doppelwerkes eine oft beobachtete gegenläufige Tendenz. In seiner Auseinandersetzung mit den prämarcionitischen Irrlehrern bindet Lukas das Christentum auf das engste an seinen alttestamentlich-jüdischen Mutterboden; gleichzeitig muß er es angesichts des Aposynagogos ebenso deutlich von dem Judentum seiner Zeit distanzieren und die Eigenständigkeit der christlichen Gemeinde betonen, wobei Lukas jene aufrührerischen Absichten, welche die Synagoge den Christen unterstellt, im Rückblick auf den jüdischen Aufstand den Juden selbst vorwirft (Lk 23,19.27–31 u. ö.). Diese gegenläufige Tendenz und die Versuche zu ihrem Ausgleich erwachsen mit Notwendigkeit aus Situation und Absichten der lukanischen Schriftstellerei. Den Ausgleich der Intentionen versucht Lukas unter anderem dadurch zu erzielen, daß er in historisierender Manier für die Zeit der frühen Gemeinde die feindlichen und aufrührerischen Absichten den *Führern* des jüdischen Volkes zuschreibt, gegen die er darum deutlich Position bezieht, während das jüdische *Volk* das rechte Israel repräsentiert und dementsprechend auf der Seite Jesu und seiner Jünger steht (vgl. z. B. Lk 23,1ff mit 23,27; Ag 2,47 mit 4,1), sowie durch den schon beschriebenen stereotypen Zug seiner Redaktion, daß die Christen die Synagoge nicht von sich aus verlassen, sondern aus ihr vertrieben werden. Das Nein der Synagoge zur christlichen Gemeinde und ihrer Botschaft darf die Christen nicht veranlassen, ein Nein zu ihrem eigenen Ursprung in Israel zu sprechen; zugleich darf der Druck der Verfolgung nicht dazu verleiten, die Eigenständigkeit der christlichen Gemeinde aufzugeben und sich in der pharisäischen Synagoge zu verlieren.

Lukas kann in seiner historisierenden Darstellung die hyperpaulinischen Irrlehrer nicht direkt nennen oder auftreten lassen, gehört es doch zu den wesentlichen Motiven seiner Polemik, die Irrlehrer als Neuerer hinzustellen, von denen die apostolische Zeit und Paulus noch nichts wußten. Seine Auseinandersetzung mit den Irrlehrern geschieht also ähnlich indirekt wie die politische Apologetik sowie vereinzelt durch die *Ankündigung* ihres Auftretens (Ag 20,17ff).

5.2.7 Das lukanische Sondergut

Das Sondergut des LkEv dient dem Evangelisten nicht anders als seine Quellen, das MkEv und Q, primär zum Ausdruck seines redaktionellen theologischen bzw. kirchlichen Anliegens. Die Herkunft dieses Sondergutes läßt sich nicht leicht bestimmen; einen einheitlichen Ursprung darf man nicht annehmen. Einiges könnte aus Q stammen und im MtEv ausgelassen worden sein (vgl. → 3.6.6 a), so z. B. Lk 16,1–7.

In 2,1–52 überliefert Lukas einen in sich abgeschlossenen dichterischen Zyklus von drei einheitlich gestalteten Erzählungen (vgl. schon Schleiermacher; → 3.3.2), den er durch verschiedene Ergänzungen seinen redaktionellen Intentionen dienstbar macht, nämlich besonders durch 2,21.34–40: Lukas beschreibt das Elternhaus Jesu als ein frommes israelisches Haus und zeigt sich zugleich als ‚Evangelist der Frauen'. Bei 5,1–11 sowie 7,36–47 (mit der redaktionellen Ergänzung 7,48–50) und bei 22,31 f handelt es sich anscheinend um Stücke aus der Grundschrift des MkEv (→ 5.5.3; 5.5.4.3), die Markus ausgelassen hatte und die Lukas in Kenntnis der Grundschrift wieder aufnimmt.

Der Erzählung von den Emmausjüngern in Lk 24,13–35 liegt eine alte christliche Überlieferung zugrunde, die Lukas stark bearbeitet und erweitert; er stellt die Bedeutung Jerusalems heraus (24,13 f.33–35) und betont in dem Gespräch 24,17–27 vor allem die Kontinuität zwischen dem Alten Testament und dem Geschick Jesu, dazu die Rolle der Zwölf Apostel als der Augenzeugen des irdischen Jesus.

Bei den Beispielgeschichten Lk 10,30–35 (Barmherziger Samaritaner), 12,16–20 (Reicher Bauer), 16,19–31 (Reicher Mann und armer Lazarus) und 18,9–14 (Pharisäer und Zöllner) handelt es sich um eine nur im S^{Lk} begegnende Gattung (vgl. auch Lk 15,11–32). „Es geht ein etwas sentimentaler und ein gleichmäßig literarischer Zug hindurch, die kunstmäßige Ausführung der Situation und die grell kontrastirende Farbengebung fällt auf. Mag ihr Wert so groß sein wie er will, so können doch diese Novellen des Lukas nicht der alten Überlieferung gleich gesetzt werden" (Wellhausen, 1905, 69 f). Alle diese Stücke, mit denen Lukas verschiedene Motive seiner Redaktion unterstreicht, dürften aus dem Lehrgut der hellenistischen Synagoge stammen; vgl. Schmithals (1980, 126 ff.143 f.170 f.179 f).

Im übrigen dürfte das S^{LK} im wesentlichen aus der Feder des Lukas selbst kommen; er „ist zu einem Teile Dichter" (Jülicher-Fascher, 1931, 343; vgl. Pfleiderer, 1887, 417; Holtzmann, 1863, 18; Baur, 1847, 474; Brandt, 1893, 538 ff), der auch in der Apostelgeschichte theologische Gedanken in Erzählung umsetzt (Plümacher, 1972, 80 ff). Die Kontinuität mit dem Alten Testament findet vielfachen Ausdruck z. B. in Lk 1,5–80 (vgl. Harnack, 1906, 72 ff); 13,10–17; 14,1–6. Das Verhältnis Israels zur christlichen Gemeinde behandelt Lukas z. B. in 4,14–30. Zur Begründung der Heidenmission in Kontinuität mit Israel dient z. B. Lk 9,51–56; 10,1–16; 17,11–19. Um das Verhalten angesichts der Verfolgungen geht es Lukas z. B. in 14,25–35; 15,1–32. Als ‚Evangelist der Frauen' erweist Lukas sich z. B. in der redaktionellen Bildung Lk 8,1–3, als ‚Evangelist des Gebets' in 18,1–8, als ‚Evangelist der Armen' in 16,19–31; 19,1–10. Zum einzelnen vgl. Schmithals (1980).

5.2.8 Ort und Zeit und ‚Sitz im Leben' des LkEv

Aus dem zum Anlaß der lukanischen Schriftstellerei Gesagten (→ 5.2.6) ergibt sich, daß Lukas im Einflußbereich des Prämarcionitismus und unter dem Eindruck heftiger Christenverfolgungen geschrieben hat. Beides weist in das nördliche oder westliche Kleinasien und auf das Ende der Regierungszeit Kaiser Domitians (81–96), als auch die Offenbarung des Johannes und der 1 Petr im Schatten der Verfolgungen geschrieben wurden.

Den ‚Sitz' des LkEv im Leben der Gemeinde bildet – im weitesten Sinn – die Katechese. Falls Lukas der Lehrer einer christlichen Katechetenschule war, diente sein Evangelium unmittelbar als Handbuch für die in dieser Schule ausgebildeten Mitarbeiter der Gemeinden. Dies liegt näher als die Annahme, das LkEv sei unmittelbar für die Hand der Gemeindeglieder geschrieben.

Daß den beiden lukanischen Schriften im Lauf der Zeit die Autorität der ‚Schrift' neben dem Alten Testament und der zur Taufe führenden Lehrtradition (Taufbekenntnis) zuwuchs, war eine zwar verständliche, dem Evangelisten aber noch fernliegende Entwicklung.

5.2.9 Lukas als Schriftsteller

Lukas legt seinem Evangelium das MkEv zugrunde, von dessen Aufriß er nur in wenigen begründeten Fällen abweicht (→ 3.5.4.1 b); er dürfte auch die Grundschrift des MkEv (→ 5.5.3) gekannt und benutzt haben (→ 5.2.7). Mit dem MkEv, das ihm auch die Gattung ‚Evangelium' vermittelt (→ 5.5.3.2), verbindet Lukas die Spruchquelle und sein Sondergut, und zwar behält er auch die Reihenfolge der Spruchquelle im wesentlichen bei (→ 3.6.6 c). Dem Stoff des MkEv stellt er die Vorgeschichten voran (Lk 1,5–2,52), die auf Sondergut bzw. redaktionelle Bildung zurückgehen (→ 5.2.7), und bringt im übrigen das meiste Material aus Q und S^{Lk} in der kleinen Einschaltung (6,20—8,3) und in der großen Einschaltung (9,51—19,27), dem Bericht von Jesu Reise nach Jerusalem, unter.

Aus dem MkEv läßt Lukas neben kleineren Abschnitten (z.B. Mk 4,26–32) vor allem Mk 6,17–29 (‚kleine Auslassung') und Mk 6,45–8,26 (‚große Auslassung') aus. Die ‚große Auslassung' ist insoweit geschlossen, als Jesus in Mk 6,45 nach Betsaida aufbricht und in Mk 8,22–26 in Betsaida wirkt. Lukas hat dies anscheinend beobachtet und deshalb Betsaida bereits in Lk 9,10b genannt. Daß er die ‚große Auslassung' im MkEv gelesen hat und nicht etwa, wie man vermutet hat, ein defektes Exemplar des MkEv benutzte, zeigt er auch z.B. in Lk 9,18 (/Mk 6,46f); 11,37f (/Mk 7,1ff); 12,1 (/Mk 8,15) und Ag 5,15f (/Mk 6,56). Der wichtigste Grund für seine Auslassungen von Markusstoff dürfte sein, daß Lukas die Länge seines Evangeliums in Grenzen halten will. LkEv und Apostelgeschichte haben etwa den gleichen Umfang und füllen jeweils eine große, aber nicht übergroße antike Buchrolle bzw. einen Codex, wie sie im Handel zu haben waren. Von den ausgelassenen Stücken waren die Speisung der 4000 (Mk 8,1–10) und die Zeichenforderung (Mk 8,11–13) als Dubletten zu Lk 9,10–17 und 11,29 leicht entbehrlich, und Abschnitte wie Mk 7,1–23 (Rein und unrein) und 7,24–30 (Syrophönizierin) waren Lukas wegen ihrer kritischen Tendenz gegenüber dem Judentum überdies unbequem. Durch die große Auslassung entfällt auch der Bericht von Jesu Predigt im Heidenland (Mk 7,24.31), so daß Lukas jeden Anschein vermeidet, als habe Jesus das Evangelium vom jüdischen Volk weggeführt. Vgl. Sanday (1911, 24 ff).

Lukas stellt in Lk 1,1–4 seinem Doppelwerk einen Prolog im Stil der hellenistischen Geschichtsschreibung voran (vgl. Jos Bell I 1–3; Cadbury, 1922, 489 ff; Klostermann, 1929, 1 f). Damit und mit dem

Stil seines Doppelwerkes, besonders der Apostelgeschichte (vgl. Plümacher, 1972) – man beachte z. B. die Synchronismen Lk 2,2; 3,1 f –, zeigt Lukas, daß er mit den Gepflogenheiten der antiken Historiker wohl vertraut ist. Er möchte, daß sein Werk nicht geringer geachtet wird als die Werke sonstiger zeitgenössischer Geschichtsschreiber. Darin drückt sich ein gewichtiger Anspruch aus, den ein seiner selbst bewußter Glaube in der Welt und ihr gegenüber erhebt. Wie die Darlegung der redaktionellen Intentionen des Evangelisten und sein schöpferischer Umgang mit den Traditionen zeigen, verbindet Lukas aber mit der historisierenden Form seines Doppelwerkes kein primär historisches Interesse. Lukas ist nicht antiker Historiker, sondern ‚Erbauungsschriftsteller'. Er will die christlichen Gemeinden seiner Zeit und seiner Region angesichts heftiger Erschütterungen von innen und von außen fester auf ihren überkommenen Grund stellen (Lk 1,1–4).

Die in dem lukanischen Doppelwerk schon früh und oft beobachtete (Holtzmann, 1901, 19; Plümacher, 1978, 506 ff; 1972, 38 ff) Nachahmung des Stils der Septuaginta (besonders deutlich z. B. 1,5–20) weist keineswegs auf besondere Quellen des LkEv hin, sondern auf die Intention des Schriftstellers Lukas, die christliche Geschichte und Literatur unlösbar mit dem Alten Testament zu verbinden.

5.3 Das MtEv

5.3.1 Zur Literatur

Die redaktionsgeschichtliche Literatur zum MtEv ist ähnlich umfangreich wie die entsprechende Literatur zum lukanischen Doppelwerk, und ihr Umfang schwillt von Jahr zu Jahr an.

Zur Orientierung kann man benutzen: G. Wagner (Hg.): An Exegetical Bibliography on the Gospel of Matthew, 1981; H. Conzelmann: Literaturbericht zu den synoptischen Evangelien, ThR 37, 1972, 257–263; 43, 1978, 35–43; Kümmel ([20]1980, 73 f.558 ff); Schenke-Fischer (1979, 96–123); J. Lange (Hg.): Das Matthäus-Evangelium, 1980; Lindemann (1984, 331 ff).

Die zu → 5.3 zitierte Literatur findet sich im allgemeinen im Literaturverzeichnis.

Aus der neuesten Literatur sei hervorgehoben: J. D. Kingsbury: The Parables of Jesus in Matthew 13. A study in Redaction-Criticism; ders.: Matthew. Structure, Christology, Kingdom, 1975; M. Didier (Hg.): L'Evangile selon

Matthieu. Redaction et théologie, 1972; M. J. Suggs: Wisdom, Christology, and Law in Matthew's Gospel, 1970; J. Schwark: Matthäus der Schriftgelehrte und Josephus der Priester, Theokratia II, 1973, 137 ff; D. P. Senior: The Passion Narrative According to Matthew. A Redactional Study, 1975; J. P. Meier: The Vision of Matthew. Christ, Church and Morality in the First Gospel, 1979; ders.: Law and History in Matthew's Gospel, 1976; G. Künzel: Studien zum Gemeindeverständnis des Matthäus-Evangeliums, 1978; A. Ogawa: L'Histoire de Jésus chez Matthieu. La signification de l'histoire pour la théologie matthéenne, 1979; B. Gerhardsson: The Mighty Acts of Jesus According to Matthew, 1979; S. D. Toussaint: Behold the King. A Study of Matthew, 1980; B. Przybylski: Righteousness in Matthew and His World of Thought, 1980; D. Marguerat: Le Jugement dans l'Evangile de Matthieu, 1981; F. W. Burnett: The Testament of Jesus-Sophia. A Redaction-Critical Study of the Eschatological Discourse in Matthew, 1981; J. Rademakers: Evangile de Matthieu, in: Ders. (Hg.): Evangiles synoptiques et Actes des Apôtres, 1981, 131 ff; P. Minear: Matthew, the Teacher's Gospel, 1982; P. L. Shuler: A Genre for the Gospel. The biographical Charakter of Matthew, 1982; R. H. Gundry: Matthew. A Commentary on his Literary and Theological Art, 1982; V. Schönle: Johannes, Jesus und die Juden. Die theologische Position des Matthäus und des Verfassers der Redequelle im Lichte von Mt. 11, 1982; G. Stanton: Matthew as a Creative Interpreter of the Sayings of Jesus, in: P. Stuhlmacher (Hg.): Das Evangelium und die Evangelien, 1983, 273 ff; ders. (Hg.): The Interpretation of Matthew, 1983; J. Zumstein: La Condition du Croyant dans l'Evangile selon Matthieu, 1977; S. van Tilborg: The Jewish Leaders in Matthew, 1972; A. Sand: Das Gesetz und die Propheten. Untersuchungen zur Theologie des Evangeliums nach Matthäus, 1974; ders.: Reich Gottes und Eheverzicht im Evangelium nach Matthäus, 1983.

5.3.2 Allgemeines

In Mt 28,16–20, einem Stück redaktionellen Sondergutes (vgl. Strecker, 1962, 208 ff; Bornkamm, 1964, 171 ff; Lange, 1973), sagt der Auferstandene und Erhöhte:

(18b) Mir ist alle Macht im Himmel und auf Erden gegeben.
(19) Brecht darum auf und macht alle Völker zu Jüngern, indem ihr sie auf den Namen des Vaters und des Sohnes und des Heiligen Geistes tauft
(20) und indem ihr sie alles zu halten lehrt, was ich euch aufgetragen habe. Und sehet, ich bin alle Tage bis zur Vollendung des Weltlaufs bei euch.

Der eine Befehl (V.19a) an die Jünger, unter allen Völkern zu missionieren, umfaßt zwei Akte, nämlich einmal die Taufe mit der notwendigerweise vorausgehenden Taufverkündigung (V.19b), zum anderen die postbaptismale Unterweisung der Getauften. Diese postbaptismale Unterweisung besteht, wie ausdrücklich gesagt wird, in der fortwährenden Einschärfung dessen, was Jesus den Jüngern aufgetragen hatte und was jetzt im Evangelium aufgezeichnet ist (vgl. Bornkamm, 1964, 168 f), während die Taufverkündigung unter den Katechumenen auf ein triadisches Taufbekenntnis zielt, das der Taufe auf den Namen des Vaters und des Sohnes und des Heiligen Geistes vorausgeht (vgl. Did 7,1; Schaberg). Das MtEv bereitet ersichtlichermaßen ein solches Taufbekenntnis nicht vor, sondern wird ganz von der postbaptismalen Lehre Jesu bestimmt, die durch die fünf großen Redekompositionen (→ 3.6.6 c) strukturiert ist.

Man muß also davon ausgehen, daß das MtEv ebenso wie das lukanische Doppelwerk eine Taufverkündigung bzw. die entsprechende ‚Gemeindetheologie' voraussetzt, die der synoptischen Tradition des MtEv vorausliegt und nicht dessen Stoff, sondern das christologische Kerygma darbietet, wie ja auch umgekehrt die Unterweisung der Jünger bzw. des Volkes durch Jesus im MtEv nicht zu deren Taufe führt. Nur wenn man den Unterschied von Taufkerygma und synoptischer Tradition des MtEv übersieht, kann man urteilen: „Der Erhöhte hat zum Gang der Heilsgeschichte nichts Neues beizutragen. Er autorisiert lediglich das Gegebene mit ‚österlicher' Machtfülle und Schutzgewalt" (Walker, 1967, 116). Ebenso wie Lukas macht Matthäus seine Gemeinden mit dem wesentlichen Stoff der synoptischen Tradition allererst bekannt, und zwar führt er ihn aufgrund der ihm bekannt gewordenen Schriften MkEv und Q aus gegebenem Anlaß als christologisch begründete, in weitestem Sinne ethische Gemeindeunterweisung ein (vgl. Mt 13,51 f), nämlich „eine Art Gemeindeordnung und einen Katechismus christlichen Verhaltens" (v. Dobschütz, 1928, 344), eine Evangelienschrift neben das der Gemeinde vertraute Taufevangelium setzend. Insofern trifft im Blick auf das MtEv das Urteil von Klaus Harms zu: „Bey den Evangelien wird das Evangelium nicht gepredigt", so daß man über das MtEv predigen kann „und braucht kein einziges christliches Dogma zu berühren" (1830, 67.69). Ohne diese Differenzierung kann man das MtEv nicht angemessen verstehen und erklären, und nur wo diese Differenzierung – wie meist – übersehen wird, kann man – und muß man – dem MtEv Gesetzlichkeit vorhalten (vgl. z. B. v. Soden, 1905, 98 ff; Strecker, 1966, 70 f; Schulz, 1976, 180 ff u.v.a.).

Das MtEv ist als postbaptimale Unterweisung, Mt 28,20a entsprechend, von der in ihm enthaltenen *Lehre* Jesu aus zu verstehen, die der Evangelist deshalb durch die von ihm vor allem aus dem Material der Spruchquelle Q sowie aus Markusstoff, S^{Mt} und eigenen Bildungen redaktionell verfertigten Redekompositionen deutlich hervorhebt (→ 3.6.6 c). Auch die im allgemeinen aus dem MkEv übernommenen Apophthegmen (→ 4.3.3 c) stellen im MtEv postbaptismales Lehrgut dar, das der Evangelist, wo dies erforderlich war, seinem ethischen Anliegen dienstbar macht (vgl. Mt 9,13; 12,6; 19,10 ff. 19). Die von ihrem Ursprung her kerygmatischen Wundergeschichten des MkEv (vgl. Held, 155 ff), die sich seinem redaktionellen Anliegen am wenigsten einordnen lassen, kürzt Matthäus stark und stellt sie zugleich nach Möglichkeit gleichfalls in den Dienst seiner im weitesten Sinn ethischen Belehrung (Mt 9,8; 12,11 f) oder reichert sie mit sonstigen redaktionellen Tendenzen an (8,11 f: Unglaube Israels – Glaube der Heiden; 9,8: Schlüsselamt; 15,24: Sendung zu Israel – Heidenmission; 15,32 ff: Abendmahl; 8,17; 12,15 ff: Erfüllung des Alten Testaments). Die Seesturmgeschichte (Mt 8,23–27) verbindet Matthäus mit den Nachfolgesprüchen (8,18–22), den Ernst der Nachfolge einschärfend (vgl. 14,28 ff; 17,19 f).

5.3.3 Die vormatthäische Taufverkündigung

Über die auf die Taufe zielende Missionsverkündigung in den Gemeinden des Matthäus läßt sich angesichts dessen, daß sie im MtEv als bekannt vorausgesetzt wird, zu wenig sagen, als daß es möglich wäre, aufgrund des MtEv eine ‚Theologie' des Matthäus bzw. der matthäischen Gemeinden zu schreiben.

Die Gemeinde verkündigt Jesus als den himmlischen Herrn der Welt (Mt 28,18; vgl. schon 7,29; 11,27; 13,38; 21,23 ff), der durch sein Wort (28,19 f) und durch das entsprechende Leidenszeugnis seiner Gemeinde (5,13—16) seine Herrschaft ausübt und allezeit bei seiner Gemeinde gegenwärtig ist (28,20b; vgl. 8,23 ff; 18,19 f). Wir haben es mit einer hellenistischen Kyrios-Christologie zu tun (vgl. Mt 3,3; Conzelmann, 1967, 101 ff mit Lit.), doch verzichtet Matthäus anscheinend mit Bedacht auf den christologischen Hoheitstitel ‚Kyrios', der ihm nicht unbekannt gewesen sein kann; er will vermutlich jede Nähe zu heidnischen Kyrioskulten vermeiden, die in Syrien, dem Lebensraum seiner Gemeinden, besonders stark verbreitet waren.

Die triadische (nicht schon trinitarische) Taufformel weist auf ein dogmatisch relativ weit entwickeltes Taufkerygma hin; denn sie setzt ein entsprechendes triadisches Taufbekenntnis und die zugehörige Taufverkündigung voraus. Zwar kennt schon Paulus gleichsinnige triadische Wendungen (2 Kor 13,13; 1 Kor 12,4–6), aber diese stehen noch in keiner ersichtlichen Verbindung zum Taufbekenntnis bzw. zur Taufformel. Wieweit und in welcher Weise die einzelnen Artikel des triadischen Taufbekenntnisses ausgebildet waren, muß offen bleiben und kann aus der postbaptismalen Verkündigung des MtEv nicht erschlossen werden.

Das Stichwort ‚Rettung von den Sünden' gehört dieser Taufverkündigung und vermutlich auch dem Taufverständnis selbst wesentlich an. Matthäus führt es in Mt 1,21 (S^{Mt}) betont ein, ergänzt es in den Abendmahlsworten Mt 26,28 (vgl. Mk 14,24) und behält es im übrigen aus dem MkEv bei (Mt 9,1–8 mit dem redaktionellen Zusatz τοῖς ἀνϑρώποις in V.8; 12,31; 18,27.32; 20,28), streicht es aber zugleich aus der (vorchristlichen!) Verkündigung des Täufers Mt 3,2 (vgl. Mk 1,4). Er hebt dies Stichwort durch das ‚Schlüsselamt' der Gemeinde hervor (Mt 16,19; 18,18; vgl. 9,8). Die Taufverkündigung der matthäischen Gemeinden steht demzufolge in der Kontinuität mit der frühen, Jes 53 aufgreifenden Predigt des hellenistischen Judenchristentums im syrisch-antiochenischen Raum (vgl. 1 Kor 15,3f).

In diesen Raum weisen auch die Anschauung von der Jungfrauengeburt (Mt 1,18ff; vgl. Lk 1,26ff) sowie der in den synoptischen Evangelien sonst nicht begegnende, vor allem der paulinischen Tradition vertraute Begriff ἐκκλησία für die christliche Gemeinde bzw. Gemeindeversammlung in 16,18 und 18,17, der als solcher zwar die Selbständigkeit der Christengemeinde neben der Synagoge erkennen läßt, nicht aber nähere ekklesiologische Definitionen der vormatthäischen Gemeindetheologie erlaubt. Das Abendmahl bildet wie bei Paulus (1 Kor 11,23–25) und im MkEv (Mk 14,22–24) Teil des gottesdienstlichen Kultes in den Gemeinden, für die Matthäus schreibt (Mt 26,26–28; vgl. 15,32ff). Die matthäische Gemeinde weiß um ihre theologische Kontinuität mit Petrus, dem bedeutendsten Missionar des hellenistischen (synagogalen) Judenchristentums (Mt 16,18f; vgl. Gal 2,1–10.11ff; Ag 9,32–11,18).

In den Reflexionszitaten des MtEv (→ 5.3.5.e) fällt die Fülle der direkten oder indirekten christologischen Titel auf, in denen sich zweifellos die Christologie der matthäischen Gemeinden widerspiegelt: Immanuel (‚Gott mit uns'; Mt 1,23); Hirte Israels (Mt 2,6); Sohn Gottes (Mt 2,15); Nazoräer (Mt 2,23); Herr (Mt 3,3); Licht (Mt

4,16); Arzt (Mt 8,17; 13,15); geliebter Sohn (Mt 12,18); Offenbarer (Mt 13,35); König (Mt 21,5).

Die redaktionell gestaltete (vgl. Lk 6,20b) Seligpreisung der ‚geistlich Armen' steht an hervorragender Stelle zur Einleitung der Bergpredigt (Mt 5,3). Handelt es sich bei dieser Seligpreisung um ein Wort in paulinischem Ton (vgl. 2 Kor 12,9f; 8,9 usw.)? Die Singularität dieser Stelle im MtEv läßt keine sichere Interpretation zu; vgl. aber auch Mt 11,3; 16,17; 21,14—17; 22,10. Die vom Evangelisten sorgfältig stilisierten Seligpreisungen wissen anscheinend um die Dialektik von ‚Schon jetzt' (Mt 5,3.10) und ‚Noch nicht' (Mt 5,4—9) des Heils.

Die markinische Passionsgeschichte wird von Matthäus indessen nicht in theologisch ausgezeichneter Weise interpretiert und ‚kerygmatisch' aufgefüllt. Matthäus verstärkt nur das schon im MkEv begegnende Moment politischer Apologetik so, daß die Verantwortung für Jesu Tod ganz auf das offizielle Judentum fällt (Mt 27,19.24f). Über den Stellenwert einer *theologia crucis* in der matthäischen Taufverkündigung, zu der die synoptische Passionserzählung dann nur als biographisches Anschauungsmaterial träte, läßt sich deshalb insoweit weder positiv noch negativ etwas ausmachen.

Auch die markinische Ostererzählung bereichert Matthäus, sieht man von Mt 28,18–20 ab, durch keine Gemeindedogmatik, sondern nur durch eine apologetische Verteidigung des leeren Grabes gegenüber synagogaler Bestreitung des Osterbekenntnisses (Mt 27,62–66; 28,2–4.11–15). Da das christliche Osterbekenntnis zweifellos fundamentales Bekenntnis auch der Taufverkündigung in den Gemeinden des Matthäus war, läßt sich an dieser Beobachtung gut erkennen, daß es sich bei dem synoptischen Erzählgut einerseits und der dem formulierten Bekenntnis dienenden Katechese bzw. Taufverkündigung andererseits um traditionsgeschichtlich getrennte Überlieferungen handelt, die auch im Bereich gemeinsamer Bezüge von Matthäus noch nicht aufeinander bezogen werden.

5.3.4 Der Anlaß der matthäischen Redaktion

Zahlreiche Untersuchungen zum MtEv vor allem aus katholischer Feder pflegen nach wie vor einen aktuellen Anlaß des ‚apostolischen' MtEv zugunsten überzeitlicher ‚Dogmatik' zu minimalisieren. Nun verfolgt zwar Matthäus ebensowenig wie Lukas ein historisches Interesse, sondern muß als ‚Erbauungsschriftsteller' verstanden werden.

Aber auch sein erbauliches Interesse wurzelt in der konkreten Situation seiner Gemeinde, und zwar schreibt wie Lukas auch Matthäus in der Zeit der jüdischen Restauration nach 70 bzw. angesichts des ‚Aposynagogos' (→ 5.2.6), als die Pharisäer zur führenden Macht des Judentums wurden und ihm mit dem pharisäisch verstandenen Gesetz eine neue Mitte gaben. Das nicht pharisäisch orientierte Judentum wurde als häretisch ausgeschieden, und eine entsprechende Bitte fand in das tägliche Gebet Aufnahme: „. . . und die Häretiker mögen plötzlich zugrunde gehen. Sie mögen ausgewischt werden aus dem Buch des Lebens und mit den Gerechten nicht hineingeschrieben werden".

Während Lukas bereits auf den vollzogenen Aposynagogos seiner Gemeinden zurückblickt, beobachten wir im MtEv noch den Abschluß dieses Trennungsprozesses. Konnte das hellenistische Judenchristentum mitsamt seiner gottesfürchtigen heidnischen Glieder bis zum jüdischen Aufstand im Bereich des viele geistige und geistliche Richtungen umfassenden Rechtsverbandes der Synagoge leben und deren Rechtsschutz genießen (*religio licita*), so war dies im Zeichen der pharisäischen Restauration nicht mehr möglich. Das MtEv zeigt, wie sehr die judenchristliche Gemeinde unter dem Druck der rabbinischen Synagoge steht, deren Weg mitzugehen, und daß die Ablehnung dieses Ansinnens nicht für alle Glieder der Gemeinde selbstverständlich war.

Matthäus tritt dem pharisäischen Weg mit Entschiedenheit entgegen (Hummel, 1963; Schenke-Fischer, 1979, 102f; Davies, 1964, 256ff; vgl. Meier, 1980; Künzel, 1978, 251.260). Die Gemeinde hat ungeachtet des starken Drucks der Synagoge und ohne Rücksicht auf die damit verbundenen Leiden ihren eigenen christlichen Weg zu gehen! Matthäus spricht bereits dezidiert von *ihren* Synagogen (Mt 4,23; 9,35; 10,17; 12,9; 13,54; 23,34); vgl. Kilpatrick (²1950, 110f); Wernle (1899, 193f). Sie muß sich auch von den ängstlichen pharisäischen Tendenzen in ihren eigenen Reihen trennen. Jesus ist der jüdische Messias, und zwar der Messias von Juden und Heiden, so daß es die Christen sind, welche die Botschaft der Propheten respektieren und das wahre Israel repräsentieren. Auch die Tora steht in ihrer Fülle nicht in der pharisäischen Synagoge in Geltung, sondern in der christlichen Gemeinde, welche in der Nachfolge Jesu das Liebesgebot als die Fülle der Tora lehrt.

Indem so in der ‚Ekklesia' (Mt 16,18; 18,17) das Erbe Israels gewahrt wird, tut sich zugleich die Kluft zur Synagoge auf. Darum bedarf die nunmehr selbständige ‚Ekklesia' eines eigenen Lehrbuchs mit

Lebens- und Frömmigkeitsregeln, eine ‚Gemeindeordnung', und dieses Lehrbuch legt Matthäus der Gemeinde in Gestalt seines Evangeliums vor. Nur die Doppeldrachme der ehemaligen Tempelsteuer, die alle Angehörigen der Synagoge zu zahlen hatten und die Kaiser Vespasian in den an Jupiter Capitolinus zu entrichtenden *fiscus Judaicus* umgewandelt hatte (Jos Bell VII 6,6), sollen die Judenchristen weiterhin zahlen, wenn auch als ‚Freie', um unnötigem Ärger mit den römischen oder jüdischen Behörden aus dem Weg zu gehen (Mt 17,24–27).

Angesichts dieser Situation handelt es sich bei der oft verhandelten Frage (vgl. Kümmel, ²⁰1980, 85f mit Lit.), ob Matthäus ein Judenchrist oder ein Heidenchrist gewesen sei, um eine Vexierfrage. Matthäus und seine Gemeinde kommen aus der Synagoge und entscheiden sich gegen sie, als diese sich der pharisäischen Restauration unterzieht.

Flusser meint: „... inzwischen ist es praktisch sicher, daß der letzte Redaktor von Matthäus ein Heidenchrist war, der für die in diesem Evangelium enthaltene scharfe Judenfeindschaft verantwortlich ist. Das Matthäusevangelium ist das einzige der synoptischen Evangelien, in welchem Israel als Ganzes enterbt wird und Heiden seinen Platz einnehmen. Das ist kein judenchristlicher Standpunkt, sondern die extreme Position eines Heidenchristen" (1980, 223 f). Für diese Ansicht beruft Flusser sich auf Abel (1971), der recht willkürlich eine heidenchristliche Neubearbeitung des ursprünglich judenchristlichen MtEv annimmt, und auf Gaston (vgl. Strecker, 1962, 15 ff). Aber auch Flussers Hauptbeleg Mt 21,43 stellt die Kirche aus *Juden und* Heiden der pharisäischen Synagoge (Mt 21,45) gegenüber, wie denn auch Mt 28,19 zufolge das Evangelium *allen* Völkern gepredigt werden soll. Von Judenfeindschaft kann bei Matthäus, der in seinem Evangelium den jüdischen Messias und die jüdische Tora verkündigt, keine Rede sein. Nur das ungläubige Israel ist verworfen, weil es seinen Messias und seine Tora verwirft (vgl. Hummel, 1963, 143ff; Trilling, ³1964, 75ff; Strecker, 1962, 117f).

Abwegig ist auch der Versuch von Walker (1967), das MtEv nach Analogie der Lukas-Interpretation Conzelmanns (→ 5.2.5) als „*Geschichtsschreibung,* nicht Spiegel aktueller Kontroversen der Kirche mit Israel" (9) zu verstehen. Und zwar sei die ‚Mitte der Zeit' die Berufung Israels, die sich von Johannes dem Täufer über Jesus (‚Mitte der Zeit') und die apostolische Botschaft bis zur Zerstörung Jerusalems im Jahre 70 erstreckt. Das Ende Jerusalems bedeute den Übergang zur ‚letzten Zeit', die Verwerfung der Juden und die Berufung der Heiden vor dem Ende (114 f). Ähnlich hatte schon Strecker 1962 im MtEv einen heilsgeschichtlichen Historisierungsprozeß beobachtet, der letztlich durch das Schwinden der Naherwartung ausgelöst worden sei. Solche Deutungen sind nur bei oberflächlicher Redaktionskritik möglich; vgl. Ogawa (1979).

5.3.5 Die redaktionellen Tendenzen

Die wichtigsten redaktionellen Tendenzen, aus denen sich der skizzierte Anlaß des MtEv entnehmen läßt, werden im folgenden geordnet und aufgeführt.

a) Die matthäische Gemeinde lebt unter Verfolgungen und Bedrängnissen, die von der Synagoge ausgehen (Mt 10,17.23; 23,24–36). In Mt 1,18 ff weist der Evangelist den jüdischen Vorwurf zurück, Jesus sei ein voreheliches oder ein uneheliches Kind, in Mt 27,64 ff; 28,11 ff die Behauptung der Synagoge, die Jünger hätten Jesu Leichnam zur Vortäuschung seiner Auferstehung gestohlen. Angesichts der Bedrängnisse muß Matthäus den Ernst der Nachfolge einschärfen und vor Kleinglauben warnen (Mt 8,18–27; 13,21; 14,22–33; 17,19 f); vgl. Bornkamm-Barth-Held (1960, 48 ff.189 ff). Jesus verheißt den Nichtchristen göttlichen Lohn, wenn sie sich der bedrängten Christen annehmen (Mt 10,40–42; 18,5 ff). Im Gleichnis vom Weltgericht (Mt 25,31–46) gilt die Verheißung ‚Was ihr einem dieser meiner geringsten Brüder getan habt, habt ihr mir getan' den Nichtchristen; die geringen ‚Brüder' Christi sind die bedrängten Christen, die ohne Einkommen, vertrieben oder im Gefängnis ihr Leben fristen müssen (vgl. zum Problem: Brandenburger, 1980, mit Lit.).

Der recht- und wehrlosen Gemeinde bleibt nur der Weg des Leidens ohne Gegenwehr (Mt 5,3–12.38–48; 10,17–39; 11,28–30; 21,1–9; 26,52–54) in der Hoffnung, so zum Licht der Welt zu werden und das Böse, das ihnen angetan wird, mit dem Guten, das sie tun, zu besiegen (Mt 5,13–16; vgl. 1 Petr 2,12). Die in den Bedrängnissen treuen Nachfolger haben die Verheißung des ewigen Lebens (Mt 5,10–12; 19,27–30,16; vgl. 1 Petr 3,13 f; 4.12 ff). Die Sorge um das tägliche Brot sollen die bedrängten Christen ganz Gott anheimstellen (6,25–34).

b) Die Bedrängnis ist nicht primär politisch, sondern religiös motiviert. Der eigentliche Gegner der Gemeinde ist das offizielle, über die Machtmittel der Synagoge verfügende pharisäische Judentum (Mt 5,20; 7,15–23; 12,24–37; 15,1–20; 16,5–12; 22,15; 23,1–36; vgl. Hare, 1967). Der Einfluß der Pharisäer reicht durch ‚falsche Propheten' direkt in die Gemeinde hinein (7,15–23; 13,41; 24,10–12) und macht sich als Verführung der Glaubenden zum Abfall von der Gemeinde und zur Rückkehr in die Synagoge bemerkbar (Mt 13,41; 18,6–9; 24,11). Demgegenüber schärft Matthäus die Notwendigkeit der Taufe, des christlichen Bekenntniszeichens, für alle Christen ein (Mt 3,14 f) und warnt die Gemeinde vor den Lehren der Pharisäer (Mt

5,20; 16,5–12; 23,1 ff). Die Gemeinde soll bemüht sein, ihre verlorenen Glieder zu suchen (18,10–14). Die falschen Lehrer müssen durch ein Lehrzuchtverfahren ausgeschlossen werden (Mt 18,15–18; 22,11–14; vgl. 13,41 f), doch unter der Voraussetzung ständiger Bereitschaft zur Vergebung und zur Wiederaufnahme der Ausgeschlossenen (Mt 18,21–35; vgl. 16,19): „Ein von der Gemeinde (durch Verführer ψευδοπροφῆται, σκάνδαλα) abgeirrtes Mitglied soll man nicht fahren lassen, sondern mit allen Mitteln wiederzugewinnen suchen; nur wenn alle gütlichen Vorstellungen nichts gefruchtet haben, darf zur Exkommunikation geschritten werden" (Wellhausen, 1905, 70; vgl. Schenke-Fischer, 1979, 103).

c) Matthäus weist den Vorwurf der Pharisäer zurück, der christliche Glaube bedeute die Aufhebung der Tora und der prophetischen Verkündigung. Dieses doppelte Erbe Israels kommt durch Jesus vielmehr zu seiner ‚Erfüllung', das heißt zur restlosen Fülle; es gelangt durch Jesus an sein Ziel (Mt 5,17–20; 7,12; 11,13; 22,40).

Zum Zeichen dessen, daß der christliche Glaube trotz des Aposynagogos und der führenden Rolle des Heidenchristentums kein heidnisches Phänomen und daß Jesus der *jüdische* Messias ist – eben dies bestritt die Synagoge unter Verweis auf die wesentlich heidenchristliche Kirche –, wendet Jesus sich im MtEv vor seiner Auferstehung ausschließlich Israel zu (Mt 10,5.23; 15,24.29–31; vgl. 1,21; 2,2). Jesu Stammbaum beginnt dementsprechend nicht bei Adam (so Lk 3,23 ff), sondern erst bei Abraham, dem Stammvater Israels (Mt 1,1 ff). Die Heidenmission ist ein zweiter, erst mit Ostern anhebender Schritt (Mt 28,18–20; vgl. 8,11 f; 12,18.21; 25,32), der Israel indessen nicht ausschließt. Nur durch den eigenen Unglauben verliert Israel seinen Anteil am Heil Gottes, das Gott allen Völkern durch seinen Messias Jesus anbietet (Mt 8,11 f; 12,24.34 ff; 13,10 ff; 21,28–32.33–46; 22,1–10; 27,25 u.ö.). Das Verhältnis von Judenmission (Partikularismus, vorösterlich) und Heidenmission (Universalismus, österlich) im MtEv ist also primär redaktionsgeschichtlich, nicht traditionsgeschichtlich anzusehen und zu deuten (vgl. zum Problem: Jeremias, 1956; Brown, 1980). Von einer judaistischen Redaktion eines ursprünglich universalistischen MtEv (Soltau, 1900.1901) kann ebensowenig die Rede sein wie von einer gegenläufigen Traditionsgeschichte (Flusser, → 5.3.4; vgl. schon Baur, → 3.5.3.3).

d) Die ‚Erfüllung' (πληροῦν; Mt 5,17) der Tora durch Jesus geschieht durch die *Lehre* des radikalen Gehorsams (Mt 5,17–48. 6.19–7,12; 11,28–30; 12,6.11 f; 19,3–12.16–26; 20,20–28; 23,3.23) gegenüber dem Doppelgebot der Liebe (Mt 22,34–40; vgl. 24,12; Röm 13,8–10; Gal 5,14; Schweizer, 1963, 399ff; Broer, 1980) und entgegen der kasuistischen Gesetzlichkeit der Pharisäer (Mt 5,20; 6,1–18; 9,9–13; 12,1–8.9–14; 15,1–20; 19,1–9; 23,1–36), die Matthäus in 5,22–23 parodiert. Diese Fülle der Tora verkündigt Jesus als der zweite bzw. als der neue Mose, wie die Mose-Typologie in 2,13–21; 4,1f und 5,1f (vgl. auch Mt 28,20a mit Ex 19,35; Dt 4,1f; 13,1) zeigt. Die fünf Reden im MtEv entsprechen den fünf Büchern Mose (zu diesem umstrittenen Problem vgl. Lange, 1980, 32 und Kümmel, [20]1980, 77.89 mit Lit.).

Die Christen sind also die Wahrer der Tora, die von ihnen in angemessener ‚Gerechtigkeit' (δικαιοσύνη = Frömmigkeitsübung) geachtet wird (Mt 3,14f; 5,6.10.20; 6,1.33; 21,32); vgl. Strecker (1962, 149ff.179ff.187), Giesen (1982), Przybylski (1980). Die Pharisäer üben dagegen praktische Gesetzlosigkeit (ἀνομία; Mt 5,20; 7,15–23; 13,41; 23,1ff.27f; 24,12) und dementsprechend Heuchelei (ὑπόκρισις; Mt 6,1–18; 15,1–20; 22,18; 23,1–7ff.28; 24,51; vgl. 7,1–5).

Gerhard Barth hat 1960 eine ältere, auf die Tübinger Schule zurückgehende Ansicht erneuert, derzufolge das MtEv sich nicht nur mit Pharisäern, sondern auch mit ‚Libertinisten' (nicht „Gnosis im solennen Sinn", 154) auseinandersetze (66–70; 149–154). Er fand Zustimmung z.B. bei Bornkamm (1964, 180f); Hummel (1963, 64ff); Künzel (1978); vgl. schon Holtzmann (1897, Band 1, 430ff mit Lit.: ‚ultrapaulinischer Antinomismus'; ‚gnostisierende Antinomisten'), J. Weiß ([2]1907, Band 1, 266ff; 1917, 586: ‚Verbreitung hochmütiger gnostischer Stimmungen'), Bacon (1930, 75f.153; er verweist auf Gnostiker wie Simon Magus), Brandon ([2]1957, 242); Käsemann (1964, 82ff).

Barth beruft sich für diese Ansicht einmal auf die matthäische Betonung der Geltung des ganzen Gesetzes (Mt 3,15; 5,17ff; 23,3), mit der Matthäus aber gegenüber den Pharisäern und ihren Vorwürfen den Anspruch der christlichen Gemeinde erhebt, (allein) das ganze Gesetz zu lehren und zu beachten (Mt 5,20; 23,1ff). Sodann bezieht er sich darauf, daß die ‚falschen Propheten' in Mt 7,15–23 als ‚Antinomisten' bezeichnet werden, was aber Mt 23,27f (vgl. 13,41; 24,12) zufolge ein Vorwurf gerade an die Adresse der Pharisäer ist, die das Gesetz zwar lehren, aber nicht tun (Mt 5,20; 23,1ff). Schließlich verweist er auf Mt 7,22b, wo die falschen christlichen Propheten sich angeblich auf hellenistische Charismen berufen (‚in deinem Namen haben wir Dämonen ausgetrieben und in deinem Namen viele Taten getan'); doch hat Barth übersehen, daß Matthäus in 7,22b keine konkrete Beschreibung der Gegner geben will, sondern einfach Mk 9,38f (dort gestrichen!) reproduziert, um den Grundsatz zu unterstreichen, daß es nicht auf das ‚Herr-Herr-Sagen', sondern auf das Tun des Willens Gottes ankommt. Libertinistische Antinomisten stehen also dem Evangelisten Matthäus nirgendwo vor Augen; seine Polemik ist einseitig, und zwar einseitig anti-pharisäisch; vgl. Trilling (³1964, 211), Walker (1967, 135 ff), Kümmel (²⁰1980, 88 mit Lit.).

e) Die ‚Erfüllung' (πληροῦν; Mt 5,17) der Propheten durch Jesus belegt Matthäus durch den Nachweis, daß die prophetischen Ansagen des kommenden Messias in der Sendung und in dem Geschick Jesu ihr Ziel finden. Insofern wurde schon in der Alten Kirche und seitdem allgemein der Zweck des MtEv zwar einseitig, aber nicht unrichtig dahingehend bestimmt, daß dies Evangelium den Christen aus der Beschneidung den Beweis liefern sollte, Jesus sei der Israel verheißene Messias (Irenäus, Fragm. 29). Die Tendenzkritik der Tübinger Schule ergänzte diese Bestimmung der matthäischen Absicht durch den Nachweis, daß das MtEv sich zugleich gegen Angriffe des ungläubigen Judentums zur Wehr setze (vgl. Köstlin, 1853, 9).

Dem Nachweis, daß Jesus der jüdische Messias sei, dienen vor allem die Reflexions- oder Erfüllungszitate des MtEv (Mt 1,23; 2,5f.15.17f; 3,3; 4,14–16; 8,17; 12,17–21; 13,14f.35; 21,4f; 27,9); vgl. Rothfuchs (1969), Gundry (1967). Diese Zitate aus dem Alten Testament werden mit der stereotypen, nur gelegentlich leicht modifizierten (Mt 3,3; 13,14) Wendung eingeleitet: ‚Dies ist geschehen, damit erfüllt wird, was gesagt wurde durch den Propheten'. Es handelt sich um zwölf Stellen; nimmt man die entsprechend eingeleiteten Sätze Mt 2,23 und 26,56 hinzu, um 14 (zweimal sieben) Stellen, so oder so um eine heilige Anzahl. Stets wird ein alttestamentliches Prophetenwort zitiert — auch Ps 78,2 gilt in Mt 13,35 als Prophetenwort — und zwar siebenmal mit namentlicher Nennung des Propheten (fünfmal Jesaia, zweimal Jeremia; vgl. Mt 14,17).

Den Inhalt der Zitate bezieht Matthäus durchgehend auf Jesu Geschick und Wirken. Dabei hat das Zitat Mt 8,16f (vgl. 11,2–6) die besondere Funktion, die Wundergeschichten, von denen Matthäus in Mt 8–9 zehn zusammenstellt, als Demonstration der messianischen Würde Jesu zu erweisen (vgl. Held, 1960, 246 ff). Mit seinen Erfüllungszitaten beabsichtigt der Evangelist keinen Weissagungsbeweis für die Wahrheit der christlichen Botschaft, sondern den Nachweis, daß sich die Treue gegenüber den Propheten dort findet, wo Jesus als der verheißende Messias verkündigt wird. Die Wahrheit Israels begegnet also in der christlichen Gemeinde. Wo Israel den Christus Jesus und seine Boten verwirft, wendet es sich also gegen sich selbst (Mt 21,28–32.43; 22,1–10; 23,34–39; 27,25).

5.3.6 Das matthäische Sondergut

Das Sondergut des MtEv ist weniger umfangreich als das S^{Lk}. Seine Herkunft läßt sich wie im LkEv nicht immer mit unbedingter Sicherheit bestimmen.

Aus dem Lehrgut der Gemeinde bzw. seines eigenen Schulbetriebs scheint Matthäus den triadischen Grundstock der ursprünglichen Antithesen genommen zu haben, welche Liebe, Treue und Wahrhaftigkeit als den Kern der christlichen Sittlichkeit lehren, jeweils ein Verbot der zweiten Tafel des Dekalogs aufgreifend:

‚Ihr habt gehört, daß den Alten gesagt wurde:
Du sollst nicht töten.
Ich aber sage euch:
Jeder, der seinem Bruder zürnt, ist des Gerichts schuldig'
(Mt 5,21 f).

‚Ihr habt gehört, daß den Alten gesagt wurde:
Du sollst nicht ehebrechen.
Ich aber sage euch:
Jeder, der eine Frau begehrlich ansieht, hat schon die Ehe gebrochen'
(Mt 5,27 f).

‚Ihr habt gehört, daß den Alten gesagt wurde:
Du sollst nicht falsch schwören.
Ich aber sage euch:
Ihr sollt überhaupt nicht schwören'
(Mt 5,33 f).

Diese Antithesen enthalten jeweils dreimal bzw. zweimal sieben griechische Wörter; sie sind also auch insofern sorgfältig stilisiert.

Gleiche Herkunft ist für die dreifache Ermahnung zu stiller Frömmigkeitsübung (‚Gerechtigkeit') zu vermuten, die Mt 6,1-18 zugrundeliegt. Auch diese Ermahnungen betreffs Almosengeben, Beten und Fasten sind gleichförmig stilisiert; vgl.

‚Wenn du Almosen gibst,
so sollst du es nicht ausposaunen,
wie es die Heuchler in den Synagogen und auf den Straßen tun,
damit sie von den Menschen gelobt werden.
Wahrlich, ich sage euch: Damit haben sie schon ihren Lohn!
Sondern wenn du Almosen gibst,
so soll deine Linke nicht wissen, was deine Rechte tut,
so daß dein Almosen verborgen bleibt.
Aber dein Vater, der in das Verborgene sieht, wird dir vergelten'

(Mt 6,2-4; vgl. 6,5-6 und 6,16-18). Auch in diesen Regeln walten feste Zahlenverhältnisse, und jede (rekonstruierte) Regel besteht aus 63 (= dreimal 21) griechischen Wörtern.

Aus der Spruchquelle Q mögen einzelne Logien des S^{Mt} stammen, die Lukas gestrichen hat, vielleicht auch die Gleichnisse in Mt 13,44–50 sowie die in Mt 13,36–43 mißverstandene und durch 18,15–17 sachlich korrigierte Parabel vom Unkraut unter dem Weizen (Mt 13,24–30) oder die Parabel von den Arbeitern im Weinberg (Mt 20,1–15).

Manches hat Matthäus anscheinend dem Lehrgut der syrischen Synagogen entnommen und auf die christliche Botschaft bezogen (vgl. Mt 13,52; 23,3), und einiges davon mag schon zuvor in seinen Gemeinden in Gebrauch gewesen sein. Hierhin könnten 12,5–7; 13,52 und 19,10–12 gehören, aber auch Parabeln, deren anschauliche Motive in den zeitgenössischen jüdischen Überlieferungen nicht selten begegnen: Mt 13,24–30 (Unkraut unter dem Weizen); 20,1–15 (Arbeiter im Weinberg); 18,23–35 (Schalksknecht); 22,11–14 (Hochzeitliches Kleid); 25,1–13 (Kluge und törichte Jungfrauen); 25,31–46 (Weltgericht), wobei die Ausarbeitung und Ausrichtung der vier zuletzt genannten Parabeln ganz redaktionell ist: Der Schalksknecht (18,23–35) weigert sich, die ihm selbst zuteil gewordene Vergebung den bußfertigen Gemeindegliedern weiterzugeben (vgl. 18,21f); die Gäste mit dem fehlenden Hochzeitskleid (22,11–14) sind jene Gemeindeglieder, die sich nicht im Sinne der postbaptismalen Katechese des MtEv aktiv ethisch bewähren, sondern ihr Pfund vergraben (vgl. 22,13f mit 25,30); mit den törichten und den klugen Jungfrauen (25,1–13) treten in diesem ethischen Sinn die bewährten und die unbewährten Gemeindeglieder einander gegenüber (vgl. 25,11f mit 7,21–23); das große Weltgericht ergeht über die *Heiden* (25,31–46) und richtet sie je nach dem, wie sie sich den bedrängten und rechtlosen Christen gegenüber verhalten haben.

Rein schriftgelehrte Arbeit des Matthäus oder seiner Schule sind der Stammbaum Jesu (Mt 1,2–17) und die Vorgeschichte des MtEv (Mt 1,18–25). Beide Stücke setzen das MtEv noch nicht notwendig voraus, wohl aber die kerygmatische Tradition, nämlich den christlichen Universalismus, die Davidssohnschaft Jesu und die Anschauung von der Jungfrauengeburt. Auf sagenhafte Überlieferung der Gemeinde gehen Mt 27,3–10 (Ende des Judas; vgl. Ag 1,15–20 und das Papiasfragment Nr. 3) sowie 27,51b–53, die Zeichen beim Tod Jesu, zurück. Literarische Tradition dürfte hinter Mt 16,17f, einem ursprünglichen Ostertext, stehen.

Anderes ist unmittelbar redaktionell wie Mt 11,28–30 (Heilandsruf), 14,28–31 (Seewandel des Petrus), 21,14–16 (Kinderlob im Tempel), 27,62–66; 28,2–4.11–15 (Apologie des leeren Grabes), 28,9f (Erscheinung des Auferstandenen vor den Frauen), 28,16–20 (Erhöhung und Missionsbefehl). Dazu kommen zahlreiche, zum Teil intensive redaktionelle Bearbeitungen des in den beiden Quellen überlieferten Stoffes, vor allem aus Q, aber auch aus dem MkEv; vgl. z. B. die sorgfältig stilisierten Seligpreisungen Mt 5,3–12, ferner 6,9–13; 10,40–42; 12,1–8; 21,43; 22,1–14; 23,1–24,51.

Freie synoptische Tradition im Sinne der Formgeschichte (→ 4.3) läßt sich im matthäischen Sondergut nicht nachweisen.

5.3.7 Zeit, Ort und ‚Sitz im Leben' des MtEv

Die matthäische Gemeindetheologie (→ 5.3.3) und der Anlaß der matthäischen Schriftstellerei (→ 5.3.4) bestätigen die gewöhnliche Annahme, daß das MtEv für die hellenistisch-judenchristlichen Gemeinden Syriens geschrieben wurde, und zwar um 80–90. Die Zerstörung Jerusalems ist in Mt 22,1–14 deutlich vorausgesetzt.

Der ‚Sitz' des MtEv im Leben der Gemeinde war im weitesten Sinne die Katechese, die postbaptismale Unterweisung der Gemeinde (→ 5.3.1).

Allerdings dürfte das MtEv weniger unmittelbar für die Hand der Gemeindeglieder und auch nicht speziell für die gottesdienstliche Lesung (so z.B. Thiersch, 1852, 302; Kilpatrick, ²1950) als vielmehr für die Lehrer und Katecheten bestimmt gewesen sein (v.Dobschütz, 1928; vgl. Stendahl, 1954, 35; Loisy, 1936, 82ff.111.335). Es liegt nahe anzunehmen, daß Matthäus Lehrer an einer Katechetenschule war. Jedenfalls kennt seine Gemeinde ‚Schriftgelehrte' (Mt 13,52), freilich keine Autoritäten im Sinne des Rabbinats (Mt 23,8–10). Die Schüler nehmen das MtEv als katechetisches Lehrbuch und als Erbauungsbuch für die bedrängten Christen mit in ihre Gemeinden.

Die an Papias (→ 2.4) anknüpfende Ansicht, das kanonische MtEv sei die Übersetzung einer aramäischen Vorlage, die vor allem im Rahmen der Benutzungshypothese mit Matthäus-Priorität (→ 3.5.3) eine große Rolle gespielt hat, findet sich heute nur noch selten (vgl. aber z.B. Zimmermann, 1979, 33ff), hat indessen ebensowenig einen überzeugenden wissenschaftlichen Grund wie die Annahme einer sekundären (heidenchristlichen oder judenchristlichen) Überarbeitung einer ursprünglicheren Schrift. Das MtEv ist, von textkritischen Varianten abgesehen, in der uns vorliegenden Fassung von dem uns im übrigen unbekannten Evangelisten aufgrund des MkEv und der Spruchquelle Q sowie einiges traditionellen Sondergutes verfaßt worden.

5.4 Die Spruchquelle Q

Aus den (→ 5.1.3) genannten Gründen nahm sich die redaktionsgeschichtliche Fragestellung erst relativ spät intensiv der Spruchquelle an, und angesichts der ungeklärten traditionsgeschichtlichen Verhältnisse der Spruchquelle (→ 3.6.6 g) muß noch heute jede redaktionsgeschichtliche Deutung der Spruchquelle zugleich die Traditionsgeschichte der Spruchüberlieferung aufzudecken sich bemühen.

Zu einem umfassenden Konsensus sind die neueren Untersuchungen zur Spruchquelle noch nicht gelangt, doch lassen sich gemeinsame Tendenzen deutlich beobachten, die bemerkenswert über den in der Epoche der Quellenkritik erreichten Stand der Erkenntnis (→ 3.6.6) hinausführen.

Forschungsüberblicke bieten Luz (1973); Worden (1975); Devisch (1975); Neirynck (1982); Biggs (1981); Lindemann (1984, 257 ff). Edwards erstellte 1975 eine Konkordanz zur Spruchquelle. Versuche, den rekonstruierten Text der Spruchquelle darzubieten, unternahmen Schulz (1972); Polag (1966; 1979; ²1982); Schwenk (1981). Eine Bibliographie zur Spruchquelle findet sich bei J. Delobel (Hg.): Logia, 1982, 559 ff.

5.4.1 Stand der Forschung

a) Bornkamm, dem sich z.B. Schreiber (1961, 172 f) anschließt, wendet sich 1958 gegen die Meinung von Dibelius und anderen (→ 4.3.5 a), „Q sei lediglich unter dem Gesichtspunkt, der Gemeinde eine Lebensordnung zu geben, zusammengestellt worden" (759). Denn, so argumentiert Bornkamm mit offenkundigem Recht, es „läßt sich ein großer Teil seiner Überlieferung und das Motiv der Sammlung in keiner Weise als bloße Paränese verstehen, die das Passionskerygma der Gemeinde ergänzen sollte" (759).

Statt dessen urteilt Bornkamm hinsichtlich des Verhältnisses der Spruchquelle zum Passionskerygma: „Dieses ist in Q überhaupt noch nicht vorausgesetzt. Q ist vielmehr von einer anderen theologischen Konzeption geprägt. Ihr Hauptmotiv ist Jesu Predigt vom Kommen der Herrschaft Gottes und dem Eingang in das Reich ... Die Verkün-

digung des irdischen Jesus wird in Q also unmittelbar von der Gemeinde aufgenommen und fortgesetzt. Dabei ist die Bindung an Jesu Person von heilsentscheidender Bedeutung: die in Nachfolge und Bekenntnis übernommene und bewahrte Treue zu Jesus hat die Verheißung der künftigen Bestätigung vor dem Menschensohn (Lk 12,8f)."
In dieser Weise dürfte Bornkamm den theologischen Charakter der Logienüberlieferung im wesentlichen richtig beschrieben haben. Damit aber stellen sich wichtige historische und traditionsgeschichtliche Fragen: Wie verhält sich die Q-Gemeinde zur passionskerygmatischen Gemeinde? Wie verhalten sich Osterbotschaft und Spruchüberlieferung *der* Gemeinde zueinander, die Q sammelt und aufzeichnet? Bornkamm meint: Es „ist offensichtlich die palästinische Urgemeinde der ersten Jahrzehnte nach Jesu Tod", welche in der von Q bezeugten Weise die Botschaft Jesu tradierte (758). Das Passionskerygma stellt dann einen späteren Entwicklungsschritt dieser Gemeinde dar, die dennoch die vorkerygmatische Tradition *als solche* festgehalten haben muß. Die damit gegebenen Schwierigkeiten bedenkt Bornkamm nicht weiter. Er verweist aber auf seinen Schüler Tödt.

b) In seiner Untersuchung ‚Der Menschensohn in der synoptischen Überlieferung' stellte Tödt sich 1959 der Tatsache, daß die Spruchquelle zwar Worte vom kommenden Menschensohn und Worte vom Erdenwirken des Menschensohns enthält, nicht aber Worte vom leidenden und auferstehenden Menschensohn, was dem Fehlen der Passionsgeschichte in Q entspricht. Diese Beobachtung weitet Tödt aus: Während im MkEv und z.B. bei Paulus das Passionsgeschehen die Mitte der christlichen Botschaft darstellt, kommt in der Spruchquelle dem Passionskerygma weder direkt noch indirekt eine theologische Bedeutung zu.
„Die Gemeinde, die uns die Q-Stoffe in der fast ausschließlichen Konzentration auf die Verkündigung Jesu aufbewahrt hat, war dagegen der Überzeugung, daß Jesu Verkündigung vom Kommen der Gottesherrschaft auch in der nachösterlichen Situation nicht erledigt sei, sondern erneut proklamiert werden müsse. Der Jüngerkreis sei für diese Aufgabe autorisiert (Lk 10,16)" (227). Die Gewißheit, daß Jesu Verheißungen nicht hinfällig geworden sind, fand in der Erwartung Ausdruck, daß Jesus „auch der kommende Menschensohn und damit der Bürge und Erfüller seiner Verheißung sein werde" (244). Denn im „Verständnis der Logienquelle ist zweifellos die Identifikation Jesu mit dem kommenden Menschensohn vollzogen" (241), mag

diese Identität auch vorösterlich noch nicht gegeben gewesen sein. Die Predigt der Q-Gemeinde wurde also nicht von der Passion, sondern von der Nähe des Gottesreiches bestimmt.

Tödt exemplifiziert diese Beobachtung an den alttestamentlichen Zitaten und Anspielungen in Q und kommt zu dem Ergebnis: „Hier gibt es keinen Schriftbeweis, der sich an der Niedrigkeit Jesu oder seinem Leiden orientiert. Die Logienquelle schaut auf Jesu Vollmacht, auf seine Verkündigung und auf die Verwerfung derer, die diese Vollmacht nicht anerkennen. Vom Christus humilis ist hier nicht die Rede. Dieser Befund bestätigt erneut unsere These, daß traditionsgeschichtlich und sachlich zwei Traditionskreise unterschieden werden müssen: der eine ist durch das Passionskerygma bestimmt, beim anderen steht die Absicht einer erneuten Verkündigung der Botschaft Jesu im Mittelpunkt. Die Q-Stoffe gehören zum zweiten Kreis" (244). Ferner untersucht Tödt jene Worte aus Q, in denen ein Gegensatz zwischen Jesus und ‚diesem Geschlecht‘, das Jesus verwirft, zum Ausdruck kommt, und stellt fest: „Es handelt sich in diesen Worten nicht um die Ablehnung des Erlösers, der sein Blut gibt für viele, sondern um die Abweisung des Verkündigers, der mit dem Worte die Nachfolge fordert" (242).

Diese Beobachtungen sind im wesentlichen überzeugend. Sie widerlegen definitiv und auch ausdrücklich (224f) die These von Dibelius (→ 4.3.5 a), die Spruchquelle enthalte das paränetische Gut der passionskerygmatischen Gemeinde. Q entfaltet vielmehr eine eigenständige theologische Konzeption und enthält eine umfassende Theologie ‚jesuanischer‘ Provenienz. Das Problem des Verhältnisses von ‚Jesus als Verkündiger‘ und ‚Verkündigter Christus‘, das die Theologie der letzten 200 Jahre begleitet und maßgeblich beeinflußt hat (→ 1.3.1 a), ist also schon in den frühchristlichen Überlieferungen und Gemeindeverhältnissen angelegt, und nicht von ungefähr schließt Tödt seine Untersuchung mit der Feststellung, damit sei die „alte Frage nach dem Verhältnis des Evangeliums Jesu zu dem Evangelium von Jesus" in neuer Weise gestellt, und diese Problemstellung hat auch die ‚Neue Frage nach dem historischen Jesus‘ in nicht geringem Maße beeinflußt (→ 4.3.7).

Wie deutet Tödt seinen exegetischen Befund traditionsgeschichtlich? Wo sucht er den historischen Ort der Q-Gemeinde?

„Die Gemeinde, welche Jesu Botschaft vom Kommen des Reiches erneut verkündigte, muß dennoch den Geschehnissen von Passion und Auferstehung eine grundlegende Bedeutung beigemessen haben. Sonst wäre ihre Entstehung unbegreiflich. Um so mehr fällt es auf, daß sie Passion und Auferstehung nicht zum Verkündigungsinhalt gemacht hat. Sie wollte Jesu Predigt weitergeben. Aber wie verhielt sich die Predigt zu Passion und Auferstehung? Waren diese nicht Inhalt der Verkündigung, so waren sie doch ihre Voraussetzung. Es steht außer Zweifel, daß Jesu Hinrichtung, seine Unterstellung unter den Kreuzesfluch, seine Ausstoßung aus Israel zugleich die Legitimation seiner Botschaft in Frage stellte. Konnte dieser Gehenkte, der von den legitimen Vertretern Israels verurteilt war, die Wahrheit Gottes gesprochen haben? Durften seine Nachfolger ihr Vertrauen setzen auf die Gemeinschaft mit ihm und auf die Verheißung, daß diese Gemeinschaft vom kommenden Menschensohn bestätigt werden würde? Die Evangelien schildern die Krise, in welche die Verbundenheit der Nachfolger mit Jesus im Verlauf des Passionsgeschehens geriet, und ziehen ein klares Fazit: Da verließen ihn alle und flohen... Dann können aber die Auferstehungserscheinungen sachlich nicht anders verstanden worden sein als im Sinne einer erneuten Zuwendung des Herrn zu den Seinen, als eine Wiederaufnahme der Gemeinschaft mit ihnen... Daher konnte eine Gemeinde, die von der Auferstehungsgewißheit erfüllt war, es dennoch unterlassen, die Auferstehung zum primären Verkündigungsinhalt zu machen; denn das Heilsgut lag nicht in Tod und Auferstehung, sondern wurde durch sie in Geltung gesetzt. Es mag sein, daß das relativ späte Auftreten von Auferstehungsgeschichten in der synoptischen Tradition mit dieser Art der frühen Predigt zusammenhängt" (228 f).

Das Passionskerygma ist demgegenüber zeitlich sekundär. „Erst dort, wo die Heilsbedeutung des Todes erkannt und entfaltet ist, kann das Passionskerygma zur sachlichen Mitte der Überlieferung werden" (229). Q bildet in dieser Konstruktion also die früheste Stufe der frühchristlichen Theologie, an die sich die passionskerygmatische Stufe anschloß.

Diese These ist schon aus zeitlichen Gründen unhaltbar. Bereits Paulus wurde zu einem christologischen Passions- und Erhöhungskerygma bekehrt (Gal 1,15ff; 1 Kor 15,1ff); vgl. Vielhauer (1975, 326ff), Kümmel (^{17}1973, 46f). Auch lassen die frühen Osterbekenntnisse und Osterberichte nicht zu, ihnen als ursprüngliche Bedeutung zuzuschreiben, die Botschaft des irdischen Jesus in Kraft zu setzen; sie begründen das Bekenntnis zu Jesus als dem Erhöhten, Gekreuzigten und Kommenden. Umgekehrt bliebe unerklärt, wieso Q nie auf das Osterbekenntnis Bezug nimmt, wenn die gesamte Spruchüberlieferung das Osterbekenntnis als seine eigene Bedingung und Autorisierung voraussetzt. Und wie konnte es zu der *selbständigen* Überlieferung des unkerygmatischen Spruchgutes in der kerygmatischen Gemeinde kommen? Daß Tödt zur Lösung dieses Problems seine Beobachtungen und Erklärungen dann doch wieder mit der Ansicht von Dibelius verknüpft und eine nachträgliche Verwendung des Spruchgutes in der kerygmatischen Gemeinde „unter paränetisch-ethischem Gesichtspunkt" (225) annimmt, kann nicht befriedigen; denn es ist nicht denkbar, daß die Q-Gemeinde sich kerygmatisch entwickelt, ohne dabei auch ihre Jesustradition zu kerygmatisieren.

Die historische Deutung seines exegetischen Befundes zwingt Tödt überdies dazu, die Spruchüberlieferung sehr früh anzusetzen und dabei als im wesentlichen einheitlich anzusehen, wenn der Leser auch beiläufig erfährt, daß die Täufergeschichten und die Versuchungserzählung „wohl kaum zu dem alten Hauptbestand der Spruchquelle" gehört haben (243). Solcher Verzicht auf eine traditionsgeschichtliche Analyse wird indessen den Problemen der Spruchquelle nicht gerecht (→ 3.6.6 g; 5.4.2.1).

Nun erörtert Tödt die *historischen* Verhältnisse der von ihm überzeugend beobachteten beiden Traditionskreise des frühen Christentums nicht näher, so daß insofern vieles im Unklaren bleibt. Er kann einerseits von *Gruppen* in der Urgemeinde sprechen (251), differenziert andererseits *zeitlich* zwischen der ‚jesuanischen' und der ‚kerygmatischen' Traditionsschicht, von der prinzipiellen Einheit der synoptischen Tradition ausgehend. Seine wichtigen Beobachtungen verlangen also nach einer präziseren historischen Erklärung.

Relativ eng an Tödt hat sich z. B. Balz (1967, 164 ff) angeschlossen, der die Q-Tradition freilich vermutungsweise und wenig einleuchtend mit Stephanus verbindet und einem hellenistischen Judenchristentum zuweist; ähnlich Boman (1967, 101 ff). Vgl. auch Gnilka (1970); Luz (1975, 349); Edwards (1971; 1976).

c) Schüler Bornkamms ist auch Lührmann, der 1969 seine Habilitationsschrift über ‚Die Redaktion der Logienquelle' veröffentlichte (vgl. auch Lührmann, 1972).

Lührmann setzt die Untersuchungen von Bornkamm und Tödt voraus und bearbeitet exemplarisch einen Teil des Q-Stoffes, um „an einigen relativ einfachen Beispielen die Möglichkeit der angegebenen (sc. redaktionsgeschichtlichen) Fragestellung vorläufig auszuprobieren" (22). Er kommt zu dem Ergebnis, daß die Spruchquelle Produkt sowohl eines längeren Überlieferungsprozesses ist und daß „dementsprechend das in Q aufgenommene Material nicht einheitlich" ist (84) als auch einer abschließenden Redaktion, die u. a. vom Gedanken der Gerichtsankündigung gegen Israel bestimmt sei. Diese Redaktion erfolgte durch die *Zusammenfügung* der verschiedenen Überlieferungen unter bestimmten theologischen Gesichtspunkten, wobei einzelne redaktionell gebildete Logien zur Hilfe genommen werden (z. B. Lk 11,30par; 10,12par). Diese Redaktion möchte Lührmann „in der hellenistischen Gemeinde etwa der 50er oder 60er Jahre" ansetzen (88), und zwar im syrischen Raum, und er hält es für möglich, daß sich „in der Redaktion auch eine bestimmte Gemeinde" zu erkennen gibt (101).

Dieser Hinweis auf eine bestimmte Gemeinde, welche noch in späterer Zeit die Spruchüberlieferung tradiert, ergibt sich mit Notwendigkeit aus der gegenüber Tödt relativ späten Datierung einer selbständigen Logientradition: Eine theologische Tradition, wie sie in Q vorliegt, kann nicht über eine Generation hinweg das Passionskerygma draußen lassen, wenn sie in einer inzwischen vom Passionskerygma geprägten Gemeinde überliefert worden wäre; also muß man für die Q-Tradition noch in relativ später Zeit eine besondere und selbständige Gemeindegruppe ansetzen. Dieser Gesichtspunkt der im übrigen wenig eindrücklichen Untersuchung Lührmanns überzeugt. Vgl. auch Kuhn (1970, 308 ff), der mit Recht anmerkt: „Die Behauptung, daß das Passionskerygma trotzdem hinter Q stehen müsse, ist eine unerlaubte Harmonisierung. Die sich auch der traditionsgeschichtlichen Arbeitsweise bewußter werdende neutestamentliche Exegese kann diese These nicht mehr übernehmen..." (309).

d) Auch Hoffmann arbeitet in seinen ‚Studien zur Theologie der Logienquelle' 1972 mit exemplarischen Texten.

Im ersten Teil seiner Arbeit versucht er den Nachweis, daß in der Spruchüberlieferung eine akute Naherwartung des Anbruchs der Gottesherrschaft sichtbar wird. Dies Urteil gewinnt er vor allem durch eine Auslegung der Verkündigung Johannes des Täufers (Mt 3,7–12par) und des ‚Stürmerspruchs' (Mt 11,12–15par). „Das Auftreten des Johannes markiert den Wendepunkt der Zeiten, mit ihm beginnt die Endzeit" (78 f).

Der zweite Teil der Studien steht unter der Überschrift ‚Jesus, der Menschensohn'. Wie Tödt und andere geht Hoffmann davon aus, daß in der Spruchüberlieferung Jesus mit dem kommenden Menschensohn identifiziert wird, und zwar aufgrund des Ostergeschehens. Diese österliche Identifizierung Jesu mit dem Menschensohn überformt eine ältere, vorösterliche Vorstellung von Jesus als dem Propheten, die sich unter anderem noch darin zeigt, daß der Tod Jesu in der Spruchüberlieferung als Prophetenschicksal gedeutet werden kann (Mt 23,37 ffpar). Obschon das Osterbekenntnis selbst der Spruchüberlieferung fremd ist, findet Hoffman durch einen kühnen Beweisgang in Lk 10,21 f den Beleg für seine These, der ursprünglich täuferischen Gruppe um Q sei durch seine österliche Apokalypsis die Rolle Jesu als des kommenden Menschensohns und im Zusammenhang damit die fortdauernde Geltung seiner Botschaft deutlich geworden (vgl. Tödt). Die Naherwartung dieser Gruppe verbiete es ihr zwar, als eine weitere christologische Stufe die gegenwärtige Herrschaft des Erhöhten zu verkünden. Aber mit der österlichen Identifizierung Jesu und des Menschensohnes löse sich die Gruppe um Q immerhin aus dem Kreis der Anhänger des Täufers, in die sie ursprünglich ganz integriert war.

Im dritten Teil seiner Untersuchung versucht Hoffmann, aus Mt 9,35–11,1par die Botenrede der Spruchquelle zu rekonstruieren, der er sodann wesentliche inhaltliche Elemente der Verkündigung der Tradenten von Q entnimmt, die wie Jesus und in der Erwartung seiner selbst als des Menschensohns die Nähe der Gottesherrschaft ansagen, das Tun der Worte Jesu als Weg zur Rettung anpreisen und sich dabei vor allem auf das Gebot der Feindesliebe stützen, und zwar in aktueller antizelotischer Intention: „... die Boten eilen von Ort zu Ort, bemüht, die ‚Söhne des Friedens' zu sammeln. Sie heilen unter ihnen die Kranken und bringen ihnen die freudige Nachricht von der Nähe des Reiches, vom Ende aller Drangsal" (311).

Da Hoffmann wegen der für den Q-Stoff vorausgesetzten Naherwartung die Spruchüberlieferung sehr früh ansetzt, kann er abschließend die Vermutung äußern, bei der hinter Q stehenden Gruppe möchte es sich um die anfangs ‚regulären' Träger der urchristlichen Mission handeln, in deren Bereich die Jesusüberlieferung weitergegeben wurde.

Hoffmann rechnet wegen der theologischen Eigenart der Spruchquelle also nicht nur mit einem eigenartigen Trägerkreis der frühen Spruchüberlieferung, sondern er beobachtet auch wie schon Harnack (→ 3.6.6 g) eine vorchristologische Schicht in Q. Ungeklärt bleibt z. B., warum die Tradenten von Q das für ihre Tradition fundamentale Osterbekenntnis nicht explizieren und wie sich die Q-Gruppe über Jahrzehnte hinweg gegenüber dem gemeinchristlichen Kerygma resistent verhalten konnte. Unbedacht bleibt bei Hoffmann auch das schon in der quellenkritischen Phase begegnende Problem (→ 3.6.6 g) einer späteren Traditionsgeschichte der Spruchüberlieferung bzw. einer Redaktion der Spruchquelle, ein Manko, das nicht zuletzt auf die selektive Behandlung des Spruchgutes in den Studien von Hoffmann zurückzuführen sein dürfte.

e) Den gesamten Stoff der Spruchquelle analysiert demgegenüber 1972 Schulz: ‚Q – Die Spruchquelle der Evangelisten'.
Für Schulz ist unzweifelhaft und er schärft es immerzu ein, „daß hinter Q *eine* bestimmte Gemeinde als Traditionsträger steht", die „ihren eigenen historischen Ort in der Geschichte des Urchristentums überhaupt" hat (42; vgl. 20.481). Bei der Spruchüberlieferung handelt es sich um das kerygmatische Gut dieser Gemeinde, und aus diesem Gut läßt sich ein traditionsgeschichtlicher Prozeß rekonstruieren, der die theologische Entwicklung dieser Gemeinde anzeigt: Aus einer palästinisch-judenchristlichen in eine hellenistisch-judenchristliche Gemeinschaft. In der letzteren wurde die Spruchüberlieferung durch eine einmalige Redaktion abgeschlossen; so entstand die Spruchquelle Q (42). Diese Redaktion erfolgte durch *Komposition* des überlieferten Materials, nicht (auch) durch Neubildung von Logien oder Erzählungen (38 ff).

Als Kriterien für die Zuweisung von Q-Stoffen zur hellenistischen Schicht dienen Schulz vor allem:
Die Form (Das Nicht-Logien-Gut: Erzählung, Apophthegma, Wundergeschichte).
Die entwickelte (hellenistische) Christologie.
Die Benutzung des griechischen Alten Testaments.
Das Phänomen der Parusieverzögerung.
Die Sophia-Vorstellung.
Die Polemik gegen das ungläubige Israel.

Nach Ausscheidung der hellenistischen Stücke bleibt ein relativ schmaler Überlieferungskomplex übrig, bei dem wir auf die älteste Verkündigung palästinischer Gemeinden stoßen, „die durch den prophetischen Enthusiasmus, die apokalyptische Naherwartung, die charismatische Toraverschärfung und vor allem durch die Überzeugung bestimmt sind, daß Jesus nicht im Tode geblieben, sondern zum Menschensohn erhöht sei und in Kürze sein Weltrichteramt antritt. Diese ältesten Q-Stoffe sind die Geburtsstunde des Urchristentums" (53).

Ein bewußter Rückgriff auf die Verkündigung Jesu findet Schulz zufolge auf dieser Stufe eines apokalyptischen Enthusiasmus noch nicht statt; denn die Autorität Jesu und die Autorität der Propheten fallen in dieser frühen Phase zusammen. Die älteste Überlieferung ist also nicht schon wegen ihres Alters die am meisten authentische.

Des Näheren handelt es sich um „einen prophetisch-apokalyptischen Enthusiasmus . . ., die durch Ostern geweckte glühende Naherwartung" (33, unter Berufung auf Käsemann, 1964, 82 ff). Über das angesichts dieser Anschauung höchst verwunderliche Fehlen des Osterbekenntnisses und jeglicher Osterüberlieferung in der Spruchquelle reflektiert Schulz nicht (vgl. 63 f.74). Mit seiner Deutung der Menschensohn-Christologie in Q schließt Schulz sich Tödt an. Sein zentraler Beleg für die Identifizierung Jesu und des Menschensohnes in der ältesten Überlieferung ist der Menschensohnspruch Mt 10,3 f/Lk 12,8 f mit der Dublette (→ 3.6.7) Mk 8,38par (66—76), der indessen in seiner ursprünglichen Fassung Jesus und den Menschensohn gerade nicht gleichsetzt (Schmithals, 1979, 436 ff).

Schulz legt im Rahmen der Problematik des Verhältnisses von ‚Evangelium Jesu' und ‚Evangelium von Jesus' Wert auf die theologische Priorität des Q-Kerygmas (19), das er auf seine „progressiven Intentionen hin befragt" (169) und um dessen „progressive und kritische Rezeption" (171) er sich angesichts der an sich „erschreckende(n) Situationsbedingtheit" der apokalyptischen Botschaft von Q (168) bemüht. Thema der „vorwärtsweisenden und grundrißartigen Neuansätze" der Theologie der Spruchüberlieferung sind, wenn man diese nur richtig interpretiert, z. B. die „gesellschaftliche Gleichberechtigung der Frau", der „Abbau der Herrschaft des Menschen über Menschen", „der wahrhaft humane Mensch", das „mörderische Streben nach sozialem Rang" und das Problem „sozialer und politischer Praxis" (172 ff) oder einfach die „gesellschaftliche Praxis" (488). Die hermeneutische Grundlage der in solcher Weise aktuell interpretierten „progressiv theologischen Intentionen" von Q ist die Umsetzung der von den urchristlichen Apokalyptikern erwarteten Zukunft Gottes „in die von Menschen selbst geschaffenen Zukünfte" (487), eine freilich erst recht apokalyptische Vision, wenn man bedenkt, daß die urchristlichen Apokalyptiker *diese* Umsetzung schon hinter sich hatten.

Indessen dürfen diese in einer wissenschaftlichen Arbeit peinlichen Ausflüge in der Zeitgeist der frühen 70er Jahre die wissenschaftlichen Einsichten, die Schulz in seiner Untersuchung vorlegt, nicht verdrängen. Schulz betont nachdrücklich, daß die Q-Gemeinde nicht mit der Jerusalemer Urgemeinde gleichzusetzen sei, die den prophetischen Enthusiasmus der Spruchüberlieferung nicht teile, sondern sie sei „sehr wahrscheinlich im palästinisch-transjordanischen Grenzraum zu Hause" (166). Diese selbständige und von der akuten Naherwartung bestimmte Gemeinde mußte sich bald dem Phänomen der Parusieverzögerung und dem Nachlassen des prophetischen Enthusiasmus stellen. Dabei entstand im hellenistisch-jüdischen Raum „die jüngere Q-Gemeinde" (175), die nunmehr bewußt auf das Kerygma des irdischen Jesus zurückgreift, um ihre neue Situation zu bewältigen.

Bestand die älteste Überlieferung der Q-Gemeinde ausschließlich aus prophetisch-enthusiastischem Spruchgut, so treten nun andere Gattungen auf „wie z. B. die Geschichtserzählung, zahlreiche Apophthegmata, apokalyptische Worte und sogar eine Apokalypse, Gleichnisse und mehrere Parabeln und schließlich ‚Ich-Worte', die auf die abgeschlossene Wirksamkeit des irdischen Jesus zurückblicken" (481). In diesen neuen Gattungen begegnen auch hellenistischjudenchristliche Einflüsse, und diese jüngeren Q-Stoffe „sind vielleicht in Transjordanien-Dekapolis zu suchen" (481), wobei „sehr wahrscheinlich die älteren Markus-Traditionen das Verkündigungsvorbild abgeben" (481 f), ohne daß indessen – ein merkwürdiger Sachverhalt – auch das Passions- und Osterkerygma der ‚Großkirche' einwirkt (486).

Bleibt auch die traditionskritische Analyse nicht zuletzt wegen des genannten aktualistischen Interesses in vielem unscharf, willkürlich und hinter Harnacks Distinktionen (→ 3.6.6 g) zurück (vgl. Hoffmann, 1975), so darf die Forschung doch nicht hinter den methodischen Ansatz von Schulz zurückfallen und meinen, man könne die Probleme der Spruchquelle lösen, ohne den gesamten Q-Stoff zu analysieren. Unwiderruflich sollte auch die von Schulz besonders deutlich formulierte Einsicht sein: Die „Q-Stoffe repräsentieren eine bestimmte Gemeinde als Traditionsträger, eben die Q-Gemeinde mit einem selbständigen kerygmatischen Entwurf" (20). Schließlich wird man nicht hinter die Beobachtung zurückgehen dürfen, daß es sich bei den *formal* aus dem Rahmen der Logienüberlieferung herausfallenden Stoffen auch um *traditionsgeschichtlich* eigenständige Stücke handelt.

f) Die Dissertation von Polag ‚Die Christologie der Logienquelle' war seit 1969 bekannt, wurde aber erst 1977 veröffentlicht. Die Arbeiten von Lührmann, Hoffmann und Schulz hat Polag für den Druck berücksichtigt, ohne daß dadurch seine eigene Konzeption grundsätzlich verändert worden wäre.

Polag unterscheidet bei seiner Analyse von Q zwischen der ursprünglichen Überlieferungsschicht, deren Sammlung, die er ‚Hauptsammlung' nennt, und einer späten Redaktion. Die Kriterien für diese dreifache Unterscheidung sind im einzelnen nur selten überzeugend, und insoweit Polag die traditionsgeschichtliche *Einheit* des alten Überlieferungsgutes, das dann in der ‚Hauptsammlung' zusammengefaßt wird, unbesehen voraussetzt, bleibt er hinter Analysen schon der quellenkritischen Forschungsphase (→ 3.6.6 g) und den Beobachtungen z. B. von Schulz zurück.

Die Stärke der Analyse Polags liegt indessen in der Behandlung der dritten Schicht, der Redaktion. Sein Interesse liegt dabei auf der Christologie, unter welcher er sehr allgemein die Bedeutung Jesu für das Heil des Menschen versteht (Soteriologie). Polag beobachtet richtig, daß weder die ursprüngliche Überlieferungsschicht noch deren (Haupt-)Sammlung ‚christologisch' genannt werden können, während die späte Redaktion ihren Charakter gerade darin zeigt, daß sie eine gezielte Christologisierung des Überlieferungsgutes unternimmt.

Das damit aufgeworfene theologische Problem der kerygmatischen Differenz zwischen der Verkündigung Jesu und dem christologischen Kerygma versucht Palog dadurch zu entschärfen, daß er einerseits die apokalyptische Ausrichtung der Spruchüberlieferung zu minimalisieren trachtet – ein Unterfangen, das nicht ohne exegetische Gewaltsamkeiten und Widersprüche abgeht – und daß er anderseits die frühe Logienüberlieferung indirekt christologisch reden läßt, weil in dem Wirken Jesu die Gottesherrschaft schon begegne und das eigentlich Apokalyptische bereits überwunden sei. Indessen gehören die Logien, die mit dem gegenwärtigen Anbruch der Gottesherrschaft rechnen, in den *apokalyptischen* Kontext der sich vollziehenden Äonenwende, also in den Zusammenhang apokalyptischer Naherwartung (Schmithals, 1975, 66).

Wie dem auch sei: Unbegreiflich bliebe in jedem Fall, wieso eine österliche und auf dem christologischen Bekenntnis fußende Gemeinde die unchristologische Logienüberlieferung als solche tradierte, sammelte und sogar herausgab (‚Hauptsammlung'). Denn auch Polag ist der Meinung, daß es erst die Auferweckung Jesu war, die für die Gemeinde „erneut eine Möglichkeit der Entscheidung gegenüber Jesus und seiner Sendung eröffnet(e)" (1983, 108). Wie konnte es geschehen, daß dies fundamentale österlich-christologische Bekenntnis der Gemeinde in der Überlieferung dem Q-Stoff in keiner Weise eingeprägt wurde? Daß die Gemeinde diese Logien historisierend wie Museumsstücke verwaltete, widerspricht allem, was wir von den frühen Überlieferungsprozessen wissen. Und wie sollte die tradierende Gemeinde überdies dazu kommen, das unchristologische Logiengut von dem von ihr christologisierten Erzählgut sorgfältig getrennt zu halten?

Gegenüber solchen Einwänden erklärt Polag neuerdings, der Grund für die ‚historisierende' Überlieferung der Logien müsse „in der Erfahrung liegen, die die Jünger mit ihnen gemacht hatten: diese Worte hatten erfahrungsgemäß Entscheidung provoziert und zu neuem Verhalten geführt. Die Tradenten überlieferten also die Worte Jesu in erster Linie nicht aus Pietät, um sie vor dem Untergang zu bewahren, oder aus historischem Interesse, sondern weil die Worte ihre Kraft bewiesen hatten, Menschen dahin zu bringen, sich dem neuen Handeln Gottes zu öffnen und die Konsequenzen daraus zu ziehen" (1983, 109f). Indessen ist damit nichts erklärt; denn die entsprechenden Erfahrungen müssen ja Polag zufolge in jedem Fall Erfahrungen mit den Worten des *auferstandenen Christus* gewesen sein, und wie sich solche Erfahrungen in der Überlieferung niederschlagen, zeigt zur Genüge das MkEv.

Polag beobachtet zudem selbst, daß außer der Christologie auch andere grundlegende Erfahrungen und Handlungen der frühchristlichen Gemeinden in der Hauptsammlung noch nicht begegnen, z. B. Taufe, Abendmahl, Glaubensbekenntnisse, Pneumatologie usw. (180), und er urteilt mit gutem Grund: „Das Vorstellungsfeld der Primärtradition von Q in seiner eigentümlichen Abgrenzung ist als solches in der Geschichte der frühen Gemeinde nicht einzuordnen" (187). Der Versuch Polags, diesen Sachverhalt durch einen frühchristlichen ‚Historismus' der Gemeinde zu erklären, die Erinnerungen als solche ohne sichtbare Beziehung zu ihrem akuten Glauben tradierte und konservierte (131), kann nicht überzeugen, und zwar auch dann nicht, wenn Polag „eine starke Applikationskraft der Hörer" (143) annimmt, die Unchristologisches dennoch christologisch verstanden, wofür er zu Unrecht den Vortrag des (schriftlichen und für die Christen christologischen) Alten Testaments als Analogie heranzieht.

Daß christologische und unchristologische Traditionen verschiedene Trägerkreise haben müssen, ist ein Gesichtspunkt, der nicht in Polags Blick tritt; denn er geht mit unbefangener Selbstverständlichkeit von der lukanischen Vorstellung der *einen* Urgemeinde aus, die auf dem christologischen Bekenntnis erbaut war. Indessen kann nur eine Gemeinde, die Jesus noch nicht als den Christus bekennt, einen unchristologischen Überlieferungskomplex als solchen pflegen. Somit besteht eine spürbare Kluft zwischen Polags überzeugendem Aufweis eines im eigentlichen Sinn unchristologischen und erst in der späten Redaktion planmäßig christologisierten Traditionskomplexes Q – ein Aufweis, hinter den die Wissenschaft nicht zurückgehen sollte – und seinem Unvermögen, dies Phänomen sachgerecht zu deuten.

Gerade so aber ist Polags Untersuchung von Wert: Sie weist in den weiteren Gang der Erforschung der Spruchquelle ein.

5.4.2 Weiterführende Analyse

Den neueren, redaktionsgeschichtlichen Untersuchungen zur Spruchquelle ist gemeinsam, daß sie die unhaltbaren Aufstellungen der frühen Formgeschichte, die namentlich auf Dibelius zurückgehen (→ 4.3.5 a), definitiv preisgeben: Bei der Spruchquelle handelt es sich nicht um die Sammlung des paränetischen Überlieferungsgutes der frühen Christenheit, sondern um den Ausdruck einer eigenständigen theologischen Konzeption. In ihrer traditionsgeschichtlichen Analyse der Logienüberlieferung schließen sie sich in unterschiedlicher Weise an Einsichten aus der quellenkritischen Forschungsphase an (→ 3.6.6 g), wenn sie verschiedene formale und theologische Schichten in Q und vor allem ein christologisches Defizit der frühen Traditionsschicht beobachten. Sie tendieren ferner dahin, für die Spruchüberlieferung einen selbständigen Trägerkreis, eine eigene Gemeinde anzusetzen.

Mit diesen Tendenzen dürfte sich die Forschung auf angemessenen Bahnen bewegen.

Freilich bleiben die redaktionsgeschichtlichen Forschungen zur Spruchquelle dem formgeschichtlichen Ansatz unkritisch verbunden (→ 4.3.8.2). Literarische Fragestellungen greifen sie, sieht man von der abschließenden Sammlung und Redaktion des Überlieferungsstoffes ab, nicht auf. Könnte dies auch im Blick auf Quellen der Spruchsammlung berechtigt sein (→ 4.4.2), so doch nicht im Blick auf das Verhältnis der Spruchquelle zum MkEv, das schon früh als ein literarisches erkannt wurde (→ 3.6.7) und dessen Erforschung wegen der Dubletten unerläßlich ist. Diese Dubletten bleiben aber auch bei Schulz, der die Stoffe der Spruchsammlung vollständig untersucht, außerhalb der Analyse. Die Einbeziehung der Dubletten in die Untersuchung hilft entscheidend bei dem Versuch, die Probleme der Spruchquelle aufzudecken.

5.4.2.1 Die christologische Redaktion von Q

Die Dubletten werfen ein bezeichnendes Licht auf die Geschichte der Spruchüberlieferung. Sieht man von der am Anfang der Spruchquelle begegnenden Täufererzählung (Lk 3,2b–18/Mt 3,1–12) ab (siehe unten), so macht man an den Dubletten im MkEv eine doppelte Beobachtung. Einmal handelt es sich bei allen Dubletten um Logien.

5.4.2.1 Die Spruchquelle Q

Von den formal anders gestalteten Stücken der Spruchquelle begegnet bei Markus nichts (vgl. Schulz, 1972, 47f).

Zum anderen begegnet in den Dubletten des MkEv keine Christologie. Der einzige christologische Titel in den Dubletten ist ‚Menschensohn': In Mk 8,38 erscheint der Menschensohn als Richter, und auch hinter Mk 3,29 (vgl. Lk 12,10/Mt 12,31f) und Mk 8,11–13 (vgl. Lk 11,29f/Mt 12,38–40) steht ein entsprechendes Menschensohnwort aus der Spruchüberlieferung. Der Menschensohn ist in dem ursprünglichen, dem MkEv vorliegenden Sinn dieser Worte aber noch nicht mit dem Sprecher Jesus identisch, sondern der aufgrund von Dan 7,13 erwartete endzeitliche Richter, dessen zukünftiges Handeln Jesus ansagt (Schmithals, 1979).

Beide Beobachtungen hängen miteinander zusammen und bestätigen demzufolge die Einsicht z.B. von Polag, daß die frühe Spruchüberlieferung noch nicht christologisch geprägt war. Diese noch unchristologische Spruchüberlieferung wird im folgenden mit dem Siglum Q^1 bezeichnet. Das MkEv hat diese noch unchristologische Spruchüberlieferung Q^1 auszugsweise (→ 5.5.4.2 g) benutzt.

Beide Beobachtungen bestätigen in ihrem Zusammenhang ferner die Erkenntnis, daß die Spruchquelle Q ihre Gestalt einer – offensichtlich nachmarkinischen (siehe unten) – christologischen Redaktion verdankt (Polag), sowie die Beobachtung, daß dieser christologischen Redaktion das gesamte Nicht-Logien-Gut der Spruchquelle Q angehört (Harnack, → 3.6.6 g; Schulz, → 5.4.1 e). In der Tat handelt es sich bei den entsprechenden Stücken (→ 3.6.4), die der Redaktor der Spruchquelle Q vor allem in den Anfangsteil seiner Schrift gestellt hat (→ 3.6.6 c), um deren Überlieferungsgut in das Licht des christologischen Bekenntnisses zu rücken, um deutlich oder gar um betont christologisches Gut (zum folgenden vgl. im einzelnen Schmithals, 1980, zSt): Zu Beginn der Spruchquelle Q betont der Redaktor die Vorläuferrolle Johannes des Täufers, der nachdrücklich auf den ‚Stärkeren' hinweist (Lk 3,1–22par). In der kunstvollen Erzählung Lk 4,1–13par wird der ‚Sohn Gottes' (Lk 4,3.9) *als solcher* versucht. In Lk 7,18–23par fragt Johannes der Täufer, erneut seine Rolle als bloßer Vorläufer unterstreichend, ob Jesus der ‚Kommende' sei, und Jesus bejaht diese Frage mit Hinweis auf seine Wunder (vgl. Lk 7,1–10par; 11,14par). In den Nachfolgesprüchen Lk 9,57–62par identifiziert Jesus selbst sich unmißverständlich mit dem Menschensohn der Spruchüberlieferung Q^1.

Die christologische Redaktion des Verfassers bzw. Herausgebers der

Spruchquelle Q greift freilich auch in die Spruchüberlieferung selbst ein. Der Redaktor identifiziert Jesus mit dem Menschensohn der noch nicht christologischen Spruchüberlieferung Q^1 (vgl. Lk 6,22par; 7,34par; 12,8f.10par; 22,28–30par) bzw. mit dem Hausherrn, der im Gleichnis den Menschensohn vertritt (vgl. Lk 13,25fpar); vgl. auch die Spruchüberlieferung in Lk 11,30par; 12,40par; 17,24par.26par.30par. Wie schon in Lk, 3,1–22par und Lk 7,18–23par wird Johannes der Täufer auch in Lk 7,24–35 (vgl. Lk 16,16par), einem traditionsgeschichtlich nicht leicht zu erhellenden Text (vgl. Bultmann, ²1931, 177; Lührmann, 1969, 26f; Schmithals, 1980, 95ff), nachdrücklich zum Vorläufer des Messias Jesus ‚degradiert', während die Spruchüberlieferung Q^1 mit ihm die Äonenwende ansetzte (→ 5.4.2.2; vgl. Hoffmann, 1972, 78f). In Lk 10,22par bildet oder übernimmt der Redaktor ein für die Spruchüberlieferung Q^1 ganz untypisches hellenistisches Offenbarungswort, das Jesus ausdrücklich als ‚Sohn Gottes' vorstellt, und in Lk 13,31–35par identifiziert er Jesus mit der personifizierten göttlichen Weisheit (vgl. Lk 7,35par; 11,49–51par). Mit der Parabel von den anvertrauten Pfunden (Lk 19,11–27par), die der Redaktor der Spruchquelle als eindrucksvolles Schlußstück seiner Schrift auf der Grundlage einer Überlieferung aus Q^1 (vgl. Lk 12,41–46par und Mk 13,34–36par) bildet, stellt er dem Leser den kommenden Richter als den schon gegenwärtigen Herrn seiner Gemeinde vor. Vgl. auch Lk 10,16par und Lk 14,15–24par.

Neben den beherrschenden christologischen Motiven zeigt sich in der Redaktion der Spruchquelle Q deutlich auch eine universalistische, die erfolgreiche Heidenmission voraussetzende Tendenz; vgl. Lk 13,29fpar; 14,15–24par (vgl. Meyer, 1970).

Die christologische und universalistische Redaktion der Spruchquelle Q ist nach-markinisch (→ 5.5.4.2 g; vgl. schon → 3.6.7) Die Spruchkombination Lk 10,21–24par, zum Teil aus Gut der Spruchüberlieferung Q^1 gebildet, setzt nicht nur das christologische Bekenntnis voraus, sondern auch die von Markus stammende Messiasgeheimnistheorie (→ 5.5.4.2):

‚Ich preise dich, Vater, Herr des Himmels und der Erde, weil du dies vor den Gebildeten und Gelehrten verborgen und es den einfachen Menschen offenbart hast; ja, Vater, so hat es dir wohlgefallen. Alles wurde mir von meinem Vater übergeben, und nur der Vater weiß, wer der Sohn ist, und nur der Sohn, wer der Vater ist – und wem es der Sohn offenbaren will. Dann wandte er sich den Jüngern im besonderen zu und sprach: Glückselig sind die Augen, die sehen, was ihr seht; denn ich sage euch, daß viele Propheten und Könige sehen wollten, was ihr seht, und sie sahen es nicht, und hören wollten, was ihr hört, und sie hörten es nicht.'

‚Dies', ‚was' die Jünger sehen, ist Jesus selbst, und was sie erkennen ist, daß Jesus der Messias ist, dem alles übergeben wurde. Diese Messiaserkenntnis ist aber keine allgemeine und öffentliche, sondern eine esoterische, ‚geheime', nur den Jüngern des irdischen Jesus zuteil gewordene Erkenntnis, wie es der Messiasgeheimnistheorie des MkEv entspricht.

Andere Beobachtungen weisen in dieselbe Richtung. Jesu Antwort in dem zur christologischen Redaktion von Q gehörenden Apophthegma mit der Täuferanfrage (Lk 7,18–23par) setzt die Wundererzählungen des MkEv als dem Leser bekannt voraus. Der Anfang der Spruchquelle mit der Erzählung von Johannes dem Täufer, der als Vorläufer des Messias Jesus auftritt, welcher sich aus Lk 3,1–22par rekonstruieren läßt, bearbeitet und erweitert Mk 1,2–11. Bei der Versuchungsgeschichte Jesu Lk 4,1–13par, die auf die Hand des Redaktors der Spruchquelle zurückgeht, haben wir es mit einer christologisch profilierten Erweiterung von Mk 1,12f zu tun (Wellhausen, 1905, 74). In Lk 13,35bpar bezieht der Redaktor der Spruchquelle die Geschichte von Jesu Einzug in Jerusalem proleptisch in seine Darstellung ein, wenn er ein aus der Spruchüberlieferung stammendes Wort der personifizierten Weisheit, das zur Zeit des jüdischen Krieges gesprochen wurde:

‚Jerusalem, Jerusalem, wie oft wollte ich deine Kinder sammeln, wie eine Henne ihre Küken unter ihre Flügel sammelt; aber ihr habt nicht gewollt. Nun wird euch euer Haus überlassen'

u. a. durch den Zusatz ergänzt:

‚Ich aber sage euch: Ihr werdet mich nicht sehen, bis der Tag kommt, an dem ihr ruft: Gelobt sei, der im Namen des Herrn kommt' (vgl. Mk 11,9),

wobei er zugleich die Weisheit, die in den überlieferten Logien sprach, mit Jesus identifiziert (christologische Redaktion).

Die Redaktion der Spruchquelle Q setzt also das MkEv voraus.

5.4.2.2 Die unchristologische Spruchüberlieferung Q¹

Die Logien aus der noch nicht christologischen Spruchüberlieferung Q¹, die dem Redaktor der Spruchquelle Q neben dem MkEv vorgelegen haben, spiegeln aufs Ganze gesehen die Anschauungen einer prophetisch-apokalyptisch bewegten, mit dem baldigen Eintritt der Äonenwende rechnenden Gemeinschaft wider, die eine entsprechende ‚Interimsethik' vertritt und missionarisch tätig ist (vgl. Hoffmann, 1972; Schulz, 1972). Ihre Sprache ist aramaisierend (→ 3.6.6 f), ihr geographischer Horizont bleibt auf das jüdische Land, insonderheit auf Galiläa (vgl. Lk 10,13 ffpar) beschränkt. Hinweise auf die Heidenmission finden sich nicht. Jesus begegnet vor allem als Prophet der Endzeit, nicht als Rabbi. Dementsprechend kennt Q^1 keine Schüler Jesu (‚Jünger'), erst recht nicht namentlich; auch die Gruppe der ‚Zwölf' begegnet nicht.

Q^1 setzt die Äonenwende mit Johannes dem Täufer an.

‚Das Gesetz und die Propheten reichen bis Johannes; seitdem bricht sich die Herrschaft Gottes mit Macht Bahn, und die Gewalttäter rauben sie' (Q^1 nach Lk 16,16/Mt 11,12ff).

Dementsprechend heißt es von Johannes:

‚Unter denen, die von einer Frau geboren sind, ist niemand größer als Johannes' (Lk 7,28par).

Jesus setzt das Werk fort, das der Täufer begonnen hatte, und das in Kürze mit dem Einbruch der Herrschaft Gottes bzw. dem Kommen des Menschensohnes zu seinem Ziel kommen wird. Jesus und Johannes der Täufer können insofern parallelisiert werden (Lk 7,31-34par; vgl. Joh 3,22-29; 4,1-3); vgl. Becker, 1972, 12ff.

Aus dem Kreis der Tradenten von Q^1 dürfte auch die ‚Kleine Apokalypse' stammen, die Markus in Mk 13 verarbeitet hat und die ursprünglich vermutlich Mk 13,7f.12.22.28f.13b-20.24-27 umfaßte (vgl. Schmithals, 1979, 561ff.583), die aber in die Spruchquelle Q nicht aufgenommen wurde. Diese Apokalypse ist im Jahre 40 entstanden, als Caligula (37-41) plante, sein Standbild im Tempel zu Jerusalem aufstellen zu lassen, und als die Verfasser der ‚Kleinen Apokalypse' der Überzeugung waren, dieser Anlaß werde die Äonenwende auslösen; die Ermordung Caligulas (Anfang 41) vereitelte sein Vorhaben.

Auch die über die ‚Dubletten' hinaus in Q^1 überlieferten Logien sind überwiegend apokalyptisch-rigoros ausgerichtet. Die Problematik der Verzögerung des Endes bzw. des Ausbleibens der Äonenwende zeigt sich anscheinend z.B. in Lk 11,2par; 12,35-46; Mt 10,23 und in Mk 9,1 (aus Q^1 und in Q nicht aufgenommen). Andererseits erweckte die Katastrophe des jüdischen Krieges (66-70) in den Tradentenkreisen von Q^1 erneut eine akute Naherwartung des Ende dieses Äons (Lk 11,49–51par; 13,34fpar), und auch die ‚Kleine Apokalypse' wurde auf diese neue ‚apokalyptische' Situation hin gedeutet (Mk 13,7f; vgl. Schmithals, 1979, 584).

Insgesamt läßt sich eine lebhafte Traditionsgeschichte der apokalyptischen Spruchüberlieferung Q^1 beobachten (→ 3.6.6 g), freilich im einzelnen nur begrenzt rekonstruieren. „Daß ihre Entwicklung eine ziemlich bunte gewesen ist, darf man jedenfalls behaupten" (Jülicher-Fascher, 341; vgl. Katz, 316f), und im Blick auf Q^1 ist es berechtigt, von „einer wachsenden Schicht" zu sprechen (ebd., 348). „Tatsächlich werden zahlreiche Logien der Volksweisheit entstammen und sind erst durch die Gemeinde in die christliche Tradition aufgenommen und zu Jesusworten gestempelt worden. Es ist sogar gut möglich, daß es ursprünglich gar nicht einmal beabsichtigt war, diese Sprüche durch ihre Aufnahme in die christliche Tradition zu Herrenworten zu machen, sondern daß man sie zunächst einfach als wertvolles paränetisches Material aufnahm, ebenso wie es bei eschatologischen Weissagungen der Fall gewesen sein kann. *War Q ursprünglich ausschließlich eine Sammlung von Herrenworten?* Enthielt es (!) nicht vielleicht neben wenigen Apophthegmen und manchen Jesusworten spätjüdisches Spruchgut und Regeln wie Weissagungen, die von der Gemeinde aufgenommen oder in ihr entstanden waren, – und zwar noch mit vollem Bewußtsein dieser Tatsache?" (Bultmann, [2]1931, 106). Vgl. auch Vielhauer: „Die Spruchquelle ist, soweit wir erkennen können, durch die Zusammenstellung kleinerer Spruchsammlungen, also allmählich entstanden" (1975, 328), womit auch unterschiedliche Trägerkreise in den Blick treten können. Der Traditionsprozeß auch der Teilsammlungen dürfte im wesentlichen schriftlich erfolgt sein (→ 4.3.8.2). Eine deutliche Trennung von palästinischem und hellenistischem Traditionsmaterial, die auch unter historischem Aspekt künstlich ist, läßt sich nicht durchführen (gegen Schulz); eindeutig hellenistisch ist erst die christologische Redaktion der Spruchquelle Q.

Versuche, das koptische Thomasevangelium aus dem Fund von Nag Hammadi (Text bei Aland, Synopsis Quattuor Evangeliorum, [10]1978, 517ff) zur Aufdeckung der Traditionsgeschichte von Q heranzuziehen (Köster-Robinson, 1971, 155ff; de Solages, 1979 u.v.a), sind gescheitert (vgl. Kümmel, [20]1980, 47ff; Vielhauer, 1975, 618ff), wie besonders deutlich der Rückgriff des Thomasevangeliums auch auf *redaktionelles* Gut des MtEv und des LkEv zeigt; vgl. z.B. Spruch 3/Lk 17,21; Spruch 6.14/Mt 6,1ff/Lk 11,1; Spruch 10/Lk 12,49; Spruch 30/Mt 18,20; 28,20; Spruch 39/Mt 10,16; Spruch 57/Mt 13,24ff; Spruch 63.72/Lk 12,13–21; Spruch 79/Lk 11,27f; Spruch 90/Mt

11,28–30. Daß das Thomasevangelium außerdem die Spruchquelle Q oder die Spruchüberlieferung Q¹ gekannt hat, läßt sich nicht erweisen.

Wenn Vielhauer Recht haben sollte und Jesus selbst nur die kommende Gottesherrschaft, nicht aber auch den kommenden Menschensohn angesagt hat (1965, 55 ff. 92 ff), ließe sich dieser Einsicht entsprechend in Q¹ zwischen den Worten vom kommenden Gottesreich und denen vom kommenden Menschensohn traditionsgeschichtlich unterscheiden (vgl. Schmithals, 1979, 441).

Zu den in der Spruchquelle begegnenden ‚weishheitlichen‘, eine ganz unapokalyptische Schöpfungsfreude verratenden Überlieferungen (→ 3.6.6 g), die Jesus als Weisheitslehrer und Rabbi erscheinen lassen (vgl. z.B. Lk 6,31par; 12,6 f.22–34par; Mt 5,45par), gibt es in den ‚Dubletten‘ des MkEv keine Parallelen. Woher der Redaktor der Spruchquelle diese Stoffe nahm und ob sie bereits vorher mit der Spruchüberlieferung Q¹ verbunden waren, läßt sich nicht sagen.

5.4.2.3 Der Trägerkreis der Spruchüberlieferung Q¹ und der Redaktor von Q

Die Spruchüberlieferung Q¹ enthält zweifellos authentisches Jesusgut, wenn es auch keine ausreichenden Kriterien gibt, dessen Umfang im einzelnen zu bestimmen (→ 4.3.7). Dies authentische Gut ist, dem wesentlichen Charakter der Spruchüberlieferung entsprechend, apokalyptischer Provenienz (Schmithals, 1975).

Aus der Spruchüberlieferung Q¹ ergibt sich, daß nicht alle galiläischen Anhänger des irdischen Jesus von dem Jerusalemer Ostergeschehen und der österlich-christologischen Verkündigung der Urgemeinde betroffen wurden. Ein Kreis von Hörern und Nachfolgern hielt Jesus weiterhin mit Johannes und wie ihn (vgl. Mt 11,11a.12f 18fpar) für einen Propheten, der das kommende Heil ansagte und den Märtyrertod eines Gottesboten starb (Lk 13,34par). Diese Nachfolger nahmen also zwar von Jesu Tod Notiz, nicht jedoch von seiner Auferweckung. Sie sind die frühesten Tradenten der Logienüberlieferung Q¹ und bekennen Jesus noch nicht als den Christus, identifizieren ihn auch noch nicht mit dem kommenden Menschensohn-Richter. Sofern diese Nachfolger des irdischen Jesus sich nicht später der christologisch bekennenden Gemeinde anschließen, gelten sie den Kirchenvätern als judaisierende Sektierer; vgl. Iren I 26,2; III 21,1; IV 33,4; V 1,3; Hippolyt, Haer 7,34; Tertullian, Haer 33; Origenes, Cels

V 61; Euseb, KG III 27; Epiphanius, Haer 28,6,1 (vgl. Hilgenfeld, 1884, 421 ff; Klijn-Reinink, 1973).

Der Verfasser des MkEv versucht um 75, diesen Kreis der Jesusnachfolger für die Kirche bzw. für das christologische Kerygma zu gewinnen (→ 5.5.4.1). Zu diesem Zweck nimmt er Teile der Spruchüberlieferung Q^1 exemplarisch in sein Evangelium auf. Nachdem die Absicht des Evangelisten Markus offensichtlich nicht ohne Erfolg geblieben war, wurden die Überlieferungen der Q^1-Gruppe vollständiger zusammengestellt und in der Gestalt der Spruchquelle Q in christologischer und universalistischer Überarbeitung bzw. Redaktion herausgegeben. Man kann nicht ausschließen, daß der Autor der Spruchquelle Q und der Evangelist Markus identisch sind. Jedenfalls gehören sie derselben ‚Schule' an. Die Spruchquelle Q wurde von Anfang an als *Ergänzung* des MkEv verfaßt und setzt dieses voraus. Nach einem selbständigen Sitz der Spruchquelle Q im Leben der Gemeinde darf man deshalb nicht fragen. Sie diente der kirchlichen Approbation des Überlieferungsgutes der Q^1-Tradenten und erleichterte diesen den Eintritt in die christliche (christologische) Gemeinde. Die Spruchquelle Q bildete aber nie für sich selbst die Lehrgrundlage einer frühchristlichen Gemeinde. Schon darum bestand kein Anlaß, die Spruchquelle Q bei der Kanonbildung zu berücksichtigen (→ 1.1).

Q und das MkEv wurden indessen nach der Abfassung von Q gemeinsam überliefert und verbreitet. Darum ist es nicht verwunderlich, daß die Evangelisten Matthäus und Lukas unabhängig voneinander mit beiden Schriften zugleich Bekanntschaft machten und die synoptische Tradition in ihre Gemeinden einführten, denen diese Tradition bis dahin unbekannt war (→ 5.1.4; 5.2.2; 5.3.2).

Die historischen Umstände der Spruchüberlieferung erklären ohne weiteres, warum die synoptische Tradition auf zwei ursprünglich getrennte Traditionsstränge – Q und MkEv – zurückgeht. Die künstlichen Konstruktionen der Formgeschichte, der zufolge eine einheitliche mündliche Traditionsschicht sich zunächst in zwei Überlieferungsstränge aufteilte und literarisch fixierte, um schließlich im MtEv und im LkEv wieder zusammengeführt zu werden (→ 4.3.5 a), erweisen sich als unnötig und unhaltbar. Der noch auf der literarischen Ebene deutlich erkennbaren theologischen Differenz von Q und MkEv entspricht vielmehr ein theologisch und ekklesiologisch jeweils selbständiger Ursprung beider Überlieferungen. Die Spruchüberlieferung Q^1 gehört in eine Gemeinde, die im vorösterlichen Status verharrte und die Verkündigung Jesu fortsetzte; das MkEv enthält das synoptische Kerygma einer vom Osterglauben geprägten Gemeinde, die Jesus als den Christus und den Bringer des eschatologischen Heils verkündigte.

Ebenso findet bei dieser historischen Deutung der Spruchüberlieferung Q^1 und ihrer literarischen Fixierung in der Spruchquelle Q die Tatsache eine leichte Erklärung, daß dem frühchristlichen Schrifttum außerhalb der Evangelienliteratur bis weit in das zweite Jahrhundert hinein die Logientradition im wesentlichen fremd geblieben ist: Die vor-christologische Q^1-Gemeinde führte mit ihren Traditionen theologisch und ekklesiologisch ein auch geographisch begrenztes Eigenleben.

Ein begrenzter Einfluß von Spruchüberlieferung aus dem Umkreis von Q^1 zeigt sich im ersten Jahrhundert nur bei Paulus im Ersten Korintherbrief, genauer: im ‚Antwortbrief' des Paulus nach Korinth (Verbot der Ehescheidung: 1 Kor 7,10f/Lk 16,18; Mt 5,32; Mk 10,12 = Q^1 + Dublette; Unterhaltsrecht der Missionare: 1 Kor 9,14/Lk 10,7; Mt 10,10 = Q^1; vgl. auch 1 Kor 7,25), zu dem auch 1 Kor 16,12 gehört, die Nachricht über Apollos, der bei Paulus in der Asia weilt. Nun erfahren wir aus einer zuverlässigen Nachricht in Ag 18,25f, Apollos habe, als er zum erstenmal in Ephesus auftrat, ‚brennend im (prophetischen?) Geist' genau von Jesus gelehrt, zugleich aber nur die Johannestaufe gekannt, nicht also die Taufe auf den Namen Jesu und das entsprechende christologische Taufbekenntnis, so daß Aquila und Priscilla ihm den ‚Weg Gottes' erst ‚genauer' darlegen mußten. Diese Schilderung des ‚vorchristlichen' Apollos entspricht ganz dem, was wir bei den Tradenten der Spruchüberlieferung Q^1 beobachtet haben: Ein von prophetischem Geist bewegter Lehrer in der Nachfolge Johannes des Täufers und Jesu. Es ist nicht abwegig zu vermuten, Paulus habe die in seinem Antwortbrief begegnenden, für die Q^1-Überlieferung typischen Jesusworte über die Ehescheidung und über das Unterhaltsrecht von dem in seiner Nähe weilenden Apollos erhalten; vgl. Schmithals (1982, 171 ff).

5.5 Das MkEv

5.5.1 Zur Literatur

Die – im weitesten Sinn – redaktionskritische Literatur zum MkEv ist unübersehbar geworden und wächst noch ständig an, und „der Versuch einer Deutung der Phänomene erscheint zur Zeit, wenn man die einschlägige Literatur durchsieht, fast hoffnungslos" (Schenke-Fischer, 1979, 67).

5.5.1 Das MkEv

Zur Orientierung kann man benutzen: Schenke-Fischer (1979, 64–95); Kümmel ([20]1980, 53 ff 555 ff); H. Conzelmann: Literaturbericht zu den synoptischen Evangelien, ThR 37, 1972, 245 ff; 43, 1978, 22 ff; G. Wagner: An Exegetical Bibliography on the Gospel of Mark, 1981; H. M. Humphrey: A Bibliography for the Gospel of Mark 1954–1980, 1981; S. P. Kealy: Mark's Gospel, a History of its Interpretation, From the Beginning Until 1979, 1982; Lindemann (1984, 311 ff).

Die zu → 5.5 zitierte Literatur findet sich im allgemeinen Literaturverzeichnis.

Aus der neuesten Literatur sei hervorgehoben:
E. Schweizer: Die theologische Leistung des Markus, in: Ders., Beiträge zur Theologie des NT, 1970, 21 ff; R. P. Martin: Mark. Evangelist and Theologian, 1972; A. M. Ambrozio: The Hidden Kingdom. A Redaction-Critical Study of the References to the Kingdom of God in Mark's Gospel, 1972; N. Perrin: The Christology of Mark, in: M. Sabbe (Hg.): L'Evangile selon Marc, 1974, 471 ff; N. Perrin: Towards an Interpretation of the Gospel of Mark, in: H. D. Betz (Hg.): Christology and a Modern Pilgrimage. A Discussion with Norman Perrin, 1974, 1 ff; J. Rademakers: La bonne Nouvelle de Jesus selon saint Marc, 1954; G. Schmahl: Die Zwölf im Markusevangelium. Eine redaktionsgeschichtliche Untersuchung, 1974; L. Schenke: Die Wundererzählungen des Markusevangeliums, 1974; W. H. Kelber: The Kingdom in Mark. A New Place and a New Time, 1974; D. A. Koch: Die Bedeutung der Wundererzählungen für die Christologie des Markusevangeliums, 1975; W. Hörmann: Ankunft des Auferstandenen. Versuche zur markinischen Epiphaniechristologie, 1975; H. C. Kee: Community of the New Age. Studies in Mark's Gospel, 1977; H. Baarlink: Anfängliches Evangelium, 1977; B. H. Standaert: L'Evangile selon Marc. Composition et Genre litteraire, 1978; M. J. Cook: Mark's Treatment of the Jewish Leaders, 1978; C. R. Kazmierski: Jesus, the Son of God. A Study of the Marcan Tradition and its Redaction by the Evangelist, 1979; J. C. Meagher: Clumsy Construction in Mark's Gospel. A Critique of Form- and Redaktionsgeschichte, 1979; R. Pesch (Hg.): Das Markus-Evangelium, 1979; B. M. F. van Iersel: The Gospel According to St. Mark, Written for a Persecuted Community, NedThT 34, 1980, 15 ff; F. Belo: Das Markus-Evangelium materialistisch gesehen, 1980; R. T. France und D. Wenham: Gospel Perspectives I, 1980; T. R. W. Longstaff: Crisis and Christology. The Theology of the Gospel of Mark, PSTJ 33, 1980, 28 ff; N. R. Petersen (Hg.): Perspectives on Mark's Gospel, 1980; P. C. Böttger: Der König der Juden – das Heil für die Völker, 1981; J. F. O'Grady: Mark, the Sorrowful Gospel. An Introduction to the Second Gospel, 1981; E. Best: Following Jesus. Discipleship in the Gospel of Mark, 1981; J. Auneau: Evangile de Marc, in: Ders.: Evangiles synoptiques et Actes des apôtres, 1981, 55 ff; E. S. Malbon: Galilee and Jerusalem. History and Literature in Marcan Interpretation, CBQ 44, 1982, 242 ff; T. A. Mohr: Markus- und Johannespassion. Redaktions- und tra-

ditionsgeschichtliche Untersuchungen der markinischen und johanneischen Passionstradition, 1982; H. Cancik (Hg.): Markus-Philologie, 1984.
Neuere Kommentare:
R. Pesch: Das Markusevangelium, Band 1, (1976) ³1980; Band 2, 1977; J. Gnilka: Das Evangelium nach Markus, Band 1, 1978; Band 2, 1979; W. Schmithals: Das Evangelium nach Markus, 1979; J. Ernst: Das Evangelium nach Markus, 1981.

5.5.2 Allgemeines

Der zur Zeit herrschende kritische Konsensus hält, von den formgeschichtlichen Prämissen ausgehend, das MkEv für das älteste und erste Evangelium, das, von der Passions- und Ostergeschichte abgesehen, nach theologischen Gesichtspunkten aus Einzelüberlieferungen zusammengestellt wurde. Für diese Einzelüberlieferungen gelten, auch wenn sie vorher schon zu kleinen Sammlungen zusammengefügt worden sein sollten (→ 4.3.5 b), die Regeln der Formkritik und der ihr entsprechenden Traditionsgeschichte (→ 4.3.3), für das MkEv als solches die Problemstellungen der Redaktionskritik (→ 5.1.2). Erst allmählich tritt in der Gegenwart die bei diesem Entwurf von der formgeschichtlichen Schule übersehene Problematik in den Blick der Forscher, welche durch die Beobachtung aufgeworfen wird, daß sich der Stoff des MkEv entgegen den formgeschichtlichen Prämissen in der außersynoptischen Überlieferung bis in das zweite Jahrhundert hinein nicht findet (→ 3.4.5), und es gibt Versuche, diese Problematik in der Weise zu lösen, die sich hinsichtlich der Spruchüberlieferung bewährt zu haben scheint (→ 5.4.2): Die vormarkinische Einzelüberlieferung gehört einem selbständigen Traditionskreis an und repräsentiert eine eigenständige Gemeinde (vgl. Schenke-Fischer, 1979, 9f).

Georgi versuchte 1964 (bes. 282ff) den Nachweis, daß es sich bei den Gegnern des Paulus im Zweiten Korintherbrief um christliche Missionare gehandelt haben müsse, die durch machtvolle Wunder als ‚Gottesmänner' (θεῖοι ἄνδρες) ihre Überlegenheit über alle irdische Begrenzung demonstrierten und auch Jesus als ‚Theios Aner' verstanden, wie es in den Wundergeschichten des MkEv der Fall ist. Paulus stelle der Christologie dieser Lehrer in scharfer Antithese seine *theologia crucis* und den *Christus humilis* entgegen. Vgl. auch Köster-Robinson, 1971, 140ff. 173ff. 201ff; Achtemeier (1972; 1972).

Kuhn (1970) urteilt dementsprechend: „Daß diese Wanderapostel den irdischen Jesus tatsächlich wie einen wundertuenden θεῖος ἀνήρ zeichneten ..., dürfte vor allem aus der paulinischen Polemik gegen sie in (2 Kor) 12,11f hervorgehen" (306). Die Herrlichkeitschristologie der Theios-Aner-Tradition gilt dem Apostel Paulus also als häretisch, und das „außerhalb der Evangelien fast vollständige Fehlen der Jesusüberlieferung auch in der ältesten urchristlichen Literatur nach Paulus hängt sicherlich damit zusammen, daß die uns erhaltenen Schriften im Sinne der weiteren Entwicklung rechtgläubig sind. In den hinter dieser urchristlichen Literatur stehenden Kreisen wird man sich in ähnlicher Weise wie Paulus gegen solche Traditionszweige der Jesusüberlieferung abgegrenzt oder sie gar nicht gekannt haben ... Wir haben es vor allem dem 2. Evangelisten zu verdanken, daß er offenbar den Versuch machte, Gegensätze seiner Zeit und wohl auch speziell seiner Gemeinde auszugleichen, und also unter Aufnahme eines Teils der Wortüberlieferung vor allem das Passionskerygma mit der Überlieferung von Jesus als θεῖος ἀνήρ zur Interpretation des *einen* Evangeliums benutzte. Auf diese Weise hat er uns die Jesusüberlieferung in diesem Umfang überhaupt erhalten" (319f).

Weeden (1968; 1971) geht bei der Erörterung desselben Sachverhalts vom MkEv selbst aus. Dies bezeugt seiner Meinung nach, daß um das Jahr 80 Vertreter einer Theios-Aner-Christologie in die markinischen Gemeinden einbrechen und die synoptische Tradition der Wundergeschichten und der Streitgespräche sowie eine Passionserzählung mitbringen, in welcher Jesus als Sieger über seine Feinde erscheint. Markus hält diese Traditionen für häretisch. In einem „stroke of genius" (162) entscheidet er sich, diese Häresie abzuwehren, indem er die häretischen Traditionen derart in sein zu diesem Zweck verfaßtes Evangelium aufnimmt, daß die verständnislosen Jünger im Rahmen des MkEv die Theios-Aner-Christologie der Häretiker vertreten, während Jesus selbst ihnen – ohne Erfolg – die für Markus charakteristische Christologie des leidenden Gottesknechtes entgegenhält. In den von Jesus ständig diskreditierten Jüngern zeichnet der Evangelist Markus also das Bild seiner aktuellen Gegner.

Zurückhaltender urteilt Weiß (1983): „Die naheliegende Frage, warum eigentlich Paulus die Evangelientradition in so geringem Maße rezipiert hat, dürfte am einleuchtendsten wohl noch immer mit dem Hinweis auf eine bestimmte Traditionsgebundenheit in dieser Hinsicht zu beantworten sein. Paulus steht mit seinem Evangelium in der Tradition der ‚hellenistischen Gemeinde‘, in der die Evangelientradition offensichtlich von Anfang an nur eine geringe Rolle gespielt hat" (64). Und „mit der Überlieferung der Taten bzw. ‚Wunder‘ Jesu, wie sie vor allem im Markusevangelium rezipiert worden ist, verbindet sich offensichtlich eine bestimmte Konzeption der Christologie, deren Nähe zur religiösen Welt der heidnisch-hellenistischen Spätantike unverkennbar ist" (34), die der paulinischen Tradition aber ebenso fremd blieb wie den anderen uns literarisch bezeugten Strömungen des Urchristentums außerhalb der ‚evangelischen‘ Gemeinden. Vgl. auch Luz (1965); Schreiber (1967, 62ff); Schille (1970, 64f); Schenke-Fischer (1979, 64ff); Trocmé (1963, → 4.4.1).

Derartige Versuche, das Problem der fehlenden vormarkinischen Überlieferung im Rahmen des formgeschichtlichen Ansatzes zu lösen, sind beachtlich, weil sie das traditionsgeschichtliche Problem nicht übergehen, und methodisch berechtigt, wie die analoge Situation der Spruchüberlieferung zeigt. Sie sind indessen sachlich nicht begründet.

Der Versuch, die Gegner des Paulus im Zweiten Korintherbrief als Vertreter einer Theios-Aner-Christologie zu identifizieren, ist nicht gelungen. Im Zweiten Korintherbrief tritt keinerlei synoptische Tradition welcher Provenienz und Art auch immer in den Blick, also auch nichts von den Wundergeschichten und Apophthegmen der vormarkinischen Überlieferung. Und die ‚Lügenapostel' selbst sind Enthusiasten, nicht Thaumaturgen; bei ihren ‚Zeichen' (2 Kor 12,12) handelt es sich um ekstatische Demonstrationen des Pneuma (vgl. 1 Kor 12–14), nicht um Heilungswunder (vgl. Schmithals, ³1959).

Die kühne Konstruktion von Weeden schwächt dieser selbst entscheidend, wenn er einräumt, bei seiner polemischen Übernahme der Theios-Aner-Tradition habe Markus unvermeidlich „concessions in his thinking to the *theios-aner* position" machen müssen (168). Tatsächlich gehört die Theios-Aner-Christologie der Wundererzählungen und Apophthegmen zu den durchgehenden Verkündigungselementen des MkEv selbst; mit ihrer Hilfe führt z. B. Jesus seine Jünger zum ersten Höhepunkt des MkEv, dem Messiasbekenntnis Mk 8,27 ff (vgl. Schmithals, 1979, 377 ff; → 5.5.4.3).

Was bei den Tradenten und Traditionen der Spruchüberlieferung, die geographisch begrenzt und theologisch ausgegrenzt existierten, historisch vorstellbar ist, läßt sich bei einer hellenistischen Theios-Aner-Gemeinde kaum nachvollziehen: Wie soll eine Gemeinde im Bereich des gemeinsamen hellenistischen Christentums und im Rahmen des gemeinsamen Christusbekenntnisses über eine Generation hinweg in splendid isolation gelebt haben?

Mag man auch mit zweifelhaftem Recht erwägen, ob nicht die Wundergeschichten eine Herrlichkeitschristologie reflektieren, so darf man dabei doch die stilistische und theologische Einheit der markinischen Erzählüberlieferung insgesamt nicht übersehen, die nicht nur Wundergeschichten und Apophthegmen (Mk 2,1–12; 3,1–6; 7,24–31 sind authentische Mischformen; vgl. Luz, 1975, 359 ff.371) sowie Gleichnisse (→ 5.5.3.1), sondern auch die markinischen Vorgeschichten sowie die Passions- und Ostererzählungen umfaßt. Denn hält man den Begriff ‚Theios Aner' überhaupt für angemessen, so muß man ihn unverkürzt auch auf den Jesus beziehen, der um das Reittier weiß, das für seinen Einzug bereitsteht, souverän den Tempel reinigt und die Vollmachtsfrage abweist, die Zerstörung des Tempels ansagt, den Saal für das letzte Abendmahl kennt und in der Vollmacht des Gottessohnes sich selbst in die Hände der Menschen ausliefert, den Verleugner Petrus beschämt und hoheitsvoll den Weg zum Kreuz geht. Es geht in den markinischen Traditionen einheitlich um die Dialektik von Vollmacht und Niedrigkeit, nicht aber im MkEv um die sekundäre Verbindung sich ausschließender christologischer Konzeptionen. Und in der redaktionellen markinischen Theorie des Messiasgeheimnisses (→ 5.5.4.2) haben wir es, wie schon Wrede erkannt hat (→ 4.1 e), mit dem Problem der Christologie als solcher, ihrer Erkennbarkeit bzw. Verborgenheit zu tun, nicht aber mit dem Konflikt zwischen verschiedenen christologischen Entwürfen.

Schließlich ist zu beachten, daß der Vorschlag, das traditionsgeschichtliche Problem, welches mit dem Fehlen des markinischen Stoffes außerhalb der synoptischen Evangelien selbst gegeben ist, mit Hilfe der Annahme zu lösen, es habe einen eigenen, von dem übrigen Christentum lange Zeit isolierten Trägerkreis dieses Stoffes gegeben, zwar die traditionsgeschichtlichen, nicht aber die übrigen Einwände gegen die Formgeschichte zu beseitigen imstande ist, auf deren Prämissen dieser Vorschlag aufbaut.

Hält man die Einwände gegen die formgeschichtlichen Prämissen hinsichtlich der vormarkinischen Überlieferung und der Sammlung des Überlieferungsstoffes durch Markus (→ 4.3.5; 4.3.8.1) für begründet, so ergibt sich aus den Einsichten der Redaktionskritik und den → 4.4.1 aufgeführten Beobachtungen, daß Markus nicht der erste Evangelist sein kann, wie die Begründer der Markus-Priorität annahmen (→ 3.5.4; 3.6) und die klassische Formgeschichte erneut behauptete (→ 4.3.5), sondern bereits eine Evangelienschrift vorfand und redaktionell bearbeitete. Diese dem MkEv vorausgehende Evangelienschrift ist als ‚Grundschrift' des MkEv zu bezeichnen. Das Schema der Zwei-Quellen-Theorie ist insofern zu ergänzen:

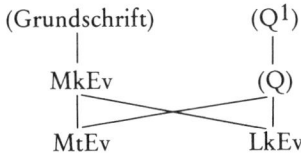

Daß es auch unter den Forschern, die mit einer Grundschrift des MkEv rechnen, bisher zu keinem Konsensus über deren Umfang und Charakter gekommen ist (→ 4.4.1), hängt vor allem mit der Schwierigkeit zusammen, den Zirkel, in dem sich der Forscher bei der Bestimmung der Grundschrift einerseits, von Anlaß und Gestaltung der markinischen Redaktion andererseits notwendigerweise bewegt, präzise zu schlagen.

Wichtige Beobachtungen, die, wenn sie miteinander verbunden und entsprechend präzisiert werden, eine Lösung des markinischen Problemes ermöglichen, liegen indessen seit langem bereit.

Hinsichtlich der Grundschrift ist der in der Nachfolge von Wilke (→ 3.5.4.2), Weisse (→ 3.6.1) und Baur (→ 3.5.3.3) von Bauer (→ 3.5.4.3) und vor allem von Volkmar (→ 3.5.4.4) beschrittene Weg eines *schriftstellerischen* Ursprungs der ältesten Evangelienschrift der einzig angemessene, der, wie schon Weisse erkannte (→ 3.4.5.1 b), allein imstande ist, das Fehlen des Markusstoffes außerhalb der Evangelienüberlieferung zu erklären.

Die philologischen bzw. stilistischen Beobachtungen Wendlings (→ 4.4.1) bieten darüberhinaus eine gute methodische Grundlage für die Rekonstruktion der Grundschrift und für die Bestimmung der Redaktion sowie der Arbeitsweise des Redaktors.

Die Frage nach dem Anlaß und dem Umfang der markinischen Redaktion kann sich ihre Antwort im wesentlichen bei Wrede holen, sobald dessen traditionsgeschichtliche Erklärung des Messiasgeheimnisses im MkEv (→ 4.1 e) in Übereinstimmung mit den neueren redaktionsgeschichtlichen Erkenntnissen in die Situation des Evangelisten transponiert wird.

Aufgrund der Summe dieser je für sich unzureichenden methodischen und sachlichen Ansätze ergibt sich die im Folgenden skizzierte Lösung der wichtigsten historischen und traditionsgeschichtlichen Probleme, vor die uns das MkEv stellt (zum einzelnen vgl. Schmithals, 1979).

5.5.3 Die Grundschrift des MkEv

Die Grundschrift beginnt mit einem Bericht vom Auftreten Johannes des Täufers und schließt mit der Passions- und Ostergeschichte. Außer diesem ‚rahmenden' Erzählgut enthält sie im wesentlichen Wundergeschichten, Schul- und Streitgespräche (Apophthegmen) und einiges an Redegut (Parabeln bzw. Allegorien).

Das MkEv hat die Grundschrift nach Wortlaut, Abfolge und Umfang im wesentlichen erhalten. Einige vom Evangelisten Markus aus redaktionellen Gründen vorgenommenen Umstellungen lassen sich erkennen und rückgängig machen. Auch scheint im MkEv in geringem Umfang Stoff aus der Grundschrift zu fehlen, der sich indessen im Sondergut des LkEv (→ 5.2.7), dessen Verfasser die Grundschrift gekannt zu haben scheint, bzw. im sekundären Markusschluß (Mk 16,9–20) findet. Der Verfasser der Grundschrift teilt das Wirken Jesu in sieben geographische Etappen ein, auf die *Ganzheit* des Wirkens Jesu hinweisend (vgl. Sach 4,10; Offb 5,6; Philo, op mundi 99f), und tatsächlich decken die sieben Etappen des Wirkens Jesu das ganze jüdische Land ab. Damit erweist Jesus sich als der verheißene Messias

Israels, der erst als der Erhöhte seine Jünger zu allen Völkern sendet (Mk 16,15ff).

Die erste und die siebte Etappe enthalten besonders viel Stoff und sind in sich mit Hilfe der gleichfalls ‚heiligen', Anfang, Mitte und Ende umschließenden Zahl *Drei* gegliedert (vgl. Philo, rer div her 126), nach der auch der Stoff der übrigen Etappen zusammengefügt ist.

Zwischen Anfang und Ende seiner Schrift stellt der Verfasser der Grundschrift besonders auffällige Beziehungen her (vgl. z.B. 1,14f mit 16,15; 1,9ff mit 16,16; 1,7f mit 16,17).

Jesus zieht der Grundschrift zufolge am Donnerstag in Jerusalem ein, stirbt am Freitag und wird nach der Sabbatruhe am Sonntag auferweckt.

Im einzelnen stellen sich Inhalt und Aufbau der Grundschrift folgendermaßen dar (* weist auf redaktionell bearbeitete Verse bzw. Abschnitte hin):

Vorgeschichte: Johannes der Täufer

Mk 1,4–6	Auftreten des Täufers
Mk 1,7–8	Predigt des Täufers
(Mk 6,14*.17–29)	Tod des Täufers

Prolog

Mk 1,9–11	Berufung Jesu
Mk 1,12–13	Vorbereitung Jesu
Mk 1,14–15	Verkündigung Jesu

I Kapernaum und Umgebung

Mk 1,16*–20*/ Lk 5,1–11	Berufung des Petrus	
Mk 1,21–34	Ein Tag in Kapernaum	
	1,21–28	Heilung eines Besessenen
	1,29*–31	Heilung der Schwiegermutter des Petrus
	1,32–34*	Heilung am Abend
Mk 1,35*–39*	Aufbruch	
Mk 1,40–45*	Heilung eines Aussätzigen	
Mk 2,1*–12*	Heilung eines Gelähmten	

Mk 2,13*–27*	Streitgespräche	
	2,13–17	Gemeinschaft mit Sündern
	2,18*–22*	Fastenfrage
	2,23–27	Ährenausraufen am Sabbat
Mk 3,1*–5*	Heilung der gelähmten Hand	
Mk 3,20–21.31*–35	Jesu wahre Verwandte	
Mk 4,2*–20*.33	Gleichnisrede	
	4,2–10*	Vierfacher Acker
	4,13–20	Deutung der Parabel
	4,33	Summarium

II Dekapolis

Mk 4,35*–41*	Stillung des Sturms
Mk 5,1*–20*	Heilung eines Besessenen
(Mk 7,31–35.37)	Heilung eines Taubstummen

III Landschaft Gennesar

Mk 6,35–56	Heilungen
Mk 5,22*–43*	Tochter des Jairus und blutflüssige Frau
Mk 6,1–6	Verwerfung in Nazareth
Mk 6,14*.17–29	(Tod des Täufers)

IV Am Meer bei Tiberias

Mk 3,7–10	Heilungen
Mk 6,32–44	Speisung der Fünftausend
Mk 6,45–51	Seewandel

V Betsaida und der Norden

Mk 8,22–26*; 9,14–27	Heilung eines Besessenen
Mk 7,1–16	Rein und Unrein
Mk 7,24–30	Tochter der Syrophönizierin
Mk 7,31–35.37	(Heilung eines Taubstummen)

VI Ostjordanland

Mk 10,1*–9*	Ehe
Mk 10,13–16	Kinder
Mk 10,17–23*	Besitz

VII Jerusalem

a) Jesus kommt

Mk 10,32a.35–40.42–44	Rangstreit
Mk 10,46a + Lk 7,36–47	Große Sünderin
Mk 10,46b–52	Heilung eines Blinden
Mk 11,1*–10*.15–17	Einzug und Tempelreinigung
Mk 11,27*–33	Vollmachtsfrage
Mk 12,1–12	Parabel von den bösen Weingärtnern
Mk 12,13–34	Öffentliche Predigt (Lehrgespräche)
	12,13–17 Der Staat
	12,18–27 Die Totenauferstehung
	12,28–34 Das höchste Gebot
Mk 12,41–44	Die Kollekte
Mk 13,1–2.30–31	Eschatologischer Gottesdienst
Mk 14,13–16.22–25	Mahlgottesdienst
	14,13–16 Passamahl
	14,22–24 Einsetzung des Abendmahls
	14,25 Eschatologischer Ausblick

b) Jesus wird ausgeliefert

Mk 14,26–27.29–32.34b–41*.43*.46–53a.54.66b–72	Auslieferung an die Menschen
	14,26–27.29–31 Ansage der Verleugnung
	14,32.34b*–53a* Getsemane und Verhaftung
	14,54.66b–72 Verleugnung durch Petrus
Mk 15,1*.3*–11*.15	Auslieferung an Pilatus
Mk 15,21*–47*	Auslieferung an den Tod
	15,21–24.27.29*–32* ‚gekreuzigt'
	15,34*–37.40–41 ‚gestorben'
	15,42b–47 ‚begraben'

c) Jesus herrscht

Mk 16,1–6.8	‚auferstanden'
Mk 9,2*–8a*	‚erschienen'

Mk 3,13*–19*;   ‚erhöht'
Lk 22,31–32*;
Mk 16,15–20

3,13*–19* +	Berufung der Zwölf
Lk 22,31–32*	
16,15–18	Aussendung
16,19–20	Himmelfahrt

5.5.3.1 Der Verfasser der Grundschrift

Der Autor der Grundschrift (Erzähler) war ein ausgezeichneter Theologe, der als solcher neben Paulus und Johannes genannt zu werden verdient. Auch wenn er sich für sein Werk der in seiner Umwelt (Synagoge) verbreiteten Formen der Erzählung bedient, würde man ihn doch als Sammler von Überlieferungsgut mißverstehen. Was immer er an Überlieferungen bzw. historischen Erinnerungen besessen haben mag: Die Grundschrift ist im Ganzen wie im Einzelnen vor allem sein *literarisches* Werk. Wundergeschichten, Schul- und Streitgespräche, Parabeln, Täufererzählungen und Passions- und Osterberichte hat er selbst in die vorliegende stilistisch einheitliche und von Anfang an literarische Form und in die einzelnen Formen gegossen.

Darum läßt sich im allgemeinen eine Geschichte der mündlichen Überlieferung der von der Grundschrift gebotenen einzelnen Stücke nicht aufzeigen oder rekonstruieren, und daraus erklärt sich zwanglos die Tatsache, daß der markinische Erzählstoff außerhalb der Evangelienliteratur, d.h. außerhalb der literarischen Nachwirkungen der Grundschrift, nicht begegnet (→ 3.4.5).

Den Erzähler leitet kein historisches, sondern ein theologisches Interesse; vgl. z.B. Volkmar (→ 3.5.4.4), Loisy (1936, 82ff 335) und (unter den Prämissen der Formgeschichte) Dibelius (1953, 293ff). Gegenstand seiner Erzählung ist das Christusbekenntnis bzw. die Evangeliumsverkündigung seiner Gemeinde. Diese Verkündigung, deren ihm vertraute *Form* ‚kerygmatisch' bzw. bekenntnishaft wie z.B. bei Paulus war, faßt er in die Gestalt und in die Formen seiner Erzählung. Die Grundschrift ist also im wesentlichen eine Lehrdichtung auf dem historischen Grund des Christuskerygmas. Es „ergibt sich ohne weiteres, daß hier die Botschaft der urchristlichen Hymnen vom Herrschaftsantritt des Christus als des Kosmokrators und der sie begleitenden Anerkennung seitens der dämonischen Gewalten, in Erzählungsform umgegossen, auf den über die Erde schreitenden Jesus übertragen worden ist. Das mythische Schema der Hymnen ist, wird man sagen dürfen, historisiert" (Käsemann, ³1968, 73). Diese Lehrdichtung der Grundschrift wurde beispielgebend für die ‚narrative' Theologie der Evangelienliteratur.

Wenn in der Grundschrift immerfort berichtet wird, Jesu habe das Volk gelehrt, ohne daß doch Predigten Jesu mitgeteilt werden, so liegt am Tage, daß die Erzählungen der Grundschrift als solche die Lehre Jesu enthalten und daß diese Lehre demzufolge den Christus Jesus selbst zu ihrem Gegenstand hat. Die Erzählungen, besonders die Wundergeschichten, haben deshalb oft einen hintergründigen, weitgehend symbolischen bzw. metaphorischen Charakter. „... die Erzählung wird auch geradezu frei gebildet auf einer gewissen sachlichen Grundlage des Glaubens; das Beispiel wird dann zur Parabel" (Weizsäcker, ³1902, 395f; vgl. J. Weiß, 1917, 541). Die Grenze von Gleichnis und Wundergeschichte wird fließend. „So sind die Erzählungen von Jesu Exorizismen deutlich symbolisch gemeint, nämlich darauf angelegt, die Begegnung mit dem Erlöser als die Befreiung des entfremdeten Menschen zu wahrem Leben erscheinen zu lassen" (Klein, TRE X, 1982, 291).

5.5.3.2 Die Grundschrift und die Gattung ‚Evangelium'

Die Frage nach der literarischen ‚Gattung' des Evangeliums und deren Ursprung ist vielfältig gestellt worden, ohne bisher eine einmütige Antwort gefunden zu haben.

Literatur:

J. Weiß, (1903, 11ff); K. L. Schmidt: Die Stellung der Evangelien in der allgemeinen Literaturgeschichte, in: Eucharisterion (FS Gunkel), Bd 1, 1923, 50ff; R. Bultmann: Art. ‚Evangelien', RGG ²II, 1928, 418ff; ders. (²1931, 393ff mit Ergänzungsheft, 1971, 124f); W. Marxsen: Bemerkungen zur ‚Form' der sogenannten synoptischen Evangelien, ThLZ 81, 1956, 346ff; Bonnard (1962, 449ff); Schulz (1967, 36ff); J. M. Robinson: On the *Gattung* of Mark (and John), in: D. Buttrick (Hg.): Jesus and Man's Hope, Bd 1, 1970, 99ff; Güttgemanns (1970; 167ff); N. Perrin: The Literary Gattung Gospel. Some Observations, ExT 82, 1970/71, 4ff; R. Gundry: Recent Investigation into the Literary Genre ‚Gospel', in: R. Longenecker u. a. (Hgg.): New Dimensions in NT Studies, 1974, 97ff; M. G. Kline: The Old Testament Origins of the Gospel Genre,

WJT 38, 1975, 1ff; Vielhauer (1975, 348ff); Ph. L. Shuler: The Synoptic Gospels and the Problem of Genre, Diss Hamilton, 1976; ders.: A Genre for the Gospels. The Biographical Charakter of Matthew, 1982; C. H. Talbert: What is a Gospel? The Genre of the Canonical Gospels, 1977; G. G. Bilezikian: The Liberated Gospel. A Comparison of the Gospel of Mark and Greek Tragedy, 1977; D. Lührmann: Biographie des Gerechten als Evangelium, WuD NF 14, 1977, 25ff; H. Cancik: Die Gattung Evangelium, in: Markus-Philologie, 1984, 85ff; M. Reiser: Der Alexanderroman und das MKEv, ebd. 131ff; W. S. Vorster: Wat is'n Evangelie?, 1981; H. C. Kee: Das frühe Christentum in soziologischer Sicht. Methoden und Anstöße, 1982, 146ff; R. Guelich: The Gospel Genre, in: P. Stuhlmacher (Hg.): Das Evangelium und die Evangelien, 1983, 183ff; W. Schenk: Evangelium – Evangelien – Evangeliologie, ThExh 216, 1983, 18f; A. Dihle: Die Evangelien und die griechische Biographie, in: P. Stuhlmacher (Hg.): Das Evangelium und die Evangelien, 1983, 383ff; Feneberg (1980); K. Berger: Hellenistische Gattungen im NT, ANRW II 25,2, 1984, 1231ff; H. Köster: Überlieferung und Geschichte der frühchristlichen Evangelienliteratur, ANRW II 25,2, 1984, 1463ff; D. Dormeyer und H. Frankemölle: Evangelium als literarische Gattung und als theologischer Begriff, ARNW II 25,2, 1984, 1543ff; Kelber (1983, 117ff). Weiteres bei W. S. Vorster: Der Ort der Gattung Evangelium in der Literaturgeschichte, VF 29, 1984, 2ff.

Das früheste ‚Evangelium' ist die Grundschrift des MkEv. Die Frage nach der Gattung ‚Evangelium' und ihrem Ursprung muß sich deshalb auf die Grundschrift des MkEv richten. Die Grundschrift ist ein Werk literarischer Kunst mit gutem Aufbau und überzeugenden Verknüpfungen. Die späteren Evangelien weichen nicht grundsätzlich von dem damit gegebenen literarischen Muster ab, bauen es aber aus und ergänzen es und erreichen als literarisch sekundäre Fassungen die Vollkommenheit der Grundschrift nicht. Wieweit sie sich dabei auch anderen literarischen Vorbildern öffnen, ist eine Frage für sich (vgl. Köster, 1984).

Das hervorstechendste Charakteristikum der Gattung ‚Evangelium', das die vier kanonischen Evangelien verbindet, die Geschichte vom Leiden, der Auferweckung und der Erhöhung Jesu als Ziel seines irdischen Weges und Wirkens, besitzt keine literarischen Vorbilder oder Analogien. Ihm liegt das gleichfalls analogielose urchristliche Kerygma zugrunde, wie es schon vor der Entstehung der Grundschrift formelhaft ausgebildet war (1 Kor 15,3ff). Insoweit läßt sich also die Frage nach dem Ursprung der Gattung ‚Evangelium' nicht unter Verweis auf literarische Analogien beantworten.

Die ‚Verlängerung' der Passions- und Ostergeschichte in das Leben Jesu hinein geschieht in einzelnen Erzählformen der hellenistischen (antiochenischen) Synagoge. Dabei entsteht mit der Grundschrift die unverwechselbare Gattung ‚Evangelium'. Diese Gattung steht also „eigenartig in der Literaturgeschichte" (Bultmann, RGG ²II, 1928, 419). „Als Gattung sind die Evangelien etwas Neues und Selbständiges in der Literaturgeschichte" (Dibelius, 1926, 41f). Sofern Vorbilder vorliegen, sind sie primär im kulturellen Umkreis des Verfassers der Grundschrift, in der antiochenischen Synagoge, zu suchen, nicht im heidnischen Hellenismus.

Vielleicht gab es in der Synagoge Beschreibungen des Lebens und Wirkens heiliger Männer wie Abraham oder Mose, die dem Verfasser in gewissem Maße als Vorbild dienen konnten (‚biographische Aretalogien' vgl. Berger, 1984, 1218ff; Köster, 1984, 1509ff; Cancik, 1984). Aber eine entsprechende Hinterlassenschaft der Synagoge besitzen wir nicht (vgl. Kittel, 1926, 69). Wer im Blick auf die Evangelien von einer ‚Biographie des Gerechten' spricht (Lührmann), trifft zwar formale Züge, verfehlt aber die Substanz der Gattung ‚Evangelium' gründlich.

Nun macht der Vergleich des ‚Evangeliums' mit antiker literarischer Tradition auch deshalb Schwierigkeiten, weil die literarischen Gattungen des Hellenismus nicht immer eindeutig beschrieben werden bzw. beschrieben werden können und sie zudem nur indirekt über die antiochenische Synagoge, von der wir keine literarische Hinterlassenschaft besitzen, auf den Verfasser der Grundschrift eingewirkt haben dürften.

Von antiken Biographien (Plutarch, Sueton; vgl. Philostrat), die in der Regel ein moralisches Exempel enthalten, unterscheiden sich die Evangelien, weil ihnen das biographische Interesse an dem exemplarischen Leben der Persönlichkeit Jesu fehlt (Bultmann, ²1931, 397), auch wenn das Evangelium chronologisch aufgebaut ist und sich das LkEv und das MtEv durch ihre Geburtsgeschichten der Gattung ‚Biographie' annähern. Man kann deshalb die Evangelien bestenfalls „mit einigem Recht" (Dihle, 406) ‚Biographien Jesu' nennen.

Mit der antiken Memoiren-Literatur hat das Evangelium gemeinsam, daß es in relativ lockerer Form Einzelstoffe aufreiht. Justin kann die Evangelien darum um 150 ‚Memoiren (Erinnerungen) der Apostel' nennen (ἀπομνημονεύματα τῶν ἀποστόλων, Apol I 66,3). Aber bei den Evangelien, vorab bei der Grundschrift des MkEv, handelt es sich um keine bloße Sammlung von unzusammenhängenden Stücken, und die Evangelien selbst beanspruchen auch nicht, von Augenzeugen herzurühren. Vgl. Berger (1984, 1245ff).

5.5.3.3 Der Anlaß und die Zeit der Grundschrift

Es spricht alles dafür, daß die Grundschrift kurz nach der Zerstörung Jerusalems geschrieben wurde (Mk 12,9; 13,1). Dies Ereignis griff hart in das Leben der Synagogen im römischen Reich ein und bedeutete besonders für die zahlreichen Heiden einen Schock, die sich als ‚Gottesfürchtige' ganz der Synagoge angeschlossen hatten und nun in dem politisch brisanten Verdacht der Kollaboration mit den jüdischen Aufrührern standen. Die Zerstörung des Tempels und das Verbot des Opferdienstes schien darüberhinaus das Ende der jüdischen Religion überhaupt anzuzeigen (Mk 13,1 f.30 f) und die Christen endgültig als das neue Israel zu erweisen, zumal das Heidenchristentum sich von Anfang an außerhalb der Synagoge organisiert hatte. Für die christliche Mission war also die Zeit um 70 besonders günstig; die ‚Gottesfürchtigen' wandten sich in großer Zahl von der Synagoge ab. Die Grundschrift will helfen, die Gunst der Stunde zu nutzen, und stellt ein Lehrbuch nach Art synagogaler Überlieferung zur Verfügung. Sie warnt zugleich die christliche Gemeinde vor einem billigen Triumph und bereitet sie auf ihre eigene Passion – außerhalb des Rechtsschutzes der Synagoge – vor (Mk 7,24–30; 14,32ff).

Die Grundschrift wurde vermutlich als Handbuch für die Mission (J. Weiß, 1917, 538; Loisy, 1936, 82 ff 111.335) vor allem unter den Gottesfürchtigen verfaßt (vgl. Mk 16,16–20). Sie dient zur katechetischen Unterweisung und stellt die christliche Botschaft in einer Form und in Formen dar, die den Lesern oder Hörern aus der Erzählüberlieferung der Synagoge vertraut gewesen sein dürften. Die Einzelstücke bieten zugleich geeignete Texte, Beispiele, Vorlagen und Merksätze für Predigt und Unterweisung an. Der Verfasser könnte Leiter einer Katechetenschule gewesen sein. Jedenfalls diente sein Werk weniger als Lesebuch für die Gemeinde oder Vorlesebuch im Gottesdienst als vielmehr als Handbuch für Missionare, die in dem Verständnis der dargebotenen Stoffe schulisch unterwiesen waren.

5.5.3.4 Das Messiasgheimnis in der Grundschrift

Der Erzähler, der eine Adoptionschristologie vertritt, berichtet, Jesus sei bei seiner Taufe durch Johannes zum ‚Sohn Gottes' berufen worden (Mk 1,11). Von dieser Information aus versteht der Leser das im Verlauf der Grundschrift dargestellte Wirken Jesu als das Wirken des Messias, zumal er auch erfährt, daß die Dämonen Jesus als Messias erkennen und anerkennen (Mk 1,24; 5,6f). Allerdings beansprucht Jesus selbst in der Grundschrift noch keinen messianischen Hoheitstitel (vgl. aber Mk 5,19; 7,28; 10,47f; 11,3.10). Ein solcher findet sich eindeutig erst gegen Ende der Ostererzählungen für den Erhöhten (Mk 16,19f). Darin spiegelt sich noch in der Grundschrift das Wissen darum, daß Jesus nicht öffentlich als Messias aufgetreten ist (vgl. Phil 2,6f). Das dabei in der Grundschrift in Erscheinung tretende ‚Messiasgeheimnis' läßt erkennen, daß Jesus nach der Meinung des Erzählers als der Messias, der eschatologische Heilbringer Gottes, überhaupt nur von Ostern her, das heißt im Glauben, erkannt werden kann.

5.5.3.5 Zur Theologie und zum Verfasser der Grundschrift

Das vom Erzähler der Grundschrift zugrundegelegte christologische Glaubensbekenntnis ist das eines hellenistischen Christentums, und zwar tritt uns der Erzähler „als Vertreter einer theologia crucis der Zeit nach Paulus entgegen, seine Gemeinde sozusagen als Zeugin einer theologia crucis neben Paulus", wobei diese Kreuzestheologie „jedenfalls im Ansatz in die Zeit vor Paulus" zurückreicht (Delling, 1972, 57f). Alles strebt auf die Passions- und Ostergeschichte zu, und das vorhergehende Wirken Jesu legt den Sinn seines endlichen Geschicks im Voraus dar. Insofern kann man im Anschluß an Kähler die Grundschrift eine Passionsgeschichte mit ausführlicher Einleitung nennen (⁷1896, 80). Direkter paulinischer Einfluß ist in der Grundschrift nicht zu beobachten (vgl. Dibelius, 1953, 299ff; Werner, 1923). Es fehlen die *originalen* paulinischen Theologumena, vor allem die Begriffe der Rechtfertigungslehre. Die Grundschrift kennt die antiochenische Adoptionschristologie, nicht die paulinische Präexistenzchristologie. Im Unterschied zu Paulus eliminiert der Verfasser der Grundschrift auch gänzlich das apokalyptische Erbe der Urchristenheit.

Wie auch immer die Verbindung der Gemeinde des Erzählers zur Synagoge ist oder war: Seine Gemeinde kann nicht im eigentlichen Sinn als judenchristlich bezeichnet werden. Sie hat sich längst zum Heidentum hin geöffnet. Das Problem der Beschneidung spielt für dieses Christentum keine Rolle mehr, eine aktuelle Auseinandersetzung über Fragen des Gesetzes findet nicht statt. Die Gemeinde versammelt sich in eigenen Gottesdiensten.

Den Verfasser der Grundschrift kennen wir nicht. Die kirchliche Tradition schreibt das MkEv dem Markus zu (Papias, → 2.4), wobei es sich nur um Johannes Markus handeln kann, der im frühen hellenistischen Christentum eine große Rolle spielte. Daß er aus Jerusalem stammte (Ag 12,12), ist ein tendenziöser Bericht des Lukas. Er war einerseits Begleiter von Paulus und Barnabas im syrisch-antiochenischen Raum (Ag 12,25; 13,5). Das Verhältnis der drei Missionare zueinander war nicht spannungsfrei (Ag 13,13), und zwar offenbar wegen ihrer unterschiedlichen Einstellung zur Synagoge (Gal 2,13 ff). Als Barnabas sich aus diesem Grund von Paulus trennte, zog sein Vetter Johannes Markus (Kol 4,10) mit ihm (Ag 15,36 ff). Später scheint Johannes Markus wieder zum Kreis der Mitarbeiter des Paulus gehört zu haben (Phlm 24; Kol 4,10; 2 Tim 4,11). Andererseits wird ein vertrauter Umgang des Johannes Markus mit Petrus bezeugt, und zwar indirekt durch Gal 2,13 ff, direkt vielleicht durch Ag 12,25; 13,13, ferner durch 1 Petr 5,13 und durch die Notiz des Papias.

Johannes Markus scheint sich also zwischen dem Judenmissionar Petrus und dem Heidenmissionar Paulus, zwischen dem innersynagogalen und dem außersynagogalen Christentum bewegt und dementsprechend seine missionarische Tätigkeit auf die ‚Gottesfürchtigen' konzentriert zu haben. Die Grundschrift ist in einem derartigen hellenistischen Christentum entstanden. Bei ihrem Verfasser handelt es sich deshalb um einen Theologen, der mit Johannes Markus vergleichbar ist.

Daß Petrus in der Grundschrift eine besondere Rolle spielt, darf nicht mit der traditionalistischen Behauptung zusammengebracht werden, die Grundschrift enthalte direkt oder indirekt Petrusmemoiren (→ 2.4; 4.4.1; so neuerdings wieder Hengel, 1983). Petrus spielt in der Grundschrift, dem kerygmatischen Charakter dieser Missionsschrift entsprechend, primär die historisch begründete Rolle des exemplarischen Jüngers bzw. *Christen*. Die Jünger insgesamt aber repräsentieren die missionarisch aktive *Gemeinde,* den ‚Christus prolongatus' im Sinne von 2 Kor 5,20 (vgl. Mk 6,32–44; 10,49; 16,15–20).

Als Abfassungsort des MkEv nimmt man aufgrund der altkirchlichen Nachrichten (→ 2) bis heute nicht selten Rom an. Diese traditionalistische Annahme kann auch für die Grundschrift nicht ausgeschlossen werden. Wahrscheinlichkeit hat sie indessen nicht für sich. Am ehesten kommt ein Zentrum des Ostens, vermutlich Antiochien oder ein anderer syrischer Ort, in Betracht. Ein besonderes Lokalkolorit verrät die Grundschrift nicht. Einige Latinismen besagen ebensowenig für den Abfassungsort wie die genaue Kenntnis der palästinischen Geographie, die der Erzähler zweifellos besitzt.

5.5.4 Die Redaktion des MkEv

Uns liegt nicht mehr die Grundschrift, sondern das gegenüber der Grundschrift stark bearbeitete Markusevangelium vor. Das beherrschende Interesse des Evangelisten Markus drückt sich in seiner Messiasgeheimnistheorie aus. Fast der gesamte redaktionelle Stoff sowie die redaktionellen Eingriffe in die Stoffanordnung der Grundschrift sind dem Motivkomplex der markinischen Geheimnistheorie zuzuordnen (→ 4.1 e).

5.5.4.1 Der Anlaß der markinischen Redaktion

Das Wirken Jesu war – zumindest öffentlich – unmessianisch (vgl. Phil 2,7f) bzw. nicht explizit messianisch; Jesus *erwartete* das eschatologische Heilshandeln Gottes in einem apokalyptischen Rahmen (vgl. Schmithals, 1975). Von Ostern her verkündigte die Urgemeinde in unterschiedlichen theologischen Entwürfen, daß Gott in Jesus selbst, insonderheit in seiner Menschwerdung bzw. mit seinem Tod am Kreuz, dies erwartete Heilswerk vollbracht habe. Sie bekannte dementsprechend, daß Jesus der verheißene Christus sei (Röm 1,4). Die Zwölf, vor allem Petrus bzw. die ‚Säulen' Petrus, Johannes und Jakobus (Gal 2,1–10), sind die Repräsentanten der auf diesem Bekenntnis gegründeten Gemeinde, die sehr bald in die hellenistische Welt eintritt und in dem syrischen Antiochien ein zweites Zentrum gewinnt. Lehrgrundlage dieser Gemeinde ist neben dem christologisch verstandenen Alten Testament das kerygmatische Formelgut (→ 3.4.5.1). Im Lichte und aufgrund dieser Lehrgrundlage schreibt der Erzähler die Grundschrift, ein explizit messianisches ‚Leben Jesu' als Bericht vom gegenwärtigen Wirken des Erhöhten durch seine Gemeinde.

Wie sich aus der Spruchüberlieferung (→ 5.4.2.3) ergibt, sind nicht alle galiläischen Nachfolger des irdischen Jesus von dem Jerusalemer Ostergeschehen bzw. der österlichen Verkündigung der Urgemeinde betroffen worden. Sie hielten Jesus weiterhin mit Johannes dem Täufer und wie ihn für einen Propheten, der am Ende der alten Weltzeit das kommende Heil zwar ansagte, aber noch nicht brachte, und der den Märtyrertod eines Gottespropheten starb. Sie überlieferten weiterhin ein unmessianisches Bild des Wirkens Jesu, insonderheit seine prophetisch apokalyptischen Worte, in denen der kommende Retter Gott selbst und der eschatologische Richter, der Menschensohn, nicht mit Jesus identisch ist. Man hat die Q^1-Gemeinden vor allem in Galiläa zu suchen.

Es gab also in zwei auch geographisch im wesentlichen getrennten Bereichen eine österlich-messianische (kerygmatische) und eine unmessianische (prophetische) Jesusüberlieferung, nämlich die Grundschrift und die Spruchüberlieferung Q^1. Der Evangelist Markus, mit dem Christuskerygma der österlichen Gemeinde und dem messianischen Jesusbild der Grundschrift vertraut, stellt sich dem für ihn rätselhaften Problem, wie es zu dieser unterschiedlichen Überlieferung kommen konnte. Vermutlich begegnete er im Anschluß an die Wirren des jüdischen Krieges vertriebenen Gruppen oder Gliedern der galiläischen Tradenten der unmessianischen Jesusüberlieferung Q^1, welche, wie aus Mk 13 ersichtlich, die jüngst geschehene Entweihung und Zerstörung des Tempels als letztes Vorzeichen für das bevorstehende Kommen des Menschensohnes deuteten (Schmithals, 1979, 583 f). Markus wollte nun einerseits das mit der Existenz dieser unkerygmatischen Gruppe von Nachfolgern Jesu gestellte historische und theologische Rätsel lösen, andererseits die Mitglieder dieser Gruppe für den kirchlichen Glauben an den Christus Jesus gewinnen.

Zur Lösung dieses Rätsels dient ihm die Messiasgeheimnistheorie mit ihren unterschiedlichen Motiven.

5.5.4.2 Die markinische Messiasgeheimnistheorie

Seit der ‚Entdeckung' und Deutung des Messiasgeheimnis-Motiv-Komplexes durch Wrede (→ 4.1 e) ist der Strom der Literatur zu diesem Thema nicht abgerissen. Einen Überblick bietet Blevins (1981). Vgl. aus der Literatur z. B.: Bultmann (^{2}1931, 370f mit Ergänzungsheft, 1971, 118); Dibelius (^{2}1933, 69f.90.225f.231f); Schniewind (1936); Ebeling (1939); E. Percy: Die Botschaft Jesu, 1953, 271ff; C. H. Boobyer: The Secrecy Motif in St. Mark's Gospel, NTS 6, 1959/60, 225ff; Burkill (1963); J. B. Tyson: The Blindness of the Disciples in Mark, JBL 80, 1961, 261ff; Schreiber (1961); E. Sjöberg: Der verborgene Menschensohn in den Evangelien, 1955; G. Strecker: Zur Messiasgeheimnistheorie im Markusevangelium, StEv III, 1964, 87ff; U. Luz: Das Geheimnismotiv und die markinische Theologie, ZNW 56, 1965, 9ff; G. Minette de Tillesse: Le secret messianique dans l'Evangile de Marc, 1968; H. Räisänen: Das ‚Messiasgeheimnis' im Markusevangelium. Ein redaktionskritischer Versuch, 1976; Glasswell (1980); Ch. Tuckett (Hg.): The Messianic Secret, 1983.

Wrede war der Meinung gewesen, die Messiasgeheimnistheorie habe der frühen Gemeinde dazu gedient, Erinnerungen und Überlieferungen vom unmessianischen Leben Jesu mit ihrem eigenen österlichen Christusbekenntnis auszugleichen. Markus habe diese Theorie mit seinen Traditionen unverstanden übernommen.

Formgeschichtliche und redaktionsgeschichtliche Untersuchungen erkannten und bestätigten, daß die Motive des Messiasgeheimnisses in den Rahmenstücken des MkEv verankert sind und als redaktionelle Eintragungen des Evangelisten Markus in seine Traditionen angesehen werden müssen. Mit dieser relativ späten Datierung des Messiasgeheimnismotiv-Komplexes fiel auch Wredes Erklärung des Geheimnismotivs hin; denn es können nicht bis zur Zeit des Evangelisten unmessianische Traditionen von einer *christlichen* Gemeinde *als solche* und in der Weise überliefert worden sein, daß Markus und erst er die Notwendigkeit empfand, das Vorhandensein dieser unmessianischen Traditionen zu erklären. Es bedurfte also einer neuen, nicht mehr traditionsgeschichtlichen, sondern redaktionsgeschichtlichen Erklärung des als original markinisch erkannten Messiasgeheimnismotiv-Komplexes.

Wird heute auch die redaktionelle Verankerung des Geheimnismotivs im allgemeinen zugestanden, so ist damit freilich nicht auch schon der redaktionelle Ursprung sichergestellt. Erst recht ist die Deutung des Motiv-Komplexes heftig umstritten.

Dibelius (²1933, 231 f) hat mit anderen (Burkill, 1963; Bousset, ²1921, 79 f; Haenchen, 1966, 156) die ‚apologetische' Deutung Wredes umgestellt: Markus wollte die messianische Herrlichkeit des irdischen Jesus darstellen und zugleich erklären, wie er trotz dieser Herrlichkeit gekreuzigt werden konnte. Aber die Herrlichkeit Jesu war in Wundern und Worten epiphan, ohne zu Jesu Verurteilung zu führen, während nur sein Messiasanspruch im MkEv öffentlich verborgen bleibt; gerade dieser Hoheitsanspruch aber, vor dem Synedrium enthüllt, bringt ihn an das Kreuz.

Eine heute sehr verbreitete redaktionsgeschichtliche Erklärung des Messiasgeheimnismotiv-Komplexes besagt, der Evangelist wolle auf diese Weise den paradoxen Charakter der Christusoffenbarung darstellen: Das Geheimnis dieser Offenbarung enthüllt sich nur für den Glauben; dem Unglauben bleibt es verschlossen, so daß man trotz sehender Augen nicht sieht. Das Messiasgeheimnis des MkEv ist letzten Endes also das Ostergeheimnis, das jeweils neu dem *Glauben* die Bedeutung Jesu enthüllt (so in unterschiedlicher Nuancierung z. B. Schniewind, Ebeling, Marxsen, Strecker, Luz, Räisänen, Percy, Schenke-Fischer, 1979, 64 ff). Conzelmann (1967, 159; vgl. Schweizer, 1964, 355) meint darüber hinaus: „Mit dieser Theorie war es Markus möglich, die verschiedenen Stoffgruppen der Überlieferung unter einem einheitlichen Gesichtspunkt zusammenzufassen und damit die Gattung ‚Evangelium' zu schaffen." Diese anspruchsvolle theologische Deutung kann schon deshalb nicht zutreffen, weil Jesus im MkEv seine Messianität keineswegs bis Ostern geheimhält und (damit) nur den Glaubenden offenbart. Vielmehr enthüllt er sein Geheimnis demonstrativ im Verhör vor dem Synedrium Mk 14,62 (vgl. Sjöberg, 1955, 106), und dies öffentliche Bekenntnis wird von allen verstanden und führt zu Jesu Tod.

Zu der unbefriedigenden These, Markus füge mit seiner Geheimnistheorie die gegensätzlichen Traditionen einer Theios-Aner-Herrlichkeitschristologie und eine *theologia crucis* zusammen, siehe → 5.5.2.

Die Messiasgeheimnistheorie läßt sich also im Rahmen der markinischen Redaktionskritik nur schwer deuten. Aus dieser sachlichen Verlegenheit erklärt sich vermutlich die eigenartige Tatsache, daß die meisten redaktionsgeschichtlichen Untersuchungen des MkEv nicht von dem Messiasgeheimnismotiv-Komplex ausgehen (vgl. z. B. Best, 1981); manche nehmen ihn sogar kaum zur Kenntnis, darunter die im übrigen methodisch beispielhafte, im Ergebnis aber ganz unbefriedigende Untersuchung von Marxsen (→ 5.1.2). Pesch (1976, 48 ff; 1977, 36 ff) bestreitet sogar die Existenz einer markinischen Messiasgeheimnistheorie.

Eine befriedigende Deutung der markinischen Messiasgeheimnistheorie ergibt sich indessen auf dem von Wrede vorgezeichneten Weg, wenn man die traditionsgeschichtliche Deutung Wredes in den Rahmen der in → 5.5.4.1 beschriebenen Situation der markinischen Redaktion stellt und beobachtet, daß Markus seine Geheimnistheorie benutzt, um die unmessianische Überlieferung der Tradenten der Spruchüberlieferung Q[1] mit der christologischen Grundschrift zu verbinden. Dazu dienen ihm die folgenden einzelnen Motive seiner Geheimnistheorie.

a) *Das Messiasgeheimnis als solches; Jesu Schweigegebote.* Jesus hat in Galiläa seine Messianität absichtlich verborgen gehalten. Zwar wollte er nicht für immer und unter allen Umständen verborgen bleiben, sondern er versuchte mit Erfolg, den Jüngern die Augen für das Geheimnis seiner Person zu öffnen. Aber wer immer ihn als Messias erkennt und bekennt, wird sogleich zum Schweigen verpflichtet, und zwar zunächst die Dämonen (Mk 1,25.34.44; 3,12), später die Jünger (Mk 8,30; 9,9); denn ein offenes Bekenntnis hätte, wie Markus durch seinen Bericht vom Prozeß Jesu vor dem Synedrium und durch die fortwährend betonte Tatsache zeigt, daß Jesus wegen seines Messiasanspruchs hingerichtet wurde (Mk 14,61 ff; 3,6; 11,18; 12,12; 14,1 f; 15,2.9.12.16–20.26.29 ff.38 f), Jesu Wirksamkeit vorzeitig beendet. Darum konnte in Galiläa auch vielen seiner Hörer und Nachfolger seine Messianität verborgen bleiben, wie die unmessianische Spruchüberlieferung Q¹ zeigt.

b) *Der Menschensohn-Titel.* Markus führt den Menschensohntitel, den er der unmessianischen Logienüberlieferung Q¹ entnimmt, in welcher die nicht mit Jesus identische apokalyptische Richtergestalt ‚Menschensohn' heißt, als Hoheitstitel *für Jesus* in sein Evangelium ein (Mk 2,10.28; das österliche Kerygma hatte den Titel ‚Menschensohn' nicht aufgenommen). Und zwar dient dieser Titel dem Evangelisten in doppelter Weise als verhüllende, das Messiasgeheimnis wahrende Hoheitsbezeichnung Jesu: Einerseits spricht Jesus vom Menschensohn stets in dritter Person wie von einem anderen; andererseits kann ‚Menschensohn' auch einfach ‚Mensch' heißen. Diese dem Leser von Anfang an bewußte, für die Hörer Jesu aber verhüllende Zweideutigkeit wird von Jesus zuerst in esoterischer Jüngerbelehrung (Mk 8,31; 9,31; 10,33.45), in Jerusalem schließlich auch öffentlich (Mk 14,62) aufgehoben.

Markus will auf diese Weise deutlich machen, daß die Unterscheidung von Jesus und Menschensohn in den Traditionen der Q¹-Gemeinde (Logienüberlieferung) durch ein Mißverständnis entstand, das auf der Tatsache beruhte, daß Jesus sich in Galiläa nicht offen und öffentlich mit dem Messias-Menschensohn identifizieren wollte, weil solche Identifizierung sofort zu seiner Verurteilung, also zu dem Ende seiner Wirksamkeit geführt hätte (Mk 14,62 f).

c) *Die Zwölf Jünger und die drei Vertrauten.* Markus fügt in die Grundschrift in doppelter Weise die Jerusalemer Repräsentanten des österlichen Christusbekenntnisses ein: die Vertrauten Petrus (mit Andreas), Johannes und Jakobus (Mk 1,16–20; vgl. Gal 2,1–10) und den Kreis der Zwölf, deren *österlichen* Berufungsbericht der Evangelist in die vorösterliche Zeit umstellt (Mk 3,13–19; vgl. 1 Kor 15,5). Die Grundschrift kannte in vorösterlicher Situation nur Petrus als exemplarischen Christen einerseits, einen weiten Jüngerkreis als exemplarische Gemeinde andererseits. Die Einführung der Zwölf durch Markus zielt demgegenüber „auf Legitimierung der gegenwärtigen Verkündigung im Sinne der Kontinuität mit der Geschichte Jesu" (Bracht, 1976, 156). Jener doppelte Kreis der grundlegenden Autoritäten des kirchlichen, österlich-kerygmatischen Christentums kannte und bekannte Markus zufolge schon in Galiläa Jesus als den Messias und verbreitete dies Bekenntnis später in Jerusalem und von Jerusalem aus; er wurde aber von Jesus zunächst zum Schweigen verpflichtet, bis er selbst vor dem Synedrium seine Messianität offenbarte und sich damit dem Tod auslieferte (Mk 4,10ff; 5,37; 8,31; 9,1.31; 13,3; 14,33.41). Darum konnte Jesus in Galiläa auch seinen Nachfolgern als Messias verborgen bleiben, wie die Tradenten der Spruchüberlieferung Q^1 zeigen, obschon seine zwölf bzw. drei galiläischen Vertrauten ihn auch dort schon als den Messias kannten, ohne diese Kenntnis öffentlich machen zu dürfen. Vgl. im übrigen Schmithals (1979, 55).

Daß die Zwölf erst durch Markus in das vorösterliche Evangelium gekommen sind, ist eine alte Erkenntnis, und schon Goguel (1934, 218) vermutete von dem Kreis der drei Vertrauten im MkEv: „In der Vorstellung dieser Gruppe könnte sich die Rolle widerspiegeln, die Petrus, Jakobus und Johannes in der frühen Kirche gespielt haben." Markus kann sich dabei an die Grundschrift anschließen, die, vielleicht mit ähnlicher historischer Retrospektive, nur Petrus und die Söhne des Zebedäus (Mk 10,35) bei Namen nennt.

d) *Die esoterische Verkündigung; die Gleichnistheorie.* Dem doppelten Kreis der drei bzw. zwölf vertrauten Jünger hat Jesus in Galiläa esoterische Belehrung erteilt (Reploh, 1969, 214ff). Die Gleichnisse gelten Markus als rätselvolle, die gemeinte Sache verhüllende Rede (Mk 4,12; 7,17ff; 12,1ff), die Jesus öffentlich darbietet, deren Sinn er aber nur im kleinen Kreis seiner Vertrauten, der späteren kirchlichen Autoritäten, auslegt (Mk 4,1–25). Auch sein Tun und die Bedeutung seiner Person erläutert Jesus seinem engen Jüngerkreis gerne, wenn er sich mit ihm von der Öffentlichkeit zurückgezogen hat (Mk 7,14ff; 8,27ff; 9,28f.33ff; 10,10f; 13,3ff; 14,33). Dadurch blieb in Galiläa vieles aus der (messianischen) Verkündigung Jesu verborgen, was in Jerusalem alsbald bekannt wurde, als die Jünger dort nach Ostern mit ihrer Predigt begannen.

e) *Die Leidens- und Auferstehungsansagen.* Einen besonderen Inhalt der esoterischen Jüngerbelehrung bilden die Leidens- und Auferstehungsansagen (Mk 8,31f; 9,30ff; 10,32ff.45). Sie sind ausnahmslos redaktionell (Schmithals, 1979, FS Dinkler). In diesen Aussagen identifiziert Jesus sich vor den Jüngern verhüllt und unter dem Siegel der Verschwiegenheit mit dem Menschensohn-Messias und stellt sich als solcher als der Leidende, Gekreuzigte und Auferstandene vor, wie ihn das fundamentale kerygmatische Bekenntnis der Christenheit kennt und nennt. Damit erklärt Markus einerseits, wie die Notwendigkeit von Jesu Leiden und Auferstehen den Trägern der Spruchüberlieferung Q¹ unbekannt bleiben konnte. Andererseits datiert er auf diese Weise das Bekenntnis zu dem gekreuzigten und auferstandenen Christus Jesus ausdrücklich und mit dem Wortlaut des Bekenntnisses in das Leben Jesu vor. Da Jesus wegen seines Messiasanspruchs verurteilt wurde (Mk 14,62), war sein Tod also nicht der Zeugentod eines Propheten, wie die Spruchüberlieferung Q¹ voraussetzt, sondern der Heilstod des schon irdisch als solcher im Kreise seiner Vertrauten erscheinenden Messias.

f) *Das Jüngerunverständnis.* Die Jünger Jesu begriffen auch und gerade vieles von seiner esoterischen Belehrung nicht (Mk 4,41b; 6,52; 7,18; 8,17–21), vor allem nicht die Ansagen seines Todes und seiner Auferstehung (Mk 8,32; 9,10.32). Erst nach dem Eintritt der angesagten Ereignisse kamen sie zu deren Verständnis. Selbst wenn sie gewollt hätten, konnten sie also das Geheimnis der Person Jesu nicht öffentlich ausbreiten, das deshalb nicht von ungefähr den Tradenten der Spruchüberlieferung Q¹, die keine Christologie und keine Passions- und Ostergeschichte kennt, verborgen blieb.

g) *Die Dubletten aus der Logienüberlieferung Q¹* (→ 3.6.7). Aus der unchristologischen Logienüberlieferung nimmt Markus einiges Material exemplarisch in sein Evangelium auf, um die Identität des Messias Jesus, wie er im kirchlichen Bekenntnis begegnet, mit dem Lehrer und Propheten der Spruchüberlieferung zu demonstrieren. Dazu genügt eine Auswahl der Logien, gelegentlich in verkürzender Zusammenfassung der Vorlage (→ 3.6.4), wobei er solche Logien bevorzugt, an die er Motive seiner Geheimnistheorie knüpfen kann, darunter die Worte vom kommenden Menschensohn. Nur in Kap. 13 geht Markus intensiver auf das Überlieferungsgut von Q¹ ein. Schon Wendling hat 1908 beobachtet, daß die „Logienstoffe, die mit Q verwandt sind, in Einschaltungen von der Hand des Redaktors auftauchen, während sie den älteren Mk-Stücken fremd sind" (36), also in der Grundschrift noch fehlen.

Die Logienüberlieferung Q¹ lag dem Evangelisten Markus bereits in Gestalt einer schriftlichen Aufzeichnung vor und enthielt nach Ausweis der Dubletten ausschließlich apokalyptisches Spruchgut (vgl. → 3.6.6 g; 4.3.7 b; 5.4.2.2), das Markus mit einer gewissen Tendenz zur Ent-Apokalyptisierung aufgreift (Luz, 1975, 352ff). Man kann das Schema der Zwei-Quellen-Theorie demzufolge vervollständigen:

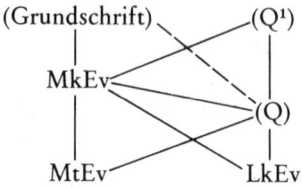

Über die Grundschrift und die Spruchüberlieferung Q¹ hinaus besaß Markus keine nennenswerte Einzelüberlieferung, die er in sein Evangelium aufnehmen wollte oder konnte.

Seine Redaktion ist fast ganz von den verschiedenen Motiven des Messiasgeheimnismotiv-Komplexes und der damit verbundenen missionarischen Abzweckung des Evangeliums bestimmt. Dabei hat der Evangelist seine Theorie und ihre Motive nicht frei erfunden, sondern im Anschluß an einzelne – anders gemeinte – Notizen und Motive der Grundschrift und der Logienüberlieferung entfaltet (Strecker, 1964, 96; Schmithals, 1979, 58; Räisänen, 1976). So standen die ‚klassischen' Schweigegebote Mk 1,25 und Mk 10,47 bereits ohne Bezug zu einem ‚Messiasgeheimnis' in der Grundschrift. Markus kommt ferner zur Hilfe, daß Jesus auch in der Grundschrift vor Ostern nicht ausdrücklich als Messias anerkannt wird (→ 5.5.3.4). Was die Grundschrift *theologisch* reflektiert, wird von Markus freilich *historisiert*, der das Rätsel der unmessianischen Jesusüberlieferung durch eine für ihn zweifellos überzeugende historische Konstruktion löst.

5.5.4.3 Markus als Schriftsteller

Aus der Tatsache, daß Markus seine Geheimnistheorie aus der Grundschrift selbst entfalten kann, erklärt sich, daß er diese Grundschrift im wesentlichen unverändert seinem Evangelium zugrunde legt, so daß sie sich relativ sicher rekonstruieren läßt (→ 5.5.3).

Wie mit den Motiven seiner Redaktion, so lehnt sich der Evangelist auch mit seiner Sprache und Begrifflichkeit bis hin zur Imitation (vgl. Wendling, 1908, 96) an die Darstellungsweise und den Stil der Grundschrift und auch der Logienüberlieferung an, so daß sprachstatistische Erhebungen für die Unterscheidung von Tradition und Redaktion im MkEv nur sehr begrenzten Wert haben.

In der Passionsgeschichte zeigt sich ein redaktionelles Interesse des Markus, das selbständig neben dem zentralen Messiasgeheimnismotiv-Komplex der markinischen Redaktion steht. Wie schon oft beobachtet wurde (Volkmar, 1870, 445 f; Schreiber, 1967, 84; Bultmann, ²1931, 365; Schille, 1970, 36 ff), verteilt nämlich erst Markus die Ereignisse vom Einzug in Jerusalem bis zum Ostersonntag auf eine Woche. Daraus läßt sich erschließen, daß der Evangelist mit Bedacht einzelne Abschnitte für die gottesdienstliche Begehung der Passionswoche schafft, nämlich

Palmsonntag	Mk 11,1–11
Montag	Mk 11,12–19
Dienstag	Mk 11,20–13,37
Mittwoch	Mk 14,1–11
Gründonnerstag	Mk 14,12–26
Karfreitag	Mk 14,27–15,41
Karsamstag	Mk 15,42–47
Ostersonntag	Mk 16,1–8

Umstritten kann bei diesem Aufriß nur sein, wo man den Übergang von Donnerstag zu Freitag ansetzt; läßt man den Tag erst in der Frühe beginnen, reicht der Donnerstag bis 14,72 und der Freitag beginnt in 15,1.

Außerdem teilt der Evangelist den Karfreitag in Abschnitte von je drei Stunden ein (Mk 15,25.33.34), vermutlich gleichfalls aus kultisch-liturgischen Gründen.

Im übrigen scheint Markus eine strenge Gliederung seines Evangeliums nach theologischen oder formalen Gesichtspunkten nicht beabsichtigt zu haben (anders zuletzt z. B. Lang, 1977). Er hält im großen und ganzen den Aufriß der Grundschrift (→ 5.5.3) bei, ohne ihn noch für bedeutungsvoll zu halten, weshalb er in redaktionellem Interesse Umstellungen und Auslassungen vornehmen kann. Dadurch entsteht der Eindruck, Markus sei noch nicht Herr über seinen Stoff geworden (→ 4.4.1).

Insoweit der Aufriß des MkEv von der zentralen Absicht der Redaktion, von der Messiasgeheimnis-Theorie bestimmt ist, muß er als planvoll gelten:

Mk 1,9–11 bildet den Ausgangspunkt des redaktionellen Entwurfs: Der Leser – nur er – erfährt, daß Jesus der Sohn Gottes ist. Von da spannt sich ein großer Bogen bis Mk 8,27 ff (vgl. Kümmel, ²⁰1980, 61), zum Messiasbekenntnis des Petrus, der ersten Leidensansage und der Proklamation des verklärten Jesus als des Gottessohnes. Alles, was dieser Bogen überspannt, insonderheit Jesu Wunderwirken, drängt im Verständnis des Markus auf diese (esoterische) Enthüllung der Messianität Jesu hin. Insofern ist der erste Bogen ein echter Spannungsbogen (Wrede, 1901, 9). Ein Fortschritt in der Erkenntnis Jesu durch seine Jünger (Mk 1,27; 4,41; 6,2 b. 14 ff. 52; 7,16) ist ebenso zu beobachten wie eine entsprechende Mäeutik Jesu (Mk 4,40; 8,16–21). Von Mk 7,31 ff an zielt alles direkt auf Mk 8,27 ff, und bis Mk 9,13 blickt der ganze Stoff auf Mk 8,27 zurück, so daß Markus den Komplex Mk 7,31-9,13 insgesamt als ersten Höhepunkt des MkEv gestaltet hat, und zwar im wesentlichen mit redaktionellem Material, aber auch durch auffällige Umstellungen von Erzählungen der Grundschrift (Mk 8,22–26; 9,2–8).

Von der noch geheimen Epiphanie des Messias Jesus in Mk 8,27 ff spannt sich der zweite Bogen bis zum nächsten Höhepunkt Mk 14,55–65, dem öffentlichen Messiasbekenntnis Jesu vor dem Synedrium. Im Unterschied zum ersten Bogen überspannt der zweite keine Erzählungen, die sich mit Notwendigkeit auf den Höhepunkt Mk 14,61 f hin *entwickeln;* denn Jesus bekennt sich öffentlich als der Messias zu dem von ihm gewählten Termin. Die Erwartung der öffentlichen Epiphanie und ihrer Folgen vermittelt jedoch auch diesmal dem Leser eine gewisse Spannung.

Mit der Verurteilung Jesu *wegen seines Messiasanspruchs,* ein erst von Markus in die Grundschrift eingebrachtes Motiv, hat der Evangelist das Ziel seines Buches erreicht. Nach Mk 14,61 f beschränkt sich seine Redaktion im wesentlichen darauf, Jesu Messiasanspruch als Ursache seines Todes wiederholt herauszustellen. Markus kann sogar das Evangelium mit 16,1—8 mehr schlecht als recht enden lassen und die für die Grundschrift fundamentalen Osterberichte im Dienst seiner Messiasgeheimnis-Theorie (,verborgene Epiphanie') in die vorösterliche Situation versetzen (Mk 3,13—19; 6,7—13.30 f; 9,2—8).

Da Markus das kirchliche Bekenntnis als solches nicht entfaltet, bleibt seine Redaktion theologisch relativ unfruchtbar. Nicht der Evangelist Markus schreibt ein Evangelium, sondern der Erzähler der Grundschrift. Seine kirchlich-missionarische Aufgabe, für die er sein Evangelium verfaßt, hat er indessen mit großem schriftstellerischen Geschick und, wie die christologisch redigierte Spruchquelle zeigt (→ 5.4.2.1), mit offenkundigem Erfolg angefaßt.

5.5.4.4 Die Abfassungsverhältnisse des MkEv

Steht, wie zu vermuten ist, der Anlaß des MkEv im Zusammenhang mit den Folgen des jüdischen Krieges, welcher die Tradenten von Q[1] aus Galiläa vertrieb, wird man das MkEv nicht lange nach der Abfassung der Grundschrift datieren dürfen, also etwa um 75. Andernfalls kann man bis in die 80er Jahre hinaufgehen. Mk 8,34ff; 9,38ff; 10,28ff verraten, daß die Gemeinde des Markus unter Verfolgungen leidet; in Mk 10,28–30 wird die Verfolgung der Gemeinde sogar zu einem selbständigen redaktionellen Thema des MkEv.

Als Abfassungsort kommt unter den genannten Voraussetzungen jeder Ort im römischen Reich infrage, an den die galiläischen Träger der Spruchüberlieferung Q^1 verschlagen werden konnten, also ein unbegrenzter Raum. Am ehesten wird man indessen den Abfassungsort des MkEv nicht weit von dem Entstehungsort der Grundschrift im Osten des Reiches suchen.

Der Evangelist selbst ist uns unbekannt, seine kerygmatische Theologie bzw. seinen Gemeindeglauben entfaltet er nicht näher. An den wenigen Stellen, wo man ihn seine eigene Sprache sprechen hört, meint man, paulinische Redeweise oder Denkart zu vernehmen (vgl. z.B. Mk 2,19b; 8,38; 9,41.50b; 10,12.27.45; 13,10), doch reichen die spärlichen Indizien zu einem sicheren Urteil nicht aus.

Jedenfalls dürfte die Grundschrift nicht theologisches Lehrbuch in den Gemeinden des Markus und ihre Theologie nicht die fundamentale Theologie des Evangelisten gewesen sein; denn sonst hätte Markus die Grundschrift nicht mit der Freiheit, die er sich nimmt, redaktionell bearbeiten und dabei den theologischen Duktus der Grundschrift als ganzer preisgeben können. Mit dem Stoff der Grundschrift macht also erst der Evangelist Markus seine Leser bekannt.

Verzeichnis der Literatur

Abkürzungen in der Regel nach S. Schwertner, Internationales Abkürzungsverzeichnis für Theologie und Grenzgebiete

Abbott, E. A.: Art. ‚Gospels', Encyclopaedia Britannica, Bd. 10, ⁹1879, 789 ff.
–: The Corrections of Mark Adopted by Mt and Lk, 1901.
Abbott, E. A./Rushbrooke, W. G.: The Common Tradition of the Synoptic Gospels, 1884.
Abel, E. L.: Who Wrote Matthew?: NTS 17, 1970/71, 138 ff.
Achtemeier, P. J.: Toward the Isolation of Pre-Markan Miracle Catenae, JBL 89, 1970, 265 ff.
–: The Origin and Function of the Pre- Markan Miracle Catenae, JBL 91, 1972, 198 ff.
–: Gospel Miracle-Tradition and the Divine Man, Interpretation 26, 1972, 174 ff.
Aeschimann, J.: Origine des trois premières Evangiles, 1832.
Aichinger, H.: Quellenkritische Untersuchungen der Perikope vom Ährenausraufen am Sabbat. Mk 2, 23–28, in: A. Fuchs (Hg.), Jesus in der Verkündigung der Kirche, 1976, 110 ff.
–: Zur Traditionsgeschichte der Epileptikerperikope Mk 9,14–29, Probleme der Forschung, 1978, 114 ff.
Albeck, Ch.: Einführung in die Mischna, 1971.
Albertz, M.: Die synoptischen Streitgespräche. Ein Beitrag zur Formengeschichte des Urchristentums, 1921.
–: Die Botschaft des NT, Bd 1, (1946) 1955.
Alexander, Ph. S.: Rabbinic Judaism and the NT, ZNW 74, 1983, 237 ff.
Alfaric, P.: La plus ancienne vie de Jésus. L'évangile selon Marc, 1929.
–: Pour comprendre la vie de Jésus. Examen critique de l'évangile selon Marc, 1929.
Allen, W. C.: Did St. Matthew and St. Luke Use the Logia, ET 11, 1899/1900, 424 ff.
–: The Aramaic Background of the Gospels, in: W. Sanday (Hg.), Oxford Studies in the Synoptic Problem, 1911, 287 ff.
Allison, D. C.: The Pauline Epistles and the Synoptic Gospels: The Pattern of the Parallels, NTS 28, 1982, 1 ff.
Althaus, P.: Das sogenannte Kerygma und der historische Jesus, 1958.
–: Der gegenwärtige Stand der Frage nach dem historischen Jesus, 1960.

Ammon, Chr. F. von: Dissertatio de Luca emendatore Matthaei, 1805.
Anderson, H.: Jesus and Christian Origins, 1961.
Appel, H.: Einleitung in das NT, 1922.
Arai, S.: Agreements between Matthew and Luke, ET 73, 1961/62, 19 ff.
–: The Methods of the Evangelists and the Q-Hypothesis, Theology 67, 1964, 156 f.
–: Individual- und Gemeindeethik bei Lukas, AJBJ 9, 1983, 88 ff.
Argyle, A. W.: Evidence for the View that St. Luke Used St. Matthew's Gospel, JBL 83, 1964, 390 ff.
Audet, J. P.: La Didache, 1958.
Auneau, J. u. a.: Evangiles synoptiques et actes des apôtres, 1981.

Bachmann, M.: Johannes der Täufer bei Lukas; Nachzügler oder Vorläufer?, in: W. Haubeck/M. Bachmann (Hgg.), Wort in der Zeit (FS Rengstorf), 1980, 123 ff.
Bacon, B. W.: A Turning Point in Synoptic Criticism, HTR 1, 1908, 48 ff.
–: The Gospel of Mark. Its Composition and Date, 1925.
–: Studies in Matthew, 1930.
Badham, F. B.: St. Mark's Indebtedness to St. Matthew, 1897.
Balz, H. R.: Methodische Probleme der nt. Theologie, 1967.
Baer, H. von: Der Hlg. Geist in den Lukasschriften, 1926.
Bammel, E.: Das Ende von Q, in: O. Böcher/K. Haacker (Hgg.), Verborum Veritas (FS Stählin), 1970, 39 ff.
Barclay, W.: The First Three Gospels, 1966; ²1976.
Barnikol, E.: Das Leben Jesu der Heilsgeschichte, 1958.
–: Der Briefwechsel zwischen Strauß und Baur, ZKG 73, 1962, 74 ff.
–: Bruno Bauer. Studien und Materialien, 1972.
Barrett, C. K.: Luke the Historian in Recent Study, 1961.
Barth, F.: Einleitung in das NT, (1908) ³1914.
Barth, G.: Das Gesetzesverständnis des Evangelisten Matthäus, in: G. Bornkamm/G. Barth/H. J. Held, Überlieferung und Auslegung im MtEv, 1960.
Barth, K./Harnack, A. von: Wissenschaftliche Theologie oder Theologie der Offenbarung? Ein Briefwechsel zwischen Karl Barth und Adolf von Harnack, ChW 37, 1923, 8. 89 ff 142 ff 244 ff 305 f.
Bartlet, J. V.: The Sources of St. Luke's Gospel, in: W. Sanday (Hg.), Oxford Studies in the Synoptic Problem, 1911, 315 ff.
Bartsch, H. W.: Das historische Problem des Lebens Jesu, TEH 78, 1960.
–: Historische Erwägungen zur Leidensgeschichte, EvTh 22, 1962, 449 ff.
Battifol, P.: Six leçons sur les Evangiles, 1897.
Bauer, B.: Kritik der evangelischen Geschichte des Johannes, 1840.
–: Kritik der evangelischen Geschichte der Synoptiker, Bd 1–3, 1841. 1842
–: Kritik der Evangelien und Geschichte ihres Ursprungs, Bd 1–4, 1850/52.
Baumgarten-Crusius, L. F. O.: Commentar über das Evangelium des Matthäus, 1844.

Baur, F. Chr.: Paulus, 1845.
–: Kritische Untersuchung über die kanonischen Evangelien, ihr Verhältnis zueinander, ihren Charakter und Ursprung, 1847.
–: Das MkEv nach seinem Ursprung und Charakter, 1851.
–: Rückblick über die neuesten Untersuchungen über das MkEv, ThJb 12, 1853. 54ff.
–: Die Tübinger Schule und ihre Stellung zur Gegenwart, 1859.
–: Kirchengeschichte der drei ersten Jahrhunderte, (1853) ²1860.
–: Kirchengeschichte des 19. Jahrhunderts, 1862.
–: Vorlesung über die nt. Theologie, 1864.
Becker, J.: Johannes der Täufer und Jesus von Nazareth, 1972.
Benecke, H.: Wilhelm Vatke, 1883.
Bengel, J. A.: Gnomon NT, 1742.
Benoit, P.: Réflexions sur la ‚Formgeschichtliche Methode', RB 53, 1946, 481ff.
–: L'Evangile selon Saint Matthieu, (1950) ³1961.
Benoit, P./Boismard, M-E.: Synopse des quatre évangiles en Français, Bd 1, 1965; Bd 2, 1972.
Bertholdt, L.: Hist.-krit. Einleitung in sämtliche... Schriften des alten und neuen Testaments, Bd 3, 1813.
Bertram, G.: Die Leidensgeschichte Jesu und der Christuskult, 1922.
Best, E.: 1 Peter and the Gospel Tradition, NTS 16, 1969/70, 95ff.
–: An Early Saying Collection, NT 18, 1976, 1ff.
–: Following Jesus. Discipleship in the Gospel of Mark, 1981.
Betz, H. D.: Nachfolge und Nachahmung Jesu Christi im NT, 1967.
–: Kosmogenie und Ethik in der Bergpredigt, ZThK 81, 1984, 139ff.
Betz, O.: Was wissen wir von Jesus, 1965.
Beyschlag, W.: Die apostolische Spruchsammlung und unsere vier Evangelien, ThStKr 54, 1881, 565ff.
–: Das Leben Jesu, Bd 1, 1885.
Biel, P.: Zur Frage nach dem historischen Jesus, ThR NF 24, 1957/57, 15ff.
Biggs, H.: The Q Debate since 1955, Themelios 6, 1981, 18ff.
Binder, H.: Von Mk zu den Großevangelien, ThZ 35, 1979, 275ff.
Black, M.: An Aramaic Approach to the Gospels and Acts, (1946) ²1954.
–: Die Muttersprache Jesu, 1982.
Blank, J.: Jesus von Nazareth. Geschichte und Relevanz, 1972.
Blank, R.: Analyse und Kritik der formgeschichtlichen Arbeiten von Martin Dibelius und Rudolf Bultmann, Diss. Basel 1981.
Bleek, F.: Einleitung in das NT, 1862.
Blevins, J. L.: The Messianic Secret in Marcan Research, 1901–1976, 1981.
Bohemen, N. van: L'Institution de Douze. La Formation des Evangiles, Rech-Bib 22, 1957, 116ff.
Boismard, M. E.: Evangile des Ebionites et le problème synoptique, RB 73, 1966, 321ff.

–: Influences matthéennes sur l'ultime rédaction de l'évangile de Marc, in: M. Sabbe (Hg.), L'évangile selon Marc, 1974, 93 ff.
–: The Two Source Theory at an Impasse, NTS 26, 1979/80, 1 ff.
–: La vie des évangiles. Initiation â la critique des textes, 1980.
Bolgiani, F.: Vittore di Capua e il ‚Diatessaron', in: Memorie dell' Accademia delle Scienze di Torino, 1962, 22 ff.
Bolten, J. A.: Der Bericht des Matthäus von Jesus dem Messias, 1792.
–: Der Bericht des Markus . . ., 1795.
–: Der Bericht des Lukas . . ., 1796.
Boman, T.: Die Jesus-Überlieferung im Lichte der neueren Volkskunde, 1967.
Bonnard, P.: Art. ‚Evangelien', BHH, Bd 1, 1962, 449 ff.
Boring, M. E.: Sayings of the Risen Christ: Christian Prophecy in the Synoptic Tradition, 1982.
Bornkamm, G.: Jesus von Nazareth, 1956.
–: Art. ‚Evangelien, synoptische', RGG³, Bd 2, 1958, 753 ff.
–: Glaube und Geschichte in den Evangelien, in: H. Ristow/K. Matthiae (Hg.), Der historische Jesus und der kerygmatische Christus, 1960, 281 ff.
–: Der Auferstandene und der Irdische. Mt 28,16–20, in: E. Dinkler (Hg.), Zeit und Geschichte (FS Bultmann), 1964, 171 ff.
Bornkamm, G./Barth, G./Held, H. J.: Überlieferung und Auslegung im MtEv, 1960.
Bousset, W.: Die Religion des Judentums im nt. Zeitalter, 1903.
–: Die jüdische Apokalyptik, 1903.
–: Wellhausens Evangelienkritik, ThR 9, 1906, 1 ff 43 ff.
–: Vorwort zu W. Wrede, Paulus, ²1907, 3 ff.
–: Art. ‚Evangelien, synoptische', RGG¹, Bd 2, 1910, 700 ff.
–: Kyrios Christos, (1913) ²1921.
Bouwman, G.: Das dritte Evangelium, 1968.
Bovon, F.: Luc le théologien. Vingtcinq ans de recherches, 1978.
Bracht, W.: Jüngerschaft und Nachfolge. Zur Gemeindesituation im MkEv, in: J. Hainz (Hg.), Kirche im Werden, 1976, 143 ff.
Brandenburger, E.: Das Recht des Weltenrichters, Untersuchung zu Mt 25, 31–46, 1980.
Brandon, S. G. F.: The Fall of Jerusalem and the Christian Church, (1951) ²1957.
Brandt, W.: Die evangelische Geschichte und der Ursprung des Christenthums, 1893.
Braumann, G.: Das Mittel der Zeit. Erwägungen zur Theologie des LkEv, ZNW 54, 1963, 117 ff.
Braun, H.: Zur Terminologie der Acta von der Auferstehung Jesu, ThLZ 78, 1952, 533 ff.
–: Art. ‚Glaube, III. Im NT', RGG³, Bd 2, 1958, 1590 ff.
–: Jesus, 1969.
Broer, I.: Freiheit vom Gesetz und Radikalisierung des Gesetzes, 1980.

Brown, J. P.: An Early Revision of the Gospel of Mark, JBL 78, 1959, 215 ff.
–: Mark as Witness to an Edited Form of Q, JBL 80, 1961, 29 ff.
–: The Form of ‚Q' Known to Matthew, NTS 8, 1961/62, 27 ff.
–: Synoptic Parallels in the Epistles and Form-History, NTS 10, 1963/64. 27 ff.
Brown, S.: The Matthean Community and the Gentile Mission, NT 22, 1980, 193 ff.
Brückner, M.: Die Entstehung der paulinischen Christologie, 1903.
Buchanan, G. W.: Has the Griesbach Hypothesis Been Falsified?, JBL 93, 1974, 550 ff.
–: Current Synoptic Studies. Orchard, the Griesbach Hypothesis and other Alternatives, RelLife 46, 1977, 415 ff.
Büchsel, F.: Die Hauptfragen der Synoptikerkritik, 1939.
Büsching, A. F.: Die vier Evangelisten mit ihren eigen Worten zusammengesetzt..., 1766.
Bultmann, R.: Ethische und mystische Religion im Urchristentum, ChW 34, 1920, 725 ff.
–: Die Geschichte der synoptischen Tradition, (1921) ²1931 (=⁴1971 mit Ergänzungsheft).
–: Besprechung von E. Fascher, Die formgeschichtliche Methode (1924), ThLZ 50, 1925, 313 ff.
–: Die Erforschung der synoptischen Evangelien, 1925.
–: Jesus, (1926) ²1929 (Nachdruck 1964 mit einem Nachwort von W. Schmithals).
–: Art. ‚Evangelien, gattungsgeschichtlich, (formgeschichtlich)', RGG², Bd 2, 1928, 418 ff.
–: Glaube und Verstehen, Bd 1, 1933 (²1954); Bd 2, 1952; Bd 3, 1960; Bd 4, 1965.
–: Johannes Weiß zum Gedächtnis, ThBl 18, 1939, 242 ff.
–: NT und Mythologie, in: Offenbarung und Heilsgeschehen, 1941, 27 ff.
–: Theologie des NT, (1958) ⁵1965.
–: Das Verhältnis der urchristlichen Christusbotschaft zum historischen Jesus, 1960.
–: B. Jaspert (Hg.): Karl Barth – Rudolf Bultmann. Briefwechsel 1922–1966, 1971.
Bundy, W. E.: Jesus and the First Three Gospels, 1955.
Bunsen, Chr. K. J. Frhr von: Vollständiges Bibelwerk für die Gemeinde, Bd 1, 1858.
Burkill, T. A.: Mysterious Revelation, 1963.
Burkitt, F. C.: The Gospel History and Its Transmission, 1906.
–: The Earliest Sources for the Life of Jesus, 1910.
Burney, F.: The Poetry of Our Lord, 1925.
Burrows, E. W.: A Study of the Agreements of Mt and Lk Against Mk, Diss. Oxford 1969.

–: The Use of Textual Theories to Explain Agreements of Mt and Lk Against Mk, in: L. J. K. Elliott (Hg.), FS George D. Kilpatrick, 1976, 87 ff.
Burton, E. D.: Some Principles of Literary Criticism and Their Application to the Synoptic Problem, 1904.
Burton, E. D./Goodspeed, E. J.: A Harmony of the Synoptic Gospels, 1917.
Buse, J.: St. John and the Marcan Passion Narrative, NTS 4, 1957/58, 215 ff.
Bussby, F.: Is Q an Aramaic Document, ET 65, 1953/54, 272 ff.
Busse, U.: Jesus zwischen arm und reich, 1980.
Bussmann, W.: Synoptische Studien, Bd 1, 1925; Bd 2, 1929, Bd 3, 1931.
–: Hat es nie eine schriftliche Logienquelle gegeben?, ZNW 31, 1932, 23 ff.
–: St. Luke's Debt to St. Matthew, HTR 32, 1939, 237 ff.
Butler, B. C.: The Originality of St. Matthew. A Critique of the Two-Document-Hypothesis, 1951.

Cadbury, H. J.: The Beginnings of Christianity, Bd 1.2, 1922.
–: The Making of Luke-Acts, 1927.
Cadoux, A. T.: The Sources of the Second Gospel, 1935.
Caird, G. B.: The Study of the Gospel, ET 87, 1975/76, 99 ff 137 ff 168 ff.
Camerlynck, A./Coppieters, H.: Evangeliorum ... Synopsis, 1908.
Campenhausen, H. von: Die Begründung der kirchlichen Entscheidungen beim Apostel Paulus, 1957.
–: Die Entstehung der christlichen Bibel, 1968.
Carlston, Ch. E.: A Positive Criterion of Authenticity, BR VII, 1962, 33 ff.
–: Wisdom and Eschatology in Q, in: J. Delobel (Hg.), Logia, 1982, 101 ff.
Carlston, Ch. E./Norlin, D.: Once More – Statistics and Q, HThR 64, 1971, 59 ff.
Carmignac, J.: Studies in the Hebrew Background of the Synoptic Gospels, 1970.
Casey, R. P.: Some Remarks on Formgeschichtliche Methode, in: Quantulacumque, Studies presented to K. Lake, 1937, 109 ff.
Cassian: The Interrelation of the Gospels: Mt – Lk – John, StEv 1, 1959, 129 ff.
Causse, M.: Etudes sur le problème synoptique, ETR 52, 1977, 125 ff.
Cerfaux, L.: A propos des sources des troisièmes évangiles: Proto- Luc ou Proto-Matthieu?, EThL 12, 1935, 5 ff.
–: Encore la question synoptique, EThL 15, 1938, 330 ff.
–: La Mission de Galilée dans la tradition synoptique, EThL 27, 1951, 369 ff; 28, 1952, 629 ff.
–: La vie de Jésus devant l'histoire, Euntes Docete 12, 1959, 131 ff.
Chapman, J.: Matthew, Mark and Luke. A Study in the Order and Interrelation of the Synoptic Gospels, 1937
Clericus, J.: Historia ecclesiastica duorum primorum saeculorum, 1716.
Cludius, H. H.: Uransichten des Christenthums, 1808.
Cölln, D. von: Biblische Theologie, 1836.

Collins, R. F.: Introduction to the NT, 1983.
O'Connell, L. J.: Boismard's Synoptic Theory: Exposition and Response, ThD 26, 1978, 325 ff.
Conolly, H.: The Appeal to Aramaic Sources of Our Gospels, DR 66, 1948, 25 ff.
Conradi, J.: Schleiermachers Arbeit auf dem Gebiet der nt. Einleitungswissenschaft, 1907.
Conzelmann, H.: Die Mitte der Zeit, 1954 (^{5}1964).
–: Zur Methode der Leben-Jesu-Forschung, ZThK, Beiheft 1, 1959, 2 ff.
–: Art. ‚Jesus Christus‘, RGG^3, Bd 3, 1959, 619 ff.
–: Jesus von Nazareth und der Glaube an den Auferstandenen, in: H. Ristow/K. Matthiae (Hgg.), Der historische Jesus und der kerygmatische Christus, 1960, 188 ff.
–: Grundriß der Theologie des NT, 1967.
–: Geschichte der Kirche, 1969.
–: Der erste Brief an die Korinther, KEK, Bd 5, ^{11}1969.
–: Literaturbericht zu den synoptischen Evangelien, ThR NF 37, 1972, 257 ff; 43, 1978, 35 ff.
Corrodi, H.: Versuch einer Beleuchtung der Geschichte des jüdischen und christlichen Bibelkanons, 1792.
Couchoud, P.-L.: Le Mystère de Jésus, 1924.
Credner, K. A.: Einleitung in das NT, 1836.
Crum, J. M. C.: St. Mark's Gospel. Two Stages of its Making, 1936.
Cullmann, O.: Christus und die Zeit, 1948.
–: Heil als Geschichte, 1965.
–: Die Pluralität der Evangelien, in: Vorträge und Aufsätze, 1966, 548 ff.
–: Die neuen Arbeiten zur Geschichte der Evangelientradition (1925), in: Vorträge und Aufsätze, 1966, 41 ff.
–: Unzeitgemäße Bemerkungen zum ‚historischen Jesus‘ der Bultmannschule (1960), in: Vorträge und Aufsätze, 1966, 141 ff.
Curtis, K. P. G.: In Support of Q, ET 84, 1972/73, 309 ff.

Dahl, N. A.: Die Passionsgeschichte bei Matthäus, NTS 2, 1955/56, 17 ff.
–: Der historische Jesus als geschichtswissenschaftliches und theologisches Problem, KuD 1, 1955, 104 ff.
Dalman, G.: Die Worte Jesu, (1898) ^{2}1930.
Dausch, P.: Die synoptische Frage, 1914.
Davids, P. H.: The Gospels and Jewish Tradition: Twenty Years after Gerhardsson, in: R. T. France/D. Wenham (Hgg.), Gospel Perspectives I, 1980, 75 ff.
Davies, W. D.: The Setting of the Sermon on the Mount, 1964.
Degenhardt, H.-J.: Lukas – Evangelist der Armen, 1965.
Delitzsch: Die Entstehung des MtEv, ZLThK 11, 1850, 456 ff.

Delling, G.: Geprägte Jesus-Traditionen im Urchristentum, in: Studien zum NT und zur hellenistischen Umwelt, 1970, 160 ff.
–: Wort Gottes und Verkündigung im NT, 1971.
–: Der Kreuzestod Jesu in der urchristlichen Verkündigung, 1972.
–: Johann Jakob Griesbach. Seine Zeit, sein Leben, sein Werk, ThZ 33, 1977, 81 ff.
Devisch, M.: La relation entre l'évangile de Marc et le document Q, in: M. Sabbe (Hg.), L'évangile selon Marc, 1974, 59 ff.
–: De geschiedenis van de Quelle-hypothese, Diss. Leuven, 1975.
–: La source dite des Logia et ses problèmes, EThL 51, 1975, 82 ff.
Dewey, J.: The Literary Structure of the Controversy Stories in Mark 2,1–3,6, JBL 92, 1973, 394 ff.
Dibelius, F.: Das Abendmahl, 1911.
–: Die Herkunft der Sonderstücke des LkEv, ZNW 12, 1911, 325 ff.
Dibelius, M.: Besprechung von J. Weiß, Jesus von Nazareth. Mythus oder Geschichte, ThLZ 35, 1910, 545 ff.
–: Die Formgeschichte des Evangeliums, (1919) ²1933 (³1959)
–: Geschichte der urchristlichen Literatur, 1926.
–: Zur Formgeschichte der Evangelien, ThR 1, 1929, 185 ff.
–: Jesus, 1939.
–: Aufsätze zur Apostelgeschichte, 1951.
–: Botschaft und Geschichte, Bd 1, 1953; Bd 2, 1956.
Dibelius, M./Conzelmann, H.: Die Pastoralbriefe, ³1955.
Didier, M. (Hg.): L'évangile selon Matthieu. Redaction et théologie, 1972.
Diem, H.: Der irdische Jesus und der Christus des Glaubens, 1957.
Dobschütz, E. von: Probleme des Apostolischen Zeitalters, 1904.
–: Die Erzählkunst des Markus, ZNW 27, 1928, 193 ff.
–: Matthäus als Rabbi und Katechet, ZNW 27, 1928, 338 ff.
Dodd, C. H.: The Framework of the Gospel Narrative, ET 43, 1932, 396 ff.
–: The Apostolic Preaching and its Developments, (1936) ²1944 (⁷1951).
–: Matthew and Paul, 1947.
Doeve, J. W.: La formation des évangiles, RechBib 2, 1957, 70 ff.
Downing, F. G.: Towards the Rehabilitation of Q, NTS 11, 1964/65, 169 ff.
Drescher, R.: Das Leben Jesu bei Paulus, in: Festgruß für B. Stade, 1900, 99 ff.
Drews, A.: Die Christusmythe, 1909 (²1910).
–: Das MkEv als Zeugnis gegen die Geschichtlichkeit Jesu, 1921 (²1928).
–: Die Leugnung der Geschichtlichkeit Jesu in Vergangenheit und Gegenwart, 1926.
Drury, J.: Tradition and Design in Luke's Gospel, 1976.
Dungan, D. L.: Mark – The Abridgement of Matthew and Luke, in: Jesus and Man's Hope, Bd 1, 1970, 51 ff.
–: The Sayings of Jesus in the Churches of Paul, 1971.
–: Reactionary Trends in the Gospel Producing Activity of the Early Church:

Marcion, Tatian, Mark, in: M. Sabbe (Hg.), L'Evangile selon Marc, 1974, 179 ff.
–: Theory of Synopsis Construction, Biblica 61, 1980, 325 ff.
Dunkmann, K.: Der historische Jesus, der mythologische Jesus und Jesus der Christ. Ein kritischer Gang durch die moderne Jesus-Forschung, ²1911.

Easton, B. S.: Linguistic Evidence for the Lucan Source L, JBL 29, 1910, 139 ff.
–: The Gospel before the Gospels, 1928.
Ebeling, G.: Das Wesen des christlichen Glaubens, 1959.
–: Jesus und Glaube, in: Wort und Glaube, 1960, 203 ff.
–: Historischer Jesus und Christologie, in: Wort und Glaube, 1960, 300 ff.
–: Theologie und Verkündigung, 1962.
Ebeling, H. J.: Das Messiasgeheimnis und die Botschaft des Marcus-Evangelisten, 1939.
Ebrard, A.: Wissenschaftliche Kritik der evangelischen Geschichte, (1841/42) ²1850.
Eckermann, J. Chr. R.: Über die eigentlich sichern Gründe des Glaubens an die Hauptthatsachen der Geschichte Jesu und über die wahrscheinliche Entstehung der Evangelien und der Apostelgeschichte, Theol Beyträge V 2, 1796.
–: Erklärung aller dunkeln Stellen des NT, Theil 1, 1806.
Edwards, R. A.: An Approach to a Theology of Q, JThS 51, 1971, 247 ff.
–: A Concordance to Q, 1975.
–: A Theology of Q. Eschatology, Prophecy and Wisdom, 1976.
Ehrhardt, A.: The Framework of the NT Stories, 1964.
Eichhorn, J. G.: Über die drey ersten Evangelien, ABBL 5, 1794, 759 ff.
–: Einleitung in das NT, Bd 1, (1804) ²1820.
d'Eichthal, G.: Les évangiles, 1863.
Ellis, E. E.: New Directions in Form Criticism, in: Prophecy and Hermeneutic in Early Christianity, 1978, 237 ff.
–: Gospel Criticism: A Perspective on the State of the Art, in: P. Stuhlmacher (Hg.), Das Evangelium und die Evangelien, 1983, 27 ff.
Eltester, W.: Lukas und Paulus, in: Eranion (FS Hommel), 1961, 1 ff.
Elze, M.: Tatian und seine Theologie, 1960.
Engelland, H.: Gewißheit um Jesus von Nazareth, ThLZ 79, 1954, 65 ff.
Enslin, M. S.: Once Again, Luke and Paul, ZNW 61, 1970, 253 ff.
Erbt, W.: Das MkEv. Eine Untersuchung über die Form der Petruserinnerungen und die Geschichte der Urgemeinde, 1911.
Ernst, J.: Das Evangelium nach Lukas, 1977.
Evans, C. F.: The Central Section of St. Luke's Gospel, in: D. E. Nineham (Hg.), Studies in the Gospels, 1955, 37 ff.
Evanson, E.: The Dissonance of the Four generally Received Evangelists, 1792.

Ewald, H.: Die drei ersten Evangelien und die Apostelgeschichte, (1850) ²1871.
–: Geschichte Christi und seiner Zeit, 1855.
Ewald, P.: Die Hauptprobleme der Evangelienfrage, 1890.

Farmer, W. R.: The Synoptic Problem, 1964 (²1976).
–: The Lachmann Fallacy, NTS 14, 1967/68, 441 ff.
–: Modern Developments of Griesbach's Hypothesis, NTS 23, 1976/77, 275 ff.
–: The Present of the Synoptic Problem, Perkins Journal 32, 1978, 1 ff.
–: Basic Affirmation with Some Demurrals, in: W. O. Walker (Hg.), The Relationships Among the Gospels, 1978, 303 ff.
–: Occasional Notes on some Points of Interest in NT Studies, 1980.
–: Jesus and the Gospel, 1982.
Farrar, F. W.: The Gospel According to St. Luke, 1880.
Farrer, A.: On Dispensing with ‚Q', in: D. E. Nineham (Hg.), Studies in the Gospels, 1955, 55 ff.
Fascher, E.: Die formgeschichtliche Methode. Eine Darstellung und Kritik, 1924.
–: Textgeschichte als hermeneutisches Problem, 1953.
–: Zur Geschichte der formgeschichtlichen Erforschung des NT, in: G. Kulicke u.a. (Hgg.), Bericht von der Theologie, 1971, 33 ff.
Fee, G. D.: A Text-Critical Look at the Synoptic Problem, NT 22, 1980, 12 ff.
Feiler, L.: Die Entstehung des Christentums aus dem Geiste des magischen Denkens, 1927.
Feilmoser, A. B.: Einleitung in die Bücher des Neuen Bundes, 1810.
Feine, P.: Eine vorkanonische Überlieferung des Lukas in Evangelium und Apostelgeschichte, 1891.
–: Einleitung in das NT, (1913) ⁵1930. ⁸1936 (völlig neu bearb. von J. Behm).
Feneberg, R.: Formgeschichte und historischer Jesus, in: R. und W. Feneberg, Das Leben Jesu im Evangelium, 1980, 19 ff.
Fiebig, P.: Die mündliche Überlieferung als Quelle der Synoptiker, in: Nt. Studien für G. Heinrici, 1914, 79 ff.
Finegan, J.: Die Überlieferungsgeschichte der Leidens- und Auferstehungsgeschichte Jesu, 1934.
Fischer, H.: Die ‚geschichtliche Christologie' und das Problem des historischen Jesus, ZThK 65, 1968, 348 ff.
Fitzmyer, J. A.: The Priority of Mark and the ‚Q' Source in Luke, in: Jesus and Man's Hope, Bd 1, 1970, 131 ff.
–: Essays in the Semitic Background of the NT, 1971.
–: A Wandering Aramaean, 1979.
–: To Advance the Gospel, 1982.
Fjärstedt, B.: Synoptic Tradition in 1 Corinthians, 1974.
Flender, H.: Heil und Geschichte in der Theologie des Lukas, 1965.
–: Die Botschaft Jesu von der Herrschaft Gottes, 1968.

Florit, E.: Il metodo della ‚Storia delle forme' e sua applicazione al racconto della passione, 1935.
Flusser, D.: Das Schisma zwischen Judentum und Christentum, EvTh 40, 1980, 214 ff.
–: Die rabbinischen Gleichnisse und der Gleichniserzähler Jesus, 1981.
Fortna, R. T.: The Gospel of Signs, 1970.
Frankemölle, H.: Jahwebund und Kirche Christi. Studien zur Form- und Redaktionsgeschichte des Evangeliums nach Mt, 1974.
–: Evangelist und Gemeinde. Eine methodenkritische Besinnung, Bib 60, 1979, 153 ff.
Frey, L.: Analyse ordinate des évangiles synoptiques, 1973.
Friedrich, G.: Die formale Struktur von Mt 28,18–20, ZThK 80, 1983, 137 ff.
Fritzsche, K. A. F.: Evangelium Marci, 1830.
Frye, R. M.: The Synoptic Problems and Analogies in other Literatures, in: W. O. Walker (Hg.), The Relationship Among the Gospels, 1978, 261 ff.
Fuchs, A.: Sprachliche Untersuchungen zu Matthäus und Lukas. Ein Beitrag zur Quellenkritik, 1971.
–: Die Behandlung der kleinen mt/lk Übereinstimmungen gegen Markus durch S. McLoughlin und ihre Bedeutung für die synoptische Frage, in: Probleme der Forschung, 1978, 24 ff.
–: Die Überschneidungen von Mk und ‚Q' nach B. H. Streeter und E. P. Sanders und ihre wahre Bedeutung (Mk 1,1–8 par), in: W. Haubeck/M. Bachmann (Hgg.), Wort in der Zeit (FS Rengstorf), 1980, 28 ff.
–: Die Entwicklung der Beelzebulkontroverse bei den Synoptikern, 1980.
Fuchs, E.: Zur Frage nach dem historischen Jesus, Gesammelte Aufsätze, Bd 2, 1960.
–: Zur Frage nach dem historischen Jesus. Ein Nachwort, in: Glaube und Erfahrung, 1965, 1 ff.
Fuller, R. H.: Current Synoptic Studies. Orchard, the Griesbach Hypothesis and other Alternatives, RelLife 46, 1977, 415 ff.
–: Baur versus Hilgenfeld. A Forgotten Chapter in the Debate on the Synoptic Problem, NTS 24, 1977/78, 355 ff.
–: Die neuere Diskussion über das synoptische Problem, ThZ 34, 1978, 123 ff.
Funk-Bihlmeyer, Die apostolischen Väter. Mit einem Nachtrag hgg. von W. Schneemelcher, (1924) ²1956.
Furnish, V. P.: The Jesus – Paul Debate: From Baur to Bultmann, BullJohnRylBib 47, 1965, 342 ff.
Fusco, V.: L'accord mineur Mt 13,11a par Luc 8,10a contre Mc 4,11a, in: J. Delobel (Hg.), Logia, 1982, 355 ff.

Gaboury, A.: La structure des évangiles synoptiques. La Structuretype à l'origine des synoptiques, 1970.
Gaechter, P.: Das MtEv, 1965.
Gasque, W.: A History of the Criticism of the Acts of the Apostles, 1975

Gaston, L.: No Stone on Another. Studies in the Significance of the Fall of Jerusalem in the Synoptic Gospels, 1970.
–: The Messiah of Israel as Teacher of the Gentiles. Interpretation 29, 1975, 24 ff.
Gehringer, J.: Synoptische Zusammenstellung des griechischen Textes der vier Evangelien nach den Grundsätzen der authentischen Harmonie, 1842.
Georgi, D.: Die Gegner des Paulus im 2. Korintherbrief, 1964.
Gerhardsson, B.: Memory and Manuscript. Oral Tradition and Written Transmission in Early Christianity, 1961 (²1964)
–: Die Anfänge der Evangelientradition, 1977.
–: Der Weg der Evangelientradition, in: P. Stuhlmacher (Hg.), Das Evangelium und die Evangelien, 1983, 79 ff.
–: Besprechung von R. Riesner, Jesus als Lehrer, ThLZ 108, 1983, 500 ff.
Gericke, W.: Das Buch ‚De tribus impostoribus‘, 1982.
Gfrörer, A. F.: Kritische Geschichte des Urchristenthums, 1831.
–: Geschichte des Urchristenthums. Das Jahrhundert des Heils, 1838.
–: Geschichte des Urchristenthums. Die heilige Sage, Bd 1. 2, 1838.
Gieseler, J. C. L.: Hist.-krit. Versuch über die Entstehung und die frühesten Schicksale der schriftlichen Evangelien, 1818.
Giesen, H.: Christliches Handeln. Eine redaktionskritische Untersuchung zum δικαιοσυνη – Begriff im MtEv, 1982.
Gilmour, S. MacLean: A Critical Re-Examination of Proto-Luke, JBL 67, 1948, 143 ff.
Glasswell, M. E.: St. Mark's Attitude to the Relationship between History and the Gospel, in: E. A. Livingstone (Hg.), Studia Biblica 1978, Bd 2, 1980, 115 ff.
Glöckner, R.: Nt. Wundergeschichten und das Lob der Wundertaten Gottes in den Psalmen, 1983.
Glover, R.: The Didache's Quotations and the Synoptic Gospels, NTS 5 1958/59, 12 ff.
Gnilka, J.: Das Christusbild der Spruchquelle, in: Jesus Christus nach früheren Zeugnissen des Glaubens, 1970, 110 ff.
–: Das Evangelium nach Markus, Bd 1, 1978; Bd 2, 1979.
Godet, F.: Commentaire sur l'Evangile de saint Luc, (1871. ³1888/89) dt (1872) ²1890.
–: Introduction au NT, Bd 2,1: Les trois premiers évangiles, 1897.
Gogarten, F.: Jesus Christus – Wende der Welt, 1966.
Goguel, M.: L'Evangile de Marc dans ses rapports avec ceux de Matthieu et de Luc, 1909.
–: Introductions au NT, Bd 1: Les évangiles synoptiques, 1923.
–: Une nouvelle école de critique évangelique, RhR 94, 1926, 114 ff.
–: La vie de Jésus, 1932, dt. 1934.
–: Luke and Mark: With a Discussion of Streeter's Theory, HThR 26, 1933, 1 ff.

Goulder, M. D.: Midrash and Lection in Matthew, 1974.
–: On Putting Q to the Test, NTS 24, 1977/78, 218 ff.
Gräßer, E.: Das Problem der Parusieverzögerung in den synoptischen Evangelien und in der Apostelgeschichte, (1957) ³1977.
–: Die Apostelgeschichte in der Forschung der Gegenwart, ThR 26, 1960, 93 ff.
–: Der Glaube im Hebräerbrief, 1965.
–: Der historische Jesus im Hebräerbrief, ZNW 56, 1965, 63 ff.
–: Motive und Methoden der neueren Jesus-Literatur, VuF 2, 1973, 3 ff.
–: Albert Schweitzer als Theologe, 1979.
Grant, F. C.: The Growth of the Gospels, 1933.
–: The Earliest Gospel, 1943.
–: The Gospels: Their Origin and Their Growth, 1957.
Gratz, A.: Neuer Versuch, die Entstehung der drey ersten Evangelien zu erklären, 1812.
Greeven, H.: The Gospel Synopsis from 1776 to the Present Day, in: B. Orchard/Th. R. W. Longstaff (Hg.), J. J. Griesbach: Synoptic and Text-critical Studies 1776–1976, 1978, 22 ff.
Griesbach, J. J.: Fontes unde Evangelistae suas de resurrectione Domini narratione hauserint, 1784.
–: Commentatio, qua Marci Evangelium totum e Matthaei et Lucae commentariis decerptum esse monstratur, 1789/90; neu bearbeitet in: Velthusen u. a. (Hg.), Commentationes Theologicae, Bd 1, 1794, 360 ff; jetzt in: B. Orchard/Th. R. W. Longstaff (Hg.), J. J. Griesbach: Synoptic and Text-critical Studies 1776–1976, 1978, 74 ff.
Grobel, K.: Formgeschichte und synoptische Quellenanalyse, 1937.
Grobel, W. K.: The Human Jesus outside the Gospel and Acts, in: H. K. McArthur (Hg.), NT Sidelights (FS Purdy) 1960, 78 ff.
Grosch, H.: Der Umfang des vom Apostel Matthäus verfaßten Evangeliums oder des aramäischen Matthäus, 1914.
Grotius, H.: Annotationes in libros evangeliorum, 1641.
Grundmann, W.: Die Botschaft Gottes, 1940.
–: Das Evangelium nach Markus, (1959) ⁷1977.
Gryson, R.: A propos du témoignage de Papias sur Matthieu. Le sens du mot λογιον chez les Pères du second siècle, EThL 41, 1965, 530 ff.
Guelich, R.: The Gospel Genre, in: P. Stuhlmacher (Hg.), Das Evangelium und die Evangelien, 1983, 183 ff.
Guericke, H. E. F.: Hist.-krit. Einleitung in das NT, (1843) ³1867.
Güttgemanns, E.: Der leidende Apostel und sein Herr, 1966.
–: Offene Fragen zur Formgeschichte des Evangeliums, 1970 (²1971).
Guignebert, Ch.: Jésus: L'Evolution de l'humanité, 1933.
Gundry, R. H.: The Use of the Old Testament in St. Matthew's Gospel, 1967.
Gunkel, H.: Schöpfung und Chaos, 1895.

–: Art. ‚Literaturgeschichte Israels', RGG¹, Bd 1, 1909, 1189 ff.
–: Reden und Aufsätze, 1913.
Gutwenger, E.: Papias. Eine chronologische Studie, ZKTh 69, 1947, 385 ff.
Guy, H. A.: The Origin of the Gospel of Mark, 1954.

Hadorn, W.: Die Entstehung des MkEv, 1898.
Haenchen, E.: Die Apostelgeschichte, (1956) ¹³1961 ¹⁶1977.
–: Die frühe Christologie, ZThK 63, 1966, 145 ff.
–: Vom Wandel des Jesusbild in der frühen Gemeinde, in: K. Haacker/O. Böcher (Hgg.), Verborum Veritas (FS Stählin), 1970, 3 ff.
Haenlein, H. C. A.: Handbuch der Einleitung in die Schriften des NT, Bd 2, Teil 2, 1800.
Hahn, F.: Christologische Hoheitstitel, 1963.
–: Methodologische Überlegungen zur Rückfrage nach Jesus, in: K. Kertelge (Hg.), Rückfrage nach Jesus, 1974, 11 ff.
Hahn, G. L.: Das Evangelium des Lukas, Bd 1, 1892; Bd 2, 1894.
Halfeld, H. G.: Commentatio de origine quattuor evangeliorum et de eorum canonica auctoritate, 1794.
Hare, D. R. A.: The Theme of Jewish Persecution of Christians in the Gospel According to St. Matthew, 1967.
Harms, K.: Pastoraltheologie, Bd 1, 1830.
Harnack, A. von: Geschichte der altchristlichen Literatur, Bd 2, Teil 1, 1897.
–: Das Wesen des Christentums, (1900) Neuauflage 1950 (mit einem Geleitwort von R. Bultmann).
–: Lukas der Arzt, 1906.
–: Sprüche und Reden Jesu. Die zweite Quelle des Mt und Lk, 1907.
–: Die Entstehung des NT und die wichtigsten Folgen der neuen Schöpfung, 1914
–: Porphyrius. ‚Gegen die Christen', 15 Bücher, Zeugnisse, Fragmente und Referate, 1916.
–: Marcion, (1920) ²1924 (³1960).
Harraeus, K.: David Friedrich Strauß, 1901.
Hartlich, Ch./Sachs, W.: Der Ursprung des Mythosbegriffes in der modernen Bibelwissenschaft, 1952.
Harvey, A./Ogden, Sch. M.: Wie neu ist die ‚Neue Frage nach dem historischen Jesus'?, ZThK 59, 1962, 46 ff.
Hasert, Chr. A.: Die Evangelien, ihr Geist, ihre Verfasser und ihr Verhältnis zueinander, 1845.
Hauck, F.: Das Evangelium des Lukas, 1934.
Haupt, W.: Worte Jesu und Gemeindeüberlieferung, 1913.
Hawkins, J. C.: Horae Synopticae, 1899.
Heiler, F.: Alfred Loisy, 1947.
Heinrici, G.: Zur Geschichte der Anfänge paulinischer Gemeinden, ZWTh 20, 1877, 89 ff.

–: Die urchristliche Überlieferung und das NT, in: Theologische Abhandlungen (FS Weizsäcker), 1892, 321 ff.
–: Der zweite Brief an die Korinther, KEK, Bd 6, ⁸1900.
–: Der literarische Charakter der nt. Schriften, 1908.
Heitmüller, W.: Zum Problem Paulus und Jesus, ZNW 13, 1912, 320 ff.
–: Jesus, 1913.
Heitsch, E.: Jesus aus Nazareth als Christus, in: H. Ristow/K.Matthiae (Hgg.), Der historische Jesus und der kerygmatische Christus, 1960, 62 ff.
Held, H.J.: Matthäus als Interpret der Wundergeschichten, in: G. Bornkamm/G. Barth/H.J. Held, Überlieferung und Auslegung im MtEv, 1960, 155 ff.
Helmbold, H.: Vorsynoptische Evangelien, 1953.
Hendriks, W. M. A.: Zur Kollektionsgeschichte des MkEv, in: M. Sabbe (Hg.), L'Evangile selon Marc, 1974, 35 ff.
Hengel, M.: Nachfolge und Charisma, 1968.
–: Kerygma oder Geschichte?, ThQ 151, 1971, 323 ff.
–: Probleme des MkEv, in: P. Stuhlmacher (Hg.), Das Evangelium und die Evangelien, 1983, 221 ff.
Hennecke, E./Schneemelcher, W.: Nt. Apokryphen, (1904), Bd 1, ³1959.
Hennell, C. C.: Untersuchung über den Ursprung des Christenthums, 1840.
Herder, J. G.: Vom Erlöser der Menschen. Nach unsern drei ersten Evangelien (1796), Sämtl. Werke hgg. von B. Suphan, Bd 19, 1880, 135 ff.
–: Von Gottes Sohn, der Welt Heiland. Nach Johannes Evangelium. Nebst einer Regel der Zusammenstimmung unserer Evangelien aus ihrer Entstehung und Ordnung (1797), ebd, Bd 19, 1880, 253 ff.
Herrmann, W.: Rezension von E. Troeltsch, Die Bedeutung der Geschichtlichkeit Jesu für den Glauben (1911), in: ThLZ 37, 1912, 245 ff.
Hickling, C. J. A.: The Plurality of ‚Q', in: J. Delobel (Hg.), Logia, 1982, 425 ff.
Hilgenfeld, A.: Das Mk-Ev nach seiner Composition, seiner Stellung in der Evangelien-Literatur, seinem Ursprung und Charakter, 1850.
–: Kritische Untersuchungen über die Evangelien Justins, der clementinischen Homilien und Marcions, 1850.
–: Neue Untersuchungen über das Mk-Ev, mit Rücksicht auf Baurs Darstellung, ThJb 11, 1852, 102 ff; 259 ff.
–: Die Evangelien nach ihrer Entstehung und geschichtlichen Bedeutung, 1854.
–: Historisch-kritische Einleitung in das NT, 1875.
–: Die Ketzergeschichte des Urchristenthums, 1884.
Hillmann, W.: Aufbau und Deutung der synoptischen Leidensberichte, 1941.
Hirsch, E.: Frühgeschichte des Evangeliums, Bd 1.2, 1941.
–: Geschichte der neueren evangelischen Theologie, Bd 4, ³1964.
Hitzig, F.: Über Johannes Marcus und seine Schriften, 1843.
Hoekstra, S.: De Christologie van het canonieke Marcus-Evangelie, vergele-

ken met die van de beide andere synoptische Evangelien, ThT 5, 1871, 129 ff; 313 ff; 407 ff.

Hoffmann, P.: Studien zur Theologie der Logienquelle, 1972.

–: Besprechung von: S. Schulz, Q. Die Spruchquelle der Evangelisten, BZ 19, 1975, 104 ff.

–: Art. ‚Auferstehung‘, I/3, NT, TRE IV, 1979, 450 ff.

Hoffmann, R. A.: Das MkEv und seine Quellen, 1904.

Holsten, C.: Die Christusvision des Paulus und die Genesis des paulinischen Evangeliums, 1861.

–: Die drei ursprünglichen, noch ungeschriebenen Evangelien. Zur synoptischen Frage, 1883.

–: Die synoptischen Evangelien nach der Form ihres Inhalts, 1885.

Holtzmann, H. J.: Die synoptischen Evangelien. Ihr Ursprung und geschichtlicher Charakter, 1863.

–: Art. ‚Evangelien‘ und ‚Geschichtsquellen des NT‘, in: D. Schenkel (Hg.), Bibel-Lexikon, Bd 2, 1869, 207 ff; 416 ff.

–: Lehrbuch der hist.-krit. Einleitung in das NT, (1885) ²1886, ³1892.

–: Die Synoptiker, (1890) (²1892) ³1901.

–: Lehrbuch der nt. Theologie, Bd 1.2, (1897) ²1911.

–: Die Marcus-Kontroverse in ihrer heutigen Gestalt, ARW 10, 1907, 18 ff; 161 ff.

Holtzmann, O.: Leben Jesu, 1901.

Honey, T. E. F.: Did Mark use Q?, JBL 62, 1943, 319 ff.

Honoré, A. M.: A Statistical Study of the Synoptic Problem, NT 10, 1968, 95 ff.

Horn, F. W.: Glaube und Handeln in der Theologie des Lukas, 1983.

Howard, W. F.: The Origin of the Symbol ‚Q‘, ET 50, 1938/39, 379 f.

Hug, J. L.: Einleitung in die Schriften des NT, (1803) ²1821 (³1826).

Hummel, R.: Die Auseinandersetzung zwischen Kirche und Judentum im MtEv, 1963.

Iber, G.: Zur Formgeschichte der Evangelien, ThR 24, 1956/57, 283 ff.

–: Neuere Literatur zur Formgeschichte, in: M. Dibelius, Die Formgeschichte des Evangeliums, ³1959, 302 ff.

Jacobson, A. D.: The Literary Unity of Q, JBL 101, 1982, 365 ff.

Jacquier, E.: Histoire des Livres du NT, Bd 2, 1905.

Jameson, H. G.: The Origin of the Synoptic Gospels, 1922.

Jaspert, B. (Hg.): Rudolf Bultmanns Werk und Wirkung, 1984.

Jensen, P.: Moses, Jesus, Paulus. Drei Varianten des babylonischen Gottmenschen Gilgamesch, ²1909.

–: Hat der Jesus der Evangelien wirklich gelebt?, 1910.

Jepsen, A.: Anmerkungen eines Außenseiters zum Synoptikerproblem, NT 14, 1972, 106 ff.

Jeremias, J.: Die Gleichnisse Jesu, (1947) ²1952 (⁶1962).
–: Das Problem des historischen Jesus, 1960.
–: Abba, 1966.
–: Nt. Theologie I: Die Verkündigung Jesu, 1971.
–: Die Sprüche des Lukas, 1980.
Jülicher, A.: Die Gleichnisreden Jesu, Bd 1, (1888) ²1899; Bd 2, 1899.
–: Einleitung in das NT, ⁵·⁶1906.
Jülicher, A./Fascher, E.: Einleitung in das NT, ⁷1931.

Kähler, M.: Der sogenannte historische Jesus und der geschichtliche, biblische Christus, (1892) ²1896.
Käsemann, E.: Exegetische Versuche und Besinnungen, Bd 1, 1960; Bd 2, 1964.
–: Der Ruf der Freiheit, (1968) ³1968.
Kaiser, G. Ph. Chr.: Die Biblische Theologie, Bd 1, 1813.
–: Commentarius, quo linguae Aramaicae usus adiudicanda et interpretanda plura NT loci ... defenditur, 1831.
Karnetzki, M.: Die galiläische Redaktion im MkEv, ZNW 52, 1961, 238 ff.
–: Die letzte Redaktion des MkEv, in: E. Wolf (Hg.), Zwischenstation (FS Kupisch), 1963, 161 ff.
Karris, R. J.: Poor and Rich: The Lukan Sitz im Leben, in: C. H. Talbert (Hg.), Perspectives on Luke-Acts, 1978, 112 ff.
Katz, F.: Lk 9,52–11,36, Beobachtungen zur Logienquelle und ihrer hellenistisch-judenchristlichen Redaktion, Diss. Mainz, 1973.
Kee, H. C.: Jesus in History, (1970) ²1977.
Keim, Th.: Die Geschichte Jesu von Nazareth, Bd 1–3, (1867, 1871. 1872) ³1875.
Kelber, W. H.: Markus und die mündliche Tradition, LingBibl 45, 1979, 5 ff.
–: The Oral and the Written Gospel, 1983.
Kennedy, G.: Classical and Christian Source Criticism, in: W. O. Walker (Hg.), The Relationships Among the Gospels, 1978, 125 ff.
Kern, F. H.: Über den Ursprung des Evangeliums Matthäi, TZTh 1834, 3 ff.
Kertelge, K. (Hg.): Rückfrage nach Jesus, 1974.
Kierkegaard, S.: Philosophische Brocken (1844), Ges. Werke, 10. Abt., 1952.
–: Einübung im Christentum (1850), Ges. Werke, 26. Abt., 1962.
Kilpatrick, G. D.: The Origins of the Gospel According to St. Matthew, 1946 (²1950).
Kittel, G.: Die Probleme des palästin. Spätjudentums und das Urchristentum, 1926.
–: Der geschichtliche Ort des Jakobusbriefes, ZNW 41, 1942, 71 ff.
Klatt, W.: Hermann Gunkel, 1969.
Klein, G.: Die Zwölf Apostel, 1961.
–: Lukas 1, 1–4 als theologisches Programm, in: Rekonstruktion und Interpretation, 1969, 237 ff.

Klein, H.: Zur Frage nach dem Abfassungsort der Lukasschriften, EvTh 32, 1972, 467 ff.
Klein, P.: A. Loisy als Historiker des Urchristentums, Diss. Bonn 1977.
Klijn, A. F./Reinink, G. J.: Patristic Evidence for Jewish – Christian Sects, 1973.
Kloppenburg, J. S.: Wisdom Christology in Q, LTP 34, 1978, 129 ff.
–: Tradition and Redaction in the Synoptic Sayings Source, CBQ 46, 1984, 34 ff.
Klostermann, A.: Das MkEv nach seinem Quellenwerthe für die evangelische Geschichte, 1867.
Klostermann, E.: Das Lukasevangelium, (1919) ²1929.
Knackstedt, J.: Die beiden Brotvermehrungen im Evangelium, NTS 10, 1963/64, 309 ff.
Knoch, O.: Eigenart und Bedeutung der Eschatologie im theologischen Aufriß des ersten Clemensbriefes, 1964.
Knopf, R.: Der erste Petrusbrief, KEK, Bd 12, ⁷1912.
Knox, J.: Marcion and the NT, 1942.
Knox, W. L.: The Sources of the Synoptic Gospels, 2 Bde, 1953.1957.
Koch, K.: Was ist Formgeschichte?, (1964) ⁴1981.
Köhler, L.: Das formgeschichtliche Problem des NT, 1927.
Körtner, U. H. J.: Papias von Hierapolis. Ein Beitrag zur Geschichte des frühen Christentums, 1983.
Köster, H.: Synoptische Überlieferung bei den Apostolischen Vätern, 1957.
–: Art. ‚Formgeschichte II, NT‘, TRE 11, 286 ff.
Köster, H./Robinson, J. M.: Entwicklungslinien durch die Welt des frühen Christentums, 1971.
Köstlin, K. R.: Der Ursprung und die Komposition der synoptischen Evangelien, 1853.
Koppe, J. B.: Marcus non epitomator Matthei, 1782.
Krummacher, F. A.: Über den Geist und die Form der evangelischen Geschichte, 1805.
Kühnöl, Ch. G.: Commentarius in libros NT, Bd 1, 1807 ³1823; Bd 2, 1809, 1824.
Kümmel, W. G.: Heilsgeschehen und Geschichte, Bd 1, 1965; Bd 2, 1978.
–: Das Problem des geschichtlichen Jesus in der gegenwärtigen Forschungslage, in: Heilsgeschehen und Geschichte, 1965, 392 ff.
–: Das Problem des historischen Jesus in der gegenwärtigen Diskussion, in: Heilsgeschehen und Geschichte, 1965, 417 ff.
–: Der persönliche Anspruch Jesu und der Christusglaube der Urgemeinde, in: Heilsgeschehen und Geschichte, 1965, 429 ff.
–: Jesusforschung seit 1950, ThR 31, 1966, 15 ff.
–: Einleitung in das NT, ¹⁷1973 ²⁰1980 (²¹1983).
Künzel, G.: Studien zum Gemeindeverständnis des MtEv, 1978.

Kürzinger, J.: Die Aussage des Papias von Hierapolis zur literarischen Form des MkEv, BZ 21, 1977, 245 ff.
–: Papias von Hierapolis: Zu Titel und Art seines Werkes, BZ 23, 1979, 172 ff.
–: Papias von Hierapolis und die Evangelien des NT, 1982.
Kuhn, H.-W.: Der irdische Jesus bei Paulus als traditionsgeschichtliches und theologisches Problem, ZThK 67, 1970, 295 ff.
–: Ältere Sammlungen im MkEv, 1971.

Lachmann, K.: De ordine narrationum in evangeliis synopticis, ThStKr 8, 1835, 570 ff.
Lämmermann, G.: Kritische Theologie und Theologiekritik. Die Genese der Religions- und Selbstbewußtseinstheorie Bruno Bauers, 1979.
Lagarde, P. de: Über das Verhältnis des deutschen Staates zu Theologie, Kirche und Religion, 1873.
Lagrange, M.-J.: Les sources du troisième Evangile, RBI 4, 1895, 5 ff; 5, 1896, 5 ff.
–: Evangile selon saint Marc, 1911 ⁴1929
–: L'Evangile de Jésus-Christ, 1928.
Lambrecht, J.: Die Redaktion der Markus-Apokalypse, 1967.
–: Marcus Interpretator, 1969.
–: Q – Influence on Mark 8,34–9,1, in: J. Delobel (Hg.), Logia, 1982, 277 ff.
Lang, A.: Der Evangelienkommentar Martin Bucers und die Grundzüge seiner Theologie, 1900.
Lang, F. G.: Kompositionsanalyse des MkEv, ZThK 74, 1977, 1 ff.
Lange, J.: Das Erscheinen des Auferstandenen im Evangelium nach Matthäus. Eine traditions- und redaktionsgeschichtliche Untersuchung zu Mt. 28, 16–20, 1973.
–: (Hg.): Das Matthäusevangelium, 1980.
Lardner, N.: The Credibility of the Gospel-History, Bd 1–14, 1727–1757.
Larfeld, W.: Die nt. Evangelien nach ihrer Eigenart und Abhängigkeit, 1925.
Lategan, B. C.: Die aardse Jesus in die Prediking van Paulus, 1967.
Laufen, R.: Die Doppelüberlieferungen der Logienquelle und des MkEv, 1980.
LeCamus, E.: La vie de Notre Seigneur Jésus-Christ, 1883.
Légasse, S.: L'apologétique à l'égard de Rome dans le procès de Paul, BSR 69, 1981, 249 ff
Lehmann, M.: Synoptische Quellenanalyse und die Frage nach dem historischen Jesus, 1970.
Lentzen-Deis, F.: Kriterien für die historische Beurteilung der Jesusüberlieferung in den Evangelien, in: K. Kertelge (Hg.), Rückfrage nach Jesus, 1974, 78 ff.
Léon-Dufour, X.: Les évangiles et l'histoire de Jésus, 1963.
–: Die synoptischen Evangelien, in: A. Robert/A. Feuillet (Hgg.), Einleitung in die Heilige Schrift, Bd 2, NT, (frz. 1959) 1964, 123 ff.

–: Redaktionsgeschichte of Matthew and Literary Criticism, in: Jesus and Man's Hope, 1970, Bd 1, 9 ff.
–: Autour de la question synoptique, RScRel 60, 1972, 491 ff.
–: L'annonce de l'évangile. Introduction à la Bible, Bd 3, 2, 1977.
Levie, J.: L'évangile araméen de S. Matthieu est-il source de l'évangile de S. Marc?, NRTh 76, 1954, 689 ff; 812 ff.
Lessing, G. E.: Ein Mehreres aus den Papieren des Ungenannten (1777), in: Sämtl. Werke hgg. von K. Lachmann, Bd 10, 1856, 13 ff.
–: Eine Duplik (1778), ebd., Bd 10, 1856, 50 ff.
–: Neue Hypothese über die Evangelisten als blos menschliche Geschichtsschreiber betrachtet (1778), ebd., Bd 11, 2, 1857, 121 ff.
–: Nöthige Antwort auf eine sehr unnöthige Frage des Herrn Hauptpastor Goeze (1778), ebd., Bd 11, 2, 1857, 230 ff.
Lindemann, A.: Literaturbericht zu den Synoptischen Evangelien 1978–1983, Th Rs 49, 1984, 223 ff.311 ff.
Lindijer, C. H.: De armen en de rijken bij Lucas, 1981.
Lindsey, R. L.: A Modified Two-Document Theory of the Synoptic Dependence and Interdependence, NT 6, 1963, 239 ff.
–: A Hebrew Translation of the Gospel of Mark, (1969) ²1973.
–: A New Approach on the Synoptic Gospels, CNFI 22, 1971, 56 ff.
Linnemann, E.: Studien zur Passionsgeschichte, 1970.
Linton, O.: The Q-Problem Reconsidered, in: D. E. Aune (Hg.), Studies in NT and Early Christian Literature (FS Wikgren), 1972, 43 ff.
–: Das Dilemma der synoptischen Forschung, ThLZ 101, 1976, 881 ff.
Ljungman, H.: Das Gesetz erfüllen, 1954.
Lohmeyer, E.: Das Evangelium des Matthäus, 1956.
Lohse, E.: Lukas als Theologe der Heilsgeschichte, EvTh 14, 1954, 256 ff.
–: Die Frage nach dem historischen Jesus in der gegenwärtigen nt. Forschung, ThLZ 87, 1962, 161 ff.
Loisy, A.: Les Evangiles Synoptiques, Bd 1.2, 1907. 1908.
–: L'Evangile selon Marc, 1912.
–: La naissance du Christianisme, 1933.
–: Les Origines du NT, 1936.
Longstaff, Th. R. W.: The Minor Agreements: An Examination of the Basic Argument, CBQ 37, 1975, 184 ff.
–: Empty Tomb and Absent Lord: Mark's Interpretation of Tradition, in: Society of Biblical Literature, 1976 Seminary Papers, 1976.
–: A Critical Note in Response to J. C. O'Neill, NTS 23, 1976/77, 116 ff.
–: Evidence of Conflation in Mark? A Study in the Synoptic Problem, 1977.
Lord, A. B.: The Gospels as Oral Traditional Literature, in: W. O. Walker (Hg.), The Relationships Among the Gospels, 1978, 33 ff.
Lowe, M.: The Demise of Arguments from the Order for Markan Priority, NT 24, 1982, 27 ff.

Lowe, M./Flusser, D.: Evidence Corroborating a Modified Proto-Matthaean Synoptic Theory, NTS 29, 1983, 25 ff.
Luck, U.: Kerygma, Tradition und Geschichte bei Lukas, ZThK 57, 1960, 51 ff.
–: Der ‚historische Jesus' als Problem des Urchristentums, WuD 7, 1963, 58 ff.
Lücke, F.: Erinnerungen an Dr. Friedrich Schleiermacher, ThStKr 7, 1834, 745 ff.
Lührmann, D.: Die Redaktion der Logienquelle, 1969.
–: Erwägungen zur Geschichte des Urchristentums, EvTh 32, 1972, 452 ff.
Lummis, E. W.: How Luke was Written, 1915.
Luz, U.: Das Geheimnismotiv und die markinische Theologie, ZNW 56, 1965, 9 ff.
–: Die wiederentdeckte Logienquelle, EvTh 33, 1973, 527 ff.
–: Das Jesusbild der vormarkinischen Tradition, in: G. Strecker (Hg.), Jesus Christus in Historie und Theologie (FS Conzelmann), 1975, 347 ff.

Maddox, R.: The Purpose of Luke-Acts, 1982.
Maier, A.: Neue Untersuchungen über Entstehung und Anlage der kanonischen Evangelien, 1853.
Mangenot, E.: Les Evangiles Synoptiques, 1911.
Manson, T. W.: The Problem of Aramaic Sources in the Gospels, ET 47, 1935/36, 7 ff.
–: The Sayings of Jesus, (1937) ²1949.
Marsh, H.: Anmerkungen und Zusätze zu J. D. Michaelis, Einleitung in das NT, Bd 2, 1803, 110 ff; 135 ff; 166 ff; 284 ff.
Marshall, J. T.: The Aramaic Gospel, Exp. IV 3, 1891, 1 ff; 109 ff; 205 ff; 275 ff; 375 ff; 452 ff.
–: The Aramaic Gospel, ET 4, 1892/93, 260 ff.
Martin, W. H. B.: The Indispensability of Q, Theol 59, 1956, 182 ff.
Marxsen, W.: Der Evangelist Markus. Zur Redaktionsgeschichte des Evangeliums, 1956.
–: Anfangsprobleme der Christologie, 1960.
–: Die Auferstehung Jesu als historisches und theologisches Problem, 1964.
–: Das NT als Buch der Kirche, 1966.
–: Der Exeget als Theologe. Vorträge zum NT, 1968.
–: Die Sache Jesu geht weiter, 1976.
Massaux, E.: Influence de l'Evangile de saint Matthieu sur la littérature Chrétienne avant saint Irénée, 1950.
Masson, Ch.: L'évangile de Marc et l'église de Rome, 1968.
Mattill, A. J.: The Date and Purpose of Luke-Acts, CBQ 40, 1978, 335 ff.
–: Luke and the Last Things, 1979.
Maurenbrecher, M.: Von Nazareth nach Golgatha, 1909.
–: Von Jerusalem nach Rom, 1910.

McArthur, H. K.: The Origin of the ‚Q' Symbol, ET 88, 1976/77, 119 ff.
McGinley, L. J.: Form Criticism of the Synoptic Healing Narratives, 1944.
McLoughlin, S.: The Synoptic Theory of Xavier Léon-Dufour. An Analysis and Evaluation, Diss. Louvain 1965.
–: Les accords mineurs Mt-Lk contre Mc et le problème synoptique vers la théorie des deux sources, in: J. de la Potterie (Hg.), De Jésus aux évangiles, 1967, 17 ff.
Meier, J. P.: Matthew, 1980.
Meijboom, H. U.: Geschiedenis en critiek der Marcushypothese, 1866.
–: Proeve eener geschiedenis der Logia-Hypothese, ThT 6, 1872, 303 ff; 361 ff; 481 ff.
Meinertz, M.: Einleitung in das NT, (1898) ³1921.
Melick, G. F.: John Mark and the Origin of the Gospels. A Foundation Document Hypothesis, 1979.
Merkel, H.: Widersprüche zwischen den Evangelien, 1971.
–: Art. ‚Eigentum', III, NT, TRE IX, 1982, 410 ff.
Meyer, E.: Ursprung und Anfänge des Christentums, Bd 1, 1921.
Meyer, H. A. W.: Das Matthäusevangelium, (1832). ²1844 ³1853
–: Die Evangelien des Markus und Lukas, (1832) ²1846 ³1855.
Meyer, P. D.: The Community of Q, Diss. Iowa 1967.
–: The Gentile Mission in Q, JBL 89, 1970, 405 ff.
Meynell, H.: The Synoptic Problem. Some Unorthodox Solutions, Theol 70, 1967, 386 ff.
Michaelis, J. D.: Einleitung in die göttlichen Schriften des neuen Bundes, (1750) ³1777 (⁴1788).
Michaelis, W.: Einleitung in das NT, (1946) ²1954 (³1961 mit Ergänzungsheft).
Michel, O.: Der ‚historische Jesus' und das theologische Gewißheitsproblem, EvTh 15, 1955, 349 ff.
–: Der Brief an die Römer, KEK, Bd 4, ¹²1963.
Mill, J.: Novum Testamentum graecum, 1707 (²1710).
Minette de Tillesse, G.: Le secret messianique dans l'évangile de Marc, 1968.
Moe, O.: Paulus und die evangelische Geschichte, 1912.
Mohr, T. A.: Markus- und Johannespassion, 1982.
Montefiore, C. G.: The Synoptic Gospels, 2 Bde, (1909) ²1927.
Montefiore, H.: Does ‚L' Hold Water?, JThSt 12, 1961, 59 f.
Moreau, J. L.: The Historical Value of the Gospel Materials. Epitome and Prospect, BR 5, 1960, 22 ff.
Morgenthaler, R.: Die lk. Geschichtsschreibung als Zeugnis, 1948.
–: Statistische Synopse, 1971.
Moule, C. F. D.: Jesus in the NT Kerygma, in: O. Böcher/K. Haacker (Hgg.), Verborum Veritas (FS Stählin), 1970, 15 ff.
–: The Birth of the NT, (1962) ³1981.
Moutier-Rousset, E.: Le Christ a-t-il existé?, 1922.

Müller, G. H.: Zur Synopse, 1908.
Müller, P.-G.: Der Traditionsprozeß im NT, 1982.
Munck, J.: Die Tradition über das MtEv bei Papias, in: Neotestamentica (FS Cullmann), 1962, 249 ff.
Mußner, F.: Der Jakobusbrief, 1964.

Neander, A.: Geschichte der Pflanzung und Leitung der christlichen Kirche durch die Apostel, (1832) ⁵1862.
–: Das Leben Jesu Christi, (1837) ⁶1862.
Neirynck, F.: Duplicate Expressions in the Gospel of Mark, 1972.
–: The Minor Agreements of Mt and Lk against Mk, JETS 19, 1976, 103 ff.
–: The Symbol Q (-Quelle), EThL 54, 1978, 119 ff; 55, 1979, 382 f.
–: The Griesbach Hypothesis: The Phenomenon of Order, EThL 58, 1982, 111 ff.
–: Recent Developments in the Study of Q, in: J. Delobel (Hg.), Logia, 1982, 29 ff.
–: Les expressions doubles chez Marc et le problème synoptique, EThL 59, 1983, 303 ff.
–: The Matthew – Luke Agreements in Mt 14,13–14/Lk 9,10–11 (par Mk 6,30–34), EThL 60, 1984, 25 ff.
Nepper-Christensen, P.: Das MtEv – ein judenchristliches Evangelium?, 1958.
Nestle, E.: Die Eusebianische Evangeliensynopse, NKZ 19, 1908, 40 ff; 93 ff; 219 ff.
Neugebauer, F.: Die Entstehung des JohEv, 1968.
Neusner, J.: The Rabbinic Traditions about the Pharisees before 70, Bd 1–3, 1971.
–: Early Rabbinic Judaism, 1975.
O'Neill, J. C. The Synoptic Problem, NTS 21, 1974/75, 273 ff.
Nicolardot, F.: Les procédés de rédactions des trois premiers évangélistes, 1908.
Niemeyer, A. H.: Conjecturae ad illustrandum plurissimorum NT scriptorum silentium de primordiis vitae Jesu Christi, 1790.
Nineham, D. E.: Some Reflections on the Present Position with Regard to the Jesus of History, CQR 166, 1965, 5 ff.
Norden, Agnostos Theos. Untersuchungen zur Formengeschichte religiöser Rede, 1913.

Olshausen, H.: Biblischer Commentar über sämtliche Schriften des NT, Bd 1, 1830. ³1837; Bd 2, 1832.
Orchard, B.: Matthew, Luke and Mark, 1976.
–: Are all Gospel Synopses Biassed?, ThZ 34, 1978, 149 ff.
–: The Making of a Synopsis, in: W. Haubeck/M. Bachmann (Hgg.), Wort in der Zeit (FS Rengstorf), 1980, 24 ff.

–: Why THREE Synoptic Gospels? A Statement of the Two-Gospel Hypothesis, JrTheolQuart 46, 1979, 240 ff.
–: The Two-Gospel Hypothesis or, Some Thoughts on the Revival of the Griesbach Hypothesis, DownRev 98, 1980, 267 ff.
–: A Synopsis of the Four Gospels in a New Translation Arranged According to the Two-Gospel Hypothesis, 1981.
–: A Synopsis of the Four Gospels in Greek, 1983.
Overbeck, F.: Über die Anfänge der patristischen Literatur, Hist. Zeitschrift 48, 1882, 417 ff.
–: Christentum und Kultur, 1919.
Owen, H.: Observations on the Four Gospels, 1764.

Palmer, N. H.: Lachmann's Argument, NTS 13, 1966/67, 368 ff.
Parker, P.: The Gospel before Mark, 1953.
–: A Second Look at ‚The Gospel before Mark‘, JBL 100, 1981, 389 ff.
Pasquier, H.: La solution du problème synoptique, 1911.
Patton, C. S.: Sources of the Synoptic Gospels, 1915.
Paulus, H. E. G.: Kommentar über das NT, 3 Bde, 1800–1802.
Peabody, D.: A Pre-Marcan Prophetic Sayings Tradition and the Synoptic Problem, JBL 97, 1978, 391 ff.
Perels, O.: Die Wunderüberlieferung der Synoptiker in ihrem Verhältnis zur Wortüberlieferung, 1934.
Perrin, N.: The Evangelist as Author, BR 17, 1972, 5 ff.
–: Was lehrte Jesus wirklich, (engl. 1967) 1972.
Perry, A. M.: The Sources of Luke's Passion-Narrative, 1920.
Pesch, Ch.: Über Evangelienharmonien, ZkTh 10, 1886, 225 ff; 454 ff.
Pesch, R.: Wie kam es zum Osterglauben?, 1975.
–: Das Markusevangelium, Bd 1, 1976; Bd 2, 1977.
–: Das Evangelium der Urgemeinde, 1979.
–: Das Evangelium in Jerusalem, in: P. Stuhlmacher (Hg.), Das Evangelium und die Evangelien, 1983, 113 ff.
Petrie, S. S.: ‚Q‘ is only what you make it, NT 3, 1959, 28 ff.
–: The Authorship of ‚The Gospel According to Matthew‘: A Reconsideration of the External Evidence, NTS 14, 1967/68, 15 ff.
Pfleiderer, O.: Das Urchristentum, 1887; ²1902.
Pilgrim, W. E.: Good News to the Poor. Welth and Poverty in Luke-Acts, 1981.
Plitt, G. L.: De compositone evangeliorum synopticorum, 1860.
Plümacher, E.: Lukas als hellenistischer Schriftsteller, 1972.
–: Art. ‚Apostelgeschichte‘, TRE, Bd 3, 1978, 483 ff.
–: Acta-Forschung 1974–1982, ThR 48, 1983, 1 ff.
Polag, A.: Der Umfang der Logienquelle, Diss. Trier, 1966.
–: Die Christologie der Logienquelle, 1977.
–: Fragmenta Q. Textheft zur Logienquelle, (1979) ²1982.

–: Die theologische Mitte der Logienquelle, in: P. Stuhlmacher (Hg.), Das Evangelium und die Evangelien, 1983, 103 ff.
Porúbčan, S.: Form Criticism and the Synoptic Problem, NTS 7, 1964/65, 81 ff.
Powers, B. W.: The Shaking of the Synoptics. A Report on the Cambridge Conference on the Synoptic Gospels, August 1979, RTR 39, 1980, 33 ff.
Preisker, H.: Das Ethos des Urchristentums, 1949.
Preuschen, E.: Antilegomena, (1901) ²1905.
Priestley, J.: A Harmony of the Gospels, 1777.
Procksch, O.: Petrus und Johannes bei Markus und Matthäus, 1920.
Przybylski, B.: Righteousness in Matthew and his World of Thought, 1980.

Radl, W.: Paulus und Jesus im lk. Doppelwerk. Untersuchungen zu Parallelmotiven im LkEv und in der Apg, 1975.
Räisänen, H.: Das Messiasgeheimnis im MkEv, 1976.
Ranft, J.: Der Ursprung des katholischen Traditionsprinzips, 1931.
–: Die Traditionsmethode als älteste theologische Methode des Christentums, 1934.
Raschke, H.: Die Werkstatt des Markusevangelisten, 1924.
Rawlinson, A. E. J.: St. Mark, 1925.
Redlich, E. B.: Form Criticism, its Value and Limitations, 1939 (=²1948).
Regner, F.: ‚Paulus und Jesus‘ im 19. Jahrhundert, 1977.
Regul, J.: Die antimarcionitischen Evangelienprologe, 1969.
Rehkopf, F.: Die lukanische Sonderquelle. Ihr Umfang und ihr Sprachgebrauch, 1959.
–: Art. ‚Synoptiker‘, BHH, Bd 3, 1966, 1910 ff.
Reicke, B.: Synoptic Prophecies on the Destruction of Jerusalem, in: D. W. Aune (Hg.), Studies in NT and Early Christian Literature (FS Wikgren), 1972, 121 ff.
–: Griesbach und die synoptische Frage, ThZ 32, 1976, 341 ff.
–: Die Entstehungsverhältnisse der synoptischen Evangelien, ANRW II 25, 2, 1984, 1758 ff.
Reimarus, H. S.: Apologie oder Schutzschrift für die vernünftigen Verehrer Gottes, 2 Bde, hgg. von G. Alexander, 1972.
Reploh, K.-G.: Markus – Lehrer der Gemeinde, 1969.
Resch, A.: Agrapha. Außerkanonische Evangelienfragmente, gesammelt und untersucht, (1888) ²1906.
–: Die Logia Jesu, 1898.
–: Der Paulinismus und die Logia Jesu in ihrem gegenseitigen Verhältnis untersucht, 1904.
Rese, M.: Zur Lk-Diskussion seit 1950, WuD 9, 1967, 62 ff.
–: Die Aussagen über Jesu Tod und Auferstehung in der Apostelgeschichte — ältestes Kerygma oder lukanische Theologumena? NTS 30, 1984, 335 ff.

Ronen, Y.: Mk 7,1–23 – ‚Traditions of the Elders', Immanuel 12, 1981, 44 ff.
Ropes, J. H.: The Synoptic Gospels, 1934.
Rosché, Th. R.: The Words of Jesus and the Future of the ‚Q' Hypothesis, JBL 79, 1960, 210 ff.
Rothfuchs, W.: Die Erfüllungszitate des MtEv, 1969.
Rhesa, L. J.: Dissertatio critica de trium evangeliorum in canone Novi Testamenti priorum fonte ac origine, 1819.
Riesenfeld, H.: The Gospel Tradition and its Beginnings. A Study in the Limits of ‚Formgeschichte', 1957.
–: The Gospel Tradition and its Beginnings, StEv, 1959, 43 ff.
Riesner, R.: Jesus als Lehrer, 1981.
–: Der Ursprung der Jesus-Überlieferung, ThZ 38, 1982, 493 ff.
Rigaux, B.: L'historicité de Jésus devant l'exégèse récente, RB 65, 1958, 481 ff.
Rist, J. M.: On the Independence of Matthew and Mark, 1978.
Ristow, H./Matthiae, K. (Hgg.): Der historische Jesus und der kerygmatische Christus, 1960.
Ritschl, A.: Das Evangelium Marcions und das kanonische Evangelium des Lucas, 1846.
–: Über den gegenwärtigen Stand der Kritik der synoptischen Evangelien, ThJb(T) 10, 1851, 480 ff.
Robinson, J. A. T.: Redating the NT, 1976.
Robinson, J. M.: Das Geschichtsverständnis des MkEv, 1956.
–: Kerygma und historischer Jesus, 1960 (²1967).
–: On the Gattung of Mark (and John), in: Jesus and Man's Hope, Bd 1, 1970, 99 ff.
–: Kerygma und Geschichte im NT, ZThK 62, 1965, 294 ff.
–: Logoi Sophōn – Zur Gattung der Spruchquelle Q, in: H. Köster/J. M. Robinson, Entwicklungslinien durch die Welt des frühen Christentums, 1971, 70 ff.
–: Early Collections of Jesus' Sayings, in: J. Delobel (Hg.), Logia, 1982, 389 ff.
Robinson, W. C.: Der Weg des Herrn. Studien zur Geschichte und Eschatologie im LkEv, 1964.
Rödiger, E.: Symbolae, 1827.
Rohde, J.: Die redaktionsgeschichtliche Methode, 1965.
Rolland, Ph.: Les Prédécesseurs de Marc, RB 89, 1982, 370 ff.
–: Marc, Première harmonie évangélique?, RB 90, 1983, 23 ff.
–: Les évangiles des premières communautés chrétiennes, ebd, 161 ff.
Rollmann, H.: Zwei Briefe Hermann Gunkels an Adolf Jülicher zur religionsgeschichtlichen und formgeschichtlichen Methode, ZThK 78, 1981, 276 ff.
Roloff, J.: Das Kerygma und der irdische Jesus. Historische Motive in den Jesus-Erzählungen der Evangelien, 1970.
–: Die Apostelgeschichte, 1981.

Rettig, H. Ch. M.: De quattuor evangeliorum origine, Ephem. exeget. theol., Bd 1, 1824.
Reuss, E.: Die Geschichte der Heiligen Schrift des Nt, Bd 1, (1842) ⁵1874 ⁶1887.
Réville, A.: Etudes critiques sur l'évangile selon St. Matthieu, 1862.
Rußwurm, J. G.: Über den Ursprung der Evangelien des Matthäus, Marcus, Lucas und Johannes und ihre kanonische Authorität, Theil 1, 1797.
–: Das Urevangelium. Ein Versuch der höheren Kritik, Theol. Monatsschr. 1802, Stück 5.

Sabbe, M. (Hg.): L'évangile selon Marc, 1974.
Sahlin, H.: Der Messias und das Gottesvolk. Studien zur protolukanischen Theologie, 1945.
Salmon, G.: A Historical Introduction to the ... NT, 1885.
Sand, A.: Das Gesetz und die Propheten. Untersuchungen zur Theologie des Evangeliums nach Matthäus, 1974.
Sanday, W.: Art. ‚Gospels' in: A Dictionary of the Bible, 1893.
–: A Plea for the Logia, ET 11, 1899/1900, 471 ff.
–: (Hg.): Oxford Studies in the Synoptic Problem, 1911.
Sanders, E. P.: The Argument from Order and the Relationship Between Matthew and Luke, NTS 15, 1968/69, 249 ff.
–: The Tendencies of the Synoptic Tradition, 1969.
–: The Overlaps of Marc and Q and the Synoptic Problem, NTS 19, 1972/73, 453 ff.
Sandmel, S.: The Genius of Paul, 1958.
Sartorius, E.: Über die Entstehung der drei ersten Evangelien, in: Drei Abhandlungen über wichtige Gegenstände der exeget. und systemat. Theologie, 1820, 50 ff.
Saunier, H.: Über die Quellen des Evangeliums des Marcus, 1825.
Schaberg, J.: The Father, the Son and the Holy Spirit. The Triadic Phrase in Matthew 28, 19b, 1982.
Schäfer, P.: Die sogenannte Synode von Jabne. Zur Trennung von Juden und Christen im ersten/zweiten Jahrhundert nach Christus, Jud. 31, 1975, 54 ff; 116 ff.
Schaff, Ph.: Apostolic Christianity, 1882.
Schanz, P.: Commentar über das Evangelium des heiligen Lucas, 1883.
Schelkle, K. H.: Die Passion Jesu in der Verkündigung des NT, 1949.
Schellong, D.: Calvins Auslegung der synoptischen Evangelien, 1969.
Schenk, W.: Der Passionsbericht nach Markus, 1974.
–: Der Einfluß der Logienquelle auf das MkEv, ZNW 70, 1979, 141 ff.
–: Synopse zur Redenquelle der Evangelien, 1981.
–: Das MtEv als Petrusevangelium, BZ 27, 1983, 58 ff.
Schenke, H.-M./Fischer, K. M.: Einleitung in die Schriften des NT, Bd 2, 1979.

Schenkel, D.: Das Charakterbild Jesu, 1864.
Schick, E.: Formgeschichte und Synoptikerexegese, 1940.
Schille, G.: Auf dem Weg zur kritischen Redaktionsgeschichte, Theol. Vers. 3, o. J., 65 ff.
–: Zur Formgeschichte des Evangeliums, NTS 4, 1957/58, 1 ff.
–: Der Mangel eines kritischen Geschichtsbildes in der nt. Forschung, ThLZ 88, 1963, 491 ff.
–: Anfänge der Kirche, 1966.
–: Das synoptische Judenchristentum, 1970.
–: Offen für alle Menschen. Redaktionsgeschichtliche Beobachtungen zur Theologie des MkEv, 1973.
–: Das Leiden des Herrn. Die evangelische Passionstradition und ihr ‚Sitz im Leben', ZThK 52, 1955, 161 ff.
–: Die Leistung des Lukas in der Apostelgeschichte, Theol. Vers. 7, 1976, 91 ff.
Schlatter, A.: Die beiden Schwerter Lk 22,35–38. Ein Stück aus der besonderen Quelle des Lukas, 1916.
–: Die Geschichte des Christus, 1921.
–: Der Evangelist Matthäus, 1929.
–: Das Evangelium des Lukas. Aus seinen Quellen erklärt, 1931.
Schleiermacher, F.: Über die Schriften des Lukas. Ein kritischer Versuch (1817), Sämtl. Werke, Bd 1, Teil 2, 1836, 1 ff.
–: Über die Zeugnisse des Papias von unsern beiden ersten Evangelien (1832), ebd. Bd 1, Teil 2, 1836, 361 ff.
–: Einleitung in das NT, Sämtl. Werke, Bd 1, Teil 8, 1845, (aus dem Nachl. hgg. von G. Wolde).
Schlichthorst, J. D.: Über das Verhältniß der drei synoptischen Evangelien zu einander, 1835.
Schlier, H.: Besinnung auf das NT, 1964.
Schmid, J.: Markus und der aramäische Matthäus, in: Synoptische Studien (FS Wikenhauser), 1953, 148 ff.
Schmid, Ch. F.: Biblische Theologie des NT, 1853.
Schmidt, J. E. C.: Historisch-kritische Einleitung in das NT, Bd 1, 1804 (^{2}1818).
Schmidt, K. L.: Der geschichtliche Wert des lk Aufrisses der Geschichte Jesu, ThStKr 91, 1918, 277 ff.
–: Der Rahmen der Geschichte Jesu, 1919.
–: Besprechung von R. Bultmann, Die Geschichte der synoptischen Tradition, ThLZ 47, 1922, 396 ff.
–: Die Stellung der Evangelien in der allgemeinen Literaturgeschichte, in: Eucharisterion (FS Gunkel), Teil 2, 1923.
–: Art. ‚Formgeschichte', RGG², Bd 2, 1928, 638 ff.
–: Art. ‚Jesus Christus' RGG², Bd 3, 1929, 110 ff.
–: Das Christuszeugnis der synoptischen Evangelien, in: Jesus Christus im Zeugnis der Heiligen Schrift und der Kirche, 1936, 7 ff.

Schmiedel, O.: Die Hauptprobleme der Leben-Jesu-Forschung, (1902) ²1906.
Schmithals, W.: Besprechung von W. Farmer, The Synoptic Problem (1964), ThLZ 92, 1967, 424 f.
—: Die Gnosis in Korinth, ³1969.
—: Jesus Christus in der Verkündigung der Kirche, 1972.
—: Lukas – Evangelist der Armen, ThViat 12, 1975, 153 ff.
—: Die Berichte der Apostelgeschichte über die Bekehrung des Paulus und die ‚Tendenz' des Lukas, ThViat 14, 1979, 145 ff.
—: Die Worte vom leidenden Menschensohn. Ein Schlüssel zur Lösung des Menschensohn-Problems, in: C. Andresen/G. Klein (Hgg.), Theologia crucis – signum crucis (FS Dinkler), 1979, 417 ff.
—: Das Evangelium nach Markus, 1979.
—: Kritik der Formkritik, ZThK 77, 1980, 149 ff.
—: Das Evangelium nach Lukas, 1980.
—: Die Apostelgeschichte des Lukas, 1982.
—: Johannes Weiß als Wegbereiter der Formgeschichte, ZThK 80, 1983, 389 ff.
—: Die Briefe des Paulus in ihrer ursprünglichen Form, 1984.
Schmitt, J. J.: In Search of the Origin of the Siglum Q, JBL 100, 1981, 609 ff.
Schnackenburg, R.: Zur formgeschichtlichen Methode in der Evangelienforschung, ZThK 85, 1963, 16 ff.
Schneckenberger, M.: Beiträge zur Einleitung in das NT, 1832.
—: Über den Ursprung des ersten kanonischen Evangeliums, 1834.
Schneider, G.: Die Parusiegleichnisse des LkEv, 1975.
—: Das Evangelium nach Lukas, 1977.
—: Die Apostelgeschichte, Bd 1, 1980.
Schneider, J.: Die Frage nach dem historischen Jesus in der nt. Forschung der Gegenwart, 1958.
—: Der Beitrag der Urgemeinde zur Jesusüberlieferung im Lichte der neuesten Forschung, ThLZ 87, 1962, 401 ff.
Schniewind, J.: Zur Synoptiker-Exegese, ThR NF 2, 1930, 129 ff.
—: Das Evangelium nach Markus, 1936.
Schoeps, H. J.: Paulus, 1959.
Scholten, J. H.: Das älteste Evangelium, 1869.
—: Das paulinische Evangelium, 1881.
Schott, H. A.: Isagoge historico-critica in libros Novi Foederis sacros, 1830.
Schrader, C.: Der Apostel Paulus, 1836.
Schrage, W.: Die konkreten Einzelgebote in der paulinischen Paränäse, 1961.
—: Ethik des NT, 1982.
Schramm, T.: Der Markus-Stoff bei Lukas. Eine literarkritische und redaktionsgeschichtliche Untersuchung, 1971.
Schreiber, J.: Die Christologie des MkEv, ZThK 58, 1961, 170 ff.
—: Theologie des Vertrauens. Eine redaktionsgeschichtliche Untersuchung des MkEv, 1967.
—: Die Markuspassion. Wege zur Erforschung der Leidensgeschichte, 1969.

Schubert, K. (Hg.): Der historische Jesus und der Christus unseres Glaubens, 1962.
Schürmann, H.: Sprachliche Reminiszenzen an abgeänderte oder ausgelassene Bestandteile der Spruchsammlung im Lk und MtEv, NTS 6, 1959/60, 193 ff.
–: Die vorösterlichen Anfänge der Logientradition, in: Traditionsgeschichtliche Untersuchungen zu den synoptischen Evangelien, 1968, 39 ff.
–: Traditionsgeschichtliche Untersuchungen zu den synoptischen Evangelien, 1968.
Schütz, F.: Der leidende Christus. Die angefochtene Gemeinde und das Christuskerygma der lukanischen Schriften, 1969.
Schulz, S.: Die Stunde der Botschaft. Einführung in die Theologie der vier Evangelisten, 1967.
–: Q. Die Spruchquelle der Evangelisten, 1972.
–: Griechisch-deutsche Synopse der Q-Überlieferungen, 1972.
–: Die neue Frage nach dem historischen Jesus, in: H. Baltensweiler/B. Reicke (Hgg.), NT und Geschichte (FS Cullmann), 1972, 33 ff.
–: Die Mitte der Schrift, 1976.
Schulze, M.: Der Plan des Marcusevangeliums in seiner Bedeutung für das Verständnis der Christologie desselben, ZWTh 37, 1894, 332 ff.
Schulze, W.: Vom Kerygma zurück zu Jesus. Die Frage nach dem historischen Jesus in der Bultmannschule, 1977.
Schwarz, F. J.: Neue Untersuchungen über das Verwandtschaftsverhältnis der synoptischen Evangelien, 1844.
Schwegler, A.: Die Hypothese vom schöpferischen Urevangelisten, ThJb (T) 2, 1843, 203 ff.
–: Das nachpostolische Zeitalter, Bd 1, 1845; Bd 2, 1846.
Schweitzer, A.: Das Messianitäts- und Leidensgeheimnis. Eine Skizze des Lebens Jesu, 1901, ²1929.
–: Geschichte der Leben-Jesu-Forschung, (1906) ²1913.
–: Geschichte der paulinischen Forschung, 1911 (²1933).
–: Die Mystik des Apostels Paulus, 1930.
Schweizer, E.: Eine hebraisierende Sonderquelle des Lukas, ThZ 6, 1950, 161 ff.
–: Erniedrigung und Erhöhung bei Jesus und seinen Nachfolgern, 1955.
–: Der Menschensohn, ZNW 50, 1959, 185 ff.
–: Neotestamentica, 1963.
–: Die theologische Leistung des Markus, EvTh 24, 1964, 337 ff.
–: Das Evangelium nach Lukas, 1982.
–: NT und Christologie im Werden. Aufsätze, 1982.
Seccombe, D. P.: Possessions and the Poor in Luke-Acts, 1982.
Seeberg, A.: Der Katechismus der Urchristenheit, 1903. Nachdruck 1966 mit einer Einführung von F. Hahn.
Seiler, G. F.: Dissertatio de tempore et ordine, quibus tria Evangelia priora canonica scripta sunt, 1805/06.

Stanley, D. M.: Pauline Allusions to the Sayings of Jesus, Cath. Bibl. Quart. 23, 1961, 26 ff.
Stanton, G. N.: On the Christology of Q, in: B. Lindars/S. S. Smalley (Hgg.), Christ and Spirit in the NT, 1973, 27 ff.
–: Form Criticism Revisited, in: M. D. Hooker/C. Hickling (Hgg.), What About the NT (FS Evans), 1975, 13 ff.
–: Anmerkungen zu Thomas Townsons Abhandlung über die vier Evangelisten, Bd 1, 1783; Bd 2, 1784. |
Sepp, J. N.: Das Leben Christi, Bd 1–7, (1843–1846) ²1853–1862.
Shuler, P. L.: The Griesbach Hypothesis and Gospel Genre, Perkins Journal 33, 1980, 41 ff.
Sickenberger, J.: Kurzgefaßte Einleitung in das NT, (1910) ⁵,⁶1939.
Sieffert, F. L.: Über den Ursprung des ersten kanonischen Evangeliums. Eine kritische Abhandlung, 1832.
Siegert, F.: Unbeachtete Papiaszitate bei armenischen Schriftstellern, NTS 27, 1981, 605 ff.
Silbermann, L. H.: Whence Siglum Q? A Conjecture, JBL 98, 1979, 287 f.
Simons, E.: von: Hat der dritte Evangelist den kanonischen Matthäus benutzt?, 1880.
Simpson, R. T.: The Major Agreement of Matthew and Luke against Mark, NTS 12, 1965/66, 273 ff.
Sjöberg, E.: Der verborgene Menschensohn in den Evangelien, 1955.
Smallwood, E. M.: The Jews under Roman Rule, 1976.
Smith, W. B.: Der vorchristliche Jesus, (1906) ²1911.
–: Ecce Deus. Die urchristliche Lehre des reingöttlichen Jesus, 1911.
Snyder, G. F.: The Historical Jesus in the Letters of Ignatius of Antioch, BR 8, 1983, 3 ff.
Soden, H.: von: Das Interesse des apostolischen Zeitalters an der evangelischen Geschichte, 1892.
–: Urchristliche Literaturgeschichte, 1905.
Soiron, Th.: Die Logia Jesu, 1916.
Solages, B. de: Synopse grecque des Evangiles, 1959.
–: La composition des Evangiles de Luc et de Matthieu et leurs sources, 1973.
–: L'Evangile de Thomas et les Evangiles canoniques. L'ordre des pericopes, BLE 80, 1979, 102 ff.
Soltau, W.: Zur Entstehung des ersten Evangeliums, ZNW 1, 1900, 219 ff.
–: Unsere Evangelien, ihre Quellen und ihr Quellenwert, 1901.
Sommer, J. G.: Synoptische Tafeln für die Kritik und Exegese der drei ersten Evangelien, 1842.
Souček, J. B.: Wir kennen Christus nicht mehr nach dem Fleisch, EvTh 19, 1959, 30 ff.
Spitta, F.: Die synoptische Grundschrift in ihrer Überlieferung durch das LkEv, 1912.

–: Übersetzung der Schriften des NT mit beigefügten Erklärungen, Bd 1, 1806.
Sellin, G.: Das Leben des Gottessohnes, Kairos NF 25, 1983, 237 ff.
Semler, J. S.: Abhandlung von freier Untersuchung des Canon, (1771) (²1776) Nachdruck 1967.
–: Beantwortung der Fragmente eines Ungenannten, 1779.
Stanton, V. H.: The Gospels as Historical Documents, Bd 2: The Synoptic Gospels, 1904.
Stauffer, E.: Jesus, 1957.
–: Die Botschaft Jesu, 1959.
Stegner, W. R.: The Priority of Luke: An Exposition of Robert Lindsey's Solution to the Synoptic Problem, BR 7, 1982, 26 ff.
Stein, R. H.: The ‚Criteria' for Authenticity, in: R. T. France (Hg.), Gospel Perspectives, Bd 1, 1980, 225 ff.
Stemberger, G.: Die sogenannte ‚Synode von Jabne' und das frühe Christentum, Kairos, 19, 1977, 14 ff.
Stendahl, K.: The School of St. Matthew, (1954) ²1968.
Stoldt, H.-H.: Geschichte und Kritik der Markushypothese, 1977.
Stonehouse, N. B.: Origins of the Synoptic Gospels. Some Basic Questions, 1964.
Storr, G.: Dissertatio hermeneutica de Parabolis Christi, 1779.
–: Über den Zweck der evangelischen Geschichte und der Briefe Johannis, 1786.
–: De fontibus Evangeliorum Matthhaei et Lucae, 1794.
Strauß, D. F.: Das Leben Jesu, Bd 1, 1835 (²1837); Bd 2, 1836 (²1837).
–: Der Christus des Glaubens und der Jesus der Geschichte, 1865.
Strecker, G.: Der Weg der Gerechtigkeit, 1962 ³1971.
–: Zur Messiasgeheimnistheorie im MkEv, StEv III 2, 1964, 87 ff.
–: Das Geschichtsverständnis des Matthäus, EvTh 26, 1966, 57 ff.
–: Eschaton und Historie, 1979.
–: Redaktionsgeschichte als Aufgabe der Synoptikerexegese, in: Eschaton und Historie, 1979, 9 ff.
–: Die Bergpredigt. Ein exegetischer Kommentar, 1984.
Strecker, G./Schnelle, U.: Einführung in die nt. Exegese, 1983.
Streeter, B. H.: St. Mark's Knowledge and Use of Q, in: W. Sanday (Hg.), Oxford Studies in the Synoptic Problem, 1911, 165 ff.
–: The Four Gospels. A Study of Origins, (1924) ⁹1956.
Stroth, F. A.: Von Interpolationen im Evangelio Matthaei, RBML 9, 1781, 99 ff.
Stuhlmacher, P. (Hg.): Das Evangelium und die Evangelien, 1983.
Styler, G. M.: The Priority of Mark, in: C. F. D. Moule (Hg.), The Birth of the NT, 1966, 223 ff.
Sundwall, J.: Die Zusammensetzung des MkEv, 1934.

Talbert, C. H.: Luke and the Gnostics, 1966.
–: The Redaction Critical Quest for Luke the Theologian, in: Jesus and Man's Hope, Bd, 1970, 171 ff.
–: What is a Gospel?, 1977.
Talbert, C. H./McKnight, E. V.: Can the Griesbach Hypothesis be Falsified?, JBL 1972, 338 ff.
Taylor, V.: Behind the Third Gospel, 1926.
–: The Formation of the Gospel Tradition, (1933) ²1935.
–: The Elusive Q, ET 46, 1934/35, 69 ff.
–: The Gospel According to Mark, 1959.
–: The Order of Q (1953), in: NT Essays, 1970, 90 ff.
–: The Original Order of Q, in: A. J. Higgins (Hg.), NT Essays (FS Manson), 1959, 246 ff.
Teeple, H. M.: The Oral Tradition that Never Existed, JBL 89, 1970, 56 ff.
Temple, S.: The two Traditions of the Last Supper, Betrayal and Arrest, NTS 7, 1960/61, 77 ff.
Theile, W.: De trium priorum evangeliorum necessitudine, 1825.
–: Kritik der verschiedenen Berichte über das Wechselverhältnis der synoptischen Evangelien, NKJTL 5, 1828, 385 ff.
Theissen, G.: Urchristliche Wundergeschichten, 1974.
Thiel, R.: Drei Markus-Evangelien, 1938.
Thielscher, P.: Unser Wissen um Jesus, Bd 1: Die Selbstentfaltung des Stoffes in den vier Evangelien, 1930.
Thiersch, H. W. J.: Versuch zur Herstellung des historischen Standpuncts für die Kritik der nt. Schriften, 1845.
–: Die Kirche im Apostolischen Zeitalter und die Entstehung der nt. Schriften, 1852.
Thieß, J. O.: Neuer kritischer Commentar über das NT, Bd 1, 1804.
Tholuck, A.: Die Glaubwürdigkeit der evangelischen Geschichte, 1837.
Thomas, R. L.: An Investigation of the Agreements Between Matthew and Luke against Mark; JETS 19, 1976, 103 ff.
Throckmorton, B. H.: Did Mark Know Q?, JBL 67, 1948, 319 ff.
Titius, A.: Das Verhältnis der Herrenworte im MkEv zu den Logia des Matthäus, in: C. R. Gregory u. a. (Hgg.), Theologische Studien (FS Weiss), 1894, 284 ff.
Tobler, T.: Die Evangelienfrage im allgemeinen und die Johannesfrage insbesondere in: Zur Feier des 25jährigen Bestehens der Universität Zürich, 1858, 18. 26 ff.
Tödt, H. E.: Der Menschensohn in der synoptischen Überlieferung, 1959 ⁴1978.
Torrey, Ch. C.: The four Gospels, 1933.
Townson, Th.: Abhandlung über die vier Evangelisten, (engl. 1778) 1783.
Tresmontant, C.: Le Christ hébreu. La langue et l'age des évangiles, 1983.
Trilling, W.: Das wahre Israel, (1959) ³1964.

Trocmé, E.: La formation de l'évangile selon Marc, 1963.
–: Jésus de Nazareth vu par les temoins de sa vie, 1971.
Tuckett, C. M.: The Griesbach Hypothesis in the 19th Century, Journ Stud NT 3, 1979, 29 ff.
–: The Argument from Order and the Synoptic Problem, ThZ 36, 1980, 338 ff.
–: Luke 4,16–30, Isaiah and Q, in: J. Delobel (Hg.), Logia, 1982, 343 ff.
–: The Revival of the Griesbach Hypothesis. An Analysis and Appraisal, 1983.
–: On the Relationship between Matthew and Luke, NTS 30, 1984, 130 ff.
Turner, N.: The Minor Verbal Agreements Of Mt and Lk against Mk, StEv 1, 1959, 223 ff.
–: Q in Recent Thought, ET 80, 1968/69, 324 ff.
Turvasi, F.: The Condemnation of Alfred Loisy and the Historical Method, 1979.
Tyson, J. B.: Source Criticism of the Gospel of Luke, in: Ch. H. Talbert, Perspectives on Luke-Acts, 1978, 24 ff.

Unnik, W. C. van: De la règle Μήτε προσθεῖναι μήτε ἀφελεῖν dans l'histoire du canon, VigChr 3, 1949, 1 ff.
Untergassmair, F. G.: Kreuzweg und Kreuzigung Jesu. Ein Beitrag zur lk. Redaktionsgeschichte, 1980.

Vaganay, L.: La question Synoptique, EThL 28, 1952, 238 ff.
–: Le problème synoptique. Une hypothèse de travail, 1954.
Vannutelli, M. P.: Les Evangiles synoptiques, Rb 22, 1925, 32 ff; 311 ff; 505 ff; 23, 1926, 27 ff.
Vassiliadis, P.: The Q-Document Hypothesis, Diss. Athen 1977.
–: Prolegomena to a Discussion on the Relationship Between Mk and the Q-Document, DBM 3, 1975, 31 ff.
–: The Nature and Extent of the Q-Document, NT 20, 1978, 49 ff.
–: The Original Order of Q. Some Residual Cases, in: J. Delobel (Hg.), Logia, 1982, 379 ff.
Veit, K.: Die synoptischen Parallelen und ein alter Versuch ihrer Enträtselung mit neuer Begründung, 1897.
Venturini, K. H. G.: Geschichte des Urchristentums in seiner natürlichen Gestalt, 2 Bde, 1807.1809.
Vielhauer, Ph.: Aufsätze zum NT, 1965.
–: Geschichte der urchristlichen Literatur, 1975.
Völker, W.: Das Bild vom gnostischen Christentum bei Celsus, 1928.
Vogel, P. J. S.: Über die Entstehung der drei ersten Evangelien, JATL 1, 1804, 1 ff.
Vogels, H. J.: St. Augustins Schrift ‚De consensu Evangelistarum', unter vornehmlicher Berücksichtigung ihrer harmonistischen Anschauungen, 1908.

Volkmar, G.: Die Religion Jesu, 1857.
–: Die Evangelien oder Marcus und die Synopsis, 1870 ²1876.

Walaskay, P. W.: ‚And so we came to Rome'. The Political Perspective of St. Luke, 1983.
Walker, N.: The Alledged Matthean Errata, NTS 9, 1962/63, 391 ff.
Walker, R.: Die Heilsgeschichte im ersten Evangelium, 1967.
Walker, W. O.: An Unexamined Presupposition in the Studies of the Synoptic Problem, RelLife 48, 1979, 41 ff.
–: The Son of Man Question and the Synoptic Problem, NTS 28, 1982, 374 ff.
Walter, N.: ‚Historischer Jesus' und Osterglaube, ThLZ 101, 1976, 321 ff.
Wanke, J.: ‚Bezugs- und Kommentarworte' in den synoptischen Evangelien. Beobachtungen zur Interpretationsgeschichte der Herrenworte in der vorevangelischen Überlieferung, 1981.
Weber, C. F.: Beiträge zur Geschichte des nt. Kanons, 1791.
–: Neue Untersuchung über das Alter und Aussehen des Evangeliums der Hebräer, 1807.
Weber, J. C.: Karl Barth and the Historical Jesus, JBL 32, 1964, 350 ff.
Weber, J.-J.: Formgeschichte. Wert und Grenzen dieser Methode für das NT, Herder Korrespondenz 17, 1963, 425 ff.
Weeden, Th. J.: The Heresy That Necessitated Mark's Gospel, ZNW 59, 1968, 145 ff.
–: Mark – Traditions in Conflict, 1971.
Weinel, H.: Biblische Theologie des NT, (1911) ⁴1928.
Weiser, A.: Die Apostelgeschichte, Bd 1, 1981.
Weiss, B.: Das MkEv und seine synoptischen Parallelen, 1872.
–: Das Leben Jesu, Bd 1, (1882) ³1888.
–: Lehrbuch der Einleitung in das NT, (1886) ³1897.
–: Das Matthäus-Evangelium, KEK, Bd 1, 1, ⁸1890.
–: Die Evangelien des Markus und Lukas, KEK, Bd 1, 2, ⁶1878 ⁸1892.
–: Die Geschichtlichkeit des MkEv, 1905.
–: Die Quellen des LkEv, 1907.
–: Die Quellen der synoptischen Überlieferung, 1908.
Weiß, H.-F.: Kerygma und Geschichte. Erwägungen zur Frage nach Jesus im Rahmen der Theologie des NT, 1983.
Weiß, J.: Die Verteidigung Jesu gegen den Vorwurf des Bündnisses mit Beelzebul, ThStKr 63, 1890, 555 ff.
–: Die Predigt Jesu vom Reiche Gottes, 1892 (²1900).
–: Die Evangelien des Markus und Lukas, KEK, Bd 1, 2, ⁸1892.
–: Über die Absicht und den literarischen Charakter der Apostelgeschichte, 1897.
–: Das älteste Evangelium, 1903.
–: Die Schriften des NT, Bd 1, (1906) ²1907 ³1917.
–: Jesus von Nazareth. Mythos oder Geschichte, 1910.

–: Art. ‚Literaturgeschichte des NT', RGG¹ Bd 3, 1912, 2175 ff.
–: Synoptische Evangelien, ThR 16, 1913, 183 ff; 219 ff.
–: Das Urchristentum, 1917.
Weisse, Ch.H.: Die evangelische Geschichte, kritisch und philologisch bearbeitet, 2 Bde, 1838.
–: Rezension von C. G. Wilke, Der Urevangelist, Jb für wiss. Kritik, 1838, 595 ff.
–: Die Evangelienfrage in ihrem gegenwärtigen Stadium, 1856.
Weisweiler, H.: Schleiermachers Arbeiten zum NT, Diss. Bonn 1972.
Weizsäcker, K.: Untersuchung über die evangelische Geschichte, ihre Quellen und den Gang ihrer Entwicklung, 1864.
–: Das apostolische Zeitalter der christlichen Kirche, (1886) ³1902.
Wellhausen, J.: Israelitische und jüdische Geschichte, (1894) ²1895.
–: Das Evangelium Marci, 1903 (²1909).
–: Einleitung in die drei ersten Evangelien, 1905 (²1911).
Wendland, P.: Die urchristlichen Literaturformen, ²·³1912.
Wendling, E.: Ur-Marcus, 1905.
–: Die Entstehung des Marcus-Evangeliums. Philologische Untersuchungen, 1908.
Wendt, H. H.: Die Lehre Jesu, (1890) ²1901.
Wenham, J. W.: Synoptic Independence and the Origin of Luke's Travel Narrative, NTS 27, 1981, 507 ff.
Wenz, H.: Der kerygmatisierte historische Jesus im Kerygma, ThZ 20, 1964, 23 ff.
Werner, M.: Der Einfluß der paulinischen Theologie im MkEv, 1923.
Wernle, P.: Die synoptische Frage, 1899.
–: Jesus, 1915.
West, H. Ph.: A Primitive Version of Luke in the Composition of Matthew, NTS 14, 1967/68, 75 ff.
Westcott, B. F.: An Introduction to the Study of the Gospels, ⁶1881.
Wette, W. M. L. de: Biblische Dogmatik des Alten und Neuen Testaments, 1813.
–: Lehrbuch der hist.-kritischen Einleitung in die kanonischen Bücher des NT, (1826) ⁵1848.
Wettstein, J. J.: Novum Testamentum graecum, 1751.1752.
Wetzel, G.: Die synoptischen Evangelien. Eine Darstellung und Prüfung der wichtigsten über die Entstehung derselben aufgestellten Hypothesen mit selbständigem Versuch zur Lösung der synoptischen Evangelienfrage, 1883.
Wikenhauser, A./Schmid, J.: Einleitung in das NT, ⁶1973.
Wilckens, U.: Die Missionsreden der Apostelgeschichte, (1961) ³1974.
–: Besprechung von M. Dibelius, Die Formgeschichte des Evangeliums, ThLZ 86, 1961, 272 ff.
–: Hellenistisch-christliche Missionsüberlieferung und Jesustradition, ThLZ 89, 1964, 517 ff.

–: Jesusüberlieferung und Christuskerygma – zwei Wege urchristlicher Überlieferungsgeschichte, ThViat 10, 1966, 310 ff.

Wilckens, U. u. a.: Offenbarung als Geschichte, (1961) ²1963.

Wildemann, B.: Das Evangelium als Lehrpoesie. Leben und Werk Gustav Volkmars, 1983.

Wilke, C. G.: Über die Parabel von den Arbeitern im Weinberg, ZWTH 1, 1826, 71 ff.

–: Der Urevangelist, oder exegetisch-kritische Untersuchung über das Verwandtschaftsverhältnis der drei ersten Evangelien, 1838.

–: Die Hermeneutik des NT, Bd 1, 1843.

Wilkens, W.: Zur Frage der literarischen Beziehung zwischen Mt und Lk, NT 8, 1966, 48 ff.

–: Die Versuchung Jesu nach Matthäus, NTS 28, 1982, 479 ff.

Wilson, R. McL.: Farrer and Streeter on the Minor Agreements of Matthew and Luke against Mark, StEv 1, 1959, 254 ff.

Windisch, H.: Der Hebräerbrief, (1913) ²1931.

–: Der zweite Korintherbrief, KEK, Bd 6, ⁹1924.

Wohlenberg, G.: Das Evangelium des Markus, 1910.

Woods, F. H.: The Origin and Mutual Relation of the Synoptic Gospels, Studia Biblica et Ecclesiastica, Bd 2, 1890, 59 ff.

Worden, R. D.: Redaction Criticism of Q.: A Survey, JBL 94, 1975, 532 ff.

Wrede, W.: Das Messiasgeheimnis in den Evangelien, 1901 = ³1963.

–: Paulus, (1905) ²1907.

Wrege, H.-Th.: Die Überlieferungsgeschichte der Bergpredigt, 1968.

–: Die Gestalt des Evangeliums, 1978.

Wünsch, D.: Art. ‚Evangelienharmonie', TRE, Bd 10, 1982, 626 ff.

–: Evangelienharmonien im Reformationszeitalter. Ein Beitrag zur Geschichte der Leben-Jesu-Darstellungen, 1983.

Zahn, Th.: Einleitung in das NT, Bd 2, (1899) ³1907.

Zeller, D.: Redaktionsprozesse und wechselnder ‚Sitz im Leben' beim Q-Material, in: J. Delobel (Hg.), Logia, 1982, 395 ff.

Zeller, E.: Über den dogmatischen Charakter des dritten Evangeliums, ThJb (T) 2, 1843, 59 ff.

Zerwick, M.: Untersuchungen zum Markus-Stil, 1937.

Ziegler, W. K. L.: Einige Ideen über den wahrscheinlichen Ursprung unserer drey ersten Evangelien, NThJ 1800, IV, 5.

Zimmermann, F.: The Aramaic Origin of the Four Gospels, 1979.

Zimmermann, H.: Jesus Christus. Geschichte und Verkündigung, 1973.

Zumstein, J.: La condition du croyant dans l'évangile selon Matthieu, 1977.

Register der drei ersten Evangelien
(in Auswahl)
Q-Stoff in der Regel nach Lukas

Matthäus

1,1-2,23   175
1,1-17   4; 8; 28; 378; 382
1,18-25   373; 377; 382
1,21   373; 378
1,23   373; 380
1,24   58

2,2   378
2,(5-)6   373; 380
2,13-21   379
2,15   373; 380
2,17f   380
2,23   373; 380

3,1-17   204; 396
3,2   373
3,3   372f; 380
3,7-10(12)   57; 389
3,14f   377; 379

4,1-11   146; 204
4,1f   379
4,4   57
4,14-16   380
4,16   373
4,23   375

5,1-7,29   50; 206; 219
5,1f   371; 379
5,3-10   374; 377; 379; 383
5,3   374
5,10-12   114; 377; 383
5,13-16   372
5,16   114
5,17-48   378

5,17-20   53; 377-379
5,21f   381
5,22f   379
5,27f   381
5,29f   231
5,32   103; 404
5,33f   381
5,38-48   377
5,44   104f
5,45   402

6,1-18   379; 381
6,1-6   216
6,1   379
6,5-8   217
6,9-13   8; 57; 383
6,16-18   216
6,19-7,12   378
6,25-34   377
6,33   379

7,1-5   379
7,12   378
7,15-23   377; 379
7,21-23   382
7,22   379
7,28f   371

8,1-9,34   165
8,5-13   8; 62; 192; 205; 304
8,11f   372; 378
8,16   147
8,17   372; 374; 380
8,18-27   377
8,18-22   205; 372
8,23-27   372
8,25   212

9,1-8   373
9,7   212
9,8   372f
9,9-13   379
9,20   212
9,27-31   207; 314
9,32-34   207
9,35-11,1   219
9,35   375

10,1-4   165
10,5   378
10,10   103; 112; 404
10,17-39   377
10,17-22   147
10,17   375; 377
10,21f   390
10,23   377f; 400
10,32f   117
10,37   214
10,39   213
10,40-42   377; 383

11,2-6   205; 380
11,2-19   220
11,3   374
11,11   402
11,12-15   389; 402
11,13   378
11,17   223
11,18f   402
11,20-24   220
11,25-30   220
11,27   372
11,28-30   216f; 377f; 382

12,1-44   379
12,1-8   383
12,1   215
12,5-7   212; 382
12,6   372; 378
12,9   375
12,11f   372; 378
12,15 (17)-21   372; 380

12,18   374;378
12,21   378
12,22-37   220; 377f
12,22   205
12,31 (-32)   373; 397
12,38 (40)-42   220; 397
12,43-45   220

13,10-23   378
13,11   212f
13,14f   380
13,15   374
13,21   377
13,24-30   216; 382
13,31f   213
13,33   104
13,35   374;380
13,36-43   382
13,38   372
13,41   377-379
13,44-46   216; 382
13,47-50   216; 382
13,51   371
13,52   382f
13,54   375

14,17   380
14,22-33   377
14,28-(31) 33   372; 382

15,1-20   377; 379
15,15-31   207; 378
15,24   372; 378
15,32-38   372f

16,5-12   377f
16,17f   382
16,17   374
16,18f   373; 375
16,19   378
16,25   213

17,17   213
17,19f   104; 372; 377

17,24-27   376

18,1-19,1   219
18,5-9   377
18,10-14   378
18,15-17   95; 373; 375; 378; 382
18,18   373; 378
18,19f   372
18,21-35   378; 382
18,27   373
18,32   373

19,(1)3-12   378f
19,10-12   217; 372; 382
19,16-26   378
19,19   372
19,27-30   377
19,28   118

20,1-15   217; 382
20,20-28   378
20,28   373
20,29-34   8; 314

21,1-9   147; 377
21,4f   380
21,5   374
21,14-17   374; 382
21,23-27   372
21,28-32   378; 380
21,32   379
21,33-46   378
21,43   376; 380; 383
21,44   209
21,45   376

22,1-14   383
22,2-10   117; 378; 380
22,10   374
22,11-14   378; 382
22,15   377
22,18   379
22,34-40   379
22,40   378

23,1-36   205; 207; 377-379; 383
23,3   378f; 382
23,8-10   383
23,23   378
23,24-36   377
23,26   223
23,27f   379
23,34-39   380
23,34   375
23,35   235
23,37-39   390

24,1-26,1   219
24,1-51   383
24,10-12   377; 379
24,30   117
24,43   104
24,51   379

25,1-13   216f; 382
25,14-30   208
25,30   382
25,31-46   377; 382
25,32   378

26,6-13   8
26,26-28   373
26,28   373
26,52-54   377
26,56   380
26,68   214
26,75   214

27,3-10   382
27,9   380
27,19   374
27,24f   374; 378; 380
27,32   8
27,51-53   382
27,62-66   372; 377; 383

28,2-4   374; 383
28,2   4
28,9f   192; 383

28,11-15   374; 377; 383
28,16-20   192; 370-372; 374; 378; 383
28,19   94; 96; 376

Markus

1,2-8   214
1,7f   411

1,9-11   411; 429
1,10   214
1,12f   146; 204; 232; 399
1,14f   264; 275; 411
1,16-20   165; 314; 425
1,21(23)-28   265; 300; 305; 328
1,21f   264; 275
1,25   424; 428
1,26-38   373
1,27   430
1,29-31   148; 300
1,32   146f
1,33   300
1,34   424
1,39   264; 275
1,40-45   266
1,44   424

2,1-3,6   320
2,1-12   265; 300; 304f; 408
2,10   425
2,13-17   258; 265
2,13   275
2,17   36
2,18-20   258; 265
2,19   431
2,23-28   257; 265
2,23   215; 264
2,27   211
2,28   425

3,1-6   265; 408
3,6   425

3,7-12(19)   144; 165; 207; 264; 275; 321
3,12   424
3,13-19   321; 425; 430
3,16f   215
3,20f.31-35   165; 205-207; 265; 321
3,22-27(30)   230; 322
3,22   205; 231
3,28f   230
3,29   397

4,1-34   321
4,1-25   426
4,1-2   321
4,2   231
4,10-12   426
4,11   312f
4,21-34   322
4,21-25   230
4,26-29   144; 206f
4,30-32   213; 230
4,33f   264
4,35-41   266; 300; 328
4,38   212
4,40   430
4,41   427; 430

5,1-20   266; 328
5,19   419
5,21-43   266; 302
5,27   212; 215
5,37   426

6,1-6   165; 265
6,2   430
6,7-13   205; 214; 264; 275; 430
6,8-11   230f
6,14   430
6,17-29   321; 368
6,30f   430
6,30   275
6,32-7,37   320
6,(32)34(35)-44   266; 300; 305; 314; 420

6,45–8,26   368
6,45–52   266; 328
6,45   301; 322
6,52   427; 430
6,56   213

7,1–23   257; 321
7,14–23   322, 426
7,15   104
7,16   430
7,17   426
7,18   427
7,24–30(31)   206; 304; 408; 418
7,28   419
7,31–9,13   430
7,32–37   73; 144; 206f; 266; 328

8,1–26   320
8,1–9(10)   314; 320
8,11–13   231; 397
8,16(17)–21   427; 430
8,22–26   73; 144; 206f; 266; 328; 430
8,22   301, 322
8,27–33   426; 429f
8,30   424
8,31–33   325
8,31   96; 425f
8,32   427
8,34–9,1   322; 431
8,34   231
8,35   213; 231
8,38   392; 397; 431

9,1   400; 426
9,2–8   430
9,9   424
9,10   427
9,14–27(29)   266; 304
9,19   213
9,28f   426
9,31f   325; 425–427
9,(33)38–50   205; 316; 321f; 426
9,37   231
9,38–50   431

9,38f   379
9,40   231
9,41   431
9,43–47   231
9,50   104; 231; 431

10,1–12   257
10,10–12   426
10,11–12   231
10,12   103; 404; 431
10,13–16   258; 265
10,16   104
10,17–27   258; 265; 322
10,27   431
10,28–31   322; 431
10,29   214
10,31   231
10,32–34   325; 425f
10,35–45   266
10,35   426
10,45   96; 425f; 431
10,46–52   8; 266; 302; 328
10,47f   419; 428
10,49   420

11,1–10(11)   326; 328; 429
11,3   419
11,9   399
11,10   419
11,12–19   429
11,15–12,40   321
11,15–17   266
11,18   425
11,20–13,37   429
11,20–25(26)   321
11,22f   231
11,23   104; 231
11,25   231

12,1–12   426
12,9   418
12,10f   114
12,12   425
12,13–17   265
12,17   104

12,18-27   257; 266
12,28-34   258
12,31   104
12,(37)38-40   205; 231

13,1-37   234; 231f; 400; 422; 427
13,1   418
13,1f   418
13,3-37   426
13,7f   401
13,8   117
13,9-12   147; 231
13,10   431
13,13   147
13,14   316
13,30f   418
13,33(34)-36(37)   144; 206f; 231; 398

14,11   429
14,1f   303; 425
14,3-9   8; 265; 314; 321
14,12-26   429
14,13-16   326; 328
14,22-24   96; 306; 310; 312
14,27-15,41   429
14,30   206
14,32-42   418
14,33   426
14,41   426
14,51f   206
14,53-65   322
14,55-65   430
14,61-65   425
14,61f   430
14,62   424f; 427
14,65   214
14,68   206
14,72   206; 214

15,1   322
15,2   425
15,9   425
15,12   425
15,16-20   425

15,21   8
15,25   429
15,26   425
15,29-32   425
15,33   429
15,34   429
15,38f   425
15,39   96
15,42-47   429

16,1-8   429f
16,5   4
16,8   322
16,9-20   5; 204; 410
16,15-20   411; 420
16,15   411
16,16   411
16,17   411

Lukas

1,1-4 (Prolog)   31; 33f; 38; 49; 64-69; 84; 87; 118; 183; 188; 246; 350-352; 364; 368f
1,5-2,52   61; 69; 170; 175
1,5-80   367

2,1-52   366
2,2   369
2,41-52   353f

3,1-22   204; 396-399
3,1f   369
3,2-4   220; 353
3,7-9   57; 220f
3,16f   220
3,21f   220
3,23-38   4; 6; 8; 28; 170

4,1-13   146; 204; 220; 267; 397; 399
4,9   57
4,2(14)16-30   165; 217; 353f; 359; 367
4,18f   353
4,34f   58

4,40 147

5,1-11 165; 267; 314; 366; 411
5,25 212
5,32 356
5,36-39 353

6,1 215
6,12-16 354
6,17-19 165
6,20-8,3 28; 61
  (kleine Einschaltung)
6,20-49 192; 206; 220
  (Feldrede)
6,20-23 220
6,22f 114; 359f; 398
6,27-38 220; 356
6,27f 104
6,31 402
6,38 230
6,39-45 353
6,39f 221
6,41-49 220

7,1-10 8; 62; 192; 205; 220; 397
7,18-35 220
7,18-23 205f; 397f
7,24-35 398
7,31-34 400
7,32 223
7,34 398
7,35 398
7,36-(47)50 8; 206; 267; 324; 366; 413

8,1-3 356; 367
8,10 212f
8,13 360
8,19-21 165
8,24 212
8,44 212

9,2 220
9,10-17 368

9,18 368
9,23-27 356
9,24 213
9,41 213
9,48 355
9,51-18,14 (19,28)28; 61; 69; 73; 75 220; 331
  (große Einschaltung)
9,51-56 266; 354; 367
9,57-62 205; 220; 356; 397

10,(1)2-16 220; 367
10,1-12 205
10,4-11 230
10,7 103; 112; 404
10,12 389
10,13-15 220; 400
10,16 231; 285; 398
10,18 221
10,21-24 220; 398
10,25-37 217
10,30-35 366

11,1-13 356f
11,1-4 8; 57; 220
11,1 353
11,2 400
11,4 231
11,9-36 220
11,13 355
11,14-23 220
11,14 205; 397
11,23 231
11,24-26 220
11,27f 357
11,29-32 220
11,29-30 231; 397f
11,29 368
11,30 389
11,33 230
11,37f 368
11,39-52 205
11,39-41 220
11,41 223

11,42   220
11,43-44   220; 231
11,46-51   220
11,49-51   398; 401
11,51   235
11,52   220

12,1   368
12,2   230
12,2-9   220
12,4-12   355
12,6f   402
12,8(-9)   117f; 385; 392; 398
12,10   221; 230; 397f
12,11f   220; 231
12,12   355
12,13-34   356
12,16-20   366
12,19   104
12,22-34   402
12,22-31   220
12,33-40   220
12,35-(46)48   231; 400
12,35-37   216
12,37   117
12,39   104
12,40   398
12,41-(46)48   353; 398
12,42-46   220
12,49   217
12,51-59   221

13,10-17   367
13,18-21   221
13,18f   213
13,24-30   221
13,25f   398
13,30   231
13,31-35   398
13,34f   220; 399; 401

14,1-6   266; 367
14,5   221
14,11   221

14,14   356
14,15-24   398
14,15-27   221
14,25-35   356; 367
14,26   214
14,27   231
14,34f   221; 231

15,1-32   356; 367
15,4-7   221
15,8-10   216f
15,11-32   217; 366

16,1-13   356
16,1-7   217; 366
16,13   221
16,16   221; 353; 398
16,17   221
16,18   103; 221; 231; 404
16,19-31   366f

17,1-4   221; 355
17,6   104; 221; 231
17,7-10   216
17,11-19   354; 367
17,20-37   356
17,23f   221; 398
17,25   353
17,26-27(29)   221; 398
17,30   221; 398
17,33   213; 221; 231
17,34f   221
17,37   221

18,1-8   356f; 367
18,9-14   366
18,22   356
18,25   221
18,29f   360
18,35-43   7f

19,1-10   267; 367
19,10   356
19,(11)12-27   208; 221; 231; 398

19,26   230
19,41–44   354
19,45–48   354

20,1–19   359
20,1–8   353
20,9–19   353
20,18   209
20,20–26   356

21,8   356
21,12–19   355
21,12   356
21,38   354

22,19f   315
22,(28)29–30   221; 398
22,30   117f
22,31f   366
22,39–23,56   356
22,39–46   357
22,62   214
22,64   214

23,1   356; 365
23,2–15   356; 365
23,14f   360
23,19   365
23,22   360
23,26   9
23,27–31   354; 365
23,27   365
23,48   354
23,55   357

24,4   4
24,6f   353
24,10   357
24,13–35   366
24,25–27   353
24,44f   353
24,47   353
24,48f   354f
24,50f   355

Register der Namen
(Literaturverzeichnis ausgenommen)

Abbot 197. 210
Abel 37. 376
Achtemeier 279. 406
Adam 363
Adler 53
Aeschimann 139
Aichinger 203
Aland, B. 96
Aland, K. 25. 30. 401
Albeck 271. 299
Albertz 220. 221. 272. 279. 321. 330
Alexander 272
Alfaric 334
Allen 218. 222. 224
Allison 103
Althaus 288
Ambrosius 8
Ambrozio 405
Ammon 145
Ammonius 23
Annet 16
Appel 145. 220. 221. 223. 231
Arai 356
Argyle 173. 211
Audet 120
Augustin 7. 9. 10. 13. 41f. 65. 135f. 138f. 142
Aune 273
Auneau 405

Baarlink 405
Bachmann 353
Bacon 196. 197. 232. 379
Badham 150
v. Baer 342. 355
Bahrdt 173
Balz 95. 219. 388

Bammel 221
Barclay 330
Barnikol 15. 160. 177. 232. 234. 294. 325. 329
Barrett 361
Barth, F. 208. 230. 251
Barth, G. 379
Barth, K. 108. 284. 286. 287. 289. 290
Bartlet 89. 218. 330. 332
Bartsch 288. 291. 303
Battifol 197
Bauer, B. 27. 91. 158. 167. 174–178. 179. 180. 181. 190. 191. 202. 205. 245. 249. 256. 270. 315. 322. 323. 327. 328. 333. 334. 338. 340. 409
Bauer, G. 129
Baumgarten-Crusuis 84
Baur 99f. 104. 131. 133f. 135. 148. 152-163. 168. 171. 173. 176. 178. 180. 181. 238. 245. 249. 270. 329. 332. 336. 343. 363. 367. 378. 409
Belo 405
Benecke 180
Bengel 14. 139
Benoit 141
Benoit-Boismard 319
Berger 416. 417
Bertholdt 47. 56. 57. 62. 136
Bertram 266. 308
Best 114. 232. 328. 405. 424
Betz 100. 219. 332
Beyschlag 193. 202. 217. 220. 221. 230
Beza 137
Biel 288
Biggs 384

Register der Namen

Bilezikian 416
Billerbeck 103
Binder 208
Black 223. 224
Blank 272. 294
Bleek 74f. 145. 146. 148
Blevins 240. 422
Böttger 405
v. Bohemen 150
Boismard 211. 319. 332
Bolgiani 6
Bolten 59. 140. 329
Boman 89. 107. 109. 230. 272. 330. 333. 388
Bonnard 89. 314. 415
Boobyer 422
Boring 273
Bornkamm 95. 218. 221. 222. 224. 278. 288. 289. 292. 370. 371. 379. 384f. 388
Bornkamm/Barth/Held 345. 377
Bousset 110. 225. 230. 231. 232. 238. 243. 251. 335. 423
Bouwman 272
Bovon 349. 350
Bracht 425
Brandenburger 113. 377
Brandon 379
Brandt 225. 335. 338. 367
Braumann 345. 356
Braun 288. 292. 293. 295. 355
Broer 379
Brown, J. 37. 104. 203. 222. 232. 233. 278. 332
Brown, S. 378
Brückner 109
Bucer 11
Buchanan 152
Büchele 350
Büchsel 219. 272
Büsching 14f. 137f. 142. 143
Bultmann 95. 96. 100. 105. 109. 222. 225. 253. 260. 261. 262. 267-269. 270. 273. 277-279. 281. 282. 284. 285. 286. 287. 288-292. 294. 296-298. 299. 300-305. 307-310. 311. 316. 317. 321. 323. 341. 398. 401. 415. 417. 422. 429
Bundy 197. 208
Bunsen 191
Burkill 422. 423
Burkitt 197. 328
Burnett 370
Burney 223
Burrows 211
Burton 197. 329. 331. 332
Burton/Goodspeed 24
Buse 303
Bussby 224
Busse 356
Bussmann 215. 216. 219. 220. 232. 320. 324. 329. 331
Butler 141. 173

Cadbury 339. 368
Cadoux 325
Caird 272. 331
Calov 14
Calvin 11f. 139
Camerlynck 25. 197
v. Campenhausen 1. 2. 35. 95. 105. 108
Cancik 406. 416. 417
Canet 24
Carlston 225. 291
Carmignac 208
Casey 307
Cassian 211
Cassidy 350
Celsus 4
Cerfaux 141. 272. 332
Chapman 141
Chemnitz 14. 24
Chrysostomus 7
Clemens v. Alex. 3. 5. 39
Clericus 14. 24. 53. 65
Cludius 103
Cölln 198

O'Connell 319
Connolly 224
Conzelmann 34. 95. 102. 106. 109. 225. 261. 291f. 293. 294–296. 345. 349. 351. 356. 357. 369. 372. 376. 405. 424
Cook 405
Coppieters 25. 197
Corrodi 62. 329
Couchoud 334
Credner 27. 44. 45. 63. 84. 85. 86–88. 137. 165. 182. 248. 324
Crum 325
Cullmann 95. 270. 287. 288. 291. 314. 358

Dahl 288. 291. 314
Dalman 223
Dausch 140
Davids 272
Davies 375
Degenhardt 356
Deichgräber 95
Deißmann 263
Delitzsch 145
Delling 104. 142. 272. 419
Delobel 384
Devisch 215. 230. 384
Dewey 279
Dibelius, F. 89. 331
Dibelius, M. 31, 37. 100. 113. 118. 215. 218. 224. 231. 232. 233. 261f. 263. 264–267. 268. 269. 270. 271. 275. 277–279. 281. 282. 283. 286. 287. 299. 303f. 306–310. 311. 314. 316. 317. 332. 340. 351. 356. 384. 386. 388. 396. 414. 417. 419. 422. 423
Dibelius/Conzelmann 112
Didier 369f
Diem 288
Dihle 416. 417
Dionysius 17
v. Dobschütz 211. 251. 328. 371. 383

Dodd 95. 104. 274. 275. 284. 321
Doemer 349
Doeve 85
Dormeyer 416
Downing 173
Drescher 100
Drews 333. 334
Drury 141. 150. 173
Dungan 104. 151
Dunkmann 234
Dunn 273

Easton 272. 330
Ebeling, G. 288. 291. 293. 295. 296
Ebeling, H. 240. 422. 424
Ebrardt 15. 67. 72. 84
Eckermann 66. 70. 78. 80. 83. 98
Edwards 225. 273. 384. 388
Egelkraut 350
Eichhorn 55–58. 59. 63. 64f. 67. 76. 82. 129. 183. 235. 329
Eichthal 155
Ellis 271. 329
Eltester 355
Elze 6
Engelland 288
Enslin 363
Epiphanius 3
Erbt 333
Ernst 349. 406
Euseb 5. 6. 9. 23f. 34. 35f. 39f. 42
Evans 150
Evanson 137
Ewald, H. 191. 202. 204. 205. 206. 208. 231. 319
Ewald, P. 220

Farmer 136. 150f. 152. 183. 186f. 196. 210. 214
Farrar 85. 173
Fascher 218. 219. 262. 270. 310
Fee 152. 219
Feilmoser 60. 62. 220

Feine 26. 95. 202. 320–323. 324. 330. 356
Feine-Behm 328. 356
Feneberg 85. 274. 308. 416
Fiebig 85. 251. 271
Finegan 332
Fischer 288
Fitzmyer 139. 152. 187. 211. 219 223
Fjärstedt 104
Flender 109. 358
Florit 272
Flusser 151. 208. 376. 378
France 405
Frankemölle 416
Franklin 349
Frey 75
Fritzsche 145
Frye 151
Fuchs, A. 187. 203. 211
Fuchs, E. 288. 290. 292. 293. 295. 296
Fuller 152. 155. 215. 232. 328
Funk-Bihlmeyer 35
Furnish 312
Fusco 213

Gabler 129
Gaboury 65. 75. 320
Gaechter 85
Gasque 357
Gaston 330. 376
Gehringer 24. 191
Geiger 349
George 349
Georgi 110. 406
Gerhard 14
Gerhardsson 106f. 271. 272. 311. 315. 370
Gericke 13
Gerson 10. 13
Gfrörer 27. 72. 137. 146. 154
Gieseler 42. 45. 47. 59. 63. 68. 70. 82–84. 85. 86. 91. 103. 132. 137. 245. 247. 249. 251. 253. 254. 261. 267. 270. 271. 272. 276. 314. 329
Giesen 379
Gilmour 331
Glasswell 423
Glover 120
Gnilka 388. 406
Godet 85. 89. 246. 351
Goethe 18
Goeze 20
Gogarten 284. 288
Goguel 197. 203. 222. 230. 270. 321. 323. 426
Gomarus 137
Goulder 173
O'Grady 405
Gräßer 112. 113. 122. 237. 275. 288. 293. 294. 296. 298. 357. 358
Grant 231. 232. 272. 274. 279. 303. 320. 325. 331
Gratz 60–62. 67. 140. 165
Greeven 26
Griesbach 24f. 27. 67. 71. 72. 81. 88. 142–152. 154. 155. 163. 165. 166. 169. 171. 185. 186. 195. 203. 207. 210. 212
Grobel, K. 215. 262. 270. 331. 332
Grobel, W. 111
Grosch 140
Grotius 137. 139
Grundmann 15. 222
Gryson 37
Guelich 274. 416
Guericke 84. 191
Güttgemanns 109. 243. 269. 271. 272. 275. 279. 281. 282. 283. 299. 307. 311. 342. 415
Guignebert 253
Guillet 349
Gundry 65. 370. 380. 415
Gunkel 244. 262. 264. 268. 273
Gutwenger 34
Guy 325

Hadorn 141
Haenchen 31. 40. 106. 109. 356. 423
Haenlein 59f. 329
Hahn, F. 222. 225. 262. 291
Hahn, G. 85
Halfeld 55. 67
Hare 377
Harms 99. 241. 349. 371
v. Harnack 2. 4. 34. 199f. 215. 216. 221. 222. 223. 224. 225f. 226f. 228f. 232. 235. 237. 286. 328. 331. 362. 363. 364. 367. 390. 393. 397.
Harraeus 131
Hartlich/Sachs 77
Harvey/Ogden 288
Hasert 155
Hauber 14f
Hauck 222
Haupt 65. 230. 236. 328f
Hawkins 197. 208. 210. 216. 231. 332
Hawthorne 273
Hegel 131. 152. 165. 178. 193. 198f
Heiler 335
Heinrici 85. 253-255. 260. 261. 262. 264. 268. 299. 339.
Heitmüller 108. 235. 236. 243. 244. 251
Heitsch 105. 123f
Held 372. 380
Helmbold 217
Hendriks 325
Hengel 106. 232. 272. 288. 333. 420
Hennecke/Schneemelcher 2. 30. 32
Hennell 139
Herder 22. 53. 54f. 63f. 75-82. 83. 85f. 90-92. 127. 129. 139. 158. 165. 198. 247. 253. 264. 267. 270. 271. 276. 315. 337
Herrmann 287
Heyne 77. 128f
Hickling 222
Hierokles 4
Hieronymus 6. 23f. 40. 139
Hilgenfeld 140. 146. 155. 171. 329. 403

Hill 273
Hillmann 342
Hirsch 20. 65. 217. 320. 325. 329. 331
Hitzig 191. 202
Hoekstra 334. 338
Hörmann 405
Hoffmann, P. 361. 389-391. 393. 398. 400
Hoffmann, R. 202
Holl 95
Holsten 108. 155f
Holtzmann, H. 27. 34. 37. 104. 109. 146. 147. 174. 191-197. 199. 202. 204f. 206. 208. 209. 210f. 215. 217. 219. 220. 226. 227. 228. 230. 231. 232. 234f. 236f. 250f. 256. 268. 273. 276. 339. 356. 367. 369. 379
Holtzmann, O. 195. 211. 230
Honey 230. 232
Horn 222. 356. 360
Howard 215
Huck 25
Huck-Greeven 6. 25. 30
Hug 57. 93. 96f. 111. 139f. 144f. 162. 220. 337
Hummel 345. 375. 376. 379
Humphrey 405

Iber 107. 270. 271. 274. 275. 276. 310. 332
v. Iersel 405
Irenäus 1. 3. 5. 32. 38. 111. 121. 125. 246. 380

Jacobsen 225
Jacquier 85
Jameson 141
Jansen 14
Jaspert 286
Jensen 333
Jepsen 325
Jeremias 273. 288. 290. 292. 311. 330. 378

Register der Namen

Jülicher 2. 208. 211. 215. 222. 223. 226. 228. 229. 230. 231. 232f. 243. 251. 260. 266. 339
Jülicher-Fascher 217. 223. 235. 270. 367. 401
Julian Afric. 9
Julian Apost. 4
Justin 31. 111. 121. 125. 363. 417

Kähler 201. 236. 240–242. 338. 419
Käsemann 123f. 270. 281. 282. 288–293. 294. 296. 297f. 379. 392. 415
Kaftan 243
Kaiser 72. 83
Karnetzki 324
Karpianos 23f
Karris 356
Katz 401
Kazmierski 405
Kealy 405
Kee 221. 405. 416
Keim 145. 196
Kelber 282. 283. 405. 416
Kelly 95
Kennedy 75
Kern 138
Kertelge 311
Kierkegaard 241
Kilpatrick 310. 332. 375. 383
Kingsbury 369
Kirchschläger 350
Kittel 103. 116f. 417
Klatt 262
Klebba 1
Klein, G. 354. 355. 361
Klein, H. 124
Klein, P. 335
Klijn/Reinink 403
Kline 415
Klostermann, A. 140
Klostermann, E. 368
Knackstedt 15
Knoch 120
Knopf 114

Knox, J. 363f
Knox, W. 75. 303. 318. 325. 329
Koch, D. 405
Koch, K. 262. 270. 345
Köhler 272
Kölbing 243
Körtner 35
Köster 95. 120. 122. 317f. 416. 417
Köster/Robinson 95f. 401. 406
Köstlin 154. 191. 202. 203. 204. 227. 230. 249. 276. 324. 330. 337. 380
Kopernikus 14
Koppe 65f. 139. 247
Kramer 95
Krummacher 83
Kühnöl 62
Kümmel 45. 100f. 103. 104f. 106. 108. 118. 122. 143. 165. 215. 219. 220. 222. 229. 272. 278. 288. 291. 292. 314. 331. 349. 369. 376. 379. 380. 387. 401. 405. 429
Künzel 370. 375. 379
Kürzinger 36f
Kuhn 103. 107. 110. 113. 253. 279f. 389. 406f

Lachmann 27. 72–74. 149. 165. 182f. 201. 202. 206. 247
Lämmermann 177
Lagarde 243
Lagrange 15. 140. 150. 197. 230. 333
Lambrecht 230. 232
Lamy 14
Lang, A. 11
Lang, F. 429
Lange, J. 345. 369f. 379
Lardner 139
Larfeld 25. 172. 183. 185. 208. 211. 221. 230. 231. 325
Lategan 104
Laufen 231
LeCamus 84
Légasse 356
Lehmann 291

Lentzen-Deis 291
Léon-Dufour 65. 75. 320
Lessing 16–22. 48. 51–55. 57. 59. 63. 76. 82. 93. 162. 198. 199. 236. 241. 242. 243. 246f. 249. 284. 294. 315. 337
Leyser 14
Lidzbarski 106
Lietzmann 95
Lindemann 349. 369. 384. 405
Lindijer 356
Lindsey 65. 75. 137. 208. 230. 333
Linnemann 302
Linton 219
Livius 17
Lohmeyer 89
Lohse 288. 290. 291. 345
Loisy 197. 231. 320–323. 335. 363. 383. 414. 418
Longstaff 151. 211. 405
Lord 89
Lowe 151
Luck 288. 351. 358
Lücke 25. 72
Lührmann 221. 222. 388f. 393. 398. 416. 417
Lukian 35
Lummis 150
Luther 10f. 14. 21. 99. 160f. 427
Luz 384. 388. 407. 408. 422f. 424

Maddox 350. 357. 358. 359
Maier 145
Malbon 405
Mangenot 197
Manson 215. 219. 221. 222. 224. 278. 315. 330
Marcion 31. 38. 154. 329. 362–364
Marguerat 370
Marsh 57. 59. 64
Marshall 223. 350
Martin 173. 405
Marx 131

Marxsen 275. 279. 283. 288. 290. 291. 292. 293. 294. 295. 311. 336. 342. 343. 345. 346. 415. 424
Massaux 120
Masson 65. 205. 208
Mattill 356. 357
Maurenbrecher 333
McArthur 215
McKnight 152. 270
McLoughlin 75. 211
Meagher 405
Meier 370. 375
Meijboom 154
Meinertz 141
Melick 84. 124
Merkel 2. 4. 5. 6. 7. 9. 356
Metzger 6
Meyer, A. 243
Meyer, E. 318. 320. 324
Meyer, H. 145. 191
Meyer, P. 225. 398
Meynell 211
Michaelis, J. 18. 48–51. 52. 53. 55. 67. 139. 144
Michaelis, W. 223
Michel 100. 288
Mill 139
Minear 370
Minette de Tillesse 423
Miyoshi 349
Moe 103, 243
Mohr 279. 318. 325. 405
Montefiore 331
Moreau 291
Morgan 16
Morgenthaler 26. 211. 230. 231
Moule 85. 106
Moutier-Rousset 334
Müller 100. 221
Muhlack 350
Munck 37
Mußner 116

Neander 72. 92

Neirynck 147. 149. 211. 213. 215. 231. 320. 384
Nestle 24
Nestle-Aland 24
Neudecker 84
Neufeld 95
Neugebauer 273. 359
Neusner 271. 299
Newcome 24
Nicolardot 253. 339
Niemeyer 62
Nineham 288
Norden 225
Nützel 350

Ogawa 370. 376
Olshausen 67. 140. 145. 220
Orchard 15. 25. 151. 152. 186
Orchard/Longstaff 26
Origenes 4. 6. 8. 9. 39
Osiander 12-14
Overbeck 254. 261. 357
Owen 142

Papias 5. 34-38. 50. 52. 70. 73. 81. 86f. 89. 98. 138. 140. 142. 145. 150. 153. 164. 172. 182. 183. 188. 189. 194. 204. 217. 223. 228. 246. 257. 316. 324. 325. 329. 333. 336. 383. 420
Palmer 72. 183
Parker 150. 324. 332
Pasquier 150
Patton 217
Paulus 66f. 71. 127. 173
Peabody 151
Peisker 25f
Percy 422. 424
Perels 65
Perrin 273. 345. 405. 415
Perry 332
Pesch 26. 279. 293. 295. 303. 322. 326. 345. 405. 406. 424
Petersen 405

Petrie 150. 219
Philostrat 417
Pfleiderer 65. 100. 106. 173. 332. 367
Pilgrim 356
Plitt 191
Plümacher 356. 358. 359. 360. 367. 369
Plutarch 417
Polag 216. 219. 221. 222. 295. 384. 393-395. 397
Polybius 17
Porphyrius 4. 7
Porúbčan 65. 333
Powers 151
Preisker 105
Preuschen 31. 35
Priestley 24. 53. 67. 139
Procksch 325
Przybylski 370. 379

Rademakers 370. 405
Radl 355. 356
Räisänen 423. 424. 428
Raschke 333f
Rawlinson 208
Redlich 272. 303. 332
Regner 243
Regul 40. 362
Rehkopf 219. 330
Reicke 85. 89. 151. 152
Reimarus 2f. 16-20. 51. 126. 198. 199. 242. 243. 244. 284. 294
Reiser 416
Reploh 426
Resch 103f. 217. 333
Rese 275. 347
Reß 16
Rettig 72. 84
Reuss 26. 63. 89. 98. 191. 202. 203. 206f. 248f. 314. 324. 330
Réville 191
Rhesa 67. 72
Richard 349

Riesenfeld 106. 271. 274. 275. 284. 307. 310. 311
Riesner 85. 272. 314
Rigaux 291
Rist 85
Ristow/Matthiae 288
Ritschl 154. 191. 199. 200. 202. 211. 329
Robinson 103. 187. 228. 275. 291. 292. 307. 324. 345. 415
Rödiger 137
Rohde 345
Rolland 147. 319f
Rollmann 262
Roloff 272. 288. 361
Ronen 137
Ropes 150. 202. 339
Rosché 219
Rothfuchs 380
Rushbrooke 25
Rußwurm 55

Sahlin 330
Salmon 72. 203
Sand 370
Sanday 165. 197. 205. 210. 330. 368
Sanders 185. 211. 213. 272
Sandhagen 14
Sandmel 108
Sartorius 72. 84
Saunier 145. 146. 148
Schaberg 371
Schäfer 358
Schaff 84
Schanz 173
Scharper 350
Schelkle 303
Schellong 12
Schenk 33. 219. 222. 232. 233. 325. 416
Schenke 405
Schenke/Fischer 45. 46. 118. 119. 208. 222. 348. 349. 369. 375. 378. 404f. 406. 407. 424

Schenkel 191
Schick 270. 272. 303
Schille 106. 124. 282. 283. 300. 308. 310. 340. 357. 407. 429
Schlatter 140. 243. 330
Schleiermacher 27. 36. 37. 63. 67-72. 73. 77. 80. 84. 87. 91. 94. 98. 134. 182f. 198. 228. 247. 366
Schlichthorst 27
Schlier 296
Schmahl 405
Schmid, Ch. 145. 198. 338
Schmid, J. 26. 141. 215
Schmidt, F. 199
Schmidt, J. 62. 329
Schmidt, K. 261. 262. 263f. 265. 269. 270. 275. 286. 287. 299. 301. 322. 331. 340. 415
Schmiedel 222. 253. 324. 334
Schmitt 215
Schnackenburg 270
Schneckenberger 89. 137. 145. 220
Schneider, G. 349. 357
Schneider, J. 272. 288
Schniewind 89. 273. 278. 341. 422. 424
Schönle 370
Schoeps 101. 105. 106. 108. 109
Scholten 154. 173. 211
Scholz 350
Schott 84. 145
Schrader 361
Schrage 104. 105. 122
Schramm 314
Schreiber 225. 275. 302. 325. 335. 384. 407. 422. 429
Schubert 288
Schürmann 216. 271. 311
Schütz 356. 357
Schulz 103. 111. 183. 222. 295. 298. 320. 345. 361. 371. 384. 391-393. 394. 396. 397. 400. 401. 415
Schulze 338
Schwark 370

Schwartz 35. 42
Schwarz 27. 64. 89. 145f. 148. 171f
Schwegler 91. 154. 176. 177. 315. 329
Schweitzer 15. 105. 111. 121. 131. 177. 190. 196. 200. 225. 234. 237. 243. 244. 252. 334
Schweizer 95. 282. 291. 293. 331. 351. 279. 405. 424
Schwenk 384
Seccombe 356
Seeberg 94. 95. 262
Seiler 60. 140. 165
Sellin 325
Semler 2. 21. 53. 67. 78. 93. 246. 276. 329
Senior 370
Sepp 191
Shuler 152. 370. 416
Sickenberger 197
Sieffert 146
Siegert 35
Silbermann 215
v. Simons 211
Simpson 165. 211
Sjöberg 422. 424
Smallwood 359
Smith 333. 334
Snyder 120
v. Soden 221. 273. 324. 371
Soiron 85. 215. 316
de Solages 25. 210. 211. 401
Soltau 378
Sommer 191
Souček 109
Spangenberg 99
Spitta 65. 324
Standaert 405
Stanley 104
Stanton 197. 299. 370
Stauffer 294. 295
Stegner 137
Stein 291
Stemberger 358

Stendahl 107. 307. 311. 383
Stoldt 152. 170. 183. 196. 197. 226
Stonehouse 150
Storr 163f. 165. 172. 249. 251. 254. 261
Strauß 88. 94. 126–135. 157. 158. 159f. 161. 173. 174. 177. 180. 181. 189. 190. 193. 194. 196. 199. 200. 201. 236. 241. 245. 247f. 249. 251. 252. 253. 256. 257. 268. 269. 270. 285. 312. 315. 334. 343
Strecker 100. 222. 270. 283. 291. 296. 297. 345. 370. 371. 376. 379. 422. 424. 428
Strecker/Schnelle 203. 214
Streeter 197. 210. 211. 214. 215. 217. 221. 230. 231. 278. 331. 332
Strobel 113
Stroth 142
Stuhlmacher 108. 122f. 370. 416
Styler 141
Suggs 370
Sundwall 328
Sueton 417
Swanson 25

Tacitus 17
Taeger 350. 352
Talbert 152. 350. 361. 416
Tatian 5f. 9
Taylor 220. 221. 225. 272. 303. 331. 332
Teeple 121. 312f
Temple 303
Tertullian 3. 32. 38. 39
Theile 145
Theissen 301
Theodor v. Mops. 7
Thiel 325
Thiele 24. 320
Thielscher 325
Thiersch 72. 84. 89. 98. 122. 137. 191. 383
Thieß 62

Tholuck 67. 72. 84
Thomas 75. 211
Throckmorton 232
Tiede 350
v. Tilborg 370
Tillich 284
Tindal 16
v. Tischendorf 26
Titius 231
Tobler 191. 202
Tödt 278. 293. 295f. 345. 346. 385–389. 390. 392
Toinard 24
Torrey 65. 223
Toussaint 370
Townson 139
Tresmontant 75
Trilling 345. 376. 380
Trocmé 325. 326. 330. 407
Tuckett 147. 149. 150. 152. 165. 173. 183. 187. 196. 211. 217. 230. 423
Turner 211. 224
Turvasi 335
Tyson 152. 422

v. Unnik 36
Untergassmair 350

Vaganay 65. 141. 332
Vannutelli 24. 65
Vassiliadis 221. 223. 230
Vatke 180
Veit 89
Venturini 62
Vielhauer 67. 223. 225. 228. 277. 278. 279. 345. 357. 358 387. 401. 402. 416
Völker 4
Vogel 137f
Vogels 7
Volkmar 163. 167. 178–182. 190. 202. 245. 249. 256. 322. 327. 329. 334. 338. 340. 356. 409. 414. 429
Vorster 416

Wagner 369. 405
Walaskay 360
Walker 136. 141. 214. 345. 371. 376
Walter 294
Walther 243
Wanke 279
Weber, C. 62
Weber, J. C. 286
Weber, J. J. 272
Weeden 407. 408
Wegenast 95
Weinel 104
Weiser 358
Weiss, B. 202. 204. 208. 211. 217f. 231. 235. 246. 250. 256. 259. 273. 314. 330. 333. 351
Weiß, H. 96. 103. 275. 283. 296. 407
Weiß, J. 106. 108. 109. 207. 215. 217. 224f. 230. 235. 236. 237. 243. 244. 253. 255–260. 262. 264. 267. 268. 273. 299. 324. 330. 339. 356. 379. 415. 418
Weisse 27. 37. 62. 82f. 84. 86. 93f. 96–98. 104. 111. 122. 132f. 159. 162. 165f. 168. 171. 174f. 178. 181. 182–191. 193. 194. 196. 201f. 205. 206. 224. 227. 228. 234. 245. 249f. 252. 264. 270. 278. 312. 322. 327. 328. 333. 339. 409f
Weisweiler 67
Weizsäcker 74. 202. 220. 222. 230. 231. 247. 252f. 264. 323. 330. 415
Wellhausen 80. 208. 215. 216. 220. 223. 225. 228. 232. 235. 242. 251. 253. 254. 261. 320–323. 339. 366. 378. 399
Wendland 253. 339
Wendling 208. 230. 232. 305. 320–322. 327f. 335. 410. 427. 428
Wengst 95
Wenham 75. 405
Wenz 100. 288
Werner 419
Wernle 205. 208. 215. 216f. 219. 220.

221. 222f. 224. 226. 227. 228. 230.
231. 232. 243. 251. 253. 332. 339.
375
West   173. 332
de Wette   27. 44f. 47. 63. 64. 84f. 88f.
91. 92. 129. 132. 143. 145. 146.
147. 148. 198. 248. 337. 356
de Wette/Lücke   25
Wettstein   139
Wetzel   84. 89
Wieseler   24
Wikenhauser/Schmid   85. 211. 212
Wilckens   105f. 110. 118. 124f. 275.
307. 351. 353. 354. 355. 357. 358
Wildemann   177. 182. 329
Wilke   149.   165f.   166–173.   174f.
177. 178. 179. 180. 181. 182. 185f.
187. 188. 190. 191. 193. 194. 201.
202. 211. 245. 248. 270. 300. 312.
322. 338. 409
Wilkens   211
Williams   202

Wilson   211. 350
Windisch   100. 113
Wirsching   95
Wohlenberg   140
Woods   197
Woolston   16
Worden   384
Wrede   109. 178. 181. 186. 230.
238–240. 242. 244. 255. 256. 273.
282. 290. 327. 334f. 340. 408. 410.
422. 423. 424. 430
Wrege   219. 283
Wünsch   6. 12. 14. 24

Zacharias Chrysop.   6. 13
Zahn   42. 89. 140. 333
Zeller   154. 225
Zerwick   328
Ziegler   62
Zimmermann, F.   223. 383
Zimmermann, H.   294
Zumstein   370

Register der Sachen
(in Auswahl)

Analogien 255; 260; 268; 299
analytische Methode der Formgeschichte 267
Anordnung (Reihenfolge) des synoptischen Stoffs 28; 44; 70-72; 88; 135; 187; 219
Apokalyptik 224f; 237; 292f; 329; 391-394; 400-402; 419; 421; 427
apokryphe Evangelien 4; 31f; 49f; 404
Apologetik, politische (vgl. auch: Verfolgungen) 356; 359-361; 365; 374
Apophthegmata (vgl. auch: Schul- und Streitgespräche; Formgeschichte) 267; 280; 307-309; 372; 393
Apostelgeschichte 350f; 353; 357f; 364; 368f
Apostolische Väter 120; 122
Aposynagogos 356; 358-360; 362; 364f; → 5.3.4
aramäische (hebräische) Überlieferung 37-40; 49-52; 55; 57; 59-61; 78; 80-82; 84; 140f; 153; 155; 182; 189; 202; 222f; 228; 323f; 329; 332; 383
Augenzeugen (apostolische Überlieferung. Vgl. auch: historischer Wert der Überlieferung) 34f; 46f; 49f; 53; 57; 66; 69; 85; 123; → 3.4.6; 142; 149; 152; 156-159; 173; 177; 184; 189f; 234; 245f; 252; 261; 318; 333; 337; 350f; 402; 417
Auslassung, große 206f; 368

Auslassung, kleine 207f; 368
Auswahl des synoptischen Stoffs 27f; 44; 88; 135; 187; 219

Bekenntnis. Siehe: regula fidei; kerygmatische Formeln; Verkündigung Jesu – verkündigter Christus.
Benutzungshypothesen 42; 45f; 50; 59; 64f; 67; 71; 80; 82; 98; 126; → 3.5; 196; 211; 248; 252; 270; 276
Betrugstheorie 19f
Bibelkommission, päpstliche 149f

Chorschluß 262

Deismus 13; → 1.3.1; 131; 198
Deuteromarkus-Hypothese 203f; 214
Diatessaron 5f
Diegesen 33f; 37; 232; 328
Diegesenhypothese 45; 50; 53; → 3.3; 78; 84; 87; 98; 135; 140; 165; 245; 247; 252f; 271; 276; 279; 318; 325; 329
Dubletten 185; 206; 213f; 216; 219; → 3.6.7; 277; 316-318; 328; 396f; 400; 427f

Einzelüberlieferungen. Siehe: mündliche Überlieferung; Formgeschichte; Sammlungen; Spruchsammlung.
Epitomator, Markus als (Griesbach-Hypothese) 139; → 3.5.3.2; 154; 161; 185; 210

Register der Sachen

Erzählgut (Erzähltradition). Siehe: Reflexionsmäßiges.
Erzählstil 305
esoterische Jüngerbelehrung 239; 426f
Evangelist. Siehe: Verfasser der Evangelien.
Evangelisten (als Erzähler mündlicher Überlieferung) 68; 76f; 80f; 91; 247; 267; 271f; 307; 310
Evangelium (als Botschaft) 33; 76; 349
Evangelium (als Gattungsbegriff) 31; 119; 179f; 232; → 5.5.3.2

Formgeschichte (vgl. auch: mündliche Überlieferung) 134; 224; 229; 246f; 249–251; → 4.3.2; → 4.3.3; → 4.3.4; → 4.3.6; → 4.3.7; → 4.3.8; 323; 326; 342–344; 346f; 351f; 383; 391; 393; 396; 403; 406; 409; 414; 418
Fragmentenhypothese. Siehe: Diegesenhypothese.

Gedächtnismäßiges (vgl. auch: Spruchsammlung; mündliche Überlieferung) 28; 37; 102f; 112–120; 124–125; 128; 167f; 187; 217f; 227; 229; 235; 240; 250; 258; 266f; 271f; 277–279; 281f; 292; → 4.3.8.2; 333; 340f
Gemeindebildung (vgl. auch: Formgeschichte; historischer Wert der Überlieferung) → 3.4.6; 250; 254; 258; 262; → 4.3.4; 286
Glaubwürdigkeit der evangelischen Überlieferung. Siehe: historischer Wert der Überlieferung.
Glaubensbekenntnisse. Siehe: regula fidei; kerygmatische Formeln.
Gleichnisse 266; 280; 393; 410; 414
Gleichnistheorie 426

Gottesdienst (Kult; Predigt) 263; 265f; 271; 310
Grundschrift 153f; 202; 205; 215; → 4.4; 366; 409f; → 5.5.3; 428; 430

Harmonistik (Evangelien-Harmonie) → 1.2; 15; → 1.3.1; → 1.3.2; 44; 48; 51; 76; 133f; 139; 151f; 154; 163; 336
hebräische Überlieferung. Siehe: aramäische Überlieferung.
Historischer Jesus. Siehe: Leben Jesu; Neue Frage nach dem historischen Jesus; Verkündigung Jesu – verkündigter Christus.
historischer Wert der Überlieferung (historisches Interesse; historische Skepsis. Vgl. auch: Augenzeugen; Gemeindebildung) 44; 69; 75; → 3.4.6; 158–163; 173; 199f; 235–237; 240; 255; 258f; 261; 268; 270; 272f; 286; 291f; 326f; 329–331; 334; → 5.4.1; → 5.4.2.1; → 5.4.2.3; 414

Inspirationslehre 14; 21; 47f
Irrlehrer (Enthusiasten. Vgl. auch: Marcion) 1f; 282; 297; 361–365; 379f; 408

Johannes der Täufer 390; 398–400; 410; 421f
Johannesevangelium 3; 10f; 44; 80; 92f; 118f; 124; 154; 158–162; 174
Judaismus 153–156
Judenchristentum 53; 358; 375f; 383; 388; 391–393; 419f
Jüngerunverständnis 427

Kanon (Kanonbildung; Vier-Evangelien-Kanon) → 1.1; 5f; 20; 32; 56; 62f; 348
Kanon Muratori 40

kanonische Reihenfolge der Evangelien 38f; 41; 138f
Katechese 367; 371f; 383; 418
Kerygma. Siehe: Verkündigung Jesu – verkündigter Christus.
kerygmatische Formeln (vgl. auch: regula fidei) 93-96; 101; 107; 111-121; 162; 274ff; 293; 306; 308; 348; 421
Kerygma-Theologie. Siehe: Theologie des Wortes.
Kleine Übereinstimmungen (Minor Agreements) 150f; 169f; 188; 192; → 3.6.5
Kritik der Schriften. Siehe: Redaktionskritik.

Leben Jesu (Leben-Jesu-Theologie) 126; 191; 194-197; → 3.6.3; 234; 237-239; 243; 252; 256f; 264; 270; 284; 286; 324
Legende (vgl. auch: Mythos) 267
Leidensansagen 426
Leidensgeschichte (Passions- und Ostergeschichte) 69; 203; 266; 269; 271; 279; 302f; 308; 325; 414; 416f; 419
Logien. Siehe: Gedächtnismäßiges.
Logiensammlung. Siehe: Spruchsammlung
Lukas-Evangelium (vgl. auch: Zwei-Quellen-Theorie; Redaktion des LkEv; UrLkEv) → 4.4.3; → 5.2
Lukaspriorität 137f

Marcion(itismus) 362-365; 367
Markus-Evangelium (vgl. auch: Zwei-Quellen-Theorie; Redaktion des MkEv; Urmarkus) → 4.4.1; → 5.5
Markuspriorität 60; 71; 74; 149f; 156; →3.5.4;→3.6.1;→3.6.2;196;215;256; 272; 313; 322; 409

Matthäus-Evangelium (vgl. auch: Zwei-Quellen-Theorie; Redaktion des MtEv; UrMtEv) → 4.4.4; → 5.3
Matthäuspriorität → 3.5.3; 172f; 196; 332f; 338; 383
Menschensohnworte 385; 390-392; 397f; 400; 402; 422; 425-427
Messiasgeheimnis (geheime Epiphanie) 186; → 4.1.e; 255; 277; 282; 334; 341; 346; 398f; 408; 418f; 421; → 5.5.4.2; 428-430
Minor Agreements. Siehe: Kleine Übereinstimmungen
mündliche Überlieferung (vgl. auch: Formgeschichte; Traditionshypothese) 34f; 43; 53; 66; 68; 75; → 3.4; 189; 215; 229; → 4.3.1; → 4.3.2; 299; 312-314; 316; 348; 384
Mythos 76f; 128-135; 160; 173f; 184; 189f; 193; 199; 241; 247; 251; 267; 285; 287f; 295; 326

Neue Frage nach dem historischen Jesus → 4.3.7; 386
Novellen (vgl. auch: Wundergeschichten) 262; 266f; 271; 303; 307

Ostergeschehen (Osterbekenntnis) 293f; 374; 385-395; → 5.4.2.3; 419; 421

Paradigmen. Siehe: Predigtbeispiele
Paränese 277f; 281; 384
Paulus 99-112; 178; 352f; 355; 361-365; 404; 407; 419; 431
Petruserinnerungen 36; 70f; 89; 184; 189; 235; 249; 253; 257; 262; 323; 420
pharisäische Synagoge (vgl. auch: Aposynagogos) 358-360; → 5.3.4; → 5.3.5
Poesie (Dichtung) 69; 76; 129; 134; 175; → 3.5.4.4; 190; 194; 236f; 251; 266; 327; 335; 414

Predigtbeispiele (Paradigmen) 265; 267; 307; 309
Privatschriften, Evangelien als 52; 56; 62; 64; 66; 72; 79; 81; 84; 87; 98; 106; 121; 124f; 187; 201; 252; 314; 319
Prophetensprüche, urchristliche 273; 391f; 400
Protolukas. Siehe: Ur-Lukas-Evangelium
Q. Siehe: Spruchsammlung; Zwei-Quellen-Theorie.
Q^1 (Spruchüberlieferung) 397; → 5.4.2.2; → 5.4.2.3; 409; 5.5.4.1; 5.5.4.2
Quellenkritik, synoptische → 3

Rabbinische Traditionsweise 271f; 299
Rahmen 254; 261-264; 273-275; 282; 286; 299f; 423
Redaktion(sgeschichte; Redaktionskritik; Kritik der Schriften. Vgl. auch: Schriftsteller) 151; 155; 186; 197; 217; 219; 222; 226; 239; 295; 305f; 314; → 5.1
Redaktion des LkEv (Lukas als Schriftsteller) 119; 170f; 331f; 341; 344-346; → 5.2
Redaktion des MkEv (Markus als Schriftsteller) 283; 327; 344; 346; → 5.5.4
Redaktion des MtEv (Matthäus als Schriftsteller) 211; 344; 346; 5.3.4; → 5.3.5
Redaktion der Spruchsammlung 324-326; 344; → 5.4.2.1; 401
Reden Jesu. Siehe: Gedächtnismäßiges.
Redensammlung. Siehe: Spruchsammlung.
Reflexionsmäßiges (Erzählgut) 28; 112-120; 125f; 128; 167f; 187; 204; 217f; 224f; 227; 229; 250; 257; 265; 267; 271; 277-279; → 4.3.8.1; 317; 326; 333; 340f
regula fidei (vgl. auch: kerygmatische Formeln) 20-22; 68; 79; 92-96; 241; 244
Religionsgeschichte 237f; 243; 293

Sage. Siehe Mythos.
Sammelberichte (Summarien) 207; 262; 264; 272; 274f
Sammler 68f; 79f; 171; 228f; 254; 256; 259; 262; 264; 277f; 281f; 339f
Sammlungen, kleine (vgl. auch: Diegesen; Diegesenhypothese) 68; 70-74; 87; 103; 232; 245; 249; 255; 275; → 4.3.5; 302; 313; 320; 323; 343; 348; 401; 406
Schriftsteller, Evangelisten als (vgl. auch: Redaktion) 89-81; 90f; 130; 134f; 156-163; → 3.5.4.2; → 3.5.4.3; → 3.5.4.4; 186; 229; 234; 239f; 245; 249; 255f; 281; 328; 332; → 4.5; 337; 342; 368f; 410; → 5.5.3; → 5.5.4.3
Schul- und Streitgespräche (vgl. auch: Apophthegmata) 257; 262; 308f; 410; 414
Septuaginta 369
Sitz im Leben 262, 264-269; 275f; 280-284; 306-311; 314; 317; 347; 383
Sondergut 28; 61; 73; 158f; 164; 182; 192; 216f; 222; 319; 329-332; 344; → 5.2.7; → 5.3.6; 410
Sprüche (Spruchüberlieferung). Siehe: Gedächtnismäßiges.
Spruchsammlung (-quelle; -überlieferung. Vgl. auch: Zwei-Quellen-Theorie) 37; 70-73; 87; 103f; 140f; → 3.6.1; → 3.6.2; 204-206; 208; 213f; → 3.6.6; 249; 258;

279; 316–318; 322; 328–330; 382; → 5.4; 406; 421f; 425–430
Summarien. Siehe: Sammelberichte.
synthetische Methode der Formgeschichte 265
Synopse(n) → 1.3.2
Synoptiker 27
synoptisches Manko → 3.4.5; 133; 174; 178f; 187; 244; 311–315; 319; 333f; 348; 351f; 404; 406f; 409f; 414
synoptisches Problem (vgl. auch: Anordnung; Auswahl; Wortlaut des synoptischen Stoffs) → 1.3.3; 44; 53f; 57; 76; 135; 187; 252f

Tendenzkritik. Siehe: Tübinger Schule.
Textkritik 209f
Theologie des Wortes (Kerygma-Theologie) → 4.3.6; 288; 290; 312
Traditionalismus 30; 47–49; 52; 57; 59; 137–140; 142; 145; 152; 155; 163; 173; 181; 183–185; 189; 199; 217; 220; 223; 245; 250; 272; 278; 323f; 326; 331; 333; 337; 420
Traditionen, altkirchliche → 2
Traditionshypothese 46; 50; 72; → 3.4; 165f; 174; 182; 193; 201; 218; 245; 247; 249; 251–253; 256; 270; 272; 312; 314; 334
Traditionskritik → 4
Tübinger Schule 126; 140; 145; → 3.5.3.3; 178; 181; 186; 191; 239; 338

Übereinstimmungen zwischen den synoptischen Evangelien. Siehe: synoptisches Problem.
Unterschiede zwischen den synoptischen Evangelien. Siehe: synoptisches Problem.
Urevangeliumshypothese 45; 50; → 3.2; 66; 74–76; 78; 80; 98; 135; 140; 165f; 182; 245–247; 318; 324; 328
Ur-Lukas-Evangelium 89; 153f; 319; 328–332
Urmarkus-Hypothese 56; 60; 165; 170; 188; 192; → 3.6.4; 214; 234f; 255; 320f; 330
Ur-Matthäus-Evangelium 155

Verfasser der Evangelien → 2.2; 179f; 228; 336f; 414; 420; 431

Verfolgungen (vgl. auch: Apologetik) 355f; 359–361; 364f; 367; → 5.3.5; 430f
Verkündigung Jesu – verkündigter Christus (vgl. auch: Leben Jesu; Theologie des Wortes; kerygmatische Formeln) 19f; 121; 123–125; 162f; 193; → 3.6.3; 236f; 240–242; 244; 256; 282; 284f; 289; 294–298; 314; 319; 333f; 351; 414; → 55.5.4.2
Vorgeschichten 61; 69; 170; 303f
Vorlagenhypothesen 45f; 196
vorösterliche (unmessianische) Tradition (vgl. auch: Q^1) 238–240; 394f; 397; 5.4.22.2; 402f; → 5.5.4.1; →5.5.4.2
Weisheitssprüche 224f; 292f; 402
Widersprüche zwischen den Evangelien → 1.2; →1.3.1; 48
Wortlaut des synoptischen Stoffs 28; 44; 70; 80; 85; 88; 135; 187; 218f
Wundergeschichten 190; 267; 271; 372; 406; 410; 414f

Zwei-Quellen-Theorien (vgl. auch: Markuspriorität; Spruchsammlung) 60; 65; 73f; 133; 152; → 3.6; 234; 236; 241; 245; 249; 252f; 254f; 272; 277; 312; 330; 332f; 336; 339; 403; 409; 427f

de Gruyter Lehrbücher

Werner H. Schmidt
Einführung in das Alte Testament
Dritte, erweiterte Auflage
Oktav. X, 393 Seiten. 1985. Gebunden DM 48,–
ISBN 3 11 010403 2

Georg Fohrer
Geschichte der israelitischen Religion
Oktav. XVI, 435 Seiten. 1969. Gebunden DM 52,–
ISBN 3 11 002652 X

Johann Maier
Geschichte der jüdischen Religion
Von der Zeit Alexanders des Großen bis zur Aufklärung, mit einem Ausblick auf das 19./20. Jahrhundert
Oktav. XX, 641 Seiten. 1972. Gebunden DM 74,–
ISBN 3 11 002448 9

Bo Reicke
Neutestamentliche Zeitgeschichte
Die biblische Welt 500 v.–100 n. Chr.
3. verbesserte Auflage
Oktav. X, 351 Seiten, 5 Tafeln. 1982. Gebunden DM 48,–
ISBN 3 11 008662 X

Helmut Köster
Einführung in das Neue Testament
im Rahmen der Religionsgeschichte und Kulturgeschichte der hellenistischen und römischen Zeit
Oktav. XX, 802 Seiten, 1 Faltkarte. 1980. Gebunden DM 78,–
ISBN 3 11 002452 7

Preisänderungen vorbehalten

Walter de Gruyter  Berlin · New York

de Gruyter Lehrbücher

Philipp Vielhauer
Geschichte der urchristlichen Literatur
Einleitung in das Neue Testament,
die Apokryphen und die Apostolischen Väter

Groß-Oktav. XXII, 814 Seiten. Durchgesehener Nachdruck 1978.
Gebunden DM 78,–
ISBN 3 11 007763 9

Ernst Haenchen
Der Weg Jesu
Eine Erklärung des Markus-Evangeliums
und der kanonischen Parallelen

Oktav. XVI, 594 Seiten. 1968. Gebunden DM 58,–
ISBN 3 11 002650 3

Horst Stephan/Martin Schmidt
Geschichte der evangelischen Theologie
in Deutschland seit dem Idealismus

3., neubearbeitete Auflage
Oktav. XVI, 515 Seiten. 1973. Gebunden DM 62,–
ISBN 3 11 003572 1

Konfessionskunde
Herausgegeben von Friedrich Heyer

Mit Beiträgen von H. Chadwick, H. Dombois, K. Chr. Felmy,
G. Gassmann, W. Hage, W. Küppers, M. Lienhard, F. v. Lilienfeld,
D. Müller, D. Reimer, M. Schmidt, K. Schmidt-Clausen
und H. Stahl
Oktav. XVI, 864 Seiten. 1977. Gebunden DM 98,– ISBN 3 11 006651 3

Preisänderungen vorbehalten

Walter de Gruyter  Berlin · New York